| Kaier | Betriebswirtschaftslehre
| Speth | mit Schwerpunkt Finanzen
| Martin | für das berufliche Gymnasium –
| Waltermann | wirtschaftswissenschaftliche Richtung (WG)
| | Profil Finanzmanagement
| | Band 2: Jahrgangsstufen 1 und 2

Kaier
Speth
Martin
Waltermann

Betriebswirtschaftslehre
mit Schwerpunkt Finanzen
für das berufliche Gymnasium –
wirtschaftswissenschaftliche Richtung (WG)
Profil Finanzmanagement

Band 2: Jahrgangsstufen 1 und 2

Merkur
Verlag Rinteln

Wirtschaftswissenschaftliche Bücherei für Schule und Praxis
Begründet von Handelsschul-Direktor Dipl.-Hdl. Friedrich Hutkap †

Verfasser:

Alfons Kaier, Professor, Dipl.-Handelslehrer
Dr. Hermann Speth, Professor, Dipl.-Handelslehrer
Michael Martin, Dipl.-Handelslehrer
Aloys Waltermann, Dipl.-Kfm. Dipl.-Handelslehrer

Fast alle in diesem Buch erwähnten Hard- und Softwarebezeichnungen sind eingetragene Warenzeichen.

Das Werk und seine Teile sind urheberrechtlich geschützt. Jede Nutzung in anderen als den gesetzlich zugelassenen Fällen bedarf der vorherigen schriftlichen Einwilligung des Verlages. Hinweis zu § 52a UrhG: Weder das Werk noch seine Teile dürfen ohne eine solche Einwilligung eingescannt und in ein Netzwerk eingestellt werden. Dies gilt auch für Intranets von Schulen und sonstigen Bildungseinrichtungen.

Coverbild (links oben) © CandyBox Images – Fotolia.com
        (links unten) © Robert Kneschke – Fotolia.com
        (rechts) © www.colourbox.de

* * * * *

1. Auflage 2016

© 2016 by MERKUR VERLAG RINTELN

Gesamtherstellung:
MERKUR VERLAG RINTELN Hutkap GmbH & Co. KG, 31735 Rinteln

E-Mail: info@merkur-verlag.de
              lehrer-service@merkur-verlag.de
Internet: www.merkur-verlag.de

ISBN 978-3-8120-**0629-3**

Vorwort

Dieses Lehr- und Aufgabenbuch umfasst alle geforderten Lerngebiete und Lerninhalte für das profilbildende Fach „Betriebswirtschaftslehre mit Schwerpunkt Finanzen" des Landes Baden-Württemberg für die Jahrgangsstufen 1 und 2. Der Lehrplan für die Jahrgangsstufe 1 trat am 1. August 2015 in Kraft.

Die Auswirkungen des BilRUG auf den Jahresabschluss und die Abgrenzungsrechnung sind bereits eingearbeitet.

Für Ihre Arbeit mit dem vorgelegten Lehrbuch möchten wir auf Folgendes hinweisen:

- Das Buch hat mehrere Zielsetzungen. Es soll den Lernenden
  - alle Informationen liefern, die zur Erarbeitung des Lernstoffs notwendig sind;
  - dabei helfen, die im Lehrplan enthaltenen Lerninhalte in Allein-, Partner- oder Teamarbeit zu erarbeiten, Entscheidungen zu treffen, diese zu begründen und über die Ergebnisse verbal oder schriftlich zu berichten;
  - fächerübergreifende Zusammenhänge näherbringen.
- Durch die Verbindung von betriebswirtschaftlichen Inhalten mit denen des Rechnungswesens wird das Denken in Zusammenhängen geschult.
- Die Lerninhalte werden zu klar abgegrenzten Einheiten zusammengefasst, die sich in die Bereiche Stoffinformationen, tabellarische Gegenüberstellungen, Zusammenfassungen und Übungsaufgaben aufgliedern. Wichtige Merksätze werden hervorgehoben. Beispiele und Schaubilder veranschaulichen die praxisbezogenen Lerninhalte.
- Fachwörter, Fachbegriffe und Fremdwörter werden grundsätzlich im Text oder in Fußnoten erklärt.
- Im Schülerbuch werden folgende Hinweis-Icons für die Lehrpersonen benutzt:

  Excel Zur Aufgabe passende Excel-Datei auf der CD-ROM vorhanden.

  PPT Schaubild wird im Rahmen einer Präsentation sukzessiv entwickelt.

  Vorlage Auf der CD-ROM gibt es eine zur Aufgabe passende Kopiervorlage.

  PDF Übersicht, die als PDF-Datei zur Verfügung steht.

Wir hoffen, mit diesem Schulbuch die erforderlichen Unterrichtshilfen für die praktische Umsetzung der Lerninhalte geben zu können.

Folgende Ergänzungen zum vorliegenden Buch sind zu empfehlen:
- Für die Hand der Lehrkraft gibt es ein Lösungsbuch (Merkur BN 3629).
- Die dem Lösungsbuch beiliegende CD bietet der Lehrkraft u.a. Kopiervorlagen zu verschiedenen Aufgaben und wichtige Übersichten als PDF-Dateien sowie PowerPoint-Präsentationen und Excel-Tabellen.
- Für die Inhalte der Eingangsklasse steht das Merkurbuch BN 0628 zur Verfügung.

Für Verbesserungsvorschläge sind wir dankbar: info@kaier-online.de

Wir wünschen Ihnen einen guten Lehr- und Lernerfolg!

Die Verfasser

Inhaltsverzeichnis

7 Internes Rechnungswesen

7.1	Ziele des betrieblichen Rechnungswesens	13
7.2	Gliederung des betrieblichen Rechnungswesens	14
7.3	Grundbegriffe des betrieblichen Rechnungswesens.	16
7.3.1	Auszahlungen und Einzahlungen	16
7.3.2	Ausgaben und Einnahmen	16
7.3.3	Aufwand und Ertrag	18
7.3.4	Kosten und Leistungen	18
7.3.4.1	Begriffe Kosten, Grundkosten, neutrale Aufwendungen, Zusatzkosten.	18
7.3.4.2	Begriffe Leistungen, Grundleistungen, neutrale Erträge, Zusatzleistungen.	20
7.4	Abgrenzung von Aufwendungen, Kosten, Erträgen und Leistungen in einer Abgrenzungsrechnung	24
7.4.1	Grundstruktur einer Ergebnistabelle.	24
7.4.2	Unternehmensbezogene Abgrenzungen	25
7.4.3	Kostenrechnerische Korrekturen.	28
7.4.4	Darstellung einer Ergebnistabelle mit unternehmensbezogener Abgrenzung und kostenrechnerischen Korrekturen	35
7.5	Kostenartenrechnung	38
7.5.1	Fixe und variable Kosten	38
7.5.1.1	Begriffe fixe und variable Kosten	38
7.5.1.2	Kostenauflösung	39
7.5.1.3	Kapazität und Beschäftigungsgrad	40
7.5.1.4	Kostenverläufe bei fixen und variablen Kosten	41
7.5.1.5	Gewinnschwelle und Gewinnmaximum	47
7.5.2	Einzelkosten und Gemeinkosten	54
7.5.3	Istkosten und Normalkosten	55
7.6	Kostenstellenrechnung	57
7.6.1	Begriff und Aufgaben der Kostenstellenrechnung	57
7.6.2	Kriterien für die Bildung von Kostenstellen	57
7.6.3	Durchführung der Kostenstellenrechnung mithilfe des Betriebsabrechnungsbogens (BAB)	58
7.6.3.1	Begriff und Aufbau des Betriebsabrechnungsbogens	58
7.6.3.2	Problem der Verrechnung der Gemeinkosten auf die Kostenstellen	59
7.6.3.3	Aufstellung eines Betriebsabrechnungsbogens	60
7.6.3.4	Ermittlung der Zuschlagssätze für die Gemeinkosten.	62
7.7	Kostenträgerrechnung.	69
7.7.1	Allgemeines zur Kostenträgerrechnung.	69
7.7.2	Kostenträgerstückrechnung (Vollkostenrechnung als Zuschlagskalkulation)	69
7.7.2.1	Aufbau der Zuschlagskalkulation	69
7.7.2.2	Kostenträgerstückrechnung als Angebotskalkulation (Vorkalkulation) mit Normalkosten	70
7.7.2.3	Kostenträgerstückrechnung als Nachkalkulation mit Normal- und Istkostenzuschlagssätzen – Kostenüber- und -unterdeckung	78
7.7.3	Kostenträgerzeitrechnung.	85
7.7.3.1	Inhalt und Aufgabe der Kostenträgerzeitrechnung	85
7.7.3.2	Kostenträgerzeitrechnung (Kostenträgerblatt) mit Ist- und Normalkosten	85
7.8	Zusammenfassung zur Kostenarten-, Kostenstellen- und Kostenträgerrechnung	89

7.9	Kritik an der Vollkostenrechnung in Form der Zuschlagskalkulation	90
7.10	Deckungsbeitragsrechnung	94
7.10.1	Abgrenzung der Teilkostenrechnung von der Vollkostenrechnung	94
7.10.2	Aufbau der Deckungsbeitragsrechnung	94
7.10.3	Deckungsbeitragsrechnung als Stückrechnung	95
7.10.4	Deckungsbeitragsrechnung als Periodenrechnung	97
7.10.4.1	Berechnung des Betriebsergebnisses	97
7.10.4.2	Berechnung des Break-even-Points	99
7.10.5	Deckungsbeitragsrechnung als Instrument zur Bestimmung von Preisuntergrenzen	101
7.10.6	Deckungsbeitragsrechnung als Instrument zur Entscheidungsfindung über die Annahme eines Zusatzauftrages	105
7.10.7	Entscheidung über Eigenfertigung oder Fremdbezug (Make or Buy)	108
7.10.7.1	Entscheidung bei noch freien Produktionskapazitäten	108
7.10.7.2	Entscheidung bei notwendigen Kapazitätserweiterungen	109
7.10.8	Optimierung des Produktionsprogramms	113
7.10.8.1	Optimierung des Produktionsprogramms bei freien Kapazitäten	113
7.10.8.2	Optimierung des Produktionsprogramms bei Vorliegen eines Engpasses	115
7.10.9	Systemvergleich zwischen Vollkostenrechnung und Deckungsbeitragsrechnung	122
7.10.10	Wiederholungsaufgaben zur Vollkosten- und Deckungsbeitragsrechnung	123

8 Rechtsformen der Unternehmung

8.1	Handelsrechtliche Grundlagen der Unternehmung	128
8.1.1	Kaufmann	128
8.1.2	Handelsregister	130
8.1.3	Firma	132
8.2	Wahl der Rechtsform der Unternehmung als Entscheidungsproblem	136
8.2.1	Rechtsformen im Überblick	136
8.2.2	Bestimmungsgründe für die Wahl der Rechtsform	137
8.2.3	Wichtige Entscheidungskriterien für die Wahl der Rechtsform	138
8.3	Einzelunternehmung	139
8.4	Offene Handelsgesellschaft (OHG)	142
8.4.1	Begriff, Firma und Gründung der OHG	142
8.4.2	Pflichten und Rechte der OHG-Gesellschafter im Innenverhältnis	144
8.4.3	Pflichten und Rechte der OHG-Gesellschafter im Außenverhältnis	148
8.4.4	Auflösung der OHG	150
8.4.5	Merkmalsübersicht zur OHG	151
8.4.6	Vor- und Nachteile der OHG	152
8.5	Kommanditgesellschaft (KG)	156
8.5.1	Begriff, Firma und Gründung der KG	156
8.5.2	Pflichten und Rechte der Komplementäre im Innenverhältnis und im Außenverhältnis	157
8.5.3	Pflichten und Rechte der Kommanditisten im Innenverhältnis	157
8.5.4	Pflichten und Rechte der Kommanditisten im Außenverhältnis	159
8.5.5	Merkmalsübersicht zur KG	160
8.5.6	Auflösung der KG	161
8.5.7	Bedeutung der KG	161

8.6	Gesellschaft mit beschränkter Haftung (GmbH)	168
8.6.1	Begriff, Kapital und Firma der GmbH	168
8.6.2	Gründung der GmbH	170
8.6.3	Organe der GmbH	171
8.6.4	Pflichten und Rechte der GmbH-Gesellschafter	174
8.6.5	Merkmalsübersicht zur GmbH	175
8.6.6	Unternehmergesellschaft als Sonderform der GmbH	176
8.6.7	Auflösung und Bedeutung der GmbH	177
8.7	GmbH & Co. KG	183
8.8	Aktiengesellschaft (AG)	185
8.8.1	Begriff, Firma und Gründung der Aktiengesellschaft	185
8.8.2	Aktienarten und Rechte aus der Aktie	187
	8.8.2.1 Begriff und Wert der Aktien	187
	8.8.2.2 Pflichten und Rechte eines Aktionärs	188
	8.8.2.3 Aktienarten	189
8.8.3	Organe der Aktiengesellschaft	193
	8.8.3.1 Vorstand	193
	8.8.3.2 Aufsichtsrat	195
	8.8.3.3 Hauptversammlung	198
8.8.4	Auflösung der Aktiengesellschaft	199
8.8.5	Merkmalsübersicht zur AG	199
8.8.6	Bedeutung der Aktiengesellschaft	200
8.9	Rechtsformentscheidungen	208

9 Finanzierungsmöglichkeiten der AG

9.1	Begriff Finanzierung	214
9.2	Übersicht über die Finanzierungsarten	214
9.3	Innenfinanzierungsmöglichkeiten der AG	215
9.3.1	Offene Selbstfinanzierung	215
	9.3.1.1 Begriff und Arten der Selbstfinanzierung	215
	9.3.1.2 Bilanzierung des Eigenkapitals im handelsrechtlichen Jahresabschluss von Kapitalgesellschaften	216
	9.3.1.3 Überblick über die Gewinnverwendung bei der AG	218
	9.3.1.4 Rechnerischer Ablauf der Gewinnverwendung	219
	9.3.1.5 Ausweis der Gewinnverwendung in der Bilanz	221
	9.3.1.6 Auflösung von Rücklagen zum Ausgleich eines Jahresfehlbetrags	225
	9.3.1.7 Interessenkonflikt zwischen Aktionären und Geschäftsleitung und seine Auswirkungen auf die Dividendenpolitik	228
	9.3.1.8 Beurteilung der Selbstfinanzierung	230
9.3.2	Finanzierung aus Abschreibungsgegenwerten	233
9.4	Außenfinanzierung in Form von Beteiligungsfinanzierung	239
9.4.1	Begriff Beteiligungsfinanzierung	239
9.4.2	Beteiligungsfinanzierung bei einer Aktiengesellschaft (AG) – ordentliche Kapitalerhöhung (Kapitalerhöhung gegen Einlagen)	240
	9.4.2.1 Grundbegriffe und Ablauf der ordentlichen Kapitalerhöhung	240
	9.4.2.2 Berechnung des Bezugsverhältnisses	241
	9.4.2.3 Begriff und Bedeutung des Bezugsrechts	242
	9.4.2.4 Beispiel für eine ordentliche Kapitalerhöhung	245
	9.4.2.5 Bilanzkurs	246
9.4.3	Beurteilung der Beteiligungsfinanzierung	246

9.5	Außenfinanzierung in Form von Schuldverschreibungen	251
9.5.1	Begriff Schuldverschreibung	251
9.5.2	Besonderheiten von Unternehmensschuldverschreibungen (Industrieobligationen)	253
9.5.3	Bilanzierung einer Schuldverschreibung	255
9.5.4	Beurteilung der Finanzierung mit Schuldverschreibungen	256
9.6	Außenfinanzierung in Form der Kreditfinanzierung	258
9.6.1	Begriff Kreditfinanzierung (Fremdfinanzierung)	258
9.6.2	Kontokorrentkredit (Dispositionskredit)	259
	9.6.2.1 Begriff Kontokorrentkredit	259
	9.6.2.2 Wirtschaftliche Merkmale	260
	9.6.2.3 Vorteile des Kontokorrentkredits für die Kreditnehmer	262
9.6.3	Bankdarlehen	262
9.6.4	Beurteilung der Kreditfinanzierung	270
9.7	Kreditsicherheiten	274
9.7.1	Begriff und Arten der Kreditsicherung	274
9.7.2	Bürgschaft	275
9.7.3	Sicherungsübereignung	276
9.7.4	Zession	278
9.7.5	Grundschuld	280
9.7.6	Beleihungswert	284
9.8	Leasing	289
9.8.1	Begriff Leasing	289
9.8.2	Möglichkeiten der Vertragsgestaltung	290
9.8.3	Steuerliche und bilanzielle Behandlung von Leasingverträgen	291
9.8.4	Rechnerischer Vergleich von Finance-Leasing und Kreditfinanzierung	292
9.8.5	Beurteilung des Leasings	296

10 Investition

10.1	Begriff Investition	302
10.2	Motive und Arten von Investitionen	303
10.3	Verfahren der Investitionsrechnung	304
10.3.1	Grundlegendes	304
10.3.2	Statische Verfahren der Investitionsrechnung zum Vergleich von Investitionsalternativen	305
	10.3.2.1 Kostenvergleichsrechnung	305
	10.3.2.2 Amortisationsrechnung	308
10.3.3	Dynamische Verfahren der Investitionsrechnung	312
	10.3.3.1 Grundlagen der dynamischen Investitionsrechnungsverfahren	312
	10.3.3.2 Kapitalwertmethode	313
	10.3.3.3 Vergleich von Investitionsalternativen (Differenzinvestition)	317
	10.3.3.4 Bedeutung der Kapitalwertmethode	320
10.4	Investitionsentscheidungen bei unsicheren Erwartungen	324
10.4.1	Begriff Unsicherheit	324
10.4.2	Investitionsentscheidungen bei Ungewissheit	324
	10.4.2.1 Korrekturverfahren	324
	10.4.2.2 Sensitivitätsanalyse	326
10.4.3	Investitionsentscheidungen bei Risiko	328
	10.4.3.1 Entscheidungsbaumverfahren	328
	10.4.3.2 Erwartungswert einer Investition	330

11 Finanzplanung und -steuerung

11.1	Übersicht über die betriebliche Finanzplanung	338
11.2	Ziele der Finanzplanung	338
11.3	Kurz- und mittelfristige Finanzpläne	339
11.3.1	Abgrenzung	339
11.3.2	Aufbau eines Finanzplans	340
11.3.3	Unterfinanzierung und Überfinanzierung	342
11.3.4	Rollierende Finanzplanung	342
11.4	Ausgleich des Finanzplans	344
11.4.1	Verwendung von Überschüssen	344
11.4.2	Sicherung der Liquidität bei Unterdeckung	345

12 Jahresabschluss

12.1	Jahresabschluss bei Kapitalgesellschaften nach HGB	349
12.1.1	Aufstellungs-, Prüfungs- und Offenlegungspflicht	349
12.1.2	Bestandteile des Jahresabschlusses	351
12.1.2.1	Überblick	351
12.1.2.2	Bilanz	351
12.1.2.3	Gliederung der Gewinn- und Verlustrechnung	354
12.1.2.4	Anhang	357
12.1.2.5	Lagebericht	358
12.2	Unterschiedliche Adressaten und deren Interessen am Jahresabschluss	361
12.2.1	Adressaten des Jahresabschlusses und der Schutz der Adressaten durch gesetzlich vorgeschriebene Bilanzen	361
12.2.2	Grundsätzliches zur Handels-, Steuer- und IAS/IFRS-Bilanz	362
12.2.2.1	Handelsbilanz	362
12.2.2.2	Steuerbilanz	364
12.2.2.3	IAS/IFRS-Bilanz	365
12.2.2.4	Gegenüberstellung der verschiedenen Bilanzarten	366
12.3	Rechnungslegungsgrundsätze nach HGB	368
12.3.1	Materieller Grundsatz zur Sicherstellung des Gläubigerschutzes	368
12.3.2	Formelle Grundsätze zur Erfüllung der Informationsfunktion	369
12.3.3	Bilanzierungs- und Bewertungswahlrechte	370
12.3.3.1	Bilanzierungswahlrechte am Beispiel des Disagios	370
12.3.3.2	Bewertungswahlrechte am Beispiel der Abschreibung	371
12.4	Bewertung von Vermögensgegenständen des Anlagevermögens	372
12.4.1	Bewertungsmaßstäbe für das Anlagevermögen	372
12.4.1.1	Anschaffungskosten	372
12.4.1.2	Herstellungskosten	372
12.4.1.3	Tageswert	375
12.4.2	Zugangsbewertung beim Anlagevermögen	375
12.4.2.1	Anschaffungskosten von unbebauten und bebauten Grundstücken	375
12.4.2.2	Anschaffungskosten von beweglichen Anlagevermögen	376
12.4.2.3	Herstellungskosten einer selbst erstellten Anlage	376
12.4.3	Folgebewertung beim Anlagevermögen	379
12.4.3.1	Allgemeine Regeln für die Folgebewertung von Anlagevermögen	379
12.4.3.2	Bewertung des abnutzbaren Anlagevermögens	379
12.4.3.3	Bewertung des nicht abnutzbaren Anlagevermögens	381
12.4.3.4	Zuschreibung (Wertaufholungsgebot)	383

12.5	Bewertung des Umlaufvermögens.	387
12.5.1	Bewertungsmaßstäbe für das Umlaufvermögen.	387
12.5.2	Bewertung von Wertpapieren des Umlaufvermögens.	388
	12.5.2.1 Zugangsbewertung von Wertpapieren des Umlaufvermögens	388
	12.5.2.2 Folgebewertung von Wertpapieren des Umlaufvermögens	388
	12.5.2.3 Zuschreibung von Wertpapieren des Umlaufvermögens (Wertaufholungsgebot).	389
12.6	Bewertung von Schulden.	392
12.6.1	Bewertungsmaßstäbe für die Schulden.	392
12.6.2	Bewertung von Darlehensverbindlichkeiten	392
	12.6.2.1 Zugangsbewertung.	392
	12.6.2.2 Folgebewertung.	393
12.6.3	Bewertung von Fremdwährungsverbindlichkeiten.	393
	12.6.3.1 Zugangsbewertung.	393
	12.6.3.2 Folgebewertung.	394
12.7	Auswirkungen der Wahlrechte auf den Jahresüberschuss	399
12.7.1	Überblick über wichtige Bilanzierungs- und Bewertungswahlrechte	399
12.7.2	Exemplarische Darstellung der Auswirkungen von Bewertungsspielräumen auf den Jahresüberschuss.	399
	12.7.2.1 Auswirkungen des Aktivierungswahlrechts am Beispiel der Herstellungskosten.	399
	12.7.2.2 Auswirkungen des Bilanzierungswahlrechts am Beispiel Disagio.	400
	12.7.2.3 Auswirkungen des Bewertungswahlrechts am Beispiel der vorübergehenden Wertminderungen bei Finanzanlagen.	401
	12.7.2.4 Auswirkungen des Methodenwahlrechts am Beispiel Abschreibungen	401

13 Jahresabschlussanalyse

13.1	Begriff, Ziele und Arten der Jahresabschlussanalyse	406
13.2	Bilanzkennzahlen (Bilanzanalyse).	407
13.2.1	Strukturbilanz.	407
13.2.2	Kennzahlen zur Kapitalstruktur (Kapitalaufbringung)	410
13.2.3	Kennzahlen zur Finanzstruktur	412
13.2.4	Liquiditätskennzahlen	413
13.3	Erfolgskennzahlen (Ergebnisanalyse)	417
13.3.1	Aufbereitung der GuV-Rechnung	417
13.3.2	Rentabilitätskennzahlen	419
13.3.3	Return on Investment (ROI).	421
13.3.4	Leverage-Effekt.	426
13.3.5	Cashflow-Analyse	428
13.3.6	EBIT und EBITDA.	431
13.4	Grenzen der Aussagefähigkeit des Jahresabschlusses	433
13.5	Unternehmensbewertung durch Banken und Ratingagenturen	434
13.5.1	Grundsätzliches zum Rating	434
13.5.2	Rating durch Banken.	435
13.5.3	Rating durch Ratingagenturen	435
13.5.4	Vergleich von internem und externem Rating	436
13.6	Unternehmerische Ziele und Gruppeninteressen	441
13.6.1	Zielsystem der Unternehmung als Ausgangspunkt der Unternehmensführung	441
	13.6.1.1 Von Unternehmensvision und Unternehmensleitbild zu Unternehmenszielen.	441

		13.6.1.2	Arten von Unternehmenszielen	442

                13.6.1.3   Zielbeziehungen. 445
      13.6.2   Konzepte der Unternehmensführung 449
                13.6.2.1   Shareholder-Konzept 450
                13.6.2.2   Stakeholder-Konzept 451
                13.6.2.3   Vergleich der beiden Konzepte 454

14 Problemorientierte betriebswirtschaftliche Sachverhalte zur Abiturvorbereitung

14.1	Abgrenzungsrechnung und Rechtsprobleme einer OHG	459
14.2	Vollkostenrechnung in Form der Zuschlagskalkulation (Kostenstellenrechnung, BAB, Kostenträgerstückrechnung)	460
14.3	Rechtsformwechsel von der Einzelunternehmung zur GmbH, Sachverhalte zur Kostenanalyse und Deckungsbeitragsrechnung.	461
14.4	Voll- und Teilkostenrechnung als Entscheidungshilfe	463
14.5	Aspekte bei der Umwandlung einer KG in eine AG	465
14.6	Beteiligungsfinanzierung und Gewinnverwendung der AG.	466
14.7	Analyse von Finanzierungsalternativen unter Nutzung der Bilanzkennzahlen	468
14.8	Bewertung von Finanzierungsalternativen	470
14.9	Investition und Finanzierung	471
14.10	Finanzplanung und Investition	472
14.11	Bewertung nach HGB	474
14.12	Gründung, Rechnungslegung und Auswertung des Jahresabschlusses bei der AG	477

Stichwortverzeichnis 481

Formelsammlung im Anhang des Buches

7 Internes Rechnungswesen

7.1 Ziele des betrieblichen Rechnungswesens

Ziel des betrieblichen Rechnungswesens ist, alle betrieblichen Vorgänge zahlenmäßig zu planen, zu erfassen, zu verarbeiten und zu kontrollieren.

Ziele der Kosten- und Leistungsrechnung	Beispiele
Dokumentation, Kontrolle Mengen- und wertmäßige Erfassung bzw. Überwachung aller im Unternehmen auftretenden Kosten- und Leistungsströme.	■ Ermittlung der Kosten und Leistungen einer Periode. ■ Erfassung der Daten für die Investitions- und Finanzrechnung. ■ Ermittlung des Unternehmens- und Betriebsergebnisses. ■ Bewertung des Vermögens und der Schulden. ■ Ermittlung der Kosten und der betrieblichen Leistungen (Kalkulation). ■ …
Disposition Bereitstellung von Unterlagen für unternehmerische Entscheidungen und Planungsüberlegungen.	Unterlagen für ■ Preis- und Produktpolitik. ■ Eigenfertigung oder Fremdbezug von Produkten. ■ Werbung. ■ mögliche Fertigungsverfahren. ■ Informationsgewinnung, Investitionsentscheidungen. ■ …
Wirtschaftlichkeitskontrolle Erfassung und Zeitvergleich von Bestands- und Erfolgsgrößen, um die Wirtschaftlichkeit und Rentabilität der betrieblichen Prozesse festzustellen.	■ Berechnung von Erfolgskennzahlen wie Rentabilität, Lagerkennzahlen, Kapitalumschlag. ■ Ermittlung der Kostenstruktur und der Kostenentwicklung. ■ Entwicklung der Produktivität. ■ Kontrolle der Geschäftsprozesse durch Soll-Ist-Vergleiche. ■ …
Rechenschaftslegung und Bereitstellung von Informationen Rechenschaftslegung und Lieferung von Informationen über die Vermögens-, Finanz- und Ertragslage des Unternehmens.	■ Veröffentlichung des Jahresabschlusses. ■ Angaben über Auftragslage. ■ Einschätzungen über die Unternehmensentwicklung. ■ Bekanntgabe von Investitionsentscheidungen. ■ …

7.2 Gliederung des betrieblichen Rechnungswesens

Nach dem **Informationsempfänger** unterscheidet man in externes Rechnungswesen und internes Rechnungswesen.

(1) Überblick

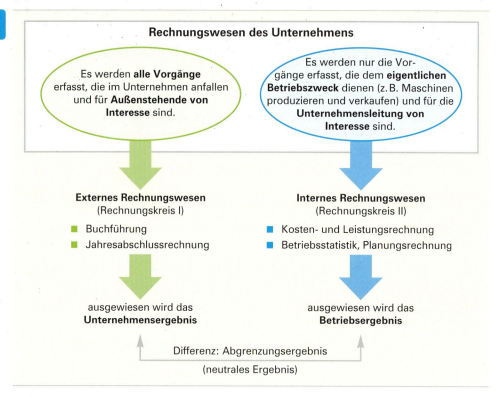

(2) Externes Rechnungswesen

Das externe Rechnungswesen informiert interessierte Außenstehende (z.B. Gesellschafter, Steuerbehörden, Banken, Gerichte) über die Vermögens-, Finanz- und Ertragslage des Unternehmens. Es ist **an gesetzliche Vorschriften gebunden**. Gesetzliche Bestimmungen finden sich insbesondere im HGB, AktG, GmbHG, EStG.

 Das **externe Rechnungswesen** (Rechnungskreis I) umfasst die **Buchführung** und die **Jahresabschlussrechnung.**

Die Buchführung bildet die Grundlage für alle Teilbereiche des Rechnungswesens. Sie erfasst unter Beachtung handels- und steuerrechtlicher Vorschriften unabhängig vom Grund ihres Anfalles **alle Geschäftsvorfälle**. Diese Dokumentation liefert das Zahlenmaterial für den gesetzlich vorgeschriebenen **Jahresabschluss,** der allen Interessenten einen Einblick in die Vermögens-, Finanz- und Ertragslage des Unternehmens verschafft.

(3) Internes Rechnungswesen

Das interne Rechnungswesen dokumentiert alle innerbetrieblichen, zahlenmäßig erfassbare Unternehmensdaten einer Abrechnungsperiode und plant Alternativen für die künftige Unternehmensentwicklung. Die Informationen dienen internen Informationsempfängern (Geschäftsführern, Arbeitnehmervertretung, Mitarbeitern) zur Steuerung und Kontrolle der betrieblichen Abläufe. Sie sind Grundlage für die Produktions-, Absatz-, Investitions- und Finanzplanung. Das interne Rechnungswesen ist **nicht an gesetzliche Vorschriften gebunden**.

Das **interne Rechnungswesen** umfasst die **Kosten- und Leistungsrechnung**, die **Betriebsstatistik** und die **Planungsrechnung**.

Aufgaben des internen Rechnungswesens:

- Erfasst alle **betrieblichen Leistungen** und die hierfür **anfallenden Kosten**.
- Dient als **Grundlage für die Kalkulation** und **Kontrolle der Wirtschaftlichkeit**.
- Ermittelt das **Betriebsergebnis**.
- Stellt **Informationen** für **unternehmerische Entscheidungen** bereit.

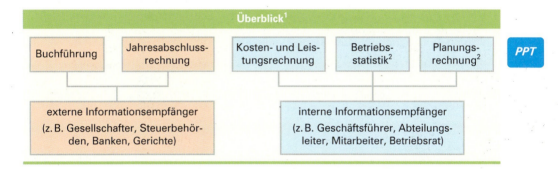

Übungsaufgabe

1 Stoffwiederholung

1. Beschreiben Sie – nach Ihrer Wahl – zwei Ziele des betrieblichen Rechnungswesens!
2. Grenzen Sie die Kosten- und Leistungsrechnung von der Buchführung ab!
3. Das externe und das interne Rechnungswesen haben unterschiedliche Zielsetzungen. Erläutern Sie diese Aussage!

---

1 Quelle: Angelehnt an Steger, I.: Kosten- und Leistungsrechnung, 3. Aufl., München 2001, S. 6.
2 Auf diese Gebiete des Rechnungswesens wird im Folgenden nicht eingegangen.

7.3 Grundbegriffe des betrieblichen Rechnungswesens

Die einzelnen Teilbereiche des betriebswirtschaftlichen Rechnungswesens arbeiten mit unterschiedlichen Rechengrößen:[1]

7.3.1 Auszahlungen und Einzahlungen

Die Summe aus **Kassenbeständen** und jederzeit verfügbaren **Bankguthaben** bezeichnet man als **Zahlungsmittelbestand**. Der Zahlungsmittelbestand ist **Teil des Geldvermögens**.

- Eine **Auszahlung** ist jeder Vorgang, bei dem der Zahlungsmittelbestand abnimmt.

   Beispiele:
   Barkauf von Werkstoffen, Barrückzahlung eines Darlehens, Kassenentnahmen, geleistete Anzahlungen.

- Eine **Einzahlung** ist jeder Vorgang, der zu einer Zunahme des Zahlungsmittelbestandes führt.

   Beispiele:
   Barverkauf von Erzeugnissen, Bareinlage von Gesellschaftern, erhaltene Anzahlungen, Aufnahme eines Barkredits.

7.3.2 Ausgaben und Einnahmen

Ausgaben und Einnahmen verändern das Geldvermögen. Als **Geldvermögen** wird die Summe aus Zahlungsmittelbestand und Bestand an Forderungen[2] abzüglich des Bestandes an Verbindlichkeiten[2] bezeichnet.

   Geldvermögen = Zahlungsmittelbestand + (Forderungen − Verbindlichkeiten)

---

1 Vgl. Wöhe, G.: Einführung in die Allgemeine Betriebswirtschaftslehre, 24. Aufl. 2010, S. 696.
2 Forderungen und Verbindlichkeiten werden hier als Geldforderungen und Geldverbindlichkeiten verstanden. Sachforderungen und Sachverbindlichkeiten werden nicht erfasst.

- Eine **Ausgabe** ist jeder Geschäftsvorfall, der eine **Verminderung des Geldvermögens** hervorruft.

  Ausgabe = Auszahlung + Forderungsabgang + Schuldenzugang

  Beispiele:
  Kauf von Werkstoffen auf Ziel (Schuldenzugang); Eingang einer Leistung, auf die eine Anzahlung geleistet worden war (Forderungsabgang).

- Eine **Einnahme** ist jeder Geschäftsvorfall, der zu einer **Erhöhung des Geldvermögens** führt.

  Einnahme = Einzahlung + Forderungszugang + Schuldenabgang

  Beispiele:
  Verkauf von Waren auf Ziel (Forderungszugang); eine erhaltene Anzahlung eines Kunden wird durch die Lieferung der Leistung an den Kunden aufgehoben (Schuldenabgang).

Überblick[1]

Auszahlungen/Ausgaben		
Auszahlungen keine Ausgaben ①	Auszahlungen = Ausgaben ②	Ausgaben keine Auszahlungen ③
	Ausgaben	

① Bartilgung eines in einer früheren Periode aufgenommenen Kredits
② Kauf von Rohstoffen gegen Barzahlung
③ Betriebsstoffeinkauf auf Ziel (Die Bezahlung erfolgt z.B. nach 30 Tagen)

Einzahlungen/Einnahmen		
Einzahlungen keine Einnahmen ①	Einzahlungen = Einnahmen ②	Einnahmen keine Einzahlungen ③
	Einnahmen	

① Aufnahme eines Kredits
② Verkauf von Fertigerzeugnissen gegen Barzahlung
③ Verkauf von Handelswaren auf Ziel (Zahlungsfrist z.B. 30 Tage)

---

[1] Vgl. Jung, Hans: Allgemeine Betriebswirtschaftslehre, 2. Auflage, München/Wien 1996, S. 994.

7.3.3 Aufwand und Ertrag

Der Begriff **Aufwand** wird in der **Buchführung** verwendet und erfasst **alle Geschäftsvorfälle**, die das **Eigenkapital mindern**. Der Begriff **Ertrag** wird ebenfalls in der **Buchführung** verwendet und erfasst **alle Geschäftsvorfälle**, die das **Eigenkapital erhöhen**. Dabei spielt es keine Rolle, ob die Ursache für die angefallenen Aufwendungen und Erträge in der Verfolgung des eigentlichen Betriebszweckes zu sehen ist oder ob es sich um Aufwendungen und Erträge handelt, die mit der Herstellung und dem Verkauf von Erzeugnissen nicht oder nur mittelbar in einem Zusammenhang stehen.

- **Aufwendungen** sind alle in Geld gemessenen **Wertminderungen des Eigenkapitals** innerhalb einer Abrechnungsperiode.
- **Erträge** sind alle in Geld gemessenen **Wertzugänge des Eigenkapitals** innerhalb einer Abrechnungsperiode.

7.3.4 Kosten und Leistungen

7.3.4.1 Begriffe Kosten, Grundkosten, neutrale Aufwendungen, Zusatzkosten

(1) Kosten

In der Kosten- und Leistungsrechnung werden nur die Aufwendungen erfasst, die ursächlich im Zusammenhang mit der Verfolgung des eigentlichen Betriebszweckes stehen, der bei Industriebetrieben in der Herstellung, der Lagerung und dem Verkauf von Gütern zu sehen ist.

Die **betrieblichen Aufwendungen** bezeichnet man als **Kosten**.

- **Kosten** sind der betriebliche und relativ regelmäßig anfallende Güter- und Leistungsverzehr innerhalb einer Abrechnungsperiode zur Erstellung betrieblicher Leistungen, gemessen in Geld.
- Aus **Sicht der Buchführung** handelt es sich um **betriebliche Aufwendungen (Zweckaufwendungen)**.

(2) Neutrale Aufwendungen und Grundkosten

Die Aufwendungen der Buchführung können betrieblich bedingt sein oder mit dem eigentlichen Betriebszweck nichts zu tun haben.

- Kosten, die **gleichzeitig einen Aufwand** darstellen, nennt man **Grundkosten**.
- **Aufwendungen**, die **nicht betrieblich** bedingt sind oder aus anderen Gründen **nicht als Kosten verrechnet** werden sollen, bezeichnet man als **neutrale Aufwendungen**.

Art der neutralen Aufwendungen	Beispiele
Betriebsfremde Aufwendungen sind alle Aufwendungen, die mit dem eigentlichen Betriebszweck nichts zu tun haben.	Verluste aus Wertpapierverkäufen, Reparaturkosten an nicht betrieblich genutzten Gebäuden, Kursverluste bei Auslandsgeschäften, Abschreibungen auf Finanzanlagen, Aufwendungen aus Beteiligungen.
Periodenfremde Aufwendungen sind Aufwendungen, die zwar betrieblich sind, deren Verursachung aber in einer vorangegangenen Geschäftsperiode liegt.	Steuernachzahlungen, Nachzahlungen von Gehältern, Garantieverpflichtungen für Geschäfte aus dem vorangegangenen Geschäftsjahr.
Außergewöhnliche Aufwendungen sind Aufwendungen, die zwar betrieblich sind, die aber ungewöhnlich hoch oder äußerst selten anfallen.	Verluste aus Enteignungen, Verluste aus nicht durch Versicherungen gedeckten Katastrophenfällen.
Aufwendungen aus einer **Umstrukturierung des Vermögens**.	Verluste aus dem Abgang von Gegenständen des Sachanlagevermögens (Verkauf von Anlagegütern unter dem Buchwert).

■ **Neutrale Aufwendungen** sind Aufwendungen, die in **keinem Zusammenhang mit dem Betriebszweck** stehen, die **nicht in der laufenden Periode** oder aber **unregelmäßig** oder in **außergewöhnlicher Höhe** anfallen.

■ Die neutralen Aufwendungen werden in der **Kosten- und Leistungsrechnung** entweder **gar nicht** oder **nicht** in der in der **Buchführung ausgewiesenen Höhe** berücksichtigt.

(3) Zusatzkosten

Neben der Tatsache, dass es **Aufwendungen** gibt, die **keine Kosten darstellen,** nämlich die neutralen Aufwendungen, gibt es auch **Kosten,** die **keine Aufwendungen** sind. Es handelt sich dabei um die **Zusatzkosten.** Ein Beispiel hierfür ist der **kalkulatorische Unternehmerlohn.**[1]

Zusatzkosten sind Kosten, für die es **keine Aufwendungen** innerhalb der Buchführung gibt **(aufwandslose Kosten).**

Die Abgrenzung der Begriffe Aufwendungen und Kosten kann grafisch wie folgt dargestellt werden:

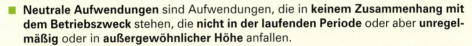

---
1 Zu Einzelheiten siehe S. 28 f.

7.3.4.2 Begriffe Leistungen, Grundleistungen, neutrale Erträge, Zusatzleistungen

(1) Leistungen

In der Kosten- und Leistungsrechnung werden nur die Erträge erfasst, die ursächlich im Zusammenhang mit der Verfolgung des eigentlichen Betriebszweckes stehen, der bei Industriebetrieben in der Herstellung, der Lagerung und dem Verkauf der Güter zu sehen ist.

Die **betrieblichen Erträge (Zweckerträge)** bezeichnet man als **Leistungen**.

- **Leistungen** sind die betrieblichen und relativ regelmäßig anfallenden Wertzugänge gemessen in Geld.
- Aus **Sicht der Buchführung** handelt es sich um **betriebliche Erträge**.

(2) Neutrale Erträge und Grundleistungen

Die Erträge der Buchführung können betrieblich bedingt sein oder mit dem eigentlichen Betriebszweck nichts zu tun haben.

- Die **Leistungen**, die **gleichzeitig einen Ertrag** darstellen, nennt man **Grundleistungen**.
- **Erträge**, die **nicht betrieblich bedingt** sind oder aus anderen Gründen **nicht als Leistungen verrechnet** werden sollen, bezeichnet man als **neutrale Erträge**.

Art der neutralen Erträge	Beispiele
Betriebsfremde Erträge sind alle Erträge, die mit dem eigentlichen Betriebszweck nichts zu tun haben.	Erträge aus Wertpapieren, Zinserträge, Kursgewinne bei Auslandsgeschäften, Erträge aus Vermietung und Verpachtung, Erträge aus Beteiligungen, Erträge aus Finanzanlagen.
Periodenfremde Erträge sind Erträge, die zwar betrieblich sind, deren Verursachung aber in einer vorangegangenen Geschäftsperiode liegt.	Steuerrückerstattungen, Eingang einer bereits abgeschriebenen Forderung.
Außergewöhnliche Erträge sind Erträge, die ungewöhnlich hoch oder äußerst selten sind.	Erträge aus Gläubigerverzicht, Steuererlass, Erträge aus der Auflösung von Rückstellungen.
Erträge aus einer **Umstrukturierung des Vermögens**.	Erträge aus dem Abgang von Vermögensgegenständen (Verkauf von Anlagegütern über dem Buchwert).

- **Neutrale Erträge** sind Erträge, die in keinem Zusammenhang mit dem Betriebszweck stehen, die nicht in der laufenden Periode oder aber unregelmäßig oder in außergewöhnlicher Höhe anfallen.
- Die neutralen Erträge werden in der **Kosten- und Leistungsrechnung** entweder **gar nicht** oder **nicht** in der in **der Buchführung ausgewiesenen Höhe** berücksichtigt.

(3) Zusatzleistungen

Neben der Tatsache, dass es **Erträge** gibt, die **keine Leistungen darstellen,** nämlich die neutralen Erträge, gibt es auch **Leistungen,** die **keine Erträge** sind. Es handelt sich um die **Zusatzleistungen.** Ein Beispiel für Zusatzleistungen sind Verkaufsprodukte, die gespendet oder verschenkt werden.

> **Zusatzleistungen** sind Leistungen, für die es keine Erträge innerhalb der Buchführung gibt **(ertragslose Leistungen).**

Die Abgrenzung der Begriffe Erträge und Leistungen kann grafisch wie folgt dargestellt werden

neutrale Erträge	betriebliche Erträge	
	Grundleistungen	Zusatzleistungen

Zusammenfassung

- **Ziel des Rechnungswesens** ist, alle betrieblichen Vorgänge zu planen, zu erfassen, zu verarbeiten und zu überwachen.

- **Gliederung des Rechnungswesens** nach dem **Informationsempfänger:**
  - **Internes Rechnungswesen**
    (Kosten- und Leistungsrechnung, Betriebsstatistik, Planungsrechnung)
  - **Externes Rechnungswesen**
    (Buchführung, Jahresabschlussrechnung)

-

		GESAMTKOSTEN	
		Grundkosten	**Zusatzkosten**
		Kosten ≙ Aufwand	Kosten, denen kein Aufwand gegenübersteht
Neutraler Aufwand		**Zweckaufwand**	
Aufwand, dem keine Kosten gegenüberstehen	Aufwand, dem Kosten in geringerer Höhe gegenüberstehen	Aufwand ≙ Kosten (betrieblich bedingter Werteverzehr)	
GESAMTAUFWAND			

	GESAMTERTRAG	
Neutraler Ertrag		**Zweckertrag**
Ertrag, dem keine Leistung gegenübersteht	Ertrag, dem Leistung in geringerer Höhe gegenübersteht	Ertrag ≙ Leistung (betrieblich bedingter Wertzugang)
		Grundleistung Leistung ≙ Ertrag	**Zusatzleistung** Leistung, der kein Ertrag gegenübersteht
	GESAMTLEISTUNG	

Übungsaufgabe

2 Grundbegriffe und Zuordnung von Beispielen

1. Zeigen Sie die Beziehungen zwischen Ausgaben und Aufwendungen auf! Bilden Sie zu den einzelnen Beziehungen jeweils ein Beispiel!

2. Zeigen Sie die Beziehungen zwischen Einnahmen und Erträgen auf! Bilden Sie zu den einzelnen Beziehungen jeweils ein Beispiel!

3. Notieren Sie, ob folgende Vorgänge Einnahmen oder Ausgaben darstellen:

    3.1 Kauf von Betriebsstoffen auf Ziel — 14 000,00 EUR
    3.2 Verkauf von Erzeugnissen auf Ziel — 5 200,00 EUR
    3.3 Bareinlage eines Gesellschafters — 10 000,00 EUR
    3.4 Entnahme von Bargeld aus der Kasse für private Zwecke — 2 000,00 EUR
    3.5 Aufnahme eines Barkredits — 8 500,00 EUR
    3.6 Bartilgung eines in einer früheren Rechnungsperiode erhaltenen Bankkredits — 7 200,00 EUR

4. Erläutern Sie, wodurch sich Ausgaben und Einnahmen von Aus- und Einzahlungen unterscheiden!

5. Notieren Sie, welche der Aussage zu den Aufgaben der Kosten- und Leistungsrechnung richtig ist!

    5.1 Durch sie wird der Erfolg des Unternehmens im Geschäftsjahr ermittelt.
    5.2 Sie vergleicht aufbereitete Daten, z. B. das Gesamtergebnis, mit denen anderer Unternehmen der gleichen Branche.
    5.3 Sie bucht Geschäftsvorfälle aufgrund der angefallenen Belege.
    5.4 Sie ermittelt den betrieblichen Erfolg des Geschäftsjahres.
    5.5 Sie hält alle Veränderungen der Vermögens- und Kapitalwerte fest.

6. Beurteilen Sie, bei welchen der genannten buchhalterischen Begriffe es sich um Begriffe der Kostenrechnung handelt!

   Abschreibungen auf Sachanlagen; Kosten für Ausgangsfrachten; Zinsaufwendungen; Umsatzsteuer auf den Verkauf von Erzeugnissen; Arbeitgeberanteil zur Sozialversicherung; Aufwendungen für Handelswaren; Aufwendungen für Roh-, Hilfs- oder Betriebsstoffe; Aufwendungen für Kommunikation.

7. Beurteilen Sie, bei welchen der genannten buchhalterischen Begriffe es sich um Begriffe der Leistungsrechnung handelt!

   Umsatzerlöse für Handelswaren; Provisionserträge; aktivierte Eigenleistungen; Rabatt beim Einkauf von Rohstoffen; Zinserträge; andere sonstige betriebliche Erträge; Erträge aus dem Abgang von Vermögensgegenständen; Erträge aus der Herabsetzung von Rückstellungen; Umsatzerlöse für eigene Erzeugnisse.

8. Ordnen Sie die nachfolgenden Aufwandsarten den betrieblichen oder neutralen Aufwendungen zu!

   Gehaltszahlungen, Aufwendungen für Handelswaren, Verkauf eines Anlagegutes unter dem Buchwert, Abschreibungen auf Sachanlagen, hoher Forderungsausfall durch die Zahlungsunfähigkeit eines Kunden, Aufwendungen für die Altersversorgung der Arbeitnehmer, Verluste durch Brandschäden, die nicht durch eine Versicherung gedeckt sind, Arbeitgeberanteil zur Sozialversicherung, Kursverluste aus einem Exportgeschäft, Mietzahlung für die Garage des Betriebs-Lkw, Aufwendungen für Rohstoffe, Steuernachzahlung für das vergangene Geschäftsjahr, Zahlung der Grundsteuer für das Betriebsgebäude, Zahlung der Gebäudeversicherung für ein nicht betriebsnotwendiges Gebäude.

9. Ordnen Sie die nachfolgenden Ertragsarten den betrieblichen oder neutralen Erträge zu!

   Umsatzerlöse für Waren, Kursgewinne aus einem Importgeschäft, Erträge aus dem Verkauf von Wertpapieren, Zinserträge, unerwarteter Eingang für eine bereits abgeschriebene Forderung, Mietertrag aus der Vermietung eines nicht betrieblich genutzten Gebäudes, Steuerrückvergütung für das vergangene Geschäftsjahr, Umsatzerlöse für eigene Erzeugnisse, Bestandsmehrung an unfertigen Erzeugnissen, Verkauf eines Anlagegutes über dem Buchwert, selbst hergestellte Regale für die Verwendung im eigenen Betrieb.

10. Bilden Sie ein Beispiel für Zusatzkosten!

7.4 Abgrenzung von Aufwendungen, Kosten, Erträgen und Leistungen in einer Abgrenzungsrechnung

7.4.1 Grundstruktur einer Ergebnistabelle

Ziel der Abgrenzungsrechnung ist es, aus den erfassten Aufwendungen und Erträgen der Buchführung, die **Höhe der Kosten und Leistungen** zu ermitteln.

Für die Abgrenzungsrechnung hat sich als übliches Verfahren das sogenannte **Zweikreissystem** durchgesetzt. Die **Buchführung** stellt den **Rechnungskreis I** dar, die **Abgrenzungsrechnung** und die **Kosten- und Leistungsrechnung** den **Rechnungskreis II**. Instrument für die Darstellung der Abgrenzungsrechnung ist die **Ergebnistabelle (Abgrenzungstabelle)**.

Rechnungskreis I			Rechnungskreis II					
Erfolgsbereich			Abgrenzungsbereich				Kosten- und Leistungsrechnung	
Buchführung			unternehmens-bezogene Abgrenzung		kostenrechnerische Korrekturen			
Konten	Aufw.	Erträge	Aufw.	Erträge	Aufw.	Erträge[1]	Kosten	Leistungen
⋮	⋮	⋮	⋮	⋮	⋮	⋮	⋮	⋮
Summen:								
Salden (Ergebnisse):								
	Unternehmens-ergebnis		Ergebnis aus unternehmens-bezogener Abgrenzung		Ergebnis aus kosten-rechnerischen Korrekturen		Betriebs-ergebnis	
			Abgrenzungsergebnis (neutrales Ergebnis)					

Um das Verständnis für die Abgrenzungstechnik zu erleichtern, werden die unternehmensbezogene Abgrenzungsrechnung und die Abgrenzung in Form der kostenrechnerischen Korrekturen zunächst getrennt behandelt und erst danach werden die beiden Stufen zusammengefasst.

---

[1] Die Erträge entstehen durch Einkalkulieren von Anders- und Zusatzkosten in die Verkaufspreise. Zu Einzelheiten siehe S. 29 f.

7.4.2 Unternehmensbezogene Abgrenzungen

Ausgangspunkt für die unternehmensbezogene Abgrenzung der Aufwendungen und Erträge sind die Zahlen der Buchführung. Diese Werte werden **unverändert in den Rechnungskreis I** der Ergebnistabelle übernommen.

Die eigentliche Abgrenzung erfolgt im **Rechnungskreis II**. Dabei werden die Zahlen der Buchführung, die in den Rechnungskreis I übernommen wurden, unter dem Gesichtspunkt betrieblich oder neutral sortiert.

- Die **betrieblichen Aufwendungen (Kosten)** und die **betrieblichen Erträge (Leistungen)** werden in die **Kosten- und Leistungsrechnung** des Rechnungskreises II übertragen.
- Die **neutralen Aufwendungen und Erträge** werden innerhalb des Rechnungskreises II in die Spalte **unternehmensbezogene Abgrenzung** übernommen.

Der Abgrenzung der Kosten von den Aufwendungen und der Leistungen von den Erträgen liegen **vier Grundfälle** zugrunde.

Grundfälle	Beispiele	
① Die Aufwendungen sind gleich hoch wie die Kosten.	Aufwendungen für Büromaterial Kosten für Büromaterial	12 000,00 EUR 12 000,00 EUR
② Die Aufwendungen sind keine Kosten.	Periodenfremde Aufwendungen Kosten	4 000,00 EUR 0,00 EUR
③ Die Erträge sind gleich hoch wie die Leistungen.	Erträge aus Umsatzerlösen Leistungen aus Umsatzerlösen	20 000,00 EUR 20 000,00 EUR
④ Die Erträge sind keine Leistungen.	Andere periodenfremde Erträge Leistungen	1 500,00 EUR 0,00 EUR

Rechnungskreis I			Rechnungskreis II					
Erfolgsbereich			Abgrenzungsbereich				Kosten- und Leistungsrechnung	
Buchführung			unternehmens- bezogene Abgrenzung		kostenrechnerische Korrekturen			
Konten	Aufw.	Erträge	Aufw.	Erträge	Aufw.	Erträge	Kosten	Leistungen
Umsatzerlöse		20 000,00						20 000,00
And. periodenfr. Ertr.		1 500,00		1 500,00				
Büromaterial	12 000,00						12 000,00	
Periodenfr. Aufw.	4 000,00		4 000,00					

Beispiel: Ergebnistabelle mit unternehmensbezogener Abgrenzung

Rechnungskreis I			Rechnungskreis II						
Erfolgsbereich			Abgrenzungsbereich				Kosten- und Leistungsrechnung		
Buchführung			unternehmens- bezogene Abgrenzung		kostenrechnerische Korrekturen				
Konten	Aufw.	Erträge	Aufw.	Erträge	Aufw.	Erträge	Kosten	Leistungen
Umsatzerl. f. eig. Erzeugn.		750 000,00						750 000,00
Periodenfremde Erträge		43 800,00		43 800,00				
Zinserträge		17 950,00		17 950,00				
Aufw. f. Rohstoffe	480 000,00						480 000,00	
Löhne	135 000,00						135 000,00	
Mieten, Pachten	5 610,00						5 610,00	
Büromaterial	48 950,00						48 950,00	
Reisekosten	9 460,00						9 460,00	
Verl. a. d. Abg. v. VG[1]	2 850,00		2 850,00					
Periodenfremde Aufw.	25 750,00		25 750,00					
Summen:	707 620,00	811 750,00	28 600,00	61 750,00			679 020,00	750 000,00
Salden (Ergebnisse):	104 130,00		33 150,00				70 980,00	
	811 750,00	811 750,00	61 750,00	61 750,00			750 000,00	750 000,00
	Unternehmens- ergebnis		Ergebnis aus unternehmens- bezogener Abgrenzung		Ergebnis aus kosten- rechnerischen Korrekturen		Betriebs- ergebnis	

Unternehmens- ergebnis − **Abgrenzungs- ergebnis** = **Betriebs- ergebnis**

104 130,00 EUR − 33 150,00 EUR = 70 980,00 EUR

Erläuterungen zur unternehmensbezogenen Abgrenzung:

- Alle betrieblichen Aufwendungen und betrieblichen Erträge werden im Rechnungskreis II als Kosten und Leistungen in die Kosten- und Leistungsrechnung übernommen (Fall ① und Fall ③). Als Saldo ergibt sich das Betriebsergebnis.

- Die neutralen Aufwendungen und Erträge werden im Rechnungskreis II in die unternehmensbezogene Abgrenzung übernommen und dadurch von der Kosten- und Leistungsrechnung abgegrenzt, weil sie das Betriebsergebnis verfälschen würden (Fall ② und Fall ④).
  Auf das Beispiel bezogen, betrifft das
    - **auf der Ertragsseite**: die **periodenfremden Erträge** sowie die **Zinserträge**.
    - **auf der Aufwandsseite**: die **Verluste aus dem Abgang von Vermögensgegenständen** und die **periodenfremden Aufwendungen**. Der Saldo ergibt das Ergebnis aus unternehmensbezogener Abgrenzung.

---

1 Verluste aus dem Abgang von Vermögensgegenständen liegen dann vor, wenn Vermögensgegenstände unter dem Buchwert verkauft werden (z.B. der Buchwert eines Firmen-Pkw beträgt 17 850,00 EUR. Der Erlös für den Firmen-Pkw beträgt 15 000,00 EUR. Es entsteht ein „Buchverlust" von 2 850,00 EUR).

Übungsaufgabe

3 Unternehmensbezogene Abgrenzungen

Rechnungskreis I			Rechnungskreis II					
Buchführung			Abgrenzungsbereich				Kosten- und Leistungsrechnung	
			unternehmensbezogene Abgrenzung		kostenrechnerische Korrekturen			
Konten	Aufwend.	Erträge	Aufwend.	Erträge	Aufwend.	Erträge	Kosten	Leistungen
UErl. f. eig. Erzeugnisse		1 050 000,00						1 050 000,00
Sonstige Erlöse		3 175,00						3 175,00
Erträge a. d. Abgang v. Vermögensgegenständen		17 500,00		17 500,00				
Erträge a. d. Herabsetzung v. Rückstellungen		8 500,00		8 500,00				
Erträge a. Beteiligungen		25 820,00		25 820,00				
Aufw. f. Rohstoffe	580 510,00						580 510,00	
Löhne/Gehälter	120 750,00						120 750,00	
AG-Anteil z. Sozialvers.	48 690,00						48 690,00	
Abschr. a. Sachanlagen	60 510,00						60 510,00	
Büromaterial	28 525,00						28 525,00	
Versicherungsbeiträge	30 970,00						30 970,00	
Abschr. a. Finanzanlagen	85 480,00		85 480,00					
Summen	955 435,00	1 104 995,00	85 480,00	51 820,00			869 955,00	1 053 175,00

Aufgaben:
1. Erklären Sie, warum die Konten Erträge aus dem Abgang von Vermögensgegenständen, Erträge aus Beteiligungen und Abschreibungen auf Finanzanlagen der unternehmensbezogenen Abgrenzung zuzurechnen sind!
2. Erläutern Sie, warum die Konten Sonstige Erträge, Aufwendungen für Rohstoffe und Versicherungsbeiträge der Kosten- und Leistungsrechnung zuzuordnen sind!
3. Berechnen Sie das Unternehmensergebnis, das Ergebnis aus unternehmensbezogener Abgrenzung sowie das Betriebsergebnis und analysieren Sie die ermittelten Daten!
4. Formulieren Sie für die Berechnung des Unternehmensergebnisses aus dem Ergebnis aus unternehmensbezogener Abgrenzung und dem Betriebsergebnis eine Formel!

7.4.3 Kostenrechnerische Korrekturen

(1) Grundlegendes

Bei der Abgrenzung der Kosten von den Aufwendungen und der Leistungen von den Erträgen können zwei weitere Fälle auftreten:

- Für die **Kosten** fallen in der Buchführung **keine Aufwendungen** an (**Zusatzkosten**).
- Für die **Kosten** fallen in der Buchführung nur **teilweise Aufwendungen** an (**Anderskosten**).

- **Zusatzkosten** sind Kosten, für die es **keine Aufwendungen** innerhalb der Buchführung gibt.
- **Anderskosten** sind Aufwendungen, die in der **Kosten- und Leistungsrechnung** mit einem **anderen Betrag** als in der Buchführung angesetzt werden. Aus **Sicht der Buchführung** handelt es sich um **Andersaufwendungen**.
- **Anderskosten** und **Zusatzkosten** bilden zusammen den Umfang der **kalkulatorischen Kosten**.

(2) Zusatzkosten – dargestellt am Beispiel des kalkulatorischen Unternehmerlohns

Die Arbeit des Unternehmers schlägt sich nicht bei allen Rechtsformen der Unternehmungen als Aufwand in der Buchführung nieder. Ein Einzelunternehmer bzw. der mitarbeitende Gesellschafter einer Personengesellschaft (z.B. OHG-Gesellschafter, Komplementär) erhält für seine Arbeitsleistung kein Gehalt. Sie ist durch den Gewinn abgegolten. Demgegenüber zahlen vergleichbare Unternehmungen aufgrund ihrer Rechtsform (z.B. GmbH) Geschäftsführergehälter, die sich als Aufwand niederschlagen.

Es ist daher – sowohl unter dem Gesichtspunkt einer exakten Kostenerfassung in der KLR als auch unter dem Gesichtspunkt der Vergleichbarkeit der Kostenstrukturen unterschiedlicher Unternehmen – unerlässlich, diese unternehmerische Tätigkeit in Geld zu bemessen und als Kosten zu erfassen. Die Höhe sollte dabei nach dem Leistungseinsatz des Unternehmers bestimmt werden und sich am jeweils bestehenden Lohnniveau ausrichten. Dem kalkulatorischen Unternehmerlohn steht kein Aufwand gegenüber. Er stellt damit Zusatzkosten dar.

Der **kalkulatorische Unternehmerlohn** erfasst bei Einzelunternehmen und Personengesellschaften die Kosten für die Arbeitsleistung der mitarbeitenden Unternehmer.

(3) Anderskosten – dargestellt am Beispiel der kalkulatorischen Abschreibung

Für die **Kosten- und Leistungsrechnung (KLR)** muss die **tatsächliche Wertminderung** angesetzt werden, da ansonsten die Kostenrechnung ungenau wird. Für die Berechnung der Abschreibungshöhe in der **Buchführung** sind dagegen **handelsrechtliche Vorschriften** vorgegeben. Dies bedeutet, dass die Abschreibungsbeträge in erster Linie bestimmt werden durch finanzpolitische Strategien des Gesetzgebers und im Hinblick auf den tatsächlichen Werteverzehr zu hoch oder zu niedrig sein können.

> **Beispiel:**
>
> Ein Kombiwagen mit Anschaffungskosten von 45 000,00 EUR wird buchhalterisch linear über 6 Jahre mit jeweils 16²/₃ % abgeschrieben. Aufgrund der laufenden Preiserhöhungen muss in der Kostenrechnung von den Wiederbeschaffungskosten in Höhe von 51 000,00 EUR abgeschrieben werden. Die bilanzielle Abschreibung beträgt somit 7 500,00 EUR, die kalkulatorische Abschreibung 8 500,00 EUR, sodass zusätzliche Kosten von jährlich 1 000,00 EUR entstehen. Der bilanzielle Restwert des Kombiwagens nach dem ersten Jahr beträgt damit 37 500,00 EUR, der kalkulatorische Restwert 42 500,00 EUR.

Da die Berechnung der Abschreibungshöhe innerhalb der Erfolgsrechnung nach anderen Kriterien vorgenommen wird als in der KLR, muss zwischen **kalkulatorischer** und **bilanzieller Abschreibung** unterschieden werden.

- Die **bilanzielle Abschreibung** wirkt sich in der **Buchführung** aus,
- die **kalkulatorische Abschreibung** in der **Kosten- und Leistungsrechnung**.

Kalkulatorische Abschreibungen sind Kosten, die – unabhängig von gesetzlichen Vorschriften – den **tatsächlichen** Werteverzehr des Anlagevermögens erfassen.

(4) Abgrenzung der Anderskosten und der Zusatzkosten in der Ergebnistabelle[1]

Der Abgrenzung der Anderskosten und der Zusatzkosten in der Ergebnistabelle liegen zwei Grundfälle zugrunde. Sie ergänzen die vier Grundfälle der unternehmensbezogenen Abgrenzung.[2]

Grundfälle	Beispiele	
⑤ Kosten und Aufwendungen fallen nicht in gleicher Höhe an.	bilanzielle Abschreibung	7 300,00 EUR
	kalkulatorische Abschreibung	8 700,00 EUR
⑥ Kosten sind keine Aufwendungen.	Aufwendungen für Unternehmerlohn	0,00 EUR
	kalkulatorischer Unternehmerlohn	40 000,00 EUR

Rechnungskreis I			Rechnungskreis II						
Erfolgsbereich			Abgrenzungsbereich					Kosten- und Leistungsrechnung	
Buchführung			unternehmensbezogene Abgrenzung		kostenrechnerische Korrekturen				
Konten	Aufw.	Erträge	Aufw.	Erträge	Aufw.	Erträge	Kosten	Leistungen
bilanz. Abschreibung	7 300,00				7 300,00	8 700,00	8 700,00	
kalk. Unternehmerl.						40 000,00	40 000,00	

---

[1] Auf die Leistungen, für die keine oder nur teilweise Erträge anfallen, wird im Folgenden nicht eingegangen.
[2] Vgl. hierzu S. 25.

Beispiel: Ergebnistabelle mit kostenrechnerische Korrekturen

Rechnungskreis I			Rechnungskreis II				Kosten- und Leistungsrechnung	
Erfolgsbereich			Abgrenzungsbereich					
Buchführung			unternehmens-bezogene Abgrenzung		kostenrechnerische Korrekturen			
Konten	Aufw.	Erträge	Aufw.	Erträge	Aufw.	Erträge	Kosten	Leistungen
UErl. f. eig. Erzeugn.		547 820,00						547 820,00
Aufw. f. Rohstoffe	230 400,00						230 400,00	
Vertriebsprovisionen	20 320,00						20 320,00	
Fremdinstandhaltung	6 940,00						6 940,00	
Löhne	85 000,00						85 000,00	
Abschr. a. Sachanl.	17 320,00				17 320,00	18 730,00	18 730,00	
Mieten, Pachten	12 500,00						12 500,00	
Büromaterial	46 810,00						46 810,00	
Reisekosten	9 480,00						9 480,00	
Kalk. U.-Lohn						50 000,00	50 000,00	
Summen:	428 770,00	547 820,00		17 320,00	68 730,00		480 180,00	547 820,00
Salden (Ergebnisse):	119 050,00				51 410,00		67 640,00	
	547 820,00	547 820,00			68 730,00	68 730,00	547 820,00	547 820,00
	Unternehmens-ergebnis		Ergebnis aus unternehmens-bezogener Abgrenzung		Ergebnis aus kosten-rechnerischen Korrekturen		Betriebs-ergebnis	

Unternehmens-ergebnis	–	Abgrenzungs-ergebnis	=	Betriebs-ergebnis
119 050,00 EUR	–	51 410,00 EUR	=	67 640,00 EUR

Erläuterungen zu den kostenrechnerischen Korrekturen:[1]

■ **Zu den Anderskosten** ⑤

Sollen die **Abschreibungen** in der KLR anders verrechnet werden, als es dem Betrag von 17 320,00 EUR in der Buchführung entspricht, dann wird zunächst der Betrag der Buchführung in Höhe von 17 320,00 EUR als Aufwand in den Bereich der kostenrechnerischen Korrekturen übernommen.

Der Betrag der kalkulatorischen Abschreibungen in Höhe von 18 730,00 EUR wird als Kosten in der KLR erfasst und als Ertrag bei den kostenrechnerischen Korrekturen. (Der Ertrag wird erwirtschaftet, wenn die Erzeugnisse zumindest zu kostendeckenden Preisen verkauft werden können.)

> Andersaufwendungen > Anderskosten → Differenz = neutrale Aufwendungen
> Andersaufwendungen < Anderskosten → Differenz = kalkulatorische Mehrkosten

---

[1] Für die Zuordnung einzelner Beträge in die beiden Abgrenzungsstufen gibt es keine gesetzlichen Vorschriften. Aus didaktischen Gründen (klare Abgrenzung) ordnen wir alle in der KLR anders zu verrechnenden Beträge der Stufe der kostenrechnerischen Korrekturen zu.

■ **Zu den Zusatzkosten** ⑥

Da es für den **kalkulatorischen Unternehmerlohn** keinen Aufwandsposten in der Buchführung gibt, kann auch kein Aufwand in die kostenrechnerischen Korrekturen übernommen werden. Allerdings kommt der Unternehmerlohn, sofern er kostendeckend in die Preise einkalkuliert und erwirtschaftet wird, als Ertrag wieder in das Unternehmen zurück. Daher erscheint der als Kosten in der KLR zu erfassende Unternehmerlohn in Höhe von 50 000,00 EUR sowohl unter den Kosten in der KLR als auch als Ertrag in der Spalte der kostenrechnerischen Korrekturen.

Überblick[1]

Aufwendungen		
neutraler Aufwand ①	Zweckaufwand = Grundkosten ②	kalk. Kosten Zusatzkosten 3.1 ③ Anderskosten 3.2
	Kosten	

① Spende an eine gemeinnützige Einrichtung
② Rohstoffverbrauch für die Produktion
③ 3.1 Kalkulation eines Unternehmerlohns, der nicht ausbezahlt wird
   3.2 Verrechnung einer kalkulatorisch höheren Abschreibung als bilanziell

Erträge		
neutraler Ertrag ①	Zweckertrag = Grundleistung ②	Zusatzleistungen ③
	Leistungen	

① Erträge aus Spekulationsgeschäften mit Wertpapieren
② Verkauf von Fertigerzeugnissen
③ Neubewertung von Rohstoffen, deren Werte über den Anschaffungskosten liegen.

---

[1] Vgl. Jung, Hans: Allgemeine Betriebswirtschaftslehre, 2.Aufl., München; Wien 1996, S. 995.

Übungsaufgaben

4 Abgrenzung von Aufwendungen und Kosten

1. Erklären Sie den Begriff Anderskosten und nennen Sie ein Beispiel!

2. Erläutern Sie, warum in der KLR kalkulatorische Abschreibungen angesetzt und nicht die in der Buchführung erfassten bilanziellen Abschreibungen übernommen werden!

3. Begründen Sie, warum es unter kostenmäßigen Gesichtspunkten berechtigt ist, für den Einzelunternehmer und für die mitarbeitenden Gesellschafter einer OHG jeweils entsprechende Kosten für deren Arbeitsleistung anzusetzen!

4. Erläutern Sie den Zweck der Verrechnung kalkulatorischer Kosten!

5. Unterscheiden Sie Anderskosten und Zusatzkosten!

6. Bei einer KG wird für die Mitarbeit des Komplementärs ein Unternehmerlohn in der Kalkulation berücksichtigt und über die Umsatzerlöse erwirtschaftet.

   Aufgabe:
   Erläutern Sie die Auswirkungen des einkalkulierten Unternehmerlohns auf das Betriebsergebnis und das Unternehmensergebnis!

7. Am 30. Juli 20.. haben wir einen Lkw angeschafft. Die Anschaffungskosten belaufen sich auf 81 000,00 EUR. Die Nutzungsdauer beträgt 9 Jahre. Es wird linear abgeschrieben.

   In der KLR wird der Lkw von den Wiederbeschaffungskosten abgeschrieben. Die Wiederbeschaffungskosten betragen 95 625,00 EUR. Die Abschreibung erfolgt ebenfalls linear.

   Aufgabe:
   Übertragen Sie das folgende Schema in Ihr Heft und tragen Sie die ermittelten Abschreibungsbeträge ein:

Neutraler Aufwand	Zweckaufwand	Grundkosten	Zusatzkosten

8. 8.1 Ein Industrieunternehmen bucht folgende Beträge:

   Abschreibungen
   bilanzielle Abschreibungen 52 700,00 EUR
   kalkulatorische Abschreibungen 48 900,00 EUR

   Unternehmerlohn
   gezahlter Unternehmerlohn 0,00 EUR
   kalkulatorischer Unternehmerlohn 15 000,00 EUR

   Aufgabe:
   Ermitteln Sie, in welcher Höhe jeweils neutraler Aufwand oder Zweckaufwand entstanden ist bzw. in welcher Höhe Grundkosten oder Zusatzkosten entstanden sind! Verwenden Sie hierzu die folgende Tabelle:

	Buchführung		Kosten- und Leistungsrechnung	
Vorgang	Neutraler Aufwand	Zweckaufwand	Grundkosten	Zusatzkosten

   8.2 Nennen Sie die Voraussetzungen, die erfüllt sein müssen, damit bei der bilanziellen bzw. der kalkulatorischen Abschreibung die reale Kapitalerhaltung gesichert ist!

8.3 Das Emissionsgerät eines Industrieunternehmens mit einer Nutzungsdauer von 8 Jahren wird bilanziell linear von den Anschaffungskosten abgeschrieben. Der Buchwert des Emissionsgeräts am Ende des 1. Nutzungsjahres beträgt 10 937,50 EUR.

Aufgaben:

8.3.1 Ermitteln Sie den Buchwert am Ende des 2. Nutzungsjahres!

8.3.2 Kalkulatorisch wird das Emissionsgerät linear vom Wiederbeschaffungswert abgeschrieben. Die kalkulatorische Nutzungsdauer beträgt 10 Jahre. Für das 2. Nutzungsjahr wird mit einer Preissteigerung von 8 % gerechnet. Berechnen Sie die Höhe der kalkulatorischen Abschreibung für das 2. Nutzungsjahr und ermitteln Sie den Wertansatz des Emissionsgeräts in der KLR am Ende des 2. Nutzungsjahres!

8.4 Nennen und erklären Sie Kriterien, nach denen die bilanzielle von der kalkulatorischen Abschreibung abgegrenzt werden kann!

9. Ein Industriebetrieb weist in der Ergebnistabelle folgende kostenrechnerische Korrekturen auf:

	Kostenrechnerische Korrekturen	
	Aufwendungen	Erträge
Abschreibung auf das Betriebsgebäude	42 000,00	63 000,00
Abschreibung auf technische Anlagen	252 000,00	189 000,00
Unternehmerlohn		234 000,00
	294 000,00	486 000,00

Aufgaben:

9.1 Ermitteln Sie das Betriebsergebnis, wenn keine unternehmensbezogene Abgrenzungen vorgenommen werden mussten! Das festgestellte Unternehmensergebnis beträgt 717 000,00 EUR.

9.2 Erläutern Sie, unter welchen Voraussetzungen die kalkulatorischen Kosten zu betrieblichen Erträgen (Leistungen) werden!

9.3 Geben Sie für die Anderskosten der beiden Abschreibungsposten jeweils die Höhe der Grundkosten und neutralen Aufwendungen bzw. Zusatzkosten an!

9.4 Begründen Sie, warum Abschreibungen weder zu Auszahlungen noch zu Ausgaben führen!

10. Erläutern Sie, warum neben der Buchführung eine Kosten- und Leistungsrechnung erforderlich ist!

5 Kostenrechnerische Korrekturen

Rechnungskreis I			Rechnungskreis II					
Buchführung			Abgrenzungsbereich				Kosten- und Leistungsrechnung	
			unternehmensbezogene Abgrenzung		kostenrechnerische Korrekturen			
Konten	Aufwend.	Erträge	Aufwend.	Erträge	Aufwend.	Erträge	Kosten	Leistungen
UErl. f. eigene Erzeugnisse		470 000,00						470 000,00
Aufw. f. Rohstoffe	300 000,00						300 000,00	
Löhne/Gehälter	100 000,00						100 000,00	
Abschr. a. Sachanlagen	20 000,00		20 000,00			35 000,00	35 000,00	
Mieten, Pachten	2 000,00						2 000,00	
Reisekosten	4 000,00						4 000,00	
Kfz-/Verb.Steuer	30 000,00						30 000,00	
Sonstige betriebl. Steuern	15 000,00						15 000,00	
Zusatzkosten								
Kalk. Unternehmerlohn						12 000,00	12 000,00	
Summen	471 000,00	470 000,00	20 000,00			47 000,00	498 000,00	470 000,00

Aufgaben:

1. Erläutern Sie, warum die Abschreibungen auf Sachanlagen sowie der kalkulatorische Unternehmerlohn den kostenrechnerischen Korrekturen zuzurechnen sind!
2. Berechnen Sie das Unternehmensergebnis, das Ergebnis aus kostenrechnerischen Korrekturen sowie das Betriebsergebnis und analysieren Sie die ermittelten Daten!

6 Kostenrechnerische Korrekturen

Das Industrieunternehmen Schöndorfer & Wörz KG weist folgende Werte aus der Ergebnisrechnung auf:

Umsatzerlöse für eigene Erzeugnisse	657 384,00
Aufwendungen für Rohstoffe	276 480,00
Vertriebsprovisionen	24 384,00
Fremdinstandhaltung	8 328,00
Löhne	102 000,00
Abschreibungen auf Sachanlagen	20 784,00
Mieten, Pachten	15 000,00
Büromaterial	56 172,00
Reisekosten	11 376,00

Angaben für kostenrechnerische Korrekturen:

– Statt der bilanziellen Abschreibung in Höhe von 20 784,00 EUR sollen kalkulatorische Abschreibungen in Höhe von 22 476,00 EUR in Ansatz gebracht werden.
– Für die Abgeltung der Arbeitskraft des Komplementärs wird mit einem kalkulatorischen Unternehmerlohn in Höhe von 60 000,00 EUR gerechnet.

Aufgaben:

1. Geben Sie die jeweilige Höhe der Anderskosten für die Abschreibung und der Zusatzkosten für den Unternehmerlohn an und bestimmen Sie die Höhe der kalkulatorischen Mehrabschreibung!
2. Ermitteln Sie das Unternehmensergebnis, das Abgrenzungsergebnis (Ergebnis der kostenrechnerischen Korrekturen) und das Betriebsergebnis!

7.4.4 Darstellung einer Ergebnistabelle mit unternehmensbezogener Abgrenzung und kostenrechnerischen Korrekturen

Rechnungskreis I			Rechnungskreis II				Kosten- und Leistungsrechnung	
Erfolgsbereich			Abgrenzungsbereich					
Buchführung			unternehmens-bezogene Abgrenzung		kostenrechnerische Korrekturen			
Konten	Aufw.	Erträge	Aufw.	Erträge	Aufw.	Erträge	Kosten	Leistungen
UErl. f. eig. Erz.		1 297 820,00						1 297 820,00
Periodenfr. Erträge		43 800,00		43 800,00				
Zinserträge		17 950,00		17 950,00				
Aufw. f. Rohstoffe	710 400,00						710 400,00	
Vertriebsprovisionen	20 320,00						20 320,00	
Fremdinstandhaltung	6 940,00						6 940,00	
Löhne	220 000,00						220 000,00	
Abschr. a. Sachanl.	17 320,00				17 320,00	18 730,00	18 730,00	
Mieten, Pachten	18 110,00						18 110,00	
Büromaterial	95 760,00						95 760,00	
Reisekosten	18 940,00						18 940,00	
Verl. a. d. Abg. v. VG	2 850,00		2 850,00					
Periodenfr. Aufw.	25 750,00		25 750,00					
Kalk. U.-Lohn						50 000,00	50 000,00	
Summen:	1 136 390,00	1 359 570,00	28 600,00	61 750,00	17 320,00	68 730,00	1 159 200,00	1 297 820,00
Salden (Ergebnisse):	223 180,00		33 150,00		51 410,00		138 620,00	
	1 359 570,00	1 359 570,00	61 750,00	61 750,00	68 730,00	68 730,00	1 297 820,00	1 297 820,00
	Unternehmens-ergebnis		Ergebnis aus unternehmens-bezogener Abgrenzung		Ergebnis aus kosten-rechnerischen Korrekturen		Betriebs-ergebnis	

Unternehmens-ergebnis	–	Abgrenzungs-ergebnis[1]	=	Betriebs-ergebnis
223 180,00 EUR	–	84 560,00 EUR	=	138 620,00 EUR

---

1 Ergebnis unternehmensbezogene Abgrenzung (Gewinn)   33 150,00 EUR
   + Ergebnis kostenrechnerische Korrekturen (Gewinn)   51 410,00 EUR
   = Abgrenzungsergebnis   84 560,00 EUR

Übungsaufgabe

7 Analyse von Ergebnistabellen

1.

Rechnungskreis I			Rechnungskreis II					
Buchführung			Abgrenzungsbereich				Kosten- und Leistungsrechnung	
			unternehmensbezogene Abgrenzung		kostenrechnerische Korrekturen			
Konten	Aufwend.	Erträge	Aufwend.	Erträge	Aufwend.	Erträge	Kosten	Leistungen
UErl. f. eigene Erzeugnisse		1 420 000,00						1 420 000,00
Bestandsmehrung UE		80 700,00						80 700,00
Aktivierte Eigenleistungen		15 500,00						15 500,00
Periodenfr. Erträge		8 500,00		8 500,00				
Ertr. a. Beteiligungen		28 000,00		28 000,00				
Zinserträge		5 100,00		5 100,00				
Aufw. f. Rohstoffe	767 900,00						767 900,00	
Frachten u. Fremdlager	31 500,00						31 500,00	
Löhne/Gehälter	204 400,00		24 300,00				180 100,00	
Arbeitgeberanteil z. SV	84 370,00		4 680,00				79 690,00	
Abschr. a. Sachanlagen	65 300,00				65 300,00	84 600,00	84 600,00	
Leasing	28 910,00						28 910,00	
Büromaterial	48 700,00						48 700,00	
Versicherungsbeiträge	18 800,00						18 800,00	
Abschr. a. Finanzanlagen	24 600,00		24 600,00					
Gewerbesteuer	32 850,00		28 000,00				4 850,00	
Kapitalertragssteuer	1 900,00		1 900,00					
Zusatzkosten								
Kalk. Unternehmerlohn						34 000,00	34 000,00	
Summen	1 309 230,00	1 557 800,00	83 480,00	41 600,00	65 300,00	118 600,00	1 279 050,00	1 516 200,00

Aufgabe:

Berechnen Sie das Unternehmensergebnis, das Ergebnis aus unternehmensbezogener Abgrenzung, das Ergebnis aus kostenrechnerischen Korrekturen sowie das Betriebsergebnis und analysieren Sie die ermittelten Daten!

2. Die Gesellschafter der Gebrüder Bauer Instrumentenbau OHG planen eine Umstrukturierung des Rechnungswesens. Die sachliche Abgrenzung soll künftig mithilfe einer Ergebnistabelle vorgenommen werden. Für das laufende Geschäftsjahr enthält die Ergebnistabelle folgende Daten (Zahlen in Tsd. EUR):

	Rechnungskreis I			Rechnungskreis II				
	Erfolgsbereich			Abgrenzungsbereich			Kosten- und Leistungsrechnung	
	Buchführung			unternehmensbezogene Abgrenzung		kostenrechnerische Korrekturen		
Konten	Aufwend.	Erträge		Aufwend.	Erträge	Aufwend.	Erträge	Kosten	Leistungen
UErl. f. eig. Erz.		4 400							4 400
Bestandsveränd. FE/UE		500							500
Zinserträge		280			280				
Personalaufwend.	2 600							2 600	
Aufw. f. Roh-, Hilfs- u. Betriebsstoffe	1 000							1 000	
Abschreib. a. Sachanlagen	700					700	660	660	
Periodenfremde Aufw.	50			50					
Sonst. Aufwendungen	600			200				400	
Kalk. Unternehmerlohn							300	300	
Summe	4 950	5 180		250	280	700	960	4 960	4 900
Ergebnisse	230			30		260			60
	5 180	5 180		280	280	960	960	4 960	4 960

Aufgaben:

2.1 Erläutern Sie ausführlich für die Abschreibungen auf Sachanlagen, warum der im Rechnungskreis I ausgewiesene Wert von dem im Rechnungskreis II abweicht!

2.2 Die sonstigen Aufwendungen sind ein Sammelposten für verschiedene Vorgänge. Zeigen Sie anhand zweier Geschäftsvorfälle die Ursache für die Abweichungen zwischen den Beträgen der Buchführung und der Kosten- und Leistungsrechnung auf!

2.3 Begründen Sie, warum für den kalkulatorischen Unternehmerlohn im Rechnungskreis I kein Betrag ausgewiesen ist, jedoch im Rechnungskreis II!

2.4 Bei der Besprechung des Jahresergebnisses im Gesellschafterkreis fallen folgende Äußerungen:
  – „Der Betrieb arbeitet unwirtschaftlich."
  – „Für die Gesellschafter hat sich das letzte Geschäftsjahr überhaupt nicht gelohnt."
  – „Die Gewinnsituation war im letzten Geschäftsjahr ganz ausgezeichnet. Für die Gesellschafter gibt es keinen Anlass zur Kritik."

Nehmen Sie zu jeder dieser Äußerungen unter Beachtung der Ergebnistabelle begründet Stellung!

7.5 Kostenartenrechnung

Die **Kostenartenrechnung** hat die Aufgabe, alle Kosten einer Abrechnungsperiode nach Arten eindeutig, periodengerecht und vollständig zu erfassen.

7.5.1 Fixe und variable Kosten

7.5.1.1 Begriffe fixe und variable Kosten

Betrachtet man die Gesamtkosten einer Geschäftsperiode, so stellt man fest, dass sich ein Teil der Kosten bei einer Veränderung der Ausbringungsmenge nicht verändert, andere Kosten sich jedoch verändern. Es sind daher zwei Arten von Kosten zu unterscheiden: die **fixen Kosten** und die **variablen Kosten**.

■ **Fixe Kosten**

Fixe Kosten (K_{fix}) sind Kosten, die sich bei Änderung der Ausbringungsmenge in ihrer **absoluten Höhe nicht verändern**.

Beispiele:

Miete, Gehälter der Angestellten, Abschreibungen, Versicherungsbeiträge, Grundsteuern.

Fixe Kosten fallen an, unabhängig davon, ob und wie viel ein Unternehmen produziert. Man nennt sie daher auch **Kosten der Betriebsbereitschaft**.

■ **Variable Kosten**

Variable Kosten (K_v) sind die Kosten, die sich bei Änderung der Ausbringungsmenge in ihrer **absoluten Höhe verändern**.

Beispiele:

Leistungsabhängige Löhne, Verbrauch von Werkstoffen, Treibstoffen, Büromaterial, Versicherungsbeiträge, Reparaturen.

■ **Gesamtkosten**

Die Gesamtkosten (K) eines Unternehmens setzen sich zusammen aus den gesamten Fixkosten und den gesamten variablen Kosten:

$$K = K_{fix} + K_v$$

Die variablen Gesamtkosten werden berechnet: variable Kosten je Stück (k_v) · Stückzahl:

$$K_v = k_v \cdot x$$

Die Formel zur Berechnung der Gesamtkosten **(Kostenfunktion)** lautet:

$$K = K_{fix} + k_v \cdot x$$

7.5.1.2 Kostenauflösung

Neben Kosten, die in vollem Umfang fix bzw. variabel sind, gibt es Kosten, die sich aus fixen **und** variablen Kosten zusammensetzen. Die **Aufgabe der Kostenauflösung** besteht darin, Kosten, die fixe und variable Kostenbestandteile enthalten **(Mischkosten)**, in ihre fixen und variablen Kostenbestandteile zu trennen. Zur Trennung genügt es – unter der **Annahme eines linearen Gesamtkostenverlaufs** –, die Gesamtkosten von mindestens zwei Ausbringungsmengen zu kennen.

> **Beispiel:**
>
> In einem Industriebetrieb fielen in den Monaten Oktober und November folgende Ausbringungsmengen und Gesamtkosten an:
>
> | Monat | Ausbringungsmenge | Gesamtkosten |
> |---|---|---|
> | Oktober | 800 Stück | 34 000,00 EUR |
> | November | 1 000 Stück | 40 000,00 EUR |
>
> Die Kapazitätsgrenze liegt bei 1 200 Stück.
>
> **Aufgabe:**
> Berechnen Sie die variablen Stückkosten und die fixen Gesamtkosten in den beiden Monaten!

Lösung:

Die Zunahme der Kosten im Monat November um 6 000,00 EUR bei einer Erhöhung der Ausbringungsmenge um 200 Stück kann nur auf einen Anstieg des variablen Teils der Gesamtkosten zurückzuführen sein.

Unter der Annahme eines linearen Gesamtkostenverlaufs können die variablen Stückkosten wie folgt errechnet werden:

Berechnung der variablen Stückkosten (k_v):

$$\text{Variable Stückkosten } (k_v) = \frac{K_2 - K_1}{x_2 - x_1} \text{ oder } \frac{\text{Kostendifferenz } (\Delta K)}{\text{Mengenänderung } (\Delta x)}$$

$$= \frac{40\,000 - 34\,000}{1\,000 - 800} = \frac{6\,000}{200} = \underline{\underline{30{,}00 \text{ EUR/Stück}}}$$

Berechnung der fixen Gesamtkosten (K_{fix}):

$$\text{Fixe Gesamtkosten} = \text{Gesamtkosten} - (\text{Ausbringungsmenge} \cdot \text{variable Stückkosten})$$

$$= 34\,000{,}00 \text{ EUR} - (800 \text{ Stück} \cdot 30{,}00 \text{ EUR/Stück}) = \underline{\underline{10\,000{,}00 \text{ EUR}}}$$

Probe:

Gesamtkosten bei 1 000 Stück:

$K = K_{fix} + k_v \cdot x$
$K = 10\,000{,}00 + 30{,}00 \cdot 1\,000 = \underline{\underline{40\,000{,}00 \text{ EUR}}}$

Ergebnis:

Die variablen Stückkosten betragen 30,00 EUR, die fixen Gesamtkosten 10 000,00 EUR.

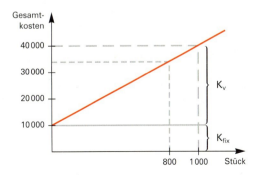

> **Übungsaufgabe**

8 Kostenverlauf, Gesamtbetrachtung

Die Allgäuer Wollwerke GmbH haben für einen Zweigbetrieb eine lineare Kostenstruktur ermittelt:

Die Fixkosten betragen 45 000,00 EUR/Monat. Die Gesamtkosten belaufen sich bei einer Produktionsmenge von 5 000 Einheiten auf 85 000,00 EUR.

Aufgaben:

1. Berechnen Sie die Gesamtkosten! Verwenden Sie dazu die angegebene Tabelle!
2. Nennen Sie die Kostenfunktion!
3. Ermitteln Sie die Gesamtkosten, wenn die Allgäuer Wollwerke GmbH für den kommenden Monat eine Produktionsmenge von 3 800 m Kleiderstoffe planen!

Excel Vorlage

Kleiderstoffe (Produktionsmenge in m)	K_{fix}	K_v	K
1 000			
2 000			
3 000			
4 000			
5 000			

7.5.1.3 Kapazität und Beschäftigungsgrad

Jedes Unternehmen ist bezüglich seiner räumlichen, technischen und personellen Ausstattung auf eine bestimmte Ausbringungsmenge festgelegt. Diese Ausbringungsmenge je Zeiteinheit (Tag, Monat, Jahr) nennt man **Kapazität**. Von der Kapazität ist die tatsächliche Ausbringungsmenge zu unterscheiden, die man in einem Prozentsatz zur Kapazität angibt. Diesen Prozentsatz nennt man **Beschäftigungsgrad**.

- **Kapazität** ist die Ausbringungsmenge, die bei gegebener Ausstattung erreichbar ist.[1] An der Kapazitätsgrenze beträgt der Beschäftigungsgrad 100 %.

- Der **Beschäftigungsgrad (Kapazitätsausnutzungsgrad)** drückt das prozentuale Verhältnis der tatsächlichen Ausbringungsmenge **(Beschäftigung)** zur Kapazität aus.

$$\text{Beschäftigungsgrad} = \frac{\text{tatsächliche Ausbringungsmenge} \cdot 100}{\text{Kapazität}}$$

Beispiel:

Die Kapazität beträgt pro Monat 8 000 Stück eines Erzeugnisses. Im Monat Mai betrug die tatsächliche Ausbringungsmenge 6 000 Stück.

Aufgabe:
Berechnen Sie den Beschäftigungsgrad in Prozent!

Lösung:

$$\text{Beschäftigungsgrad} = \frac{6\,000 \cdot 100}{8\,000} = \underline{\underline{75\,\%}}$$

---

[1] Unter **Kapazität** versteht man die technisch bedingte obere Leistungsgrenze eines Betriebes, also die höchste Ausbringungsmenge (maximale Beschäftigung).

7.5.1.4 Kostenverläufe bei fixen und variablen Kosten

(1) Kostenverläufe bei fixen Kosten

■ **Absolut fixe Kosten**

Gesamtbetrachtung. Absolut fixe Kosten (K_{fix}) verändern sich von der Ausbringungsmenge 0 bis zur Kapazitätsgrenze nicht.

> **Beispiele:**
> Miete, Abschreibungen, Gehälter.

Stückbetrachtung. Bezieht man die angefallenen Fixkosten auf ein einzelnes Stück (k_{fix}) und untersucht, wie sich deren Höhe bei unterschiedlicher Ausbringungsmenge ändert, so ergibt sich folgender Zusammenhang: Erhöht man die Ausbringungsmenge (der Beschäftigungsgrad nimmt zu), dann verteilt sich der konstant hohe Block an Fixkosten auf eine größere Ausbringungsmenge, d.h., die Fixkosten pro Stück sinken (**Fixkostendegression**). Eine sinkende Ausbringungsmenge hat die entsprechend umgekehrte Wirkung.

$$\text{Fixkosten je Leistungseinheit } (k_{fix}) = \frac{\text{Fixkosten der Periode } (K_{fix})}{\text{Ausbringungsmenge}}$$

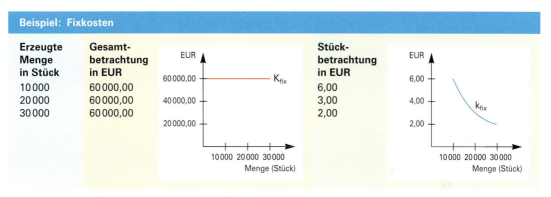

Schlussfolgerung: Ausbringungsmenge und Fixkosten pro Stück verlaufen zueinander in entgegengesetzter Richtung.

■ **Relativ fixe Kosten (sprungfixe Kosten)**

Die relativ fixen Kosten (sprungfixe Kosten) bleiben nur innerhalb einer bestimmten Ausbringungsmenge konstant.

Soll die Ausbringungsmenge gesteigert werden, dann erreicht sie irgendwann einen Punkt, von dem ab sie mit der vorhandenen technischen Ausstattung bzw. den beschäftigten Mitarbeitern nicht mehr erhöht werden kann. Es müssen neue Maschinen gekauft, zusätzliche Mitarbeiter eingestellt und/oder eine neue Fabrikhalle angemietet werden. In diesem Fall erhöhen sich die fixen Kosten sprunghaft. Die zusätzlich entstehenden Kosten nennt man **sprungfixe Kosten (intervallfixe Kosten)**.

Beispiel: sprungfixe (intervallfixe) Kosten

Erzeugte Menge in Stück	Gesamt- betrachtung in EUR	Stück- betrachtung in EUR
10 000	60 000,00	6,00
20 000	60 000,00	3,00
30 000	60 000,00	2,00
40 000	120 000,00	3,00
50 000	120 000,00	2,40

- Die absolut fixen Kosten bleiben bis zur Kapazitätsgrenze trotz Änderung der Ausbringungsmenge absolut gleich.
- Wird die bisherige Kapazitätsgrenze überschritten, springen die absolut fixen Kosten auf ein neues Niveau.
- Die auf eine Leistungseinheit umgerechneten fixen Kosten verringern sich bei steigender Ausbringungsmenge und erhöhen sich bei rückläufiger Ausbringungsmenge.

Nutzkosten und Leerkosten

Wird aufgrund geringer Beschäftigung die Kapazität nur teilweise genutzt, gliedern sich die fixen Kosten in Nutzkosten und Leerkosten auf.

Nutzkosten	Ist der Teil der Fixkosten, der bei gegebener Kapazitätsausnutzung „in Anspruch" genommen wird, d. h. **Fixkosten der genutzten Kapazität**.
Leerkosten	Sind die **Fixkosten der nicht genutzten Kapazität**.

Beispiel:

In einem Unternehmen betragen die Fixkosten einer Maschine 45 000,00 EUR. Die Kapazität der Maschine ist zu 75 % ausgelastet.

Aufgabe:
Berechnen Sie Nutzkosten und die Leerkosten!

Lösung:

Nutzkosten: $\dfrac{45\,000,00 \text{ EUR} \cdot 75}{100} = \underline{33\,750,00 \text{ EUR}}$

Leerkosten: 45 000,00 EUR − 33 750,00 EUR = $\underline{11\,250,00 \text{ EUR}}$

Die Leerkosten machen deutlich, welcher Anteil der Fixkosten nicht genutzt wird. Sie belasten das Betriebsergebnis unnötig.

(2) Kostenverläufe bei variablen Kosten

Hinweis:

- Die Kostenveränderung kann im gleichen Verhältnis wie die Ausbringungsmenge (**proportionale Kosten**), in einem geringeren Verhältnis (**unterproportionale, degressive Kosten**) oder in einem stärkeren Verhältnis (**überproportionale, progressive Kosten**) erfolgen.
- Aufgrund des Lehrplans werden nur die **proportional variablen Kosten** betrachtet. Im Folgenden wird daher nur der Begriff **variable Kosten** verwendet.

Gesamtbetrachtung. Die variablen Kosten (K_v) verändern sich im gleichen Verhältnis wie die Ausbringungsmenge.

Stückbetrachtung. Bezieht man die Summe der variablen Kosten einer Periode auf eine Leistungseinheit (k_v), dann ist der Anteil, der auf eine Leistungseinheit entfällt, bei jeder Ausbringungsmenge gleich hoch.

Beispiele:

Leistungsabhängige Löhne, Verbrauch von Werkstoffen, Treibstoffen, Büromaterial, Versicherungsbeiträge, Reparaturen.

$$\text{Variable Kosten je Leistungseinheit } (k_v) = \frac{\text{Summe der variablen Kosten } (K_v)}{\text{Ausbringungsmenge}}$$

Beispiel: variable Kosten (mit proportionalem Verlauf)

Erzeugte Menge in Stück	Gesamtbetrachtung in EUR		Stückbetrachtung in EUR	
10 000	50 000,00		5,00	
20 000	100 000,00		5,00	
30 000	150 000,00		5,00	

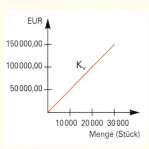
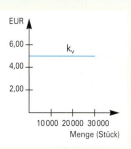

- In der Gesamtbetrachtung verändern sich die variablen Kosten im gleichen Verhältnis wie die Ausbringungsmenge.
- Auf eine Leistungseinheit (z. B. auf ein Stück) bezogen, bleiben die variablen Kosten bei jeder Ausbringungsmenge gleich hoch (konstant).

(3) Gesamtkostenverlauf

- **Grundlegendes**

Wird ein proportionaler Verlauf der variablen Kosten angenommen, steigen die Gesamtkosten mit jeder weiteren Einheit jeweils um die konstanten variablen Stückkosten. Sie geben die Steigung der Gesamtkostenkurve an. Da der Verlauf der Steigung konstant ist, verläuft die Gesamtkostenkurve linear.

- Die mit der Änderung (Zu- oder Abnahme) um eine Einheit verbundene Kostenänderung nennt man **Grenzkosten**. Sie kennzeichnen die Steigung der Gesamtkostenkurve.
- Bei linearem Verlauf der Gesamtkosten entsprechen die **Grenzkosten** den **variablen Kosten je Einheit**.

Die Gesamtkostenkurve hat ihren **Ursprung auf der Höhe der Fixkosten** und steigt mit zunehmender Ausbringungsmenge proportional an.

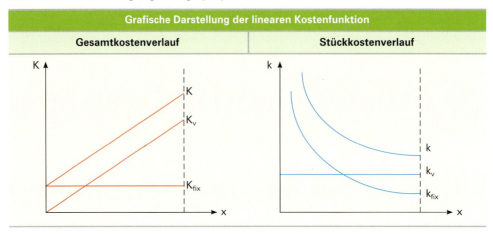

Kostenremanenz

Geht die Ausbringungsmenge in einer Unternehmung zurück, müssten theoretisch auch die Gesamtkosten entsprechend sinken. In der Praxis bleibt der Kostenabbau jedoch hinter dem Rückgang der Ausbringungsmenge zurück. Diesen Sachverhalt nennt man **Kostenremanenz**.[1]

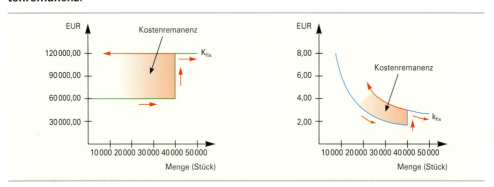

Bei den **fixen Kosten** sind hierfür insbesondere folgende **Gründe** verantwortlich:

- Einhalten der gesetzlichen Kündigungsbestimmungen und Tarifverträge für Arbeitnehmer, Sozialpläne, Abfindungszahlungen.

---

1 remanent (lat.): zurückbleibend.

- Einhalten von Abnahmeverpflichtungen im Beschaffungsbereich.
- Verzögerungen beim Verkauf von stillgelegten Anlagen und Maschinen.
- Erhöhte Lagerkosten bei Absatzstockungen.
- Bindung an Grundmietzeit, falls Produktionsanlagen geleast werden.

Folgen der Kostenremanenz:

- Die Gesamtkostenkurve mit steigender Ausbringungsmenge hat einen anderen Kostenverlauf als bei abnehmender Ausbringungsmenge.
- Die Stückkosten steigen bei rückläufiger Ausbringungsmenge erheblich an.
- Die Unternehmung wird daran gehindert, dem sinkenden Absatz durch Preissenkungen entgegenzuwirken. Unter Umständen wird die Unternehmung zur Kostendeckung sogar dazu gezwungen, die Preise zu erhöhen.

Übungsaufgaben

9 Beschäftigungsgrad, Gesamtkosten, Stückkosten

Die Kapazität für die Produktion von Auspuffanlagen in einem Autozulieferbetrieb beträgt je Monat 15 000 Stück (100 % Auslastung). Die variablen Gesamtkosten je Monat betragen 945 000,00 EUR. Der Fixkostenanteil je Stück beträgt bei einer Kapazitätsauslastung von 80 % 52,00 EUR.

Aufgaben:
1. Ermitteln Sie die monatlichen Gesamtkosten sowie die monatlichen Stückkosten bei den angegebenen Beschäftigungsgraden! Verwenden Sie eine Tabelle!
2. Erläutern Sie den Verlauf der Stückkosten!
3. Stellen Sie dar, wie sich der Gewinn des Autozulieferbetriebs bei konstantem Verkaufspreis entwickelt!

10 Kostenverläufe

Aus der Kosten- und Leistungsrechnung eines Industrieunternehmens sind die nebenstehenden typischen Kostenverläufe entnommen:

verkaufte Menge	(1) fixe Kosten		(2) variable Kosten	
	gesamt	Stück	gesamt	Stück
0	400,00		–	
100	400,00		50,00	
200	400,00		100,00	
300	400,00		150,00	
400	400,00		200,00	
500	400,00		250,00	
600	400,00		300,00	

Aufgaben:
1. Übertragen Sie die Tabelle in Ihr Heft und berechnen Sie die Stückkosten!
2. Nennen Sie je zwei Beispiele für die aufgeführten Kostenverläufe!
3. Stellen Sie den Verlauf der beiden Kostenarten (Gesamtkosten und Stückkosten) jeweils in einem Koordinatensystem grafisch dar!

11 Fixe und sprungfixe Kosten

1. Ein Stahlwerk produziert mit zwei großen Fertigungsmaschinen täglich 195 Tonnen Stahlträger. Die Tagesleistung jeder Maschine beträgt 97,5 Tonnen. Die Investition der zweiten Maschine war erst erfolgt, nachdem die Auftragseingänge die Grenze von 97,5 Tonnen je Tag deutlich überschritten hatten. Infolge des plötzlichen Ausbleibens der Aufträge eines Großabnehmers geht die Tagesproduktion des Betriebs auf 97,5 Tonnen zurück.

    Aufgaben:

    1.1 Skizzieren Sie den Verlauf der fixen Maschinenkosten (Ausbringung 0 – 195 Tonnen je Tag) bei
        1.1.1 Gesamtkostenbetrachtung,
        1.1.2 Stückkostenbetrachtung!
    1.2 Nennen Sie den Fachbegriff für einen derartigen Fixkostenverlauf!

2. Begründen Sie an einem Beispiel die Entstehung von Sprungkosten!

3. Bei modernen Industriebetrieben ist der Anteil der fixen Kosten an den Gesamtkosten in der Regel hoch.

    Aufgaben:

    3.1 Erklären Sie, worauf dieser Sachverhalt zurückzuführen ist!
    3.2 Begründen Sie, warum diese Unternehmen verstärkt darauf achten müssen, dass die Anlagen stets gut ausgelastet sind!

12 Kostenanalyse, Berechnung der Ausbringungsmenge bei vorgegebenem Verkaufspreis

1. Ein kleiner Industriebetrieb will eine Analyse seiner Kosten durchführen. Folgende Zahlenwerte liegen vor:

Ausbringungsmenge	K_{fix}	K_v	K	k_{fix}	k_v	k
0	2 000,00	–				
100		400,00				
200		800,00				
300		1 200,00				
400		1 600,00				
500		2 000,00				

Aufgaben:

1.1 Berechnen Sie die fehlenden Werte in der Tabelle!
1.2 Nennen Sie je drei Beispiele für absolut fixe Kosten und variable Kosten!
1.3 Erklären Sie die Ursache für den Verlauf von k!
1.4 Stellen Sie den Verlauf der Gesamtkosten (K) und der Stückkosten (k) jeweils grafisch dar!

2. Die Gesamtkosten bei der Ausbringungsmenge x_1 240 Einheiten betragen 7 700,00 EUR, bei der Ausbringungsmenge x_2 260 Einheiten 8 200,00 EUR. Es treten nur absolut fixe und variable Kosten auf.

    Aufgaben:

    2.1 Berechnen Sie die Fixkosten und die variablen Stückkosten!
    2.2 Berechnen Sie die Ausbringungsmenge, die erreicht werden müsste, wenn die Stückkosten aus Wettbewerbsgründen 28,00 EUR nicht übersteigen sollen!

13 Kostenanalyse

Ein Metall verarbeitender Betrieb weist folgende Kostensituation auf:

Monat	Produktion (Stück)	Gesamtkosten (EUR)
September	1 200	444 000,00
Oktober	1 800	570 000,00

Aufgaben:

1. Ermitteln Sie mathematisch die variablen Stückkosten!
2. Ergänzen Sie folgende Gesamtkostentabelle:

Monat	Ausbringungs-menge (Stück)	variable Kosten (EUR)	fixe Kosten (EUR)	Gesamt-kosten (EUR)
September	1 200			444 000,00
Oktober	1 800			570 000,00
November	2 100			

3. Im Monat Dezember sinkt die Ausbringungsmenge auf 1950 Stück ab.
   Erörtern Sie – bezogen auf die Kostensituation – die Problematik bei rückläufiger Ausbringungsmenge!

7.5.1.5 Gewinnschwelle und Gewinnmaximum

(1) Gesamterlöskurve

Wird ein proportionaler Verlauf der Erlöse angenommen, steigen die Gesamterlöse (E) mit jeder weiteren verkauften Einheit jeweils um den Stückerlös (e). Er gibt die Steigung der Gesamterlöskurve an. Da der Verlauf der Steigung konstant ist, verläuft die Gesamterlöskurve linear.

> - Die mit der Änderung (Zu- oder Abnahme) um eine Einheit verbundene Erlösänderung nennt man **Grenzerlös**.
> - Der Grenzerlös ist bei jeder Ausbringungsmenge gleich groß und ist mit dem **Stückpreis identisch**.[1]

Die Erlöskurve hat ihren **Ursprung im Nullpunkt** und steigt mit zunehmender Ausbringungsmenge proportional an.

---

1 Vereinfachend wird hier unterstellt, dass die Ausbringungsmenge der Absatzmenge entspricht.

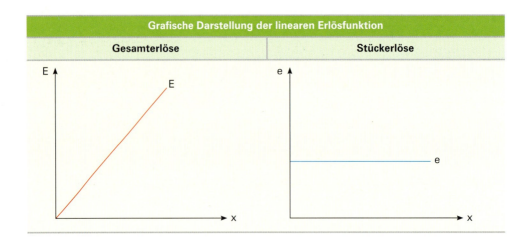

(2) Berechnung von Gewinnschwelle und Gewinnmaximum

■ **Berechnung der Gewinnschwelle**

> Die **Gewinnschwelle (Break-even-Point)** liegt bei der Ausbringungsmenge, bei der die Gesamtkosten bzw. Stückkosten gleich dem Gesamterlös bzw. Stückerlös sind.

Im Punkt der Gewinnschwelle **(Break-even-Point)** gilt folgende Gleichung:

(1) $E = K$

(2) $E = x \cdot e$

(3) $K = x \cdot k_v + K_{fix}$

(4) $x \cdot e = x \cdot k_v + K_{fix}$ | umgeformt ergibt sich

   $x \cdot e - x \cdot k_v = K_{fix}$ | durch Ausklammern von x erhält man

   $x (e - k_v) = K_{fix}$ | daraus folgt für x

   $x = \dfrac{K_{fix}}{e - k_v}$

Die letzte Gleichung besagt, dass sich die Gewinnschwelle aus dem Quotienten der gesamten Fixkosten und der Differenz zwischen Stückerlös und variablen Stückkosten ergibt.

■ **Gewinnmaximum (GM)**

> ■ Das **Gewinnmaximum** liegt bei der Ausbringungsmenge, bei der der Gesamtgewinn bzw. Stückgewinn am größten ist.
>
> ■ Unterstellt man einen linearen Verlauf der variablen Gesamtkosten und der Gesamterlöse, so liegt das **Gewinnmaximum** an der **Kapazitätsgrenze des Betriebs.**

■ **Beispiel für die Berechnung und grafische Darstellung der Gewinnschwelle und des Gewinnmaximums**

Beispiel:

Excel

Ein Industriebetrieb stellt Zubehörteile (Plastikbausätze) für Modelleisenbahnen her. Monatlich können maximal 1 000 Packungen (Inhalt 10 Bausätze) erzeugt werden. Es wird nur auf Bestellung gearbeitet.

- An **fixen Kosten** fallen monatlich an: für Gehälter 9 000,00 EUR, für Miete 1 600,00 EUR, für Nebenkosten (Heizung, Licht, Reinigung) 400,00 EUR, für die Verzinsung des investierten Kapitals 3 000,00 EUR und für die Abschreibung der Spritzgussmaschinen und der Werkzeuge 6 000,00 EUR. Die fixen Kosten betragen also insgesamt 20 000,00 EUR.
- Die **variablen Kosten** betragen 30,00 EUR je Verkaufspackung. Sie setzen sich aus den Roh- und Hilfsstoffkosten (6,00 EUR), den Akkordlöhnen (22,00 EUR) und den Energiekosten (2,00 EUR) zusammen.
- Der Absatzpreis je Verkaufspackung beträgt 55,00 EUR.

Aufgaben:

1. Berechnen Sie in Intervallen von jeweils 100 Verkaufspackungen für die Herstellung von 100 bis 1 000 Verkaufspackungen die anfallenden Gesamtkosten, die Stückkosten, den Gesamtgewinn bzw. -verlust und den Stückgewinn bzw. -verlust! Erstellen Sie hierzu eine Kosten-Leistungs-Tabelle!
2. Berechnen Sie die Gewinnschwelle (Break-even-Point)!
3. Ermitteln Sie das Gewinnmaximum!
4. Stellen Sie E, K, K_v und K_{fix}, k, k_v und e grafisch dar!

Lösungen:

1.

Menge der Verkaufspackungen (x)	fixe Gesamtkosten in EUR (K_{fix})	variable Gesamtkosten in EUR (K_v)	Gesamtkosten in EUR (K)	Gesamterlös (abgesetzte Menge x Preis) in EUR (E)	Gewinn (schwarze Zahlen) bzw. Verlust (rote Zahlen) (G/V)	variable Stückkosten in EUR (k_v)	fixe Stückkosten in EUR (k_{fix})	Stückkosten in EUR (k)	Stückerlös in EUR (e)	Stückverlust bzw. Stückgewinn (g/v)
100	20 000,00	3 000,00	23 000,00	5 500,00	17 500,00	30,00	200,00	230,00	55,00	175,00
200	20 000,00	6 000,00	26 000,00	11 000,00	15 000,00	30,00	100,00	130,00	55,00	75,00
300	20 000,00	9 000,00	29 000,00	16 500,00	12 500,00	30,00	66,67	96,67	55,00	41,67
400	20 000,00	12 000,00	32 000,00	22 000,00	10 000,00	30,00	50,00	80,00	55,00	25,00
500	20 000,00	15 000,00	35 000,00	27 500,00	7 500,00	30,00	40,00	70,00	55,00	15,00
600	20 000,00	18 000,00	38 000,00	33 000,00	5 000,00	30,00	33,33	63,33	55,00	8,33
700	20 000,00	21 000,00	41 000,00	38 500,00	2 500,00	30,00	28,57	58,57	55,00	3,57
800	20 000,00	24 000,00	44 000,00	44 000,00	– –	30,00	25,00	55,00	55,00	– –
900	20 000,00	27 000,00	47 000,00	49 500,00	2 500,00	30,00	22,22	52,22	55,00	2,78
1000	20 000,00	30 000,00	50 000,00	55 000,00	5 000,00	30,00	20,00	50,00	55,00	5,00

2. $x = \dfrac{20\,000}{55 - 30} = $ __800 Stück (Gewinnschwelle)__

3. Das Gewinnmaximum liegt an der betrieblichen Kapazitätsgrenze von 1 000 Stück und beträgt 5 000,00 EUR.

4.

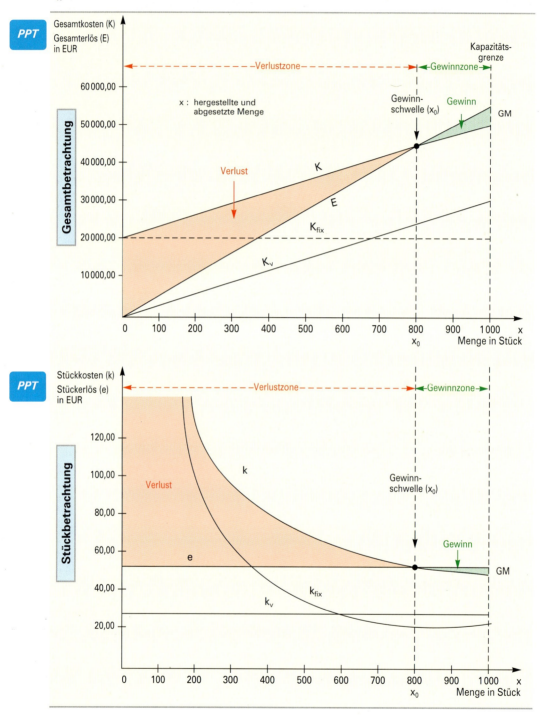

Übungsaufgaben

14 Gewinnschwelle

Die Metallwerke AG Mannheim stellen Bohrmaschinen für den Handel her. Der Verkaufspreis der Bohrmaschinen CD 80 beträgt 322,00 EUR. Bei voller Auslastung kann das Unternehmen monatlich 960 Bohrmaschinen herstellen. Die fixen Kosten betragen monatlich 65 520,00 EUR, die variablen Kosten je Bohrmaschine belaufen sich auf 231,00 EUR.

Aufgaben:
1. Berechnen Sie die Ausbringungsmenge, bei der die Gewinnschwelle liegt!
2. Berechnen Sie den Beschäftigungsgrad!

15 Gewinn in Abhängigkeit von der Ausbringungsmenge

Die Hartmut Hug KG in Argenbühl stellt Spielpuppen für Kinder her. Eine Puppe wird für 80,00 EUR verkauft. Bei vollkommener Ausnutzung der Kapazität können insgesamt 500 Puppen produziert werden. Die Produktion erfolgt nur nach Bestellung. Die Kostenstruktur verläuft linear.

Die monatlichen Fixkosten betragen 10 000,00 EUR. Die variablen Stückkosten betragen konstant 40,00 EUR.

Menge	Gesamtkosten			Stückkosten			Gesamterlös	Gesamt-	
x	K_{fix}	K_v	K	k_{fix}	k_v	k	E	gewinn	verlust
100	10 000,00				40,00				
200									
300									
400									
500									

Aufgaben:
1. Ergänzen Sie die angegebene Tabelle!
2. Berechnen Sie die Gewinnschwelle (Break-even-Point)!
3. Ermitteln Sie das Gewinnmaximum!
4. Berechnen Sie die Produktionsmenge, bei der ein Gewinn von 3 520,00 EUR erzielt wird!
5. Stellen Sie die Funktionen E, K, K_v und K_{fix} sowie die Funktionen k, k_v und e grafisch dar!
6. Beurteilen Sie, bei welcher Ausbringungsmenge das Gewinnmaximum erreicht ist!
   6.1 theoretisch,
   6.2 praktisch!

16 Gewinnschwelle, Vergleich mit Fremdbezug

Einer Möbelfabrik wird ein Regal, das sie bisher selbst produziert hat, zum Preis von 46,00 EUR angeboten. Der Verkaufspreis beträgt 50,00 EUR. Die Höhe der Eigenproduktion schwankt je nach den Bestellungen. In den Monaten April bis einschließlich August dieses Jahres wurden in der Kosten- und Leistungsrechnung folgende Zahlen ermittelt:

Monat	Stückzahl x	Gesamtkosten K	K_{fix}	K_v	k	e	E	G/V	g/v
April	70	4 500,00							
Mai	125	6 700,00							
Juni	210								
Juli	390								
August	185								

Aufgaben:
1. Vervollständigen Sie die Tabelle!
2. Berechnen Sie die Gewinnschwelle!
3. Erläutern Sie die betriebswirtschaftliche Bedeutung der Gewinnschwelle!
4. Berechnen Sie, ab welcher Produktionsmenge der Fremdbezug des Regals für den Betrieb günstiger wäre!

17 Kostenauflösung, Gewinnschwelle, Nachfrageänderung

Die Kostenanalyse für eine Fertigungsanlage ergibt folgendes Bild:
April: Hergestellte Menge 3400 Stück, Gesamtkosten 273 000,00 EUR
Mai: Hergestellte Menge 3600 Stück, Gesamtkosten 282 000,00 EUR

Der Verkaufserlös beträgt je Stück 77,00 EUR.

Aufgaben:
1. Ermitteln Sie die variablen Stückkosten, die Gewinnschwelle und den damit erzielbaren Umsatz!
2. Berechnen Sie den Gewinn/Verlust bei einem Beschäftigungsgrad von 72 % bzw. 100 % (Kapazitätsgrenze), wenn die Kapazitätsauslastung im Monat Mai 80 % beträgt!
3. Berechnen Sie den Umsatz, bei dem ein Gewinn von 11 200,00 EUR erwirtschaftet wird!
4. Ein Großkunde bestellt 800 Stück zur kurzfristigen Lieferung. Der Auftrag kann nur mit der Anordnung von Überstunden über das Wochenende abgewickelt werden. Dadurch erhöhen sich die variablen Kosten um 90 %. Aus Wettbewerbsgründen kann der Auftrag nicht abgelehnt werden.
   Berechnen Sie die Stückkosten bei einer hergestellten Menge von 5300 Stück! Begründen Sie den Verlauf der Stückkosten!

18 Gewinnschwelle, Kostenvergleich

Die Kapazitätsgrenze eines Einproduktbetriebs liegt bei einer Ausbringungsmenge von 56 000 Stück.

An fixen Kosten fallen monatlich 168 000,00 EUR an; die variablen Kosten betragen 10,36 EUR/Stück. Das Produkt wird für 17,08 EUR/Stück netto verkauft.

Aufgaben:
1. Ermitteln Sie die Gewinnschwelle!
2. In der Vollkostenrechnung wurde ein Stückgewinn von 1,54 EUR ermittelt.
   Berechnen Sie die Stückzahl, die im kommenden Monat hergestellt werden muss, damit dieser Stückgewinn erzielt wird!
3. 3.1 Es soll ein neues Fertigungsverfahren eingeführt werden, bei dem zwar die fixen Kosten je Monat um 35 % höher, die variablen Kosten dagegen je Stück um 30 % niedriger sein werden.
   Bestimmen Sie, ab welcher Ausbringungsmenge sich die Einführung des neuen Verfahrens lohnt!
   3.2 Berechnen Sie bei dem neuen Produktionsverfahren den Stückgewinn an der Kapazitätsgrenze!

19 Kostenremanenz

Die Produktionskapazität der Strickwarenfabrik Nadler & Co. OHG liegt bei 100 000 Pullover im Jahr. Die fixen Kosten belaufen sich auf 3,8 Mio. EUR, die variablen Stückkosten liegen bei 50,00 EUR.

Aufgaben:

1. Vervollständigen Sie folgende Tabelle!

	Produktions-menge (Stück)	fixe Kosten (Mio. EUR)	variable Kosten (Mio. EUR)	Gesamt-kosten (Mio. EUR)	Umsatz (Mio. EUR)
1. Jahr	96 000				10,0
2. Jahr	90 000				9,0
3. Jahr	81 000				7,65

2. Berechnen Sie den Verlust bzw. Gewinn für die drei Jahre und beurteilen Sie deren Entwicklung!

   Erörtern Sie, welche Folgerungen die Geschäftsleitung daraus ziehen sollte!

3. 3.1 Ermitteln Sie die durchschnittlichen Verkaufspreise für die drei Geschäftsjahre! Die produzierten Mengen entsprechen den jeweils verkauften Mengen.

   3.2 Berechnen Sie die Gewinnschwelle für das 3. Jahr!

4. Erläutern Sie drei Maßnahmen, die die Unternehmensleitung ergreifen kann, um die wirtschaftliche Situation zu verbessern!

20 Kostenauflösung mithilfe des Beschäftigungsgrades

Die Baden-Metall GmbH stellt unter anderem ein Spezial-Gusseisenteil her. Die Kapazität für dieses Produkt ist je nach Konjunkturlage zwischen 60 % und 90 % ausgenutzt. Die Gesamtkosten verlaufen bis zur Kapazitätsgrenze von 20 000 Stück/Monat linear. Bei einem Beschäftigungsgrad von 60 % betragen die monatlichen Gesamtkosten 50 000,00 EUR, bei 80 % sind es 60 000,00 EUR.

Aufgaben:

1. Berechnen Sie den Gewinn/Monat bei einem Beschäftigungsgrad von 75 %, wenn der Verkaufspreis 4,30 EUR je Stück beträgt!

2. In anderen Betriebsbereichen sind die Arbeitskräfte ebenfalls nicht voll ausgelastet. Es wäre möglich, die Kapazitätsausnutzung für das Spezial-Gusseisenteil auf 90 % bei einem gleichbleibenden Verkaufspreis zu erhöhen.

   2.1 Ermitteln Sie die durch die Mehrausnutzung erzielte Gewinnerhöhung in EUR und in Prozent, bezogen auf einen Beschäftigungsgrad von 75 %!

   2.2 Begründen Sie, worauf die Gewinnsteigerung bei zunehmender Kapazitätsausnutzung zurückzuführen ist!

   2.3 Angenommen, die Mehrproduktion ließe sich nur an einen neuen Großkunden absetzen, der einen Rabatt von 30 % auf den Verkaufspreis von 4,30 EUR je Stück verlangt.

   Ermitteln Sie die Gewinnsteigerung gegenüber dem Gewinn bei einem Beschäftigungsgrad von 75 %!

3. Nach Abschluss neuer Tarifverträge steigen die Löhne um 5 %. Der Anteil der Löhne an den variablen Gesamtkosten beträgt 60 %.

   3.1 Berechnen Sie, um wie viel Prozent der Verkaufspreis erhöht werden musste, damit bei einem Beschäftigungsgrad von 75 % der gleiche Gewinn erzielt wird wie vor Abschluss der neuen Tarifverträge!

   3.2 Vergleichen Sie das Ergebnis von 3.1 mit einer 5 %igen Erhöhung der Energiepreise, wenn diese einen Anteil von 20 % an den variablen Gesamtkosten haben! (Nehmen Sie keine Berechnung vor, sondern beschreiben Sie grundlegende Auswirkungen auf die variablen Kosten!)

7.5.2 Einzelkosten und Gemeinkosten

Die Gliederung der Kosten erfolgt danach, ob sie den einzelnen Erzeugnissen **unmittelbar** zugerechnet werden können oder nicht.

(1) Einzelkosten (direkte Kosten)

Einzelkosten sind Kosten, die **unmittelbar** einem **einzelnen Erzeugnis** zugerechnet werden können.

> **Beispiele:**
>
> Die wichtigsten **Einzelkosten** sind die **Aufwendungen für Rohstoffe** sowie die **Fertigungslöhne**. Daneben sind zu unterscheiden:
>
> - **Sondereinzelkosten der Fertigung (SEKF):** Das sind Kosten für Sonderfertigungen oder zusätzliche Sonderwünsche der Besteller. Ferner zählen hierzu sonstige auftrags- oder serienweise erfassbare Kosten z. B. für Spezialwerkzeuge, Modelle, Stücklizenzgebühren usw.
>
> - **Sondereinzelkosten des Vertriebs (SEKV):** Das sind insbesondere Vertreterprovisionen, Spezialverpackungen, besondere Transportkosten, Zölle.

(2) Gemeinkosten (indirekte Kosten)

Gemeinkosten sind Kosten, die gemeinsam für alle Erzeugnisse anfallen und daher **nicht unmittelbar** einem **einzelnen Erzeugnis** zugerechnet werden können.

> **Beispiele:**
>
> Gehälter, soziale Abgaben des Arbeitgebers, Mieten, betriebliche Steuern, Energiekosten, Werbe- und Reisekosten, Abschreibungen, Verbrauch von Betriebsstoffen, Verbrauchswerkzeuge, Instandhaltung.

- Die **Einzelkosten** können den Erzeugnissen **direkt** zugeordnet werden.
- **Gemeinkosten** fallen für alle Erzeugnisse gemeinsam an. Sie können den einzelnen Erzeugnissen nur **indirekt** zugerechnet werden.
- **Sondereinzelkosten** sind Kosten, die einzelnen Kostenträgern, einem Auftrag oder einer Produktgruppe zugerechnet werden können.

(3) Verhalten der Einzel- und Gemeinkosten bei Änderung der Ausbringungsmenge[1]

Ändert sich die Ausbringungsmenge, so verändern sich auch die Einzel- und Gemeinkosten. In welcher Weise sie sich ändern, hängt vom Einzelfall ab.

- Setzen sich die **Gemeinkosten** aus einem variablen und einem fixen Anteil zusammen, so verändern sich die Gemeinkosten **unterproportional** bei einer **Erhöhung** und **überproportional** bei einem **Rückgang** der Ausbringungsmenge.

> **Beispiel:**
>
> Die Mietkosten für ein Auslieferungslager betragen monatlich 8 000,00 EUR. Werden 16 000 Einheiten einer Ware ausgeliefert, so fallen Mietkosten von 0,50 EUR je Einheit an. Werden nur 10 000 Einheiten ausgeliefert, betragen die Mietkosten je Einheit 0,80 EUR.

---

[1] Zu Einzelheiten siehe S. 79f.

Der Grund ist, dass sich der Fixkostenanteil der Gemeinkosten

- bei einer **höheren Ausbringungsmenge** auf mehr Produkte verteilt, d. h., der **Gemeinkostenanteil pro Produkt sinkt.**
- bei einer **geringeren Ausbringungsmenge** auf weniger Produkte verteilt, d. h., der **Gemeinkostenanteil pro Produkt steigt.**

- **Einzelkosten** sind in der Regel voll variabel.

  Sie können allerdings auch einen Fixkostenanteil enthalten. In diesem Fall ergeben sich für die Einzelkosten die gleichen Auswirkungen wie für die Gemeinkosten.

  > **Beispiele:**
  >
  > - Werden für einen Mantel 2,5 m Stoff benötigt, so sind es bei zwei Mäntel des gleichen Modells 5 m Stoff.
  > - Mehrfacher Import von Fertigungsmaterial, für den eine einmalige Einfuhrgenehmigung erforderlich ist.

  Für dieses Lehrbuch wird vorausgesetzt:

  - Die **Einzelkosten** sind variabel.
  - Die **Gemeinkosten** können sowohl **fixe** als auch **variable Anteile** enthalten.

7.5.3 Istkosten und Normalkosten

(1) Istkosten

Istkosten sind die **tatsächlich angefallenen Kosten** einer **abgelaufenen Rechnungsperiode.**

Werden die Istkosten auf die in der gleichen Abrechnungsperiode hergestellten und abgesetzten Erzeugnisse weiterverrechnet, dann wirken sich alle Zufallsschwankungen, denen die Kosten unterliegen können (z. B. Preisschwankungen auf den Rohstoffmärkten, erhöhter Ausschuss, Großreparaturen, erhöhter Energieverbrauch, Überstunden usw.), auf die Preiskalkulation in dieser Rechnungsperiode aus.

(2) Normalkosten[1]

Normalkosten sind **Durchschnittswerte der Istkosten** mehrerer Abrechnungsperioden.

Die Durchschnittswerte gleichen die im Zeitablauf auftretenden Schwankungen der Kosten aus. Außerdem werden in die Normalkosten in der Regel auch zukünftig zu erwartende Schwankungen der Kosten (z. B. Lohnsteigerungen, Steigerung von Rohstoffpreisen) eingerechnet. Angebote werden überwiegend zu Normalkosten kalkuliert (**Vorkalkulation**). Durch den Vergleich der Normalkosten mit den Istkosten lässt sich die Kostenentwicklung in einer Rechnungsperiode kontrollieren (**Nachkalkulation**).

---

[1] Vgl. hierzu auch die Ausführungen auf S. 71.

Übungsaufgabe

21 Kostenarten

1. Beschreiben Sie die Aufgaben der Kostenartenrechnung!

2. Nennen Sie die Kostenarten, die fixe Kosten sind!
   Frachtkosten beim Verkauf von Erzeugnissen, linearer Abschreibungsbetrag für die Lagerausstattung, Bankzinsen für einen Kontokorrentkredit, Bezugskosten beim Einkauf von Betriebsstoffen, Miete für ein Großlager, Aufwendungen für Rohstoffe, Gehälter, Vertreterprovision, Verpackungs- und Transportkosten.

3. Die variablen Kosten für eine Erzeugnisgruppe betragen bei einem Absatz von 2600 Stück 23 140,00 EUR. Die fixen Kosten der Erzeugnisgruppe betragen bis zu einem Umsatz von 2800 Stück 8 500,00 EUR. Der Listenverkaufspreis beträgt je Stück 14,80 EUR. Der Verlauf der variablen Kosten ist proportional.

   Aufgaben:
   3.1 Berechnen Sie den Betriebsgewinn/Betriebsverlust bei einem Absatz von
      3.1.1 1 200 Stück bzw.
      3.1.2 2 500 Stück!
   3.2 Berechnen Sie die jeweiligen Stückkosten!

4. Erklären Sie die Aussage des nebenstehenden Schemas!

fixe Kosten (K_{fix})	Gemeinkosten
variable Kosten (K_v)	Einzelkosten

5. 5.1 Nennen Sie das Kriterium, nach welchem die Aufgliederung der Kosten in Einzel- und Gemeinkosten erfolgt!
   5.2 Erklären Sie an zwei Beispielen den Unterschied zwischen Einzel- und Gemeinkosten!
   5.3 Erläutern Sie, warum die Unternehmen möglichst viele Kostenarten als Einzelkosten zu erfassen versuchen!
   5.4 Ordnen Sie die folgenden Kostenarten den Einzelkosten bzw. Gemeinkosten zu!
      Miete für den Ausstellungsraum, Aufwendungen für Rohstoffe, Kraftfahrzeugsteuer, freiwillige soziale Aufwendungen, Gehälter, Aufwendungen für Handelswaren, bilanzielle Abschreibungen, Werbeanzeigekosten für ein Sonderangebot, Zustellentgelt für die Lieferungen der Erzeugnisse an die Kunden, Provisionsaufwendungen, Aufwendungen für Betriebsstoffe, kalkulatorische Abschreibungen.

6. Für die Reparatur eines Elektromotors rechnet das Unternehmen mit folgenden Kosten: Materialkosten 140,20 EUR, Lohnkosten 77,50 EUR. Die angefallenen Gemeinkosten werden pauschal mit 80 % auf die Summe aus Material- und Lohnkosten aufgeschlagen. Für die Rücksendung des Elektromotors fallen Frachtkosten in Höhe von 19,70 EUR an. Die Reparatur wird zum Selbstkostenpreis ausgeführt.

   Aufgaben:
   6.1 Berechnen Sie den Reparaturpreis, den das Unternehmen seinem Kunden in Rechnung stellt!
   6.2 Berechnen Sie den Reparaturpreis, wenn das Unternehmen einen Gewinn von 12 % erwirtschaften möchte!

7. Erläutern Sie den Unterschied zwischen Ist- und Normalkosten!

8. Die Verwendung der Istkosten eignet sich vor allem für die Nachkalkulation, die der Normalkosten dagegen für die Vorkalkulation.
   Aufgabe:
   Verdeutlichen Sie diese Aussage!

7.6 Kostenstellenrechnung

7.6.1 Begriff und Aufgaben der Kostenstellenrechnung

Produziert ein Unternehmen mehrere Produkte, so hat die Kostenrechnung die Aufgabe, die **anfallenden Gemeinkosten** am Ort ihrer Entstehung **zu erfassen** und auf die einzelnen Produkte (**Kostenträger**)[1] **verursachungsgerecht zuzurechnen**. Damit wird erreicht, dass den einzelnen Produkten und Dienstleistungen der Anteil an Gemeinkosten zugerechnet wird, den diese verursacht haben. Die Zurechnung erfolgt mithilfe von **Zuschlagssätzen**. Mit der Erfassung der Gemeinkosten verbunden ist eine **Kostenkontrolle**.

Die Erfassung, Verteilung und Kontrolle der Gemeinkosten übernimmt die **Kostenstellenrechnung**.

- Die **Kostenstellenrechnung** erfasst die Gemeinkostenarten an den Stellen im Betrieb, an denen sie entstanden sind.
- Eine **Kostenstelle** ist ein Teilbereich eines Betriebs zur Erfassung der Gemeinkosten am Ort ihrer Entstehung.
- Die **Kostenstellenrechnung**
  - bereitet durch die Ermittlung von Zuschlagssätzen eine angemessene **Verrechnung der Gemeinkosten auf die Kostenträger** vor.
  - ermöglicht eine **wirksame Kontrolle** der in den einzelnen Teilbereichen des Betriebs angefallenen Gemeinkosten.

7.6.2 Kriterien für die Bildung von Kostenstellen

(1) Grundlegendes

Die Bildung von Kostenstellen kann nach **verschiedenen Kriterien** erfolgen.

- **Räumlich-geografische Gesichtspunkte**

Hier werden räumliche bzw. geografisch abgegrenzte Betriebsteile als Kostenstelle erfasst.

> **Beispiel:**
>
> Halle I, Halle II, Filiale Dresden, Filiale Hamburg, Werkstatt I, Werkstatt II.

- **Funktionsbereiche**

Hier werden gleichartige Arbeitsgänge zu einer Kostenstelle zusammengefasst.

> **Beispiel:**
>
> Material-, Fertigungs-, Verwaltungs- und Vertriebskostenstelle.

---

[1] Vgl. hierzu die Ausführungen auf S. 69.

■ **Verantwortungsbereiche**

Hier werden Organisationseinheiten zu Kostenstellen zusammengefasst. Damit wird ermöglicht, den Kostenstellenleiter für die angefallenen Kosten verantwortlich zu machen.

> **Beispiel:**
>
> Abteilung, Produktgruppe, Beschaffung, Werk, Vertrieb.

Im Folgenden wird unterstellt, dass die Kostenstellen nach Funktionsbereichen gebildet werden.

(2) Funktionsbereiche als Kriterium für die Bildung von Kostenstellen

Die Leistungserstellung eines Industriebetriebs vollzieht sich im Wesentlichen in den folgenden **vier Funktionsbereichen (Kostenbereichen)**:

- Material
- Fertigung
- Verwaltung
- Vertrieb

Jedem Kostenbereich können **Teilbereiche** zugeordnet werden. So zählen z. B. zum Kostenbereich

7.6.3 Durchführung der Kostenstellenrechnung mithilfe des Betriebsabrechnungsbogens (BAB)

7.6.3.1 Begriff und Aufbau des Betriebsabrechnungsbogens

Technisches Mittel für die ordnungsmäßige Erfassung der angefallenen Gemeinkosten und ihre Verrechnung auf die Kostenstellen und die Kostenträger ist der **Betriebsabrechnungsbogen**.

> Der **Betriebsabrechnungsbogen (BAB)** ist eine tabellarische Form der Kostenstellenrechnung.

Der **Betriebsabrechnungsbogen** hat folgende Grundstruktur:

Auf der rechten Hälfte des BABs werden horizontal die **einzelnen Kostenstellen** angeordnet. Auf der linken Seite werden vertikal die von der Kostenartenrechnung übernommenen **Gemeinkosten** aufgelistet. Bei der Verteilung der Gemeinkosten auf die Kostenstellen wird in einer Zwischenspalte ein Hinweis darauf gegeben, auf welcher Grundlage die Verteilung der jeweiligen Gemeinkostenart auf die verschiedenen Kostenstellen erfolgen soll. Man spricht daher auch von **Verteilungsgrundlage** bzw. von **Verteilungsschlüssel**.

Gemein-kostenarten	EUR	Verteilungs-grundlage	Kostenstellen			
			Material	Fertigung	Verwaltung	Vertrieb

7.6.3.2 Problem der Verrechnung der Gemeinkosten auf die Kostenstellen

(1) Direkte Verrechnung (Kostenstelleneinzelkosten[1])

Es gibt Gemeinkosten, die einen direkten Bezug zu den einzelnen Kostenstellen haben und sich daher auch direkt auf die einzelnen Kostenstellen verrechnen lassen. Man nennt sie **Kostenstelleneinzelkosten**.

Beispiele:	
■ Gehälter, Sozialkosten mithilfe von Gehaltslisten. ■ Stromkosten mithilfe von Zählern. ■ Abschreibungen einzelner Anlagegüter mittels Anlagendatei.	■ Materialgemeinkosten mithilfe von Materialentnahmescheinen. ■ Instandhaltung anhand von Belegen.

(2) Indirekte Verrechnung (Kostenstellengemeinkosten[1])

Bei einem großen Teil der Gemeinkosten wird eine direkte Verrechnung nicht möglich sein. Dann bleibt nur noch die Möglichkeit, die angefallenen Kosten mithilfe eines **Verteilungsschlüssels** auf die einzelnen Kostenstellen umzulegen. Dabei hängt die verursachungsgerechte Verteilung von der Wahl eines verursachungsgerechten Verteilungsschlüssels ab.

Der Verteilungsschlüssel sollte so gewählt werden, dass ein hohes Maß an Abhängigkeit zwischen dem Verteilungsschlüssel und den zu verrechnenden Kosten besteht. Im Idealfall – und der wird hier unterstellt – ist die Abhängigkeit proportional.

Beispiele:	
■ Miete nach m². ■ Heizung nach m³. ■ Kfz-Kosten nach km.	■ Unfallversicherung nach Anzahl der Beschäftigten je Kostenstelle.

- ■ Der **BAB** ist ein abrechnungstechnisches Hilfsmittel für die Verteilung der **Gemeinkosten** auf die einzelnen Kostenstellen.
- ■ Die **Verteilung der Gemeinkosten** erfolgt entweder
   - ■ direkt aufgrund der einer Kostenstelle zurechenbaren Belege **(Kostenstelleneinzelkosten)** oder
   - ■ indirekt über Verteilungsschlüssel **(Kostenstellengemeinkosten)**.
- ■ Der **BAB baut auf der Kostenartenrechnung** auf.

---

1 Man spricht auch abgekürzt von **Stelleneinzelkosten** und **Stellengemeinkosten**.

Übungsaufgabe

22 Grundlagen der Kostenstellenrechnung

1. Nennen Sie die wichtigsten Aufgaben der Kostenstellenrechnung!
2. Erläutern Sie die Begriffe Kostenstelle und Kostenbereich!
3. Nennen Sie Kriterien, die Sie bei der Bildung von Kostenstellen beachten sollten!
4. Begründen Sie, warum die Gemeinkosten auf die Kostenstellen verteilt werden!
5. Grenzen Sie die Kostenstelleneinzelkosten von den Kostenstellengemeinkosten ab!
6. Beschreiben Sie den Fall, der eintreten würde, wenn die Gemeinkosten nicht verursachungsgemäß auf die verschiedenen Produkte zugerechnet werden würde!
7. Beschreiben Sie die Grundstruktur eines Betriebsabrechnungsbogens!
8. Nennen Sie beispielhaft vier Gemeinkosten und geben Sie dafür die mögliche Verteilungsgrundlage an!
9. Formulieren Sie den Grundsatz, der bei der Wahl eines Verteilungsschlüssels beachtet werden muss!

7.6.3.3 Aufstellung eines Betriebsabrechnungsbogens

Beispiel:

Die Maschinenfabrik Hans Wacker GmbH produziert in einer Abteilung im Werk Bruchsal kleine Elektromotoren zum Antrieb von Bohrmaschinen.

Die Kostenartenrechnung der Hans Wacker GmbH weist für den Monat Januar folgende Gemeinkosten aus:

Betriebsstoffkosten	10 000,00 EUR	Betriebssteuern	2 500,00 EUR
Gehälter	9 000,00 EUR	Kalk. Abschreibungen	12 000,00 EUR
Sozialkosten	1 300,00 EUR	Energiekosten	3 000,00 EUR
Instandhaltung	11 500,00 EUR	Sonstige Kosten	4 800,00 EUR

Für die Erstellung des BAB ist folgender Verteilungsschlüssel zu verwenden:

Gemeinkosten	I Material	II Fertigung	III Verwaltung	IV Vertrieb
Betriebsstoffk. lt. Entnahmesch.	2 700,00	5 300,00	100,00	1 900,00
Gehälter lt. Gehaltsliste	400,00	1 000,00	5 400,00	2 200,00
Sozialkosten	1	2	7	3
Instandhaltung lt. Arbeitsstunden	20	84	2	9
Betriebssteuern	–	4	1	–
Kalk. Abschreibungen	1	7	3	1
Energiekosten lt. kWh	4 000	40 000	10 000	6 000
Sonstige Kosten lt. Belegen	1	6	2	3

Aufgabe:

Stellen Sie einen BAB auf und verteilen Sie aufgrund der Vorgaben die Gemeinkosten auf die einzelnen Kostenstellen!

Lösung:
Betriebsabrechnungsbogen (BAB)

Gemeinkosten	Zahlen der KLR	Verteilungs-schlüssel	Kostenstellen			
			I Material	II Fertigung	III Verwaltung	IV Vertrieb
Betriebsstoffkosten	10 000,00	Entnahmescheine	2 700,00	5 300,00	100,00	1 900,00
Gehälter	9 000,00	Gehaltsliste	400,00	1 000,00	5 400,00	2 200,00
Sozialkosten	1 300,00	1 : 2 : 7 : 3	100,00	200,00	700,00	300,00
Instandhaltung	11 500,00	Arbeitsstunden	2 000,00	8 400,00	200,00	900,00
Betriebssteuern	2 500,00	0 : 4 : 1 : 0	–	2 000,00	500,00	–
Kalk. Abschreibungen	12 000,00	1 : 7 : 3 : 1	1 000,00	7 000,00	3 000,00	1 000,00
Energiekosten	3 000,00	Kilowatt-Std.	200,00	2 000,00	500,00	300,00
Sonst. Kosten	4 800,00	1 : 6 : 2 : 3	400,00	2 400,00	800,00	1 200,00
Summe der Gemeinkosten	54 100,00	aufge-schlüsselt	6 800,00	28 300,00	11 200,00	7 800,00

Erläuterungen:
Die vertikal aufgelisteten Gemeinkosten werden der Kostenartenrechnung entnommen und **direkt** aufgrund von **Belegen** (Entnahmescheine, Gehaltslisten, Stromzähler, Arbeitsstunden) oder **indirekt** aufgrund bestimmter **Umrechnungsschlüssel**, wobei der Einfachheit halber hier teilweise Verhältniszahlen angegeben wurden, auf die Kostenstellen verrechnet.

Übungsaufgabe

23 Betriebsabrechnungsbogen: Verteilung der Gemeinkosten

Ein kleiner Industriebetrieb arbeitet mit den vier Kostenstellen Material, Fertigung, Verwaltung und Vertrieb. Laut Kostenartenrechnung sind die im Monat Oktober entstandenen Gemeinkosten den Kostenstellen wie folgt zuzuordnen:

	Zahlen der KLR	Kostenstellen			
		I Material	II Fertigung	III Verwaltung	IV Vertrieb
Stelleneinzelkosten lt. Belegen					
Betriebsstoffe	50 000,00	10 000,00	35 000,00	2 500,00	2 500,00
Gehälter	180 000,00	15 000,00	30 000,00	100 000,00	35 000,00
Fremdreparaturen	100 000,00	5 000,00	80 000,00	10 000,00	5 000,00
Kalk. Abschreibung	92 000,00	12 000,00	49 000,00	23 400,00	7 600,00
Stellengemeinkosten lt. Verteilungsschlüssel					
Hilfslöhne	36 000,00	1	4	–	1
Stromkosten	12 000,00	5 000 kWh	40 000 kWh	10 000 kWh	5 000 kWh
Betriebssteuern	49 000,00	1	3	2	1
Kalk. Unternehmerlohn	10 000,00	1	4	3	2

Aufgabe:
Ermitteln Sie die Summe der Gemeinkosten je Kostenstelle!

7.6.3.4 Ermittlung der Zuschlagssätze für die Gemeinkosten

(1) Wahl der Zuschlagsgrundlagen (Bezugsgrößen)

Die Festlegung der verursachungsgerechten Zuschlagsgrundlagen ist maßgebend für die richtige Verrechnung der angefallenen Gemeinkosten auf die Kostenträger. In der Regel greift man in der Praxis auf **Wertgrößen** zurück.

Es ist z. B. in der Praxis üblich, die im Materialbereich anfallenden Gemeinkosten **(Materialgemeinkosten)** entsprechend dem **Verbrauch an Fertigungsmaterial,** die in der Fertigung anfallenden Gemeinkosten **(Fertigungsgemeinkosten)** entsprechend den **Fertigungslohnkosten** auf die einzelnen Kostenträger zu verrechnen. Dabei werden die jeweiligen Gemeinkosten in Prozenten zu den gewählten Zuschlagsgrundlagen ausgedrückt und mit diesen Zuschlagssätzen werden die einzelnen Gemeinkostenarten bei der Kalkulation erfasst.

Während zwischen Materialgemeinkosten und Materialeinzelkosten sowie zwischen Fertigungsgemeinkosten und Fertigungseinzelkosten eine Abhängigkeit unterstellt werden kann, ist die Wahl der Zuschlagsgrundlage für die **Verwaltungs- und Vertriebsgemeinkosten** wesentlich problematischer. In Ermangelung geeigneter Bezugsgrößen wählt man für diese Gemeinkosten als gemeinsame Zuschlagsgrundlage die **Herstellkosten der Rechnungsperiode (Herstellkosten der Produktion).**

(2) Ermittlung der Gemeinkostenzuschlagssätze

Beispiel:

Die Kostenartenrechnung eines Industriebetriebs weist für den Monat Januar folgende Kosten aus:

Verbrauch von Fertigungsmaterial	85 000,00 EUR	Sozialkosten	1 300,00 EUR
Hilfsstoffkosten	6 000,00 EUR	Instandhaltung	11 500,00 EUR
Betriebsstoffkosten	4 000,00 EUR	Betriebssteuern	2 500,00 EUR
Fertigungslöhne	56 600,00 EUR	Kalk. Abschreibungen	12 000,00 EUR
Gehälter	9 000,00 EUR	Energiekosten	3 000,00 EUR
		Sonstige Kosten	4 800,00 EUR

Bezugsgrößen für die Gemeinkosten:

− Die Materialgemeinkosten sind auf den Verbrauch von Fertigungsmaterial zu beziehen.
− Die Fertigungsgemeinkosten sind auf die Fertigungslöhne zu beziehen.
− Die Verwaltungs- und Vertriebsgemeinkosten sind auf die Herstellkosten der Rechnungsperiode zu beziehen.

Für die Erstellung des BAB ist folgender Verteilungsschlüssel zu verwenden:

Gemeinkostenarten	I. Material	II. Fertigung	III. Verwaltung	IV. Vertrieb
Hilfsstoffkosten lt. Entnahmescheinen	1 800,00	3 000,00	–	1 200,00
Betriebsstoffkosten lt. Entnahmescheinen	900,00	2 300,00	100,00	700,00
Gehälter lt. Gehaltsliste	400,00	1 000,00	5 400,00	2 200,00
Sozialkosten	1	2	7	3
Instandhaltung lt. Arbeitsstunden	20	84	2	9
Betriebssteuern	–	4	1	–
Kalk. Abschreibungen	1	7	3	1
Energiekosten lt. kWh	4 000	40 000	10 000	6 000
Sonstige Kosten lt. Belegen	1	6	2	3

Aufgaben:

1. Verteilen Sie aufgrund der angegebenen Verteilungsschlüssel die Gemeinkosten auf die einzelnen Kostenstellen!
2. Ermitteln Sie für jede Kostenstelle die Zuschlagssätze für die Gemeinkosten!
3. Ermitteln Sie die Selbstkosten der Rechnungsperiode (Monat: Januar)!

Lösungen:

Zu 1.: Verteilung der Gemeinkosten mithilfe des Betriebsabrechnungsbogens (BAB)

Gemeinkostenarten	Zahlen der KLR	Verteilungs- schlüssel	Kostenstellen			
			I. Material	II. Fertigung	III. Verwaltung	IV. Vertrieb
Hilfsstoffkosten	6 000,00	Entnahmescheine	1 800,00	3 000,00	–	1 200,00
Betriebsstoffkosten	4 000,00	Entnahmescheine	900,00	2 300,00	100,00	700,00
Gehälter	9 000,00	Gehaltsliste	400,00	1 000,00	5 400,00	2 200,00
Sozialkosten	1 300,00	1 : 2 : 7 : 3	100,00	200,00	700,00	300,00
Instandhaltung	11 500,00	Arbeitsstunden	2 000,00	8 400,00	200,00	900,00
Betriebssteuern	2 500,00	0 : 4 : 1 : 0	–	2 000,00	500,00	–
Kalk. Abschreibungen	12 000,00	1 : 7 : 3 : 1	1 000,00	7 000,00	3 000,00	1 000,00
Energiekosten	3 000,00	Kilowatt-Std.	200,00	2 000,00	500,00	300,00
Sonst. Kosten	4 800,00	1 : 6 : 2 : 3	400,00	2 400,00	800,00	1 200,00
Summe der Gemeinkosten	54 100,00	aufge- schlüsselt	6 800,00	28 300,00	11 200,00	7 800,00
	Zuschlagsgrundlagen: Verbrauch v. Fertigungsmat. Fertigungslöhne Herstellkosten der Rechnungs- periode		85 000,00	56 600,00	176 700,00	176 700,00
	Zuschlagssätze[1]		8 %	50 %	6,34 %	4,41 %

---

1 Mit diesen Zuschlagssätzen werden im Rahmen der Kalkulation die verschiedenen Gemeinkosten anteilmäßig erfasst.

Zu 2.: Ermittlung der Zuschlagssätze

■ Zuschlagssatz für die Materialgemeinkosten

Es wird unterstellt, dass die Materialgemeinkosten (MGK) vom Verbrauch an Fertigungsmaterial abhängen. Daher werden die MGK für ihre Verrechnung auf die Kostenträger in Prozenten zum Verbrauch von Fertigungsmaterial angegeben.

Verbrauch von Fertigungsmaterial   85 000,00 EUR ≙ 100 %
MGK   6 800,00 EUR ≙   x %

$$x = \frac{6800 \cdot 100}{85000} = \underline{\underline{8\%}}$$

Der MGK-Zuschlagssatz von 8 % besagt, dass immer dann, wenn für 100,00 EUR Fertigungsmaterial verbraucht wurde, parallel und gleichzeitig 8,00 EUR Gemeinkosten im Materialbereich (z.B. Einkauf, Warenabnahme ...) anfallen.

$$\text{MGK-Zuschlagssatz} = \frac{\text{Materialgemeinkosten} \cdot 100}{\text{Verbrauch von Fertigungsmaterial}}$$

■ Zuschlagssatz für die Fertigungsgemeinkosten

Die Fertigungsgemeinkosten werden auf die aufgewendeten Fertigungslöhne bezogen. Dabei wird unterstellt, dass die anfallenden Fertigungsgemeinkosten von der Höhe der aufgewendeten Fertigungslöhne abhängen. Dies ist in der Praxis nur **bedingt der Fall,** und zwar insbesondere dann nicht, wenn der Betrieb maschinenintensiv ist.

Fertigungslöhne   56 600,00 EUR ≙ 100 %
FGK   28 300,00 EUR ≙   x %

$$x = \frac{28300 \cdot 100}{56600} = \underline{\underline{50\%}}$$

$$\text{FGK-Zuschlagssatz} = \frac{\text{Fertigungsgemeinkosten} \cdot 100}{\text{Fertigungslöhne}}$$

In maschinenintensiven Betrieben werden in der Praxis in aller Regel die maschinenabhängigen Kosten gesondert erfasst und dafür Maschinenstundensätze errechnet.[1]

■ Zuschlagssatz für die Verwaltungsgemeinkosten

Bei den Verwaltungs- und Vertriebsgemeinkosten wird eine Abhängigkeit von der Höhe der Herstellkosten der Rechnungsperiode unterstellt.

Berechnung der Herstellkosten der Rechnungsperiode

Verbrauch von Fertigungsmaterial	85 000,00 EUR	
+ Materialgemeinkosten (MGK)	6 800,00 EUR	
Materialkosten		91 800,00 EUR
Fertigungslöhne	56 600,00 EUR	
+ Fertigungsgemeinkosten (FGK)	28 300,00 EUR	
Fertigungskosten		84 900,00 EUR
Herstellkosten der Rechnungsperiode		176 700,00 EUR

Herstellkosten der
Rechnungsperiode   176 700,00 EUR ≙ 100 %
VerwGK   11 200,00 EUR ≙   x %

$$x = \frac{11200 \cdot 100}{176700} = \underline{\underline{6{,}34\%}}$$

$$\text{VerwGK-Zuschlagssatz} = \frac{\text{Verwaltungsgemeinkosten} \cdot 100}{\text{Herstellkosten der Rechnungsperiode}}$$

---

[1] Der Lehrplan sieht die Behandlung der Kalkulation mit Maschinenstundensätzen nicht vor.

■ **Zuschlagssatz für die Vertriebsgemeinkosten**

Herstellkosten der
Rechnungsperiode 176 700,00 EUR ≙ 100 %
VertrGK 7 800,00 EUR ≙ x %

$$x = \frac{7800 \cdot 100}{176700} = \underline{\underline{4{,}41\,\%}}$$

$$\text{VertrGK-Zuschlagssatz} = \frac{\text{Vertriebsgemeinkosten} \cdot 100}{\text{Herstellkosten der Rechnungsperiode}}$$

Zu 3.: Ermittlung der Selbstkosten der Rechnungsperiode (Monat: Januar)

Aufgrund der Zahlenangaben des Beispiels ergeben sich die Selbstkosten der Rechnungsperiode durch folgende Berechnung:

Herstellkosten der Rechnungsperiode	176 700,00 EUR
+ Verwaltungsgemeinkosten	11 200,00 EUR
+ Vertriebsgemeinkosten	7 800,00 EUR
Selbstkosten der Rechnungsperiode	195 700,00 EUR

Bei der Ermittlung der Zuschlagssätze wurde zugrunde gelegt, dass es sich um Zahlenwerte der vergangenen Rechnungsperiode handelt, d. h. um **Istkosten**. Die berechneten Zuschlagssätze stellen somit **Istzuschlagssätze** dar.

Zusammenfassung

■ **Verrechnung der Kostenarten Einzelkosten und Gemeinkosten:**

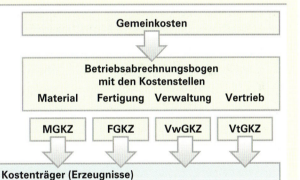

■ **Berechnung der Gemeinkostenzuschlagssätze:**

■ $\text{MGK-Zuschlagssatz} = \dfrac{\text{Materialgemeinkosten} \cdot 100}{\text{Verbrauch von Fertigungsmaterial}}$

■ $\text{FGK-Zuschlagssatz} = \dfrac{\text{Fertigungsgemeinkosten} \cdot 100}{\text{Fertigungslöhne}}$

■ $\text{VwGK-Zuschlagssatz} = \dfrac{\text{Verwaltungsgemeinkosten} \cdot 100}{\text{Herstellkosten der Rechnungsperiode}}$

■ $\text{VtGK-Zuschlagssatz} = \dfrac{\text{Vertriebsgemeinkosten} \cdot 100}{\text{Herstellkosten der Rechnungsperiode}}$

■ **Berechnung der Herstell- und Selbstkosten einer Rechnungsperiode:**

  Verbrauch von Fertigungsmaterial (Einzelkosten)
  + Materialgemeinkosten (MGK) lt. BAB

  = Materialkosten
  + Fertigungslöhne (Einzelkosten)
  + Fertigungsgemeinkosten (FGK) lt. BAB

  = Fertigungskosten

  Herstellkosten der Rechnungsperiode
  + Verwaltungsgemeinkosten (VerwGK) lt. BAB
  + Vertriebsgemeinkosten (VertrGK) lt. BAB

  = Selbstkosten der Rechnungsperiode

Übungsaufgaben

24 Stoffwiederholung

1. Erläutern Sie die Einordnung der Kostenstellenrechnung in den Gesamtbereich der Kosten- und Leistungsrechnung!

2. Beschreiben Sie den rechnungstechnischen Ablauf der Kostenstellenrechnung!

3. Nennen Sie die wichtigsten Kriterien bei der Einrichtung von Kostenstellen!

4. Notieren Sie die richtige(n) Aussage(n) zur Kostenstellenrechnung!
   4.1 Sie ermittelt für jede Kostenstelle das Betriebsergebnis.
   4.2 Sie gliedert die Aufwendungen auf in unternehmens- und betriebsbezogene Aufwendungen.
   4.3 Sie ermittelt den Verkaufspreis für ein Produkt.
   4.4 Sie erfasst für die einzelnen Betriebsabteilungen die Gemeinkosten.
   4.5 Sie errechnet für jede Kostenstelle die angefallenen Aufwendungen.

5. Das Verursachungsprinzip ist ein wichtiges Prinzip bei der Verteilung der Gemeinkostenarten. Prüfen Sie, welche Art der Verteilung am ehesten dem Verursachungsprinzip entspricht!
   5.1 Verteilung nach Zuschlagssätzen.
   5.2 Verteilung nach zuvor festgelegten Prozentsätzen.
   5.3 Verteilung aufgrund von Belegen.
   5.4 Gleichmäßige Verteilung aller Gemeinkosten auf die einzelnen Kostenstellen.

   Aufgabe:
   Übertragen Sie jeweils die richtige(n) Aussage(n) in Ihr Heft!

6. Die Kostenartenrechnung eines Industriebetriebs weist für den Monat Januar folgende Kosten aus, die wie folgt aufzuteilen sind:

	Zahlen der KLR	Material	Fertigung	Verwaltung	Vertrieb
Betriebsstoffkosten	36 000,00	12 000,00	Rest	–	–
Gehälter	90 000,00	7 500,00	7 500,00	37 500,00	Rest
Sozialkosten	30 000,00	2	2	3	3
Kalk. Abschreibungen	48 000,00	2	4	3	1
Steuern	45 000,00	1	4	4	1
Sonstige Kosten	210 000,00	1	5	6	2

Verbrauch von Fertigungsmaterial: 300 000,00 EUR

Fertigungslöhne: 180 000,00 EUR

Aufgaben:

6.1 Erstellen Sie den Betriebsabrechnungsbogen!

6.2 Berechnen Sie die Herstellkosten der Rechnungsperiode!

6.3 Ermitteln Sie den Zuschlagssatz je Kostenstelle für den Monat Januar!

25 Betriebsabrechnungsbogen, Zuschlagssätze

Ein Industriebetrieb führt die vier Kostenstellen Material, Fertigung, Verwaltung und Vertrieb. Aus den Zahlen der Kosten- und Leistungsrechnung ergeben sich folgende Gemeinkostenbeträge:

	TEUR
Hilfslöhne	500
Gehälter	1 000
Gesetzlicher Sozialaufwand	500
Stromkosten	100
Raumkosten	300
Kalk. Abschreibungen auf Anlagen	500
Kalk. Zinsen auf Anlage- und Umlaufvermögen[1]	900

Aufgaben:

1. Ermitteln Sie mithilfe eines Betriebsabrechnungsbogens die Gemeinkosten der vier Kostenstellen unter Verwendung der nachfolgend genannten Schlüssel:

	Material	Fertigung	Verwaltung	Vertrieb
Hilfslöhne	40 %	40 %	12 %	8 %
Gehälter	20 %	20 %	32 %	28 %
Gesetzlicher sozialer Aufwand nach der Zahl der Mitarbeiter	160	560	152	128
Stromverbrauch im Verhältnis	2	6	1	1
Raumkosten nach Fläche in m²	500	1 500	600	400
Anlagevermögen TEUR	1 500	3 000	300	200
Umlaufvermögen TEUR (Material- und Erzeugnisbestände)	3 000	2 000	4 000	1 000

---

1 **Kalkulatorische Zinsen** sind die Kosten für die Nutzung des betrieblichen Kapitals.

2. Berechnen Sie die Zuschlagssätze (auf- bzw. abgerundet auf volle Prozentsätze)!

Zusatzangaben hierfür: Verbrauch von Fertigungsmaterial 4 850 TEUR
Fertigungslöhne 1 000 TEUR

26 Betriebsabrechnungsbogen, Zuschlagssätze

Die Kostenartenrechnung eines Industriebetriebs weist für den Monat November folgende Kosten aus, die wie folgt aufzuteilen sind:

	Zahlen der KLR	Material	Fertigung	Verwaltung	Vertrieb
Hilfsstoffkosten	145 700,00	2 050,00	129 450,00	3 500,00	10 700,00
Betriebsstoffkosten	22 400,00	1 700,00	14 400,00	4 100,00	2 200,00
Gehälter	130 500,00	4 100,00	98 900,00	18 600,00	8 900,00
Sozialkosten					
Mieten, Pachten	84 200,00	650 m²	2 720 m²	330 m²	510 m²
Büromaterial	91 100,00	3	2	11	4
Sonst. betr. Kosten	70 560,00	3	4	2	3
Kalk. Abschreibungen		2	8	4	1
Aufw. f. Schadensfälle	45 800,00	2	4	2	2

Verbrauch von Fertigungsmaterial: 1 046 553,80 EUR
Fertigungslöhne: 560 702,50 EUR

Weitere Angaben
- Die Sozialkosten betragen jeweils 80 % der Gehaltssumme.
- Kalkulatorische Abschreibungen je Jahr:
  auf das Betriebsgebäude
  2 % von den Anschaffungskosten 3 100 000,00 EUR
  auf die technischen Anlagen und Maschinen
  10 % vom Buchwert 1 690 600,00 EUR
  auf den Fuhrpark
  15 % vom Wiederbeschaffungswert 600 000,00 EUR

Aufgaben:
1. Erstellen Sie den Betriebsabrechnungsbogen!
2. Berechnen Sie den Zuschlagssatz je Kostenstelle für den Monat November!
3. Ermitteln Sie die Selbstkosten der Rechnungsperiode!

7.7 Kostenträgerrechnung

7.7.1 Allgemeines zur Kostenträgerrechnung

Die Leistungseinheiten, für die Kosten angefallen sind, nennt man **Kostenträger,** weil sie die Kosten zu tragen haben. Als Kostenträger können, je nach der Struktur des Betriebs, einzelne **Produkte** oder **Produktgruppen** dienen.

> - **Kostenträger** sind Leistungseinheiten[1], für die Kosten angefallen sind.
> - Als Kostenträger können einzelne **Produkte** oder auch die Zusammenfassung gleichartiger Produkte zu einer **Produktgruppe** dienen.

Die Hauptaufgabe der Kostenträgerrechnung besteht darin, festzustellen, wie viel Kosten auf die einzelnen Kostenträger entfallen.

> - Sollen die Kosten für einen **einzelnen Auftrag** (z. B. ein einzelnes Stück) berechnet werden, spricht man von **Kostenträgerstückrechnung.** Sie wird auch als **Kalkulation** bezeichnet.
> - Bezieht sich die Zurechnung der Kosten auf eine **Abrechnungsperiode** (Monat, Jahr), spricht man von **Kostenträgerzeitrechnung.**[2] In ihr können sowohl das Betriebsergebnis insgesamt als auch die auf Kostenträger bezogenen Teilergebnisse ermittelt werden.

> Die **Kostenträgerrechnung** verteilt die **Kosten** verursachungsgerecht auf die **Kostenträger.**

7.7.2 Kostenträgerstückrechnung (Vollkostenrechnung als Zuschlagskalkulation)

7.7.2.1 Aufbau der Zuschlagskalkulation

Werden unterschiedliche Produkte hergestellt – und davon gehen wir im Folgenden aus – ist eine **individuelle Kostenermittlung** für jedes Produkt bzw. für jede Produktgruppe erforderlich. Diese Form der Kostenträgerstückrechnung bezeichnet man als **Zuschlagskalkulation.** Da bei der Zuschlagsrechnung **alle Kosten,** die bei der Herstellung des Produktes anfallen, in die **Preisberechnung eingehen,** liegt eine **Vollkostenrechnung** vor.

Der **Verfahrensablauf einer Zuschlagskalkulation** ist folgender:

> - Die **Einzelkosten** werden aus der Kostenartenrechnung **direkt** den Kostenträgern zugerechnet. Das betrifft im Wesentlichen das Fertigungsmaterial und die Fertigungslöhne.
> - Die in der Kostenstellenrechnung erfassten **Gemeinkosten** werden den Kostenträgern **indirekt** über Zuschlagssätze zugeordnet.

---

1 Leistungseinheiten können Produkte oder Dienstleistungen sein.
2 Vgl. hierzu S. 85 ff.

Die nachfolgende Abbildung verdeutlicht die Zusammenhänge:

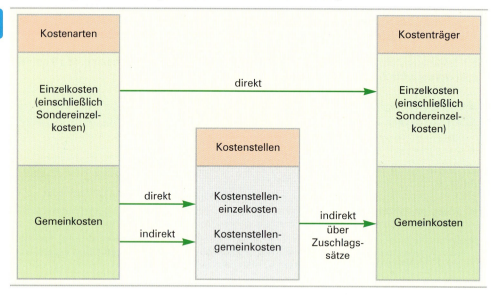

- Die **Kostenträgerstückrechnung (Kalkulation)** ermittelt die Kosten für ein **Produkt** bzw. eine **Produktgruppe**.
- **Einzelkosten** werden auf der Grundlage der Kostenartenrechnung **direkt** auf die **Kostenträger** verrechnet.
- **Gemeinkosten** werden direkt oder indirekt den Kostenstellen zugeschlagen und mithilfe der dort ermittelten **Zuschlagssätze** auf die **Kostenträger** verrechnet.

7.7.2.2 Kostenträgerstückrechnung als Angebotskalkulation (Vorkalkulation) mit Normalkosten

Je nach Bedarf wird die Angebotskalkulation als

- Vorwärtskalkulation,
- Rückwärtskalkulation oder
- als Differenzkalkulation eingesetzt.

(1) Vorwärtskalkulation

Um einen Verkauf tätigen zu können, ist es in der Praxis oft notwendig, ein Angebot mit einem verbindlichen Angebotspreis abzugeben. Das Unternehmen ist dann gezwungen, vor Beginn der Produktion eine Angebotskalkulation vorzunehmen. Die Angebotskalkulation ist in der Regel eine Vorwärtskalkulation.

Es liegt im Wesen der Vorkalkulation, dass mit **voraussichtlichen Kosten (Normalkosten)** gerechnet werden muss. Ausgehend von den Istkosten der Vergangenheit müssen daher alle bis zum Leistungsabschluss zu erwartenden Veränderungen einschließlich eines Risikozuschlags für nicht vorhersehbare Veränderungen einkalkuliert werden.

Normalkosten sind die aus den Istkosten vergangener Perioden abgeleiteten durchschnittlichen Kosten.

Beispiel für die Berechnung von Normalzuschlagssätzen:

Für das erste Halbjahr liegen folgende monatliche Ist-Fertigungsgemeinkostensätze vor:

Januar:	57,8 %	März:	58,5 %	Mai:	62,7 %
Februar:	60,1 %	April:	59,8 %	Juni:	56,9 %

Aufgabe:
Berechnen Sie aus den sechs vorliegenden Istzuschlagssätzen den Normalzuschlagssatz für die Fertigungsgemeinkosten!

Lösung:

$$\text{Normalzuschlagssatz} = \frac{57,8\% + 60,1\% + 58,5\% + 59,8\% + 62,7\% + 56,9\%}{6} = \underline{59,3\%}$$

Bei der Berechnung der Vorwärtskalkulation werden die Einzel- und Gemeinkosten unterschiedlich ermittelt und eingerechnet:

Zu den Einzelkosten	■ Bei einer Angebotskalkulation kann der **Verbrauch von Fertigungsmaterial** aufgrund von Stücklisten ermittelt werden. Die benötigten Preise ergeben sich aus vorliegenden Preisen der Vergangenheit bzw. derzeitigen Angebotspreisen, wobei die zu erwartenden Preisänderungen zu berücksichtigen sind. ■ Die **Lohnkosten** ergeben sich aufgrund der Fertigungszeiten, bei denen auf Erfahrungen der Vergangenheit bzw. auf vorhandene Zeitvorgaben zurückgegriffen werden kann. Zu erwartende Lohnänderungen sind auch hier zu berücksichtigen.
Zu den Gemeinkosten	Die Gemeinkosten werden über Zuschlagssätze einkalkuliert. Diese werden innerhalb des Betriebsabrechnungsbogens ermittelt. Da man bei einer Angebotskalkulation nicht bis zum Abschluss der laufenden Geschäftsperiode warten kann, wird mit **Normalzuschlagssätzen** gearbeitet.

Beispiel:

Eine Maschinenfabrik berechnet zur Abgabe eines Angebots für eine Furnierpressmaschine den Listenverkaufspreis. Es wird mit folgenden Kosten kalkuliert:

Verbrauch von Fertigungsmaterial	17 200,00 EUR	SEKF	1 400,00 EUR
Fertigungslöhne	21 400,00 EUR	SEKV	890,00 EUR

Normalzuschlagssätze: MGK 9 %, FGK 110 %, VerwGK 18 %, VertrGK 6 %.

Bei der Angebotskalkulation der Furnierpressmaschine sollen 15 % Gewinn, 10 % Einführungsrabatt und 2 % Skonto einkalkuliert werden.

Aufgabe:
Berechnen Sie den Listenverkaufspreis (Nettoverkaufspreis)!

Lösung:

	100 %	Materialeinzelkosten	17 200,00 EUR	
	9 %	+ Materialgemeinkosten	1 548,00 EUR	
		Materialkosten		18 748,00 EUR
100 %		Fertigungslöhne	21 400,00 EUR	
110 %		+ Fertigungsgemeinkosten	23 540,00 EUR	
		Zwischensumme	44 940,00 EUR	
		+ Sondereinzelkosten der Fertigung (SEKF)	1 400,00 EUR	
		Fertigungskosten		46 340,00 EUR
	100 %	**Herstellkosten**		65 088,00 EUR
	18 %	+ Verwaltungsgemeinkosten	11 715,84 EUR	
	6 %	+ Vertriebsgemeinkosten	3 905,28 EUR	
		+ Sondereinzelkosten des Vertriebs (SEKV)	890,00 EUR	16 511,12 EUR
	100 %	**Selbstkosten**		81 599,12 EUR
	15 %	+ Gewinn		12 239,87 EUR
	98 %	**Barverkaufspreis**		93 838,99 EUR
	2 %	+ Kundenskonto		1 915,08 EUR
90 %	100 %	**Zielverkaufspreis**		95 754,07 EUR
10 %		+ Kundenrabatt		10 639,34 EUR
100 %		**Listenverkaufspreis (Nettoverkaufspreis)**		106 393,41 EUR

Erläuterungen zum erweiterten Kalkulationsschema:

■ **Gewinnaufschlag**

Nach der Berechnung der Selbstkosten geht es bei der Angebotskalkulation um den Gewinnaufschlag, der in Prozenten zu den Selbstkosten erfolgt. Da in den Zuschlagssätzen für die Fertigungsgemeinkosten die Eigenkapitalverzinsung, der Unternehmerlohn und die speziellen Risiken des Unternehmers bereits einkalkuliert sind, muss **über den Gewinn** das **allgemeine Unternehmerrisiko** abgedeckt werden.

Eine allgemeine Regel für die Festsetzung der Höhe des Gewinnaufschlags (Gewinnzuschlagssatz) kann man nicht geben. Sofern es sich um Produkte handelt, für die Marktpreise vorliegen, sind dem Unternehmer durch die Konkurrenzsituation enge Grenzen gesetzt. Bei nicht marktgängigen Produkten muss sich der Unternehmer mit Fingerspitzengefühl an den Angebotspreis herantasten, den der Markt hergibt.

■ **Kundenskonto**

Die Kunden erwarten im Allgemeinen bei Zahlung innerhalb der Skontofrist einen Preisnachlass. Soll dieser Preisnachlass nicht zulasten des Gewinnes gehen, muss er im Angebotspreis vorher einkalkuliert werden.

Da der Kunde den Skonto vom Zielverkaufspreis berechnet, dieser also aus der Sicht des Kunden 100 % ausmacht, entspricht der Barverkaufspreis aus der Sicht des Anbieters dem verminderten Grundwert (100 % − Prozentsatz des Skontos). Der Skonto muss also durch eine „im Hundertrechnung" auf den Barverkaufspreis aufgeschlagen werden.

■ **Kundenrabatt**

Aus den gleichen Gründen muss auch der vom Kunden erwartete Rabatt in den Angebotspreis einkalkuliert werden. Da der Kunde den Rabatt durch eine „vom Hundertrechnung" vom Angebotspreis (Nettoverkaufspreis, Listenverkaufspreis) abzieht, muss der Anbieter ihn durch eine „im Hundertrechnung" aufschlagen. Soll z. B. der Kundenrabatt 10 % betragen, entspricht der Zielverkaufspreis bei der Angebotskalkulation 90 %.

Übungsaufgaben

27 Vorwärtskalkulation

Eine Fensterfabrik soll ein Angebot für die Lieferung eines Fensters bestimmter Größe abgeben. Bei günstigem Angebot wird die Bestellung einer größeren Menge in Aussicht gestellt.

Aufgrund der betrieblichen Unterlagen liegen folgende Kalkulationsdaten vor:

Verbrauch von Fertigungsmaterial 44,30 EUR, Fertigungslöhne 61,25 EUR, Sondereinzelkosten der Fertigung 157,66 EUR. Die Normalzuschlagssätze für die Gemeinkosten betragen: Materialgemeinkosten 6,7 %, Fertigungsgemeinkosten 157,4 %, Verwaltungsgemeinkosten 16,4 %, Vertriebsgemeinkosten 9,8 %. Außerdem sollen einkalkuliert werden: 12,5 % Gewinn, 5 % Kundenrabatt und 3 % Kundenskonto.

Aufgabe:
Berechnen Sie den Angebotspreis!

28 Vorwärtskalkulation

Zur Herstellung einer Abfüllmaschine rechnet ein Industriebetrieb mit folgenden Kosten: Verbrauch von Fertigungsmaterial 8 420,00 EUR; Fertigungslöhne 3 720,00 EUR. Aus der Kostenstellenrechnung werden die folgenden Zuschlagssätze (Normalzuschlagssätze) entnommen: Materialzuschlag (MGK) 10,5 %, Lohnzuschlag (FGK) 145 %, Verwaltungs- und Vertriebsgemeinkostenzuschlag 13,7 %. Die Sondereinzelkosten der Fertigung betragen 890,00 EUR.

Aufgaben:

1. Berechnen Sie die Selbstkosten!
2. Die Maschine wird unter Einrechnung von 12 % Gewinn, 15 % Kundenrabatt und 2 % Kundenskonto angeboten.
   Ermitteln Sie den Listenverkaufspreis!
3. Erklären Sie, welche Annahme der Berechnung der Gemeinkosten zugrunde liegt!
4. Neben der Abfüllmaschine produziert die Maschinenfabrik noch Verpackungsmaschinen für Molkereibetriebe. Im Vergleich zu den Abfüllmaschinen müssen für die Verpackungsmaschinen weniger Maschinenzeit und weniger Arbeitszeit eingesetzt werden. Für beide Maschinen verwendet die Maschinenfabrik den gleichen Fertigungsgemeinkostensatz. Beurteilen Sie die Handlungsweise der Geschäftsführung!

29 Berechnung der Zuschlagssätze, Vorwärtskalkulation

Der BAB einer Lederfabrik enthält für den Monat März folgende Angaben über die Gemeinkosten:

Material	Fertigung	Verwaltung	Vertrieb
42 100,50 EUR	785 680,00 EUR	224 035,00 EUR	173 118,00 EUR

An Einzelkosten fallen an:
Verbrauch von Fertigungsmaterial   647 700,00 EUR
Fertigungslöhne   561 200,00 EUR

Aufgaben:

1. Berechnen Sie die Zuschlagssätze!
2. Berechnen Sie den Listenverkaufspreis eines Auftrages, für den folgende Angaben vorliegen: Fertigungsmaterial 1 040,00 EUR, Fertigungslöhne 35 Stunden zu je 78,50 EUR, Gewinnzuschlag 20 %, Kundenskonto 2 % und Kundenrabatt 10 %!

(2) Rückwärtskalkulation (retrograde Kalkulation)

Liegt der Listenverkaufspreis aufgrund der gegebenen Markt- bzw. Konkurrenzsituation fest, so eignet sich das Kalkulationsschema in umgekehrter Richtung **von unten nach oben** zur Errechnung der aufwendbaren Materialeinzelkosten **(retrograde Kalkulation; Rückwärtskalkulation)**. Dabei werden bei vorgegebenen Kalkulationsbedingungen die Materialeinzelkosten errechnet, die höchstens gezahlt werden dürfen, um den angestrebten Gewinn zu erreichen.

Beispiel:

Aufgrund der Marktsituation muss die Maschinenfabrik Ottmar Zeh OHG eine Schleifmaschine zum Listenverkaufspreis in Höhe von 118 374,29 EUR anbieten. Die Maschinenfabrik muss branchenüblich 10 % Kundenrabatt und 2 % Kundenskonto gewähren. Es soll ein Gewinn von 15 % erzielt werden.

Es wird mit folgenden Kosten kalkuliert:
Fertigungslöhne 19 800,00 EUR, SEKF 900,00 EUR, SEKV 940,00 EUR

Zuschlagssätze lt. BAB dieser Abrechnungsperiode:
MGK 8,5 %　　　　FGK 108 %　　　　VerwGK 19 %　　　　VertrGK 6,8 %

Aufgabe:
Ermitteln Sie, wie teuer die Materialeinzelkosten höchstens sein dürfen!

Lösung:[1]

100 %		Materialeinzelkosten	27 038,94 EUR	
8,5 %		– Materialgemeinkosten	2 298,31 EUR	
108,5 %		**Materialkosten**		29 337,25 EUR
	100 %	Fertigungslöhne	19 800,00 EUR	
	108 %	+ Fertigungsgemeinkosten	21 384,00 EUR	
	208 %	Zwischensumme	41 184,00 EUR	
		+ Sondereinzelkosten d. Fertigung	900,00 EUR	
		Fertigungskosten		42 084,00 EUR
100 %		**Herstellkosten**		71 421,25 EUR
19 %		– Verwaltungsgemeinkosten	13 570,04 EUR	
6,8 %		– Vertriebsgemeinkosten	4 856,64 EUR	18 426,68 EUR
125,8 %		Zwischensumme		89 847,93 EUR
		– Sondereinzelkosten des Vertriebs		940,00 EUR
	100 %	**Selbstkosten**		90 787,93 EUR
	15 %	– Gewinn		13 618,19 EUR
98 %	115 %	**Barverkaufspreis**		104 406,12 EUR
2 %		– Kundenskonto		2 130,74 EUR
100 %	90 %	**Zielverkaufspreis**		106 536,86 EUR
	10 %	– Kundenrabatt		11 837,43 EUR
	100 %	**Listenverkaufspreis (Nettoverkaufspreis)**		118 374,29 EUR

Ergebnis: Die Materialeinzelkosten dürfen höchstens 27 038,94 EUR betragen.

---
[1] Die Rechenzeichen verstehen sich aus der Sicht der Rückwärtsrechnung.

Allgemeiner Rechenweg:

- Stellen Sie zuerst das Kalkulationsschema von **oben nach unten** auf und tragen Sie die in der Aufgabe vorgegebenen Prozentsätze und Beträge ein.
- Überlegen Sie bei jedem Rechenschritt, ob es sich bei der Rückwärtsrechnung um eine Rechnung **vom Hundert** (Kundenrabatt, Kundenskonto) oder **auf Hundert** (Gewinn, VerwGK, VertrGK, MGK) handelt.
- **Sonderfall: Berechnung der Fertigungskosten.** Sofern Sondereinzelkosten der Fertigung vorliegen, müssen zunächst die Fertigungskosten in einer Zwischenrechnung im Rahmen einer Vorwärtskalkulation ermittelt (Fertigungslöhne + Fertigungsgemeinkosten = Zwischensumme + Sondereinzelkosten der Fertigung) und von den in der Rückwärtsrechnung ermittelten Herstellkosten subtrahiert werden.
- **Überprüfen** Sie das Ergebnis durch eine **Vorwärtskalkulation**.

Übungsaufgaben

30 Rückwärtskalkulation

Aufgrund der starken Konkurrenz können wir eine Maschine für höchstens 53316,32 EUR verkaufen. Es liegen folgende Kalkulationsdaten vor:

Fertigungslöhne		4 800,00 EUR	
Sondereinzelkosten des Vertriebs		300,00 EUR	
Sondereinzelkosten der Fertigung		500,00 EUR	
Kundenskonto	2 %	Verwaltungsgemeinkosten	10 %
Vertriebsgemeinkosten	15 %	Fertigungsgemeinkosten	450 %
Gewinnzuschlag	12,5 %	Kundenrabatt	10 %
Materialgemeinkosten	25 %		

Aufgabe:
Berechnen Sie die aufwendbaren Kosten für das Fertigungsmaterial!

31 Rückwärtskalkulation

Eine Druckerei erhält eine Anfrage, ob ein Posten Prospekte zu einem Nettopreis von 15 500,00 EUR gedruckt werden kann.

Somit entsteht die Frage, wie viel EUR dürfen die Papierkosten höchstens betragen, wenn folgende Kosten anfallen: Fertigungslöhne 2800,00 EUR, FGK 94 %, MGK 8 %, SEKF 560,00 EUR, VerwGK 18 %, VertrGK 7 %. Der Kunde erwartet einen Nachlass von 2 % Skonto.

Aufgabe:
Berechnen Sie die höchstmöglichen Papierkosten, wenn ein Gewinn von 10 % erwirtschaftet werden soll!

32 Bestimmung der Kosten für das Fertigungsmaterial

Der neue Wohnwagen „Family" soll den Händlern zum Listenverkaufspreis von 24 450,00 EUR angeboten werden. Die Kalkulationssätze des Wohnwagenherstellers sind: 7 % Materialgemeinkosten, 110 % Fertigungsgemeinkosten, 10 % Verwaltungsgemeinkosten, 6 % Vertriebsgemeinkosten, 9 % Gewinn, 2 % Kundenskonto und 20 % Kundenrabatt. Die anfallenden Fertigungslöhne betragen 4 360,00 EUR.

Aufgabe:
Ermitteln Sie die Kosten für das erforderliche Fertigungsmaterial!

(3) Differenzkalkulation

Häufig verhindert es die „Marktlage", dass der Unternehmer weder die Kosten des Materialeinsatzes noch seinen Listenverkaufspreis gestalten kann. In diesem Fall muss es das Ziel der Kalkulation sein festzustellen, ob der so erwirtschaftete Gewinn ausreichend ist.

Wird die Höhe des anfallenden Gewinnes errechnet, spricht man von **Differenzkalkulation**.[1] Da sowohl die **Kosten** als auch der **Listenverkaufspreis** festliegen, muss von **beiden** Werten aus mit dem Rechenweg begonnen werden, und zwar einmal als **Vorwärtskalkulation** (von den Materialeinzelkosten bis zu den Selbstkosten) und zum anderen als **Rückwärtskalkulation** (vom Listenverkaufspreis bis zum Barverkaufspreis).

Beispiel:

Bei der Herstellung eines Wäschetrockners fielen 280,00 EUR Materialeinzelkosten und 160,00 EUR Fertigungslöhne an. Es wird mit folgenden Zuschlagssätzen gerechnet: MGK 11%, FGK 120%, VerwGK 10,5%, VertrGK 6%, SEKV 40,00 EUR.

Aufgabe:

Berechnen Sie den Gewinn in EUR und in Prozent, wenn der Hersteller 3% Kundenskonto und 15% Kundenrabatt einrechnet und einen Listenverkaufspreis von 1 103,25 EUR ansetzt!

Lösung:

100 %		Materialeinzelkosten	280,00 EUR	**Vorwärts-**
11 %		+ Materialgemeinkosten	30,80 EUR	**kalkulation**
		Materialkosten	310,80 EUR	+
→	100 %	Fertigungslöhne	160,00 EUR	
	120 %	+ Fertigungsgemeinkosten	192,00 EUR	
		Fertigungskosten	352,00 EUR	
100 % ←		**Herstellkosten**	662,80 EUR	
10,5 %		+ Verwaltungsgemeinkosten 69,59 EUR		
6 %		+ Vertriebsgemeinkosten 39,77 EUR	109,36 EUR	**Berechnung**
		Zwischensumme	772,16 EUR	**des Gewinn-**
		+ Sondereinzelk. d. Vertriebs (SEKV)	40,00 EUR	**zuschlagssatzes**
→	100 %	**Selbstkosten**	812,16 EUR	812,16 EUR ≙ 100 %
	x %	– Gewinn	97,47 EUR	97,47 EUR ≙ x %
97 %		**Barverkaufspreis**	909,63 EUR	$x = \frac{100 \cdot 97{,}47}{812{,}16} = \underline{12\%}$
3 %		– Kundenskonto	28,13 EUR	
100 %	85 %	**Zielverkaufspreis**	937,76 EUR	
	15 %	– Kundenrabatt	165,49 EUR	**Rückwärts-**
	100 %	**Listenverkaufspreis**		**kalkulation**
		(Nettoverkaufspreis)	1 103,25 EUR	–

Ergebnis: Der Hersteller kann mit einem Gewinn von 12%, das sind 97,47 EUR, rechnen.

---

[1] Die Differenz zwischen Barverkaufspreis und Selbstkosten stellt den Gewinn/Verlust dar. Man spricht daher auch von **Gewinnkalkulation**.

Allgemeiner Rechenweg:

- Stellen Sie zuerst das Kalkulationsschema **von oben nach unten** auf und tragen Sie die in der Aufgabe vorgegebenen Prozentsätze und Beträge ein!
- Kennzeichnen Sie den Rechenweg durch Pfeile und errechnen Sie stufenweise durch **Vorwärtskalkulation** die **Selbstkosten** bzw. durch **Rückwärtskalkulation** den **Barverkaufspreis**!
- Ermitteln Sie den **Gewinn** als **Differenz zwischen dem Barverkaufspreis und den Selbstkosten**!
- Berechnen Sie anschließend den **Gewinn in Prozent zu den Selbstkosten** (Gewinnzuschlagssatz)!

Übungsaufgaben

33 Differenzkalkulation, Vorwärtskalkulation

Eine Maschinenfabrik kalkuliert eine Fräsmaschine nach folgenden Angaben:

– Verbrauch v. Fertigungsmaterial	7 350,00 EUR	– MGK	12 %
– Fertigungslohn 58 Std. zu je	52,00 EUR	– FGK	15 %
– Fremdarbeiten 48 Std. zu je	95,00 EUR	– VerwGK + VertrGK	25 %
– Konstruktionszeichnung	400,00 EUR	– Kundenskonti	3 %

Die Maschinenfabrik verkauft die Fräsmaschine für 24 500,00 EUR netto.

Aufgabe:
Ermitteln Sie den Gewinn in EUR und in Prozent!

34 Berechnung der Selbstkosten

Ein Fahrradhersteller produziert die Modelle Alpha und Beta. Die Absatzmenge für Produkt Alpha beträgt 500 Stück bei 200,00 EUR Herstellkosten je Stück. Die Absatzmenge für Produkt Beta beträgt 1500 Stück bei 300,00 EUR Herstellkosten je Stück. Die Produktionskapazität ist damit voll ausgelastet.

An Verwaltungsgemeinkosten sind insgesamt 71 500,00 EUR angefallen.

In der Kostenstelle Vertrieb sind insgesamt 55 000,00 EUR Kosten aufgelaufen. Die Kostenstelle Vertrieb ist für beide Produkte tätig. Alle Produkte werden einzeln verkauft. Die Tätigkeiten im Rahmen der Verwaltungs- und Verkaufsprozesse sind bei beiden Produkten stets die gleichen. Die maximale Kapazität der Vertriebsabteilung beträgt 2 500 Verkaufsvorgänge.

Aufgabe:
Berechnen Sie die Selbstkosten je Stück!

Zusammenfassung

Vergleich der Kalkulationsverfahren

Art	Vorwärtskalkulation (Verkaufskalkulation)	Rückwärtskalkulation (retrograde Kalkulation)	Differenzkalkulation
Zweck	Ermittlung des Verkaufspreises (Angebotspreises)	Ermittlung der höchstmöglichen Kosten für das Fertigungsmaterial	Ermittlung von Gewinn/ Gewinnzuschlag bei gegebenem Listenverkaufspreis und gegebenen Einzelkosten
Rechenweg	Fertigungsmaterial + MGK v.H. = **Materialkosten** Fertigungslöhne + FGK v.H. + Sondereinzelkosten der Fertigung = **Fertigungskosten** **Herstellkosten** + VwGK v.H. + VtGK v.H. + Sondereinzelkosten des Vertriebs = **Selbstkosten** + Gewinn v.H. = **Barverkaufspreis** + Vertreterprovision i.H. + Kundenskonto i.H. = **Zielverkaufspreis** + Kundenrabatt i.H. = **Listenverkaufspreis** (Nettoverkaufspreis)	Fertigungsmaterial − MGK a.H. = **Materialkosten** Fertigungslöhne + FGK v.H. + Sondereinzelkosten der Fertigung = **Fertigungskosten** **Herstellkosten** − VwGK a.H. − VtGK a.H. − Sondereinzelkosten des Vertriebs = **Selbstkosten** − Gewinn a.H. = **Barverkaufspreis** − Vertreterprovision v.H. − Kundenskonto v.H. = **Zielverkaufspreis** − Kundenrabatt v.H. = **Listenverkaufspreis** (Nettoverkaufspreis)	Fertigungsmaterial + MGK v.H. = **Materialkosten** Fertigungslöhne + FGK v.H. + Sondereinzelkosten der Fertigung = **Fertigungskosten** **Herstellkosten** + VwGK v.H. + VtGK v.H. + Sondereinzelkosten des Vertriebs = **Selbstkosten** + Gewinn v.H. = **Barverkaufspreis** − Vertreterprovision v.H. − Kundenskonto v.H. = **Zielverkaufspreis** − Kundenrabatt v.H. = **Listenverkaufspreis** (Nettoverkaufspreis)

7.7.2.3 Kostenträgerstückrechnung als Nachkalkulation[1] mit Normal- und Istkostenzuschlagssätzen – Kostenüber- und -unterdeckung

(1) Kostenüberdeckungen und Kostenunterdeckungen

In der **Vorkalkulation** kann nur mit **Normalkosten** gerechnet werden.

Nach Ablauf der festgelegten Abrechnungsperiode sind die **angefallenen Kosten (Istkosten)** den **vorkalkulierten Kosten (Normalkosten)** gegenüberzustellen.

Normalkosten > Istkosten = Kostenüberdeckung
Normalkosten < Istkosten = Kostenunterdeckung

In der Regel weichen die Normalkosten von den Istkosten ab. Die **Abweichungen** bei den Kosten in der Vor- und in der Nachkalkulation beruhen einerseits auf **unterschiedlichen Einzelkosten** und andererseits auf **unterschiedlichen Zuschlagssätzen** in der Vor- und Nachkalkulation.

---

[1] Prinzipiell ist es möglich, im Rahmen der Nachkalkulation die Vorwärtskalkulation, die Rückwärtskalkulation und die Differenzkalkulation einzusetzen. Allerdings kommt in der Praxis in aller Regel nur die Differenzkalkulation zum Einsatz, da der Unternehmer insbesondere daran interessiert ist, den tatsächlich erzielten Gewinn zu erfahren.

Sind die **Normalkosten höher als die Istkosten,** liegt eine **Kostenüberdeckung** vor. Sind die **Normalkosten niedriger als die Istkosten,** liegt eine **Kostenunterdeckung** vor. Liegen erhebliche Abweichungen zwischen der Vor- und Nachkalkulation vor, so sind die Gründe für die aufgetretenen Abweichungen zu ermitteln.

- Bei der **Kostenunterdeckung** liegen die **Normalkosten unter den Istkosten,** d. h., die tatsächlich angefallenen Kosten sind durch die kalkulierten Kosten nicht gedeckt.

- Bei der **Kostenüberdeckung** liegen die **Normalkosten über den Istkosten,** d. h., die kalkulierten Kosten sind höher als die tatsächlich angefallenen Kosten.

(2) Ursachen für Kostenabweichungen

■ **Preisabweichungen**

Preiserhöhungen (Preissenkungen) bei Werkstoffen bzw. Energie, Gehaltserhöhungen (Rückgang der Gehälter durch Entlassungen) oder Erhöhungen der Versicherungsbeiträge (Rückgang der Versicherungsbeiträge durch Absenken der Versicherungssummen) u. Ä. führen zu einer höheren (niedrigeren) Belastung der Kostenstellen mit Gemeinkosten und damit zu höheren (niedrigeren) Zuschlagssätzen.

Beispiel:

Bei einem Hersteller von Tiefkühlkost erhöhen sich die Strompreise um 5 % gegenüber den Normalkosten. Dies führt zu erhöhten Kosten bei der Lagerhaltung der Fertigprodukte und damit zu einer Kostenunterdeckung bei den Vertriebskosten. Eine solche Kostenabweichung hat der Leiter des Vertriebs nicht zu vertreten.

■ **Verbrauchsabweichungen**

Es ist nicht immer möglich, geplante Fertigungszeiten bzw. Materialvorgaben einzuhalten. Ein Über- oder Unterschreiten der Planvorgaben führt zu steigenden oder fallenden Gemeinkosten und damit zu schwankenden Zuschlagssätzen.

Beispiel:

Bei Überlastung der Produktion fallen mehr qualitativ mangelhafte Erzeugnisse als gewöhnlich an. Damit erhöhen sich die Fertigungskosten. Es kommt zu einer Kostenunterdeckung. Diese Kostenabweichung hat der Leiter der Fertigung zu vertreten.

■ **Änderung der Ausbringungsmenge (Beschäftigung)**

Wird die Produktion z. B. ausgeweitet, so fallen mehr **Einzelkosten** wie Material- oder Lohnkosten an. Einzelkosten sind **variable Kosten.** Hier geht man davon aus, dass sich die Kosten **proportional zur Ausbringungsmenge** verhalten.

Bei den **Gemeinkosten** geht man davon aus, dass sie **variable und fixe Kosten enthalten.** Während die **variablen Kosten** bei einer Erhöhung der Ausbringungsmenge **proportional ansteigen,** bleibt der **Fixkostenanteil der Gemeinkosten unverändert.** Die Folge ist, die Gemeinkosten **steigen unterproportional** bei einer **Ausweitung der Ausbringungsmenge** (die fixen Kosten verteilen sich auf eine größere Menge) und **steigen überproportional** bei einem **Rückgang der Ausbringungsmenge** (die fixen Kosten verteilen sich auf eine geringere Menge).

> **Beispiel:**
>
> Bei einem Industriebetrieb betragen die Fertigungslöhne 45 000,00 EUR bei einer Produktion von 1 500 Stanzteilen. An Fertigungsgemeinkosten fallen 24 000,00 EUR an (18 000,00 EUR fix, 6 000,00 EUR variabel).
>
> Durch einen Großauftrag erhöht sich die Ausbringungsmenge im Folgemonat auf 2 800 Stanzteile. Der Großauftrag wird mit dem bisher verwendeten Normal-FGK-Zuschlagssatz kalkuliert.
>
> **Aufgaben:**
> 1. Berechnen Sie den bei der Produktion von 1 500 Stanzteilen verwendeten Normal-FGK-Zuschlagsatz!
> 2. Berechnen Sie den bei der Produktion von 2 800 Stanzteilen tatsächlich anfallenden FGK-Zuschlagssatz!
> 3. Berechnen Sie die Kostenabweichung bei Berücksichtigung der Fixkostendegression!
>
> **Zu 1.: Berechnung des Normal-FGK-Zuschlagssatzes**
>
> $$\text{Normal-FGK-Zuschlagssatz} = \frac{24\,000 \cdot 100}{45\,000} = \underline{\underline{53{,}33\,\%}}$$
>
> **Zu 2.: Berechnung des tatsächlichen FGK-Zuschlagssatzes bei 2 800 Stanzteilen**
>
> | | |
> |---|---|
> | FGK fix | = 18 000,00 EUR |
> | FGK variabel 2 800 Stück · 4,00 EUR/Stück | = 11 200,00 EUR |
> | Fertigungsgemeinkosten | = 29 200,00 EUR |
>
> $$\text{FGK-Zuschlagssatz} = \frac{29\,200 \cdot 100}{84\,000} = \underline{\underline{34{,}76\,\%}}$$
>
> **Ergebnis:** Mit zunehmender Ausbringungsmenge sinkt der FGK-Zuschlagssatz. Wird die erhöhte Ausbringungsmenge mit dem Normal-FGK-Zuschlagssatz kalkuliert, entsteht eine Kostenüberdeckung.
>
> **Zu 3.: Höhe der Kostenabweichung bei Berücksichtigung der Fixkostendegression**
>
> | | | |
> |---|---|---|
> | | Fertigungsmaterial | 84 000,00 EUR | |
> | + | 53,33 % Normal-FGK | 44 797,20 EUR | |
> | = | Fertigungsgemeinkosten | | 128 797,20 EUR |
> | − | Fertigungsmaterial | 84 000,00 EUR | |
> | + | 34,76 % Tatsächlicher FGK | 29 198,40 EUR | |
> | = | Fertigungsgemeinkosten | | 113 198,40 EUR |
> | = | Kostenabweichung (Kostenüberdeckung) | | 15 598,80 EUR |

- Ändert sich die Ausbringungsmenge, so kommt es bei der Zuschlagskalkulation zu **Abweichungen** beim **Zuschlagssatz für die Fertigungsgemeinkosten**.
- **Ursache der Abweichungen** ist der **Fixkostenanteil in den Gemeinkosten,** da bei der Zuschlagskalkulation unterstellt wird, dass sich auch die fixen Kosten proportional zu den Einzelkosten ändern. Fixkosten bleiben jedoch konstant.

(3) Beispiel für eine Nachkalkulation

Beispiel:

Die Nachkalkulation für die erstellte Furnierpressmaschine (vgl. S. 71f.) ergab folgende Kosten:

Verbrauch von Fertigungsmaterial	17 500,00 EUR	SEKF	900,00 EUR
Fertigungslöhne	19 800,00 EUR	SEKV	940,00 EUR
Istzuschlagssätze lt. BAB	MGK 8,5 %	VerwGK	19 %
dieser Abrechnungsperiode:	FGK 108 %	VertrGK	6,8 %

Der in der Vorkalkulation (Angebotskalkulation) auf S. 72 ermittelte Listenverkaufspreis in Höhe von 106 393,41 EUR ist der verbindliche Angebotspreis.

Aufgabe:
Berechnen Sie den Gewinn in EUR und Prozent, der an dem abgewickelten Auftrag erwirtschaftet wurde!

Lösung:

		Vorkalkulation			Nachkalkulation	
Materialeinzelkosten			17 200,00 EUR			17 500,00 EUR
Materialgemeinkosten	9 %		1 548,00 EUR	8,5 %		1 487,50 EUR
Materialkosten				18 748,00 EUR			18 987,50 EUR
Fertigungslöhne			21 400,00 EUR			19 800,00 EUR
Fert.-Gemeinkosten	110 %		23 540,00 EUR	108 %		21 384,00 EUR
Sondereinzelkosten der Fertigung (SEKF)			1 400,00 EUR			900,00 EUR
Fertigungskosten				46 340,00 EUR			42 084,00 EUR
Herstellkosten				65 088,00 EUR			61 071,50 EUR
Verw.-Gemeinkosten	18 %		11 715,84 EUR	19 %		11 603,59 EUR
Vertr.-Gemeinkosten	6 %		3 905,28 EUR	6,8 %		4 152,86 EUR
Sondereinzelkosten des Vertriebs (SEKV)			890,00 EUR	16 511,12 EUR		940,00 EUR	16 696,45 EUR
Selbstkosten				81 599,12 EUR			77 767,95 EUR
Gewinn	15 %			12 239,87 EUR			16 071,04 EUR
Barverkaufspreis				93 838,99 EUR			93 838,99 EUR
Kundenskonto	2 %			1 915,08 EUR			
Zielverkaufspreis				95 754,07 EUR			
Kundenrabatt	10 %			10 639,34 EUR			
Listenverkaufspreis (Nettoverkaufspreis)				106 393,41 EUR			

Excel

Berechnung des Gewinnsatzes:
77 767,95 ≙ 100 %
16 071,04 ≙   x %
x = 20,67 %

Die **Abweichungen** bei den Kosten in der Vor- und in der Nachkalkulation beruhen einerseits auf **unterschiedlichen Einzelkosten** (z. B. durch Preisänderungen bei den Werkstoffen oder durch Erhöhung des Stundenlohns) und andererseits auf den **unterschiedlichen Zuschlagssätzen** in der Vor- und Nachkalkulation.

> Die **Nachkalkulation** dient zum einen der **Kostenkontrolle** und zum anderen ist sie Anlass, die **Abweichungen** zwischen Vor- und Nachkalkulation zu überprüfen und die Ursachen hierfür zu analysieren.

Zusammenfassung

- Normalkosten > Istkosten → Kostenüberdeckung

- Normalkosten < Istkosten → Kostenunterdeckung

- **Gründe für Kostenabweichungen** bei den Gemeinkosten:
  - **Preisänderungen** bei Gemeinkostengütern, -löhnen und -gehältern
  - **Verbrauchsabweichungen** von der geplanten Einsatzmenge an Gemeinkostengütern, -löhnen und -gehältern
  - **Beschäftigungsabweichungen** durch Ausweitung oder Verringerung der Produktionsmenge. Sie werden vor allem von den fixen Gemeinkostenbestandteilen verursacht.

Übungsaufgaben

35 Vor- und Nachkalkulation, tatsächlich erzielter Gewinn

Excel

Erstellen Sie zur Aufgabe 27 eine Nachkalkulation!

Nach Fertigstellung des Auftrages und der Ermittlung der Istzuschlagssätze aufgrund des erstellten BABs ergaben sich folgende Werte: Verbrauch von Fertigungsmaterial 56,30 EUR, Fertigungslöhne 65,20 EUR, Sondereinzelkosten der Fertigung 162,68 EUR. Die Istzuschlagssätze für die Gemeinkosten betrugen: MGK 6,9 %, FGK 149,5 %, VerwGK 17,4 %, VertrGK 9,5 %.

Aufgabe:

Stellen Sie bei einem unveränderten Angebotspreis den tatsächlichen Gewinn in EUR und in Prozent fest!

36 Vor- und Nachkalkulation, tatsächlich erzielter Gewinn, Handeln bei Preiskonkurrenz

Excel

1. Für die Ermittlung des Angebotspreises für einen Kühlschrank liegen bei der Frost GmbH folgende Kalkulationsunterlagen vor:

   Verbrauch von Fertigungsmaterial 275,80 EUR, Fertigungslöhne 330,40 EUR, Normalzuschlagssätze für MGK 35 %, FGK 85 %, VerwGK 20 %, VertrGK 18 %. Der Gewinnaufschlag wird mit 25 % angesetzt. Außerdem sollen noch 10 % Rabatt und 2 % Skonto einkalkuliert werden.

   Aufgabe:

   Ermitteln Sie den Angebotspreis!

2. Erstellen Sie die Nachkalkulation!

   An Istkosten fielen an: Verbrauch von Fertigungsmaterial 260,75 EUR, Fertigungslöhne 310,80 EUR. Die Istzuschlagssätze für die Gemeinkosten betrugen: MGK 32,5 %, FGK 79,5 %, VerwGK 21,5 %, VertrGK 17,2 %.

   Aufgaben:

   2.1 Ermitteln Sie den Gewinn in EUR und in Prozent, wenn sich der Angebotspreis nicht verändert!

   2.2 Berechnen Sie, auf welchen Betrag der Listenverkaufspreis (Nettoverkaufspreis) bei sonst gleichbleibenden Kalkulationsgrundlagen im Falle einer starken Preiskonkurrenz notfalls herabgesetzt werden könnte!

37 Vor- und Nachkalkulation, Kostenabweichungen, Ursachen der Kostenabweichungen

Eine Möbelfabrik stellt für die Ausstattung von zwei Büroräumen folgende Kalkulationsgrundlagen fest:

Verbrauch von Fertigungsmaterial: 9 400,00 EUR
Fertigungslöhne: 16 200,00 EUR
Normal-Gemeinkostenzuschläge: MGK 12,4 %   VerwGK 6 %
                               FGK 104 %   VertrGK 8 %

Es wird mit 18 % Gewinn und 2 % Kundenskonto gerechnet.

Aufgaben:

1. Berechnen Sie den Angebotspreis netto!

2. Ein Konkurrenzunternehmen hat ein Angebot von 58 866,35 EUR unterbreitet.
   Bestimmen Sie, wie viel Gewinn in EUR und in Prozent verbleiben, wenn der Angebotspreis der Konkurrenz um 800,00 EUR unterboten werden soll!

3. Überprüfen Sie die kalkulierten Normalselbstkosten für die Ausstattung der Büroräume durch Nachkalkulation mit Istzuschlagssätzen, wenn der aktuelle BAB folgende Istgemeinkosten aufweist:

Istgemein-kosten	Kostenstellen			
	I Material	II Fertigung	III Verwaltung	IV Vertrieb
Summe der Gemeinkosten	83 800,00	589 260,00	133 620,00	163 730,00

Gesamter Verbrauch an Fertigungsmaterial: 647 700,00 EUR
Gesamte Fertigungslöhne: 561 200,00 EUR

Aufgaben:

3.1 Berechnen Sie die Istzuschlagssätze!

3.2 Ermitteln Sie die Istselbstkosten und vergleichen Sie das Ergebnis von Angebots- und Nachkalkulation!

4. 4.1 Die Geschäftsleitung stellt fest, dass die tatsächlichen Kosten höher liegen als der kalkulierte Angebotspreis. Erläutern Sie zwei Ursachen von Kostenabweichungen, für die der jeweilige Kostenstellenleiter die Verantwortung übernehmen muss!

   4.2 Die Geschäftsleitung informiert sich beim Leiter der Kostenstelle Verwaltung, warum die Ist-Verwaltungskosten über den geplanten Verwaltungsgemeinkosten liegen.
   Der Leiter der Kostenstelle Verwaltung weist darauf hin, dass der Normal- und der Ist-Gemeinkostenzuschlagssatz gleich hoch sind. Deswegen habe er die vorliegende Kostenabweichung in der Kostenstelle Verwaltung nicht zu vertreten.
   Beurteilen Sie, ob die Aussage des Kostenstellenleiters zutreffend ist!

   4.3 Die Kostenstelle Material weist ebenfalls eine Kostenunterdeckung auf. Erläutern Sie zwei Ursachen von Kostenabweichungen, für die der Leiter der Kostenstelle keine Verantwortung übernehmen muss!

5. Die Auftragslage der Möbelfabrik ist stark ansteigend. Erläutern Sie die Auswirkungen einer ansteigenden Beschäftigung auf die Zuschlagskalkulation!

38 Bestimmung der Kosten für das Fertigungsmaterial

Die Werkzeugfabrik WEGA AG hat im Produktprogramm die Akku Schlagbohrmaschine 18 V im Programm. Aufgrund des hohen Wettbewerbsdrucks durch die fernöstliche Konkurrenz soll die Schlagbohrmaschine zum Listenverkaufspreis von 671,41 EUR angeboten werden. Aus diesem Grund dürfen die gesamten Fertigungskosten höchstens 293,50 EUR betragen. Die Kosten für das Fertigungsmaterial betragen derzeit 118,70 EUR. Die Kostenrechnungsabteilung wird beauftragt, sicherzustellen, dass trotz des niedrigen Listenverkaufspreises ein gewünschter Gewinnzuschlagssatz von 19 % erzielt werden kann.

Die WEGA AG rechnet mit folgenden Kalkulationsdaten (Normalkosten): VerwGK 4,8 %, VertrGK 2,2 %, MGK 15 %, SEKV 4,52 EUR, Kundenskonto 3 %, Kundenrabatt 17 %.

Aufgaben:
1. Berechnen Sie den Prozentsatz, um den das Fertigungsmaterial günstiger bezogen werden muss, damit der angestrebte Gewinn erreicht werden kann!
2. Die am Quartalsende ermittelten Istkosten ergeben folgende Kalkulationsdaten: MGK 18 %, Fertigungskosten 295,10 EUR, VerwGK 6,5 %, VertrGK 2,8 %, Sondereinzelkosten des Vertriebs 5,29 EUR. Beurteilen Sie das Ergebnis aus Aufgabe 1 unter Beachtung der beschriebenen Kostenentwicklung!

39 Berechnung der Fertigungsgemeinkosten und des Fertigungsgemeinkostenzuschlagssatzes

Die Electronic Düsseldorf GmbH hat u.a. das Wireless Alarmsystem WS-100 im Programm. Im Monat April fallen Fertigungslöhne in Höhe von 9 400,00 EUR und Fertigungsgemeinkosten in Höhe von 10 340,00 EUR (Fixkostenanteil 65 %) an.

Im Mai werden alle Aufträge mit dem Fertigungsgemeinkostenzuschlagssatz des Monats April kalkuliert. Es kommt wegen Betriebsferien zu einem Beschäftigungsrückgang von 30 %.

Aufgaben:
1. Berechnen Sie die Höhe der Kostenabweichung für den Monat Mai!
2. Ermitteln Sie den Ist-FGK-Zuschlagssatz für den Monat Mai!

7.7.3 Kostenträgerzeitrechnung

7.7.3.1 Inhalt und Aufgaben der Kostenträgerzeitrechnung

Bei der Kostenträgerzeitrechnung werden die **Selbstkosten einer Rechnungsperiode** ermittelt und den **Nettoverkaufserlösen der Rechnungsperiode** gegenübergestellt. Die **Differenz** zwischen den **Nettoverkaufserlösen der Rechnungsperiode** und den **Selbstkosten der Rechnungsperiode** ergibt das **Betriebsergebnis**. Technisches Hilfsmittel zur Berechnung des Betriebsergebnisses ist das **Kostenträgerblatt**.

- Bei der **Kostenträgerzeitrechnung** werden die ermittelten **Selbstkosten der Rechnungsperiode** den **Nettoverkaufserlösen der Rechnungsperiode** gegenübergestellt.

- Die **Differenz** zwischen den erzielten **Nettoverkaufserlösen der Rechnungsperiode** und den **Selbstkosten der Rechnungsperiode** ergibt das **Betriebsergebnis**.

Grundlage der Kalkulation **während der Rechnungsperiode** sind die **Normalkosten**. Nach **Abschluss einer Rechnungsperiode** muss festgestellt werden, ob die tatsächlich entstandenen Kosten (**Istkosten**) auch gedeckt sind.

7.7.3.2 Kostenträgerzeitrechnung (Kostenträgerblatt) mit Ist- und Normalkosten

Beispiel:

Die Kosten- und Leistungsrechnung eines Industrieunternehmens weist für den Monat Oktober in der Vorkalkulation, in der die Gemeinkosten mit Normalzuschlagssätzen verrechnet werden, folgende Gesamtdaten auf:

Verbrauch von Fertigungsmaterial 480 000,00 EUR, Fertigungslöhne 210 000,00 EUR, Nettoverkaufserlöse 1 460 000,00 EUR.

Die Normalzuschlagssätze betragen: MGK 12 %, FGK 85 %, VerwGK 18 %, VertrGK 7 %.

Die Sondereinzelkosten der Fertigung betragen 8 100,00 EUR. Die Sondereinzelkosten des Vertriebs betragen 4 800,00 EUR.

Die Nachkalkulation ergibt folgende Istzuschlagssätze:

MGK: 10 %	FGK: 90 %	VerwGK: 15 %	VertrGK: 8 %

Aufgaben:
1. Ermitteln Sie die Selbstkosten der Rechnungsperiode mit Istkosten und mit Normalkosten!
2. Berechnen Sie die Kostenüber- bzw. Kostenunterdeckung!
3. Ermitteln Sie das Betriebsergebnis!

Lösungen:

Ziffer	Bezeichnungen	Istkosten	Normalzu-schlagssätze	Normalkosten	Kostenüber-/ -unterdeckungen
1	Verbrauch von Fertigungsmaterial	480 000,00		480 000,00	
2	+ 10 % Materialgemeinkosten	48 000,00	12 %	57 600,00	+ 9 600,00
3	**Materialkosten** (1 + 2)	528 000,00		537 600,00	
4	Fertigungslöhne	210 000,00		210 000,00	
5	+ 90 % Fert.-Gemeinkosten	189 000,00	85 %	178 500,00	− 10 500,00
6	+ Sondereinzelkosten d. Fertigung	8 100,00		8 100,00	
7	**Fertigungskosten** (4 + 5 + 6)	407 100,00		396 600,00	
8	**Herstellk. d. Rech.-Periode** (3 + 7)	935 100,00		934 200,00	
9	+ 15 % Verw.-Gemeinkosten	140 265,00	18 %	168 156,00	+ 27 891,00
10	+ 8 % Vertr.-Gemeinkosten	74 808,00	7 %	65 394,00	− 9 414,00
11	Sondereinzelkosten des Vertriebs	4 800,00		4 800,00	
12	**Selbstkosten der Rechnungsperiode** (9 + 10 + 11)	1 154 973,00		1 172 550,00	+ 17 577,00
13	Nettoverkaufserlöse	1 460 000,00		1 460 000,00	
12	− Selbstkosten der Rechn.-Periode[1]	1 154 973,00		1 172 550,00	
14	**Umsatzergebnis**			287 450,00	
15	+ Kostenüberdeckung			+ 17 577,00	
16	**Betriebsergebnis**	305 027,00		305 027,00	

Erläuterungen: Vom Umsatzergebnis zum Betriebsergebnis (Ziffer 14 bis 16)

Das Umsatzergebnis bei der Vorkalkulation ergibt sich durch folgende Rechnung:

Nettoverkaufserlöse − Selbstkosten der Rechnungsperiode = Umsatzergebnis

Die Rechnung mit Normalzuschlagssätzen (Vorkalkulation) führt zwangsläufig zu einem anderen Ergebnis als die Nachkalkulation mit Istkosten, da die Gemeinkosten mit anderen Zuschlagssätzen berechnet werden. Das Umsatzergebnis in der Normalkostenrechnung unterscheidet sich daher vom Betriebsergebnis in der Istkostenrechnung, und zwar um die Differenz zwischen den Normalgemeinkosten und den Istgemeinkosten; oder anders ausgedrückt, um die Kostenüber- bzw. Kostenunterdeckungen.

Da bei einer **Kostenüberdeckung** die verrechneten Normalkosten **über** den angefallenen Istkosten liegen, fällt das Umsatzergebnis niedriger aus als das mit Istkosten ermittelte Betriebsergebnis. Um im Falle einer Kostenüberdeckung vom Umsatzergebnis zum Betriebsergebnis zu gelangen, muss daher zum Umsatzergebnis eine **Kostenüberdeckung hinzuaddiert** werden.

Im vorliegenden Beispiel ergibt sich per Saldo eine Kostenüberdeckung in Höhe von 17 577,00 EUR. Bei einem Umsatzergebnis in Höhe von 287 450,00 EUR (siehe Ziffer 14) führt das zu einem Betriebsergebnis in Höhe von (287 450,00 EUR + 17 577,00 EUR) 305 027,00 EUR (siehe Ziffer 16).

Bei einer **Kostenunterdeckung** sind die **Normalkosten niedriger** als die tatsächlich angefallenen **Istkosten**. Daher ist das Umsatzergebnis höher als das tatsächliche Ergebnis. Um vom Umsatzergebnis zum Betriebsergebnis zu gelangen, muss daher eine **Kostenunterdeckung vom Umsatzergebnis subtrahiert** werden.

- Umsatzergebnis + Kostenüberdeckung = Betriebsergebnis
- Umsatzergebnis − Kostenunterdeckung = Betriebsergebnis

---

1 Für den Begriff Selbstkosten der Rechnungsperiode kann auch der Begriff **Selbstkosten des Umsatzes** verwendet werden.

Zusammenfassung

- **Veränderung des Betriebsergebnisses** durch Abweichungen von den Normalgemeinkosten:
  - Betriebsergebnis = Umsatzergebnis + Kostenüberdeckung
  - Betriebsergebnis = Umsatzergebnis – Kostenunterdeckung

Übungsaufgaben

40 Gegenüberstellung von Ist- und Normalkosten

Ein Industrieunternehmen entnimmt der Ergebnistabelle folgende Zahlenwerte:

Betriebsabrechnungsbogen am Ende der Rechnungsperiode

Gemeinkosten	Material	Fertigung	Verwaltung	Vertrieb
Insgesamt	85 260,60 EUR	926 670,00 EUR	309 709,27 EUR	180 663,73 EUR

Einzelkosten und Leistungen

		Normalzuschlagssätze	
Verbrauch von Fertigungsmaterial	897 480,00 EUR	MGK	9 %
Fertigungslöhne	671 500,00 EUR	FGK	136,2 %
Nettoverkaufserlöse	3 247 200,00 EUR	VerwGK	13 %
		VertrGK	6,5 %

Aufgaben:

1. Ermitteln Sie die Selbstkosten der Rechnungsperiode
   1.1 mit Istkosten,
   1.2 mit Normalkosten!
2. Berechnen Sie die Kostenüber- bzw. Kostenunterdeckung sowie das Betriebsergebnis der Abrechnungsperiode!
3. Führen Sie die Berechnung der Istzuschlagssätze durch!

41 Ermittlung von Kostenabweichungen im Kostenträgerzeitblatt

Die Kosten- und Leistungsrechnung eines Industrieunternehmens liefert für den Monat Mai folgende Kalkulationsdaten:

Einzelkosten und Leistungen	Für Produkt A	Für Produkt B
Verbrauch von Fertigungsmaterial	210 700,00 EUR	106 300,00 EUR
Fertigungslöhne	140 500,00 EUR	72 100,00 EUR
SEKF	6 500,00 EUR	2 200,00 EUR
SEKV	5 200,00 EUR	3 400,00 EUR
Nettoverkaufserlöse	792 322,00 EUR	404 700,00 EUR

	Material	Fertigung	Verwaltung	Vertrieb
Istgemeinkosten (gesamt)	22 190,00 EUR	350 790,00 EUR	118 466,40 EUR	54 676,80 EUR
Normalzuschlagssätze	8 %	166 %	11,5 %	7,2 %

Aufgaben:

1. Ermitteln Sie die Selbstkosten der Rechnungsperiode
   1.1 mit Istkosten,
   1.2 mit Normalkosten!
2. Berechnen Sie die Kostenüber- bzw. Kostenunterdeckung sowie das Betriebsergebnis der Rechnungsperiode!
3. Geben Sie mögliche Ursachen für die Kostenabweichungen an!

42 Gegenüberstellung von Ist- und Normalkosten, Ursachen der Kostenabweichung, Änderung der Beschäftigung

Ein Maschinenbaubetrieb ist als Zulieferer für mehrere Maschinenfabriken tätig. Die Nettoverkaufserlöse betrugen in der vergangenen Abrechnungsperiode 1 560 000,00 EUR. Im gleichen Zeitraum fielen folgende Kosten an:

Verbrauch von Fertigungsmaterial	732 800,00 EUR
Fertigungslöhne	240 000,00 EUR
Sondereinzelkosten des Vertriebs	20 000,00 EUR

In der vergangenen Abrechnungsperiode wurde mit folgenden Zuschlagssätzen gerechnet: MGK 10 %, FGK 110 %, VerwGK 8 % und VertrGK 5 %.

Die Istgemeinkosten sind im BAB wie folgt aufgeteilt:

	Zahlen der KLR	Material-bereich	Fertigungs-bereich	Ver-waltung	Ver-trieb
Summe der Gemeinkosten	489 624,80	69 940,00	245 740,00	95 347,52	78 597,28

Aufgaben:

1. Ermitteln Sie auf einem Kostenträgerblatt die Istzuschlagssätze (auf eine Dezimale gerundet) sowie die Über- und Unterdeckungen und das Betriebsergebnis!
2. Die Kostenanalyse zeigt, dass abgesehen von den Vertriebsgemeinkosten die Istgemeinkosten in allen anderen Kostenstellen niedriger sind als die Normalgemeinkosten.
   2.1 Begründen Sie, ob diese niedrigeren Istgemeinkosten zu einer Kostenüber- bzw. -unterdeckung führen!
   2.2 Nennen Sie zwei Ursachen, die diese Entwicklung ausgelöst haben könnten!
   2.3 Stellen Sie die Auswirkungen der festgestellten Kostenabweichung auf das Betriebsergebnis dar!
3. Die Auftragslage des Maschinenbaubetriebs ist rückläufig. Erläutern Sie die Auswirkungen einer rückläufigen Beschäftigung auf die Zuschlagskalkulation!

7.8 Zusammenfassung zur Kostenarten-, Kostenstellen- und Kostenträgerrechnung

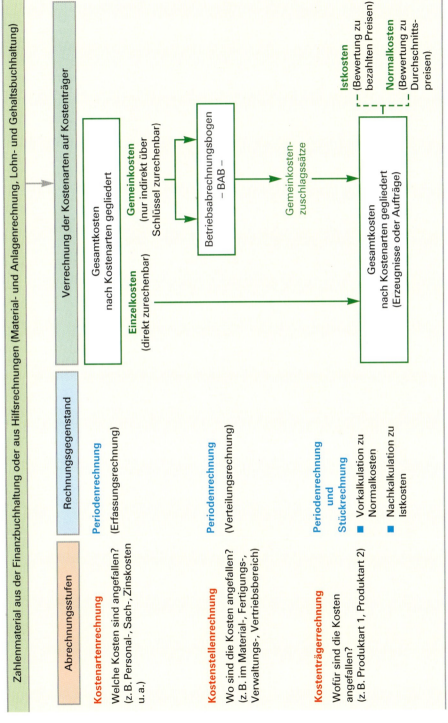

7.9 Kritik an der Vollkostenrechnung in Form der Zuschlagskalkulation

Wird die Zuschlagskalkulation als Grundlage für die Kalkulation, Preispolitik oder Produktpolitik verwendet, ist leicht nachweisbar, dass sie zu falschen Ergebnissen und Schlussfolgerungen führt und sich daher nicht als Steuerungsinstrument eines Unternehmens eignet.

> **Beispiel:**
>
> Ein Unternehmen kann bei Vollauslastung innerhalb einer Rechnungsperiode 1000 Stück eines Produktes zum Nettoverkaufspreis von 50,00 EUR je Stück absetzen.
>
> Die Stückkosten setzen sich nach der Zuschlagskalkulation zusammen aus Einzelkosten in Höhe von 16,00 EUR und einem FGK-Zuschlagssatz von 181,25 %. Die FGK haben einen Fixkostenanteil von 15 000,00 EUR und variable Gemeinkosten von 14,00 EUR.
>
> **Aufgabe:**
> Berechnen Sie den Gewinn der Rechnungsperiode nach der Zuschlagskalkulation!

Lösung:

Die Abrechnung der Rechnungsperiode führt zu folgendem Ergebnis:

Nettoverkaufserlöse insgesamt			50 000,00 EUR
− Kosten			
Einzelkosten (1 000 Stück · 16,00 EUR)		16 000,00 EUR	
+ 181,25 % FGK		29 000,00 EUR	45 000,00 EUR
= Gewinn			5 000,00 EUR

1. Kritikpunkt: Die Anwendung der einmal auf der Basis der Vollkosten errechneten Stückkosten führt bei abweichender Ausbringungsmenge zu falschen Ergebnissen.

Wird die Veränderung der Kosten aufgrund von Schwankungen der Ausbringungsmenge nicht berücksichtigt und weiterhin mit den einmal errechneten Selbstkosten von 45,00 EUR je Stück kalkuliert, führt das zu falschen Ergebnissen, wie das in den folgenden Berechnungen gezeigt wird:

■ **Fall 1: Die Ausbringungsmenge sinkt auf 600 Einheiten**

Berechnung **ohne Aufteilung der Kosten** und unter Beibehaltung der einmal berechneten Stückkosten in Höhe von 45,00 EUR

Nettoverkaufserlöse	(600 Stück · 50,00 EUR)	30 000,00 EUR
− Gesamtkosten	(600 Stück · 45,00 EUR)	27 000,00 EUR
= Gewinn		3 000,00 EUR

Berechnung **mit Aufteilung der Gesamtkosten in fixe und variable Kosten** und unter Berücksichtigung der Kostenveränderung bei Änderung der Ausbringungsmenge.

Nettoverkaufserlöse	(600 Stück · 50,00 EUR)		30 000,00 EUR
− Kosten			
Einzelkosten	(600 Stück · 16,00 EUR)	9 600,00 EUR	
variable Gemeinkosten	(600 Stück · 14,00 EUR)	8 400,00 EUR	
fixe Gemeinkosten		15 000,00 EUR	33 000,00 EUR
= Verlust			− 3 000,00 EUR

Erläuterungen:

Berechnung der Stückkosten unter Berücksichtigung der Kostenaufteilung:

Einzelkosten	16,00 EUR
variable Gemeinkosten	14,00 EUR
fixe Gemeinkosten (15 000,00 EUR : 600 Stück)	25,00 EUR
Stückkosten insgesamt	55,00 EUR

Bei einem Nettoverkaufserlös von 50,00 EUR führt das zu einem Stückverlust von 5,00 EUR. Das ergibt bei 600 Stück einen Gesamtverlust von 3 000,00 EUR.

■ Fall 2: Die Ausbringungsmenge steigt auf 1 200 Einheiten

Berechnung **ohne Aufteilung der Kosten** und unter Beibehaltung der einmal berechneten Stückkosten in Höhe von 45,00 EUR.

	Nettoverkaufserlöse	(1 200 Stück · 50,00 EUR)	60 000,00 EUR
−	Gesamtkosten	(1 200 Stück · 45,00 EUR)	54 000,00 EUR
=	Gewinn		6 000,00 EUR

Berechnung **mit Aufteilung der Gesamtkosten in fixe und variable Kosten** unter Berücksichtigung der Kostenveränderung bei Änderung der Ausbringungsmenge.

	Nettoverkaufserlöse	(1 200 Stück · 50,00 EUR)		60 000,00 EUR
−	Kosten			
	Einzelkosten	(1 200 Stück · 16,00 EUR)	19 200,00 EUR	
	variable Gemeinkosten	(1 200 Stück · 14,00 EUR)	16 800,00 EUR	
	fixe Gemeinkosten		15 000,00 EUR	51 000,00 EUR
=	Gewinn			9 000,00 EUR

Erläuterungen:

Berechnung der Stückkosten unter Berücksichtigung der Kostenaufteilung:

Einzelkosten	16,00 EUR
variable Gemeinkosten	14,00 EUR
fixe Gemeinkosten (15 000,00 EUR : 1 200 Stück)	12,50 EUR
Stückkosten insgesamt	42,50 EUR

Bei einem Nettoverkaufserlös von 50,00 EUR beträgt der Stückgewinn 7,50 EUR. Beim Verkauf von 1 200 Stück ergibt das einen Gesamtgewinn von 9 000,00 EUR.

- ■ Die Annahme, dass sich die Gemeinkosten im gleichen Verhältnis wie die Einzel- und Herstellkosten ändern ist nur richtig, wenn der Fixkostenanteil bei den Gemeinkosten null bzw. gering ist.

- ■ Die Zurechnung der Gemeinkosten auf die Kostenträger in Form von Zuschlagssätzen ist insbesondere bei hohen Zuschlagssätzen problematisch.

- ■ Wird eine Aufteilung des Kostenblocks in fixe und variable Kosten nicht berücksichtigt, führt das hinsichtlich des Stückkostensatzes zu falschen Kalkulationsgrundlagen.

2. Kritikpunkt: Bei Schwankungen der Ausbringungsmenge führt die Vollkostenrechnung zu falschen Empfehlungen in der Preispolitik.

Werden die Gesamtkosten als Grundlage für die Preispolitik verwendet, führt die Vollkostenrechnung aufgrund des beschriebenen Verhaltens der Fixkosten z.B. bei sinkender Ausbringungsmenge zu steigenden Stückkosten und daher zu einer Erhöhung der Stückpreise, obwohl die Marktsituation eine Preissenkung verlangt. Durch Erhöhung der Preise wird ein weiterer Absatzrückgang zu erwarten sein. Bei einer höheren Ausbringungsmenge gilt der umgekehrte Zusammenhang.

Erkenntnis:

Die undifferenzierte Rechnung mit Vollkosten führt zu einer falschen Preispolitik.

3. Kritikpunkt: Die Vollkostenrechnung kann zu falschen Entscheidungen bei der Produktpolitik führen.

Beispiel:

Ein Unternehmen verkauft zwei Produkte (Produkt A und B).

Die Gesamtkosten betragen nach der Zuschlagskalkulation beim Produkt A 32 000,00 EUR und beim Produkt B 58 000,00 EUR. Gliedert man die jeweiligen Gesamtkosten auf in variable Kosten (Einzelkosten und variable Gemeinkosten) und Fixkosten, so ergeben sich folgende Werte: variable Kosten Produkt A 18 000,00 EUR, Produkt B 30 000,00 EUR, fixe Gemeinkosten 42 000,00 EUR. Die Nettoverkaufserlöse betragen beim Produkt A 30 000,00 EUR, beim Produkt B 90 000,00 EUR.

Die fixen Kosten sollen auf Produkt A und B im Verhältnis 1 : 2 auf die beiden Produktarten verteilt werden.

Aufgaben:
1. Berechnen Sie das Betriebsergebnis ohne und mit Aufteilung in fixe und variable Kosten!
2. Begründen Sie, ob ein Produkt, das mit Verlust verkauft wird, aus dem Produktprogramm ausscheiden sollte!

Lösungen:

Zu 1.: Berechnung des Betriebsgewinns

- **Zuschlagskalkulation**

	Produkt A	Produkt B
Nettoverkaufserlöse	30 000,00 EUR	90 000,00 EUR
– Gesamtkosten	32 000,00 EUR	58 000,00 EUR
= Verlust/Gewinn	–2 000,00 EUR	+32 000,00 EUR

- **Aufteilung der Gesamtkosten in variable und fixe Kosten**

	Produkt A	Produkt B
Nettoverkaufserlöse	30 000,00 EUR	90 000,00 EUR
– variable Kosten	18 000,00 EUR	30 000,00 EUR
Zwischensumme	12 000,00 EUR	60 000,00 EUR
– fixe Kosten	14 000,00 EUR	28 000,00 EUR
Verlust/Gewinn	–2 000,00 EUR	32 000,00 EUR
		–2 000,00 EUR
= Betriebsgewinn:		30 000,00 EUR

Ergebnis: Beim Produkt A entsteht ein Verlust von 2000,00 EUR, beim Produkt B ein Gewinn von 32000,00 EUR. Dadurch beträgt der Gesamtgewinn des Unternehmens 30000,00 EUR.

Zu 2.: Ausscheiden aus dem Produktprogramm

■ **Empfehlung nach der Zuschlagskalkulation**

Das Produkt A muss als Verlustbringer aus Sicht der Vollkostenrechnung aus dem Produktprogramm herausgenommen werden, da ansonsten der Gesamtgewinn geschmälert wird.

■ **Empfehlung bei Aufteilung der Kosten in fixe und variable Anteile**

Beispiel:	Lösung:	
Wir greifen auf das Ausgangsbeispiel zurück.	Nettoverkaufserlöse bei Produkt B	90000,00 EUR
	− variable Kosten	30000,00 EUR
	= Zwischensumme	60000,00 EUR
Aufgabe:	− fixe Kosten (insgesamt)[1]	42000,00 EUR
Bestimmen Sie den Betriebsgewinn, wenn das Produkt A aus dem Produktprogramm ausscheidet!	= Betriebsgewinn	18000,00 EUR

Ergebnis: Durch das Ausscheiden des Produktes A aus dem Produktprogramm hat sich die Gewinnsituation des Unternehmens um 12000,00 EUR verschlechtert. Das ist genau der Betrag, um den die Nettoverkaufserlöse des Produktes A die variablen Kosten übersteigen. In dieser Höhe konnte nämlich das Produkt A an der Deckung der fixen Kosten beteiligt werden.

Eine **undifferenzierte Anwendung der Vollkostenrechnung** führt zu einer **falschen Produktpolitik**.

Übungsaufgabe

43 Mängel der Vollkostenrechnung

1. Geben Sie Gründe an, warum die Vollkostenrechnung als Instrument der Unternehmenssteuerung nicht geeignet ist!
2. Zeigen Sie auf, welche Kostenart für die Mängel der Vollkostenrechnung verantwortlich ist!
3. Begründen Sie, warum ein Artikel, bei dem sich auf der Basis der Vollkostenrechnung ein Verlust ergibt, nicht gleich aus dem Produktprogramm ausscheiden muss!

---

[1] Durch das Ausscheiden eines Produktes verändert sich die Höhe der Fixkosten insgesamt **zunächst** nicht.

7.10 Deckungsbeitragsrechnung

7.10.1 Abgrenzung der Teilkostenrechnung von der Vollkostenrechnung

Die Ausführungen unter Kapitel 7.9, S. 90 ff. haben deutlich gemacht, dass die **Mängel, die der Vollkostenrechnung anhaften,** in den **Fixkosten begründet** liegen. Soll die Kostenrechnung in erster Linie als **Instrument der Unternehmenssteuerung** betrachtet werden, liegt es nahe, zunächst auf eine **Verrechnung der Fixkosten zu verzichten** und diese erst bei der Ergebnisermittlung wieder einzubeziehen. Eine solche Rechnung, die zunächst auf einen Teil bei der Weiterverrechnung der Kosten verzichtet, nennt man im Gegensatz zur Vollkostenrechnung eine **Teilkostenrechnung.** Eine weitverbreitete Form der Teilkostenrechnung ist die **Deckungsbeitragsrechnung.**[1]

Die **Teilkostenrechnung** geht von einer Aufgliederung der Kosten in **fixe Kosten** und **variable Kosten** aus.

7.10.2 Aufbau der Deckungsbeitragsrechnung

Bei der Deckungsbeitragsrechnung werden **Deckungsbeiträge** ermittelt. Diese ergeben sich, indem man von den **Nettoverkaufserlösen** der Produkte die **variablen Kosten** abzieht. In Höhe der Deckungsbeiträge sind die Produkte an der Deckung der noch nicht verrechneten Fixkosten beteiligt.

Das **Grundschema der Deckungsbeitragsrechnung** lautet:

    Nettoverkaufserlöse
  − variable Kosten
  = Deckungsbeitrag

- **Nettoverkaufserlöse** sind die Erlöse, die dem Unternehmen nach Abzug der Umsatzsteuer und etwaiger Erlösschmälerungen (z. B. Kundenrabatt, Kundenskonto, Vertreterprovision) tatsächlich verbleiben.[2]
- Der **Deckungsbeitrag** ist der Überschuss der Nettoverkaufserlöse über die variablen Kosten.
- Der **Deckungsbeitrag** gibt an, welchen Beitrag ein Kostenträger zur **Deckung** der **fixen Kosten** leistet.

Übungsaufgabe

44 Grundlagen der Deckungsbeitragsrechnung

1. Erläutern Sie den Begriff Deckungsbeitrag!
2. Erklären Sie, bei welchen wichtigen Unternehmensaufgaben die Deckungsbeitragsrechnung sinnvolle Hilfestellung leisten kann!

---

1 Für den Begriff „Deckungsbeitragsrechnung" wird in der betriebswirtschaftlichen Literatur auch der Begriff **„Direct Costing"** verwandt.
2 Der Nettoverkaufserlös entspricht dem Barverkaufspreis im Kalkulationsschema.

3. Begründen Sie, worin Sie den entscheidenden Unterschied zwischen der Vollkostenrechnung und der Deckungsbeitragsrechnung sehen!
4. Notieren Sie außerhalb des Buches, welche Aussage über den Deckungsbeitrag richtig ist!
   4.1 Er deckt höchstens die fixen Kosten ab.
   4.2 Er steigt, wenn bei konstanten Stückerlösen die variablen Stückkosten steigen.
   4.3 Er sinkt, wenn bei konstanten Stückerlösen die variablen Stückkosten steigen.
   4.4 Er errechnet sich als Differenz zwischen den variablen Kosten und den Selbstkosten.
   4.5 Verrechnete Gemeinkosten minus Istgemeinkosten ergibt den Deckungsbeitrag.

7.10.3 Deckungsbeitragsrechnung als Stückrechnung

Beispiel:

Aus Wettbewerbsgründen ist ein Hersteller gezwungen, den Listenverkaufspreis für ein Trimmgerät auf 816,32 EUR festzusetzen. Den Sportartikelgroßhändlern werden 25 % Rabatt und 2 % Skonto eingeräumt. Die variablen Kosten betragen 400,00 EUR.

Aufgaben:

1. Berechnen Sie den Deckungsbeitrag je Stück!
2. Stellen Sie den Deckungsbeitrag je Stück grafisch dar!

Lösungen:

Zu 1.: Berechnung des Deckungsbeitrags

Listenverkaufspreis (netto)	816,32 EUR
− 25 % Rabatt	204,08 EUR
Zielverkaufspreis	612,24 EUR
− 2 % Skonto	12,24 EUR
Nettoverkaufserlös (Barverkaufspreis)	600,00 EUR
− variable Kosten	400,00 EUR
Deckungsbeitrag	200,00 EUR

Zu 2.: Grafische Darstellung

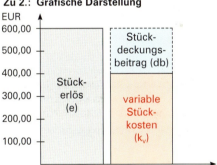

| Nettoverkaufserlös je Stück (Barverkaufspreis je Stück) |
| − variable Kosten je Stück |
| Deckungsbeitrag je Stück |

Erläuterung:

Der Deckungsbeitrag besagt, dass je Trimmgerät 200,00 EUR zur Deckung der Fixkosten zur Verfügung stehen. Ob der Deckungsbeitrag ausreicht, um neben der Deckung der fixen Kosten auch einen **Stückgewinn** zu erzielen, bleibt offen. Sicher ist aber, dass jeder Preis, der **über** den **variablen Kosten** liegt, zur Deckung der fixen Kosten beiträgt. Insofern dient der **Stückdeckungsbeitrag** als **Entscheidungshilfe** für die **Annahme oder Ablehnung von Aufträgen**.

- Jeder Deckungsbeitrag trägt zur Verbesserung des Betriebsergebnisses bei.
- Ob ein Stückgewinn erzielt wird und gegebenenfalls in welcher Höhe, kann nicht bestimmt werden.

Übungsaufgabe

45 Stückdeckungsbeitragsrechnung

Aus Wettbewerbsgründen ist ein Betonwerk gezwungen, den Listenverkaufspreis für ein Bauelement auf 2 448,96 EUR festzusetzen. Den Bauunternehmen werden 25 % Rabatt und 2 % Skonto eingeräumt. Die variablen Kosten betragen 1 200,00 EUR.

Aufgaben:

1. Berechnen Sie den Deckungsbeitrag sowie den Stückdeckungsbeitragssatz!
2. Stellen Sie den Deckungsbeitrag je Stück grafisch dar!
3. Beschreiben Sie die Rolle des Stückdeckungsbeitrags bei der Entscheidung über die Annahme oder Ablehnung eines Auftrages!
4. Arbeiten Sie das Hauptproblem bei der Anwendung der Deckungsbeitragsrechnung heraus!
5. Die Kosten- und Leistungsrechnung eines Industriebetriebs liefert uns folgende Zahlen:

   Der Listenverkaufspreis je Stück beträgt 1 297,84 EUR. Dem Großhandel werden folgende Bedingungen gewährt: Kundenrabatt ?, Kundenskonto $2\frac{1}{2}$ %. Die variablen Kosten betragen 260,00 EUR je Stück. Es wird ein Deckungsbeitrag von 625,78 EUR erzielt.

   Aufgaben:

   5.1 Berechnen Sie den Kundenrabatt in EUR und in Prozent, der bei dem vorgegebenen Listenverkaufspreis höchstens gewährt werden kann!

   5.2 Um den Marktanteil zu erhöhen, begnügt sich der Industriebetrieb für eine Werbeaktion mit der Deckung der variablen Kosten. Es wird mit den Bedingungen aus der Aufgabe 5.1 kalkuliert. Ermitteln Sie den Listenverkaufspreis für das Sonderangebot!

6. Die Teilkostenrechnung eines Unternehmens weist für ein bestimmtes Produkt folgende Ergebnisse aus:

   Aufgaben:

   6.1 Nettoverkaufserlös > variable Stückkosten.
   6.2 Nettoverkaufserlös < variable Stückkosten.
   6.3 Nettoverkaufserlös = variable Stückkosten.
   6.4 Stückdeckungsbeitrag = 0,00 EUR.

   Notieren Sie außerhalb des Buches, bei welchem Ergebnis das Produkt nicht mehr verkauft werden sollte!

7. Die Selbstkosten für eine Küchenmaschine betragen 540,00 EUR. Die Deckungsbeitragsrechnung ermittelt variable Kosten in Höhe von 290,00 EUR.

   Aufgabe:

   Begründen Sie, unter welcher Voraussetzung es langfristig sinnvoll ist, die Küchenmaschine in das Produktprogramm aufzunehmen!

7.10.4 Deckungsbeitragsrechnung als Periodenrechnung

7.10.4.1 Berechnung des Betriebsergebnisses

Bei der Deckungsbeitragsrechnung als Periodenrechnung werden zur Ermittlung des Betriebsergebnisses die fixen Kosten in einem Block von der Summe der Deckungsbeiträge abgezogen.

Ihr liegt folgendes Berechnungsschema zugrunde:

Erzeugnis A	Erzeugnis B	usw.	
Nettoverkaufserlöse − variable Kosten	Nettoverkaufserlöse − variable Kosten		
= Deckungsbeitrag von Erzeugnis A	= Deckungsbeitrag von Erzeugnis B	→	Summe der Deckungsbeiträge − fixe Kosten[1]
			= Betriebsergebnis (Betriebsgewinn/Betriebsverlust)

Beispiel:

Die KLR eines Industrieunternehmens liefert uns für den Monat Juni für die Erzeugnisse A und B folgende Zahlen:

	Erzeugnis A	Erzeugnis B
Produktions- und Absatzmenge	300 Stück	400 Stück
Nettoverkaufserlös je Stück	500,00 EUR	750,00 EUR
Variable Kosten je Stück	160,00 EUR	505,00 EUR
Fixe Kosten des Unternehmens für den Monat Juni	150 000,00 EUR	

Aufgaben:

1. Berechnen Sie den Deckungsbeitrag je Erzeugnis und die Deckungsbeiträge insgesamt!
2. Ermitteln Sie das Betriebsergebnis für den Monat Juni!
3. Berechnen Sie den Stückdeckungsbeitragssatz für das Erzeugnis A sowie den Gesamtdeckungsbeitragssatz!

Lösungen:

Zu 1. und 2.: Berechnung der Deckungsbeiträge und des Betriebsergebnisses

	Erzeugnis A	Erzeugnis B	Gesamtbeträge
Nettoverkaufserlöse (E)	150 000,00 EUR	300 000,00 EUR	450 000,00 EUR
− variable Kosten (K_v)	48 000,00 EUR	202 000,00 EUR	250 000,00 EUR
Deckungsbeiträge (DB)	102 000,00 EUR	98 000,00 EUR	200 000,00 EUR
− fixe Kosten (K_{fix})			150 000,00 EUR
Betriebsergebnis (Gewinn)			50 000,00 EUR

---

[1] Die fixen Kosten lassen sich bei einem Mehrproduktunternehmen nicht verursachungsgerecht auf die einzelnen Produkte aufteilen.

Zu 3.: Berechnung der Stück- und Gesamtdeckungsbeitragssätze

Der Deckungsbeitragssatz[1] gibt an, welcher Teil der Nettoverkaufserlöse in Prozent zur Deckung der fixen Kosten bereitsteht. Der Deckungsbeitragssatz kann als **Stückdeckungsbeitragssatz (db-Satz)** oder als **Gesamtdeckungsbeitragssatz (DB-Satz)** definiert werden.

$$\text{db-Satz} = \frac{\text{db} \cdot 100}{\text{Nettoverkaufserlöse/Stück}} \qquad \text{DB-Satz} = \frac{\text{DB} \cdot 100}{\text{Nettoverkaufserlöse/Zeitraum}}$$

$$\text{db-Satz für das Erzeugnis A} = \frac{340 \cdot 100}{500} = 68\,\% \qquad \text{DB-Satz} = \frac{200\,000 \cdot 100}{450\,000} = 44{,}44\,\%$$

Die Gewinnermittlung bei der Deckungsbeitragsrechnung lässt sich schematisch wie folgt darstellen:[2]

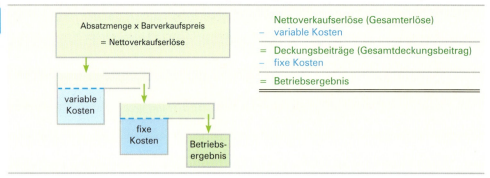

Übungsaufgaben

46 Deckungsbeitragsrechnung als Periodenrechnung

Ein Motorenwerk stellt von einem Motor drei verschiedene Modelle her. Die KLR liefert uns für den Monat Mai folgende Zahlen:

	Modell 1	Modell 2	Modell 3
Verbr. v. Fertigungsmaterial/Stück	900,00 EUR	780,00 EUR	410,00 EUR
Fertigungslöhne/Stück	420,00 EUR	525,00 EUR	190,00 EUR
variable Gemeinkosten/Stück	360,00 EUR	305,00 EUR	280,00 EUR
Summe d. variablen Kosten/Stück	1 680,00 EUR	1 610,00 EUR	880,00 EUR
produzierte u. verkaufte Anzahl	300 Stück	400 Stück	700 Stück
Nettoverkaufserlöse je Stück	2 910,00 EUR	2 200,00 EUR	1 510,00 EUR

Die Fixkosten im Monat Mai betragen 820 000,00 EUR.

Aufgaben:
1. Ermitteln Sie das Betriebsergebnis für den Monat Mai!
2. Berechnen Sie den Stückdeckungsbeitragssatz für das Modell 1!
3. Bestimmen Sie den Gesamtdeckungsbeitragssatz!

---

[1] Der Deckungsbeitragssatz kann auch als **Deckungsbeitragsfaktor** formuliert werden:

$$\text{db-Faktor} = \frac{\text{db}}{\text{Nettoverkaufserlöse/Stück}} \qquad \text{DB-Faktor} = \frac{\text{DB}}{\text{Nettoverkaufserlöse/Zeitraum}}$$

[2] Vgl. Zdrowomyslaw, Norbert/Götze, Wolfgang: Kosten-, Leistungs- und Erlösrechnung, München/Wien 1995, S. 461.

47 Deckungsbeitragsrechnung als Periodenrechnung, Betriebsergebnis

Die Hohmann AG stellt drei verschiedene Typen von Gartenstühlen her. Für den Monat Oktober legt die Kosten- und Leistungsrechnung folgende Zahlen vor:

	Typ A	Typ B	Typ C
Nettoverkaufserlöse je Stück	120,00 EUR	85,00 EUR	76,00 EUR
variable Stückkosten	85,00 EUR	69,00 EUR	65,00 EUR
Verkaufsmengen in Stück	1 500	3 500	5 200

Die fixen Kosten der Rechnungsperiode werden mit 95 000,00 EUR veranschlagt.

Aufgaben:
1. Berechnen Sie für jeden Typ den Deckungsbeitrag je Stück!
2. Ermitteln Sie für jeden Typ die Deckungsbeiträge der Rechnungsperiode!
3. Stellen Sie unter dem Gesichtspunkt der erzielten Stückdeckungsbeiträge eine Rangfolge der Erzeugnisarten auf!
4. Führen Sie die Betriebsergebnisrechnung der Periode durch!
5. Stellen Sie den Stückdeckungsbeitrag für den Kostenträger A grafisch dar!
6. Der Produktionsleiter weist auf Rationalisierungsmöglichkeiten in der Produktion hin und empfiehlt der Geschäftsleitung, die Produktion auf zwei Modelle zu begrenzen. Begründen Sie rechnerisch, ob die Geschäftsleitung diesem Vorschlag folgen soll!

Excel
Vorlage

7.10.4.2 Berechnung des Break-even-Points

Die Deckung der Kosten wird am Break-even-Point erreicht. Für die Berechnung des Break-even-Points gilt die Formel

$$\text{Erlöse} = \text{Kosten}.$$

Umgesetzt auf die Deckungsbeitragsrechnung bedeutet dies, dass der **Break-even-Point erreicht** ist, wenn bei einem Produkt **alle Kosten abgedeckt** sind und der **Deckungsbeitrag bei null** ist. Die Formel hierfür lautet:

$$\text{Break-even-Point} = \frac{\text{Fixe Gesamtkosten } (K_{fix})}{\text{Deckungsbeitrag je Einheit (db)}}$$

Beispiel:

Die Gartentechnik Kopper OHG produziert 500 Rasensprenger pro Monat. Die variablen Stückkosten betragen 15,00 EUR, die monatlichen Fixkosten 6 000,00 EUR. Der Nettoverkaufserlös beträgt 40,00 EUR.

Aufgaben:
Berechnen Sie den Break-even-Point!

Lösung:

	Nettoverkaufspreis je Stück	40,00 EUR
−	variable Kosten je Stück	15,00 EUR
=	Deckungsbeitrag je Stück	25,00 EUR

$$\text{Break-even-Point} = \frac{6\,000}{25} = \underline{\underline{240 \text{ Stück}}}$$

Übungsaufgaben

48 Deckungsbeitragsrechnung, Gewinnschwelle

Die Singener Metallwaren AG stellt als Zulieferer für die Möbelindustrie verschiedene Kleinteile (Beschläge, Schlösser usw.) her. In der letzten Abrechnungsperiode ergaben sich neben den Fixkosten in Höhe von 157 570,00 EUR folgende Eurowerte:

Erzeugnis	Absatz in Stück	Nettoverkaufspreis/ Stück	Variable Kosten/ Stück	Deckungsbeitrag/ Stück	Nettoverkaufserlöse gesamt	Variable Kosten gesamt
A	7 000	9,20	5,00	4,20	64 400,00	35 000,00
B	10 300	6,00	4,20	1,80	61 800,00	43 260,00
C	12 500	8,30	3,80	4,50	103 750,00	47 500,00
D	9 200	10,10	5,30	4,80	92 920,00	48 760,00
E	6 200	8,20	4,30	3,90	50 840,00	26 660,00
F	4 200	12,30	7,10	5,20	51 660,00	29 820,00

Aufgaben:

1. Berechnen Sie den gesamten Deckungsbeitrag in EUR und in Prozent!
2. Stellen Sie fest, bei welchem Umsatzrückgang das Unternehmen bei sonst gleichen Bedingungen keinen Gewinn mehr erzielt, d. h. der Gesamtumsatzerlös die Gewinnschwelle erreicht!

49 Deckungsbeitragsrechnung, Absatzänderungen

Die Bauschreinerei Rolf Becker & Co. KG führt in ihrem Sortiment Fenster, Türen und Garagentore. Die Kostenrechnungsabteilung hat für den Monat Dezember folgendes Zahlenmaterial zusammengestellt:

Werke	Produkte	Stück	Nettoverkaufserlöse in EUR	Variable Kosten in EUR
I	Fenster	250	300 000,00	126 000,00
II	Türen	100	240 000,00	162 000,00
III	Garagentore	30	108 000,00	28 500,00

Aufgaben:

1. Bestimmen Sie für das Produkt Türen rechnerisch den Deckungsbeitrag insgesamt und je Stück!
2. Im November brachte die Türenproduktion einen Gesamtdeckungsbeitrag von 50 700,00 EUR. Weisen Sie rechnerisch nach, um wie viel Prozent sich der Absatz im Monat Dezember verändert!
3. Berechnen Sie den Break-even-Point für das Produkt Garagentore! Die fixen Kosten des Werks III betragen 66 000,00 EUR.
4. Die Bauschreinerei möchte an dem Verkauf der Garagentore monatlich einen Gewinn von 40 000,00 EUR erzielen.

   Aufgabe:
   Berechnen Sie, wie viel Garagentore die Bauschreinerei monatlich verkaufen müsste, um das Gewinnziel zu erreichen!

5. Stellen Sie in einem Koordinatensystem (x-Achse: 2 Stück ≙ 1 cm; y-Achse: 10 000,00 EUR ≙ 1 cm) die Entwicklung der Kosten und der Verkaufserlöse für das Produkt Garagentore dar! Kennzeichnen Sie die Zonen für den Gewinn, den Verlust, die variablen Kosten und die Gewinnschwelle!

6. Markieren Sie für das Produkt Garagentore in der Grafik aus Aufgabe 5 den Deckungsbeitrag sowie den Gewinn!

   6.1 bei einer Absatzmenge von 14 Stück,

   6.2 bei einer Absatzmenge von 30 Stück.

50 Betriebsergebnis, Gewinnschwelle, Absatzpolitik

Ein Zweigwerk der Holzwerke Brettle GmbH stellt ausschließlich Holzpaletten her. In der Planungsrechnung wird davon ausgegangen, dass man bei einer Kapazitätsauslastung von zwei Dritteln einen Umsatz von 1,4 Mio. EUR pro Monat und einen Deckungsbeitrag von 672 000,00 EUR pro Monat erzielen kann. Die Fixkosten betragen 840 000,00 EUR. Es wird ein linearer Gesamterlös und Gesamtkostenverlauf angenommen.

Aufgaben:

1. Ermitteln Sie das Betriebsergebnis!
2. Berechnen Sie den erforderlichen Gesamterlös, um die Gewinnschwelle zu erreichen!
3. Berechnen Sie das maximal erreichbare Betriebsergebnis!
4. Der Leiter des Zweigwerks hat in den letzten Wochen Aufträge zu nicht kostendeckenden Preisen angenommen. Der Eigentümer der GmbH Bernd Brettle, hätte dagegen solche Aufträge abgelehnt. Beurteilen Sie die unterschiedlichen Auffassungen aus kostenrechnerischer Sicht!

7.10.5 Deckungsbeitragsrechnung als Instrument zur Bestimmung von Preisuntergrenzen

(1) Bestimmung der kurzfristigen und langfristigen Preisuntergrenze

Die Tatsache, dass ein positiver Deckungsbeitrag zur Deckung der Fixkosten beiträgt, kann das Unternehmen dazu nutzen, die Deckungsbeitragsrechnung als Instrument der Preispolitik einzusetzen. Kurzfristig kann das Unternehmen nämlich den Preis so absenken, dass lediglich die variablen Kosten abgedeckt sind.[1] Für eine kurze Zeit kann es die fixen Kosten außer Acht lassen, denn diese fallen an, ob ein Verkauf getätigt wird oder nicht. Die **Summe der variablen Kosten** ist damit die **kurzfristige Preisuntergrenze (absolute Preisuntergrenze).** Liegt der erzielte Stückpreis unter den variablen Kosten, sollte die Produktion des Erzeugnisses eingestellt bzw. ein Auftrag abgelehnt werden.

Langfristig kann ein Unternehmen nicht mit Verlusten produzieren, es muss zumindest kostendeckend arbeiten. Die **langfristige Preisuntergrenze** wird daher durch die **Stückkosten** bestimmt.

---

[1] Neben der kostenorientierten Preisuntergrenze unterscheidet man auch eine **liquiditätsorientierte Preisuntergrenze.** Die liquiditätsorientierte Preisuntergrenze geht von der Prämisse aus, die ständige Zahlungsbereitschaft des Unternehmens zu sichern. Führen also große Teile der fixen Kosten zu ständigen Ausgaben (z.B. Gehälter, Miete für Werkshallen, Versicherungsbeiträge), so sind diese – unter Liquiditätsgesichtspunkten – in den Mindestpreis einzukalkulieren. Auf den Ersatz des Teils der fixen Kosten, der kurzfristig nicht zu Ausgaben führt (z.B. Abschreibungen), kann dagegen vorübergehend verzichtet werden.

- Die **kurzfristige (absolute) Preisuntergrenze** liegt bei dem Preis, bei dem der Stückerlös die **variablen Kosten je Einheit** abdeckt. Der Deckungsbeitrag ist in diesem Fall gleich null.

$$e = k_v$$

- Die **langfristige Preisuntergrenze** liegt bei dem Preis, bei dem der Stückerlös die entstandenen **Stückkosten je Einheit** abdeckt.

$$e = \frac{K_{fix}}{\text{erzeugte Menge}} + k_v$$

Beispiel:

Ein Industrieunternehmen stellt nur ein Erzeugnis her. Für den Monat Februar weist die KLR folgende Daten aus: variable Stückkosten 60,00 EUR, Fixkosten 115 000,00 EUR, Produktionsmenge 7 000 Stück.

Aufgaben:
1. Ermitteln Sie die kurzfristige Preisuntergrenze!
2. Berechnen Sie die langfristige Preisuntergrenze!

Lösungen:

Zu 1.: Kurzfristige Preisuntergrenze: <u>60,00 EUR</u>

Zu 2.: Langfristige Preisuntergrenze:

$$\frac{115\,000,00 \text{ EUR}}{7\,000 \text{ Stück}} + 60,00 \text{ EUR} = \underline{76,43 \text{ EUR/Stück}}$$

Wird die Ausbringungsmenge erhöht, muss die **Fixkostenproblematik beachtet** werden, d. h. steigt die Ausbringungsmenge nimmt der Fixkostenanteil je Einheit ab. Die Stückkosten sinken. Bei einer Verringerung der Ausbringungsmenge tritt der umgekehrte Effekt ein.[1]

(2) Vorteile und Gefahren der Bestimmung von Preisuntergrenzen

■ **Vorteile**

Aus den Formeln ist zu erkennen, dass die **langfristige Preisuntergrenze** mit **zunehmender Ausbringungsmenge absinkt (Degressionseffekt der Fixkosten),** während die **kurzfristige Preisuntergrenze** von der **jeweiligen Ausbringungsmenge unabhängig** ist.

Eine Preissenkung bei einzelnen Erzeugnissen bzw. Erzeugnisgruppen kann das Unternehmen dazu nutzen, auf sein Produktprogramm aufmerksam zu machen. Es hofft darauf, dass die niedrig kalkulierten Erzeugnisse Auslöser dafür sind, dass die Kunden auch die übrigen Erzeugnisse des Produktprogramms bestellen. Auf diese Weise erreicht das Unternehmen eine Umsatz- und Gewinnsteigerung.

Durch die Vorgabe von Preisuntergrenzen bzw. festgelegten Deckungsbeiträgen wird die **Absatzpolitik des Unternehmens flexibler** (beweglicher). So muss z. B. der Reisende für sein Produktprogramm lediglich sein vorgegebenes Deckungssoll erreichen. Er ist also in der Lage, auf das Marktgeschehen einzugehen und in schlechten oder umkämpften Ab-

---

[1] Wiederholen Sie hierzu die Ausführungen auf S. 79f.

satzgebieten geringere Preise in Kauf zu nehmen, sofern es ihm gelingt, in guten Absatzgebieten Preise zu erzielen, die über dem vorgegebenen Deckungsbeitrag liegen. Bei richtiger Anwendung können so Marktchancen besser wahrgenommen werden.

■ **Gefahren**

Die große **Gefahr der Deckungsbeitragsrechnung als Stückrechnung** liegt darin, dass das Unternehmen insgesamt ein **zu niedriges Preisniveau akzeptiert.** Die Deckungsbeitragsrechnung verführt dazu, dass sich der Verkauf lediglich an einem positiven Deckungsbeitrag orientiert, ohne dabei genau zu wissen, ob die fixen Kosten insgesamt gedeckt sind bzw. ob ein Gewinn erwirtschaftet wird. Es besteht die Gefahr, den Blick auf „einen Teil der Kosten bzw. auf den Gewinn zu vernachlässigen". Erst die Deckungsbeitragsrechnung als Zeitrechnung offenbart dann, ob ein Betriebsgewinn oder ein Betriebsverlust erwirtschaftet wurde.

- Durch die **Vorgabe von Preisuntergrenzen** bzw. festgelegten Deckungsbeiträgen wird die **Absatzpolitik des Unternehmens flexibler** (beweglicher).
- Bei der Deckungsbeitragsrechnung besteht die **Gefahr,** eine zu **nachgiebige Preispolitik** zu betreiben und eine vollständige Kostendeckung zu vernachlässigen.

Übungsaufgaben

51 Deckungsbeitrag, Preisuntergrenzen

1. Stellen Sie dar, wie die Begriffe „kurzfristige Preisuntergrenze" und „langfristige Preisuntergrenze" bestimmt sind!
2. Entscheiden Sie begründet, ob ein Industriebetrieb langfristig überleben kann, wenn er die Preise für seine Erzeugnisse an der langfristigen Preisuntergrenze ausrichtet!
3. Die Kostenrechnung eines Industriebetriebs liefert uns für den Monat Januar folgende Zahlen:

Excel

	Erzeugnis A	Erzeugnis B
Produktions- und Absatzmenge	700 Stück	1 300 Stück
Lieferverkaufspreis je Stück	580,00 EUR	410,00 EUR
Kundenrabatt	10 %	12 %
Kundenskonto	3 %	2 %
variable Kosten je Stück	280,00 EUR	302,00 EUR
fixe Kosten	98 500,00 EUR	

Aufgaben:
3.1 Bestimmen Sie den Deckungsbeitrag für die Erzeugnisse A und B!
3.2 Errechnen Sie das Betriebsergebnis!
3.3 Nennen Sie die absolute Preisuntergrenze für die Erzeugnisse A und B!
3.4 Erläutern Sie, warum die Ausbringungsmenge keinen Einfluss auf die kurzfristige Preisuntergrenze hat!

52 Preisuntergrenzen, Kapazitätsänderungen, Preispolitik

Eine Maschinenfabrik stellt Abfüllmaschinen her. Vom Typ A werden im Monat Januar 10 Maschinen hergestellt. Hierfür sind folgende Kosten (linearer Kostenverlauf) in den einzelnen Kostenstellen angefallen:

Gesamtkosten / Kostenstellen	Einzelkosten	Gemeinkosten fixe Kosten	Gemeinkosten variable Kosten
Material	170 000,00 EUR	10 000,00 EUR	18 000,00 EUR
Fertigung	80 000,00 EUR	35 000,00 EUR	24 000,00 EUR
Verwaltung/Vertrieb		15 000,00 EUR	

Die Maschine des Typs A erzielt einen Nettoverkaufspreis von 36 000,00 EUR. Von der Maschine A können maximal 10 Stück je Monat hergestellt werden.

Aufgaben:

1. Ermitteln Sie die kurzfristige Preisuntergrenze je Maschine des Typs A!
2. Berechnen Sie die langfristige Preisuntergrenze!
3. Die Maschinenfabrik plant eine Erweiterungsinvestition zur Herstellung des Maschinentyps A. Die Kapazität erhöht sich dadurch um 20%.

    Die Kostenstruktur ändert sich wie folgt: Die fixen Kosten steigen um 40%, die variablen Kosten sinken um 25%.

    3.1 Berechnen Sie die neuen Stückkosten je Maschine!
    3.2 Bestimmen Sie den Gewinn, der sich dadurch je Maschine ergibt!
    3.3 Ermitteln Sie die Gewinnschwelle für den Fall, dass der Nettoverkaufserlös für die Maschine A um 15% sinkt!
4. Die Preispolitik ist abhängig von der Entwicklung der Beschäftigung. Erläutern und begründen Sie die Preispolitik, die Sie umsetzen würden, wenn
    4.1 die Beschäftigung sinkt,
    4.2 die Beschäftigung steigt!

53 Vergleich Produkteliminierung Vollkostenrechnung und Deckungsbeitragsrechnung, Preisuntergrenze

Sachverhalt

Die Geschäftsleitung der Kleiderfabrik Pforzheim GmbH vermutet, dass die Produktion der Hosen mit Verlust verbunden ist. Sie möchte deshalb herausfinden, ob sie nicht besser die Produktion der Hosen einstellen sollte.

Entscheidungshilfe hierzu erwartet sie von den Ergebnissen der Kosten- und Leistungsrechnung.

Am Ende eines Rechnungsabschnitts stehen folgende Zahlen zur Verfügung:

Einzelkosten	Hosen	Jacken
Verbrauch von Fertigungsmaterial	25 000,00 EUR	45 000,00 EUR
Fertigungslöhne	35 000,00 EUR	70 000,00 EUR
Sondereinzelkosten des Vertriebs	5 000,00 EUR	–

Gemeinkosten	fix	variabel
Materialstelle	2 000,00 EUR	1 500,00 EUR
Fertigungsstelle Hosen	18 000,00 EUR	14 000,00 EUR
Fertigungsstelle Jacken	53 000,00 EUR	35 000,00 EUR
Verw.- und Vertriebsstelle	25 000,00 EUR	–

Hergestellt wurden 2 100 Hosen, die zu 55,00 EUR/Stück und 3 500 Jacken, die zu 85,00 EUR/Stück verkauft wurden. Auf beide Produkte wurden 15 % Rabatt gewährt.

Aufgaben:

1. Überprüfen Sie mithilfe der Vollkostenrechnung, ob die Vermutung der Geschäftsleitung bezüglich der Hosen zutrifft!
   Kalkulieren Sie mit einem Material-Gemeinkostenzuschlagssatz von 5 % und einem Verwaltungs- und Vertriebs-Gemeinkostenzuschlagssatz von 8 %!

2. Stellen Sie eine Deckungsbeitragsrechnung für beide Produkte auf!
   Beurteilen Sie das Ergebnis dahingehend, ob die Hosen aus der Produktion genommen werden sollten!
   Verteilen Sie die variablen Materialgemeinkosten auf die Produkte Hosen und Jacken im Verhältnis 1 : 2!

3. Ermitteln Sie die kurzfristige Preisuntergrenze für die Hosen!

4. Erläutern Sie, welche Aufgaben nur die Vollkostenrechnung und welche nur die Teilkostenrechnung erfüllen kann!

7.10.6 Deckungsbeitragsrechnung als Instrument zur Entscheidungsfindung über die Annahme eines Zusatzauftrages

Zusatzaufträge sind solche Aufträge, die **unterhalb der derzeitigen Verkaufspreise** angenommen werden. Bei **nicht ausgelasteten Produktionskapazitäten** kann unter bestimmten Bedingungen das Betriebsergebnis verbessert werden.

Ein Zusatzauftrag führt dann zu einer Verbesserung des Betriebsergebnisses, wenn die Nettoverkaufserlöse höher liegen als die variablen Kosten des Auftrages. Die fixen Kosten können außer Betracht bleiben, da sie ja unabhängig davon anfallen, ob der Zusatzauftrag angenommen wird oder nicht. Der erzielbare Deckungsbeitrag ist das Kriterium für die Annahme oder Ablehnung des Zusatzauftrages.

- Für die Annahme bzw. die Ablehnung eines Zusatzauftrages gilt:
    - Deckungsbeitrag > 0 ⟶ Annahme des Zusatzauftrages
    - Deckungsbeitrag < 0 ⟶ Ablehnung des Zusatzauftrages
- Zusatzaufträge tragen zur besseren Produktionsauslastung und zur Arbeitsplatzerhaltung bei.

Beispiel:

Im laufenden Monat ist folgende Produktions- und Absatzsituation gegeben:

	Erzeugnis I	Erzeugnis II
Nettoverkaufserlös	198,00 EUR	270,00 EUR
variable Stückkosten	112,00 EUR	120,00 EUR
fixe Kosten insgesamt	150 000,00 EUR	
Absatzmenge	700 Stück	950 Stück
Kapazität	900 Stück	1 200 Stück

Das Unternehmen hat die Möglichkeit, von Erzeugnis II 210 Stück zum Festpreis von 180,00 EUR als Sondermodell zu verkaufen.

Aufgabe:
Prüfen Sie, ob sich die Hereinnahme des Zusatzauftrages lohnt!

Lösung:

	Erzeugnis I	Erzeugnis II	Zusatzauftrag
Nettoverkaufserlöse	138 600,00 EUR	256 500,00 EUR	37 800,00 EUR
− variable Kosten	78 400,00 EUR	114 000,00 EUR	25 200,00 EUR
Deckungsbeitrag	60 200,00 EUR	142 500,00 EUR	12 600,00 EUR
− fixe Kosten	150 000,00 EUR		
Betriebsgewinn ohne Zusatzauftrag	52 700,00 EUR		
+ Deckungsbeitrag Zusatzauftrag	12 600,00 EUR		
Betriebsgewinn mit Zusatzauftrag	65 300,00 EUR		

Ergebnis: Die Hereinnahme des Zusatzauftrages lohnt sich, da dadurch der Betriebsgewinn um 12 600,00 EUR gesteigert werden kann.

Hinweis:
Sofern ein positiver Deckungsbeitrag erzielt werden kann, würde sich die Hereinnahme des Zusatzauftrages auch im Fall eines Betriebsverlusts lohnen. Ein positiver Deckungsbeitrag trägt dann dazu bei, den Betriebsverlust zu verringern.

Übungsaufgaben

54 Deckungsbeitragsrechnung, Zusatzauftrag

Ein Industrieunternehmen produziert drei verschiedene Erzeugnisse. Die KLR gibt uns hierfür folgende Daten an:

	Erzeugnis I	Erzeugnis II	Erzeugnis III
Nettoverkaufserlöse	1 420,00 EUR	3 390,00 EUR	7 710,00 EUR
variable Stückkosten	1 600,00 EUR	2 910,00 EUR	5 850,00 EUR
Absatzmenge	20 Stück	30 Stück	15 Stück
Kapazität	25 Stück	50 Stück	30 Stück
fixe Kosten insgesamt	45 100,00 EUR		

Das Unternehmen erhält einen Zusatzauftrag über 12 Stück des Erzeugnisses III zum Festpreis von 6 200,00 EUR. Das Industrieunternehmen nimmt den Zusatzauftrag aus arbeitsmarktpolitischen Gründen an.

Aufgaben:
1. Berechnen Sie den Betriebsgewinn bzw. Betriebsverlust!
2. Unterbreiten Sie einen Vorschlag zur Produktionsprogrammplanung!
3. Stellen Sie dar, unter welchen Voraussetzungen es sinnvoll ist, Zusatzaufträge anzunehmen, wenn dafür eine Kapazitätserweiterung erforderlich ist!

55 Betriebsergebnis, Zusatzauftrag

Ein Industrieunternehmen produziert drei verschiedene Typen einer Kaffeemaschine. Die KLR ermittelt für den Monat Juli folgende Zahlen:

	Typ A	Typ B	Typ C
produziert und verkauft	6 500 Stück	9 750 Stück	10 400 Stück
Nettoverkaufserlös je Stück	58,50 EUR	88,40 EUR	104,00 EUR
variable Stückkosten	49,40 EUR	73,45 EUR	89,70 EUR

Aufgaben:
1. Berechnen Sie für jeden Typ den Deckungsbeitrag je Stück und den Deckungsbeitrag insgesamt!
2. Ermitteln Sie das Betriebsergebnis für den Monat Juli, wenn die Fixkosten insgesamt 241 150,00 EUR betragen!
3. Begründen Sie rechnerisch, ob es unter wirtschaftlichen Gesichtspunkten empfehlenswert ist, einen Zusatzauftrag von 3 900 Stück von Typ B anzunehmen, wenn entsprechend von Typ C dann 3 900 Stück weniger produziert werden können!
4. Kostensteigerungen beim Typ C führen zu einer Erhöhung der variablen Stückkosten um 2,30 EUR. Von einem Exporteur kommt gleichzeitig ein Zusatzauftrag über 5 000 Kaffeemaschinen des Typs C. Der Exporteur verlangt einen Preisabschlag von 12 % auf den Nettoverkaufspreis.
   Berechnen Sie den zusätzlichen Betriebsgewinn/-verlust und begründen Sie, ob das Industrieunternehmen den Auftrag annehmen soll!

56 Entscheidung über Zusatzauftrag und Preis

Die Geschäftsleitung der Kunststoffwerke Erler GmbH beschließt, die Deckungsbeitragsrechnung einzuführen. Das Unternehmen erwartet für das kommende Quartal folgende Daten:

	Produkt A	Produkt B
Absatzmenge	350 Stück	800 Stück
Nettoverkaufserlös je Stück	450,00 EUR	325,00 EUR
variable Kosten je Stück	300,00 EUR	200,00 EUR
fixe Kosten	74 000,00 EUR	

Aufgaben:
1. Ermitteln Sie das voraussichtliche Betriebsergebnis mithilfe der Deckungsbeitragsrechnung!

2. Mit der Absatzmenge des Produktes A ist die Kapazität des Produktbereichs A nicht ausgelastet. Daher kann noch ein Zusatzauftrag über 40 Einheiten A angenommen werden.

   Bestimmen Sie die Preisuntergrenze für diesen Zusatzauftrag, wenn aus diesem Auftrag noch ein zusätzlicher Gewinn von 2 000,00 EUR erwirtschaftet werden soll!

3. Die Deckungsbeitragsrechnung ermöglicht eine marktorientierte Mengenplanung und Preispolitik. Begründen Sie diese Aussage!

57 Kosten- und Erlösfunktionen, Deckungsbeitragsrechnung

Im Zweigwerk der Möbelfabrik Sitzer GmbH werden ausschließlich Regale hergestellt. Die Kapazitätsgrenze liegt bei 1 750 Stück pro Monat. Der durchschnittliche Verkaufspreis je Regal beträgt 161,00 EUR. Für das erste Quartal liegen folgende Kostendaten vor:

Monat	Produzierte und verkaufte Menge (Stück)	Gesamtkosten
Oktober	780	100 100,00 EUR
November	1 170	127 400,00 EUR
Dezember	1 365	

Kosten und Erlöse verlaufen linear.

Aufgaben:

1. Berechnen Sie, bei welcher Stückzahl das Zweigwerk der Sitzer GmbH die Gewinnschwelle erreicht!

2. Ermitteln Sie die langfristige (durchschnittliche) Preisuntergrenze eines Regals. Gehen Sie davon aus, dass die Kapazität voll augelastet ist.

3. Berechnen Sie das Betriebsergebnis des Zweigwerks für das erste Quartal. Legen Sie die Daten von 1. zugrunde!

4. Im Monat Januar erhält die Sitzer GmbH das Angebot einer Möbelhauskette 120 Regale mit einem Nachlass von 25 % gegenüber dem üblichen Verkaufspreis abzunehmen. Die Möbelhauskette war bisher nicht Kunde der Sitzer GmbH.

   Da die Kapazität voll ausgelastet ist, kann der Zusatzauftrag nur mit Überstunden der Belegschaft bewältigt werden. Der Überstundenzuschlag beträgt 20 %, der Lohnanteil an den variablen Kosten 26,00 EUR.

   Berechnen Sie, wie sich die Annahme des Auftrags auf das Betriebsergebnis auswirkt!

5. Erklären Sie, worauf es zurückzuführen ist, dass das Betriebsergebnis bei einem Anstieg der produzierten und verkauften Regale überproportional wächst!

6. Führen Sie jeweils ein weiteres Argument an, welches für bzw. gegen die Annahme des Auftrags der Möbelhauskette spricht!

7.10.7 Entscheidung über Eigenfertigung oder Fremdbezug (Make or Buy)

7.10.7.1 Entscheidung bei noch freien Produktionskapazitäten

Im Fall noch freier Produktionskapazitäten muss ein Unternehmen prüfen, ob es nicht kostengünstiger wäre, bisher fremdbezogene Vorprodukte/Erzeugnisse künftig zur Auslastung der Kapazitäten selbst herzustellen. In den Vergleich dürfen nur die variablen Herstellkosten einbezogen werden, da die anteiligen Fixkosten auch bei Fremdbezug weiterhin entstehen.

> **Beispiel:**
>
> Ein Industriebetrieb hat noch freie Kapazität. Die Geschäftsleitung überlegt daher, ob sie das Getriebe für die neue Maschine selbst herstellen oder von einem Zulieferer beziehen soll. Folgende Daten liegen vor:
>
> Fremdbezug: Bareinkaufspreis 148,00 EUR je Stück, Frachtkosten pauschal 1% des Bareinkaufspreises.
>
> Eigenfertigung: Verbrauch von Fertigungsmaterial 30,00 EUR, variable MGK 8%, Fertigungslöhne 45,00 EUR, variable FGK 62%.
>
> **Aufgabe:**
> Entscheiden Sie, ob sich die Eigenfertigung lohnt!

Lösung:

Kosten bei Fremdbezug

	Bareinkaufspreis	148,00 EUR
+	1% Frachtkosten pauschal	1,48 EUR
=	Einstandspreis je Getriebe	149,48 EUR

Kosten bei Eigenfertigung[1]

	Materialeinzelkosten	30,00 EUR
+	8% variable MGK	2,40 EUR
	Fertigungslöhne	45,00 EUR
+	62% variable FGK	27,90 EUR
=	Variable Herstellkosten je Getriebe	105,30 EUR

Eigenfertigung oder Fremdbezug?

	Einstandspreis je Getriebe bei Fremdbezug	149,48 EUR
−	variable Herstellkosten je Getriebe bei Eigenfertigung	105,30 EUR
=	Kostenvorteil bei Eigenfertigung	44,18 EUR

Ergebnis: Bei der Eigenfertigung entsteht gegenüber dem Fremdbezug ein Kostenvorteil in Höhe von 44,18 EUR. Die Eigenfertigung ist daher vorteilhafter.

Bei **freier Kapazität** ist die Eigenfertigung dem Fremdbezug dann vorzuziehen, wenn die variablen Herstellkosten unter dem Einstandspreis bei Fremdbezug liegen.

7.10.7.2 Entscheidung bei notwendigen Kapazitätserweiterungen

Bei **ausgelasteter Kapazität** müssen neben den variablen Kosten auch die **zusätzlich entstehenden fixen Kosten** der Kapazitätserweiterung einbezogen werden.[2]

Die Frage, ob die Eigenfertigung Kostenvorteile bringt, hängt im Wesentlichen von der Ausbringungsmenge ab. Es gilt daher, die Ausbringungsmenge zu ermitteln, bei der die Kosten der Eigenfertigung und die Kosten des Fremdbezugs gleich hoch sind.

---

[1] Die fixen Kosten sind durch die bisherige Beschäftigung bereits in voller Höhe abgedeckt. Relevante Kosten sind daher ausschließlich die variablen Kosten.

[2] Lt. Lehrplan nicht zu behandeln ist die Eigenfertigung zulasten eines anderen Produkts, wodurch Opportunitätskosten (Verzichtskosten) entstehen würden.

Diese Ausbringungsmenge bezeichnet man als **kritische Menge**. Sie wird wie folgt berechnet:

$$\text{Kosten bei Fremdbezug} = \text{Kosten bei Eigenfertigung}$$
$$k \cdot x = k_v \cdot x + K_{fix}$$

Vor der kritischen Menge ist der Fremdbezug, danach die Eigenfertigung günstiger.

Beispiel:

Wir greifen auf das Beispiel von S. 109 zurück. Da die Kapazität ausgelastet ist, müsste im Fall der Eigenfertigung die Kapazität für die Getriebefertigung erweitert werden. Es wäre mit Anschaffungskosten in Höhe von 720 000,00 EUR zu rechnen. Die Nutzungsdauer für die neue Anlage läge bei 8 Jahren. Ferner würden zusätzliche Fixkosten für Instandhaltung, Versicherung usw. in Höhe von 4 500,00 EUR entstehen.

Aufgaben:
1. Entscheiden Sie, ob sich die Eigenfertigung bei einer Fertigungsmenge von 2 000 Getrieben pro Jahr lohnt!
2. Bestimmen Sie rechnerisch und grafisch die kritische Menge, ab der sich die Eigenfertigung lohnt!

Lösungen:

Zu 1.: **Kosten bei Fremdbezug**

Einstandspreis je Getriebe	149,48 EUR
Einstandspreis von 2 000 Getrieben	298 960,00 EUR

Kosten bei Eigenfertigung

Var. Herstellkosten je Getriebe	105,30 EUR
Var. Herstellkosten von 2 000 Getrieben	210 600,00 EUR
+ kalk. Abschreibung	90 000,00 EUR
+ zusätzliche Fixkosten	4 500,00 EUR
	305 100,00 EUR

Ergebnis: Bei der Eigenfertigung entsteht bei einer Fertigungsmenge von 2 000 Getrieben gegenüber dem Fremdbezug ein Kostennachteil in Höhe von 6 140,00 EUR. Die Eigenfertigung lohnt sich nicht.

Zu 2.: **Berechnung der kritischen Menge**

$$K_{FB} = K_{EF}$$
$$149{,}48\,x = 105{,}30\,x + 94\,500$$
$$44{,}18\,x = 94\,500$$
$$x = \underline{2\,138{,}98}$$

Ergebnis: Die Eigenfertigung ist erst ab einer Fertigungsmenge von 2 139 Getrieben lohnend.

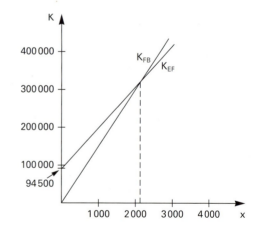

Bei einer **erforderlichen Kapazitätserweiterung** ist die Eigenfertigung dem Fremdbezug dann vorzuziehen, wenn die variablen und die zusätzlich entstehenden fixen Kosten unter den Kosten des Fremdbezugs liegen.

Neben den rein kostenrechnerischen Entscheidungskriterien sind z. B. noch folgende **weitere Entscheidungskriterien** hinsichtlich Eigenfertigung oder Fremdbezug zu beachten:

- Qualität und Zuverlässigkeit des Lieferanten
- Abhängigkeit von Lieferanten
- Verlust von Know-how bei vollständigem Outsourcing[1]
- Beschäftigung der eigenen Mitarbeiter
- mittelfristige Entwicklung der eigenen Kapazitätsauslastung

Übungsaufgaben

58 Deckungsbeitragsrechnung, Eigenfertigung oder Fremdbezug

Ein Baumaschinenhersteller plant aufgrund noch freier Kapazität ein bisher fremdbezogenes Motorengehäuse selbst herzustellen. Die Produktion des Motorengehäuses verursacht folgende Kosten: Materialkosten 195,00 EUR, variable MGK 7,5 %, Fertigungslohn je Stunde 43,80 EUR, variable FGK 101 %, Sondereinzelkosten der Fertigung 132,50 EUR, Produktionszeit je Motorengehäuse 50 Minuten. Der Einstandspreis des Zulieferers für das Motorengehäuse beträgt 564,95 EUR. Der Nettoverkaufserlös des Motorengehäuses beläuft sich auf 634,95 EUR.

Aufgaben:
1. Berechnen Sie die Gesamtkosten der Eigenproduktion für das Motorengehäuse!
2. Beurteilen Sie, ob sich die Eigenfertigung der Motorengehäuse lohnt!
3. Nennen Sie drei Entscheidungskriterien, die trotz eines Kostenvorteils gegen einen Fremdbezug sprechen!

59 Deckungsbeitragsrechnung, Eigenfertigung oder Fremdbezug

Ein Industrieunternehmen hat folgende Kostenstruktur ermittelt:

Nettoverkaufserlöse insgesamt	1 503 000,00 EUR
Fixkosten insgesamt	551 986,00 EUR
maximale Kapazität	14 400 Stück
Beschäftigungsgrad	85 %
variable Selbstkosten je Stück	64,79 EUR
variable Herstellkosten je Stück	52,20 EUR

Aufgaben:
1. Ermitteln Sie den Break-even-Point!
2. Berechnen Sie den gegenwärtigen Stückgewinn und das Betriebsergebnis mittels einer Deckungsbeitragsrechnung!
3. Ein Zulieferer bietet weitere benötigte Stücke zu einem Preis von 56,40 EUR je Stück an, wobei noch 1,15 EUR Bezugskosten hinzukommen. Entscheiden Sie mit Begründung zwischen Eigenfertigung und Fremdbezug!

---

[1] **Outsourcing:** Fremdvergabe.

4. Eine Maschinenfabrik bietet für unsere inzwischen abgenutzte eine moderne Anlage an. Die variablen Herstellkosten je Stück belaufen sich dann bei Vollauslastung auf 40,50 EUR. Die Fixkosten der Produktion pro Monat würden allerdings auf 674 836,00 EUR steigen.

Als Alternative käme eine Maschine infrage, die die gleiche Kostenstruktur aufweist wie die alte Anlage. Die Verwaltungs- und Vertriebsgemeinkosten sind in beiden Fällen gleich. Bestimmen Sie, ab welcher Planmenge die modernere Anlage kostengünstiger ist!

60 Eigenfertigung oder Fremdbezug bei einem Verlustprodukt

Im Zweigwerk des Autozulieferers Gustav Heine KG werden verschiedene Typen von Radkappen gefertigt.

Produkt	Radkappe A	Radkappe B	Radkappe C
Deckungsbeitrag pro Stück	26,00 EUR	10,00 EUR	30,00 EUR
Produktions- und Absatzmenge in Stück	3 900	2 500	8 100
Anteil an den Fixkosten	25 %	14 %	61 %

Die gesamten Fixkosten betragen 280 000,00 EUR pro Jahr. Der Preis von Radkappe A beläuft sich auf 40,00 EUR.

Aufgaben:

1. Ermitteln Sie die Deckungsbeiträge, das Betriebsergebnis je Produkt und das Betriebsergebnis insgesamt!
2. Die Gustav Heine KG überlegt, die Produktion des Verlustproduktes einzustellen. Dadurch könnten der Anteil der fixen Kosten für die Radkappe B um 80 % abgebaut werden.

   Berechnen Sie, wie sich das Betriebsergebnis durch diese Maßnahme verändern würde!
3. Die Produktion der Radkappe B wird nicht eingestellt. Die Radkappe B wird ausschließlich an die Autosport GmbH verkauft. Die Autosport GmbH würde langfristig von Radkappe B zwischen 7 000 und 8 000 Stück pro Jahr beziehen, wenn der bisherige Stückpreis (40,00 EUR) um 10 % gesenkt würde.

   Da die bisherige Kapazität für die Produktion der Radkappe B nicht ausreicht, fallen durch die Annahme des Auftrages zusätzliche Fixkosten in Höhe von 5 800,00 EUR/Jahr an. Die variablen Stückkosten würden sich dadurch nicht ändern.

   Bestimmen Sie die Mindestabnahmemenge, die von der Autosport GmbH zugesagt werden müsste, damit die Radkappe B keinen negativen Beitrag zum Betriebsergebnis leistet!
4. Die Kapazitätserweiterung wird nicht durchgeführt. Eine Alternative wäre der komplette Fremdbezug der Radkappe B. Es liegt ein Angebot zum Preis von 50,00 EUR pro Stück vor. Die bisherigen Fixkosten für die Radkappe B könnten in diesem Falle nur um 45 % abgebaut werden.

   Berechnen Sie, bis zu welcher Menge der Fremdbezug vorteilhaft ist!

61 Break-even-Point, Fixkostenproblematik, Preisuntergrenze

Der Unternehmer Gscheidle hat ein besonders leistungsfähiges Gerät zum Empfang von Satelliten-Sendern entwickelt. Er will es in seiner Fabrik, der Gscheidle AG, bauen. Die maximale Jahresproduktion beträgt 3 500 Stück. Bei einem Beschäftigungsgrad von 50 % entstehen Gesamtkosten von 900 000,00 EUR, bei der erwarteten Auslastung von 90 % 1 020 000,00 EUR. Verkauft werden die Empfangsgeräte für 490,00 EUR/Stück.

Aufgaben:
1. Berechnen Sie den Break-even-Point und den maximalen Gesamtgewinn!
2. Da sich das Produkt gut verkauft, entschließt sich die Gscheidle AG, die Produktionskapazität um 50 % zu erhöhen. Dadurch steigen die Fixkosten um 40 %.
   2.1 Erklären Sie diesen unterproportionalen Anstieg an zwei Beispielen!
   2.2 Berechnen Sie den neuen Break-even-Point!
   2.3 Das Risiko hat sich durch diese Investition verändert. Weisen Sie das anhand der vorliegenden Zahlen nach!
3. Die ursprünglich sehr positive Entwicklung setzt sich nicht weiter fort, da viele Konkurrenten „die Preise verderben".
   Bestimmen Sie den Preis, bis zu welchem die Gscheidle AG bei der gegebenen Kostenstruktur mithalten kann, wenn sie auf Dauer mit einer 70 %igen Auslastung der erhöhten Kapazität rechnet!

7.10.8 Optimierung des Produktionsprogramms

7.10.8.1 Optimierung des Produktionsprogramms bei freien Kapazitäten

(1) Problemstellung

Dem Unternehmer stellt sich immer die Frage, welche Produkte er in sein Produktionsprogramm aufnehmen soll, welchen Produkten im Falle von Produktionsengpässen der Vorrang einzuräumen ist und welche Produkte eliminiert werden müssen. Generell gilt, dass die Entscheidung zugunsten der Produkte zu fällen ist, die den höchsten Deckungsbeitrag liefern. Im Falle von Produktionsengpässen muss allerdings zwischen den absoluten und relativen Deckungsbeiträgen unterschieden werden. Insofern ist die Deckungsbeitragsrechnung auch eine **wichtige Entscheidungshilfe** bei der **Auswahl** und der **Ablauffolge des Produktionsprogramms**.

(2) Produktionsentscheidung nach absoluten Deckungsbeiträgen

Geht man davon aus, dass bei noch nicht voll ausgelasteter Kapazität noch weitere Produkte abgesetzt werden können, dann stellt sich die Frage, welche Produkte vorrangig produziert werden sollen. Mit anderen Worten, es muss eine Rangfolge der Produktion festgelegt werden.

Bei **nicht voll ausgelasteter Kapazität** ist den Produkten der Vorrang einzuräumen, mit denen je Stück der höchste Deckungsbeitrag erwirtschaftet wird. Die Produktionsabfolge orientiert sich an der Höhe des **absoluten Deckungsbeitrags** (Deckungsbeitrag je Stück).

> **Beispiel:**
>
> Die Maschinenfabrik Sauter KG stellt vier verschiedene Motorentypen (A, B, C und D) zu folgenden Bedingungen her:
>
> | Motoren-typ | Nettoverkaufs-erlös je Stück | variable Stückkosten | (absoluter) Stück-deckungsbeitrag |
> |---|---|---|---|
> | A | 7 120,00 EUR | 2 790,00 EUR | 4 330,00 EUR |
> | B | 13 510,00 EUR | 8 220,00 EUR | 5 290,00 EUR |
> | C | 5 090,00 EUR | 2 910,00 EUR | 2 180,00 EUR |
> | D | 18 870,00 EUR | 14 330,00 EUR | 4 540,00 EUR |
>
> **Aufgabe:**
> Ermitteln Sie, in welcher Rangfolge die Produktion der einzelnen Motoren erfolgt!
>
> **Lösung:**
>
> | Rangfolge | Höhe des Deckungs-beitrags je Stück | Motorentyp |
> |---|---|---|
> | I | 5 290,00 EUR | B |
> | II | 4 540,00 EUR | D |
> | III | 4 330,00 EUR | A |
> | IV | 2 180,00 EUR | C |
>
> **Ergebnis:** Die Rangfolge, in der die einzelnen Motorentypen produziert werden, lautet: B, D, A, C.

Übungsaufgabe

62 Produktförderung, Produkteliminierung

Ein Industriebetrieb verfügt über freie Kapazität. Er fertigt die Produkte A, B und C. Das Produkt C ist bei den Kunden besonders gefragt. Eine Erhöhung von Produktion und Absatz lässt die Marktsituation zu. Eine Kapazitätserweiterung ist derzeit finanziell nicht zu stemmen. Die Geschäftsleitung fragt daher bei der Abteilung Kostenrechnung an, ob es kostenrechnerisch sinnvoll ist, die Produktion des Produkts A einzustellen und die freie Kapazität zur Produktion des Produkts C zu nutzen.

Die Kosten- und Leistungsrechnung liefert folgende Daten:

	Produkt A	Produkt B	Produkt C
Nettoverkaufserlöse	33,60 EUR	58,80 EUR	95,20 EUR
variable Stückkosten	25,20 EUR	39,20 EUR	60,20 EUR
Absatzmenge	1 400 Stück	3 000 Stück	2 100 Stück
Kapazität	1 500 Stück	6 000 Stück	2 700 Stück

Die fixen Kosten des Industriebetriebs betragen insgesamt 82 000,00 EUR.

Aufgaben:

1. Begründen Sie, warum die Geschäftsleitung das Produkt A zugunsten des Produkts C eliminieren möchte!
2. Prüfen Sie die Anfrage der Geschäftsleitung aus Sicht der Kostenrechnung und unterbreiten Sie der Geschäftsleitung einen Vorschlag!

7.10.8.2 Optimierung des Produktionsprogramms bei Vorliegen eines Engpasses

(1) Überblick

Ist in einem Teilbereich des Betriebs, den alle Produkte durchlaufen müssen, die Kapazitätsgrenze erreicht, entsteht ein Engpass. Die Produktionsmenge kann dann nicht in der Weise gesteigert werden, wie es von der Absatzseite her möglich wäre (**Engpass in der Produktion**). In diesem Fall gilt:

> Bei **voll ausgelasteter Kapazität** müssen die Deckungsbeiträge auf **eine Einheit der Engpasskapazität** umgerechnet werden.

Damit wird eine neue Rangfolge der Produkte aufgestellt.

Die neuen Fragestellungen lauten:

- Wie lange wird die **Engpassabteilung** von den einzelnen Produkten während des Produktionsprozesses **in Anspruch genommen**?
- Welcher Deckungsbeitrag wird je beanspruchte Zeiteinheit von den einzelnen Produkten erzielt (**relativer Deckungsbeitrag**)?

Eine weitere Ursache für eine Engpasssituation kann darin bestehen, dass ein für die Produktion benötigter Rohstoff nicht rechtzeitig in dem benötigten Umfang beschafft werden kann (**Engpass bei der Beschaffung**). Allerdings ändert sich in diesem Fall die Problemsituation nicht grundlegend, da sich auch in diesem Fall das Produktionsprogramm am relativen Deckungsbeitrag ausrichtet.

(2) Engpass in der Produktion

Beispiel:

Bei der Maschinenfabrik Gottfried Sauter KG durchlaufen alle Motorentypen die Abteilung Qualitätsprüfung. Diese Abteilung bildet mit 2 400 Stunden pro Monat den betrieblichen Engpass. Für die Qualitätsprüfung werden folgende Prüfzeiten aufgewendet:

	Motorentypen			
	A	B	C	D
Prüfzeiten in Minuten	30	40	15	20

Es sind die absoluten Stückdeckungsbeiträge von dem Beispiel auf S. 114 zugrunde zu legen.

Aufgaben:

1. Berechnen Sie den relativen Deckungsbeitrag und ermitteln Sie die Rangfolge der Motorentypen bei der Produktionsentscheidung!
2. Bestimmen Sie das optimale Produktionsprogramm, wenn im Monat Juni folgende absetzbare Mengen möglich sind:

	Motorentypen			
	A	B	C	D
absetzbare Menge (Stück)	1 260	1 500	2 280	2 460

3. Berechnen Sie den im Monat Juni erzielten Betriebsgewinn, wenn Fixkosten in Höhe von 23 071 800,00 EUR anfallen!

Lösungen:

Zu 1.: Berechnung der relativen Deckungsbeiträge und die Rangfolge der Motorentypen bei der Produktionsentscheidung

Zunächst muss der absolute Stückdeckungsbeitrag auf eine Einheit der Engpasskapazität (hier: 1 Stunde) umgerechnet werden. Das Ergebnis ist der **relative Deckungsbeitrag** pro Stunde.

$$\text{Relativer Deckungsbeitrag} = \frac{\text{absoluter Stückdeckungsbeitrag}}{\text{verbrauchte Engpasseinheit (z. B. je Stunde, Stück)}}$$

Motoren-typ	Prüfzeit je Motor	verbrauchte Eng-passeinheit je Stück	(absoluter) Stückdeckungsbeitrag	relativer Deckungs-beitrag je Stunde	Rang-folge
A	30 Min.	30/60[1]	4 330,00 EUR	8 660,00 EUR	III
B	40 Min.	40/60	5 290,00 EUR	7 935,00 EUR	IV
C	15 Min.	15/60	2 180,00 EUR	8 720,00 EUR	II
D	20 Min.	20/60	4 540,00 EUR	13 620,00 EUR	I

Ergebnis: Die Rangfolge, in der die einzelnen Motorentypen produziert werden, lautet: D, C, A, B.

Zu 2.: Bestimmung des optimalen Produktionsprogramms

Rang	Motoren-typ	absetzbare Menge	geprüfte Stücke je Stunde		Prüfzeit insgesamt in Stunden		Produktionsmenge in Stück (optimales Produktionsprogramm)
I	D	2 460	: 3	=	820		2 460
II	C	2 280	: 4	=	570		2 280
III	A	1 260	: 2	=	630		1 260
					2 020		
IV	B	1 500	1,5	x	380	=	570
					2 400		

Erläuterungen:

Die Motorentypen D, C und A können in der absetzbaren Menge produziert werden. Dafür werden in der Engpassabteilung Qualitätsprüfung 2 020 Stunden benötigt. Für den mit dem niedrigsten relativen Deckungsbeitrag ausgestatteten Motorentyp B, der bei der absetzbaren Menge von 1 500 Stück 1 000 Prüfstunden benötigen würde (1 500 Stück : 1,5 Stück/Std.), verbleibt nur noch eine Prüfzeit von 380 Stunden. In dieser Zeit können lediglich 570 Motoren (1,5 Stück/Std. · 380 Std. restliche Prüfzeit) dieses Motorentyps geprüft werden. Damit können auch nur 570 Stück dieses Motorentyps produziert werden.

---

[1] Pro Stunde können 2 Motoren geprüft werden.

Zu 3.: **Berechnung des Betriebsgewinns**

Motorentyp	produzierte Motoren	absoluter Stück-deckungsbeitrag	Deckungsbeitrag insgesamt
A	1 260 Stück	4 330,00 EUR	5 455 800,00 EUR
B	570 Stück	5 290,00 EUR	3 015 300,00 EUR
C	2 280 Stück	2 180,00 EUR	4 970 400,00 EUR
D	2 460 Stück	4 540,00 EUR	11 168 400,00 EUR
	Summe aller Deckungsbeiträge		24 609 900,00 EUR
	− Fixkosten		23 071 800,00 EUR
	Betriebsgewinn		1 538 100,00 EUR

- Liegt in einem Teilbereich der Produktion ein Engpass vor, so sind die Deckungsbeiträge je verbrauchter Engpasseinheit (relative Deckungsbeiträge) zu ermitteln.
- Die Entscheidung, in welcher Menge eine Erzeugniseinheit produziert wird, richtet sich nach der Höhe des relativen Deckungsbeitrags.

(3) Engpass bei der Beschaffung

Beispiel:

Eine Maschinenfabrik produziert Verpackungsmaschinen in vier verschiedenen Ausführungen. Für alle vier Maschinentypen werden Kugellager benötigt, die nur von einem Unternehmen bezogen werden können. Der Einstandspreis je Kugellager beträgt 7 200,00 EUR.

Die folgende Tabelle enthält die benötigte Menge an Kugellagern je Maschine, die Summe der übrigen variablen Kosten und die Nettoverkaufspreise je Maschine.

Maschinen-ausführung	Kugellager je Maschine	übrige variable Kosten	Nettoverkaufs-erlöse
I	6	24 000,00 EUR	69 900,00 EUR
II	4	31 400,00 EUR	61 760,00 EUR
III	1	14 700,00 EUR	22 110,00 EUR
IV	5	18 600,00 EUR	57 200,00 EUR

Aufgaben:
1. Berechnen Sie die gesamten variablen Kosten je Maschine!
2. Ermitteln Sie den Deckungsbeitrag je Maschine!
3. Bestimmen Sie den Deckungsbeitrag je Engpasseinheit!
4. Stellen Sie die Reihenfolge des gewinnoptimalen Produktionsprogramms auf, wenn kurzfristig nur 15 Kugellager bezogen werden können!

Lösungen:

Zu 1. bis 3.:

Maschinen-ausführung	gesamte variable Kosten je Maschine	Deckungsbeitrag je Maschine	Stückdeckungsbeitrag/ Engpasseinheit
I	67 200,00 EUR	2 700,00 EUR	450,00 EUR
II	60 200,00 EUR	1 560,00 EUR	390,00 EUR
III	21 900,00 EUR	210,00 EUR	210,00 EUR
IV	54 600,00 EUR	2 600,00 EUR	520,00 EUR

<u>Lösungsschritte am Beispiel der Maschinenausführung I:</u>

1. Schritt. Berechnung der gesamten variablen Kosten je Maschine

      6 Kugellager zu je 7 200,00 EUR =   43 200,00 EUR
  + übrige variable Kosten   24 000,00 EUR
                                                     67 200,00 EUR

2. Schritt: Nettoverkaufserlöse   69 900,00 EUR
               – variable Kosten   67 200,00 EUR
               = Stückdeckungsbeitrag   2 700,00 EUR

3. Schritt: Stückdeckungsbeitrag/Engpasseinheit = $\frac{2700}{6}$ = 450,00 EUR

Zu 4.:   Die Reihenfolge des gewinnoptimalen Produktionsprogramms lautet:
         Maschine IV (5 Kugellager), Maschine I (6 Kugellager), Maschine II (4 Kugellager).
         Maschine III kann mangels eines Kugellagers nicht produziert werden.

Zusammenfassung

Übungsaufgaben

63 Optimierung des Fertigungsprogramms bei Engpass

In einer Möbelfabrik werden vier verschiedene Formen von Wohnzimmertischen (A, B, C, D) hergestellt. Für den Monat November liefert die KLR folgende Zahlen:

	Wohnzimmertische			
	A	B	C	D
Nettoverkaufserlöse je Stück	1 080,00 EUR	940,00 EUR	510,00 EUR	280,00 EUR
variable Stückkosten	720,00 EUR	690,00 EUR	370,00 EUR	115,00 EUR
absetzbare Stückzahlen	700 Stück	220 Stück	320 Stück	200 Stück
Zeitbedarf je Stück in der Engpassstufe	30 Minuten	12 Minuten	15 Minuten	20 Minuten
Fertigungsstd. insgesamt in der Engpassstufe	360 Stunden			
Fixe Gesamtkosten	279 900,00 EUR			

Aufgaben:

1. Berechnen Sie die relativen Deckungsbeiträge!
2. Bestimmen Sie das optimale Produktionsprogramm!
3. Ermitteln Sie den Betriebsgewinn im Monat November, wenn die gesamten Fixkosten 279 900,00 EUR ausmachen!
4. Stellen Sie die wichtigsten Merkmale der Deckungsbeitragsrechnung und der Vollkostenrechnung einander gegenüber!

Vorlage

64 Optimierung des Fertigungsprogramms bei Zusatzauftrag

Ein Industrieunternehmen stellt drei Produkte (A, B und C) her. Der Produktionsplan für die 24. Woche enthält folgende Daten:

Produktart	geplante Stückzahl	Stückzeit in Minuten	variable Stückkosten	Nettoverkaufserlös je Stück
A	240	30	40,00 EUR	56,00 EUR
B	120	40	64,00 EUR	90,00 EUR
C	50	48	84,00 EUR	120,00 EUR

Die Fixkosten betragen insgesamt 6 100,00 EUR. In der Montageabteilung, die die Engpassstufe darstellt, stehen pro Woche 240 Arbeitsstunden zur Verfügung.

Aufgaben:

1. Ermitteln Sie den absoluten Deckungsbeitrag je Stück sowie insgesamt für jede Produktart und berechnen Sie den Betriebsgewinn!

Vorlage

2. Für die 25. Woche ist folgendes Produktionsprogramm vorgesehen: A 120 Stück, B 30 Stück, C 200 Stück.

   Vor Beginn der Produktion fragt ein Kunde an, ob 200 Stück von dem Sondermodell D zum Stückpreis von 60,00 EUR kurzfristig geliefert werden können. Der Auftrag kann nur ganz oder gar nicht angenommen werden. Die variablen Stückkosten betragen hierfür 46,00 EUR und die Stückzeit beträgt 24 Minuten. Die Produktion des Sondermodells muss in der 25. Woche durchgeführt werden.

2.1 Ermitteln Sie, ob das Industrieunternehmen diesen Auftrag annehmen soll (rechnerischer Nachweis)!

2.2 Erstellen Sie, sofern der Auftrag angenommen wird, das neue Produktionsprogramm für die 25. Woche!

65 Optimierung des Fertigungsprogramms bei Engpass

In einem Betrieb weist die kurzfristige Erfolgsrechnung des Vormonats folgende Daten aus:

	Gesamt	Produkt A	Produkt B	Produkt C
Nettoverkaufserlöse	2 362 000,00	780 000,00	936 000,00	646 000,00
variable Kosten	1 197 200,00	468 000,00	312 000,00	417 200,00
Deckungsbeitrag	1 164 800,00	312 000,00	624 000,00	228 800,00
fixe Kosten	910 000,00			
Betriebsgewinn	254 800,00			
hergestellte Stückzahl		1 560	2 080	1 040
Fertigungszeit pro Stück		25 Min.	30 Min.	15 Min.
Verfügbare Kapazität:	2 600 Stunden			

Aufgaben:

1. Berechnen Sie, wie viel Prozent die freie Kapazität im Vormonat betrug!
2. Ermitteln Sie den Deckungsbeitrag je Erzeugnis und Produktionsstunde und geben Sie die Reihenfolge der Förderungswürdigkeit der Produkte an:
   2.1 bei freier Kapazität und
   2.2 bei einer Engpasssituation!
3. Bestimmen Sie das Betriebsergebnis bei einer Kapazitätsausnutzung von 1170 Stunden und einer entsprechenden Programmbereinigung, wenn die bisherigen Stückzahlen nicht erhöht werden können!
4. Angenommen, die Kapazität beträgt 1690 Stunden.
   4.1 Ermitteln Sie das Betriebsergebnis!
   4.2 Geben Sie an, wie viel Stück von den einzelnen Produkten hergestellt werden!
5. Berechnen Sie das Betriebsergebnis bei einer Kapazitätsauslastung von 90 %, wenn das Produkt mit dem höchsten relativen Deckungsbeitrag zusätzlich hergestellt würde! Berücksichtigen Sie zur Lösung das Ergebnis von 1.

66 Optimierung des Produktionsprogramms bei Rohstoffengpass

Eine Schokoladenfabrik stellt vier Sorten Schokolade her (A, B, C, D). Für alle vier Sorten wird Kakao benötigt, der jedoch aufgrund von Ernteausfällen nur in beschränktem Umfang bezogen werden kann. Die Einkaufsabteilung erhielt insgesamt 960 kg Kakao zu 36,00 EUR/kg. Im vergangenen Quartal konnten von jeder Schokoladensorte 30000 Tafeln zu je 100 g abgesetzt werden.

Die folgende Tabelle enthält (je 100-g-Tafel) die benötigte Menge Kakaobutter (in Gramm), die Summe der übrigen variablen Kosten und die Nettoverkaufserlöse:

Sorte	Menge Kakao	übrige variable Kosten	Nettoverkaufspreis
A	30 g	1,20 EUR	2,82 EUR
B	20 g	1,44 EUR	2,76 EUR
C	5 g	1,80 EUR	2,10 EUR
D	10 g	1,08 EUR	1,92 EUR

Aufgaben:
1. Berechnen Sie die gesamten variablen Kosten je 100-g-Tafel!
2. Ermitteln Sie den Deckungsbeitrag je 100-g-Tafel!
3. Bestimmen Sie den Deckungsbeitrag je Engpasseinheit!
4. Stellen Sie das gewinnoptimale Produktionsprogramm auf!

67 Optimierung des Fertigungsprogramms bei Preisdifferenzierung

Die Herzog GmbH hat ihre Produktpalette um das Steckspiel mit dem Markennamen „Stick" erweitert. Das Produkt „Stick" wird als Standardkasten vertrieben. Im vergangenen Geschäftsjahr verkaufte die Herzog GmbH ausschließlich im Inland über den Fachhandel 56 000 Kästen mit einem durchschnittlichen Nettoverkaufserlös von 25,00 EUR je Stück.

In einer Sitzung der Geschäftsleitung behauptet der Leiter des Rechnungswesens, dass „Stick" ein „Flop" sei; die anderen Produkte müssten „Stick" mitfinanzieren. Zum Beweis seiner Aussage legt er folgende Kostenanalyse aus dem vergangenen Geschäftsjahr vor:

Gesamte proportional-variable Kosten für „Stick"	812 000,00 EUR
Fixe Kosten der Produktions- und Verpackungsmaschinen, die ausschließlich dem Produkt „Stick" zuzuordnen sind:	388 000,00 EUR
Von den Fixkosten des Unternehmens wurden im Rahmen der Vollkostenrechnung auf das Produkt „Stick" verteilt:	700 000,00 EUR

Aufgaben:
1. Begründen Sie, ob es falsch war, „Stick" in das Produktionsprogramm aufzunehmen! Belegen Sie Ihre Auffassung rechnerisch!
2. Erörtern Sie, welche Argumente unabhängig von Kostengesichtspunkten dagegen sprechen könnten, das Produkt „Stick" aus dem Produktionsprogramm zu nehmen!
3. Im Exportbereich ließe sich ein zusätzlicher Absatz von 22 000 Kästen „Stick" pro Jahr bei einem Nettoverkaufserlös von 18,50 EUR pro Stück erzielen.

   Prüfen Sie, ob die Herzog GmbH unter dem Gesichtspunkt der Gewinnmaximierung diese Strategie der Preisdifferenzierung realisieren sollte!

Zusammenfassung

- **Deckungsbeitrag** = Beitrag zur Deckung der fixen Kosten und des Gewinns
  - DB = 0 → fixe Kosten gedeckt; aber kein Gewinn
  - DB > 0 → fixe Kosten gedeckt; Gewinn gegeben
  - DB < 0 → fixe Kosten nur teilweise oder gar nicht gedeckt; Verlust entsteht
- **Anwendungsbereiche** der Deckungsbeitragsrechnung
  - Ermittlung von **Preisuntergrenzen**
    - kurzfristig: $db = k_v$
    - langfristig: $db = k_v + K_{fix}/x$
  - Entscheidung über die **Annahme von Zusatzaufträgen**
    - DB > 0 → Annahme
    - DB < 0 → Ablehnung
  - Entscheidung über **Eigenfertigung oder Fremdbezug**
    - Freie Kapazität: Eigenfertigung, wenn eigene k_v < Einstandspreis Fremdbezug
    - Kapazitätserweiterung: Eigenfertigung, wenn $K_{Eigenfertigung} < K_{Fremdbezug}$
  - Optimierung des **Produktionsprogramms**
    - ohne Engpass: absoluter db entscheidet über Rangfolge
    - mit Engpass: relativer db entscheidet über Rangfolge

7.10.9 Systemvergleich zwischen Vollkostenrechnung und Deckungsbeitragsrechnung

Mit der Vollkostenrechnung und der Deckungsbeitragsrechnung wurden zwei verschiedene Abrechnungssysteme der Kosten- und Leistungsrechnung vorgestellt. In der nachfolgenden Übersicht sind die wichtigsten Unterschiede der beiden Kostenrechnungssysteme zusammengestellt.

Vollkostenrechnung	Deckungsbeitragsrechnung
■ Es werden alle **angefallenen Kostenarten** auf die Kostenträger verrechnet.	■ Es wird nur **ein Teil der angefallenen Kosten** auf die Kostenträger verrechnet.
■ Ziel der Vollkostenrechnung ist es, die Herstell- und Selbstkosten für die einzelnen Kostenträger zu ermitteln. Um alle Kostenarten auf die einzelnen Kostenträger aufteilen zu können, gliedert sie die Kostenarten nach der Zurechenbarkeit der Kostenarten auf die Kostenträger in **Einzelkosten** und **Gemeinkosten** auf.	■ Die Gesamtkosten werden aufgespalten, und zwar in einen Teil, der durch die Produktion entstanden ist **(variable Kosten)** und in einen Teil, den die Aufrechterhaltung der Betriebsbereitschaft verursacht hat **(fixe Kosten)**.
■ Für die **langfristige Produktions- und Absatzentscheidung** ist von Bedeutung, dass die Selbstkosten erwirtschaftet werden. Daher werden jeweils alle Kosten in die Kostenträger eingerechnet.	■ Da für die **kurzfristige Produktions- und Absatzentscheidung** nur die variablen Kosten von Bedeutung sind, wird nur dieser Kostenbestandteil auf die Kostenträger verrechnet.
■ Die Vollkostenrechnung ist geeignet für die **Preisbildung von Auftragsfertigungen** (öffentliche und private Auftraggeber), für **Preiskontrollen** (Erlöse – Selbstkosten – Vergleiche), für die **Ermittlung von Inventurwerten für die Handels- und Steuerbilanz** und für die **Ergebnisermittlung**.	■ Die Deckungsbeitragsrechnung ist geeignet, **Preisuntergrenzen** zu bestimmen, das **Produktionsprogramm zu optimieren** und die **Anpassung des Betriebs an Beschäftigungsschwankungen** zu erleichtern.
■ Die Vollkostenrechnung geht von der innerbetrieblichen Kostenstruktur aus und ermittelt für die einzelnen Leistungseinheiten einen Preis. Das Unternehmen versucht dann, diesen **Preis am Markt durchzusetzen**. Der **Preis wird als Funktion der Kosten gesehen**.	■ Die variablen Kosten werden von den erzielten Umsatzerlösen subtrahiert. Die Deckungsbeitragsrechnung sieht die Umsatzerlöse als Bezugsgröße an. Sie geht von den erzielten Umsatzerlösen aus und subtrahiert hiervon die Kosten. Damit wird die **Marktorientierung** dokumentiert und ein retrograder Rechenweg ausgelöst.
■ In der Vollkostenrechnung lautet die **Fragestellung: Wie viel muss der Betrieb für jede Produktionseinheit mindestens erhalten, um die mit der Produktion direkt und indirekt verbundenen Kosten (Gesamtkosten) zu erwirtschaften?**	■ In der Deckungsbeitragsrechnung lautet die **Fragestellung: Wie viel muss der Betrieb bei gegebener Betriebsbereitschaft mindestens erhalten, um die variablen Stückkosten für diese Produktionseinheit ersetzt zu bekommen?**
■ Die Vollkostenrechnung liefert mit zeitlicher Verzögerung Informationsmaterial über die Vergangenheit. Sie kann damit nur **keine kurzfristigen Entscheidungshilfen** bereitstellen.	■ Durch die Orientierung der Deckungsbeitragsrechnung an den Umsatzerlösen kann sie **kurzfristige Entscheidungshilfen** anbieten.
	■ Die Deckungsbeitragsrechnung ist **ein brauchbares Verfahren** im Rahmen der Preispolitik und Produktpolitik.

Erkenntnis:

Die Kostenrechnung kann die vielfältigen Aufgaben der modernen Wirtschaftspraxis (Entscheidungsvorbereitung, Kostenkontrolle, Preisbildung und Preiskontrolle, Inventurbewertung, Ergebnisermittlung und Bereitstellung von Informationsdaten) nur in der Form einer **Kombination** von Voll- und Deckungsbeitragsrechnung bewältigen.

7.10.10 Wiederholungsaufgaben zur Vollkosten- und Deckungsbeitragsrechnung

68 Vergleich Zuschlagskalkulation, Deckungsbeitragsrechnung, Produkteliminierung, Zusatzauftrag

Die Sportgerätefabrik Spogefa GmbH hat sich auf die Fabrikation von Tennisschlägern spezialisiert. Gefertigt werden die Modelle Miniwing, Woodwing und Graphitwing.

In der letzten Rechnungsperiode wurden 1000 Miniwing, 2000 Woodwing und 1500 Graphitwing hergestellt und verkauft. Dies entsprach einer Auslastung von ca. 70% der Fertigungskapazität.

Die Einzelkosten und Verkaufspreise betrugen:

	Fertigungsmaterial EUR/Stück	Fertigungslöhne EUR/Stück	Nettoverkaufserlöse EUR/Stück
Miniwing	20,00	30,00	80,00
Woodwing	25,00	40,00	120,00
Graphitwing	40,00	60,00	210,00

Das Unternehmen ist in die drei Kostenbereiche Material, Fertigung und Verwaltung/Vertrieb unterteilt.

Die Gemeinkosten verteilen sich in der letzten Rechnungsperiode gemäß Betriebsabrechnungsbogen auf diese Kostenbereiche wie folgt:

Materialbereich	13 000,00 EUR (davon fix 100%)
Fertigungsbereich	160 000,00 EUR (davon fix 80%)
Verwaltungs-/Vertriebsbereich	100 600,00 EUR (davon fix 50%)

Aufgaben:

1. Ermitteln Sie die Gemeinkostenzuschlagssätze für den Material-, Fertigungs- und Verwaltungs-/Vertriebsbereich!
2. Berechnen Sie das Betriebsergebnis der letzten Abrechnungsperiode insgesamt und je Kostenträger! Wählen Sie dazu eine geeignete tabellarische Form!
3. Herr Abele, der Verkaufsleiter der Spogefa GmbH, schlägt vor, den Verlustartikel Miniwing einzustellen.
   3.1 Weisen Sie Herrn Abele rechnerisch nach, um welchen Betrag sich das Betriebsergebnis des Unternehmens in der Abrechnungsperiode verändert, wenn die Unternehmensleitung seinem Vorschlag folgt!
   3.2 Erläutern Sie die Ursache der von Ihnen gefundenen Ergebnisveränderung!
   3.3 Führen Sie zwei Argumente an, weshalb die Sportgerätefabrik den Tennisschläger Miniwing im Produktprogramm belässt, unabhängig vom Ergebnis Ihrer Rechnung!
4. Ein Auslandskunde ist bereit, 500 Woodwing zum Nettoverkaufserlös von 110,00 EUR/Stück abzunehmen. Herr Abele lehnt ab, da der Nettoverkaufserlös nicht die Selbstkosten decken würde.
   Prüfen Sie rechnerisch, ob der Auftrag angenommen werden sollte, um das Betriebsergebnis insgesamt zu verbessern!
5. Die Unternehmensleitung der Spogefa GmbH erwägt, den Kostenbereich Verwaltung/Vertrieb in zwei getrennte Kostenbereiche mit eigenen Zuschlagssätzen aufzuteilen. Der Versand erfolgt mittels Bahn frei Haus einschließlich Verpackung.
   Nennen Sie jeweils drei typische Kostenstellen des Verwaltungs- und Vertriebsbereiches!

6. Nennen Sie zwei Hauptmängel der Vollkostenrechnung und erläutern Sie diese mithilfe von Beispielen!

69 Kosten- und Erlösfunktionen, Deckungsbeitragsrechnung

Der Autozulieferer Meurer OHG hat einen neuartigen Ölfilter entwickelt. Die Nachfrage nach diesem Bauteil ist im letzten Monat gestiegen.

	Mai	Juni
Beschäftigungsgrad	71 %	91 %
Gesamtkosten	1 200 000,00 EUR	1 400 000,00 EUR

Die Kapazitätsgrenze für den Ölfilter liegt bei 200 000 Stück pro Monat. Der Verkaufspreis beträgt 9,90 EUR je Stück. Kosten- und Erlösverlauf sind linear.

Aufgaben:

1. Ermitteln Sie den Beschäftigungsgrad, bei dem die Gewinnschwelle erreicht wird!
2. Bestimmen Sie den maximalen Stückgewinn!
3. Stellen Sie den Sachverhalt grafisch dar (20 000 Stück = 1 cm; 3,00 EUR = 1 cm)!
4. Die Meurer OHG produziert auch drei verschiedene Wischerblätter als Ersatzteile für den Handel. Hierfür liegen folgende Daten vor:

Typ	A	B	C
Verkaufspreis (EUR)	19,50	30,20	17,40
Fertigungszeit (Min.)	6	12	8
sonstige variable Stückkosten (EUR)	9,10	15,60	6,60

Die Lohnkosten je Fertigungsstunde betragen 48,00 EUR.

4.1 Ein Großhändler bestellt insgesamt 1 200 Wischerblätter. Von jedem Typ verlangt er eine Mindestmenge von 260 Stück. Die Kapazität der Meurer OHG ist für die Ausführung des Auftrags ausreichend.
Ermitteln Sie aus Sicht der Meurer OHG die optimale Zusammensetzung dieses Auftrags.

4.2 Von jedem Typ Wischerblätter können pro Monat 13 000 Stück abgesetzt werden. Für die Produktion stehen 3 900 Fertigungsstunden zur Verfügung.
Bestimmen Sie das optimale Produktionsprogramm!

4.3 Für das Wischerblatt Typ A soll eine Sonderaktion gestartet werden.
Bestimmen Sie die kurzfristige Preisuntergrenze!

4.4 Erläutern Sie, ob für das Wischerblatt Typ A mit dem vorliegenden Daten eine langfristige Preisuntergrenze berechnet werden kann!

70 Gesamtkalkulation mit Ist- und Normalkosten

Ein Industriebetrieb produzierte in einem Zweigwerk im Abrechnungsmonat Juli nur Sportschuhe. Die KLR dieses Monats weist folgende Zahlen aus:

Verbr. v. Fert.-Mat.	180 000,00 EUR	Sondereinzelkosten der Fertigung	15 000,00 EUR
Fertigungslöhne	90 000,00 EUR	Sondereinzelkosten des Vertriebs	13 635,00 EUR
Nettoverkaufserlöse	868 400,00 EUR		

In der Vorkalkulation wurde mit folgenden **Normalzuschlagssätzen** kalkuliert:

MGK	FGK	VerwGK	VertrGK
42 %	158 %	11 %	6 %

Der **BAB des Monats Juli** weist folgende Daten auf:

Material	Fertigung	Verwaltung	Vertrieb
90 000,00	135 000,00	82 800,00	41 400,00

Aufgabe:
Ermitteln Sie in einem Kostenträgerblatt das Betriebsergebnis sowie die Kostenüber- und Kostenunterdeckungen!

71 Deckungsbeitragsrechnung, Gewinnschwelle, Produktionsengpass

1. Die VELO AG fertigt im Werk Esslingen ein hochwertiges Rennrad. Bisher fallen monatliche Fixkosten in Höhe von 141 250,00 EUR an. Dabei ergibt sich eine Gewinnschwellenmenge von 625 Stück.

   Aufgaben:
   1.1 Ermitteln Sie den Stückdeckungsbeitrag für das Rennrad!
   1.2 Durch den Zukauf einer weiteren Fertigungsanlage fallen zusätzliche Fixkosten in Höhe von 38 750,00 EUR an.
      1.2.1 Berechnen Sie, in welcher Höhe die variablen Stückkosten mindestens gesenkt werden müssen, damit bei unverändertem Verkaufspreis die Gewinnschwellenmenge um höchstens 20 % zunimmt!
      1.2.2 Stellen Sie den Verlauf des Gesamtdeckungsbeitrags (DB) sowie des Gesamtgewinns (G) für die neue Produktionssituation in einer maßstabsgetreuen Zeichnung von 0 bis 1 200 Stück dar!
      (Maßstab: 100 Stück ≙ 1 cm, 60 000,00 EUR ≙ 1 cm).

2. Im Zweigwerk Biberach stellt die VELO AG unterschiedliche Fahrradreifen (A, B, C, D) her. Die vier Produkte müssen zwei Maschinengruppen durchlaufen. Im Monat Mai beträgt die Fertigungskapazität der Maschinengruppe I (M I) 4500 Stunden und der Maschinengruppe II (M II) 2000 Stunden. Damit besteht bei M II ein Produktionsengpass. Für die vier Produkte liegen im Monat Mai folgende Zahlen vor:

	A	B	C	D
Fertigungszeit auf M I (in Min.)	12	10	7	16,5
Fertigungszeit auf M II (in Min.)	8	3	4,8	8
Variable Stückkosten (in EUR)	19,90	17,00	18,50	23,30
Stückerlöse (in EUR)	21,50	18,05	19,70	24,10
Lieferverpflichtungen (in Stück)	2500	4000	5000	1900
Höchstabsatzmenge (in Stück)	3750	9000	10000	2000

Aufgabe:
Bestimmen Sie das gewinnmaximale Produktionsprogramm!

3. Die VELO AG fertigt im Zweigwerk Friedrichshafen Fahrradtachos. Der Nettoverkaufserlös pro Stück liegt bei 28,00 EUR.
Bei der Fertigung entstehen der VELO AG variable Stückkosten in Höhe von 12,00 EUR sowie Erzeugnisfixkosten in Höhe von 11600,00 EUR monatlich.
Die VELO AG könnte ein gleichwertiges Produkt bei einem Fremdlieferanten zu einem Stückpreis von 17,00 EUR beziehen. Dabei könnten die Erzeugnisfixkosten zu 40 % abgebaut werden.

Aufgaben:
3.1 Berechnen Sie die Menge, bei der Eigenfertigung und Fremdbezug Kosten in gleicher Höhe verursachen!
3.2 Der VELO AG liegen regelmäßige Aufträge in Höhe von 4000 Stück vor. Allerdings reichen die Produktionskapazitäten nur zur Fertigung von 2600 Stück; der Rest muss bei Fremdlieferanten zugekauft werden. Die VELO AG erwägt nun, die Produktion der Tachos ganz einzustellen und die benötigte Menge in voller Höhe fremdzubeziehen.
Ermitteln Sie den Preis, den der Fremdlieferant anbieten müsste, damit durch die Einstellung keine Verschlechterung des Betriebsergebnisses eintritt.

4. Die Baumann OHG ist ein mittelständisches Unternehmen. Es stellt verschiedene Zubehörartikel für Duschköpfe in Badezimmern her. Bisher bestehen in der Produktion keine Engpässe. Das Rechnungswesen hat für das letzte Geschäftsjahr folgende Zahlen bereitgestellt:

Produkt	produzierte/ verkaufte Stück	Umsatzerlöse in EUR	variable Kosten in EUR/Stück
Standard	2340	119340,00	9,10
Eco	2600	117000,00	16,90
Optimum	2990	113620,00	6,50
Luxus	4030	76570,00	5,20

Die Fixkosten betrugen 208000,00 EUR.

Aufgaben:

4.1 Ermitteln Sie für jedes Produkt den Deckungsbeitrag pro Stück und die Reihenfolge der Fertigung bei freier Kapazität! Stellen Sie das Ergebnis in einer Tabelle dar!
4.2 Berechnen Sie das Betriebsergebnis für das letzte Geschäftsjahr!
4.3 Im nächsten Geschäftsjahr setzen die Gewerkschaften eine Arbeitszeitverkürzung durch, sodass nur 54860 Minuten/Geschäftsjahr zur Verfügung stehen. Die Kapazitätsbeanspruchung der einzelnen Produkte wurde wie folgt gemessen:

Produkt	Kapazitätsbeanspruchung Minuten/Stück
Luxus	8
Eco	4
Optimum	7
Standard	3

Stellen Sie die Ermittlung des optimalen Produktionsprogramms tabellarisch dar!

4.4 Berechnen Sie das Betriebsergebnis für das Unternehmen unter den nun geltenden Bedingungen!

72 Nutzenschwelle, Preisuntergrenze, Beschäftigungsrückgang

Sachverhalt

Die Biotest AG stellt Messgeräte aller Art her. Im Bereich Medizintechnik bietet das Unternehmen zwei Arten von Messgeräten (Typ A bzw. Typ B) an, die sich in ihrem Herstellverfahren jedoch stark unterscheiden. Insbesondere beim Typ A hat der Konkurrenzdruck stark zugenommen. Der Marktpreis liegt hier bei 1 250,00 EUR. Das gesamte Marktvolumen beträgt 10 000 Stück/Monat. Im Dezember lag der Marktanteil nur noch bei 5 %, die Fertigungskapazität hingegen bei 1 000 Stück/Monat.

Die Kostensituation für den Typ A stellte sich in den letzten 3 Monaten wie folgt dar:

Monat	erzeugte und verkaufte Menge	Gesamtkosten
Oktober	900 Stück	900 000,00 EUR
November	700 Stück	800 000,00 EUR
Dezember	500 Stück	700 000,00 EUR

Aufgaben:

1. Ermitteln Sie rechnerisch die Fixkosten, die Nutzenschwelle (Break-even-Point) und das Gewinnmaximum!
2. Bestimmen Sie die lang- und kurzfristige Preisuntergrenze auf der Basis des Monats Dezember, und beurteilen Sie die Kostensitution der Biotest AG!
3. Erläutern Sie am obigen Beispiel die Auswirkungen des Beschäftigungsrückgangs auf die Kostensituation!
4. Erläutern Sie drei Maßnahmen, durch welche die Biotest AG aus eigener Kraft ihre Chancen am Markt verbessern könnte!

8 Rechtsformen der Unternehmung

8.1 Handelsrechtliche Grundlagen der Unternehmung

8.1.1 Kaufmann

(1) Geltungsbereich des Handelsrechts

Für die wirtschaftliche Tätigkeit eines Kaufmanns gilt das Handelsrecht. Zum Handelsrecht gehören neben dem HGB und seinen Nebengesetzen (z.B. Scheck- und Wechselgesetz) u.a. das in verschiedenen Gesetzen geregelte Gesellschaftsrecht, das Recht des gewerblichen Rechtsschutzes, sowie das Wertpapierrecht und das Bank- und Börsenrecht. Für Kaufleute gilt das BGB nur subsidiär,[1] das bedeutet, dass das BGB nur insoweit Anwendung findet, als es für den Sachverhalt im Handelsrecht keine Sondervorschriften gibt.

Das **HGB** enthält die Sonderregelungen für den Kaufmann.

(2) Begriff Kaufmann

Kaufmann im Sinne des HGB ist, wer ein Handelsgewerbe betreibt [§ 1 I HGB].

Was ein Handelsgewerbe ist, sagt § 1 II HGB. Danach ist jeder Gewerbebetrieb[2] ein Handelsgewerbe, wenn er einen nach Art oder Umfang in kaufmännischer Weise eingerichteten Geschäftsbetrieb erfordert.

Merkmale eines kaufmännisch eingerichteten Geschäftsbetriebs sind z.B.

- doppelte Buchführung,
- Erreichen eines bestimmten Umsatzes,
- mehrere Beschäftigte,
- Produktvielfalt (Sach- und/oder Dienstleistungen),
- Gewinnziel und
- Zahl der Betriebsstätten.

(3) Abgrenzung des Begriffs Kaufmann vom Nichtkaufmann

Ein **Gewerbetreibender,** dessen Unternehmen **keinen** nach Art oder Umfang eines in kaufmännischer Weise eingerichteten Geschäftsbetrieb erforderlich macht, ist **kein Kaufmann.**

Hierzu gehören vor allem alle **Kleinbetriebe** sowie die **freien Berufe** (z.B. Rechtsanwälte, Architekten, Ärzte mit einer eigenen Praxis).

---

1 Subsidiär: unterstützend.

2 Ein **Gewerbebetrieb** liegt vor, wenn die Tätigkeit selbstständig und auf Dauer angelegt ist, planmäßig betrieben wird, auf dem Markt nach außen in Erscheinung tritt, nicht gesetzes- oder sittenwidrig ist und in der Regel eine Gewinnerzielungsabsicht beinhaltet.

Vergleich von Kaufmann und Nichtkaufmann		
Kriterium	**Kaufmann**	**Nichtkaufmann**
Buchführung	Pflicht	Nur Einnahmenüberschussrechnung
Firmenname	Pflicht	Nicht erlaubt
Handelsregistereintrag	Pflicht	Nein
Vollmachtserteilung	Alle Vollmachten einschließlich Prokura	Nur einfache BGB-Vollmacht
Bürgschaftsübernahme	Nur selbstschuldnerische Bürgschaft nach HGB möglich	Auch Ausfallbürgschaft nach BGB möglich
Höhe der Verzugszinsen	9 % über Basiszinssatz	5 % über Basiszinssatz

(4) Formen des Kaufmanns

■ Istkaufmann

Ein **Gewerbetreibender,** dessen Unternehmen eine **kaufmännische Einrichtung** erforderlich macht, ist **in jedem Fall Kaufmann,** gleichgültig, ob er bereits im Handelsregister eingetragen ist oder nicht. Man spricht deswegen auch von einem **Istkaufmann** [§ 1 HGB].

Der Istkaufmann ist **verpflichtet,** sich mit seiner Firma und mit sonstigen wichtigen Merkmalen seines Handelsgewerbes (z.B. Niederlassungsort, Zweck des Unternehmens, Gesellschafter) in das Handelsregister eintragen zu lassen. Die Eintragung erklärt nach außen, dass es sich um ein kaufmännisches Unternehmen handelt. Die Eintragung wirkt nur noch **deklaratorisch.**[1] Dies besagt, dass die Rechtswirkung schon vor der Eintragung in das Handelsregister eingetreten ist.

■ Kannkaufmann

Ein **Kleinbetrieb** ist **kein Kaufmann** im Sinne des § 1 HGB und unterliegt daher **nicht** den **Vorschriften des HGB.** Ein Kleingewerbetreibender kann sich aber in das Handelsregister eintragen lassen. Mit der Eintragung erlangt er die Kaufmannseigenschaft. Ein Kleingewerbetreibender ist dann **Kannkaufmann.**

Auch die Inhaber land- und forstwirtschaftlicher Betriebe und/oder ihrer Nebenbetriebe haben die Möglichkeit, sich ins Handelsregister eintragen zu lassen. Voraussetzung ist, dass diese Betriebe einen nach Art und Umfang in kaufmännischer Weise eingerichteten Geschäftsbetrieb erfordern [§§ 2, 3 II HGB].

Bei einem Kannkaufmann wirkt die Handelsregistereintragung **konstitutiv.**[2] Folglich gelten gewerbliche Unternehmen, die nicht bereits nach § 1 II HGB ein Handelsgewerbe sind, erst dann als Handelsgewerbe, wenn die Firma des Unternehmens in das Handelsregister eingetragen ist [§ 2, S. 1 HGB].

---

1 Deklaratorisch (lat.): erklärend, rechtserklärend. Deklaration (lat.): Erklärung, die etwas Grundlegendes enthält.
2 Konstitutiv (lat.): rechtsbegründend, rechtschaffend. Konstitution (lat.): Verfassung, Rechtsbestimmung.

■ **Kaufmann kraft Rechtsform**

Kaufmann kraft Rechtsform **(Formkaufmann)** sind die juristischen Personen des Handelsrechts ohne Rücksicht auf die Art des betriebenen Geschäftes und der Betriebsgröße [§ 6 HGB].

Wichtige Beispiele für einen Kaufmann kraft Rechtsform sind die Gesellschaft mit beschränkter Haftung (GmbH) sowie die Aktiengesellschaft (AG), die mit der Eintragung in das Handelsregister Kaufmann werden. Beim Formkaufmann wirkt die Handelsregistereintragung **konstitutiv**, d.h., die Rechtswirkung tritt erst mit der Eintragung in das Handelsregister ein.

8.1.2 Handelsregister

(1) Begriff Handelsregister

Das **Handelsregister** ist ein amtliches, öffentliches, elektronisch geführtes Verzeichnis aller Kaufleute eines Amtsgerichtsbezirks. Für die Führung des Handelsregisters sind die Amtsgerichte zuständig [§ 8 HGB; § 376 I FamFG].
- Für die **Anmeldungen zur Eintragung** ist eine **öffentliche Beglaubigung** (z. B. durch einen Notar) erforderlich.
- Die für die Anmeldung erforderlichen **Unterlagen** sind **elektronisch einzureichen**.

Für die Führung des Handelsregisters sind in Baden-Württemberg vier Amtsgerichte (Registergerichte) zuständig: Freiburg, Mannheim, Stuttgart und Ulm. Anträge zur Handelsregistereintragung sind bei dem Registergericht einzureichen, in dessen Bezirk die Eintragung anfällt.

(2) Aufgabe und Bedeutung des Handelsregisters

Die Aufgabe des Handelsregisters besteht darin, der **Öffentlichkeit** die Rechtsverhältnisse der eingetragenen kaufmännischen Gewerbebetriebe offenzulegen. Das Handelsregister ist frei zugänglich, d.h., jeder Interessierte kann ohne Angabe von Gründen in das Register Einsicht nehmen.

Das Handelsregister gibt z.B. Auskunft über

- die Firma,
- die Rechtsform,
- den Gegenstand des Unternehmens,
- den (oder die) Geschäftsinhaber,
- die Haftungsverhältnisse,
- den Ort des Geschäftssitzes,
- die inländische Geschäftsanschrift der Handelsniederlassung,
- die Vertretungsbefugnisse der Vertretungsorgane des Unternehmens und
- den Tag der Handelsregistereintragung.

Die Handelsregistereintragungen werden **elektronisch bekannt gemacht**. Auskünfte über die Eintragungen (z.B. Registerblätter, Gesellschafterlisten und Satzungen) können über das gemeinsame Justizportal aller Bundesländer (www.justiz.de) online eingesehen werden.[1] Zudem kann jeder auf elektronischem Wege (kostenpflichtig) Abschriften und Registerausdrucke erhalten (vgl. nachfolgenden Musterauszug).[2]

Handelsregister B des Amtsgerichts Stuttgart	Abteilung B Wiedergabe des aktuellen Registerinhalts Abruf vom 06.06.2013 12:15	Nummer der Firma: HRB 54889	PDF

1. **Anzahl der bisherigen Eintragungen:**
   8

2. a) **Firma:**
   GBI-Genios Deutsche Wirtschaftsdatenbank GmbH

   b) **Sitz, Niederlassung, inländische Geschäftsanschrift, empfangsberechtigte Person, Zweigniederlassungen:**
   Stuttgart
   Geschäftsanschrift: Freischützstr. 96, 70597 Stuttgart

   c) **Gegenstand des Unternehmens:**
   Wirtschaftliche Beratung von privaten und öffentlichen Organisationen; die Gesellschaft sammelt, verarbeitet und verbreitet insbesondere wirtschaftliche und wirtschaftswissenschaftliche Informationen auf elektronischem Wege.

3. **Grund- oder Stammkapital:**
   110.000,00 EUR

4. a) **Allgemeine Vertretungsregelung:**
   Ist nur ein Geschäftsführer bestellt, so vertritt er die Gesellschaft allein.
   Sind mehrere Geschäftsführer bestellt, so wird die Gesellschaft durch zwei Geschäftsführer oder durch einen Geschäftsführer gemeinsam mit einem Prokuristen vertreten.

   b) **Vorstand, Leitungsorgan, geschäftsführende Direktoren, persönlich haftende Gesellschafter, Geschäftsführer, Vertretungsberechtigte und besondere Vertretungsbefugnis:**
   Einzelvertretungsberechtigt:
   Geschäftsführer: Müller, Werner, Reutlingen, *30.10.1967

5. **Prokura:**
   —

6. a) **Rechtsform, Beginn, Satzung oder Gesellschaftsvertrag:**
   Gesellschaft mit beschränkter Haftung
   Gesellschaftsvertrag vom 05.01.1978
   Zuletzt geändert durch Beschluss vom 05.01.2006

   b) **Sonstige Rechtsverhältnisse:**
   …

Quelle: In Anlehnung an: www.genios.de; 02.09.2015

Das Handelsregister genießt **öffentlichen Glauben**. Zum Schutz des Vertrauens Dritter auf die bekannt gemachten Handelsregistereintragungen gilt die **Vermutung der Richtigkeit** der Handelsregistereintragungen (Vertrauensschutz).

---

1 Die Einsichtnahme „vor Ort" ist grundsätzlich bei jedem Amtsgericht über ein Terminal möglich.
2 Es besteht ein Unternehmensregister, das als bündelndes Portal über die Informationen des Handelsregisters hinaus alle wirtschaftlich relevanten Daten über Unternehmen zugänglich macht (www.unternehmensregister.de).

(3) Abteilungen des Handelsregisters

Das Handelsregister besteht aus zwei Abteilungen:

Abteilung A	Hier werden u. a. eingetragen: die Einzelkaufleute, die OHG und die KG.
Abteilung B	Hier werden u. a. eingetragen: die GmbH und die AG.

(4) Löschung

Die Löschung der Eintragung erfolgt dadurch, dass die Eintragung rot unterstrichen wird. Auf diese Weise können alle früheren Eintragungen zurückverfolgt werden.

8.1.3 Firma

(1) Begriff Firma

> Die **Firma** ist der im Handelsregister eingetragene Name, unter dem ein Kaufmann sein Handelsgewerbe betreibt und seine Unterschrift abgibt [§ 17 I HGB]. Der Kaufmann kann unter seiner Firma klagen und verklagt werden [§ 17 II HGB].

Das Recht an einer bestimmten Firma ist gesetzlich geschützt. Das Gesetz schützt den Inhaber einer Firma beispielsweise davor, dass ein anderer Kaufmann am selben Ort eine nicht deutlich abweichende Firma annimmt [§ 30 HGB]. Bei unrechtmäßiger Firmenführung durch ein anderes Unternehmen kann der Geschädigte die Unterlassung des Gebrauchs der Firma und unter bestimmten Voraussetzungen auch Schadensersatz verlangen [§ 37 II HGB].

Eintragungsfähig ist – unabhängig von der Rechtsform des Unternehmens – jede Firma, die folgende Bedingungen erfüllt:

- Sie muss sich deutlich von **anderen Firmen unterscheiden** [§ 18 I HGB].
- Die **Geschäftsverhältnisse** müssen ersichtlich sein [§ 19 I HGB].
- Die **Haftungsverhältnisse** müssen offengelegt werden [§ 19 II HGB].
- Die Firma darf **nicht irreführend** sein (Irreführungsverbot nach § 18 II HGB).

Eine Firma ist von der Eintragung ins Handelsregister ausgeschlossen, wenn sie eine dieser Bedingungen nicht erfüllt.

(2) Firmenarten

Die einzutragenden Unternehmen können zwischen folgenden Firmenarten wählen:

Firmenart	Kennzeichen	Beispiel
Personenfirma	Die Firmenbezeichnungen enthalten einen oder mehrere Personennamen.	Stefan Osann e. Kfm.
Sachfirma	Die Firmenbezeichnungen sind dem Zweck des Unternehmens entnommen.	Pforzheimer Büromöbel AG
Fantasiefirma	Die Firmenbezeichnung ist ein erdachter Name.	CLEAN-TEC OHG

Firmenart	Kennzeichen	Beispiel
Gemischte Firma	Die Firmenbezeichnungen enthalten sowohl einen oder mehrere Personennamen, einen dem Gegenstand (Zweck) des Unternehmens entnommenen Begriff und/oder einen Fantasienamen.	Weber Metallbau GmbH

Eine Firma besteht entweder nur aus einem **Firmenkern** oder aus einem Firmenkern und einem **Firmenzusatz** oder mehreren Firmenzusätzen.

(3) Rechtsformzusätze

Zwingend vorgeschrieben sind die folgenden **Rechtsformzusätze**:

- Die Firma der **Einzelunternehmung** muss die Bezeichnung „eingetragener Kaufmann" bzw. „eingetragene Kauffrau" enthalten. Allgemein verständliche Abkürzungen dieser Bezeichnungen sind zulässig (z. B. e. K., e. Kfm., e. Kfr.) [§ 19 I, Nr. 1 HGB].
- Die Firma der **Personengesellschaften** muss die Bezeichnung „offene Handelsgesellschaft" bzw. „Kommanditgesellschaft" aufweisen. Allgemein verständliche Abkürzungen dieser Bezeichnungen wie z.B. OHG bzw. KG sind zulässig [§ 19 I, Nr. 2 und 3 HGB].
- Die Firma der **Aktiengesellschaften** muss die Bezeichnung „Aktiengesellschaft" [§ 4 AktG], die Firma der **Gesellschaften mit beschränkter Haftung** muss die Bezeichnung „Gesellschaft mit beschränkter Haftung" enthalten [§ 4 GmbHG]. Eine allgemein verständliche Abkürzung dieser Bezeichnung ist zulässig (z. B. AG bzw. GmbH).

Ein freiwilliger Firmenzusatz hat die Aufgabe, den Informationsgehalt einer Firma zu verstärken.

Beispiel:

Die Inhaberin einer Schuhfabrik firmiert wie folgt: „Inge Kern GmbH – Fabrik für den modernen Schuh".

Auch wenn die Firma fortgeführt wird, muss sie den zwingend vorgeschriebenen Rechtsformzusatz wie „eingetragener Kaufmann", „eingetragene Kauffrau", „offene Handelsgesellschaft" oder „Kommanditgesellschaft" bzw. die allgemein verständliche Abkürzung dieser Bezeichnungen enthalten [§ 19 I HGB].

(4) Pflichtangaben auf Geschäftsbriefen

Für sämtliche kaufmännischen Unternehmen[1] sind auf allen **Geschäftsbriefen, die an einen bestimmten Empfänger gerichtet sind,** folgende Angaben **verpflichtend** vorgeschrieben [§ 37 a HGB]:

- die **Firma** (d.h. die Angabe der Rechtsform, z.B. „eingetragener Kaufmann"),
- der **Ort der Handelsniederlassung,**
- das **Registergericht,**
- die **Nummer,** unter der die Firma in das **Handelsregister eingetragen** ist und
- die **Steuernummer** [§ 14 I a UStG].

---

1 Pflichtangaben auf Geschäftsbriefen bestehen somit für die eingetragenen Einzelunternehmen, die offene Handelsgesellschaft [§ 125 a HGB], die Kommanditgesellschaft [§ 177 a HGB], die Aktiengesellschaft [§ 80 AktG], die Gesellschaft mit beschränkter Haftung [§ 35 a GmbHG] und die eingetragene Genossenschaft [§ 25 a GenG].

(5) Firmengrundsätze

Firmenwahrheit und -klarheit	Die Firma darf nicht über Art und/oder Umfang des Geschäfts täuschen.
Firmenöffentlichkeit	Jeder Kaufmann ist verpflichtet seine Firma und den Ort seiner Handelsniederlassung und deren spätere Änderungen zur Eintragung in das zuständige Handelsregister anzumelden. Damit wird erreicht, dass die Öffentlichkeit (also Kunden, Lieferanten, Banken, Behörden usw.) erfährt, unter welcher Firma Geschäftsvorgänge abgewickelt werden.
Firmenausschließlichkeit	Jede neue Firma muss sich von anderen an demselben Ort oder in derselben Gemeinde bereits bestehenden und in das Handelsregister eingetragenen Firmen deutlich unterscheiden. Bei gleichen Familiennamen der Inhaber muss ein Firmenzusatz eine eindeutige Unterscheidung ermöglichen.
Firmenbeständigkeit[1]	Die bisherige Firma kann beibehalten werden, wenn sich der Name des Inhabers ändert (z. B. bei Heirat), das Unternehmen durch einen neuen Inhaber fortgeführt wird (z. B. bei Verkauf oder Erbschaft) oder bei Eintritt eines zusätzlichen Mitinhabers (Gesellschafters). Voraussetzung für die Weiterführung der Firma ist die ausdrückliche Einwilligung des bisherigen Inhabers oder dessen Erben. Ein Zusatz, der auf das Nachfolgeverhältnis hinweist, ist möglich.

(6) Haftung bei Firmenübernahme

Wer ein Handelsgeschäft erwirbt und dieses unter **Beibehaltung der bisherigen Firma** mit oder ohne Beifügung eines das Nachfolgeverhältnis andeutenden Zusatzes fortführt, **haftet für alle** im Betrieb des Geschäfts begründeten **Verbindlichkeiten des früheren Inhabers** [§ 25 I HGB]. Eine abweichende Vereinbarung ist Dritten gegenüber nur wirksam, wenn sie in das Handelsregister eingetragen und bekannt gemacht oder von dem Erwerber bzw. dem Veräußerer dem Dritten mitgeteilt wurde [§ 25 II HGB].

Wird die **Firma nicht fortgeführt,** haftet der Erwerber für die früheren Geschäftsverbindlichkeiten grundsätzlich nur dann, wenn ein **besonderer Verpflichtungsgrund** vorliegt, insbesondere wenn die Übernahme der Verbindlichkeiten vom Erwerber in handelsüblicher Weise (z. B. durch Rundschreiben) bekannt gemacht worden ist [§ 25 III HGB].

Zusammenfassung

- Die **Firma** eines Kaufmanns ist sein im Handelsregister eingetragener Name, unter dem er seine Geschäfte betreibt und seine Unterschrift abgibt.
- Man unterscheidet **Personen-, Sach-, Fantasie-** und **gemischte Firmen.**

---

1 Der Grundsatz der Firmenbeständigkeit kann dem Grundsatz der Firmenwahrheit widersprechen, ist aber aus wirtschaftlichen Gründen gerechtfertigt. Denn viele alteingesessene Unternehmen haben sich im Laufe der Zeit einen guten Ruf erworben, sind also bei ihren Kunden bekannt. Um diesen Geschäftswert **(Goodwill)** nicht aufs Spiel zu setzen, muss es den Unternehmen erlaubt sein, auch bei Änderungen der Rechtsverhältnisse den bisherigen Namen beizubehalten.

Formen des Kaufmanns		
Istkaufmann	Kannkaufmann	Kaufmann kraft Rechtsform (Formkaufmann)
Alle Gewerbebetriebe, die einen in kaufmännischer Weise eingerichteten Geschäftsbetrieb benötigen	▪ Kleinbetriebe ▪ Land- und forstwirtschaftliche Betriebe, die nach Art und Umfang eine kaufmännische Einrichtung benötigen	Juristische Personen des Handelsrechts
Die Eintragung ins Handelsregister ist Pflicht	Die Eintragung ins Handelsregister ist freiwillig	Die Eintragung ins Handelsregister ist Pflicht
Eintragung wirkt deklaratorisch	Eintragung wirkt konstitutiv	

Übungsaufgabe

73 Firmierung und Handelsregister

1. Frau Katja Stehlin übernimmt für verschiedene Verlage Satzarbeiten. Sie hat zwei Teilzeitangestellte beschäftigt. Ihr Gewerbebetrieb erfordert keinen nach Art oder Umfang in kaufmännischer Weise eingerichteten Geschäftsbetrieb. Dennoch möchte sich Katja Stehlin ins Handelsregister eintragen lassen.

    Aufgaben:

    1.1 Machen Sie drei Vorschläge für einen Firmennamen!

    1.2 Erläutern Sie, was unter dem Begriff Firma zu verstehen ist!

    1.3 Katja Stehlin möchte wie folgt firmieren:
    Beurteilen Sie, ob diese Firma zulässig ist!

    > Die Texterfassung e. K.

    1.4 Auf den Rat eines Bekannten hin meldet Katja Stehlin beim Amtsgericht folgende Firma an:
    Die Eintragung erfolgt am 24. Mai 20…

    > Die Texterfassung
    > Inh. Katja Stehlin e. K.

    Zeigen Sie auf, welche rechtliche Wirkung die Handelsregistereintragung für Katja Stehlin hat!

2. Der Installateurmeister Ernst Kopf hat vor Jahren einen kleinen Reparaturbetrieb gegründet, der sich gut entwickelte. Heute beschäftigt er fünf Gesellen und zwei Angestellte. Sein Betrieb ist kaufmännisch voll durchorganisiert. Im Handelsregister ist Ernst Kopf nicht eingetragen.

    Aufgaben:

    2.1 Beurteilen Sie, ob Ernst Kopf Kaufmann ist!

    2.2 Der Steuerberater Klug macht Ernst Kopf darauf aufmerksam, dass er seinen Gewerbebetrieb ins Handelsregister eintragen lassen muss.
    Machen Sie einen Vorschlag, wie die Firma lauten könnte!

    2.3 Ernst Kopf lässt sich am 15. Februar 20.. unter der Firma „Ernst Kopf e. K. – Installateurfachbetrieb" ins Handelsregister eintragen.
    Prüfen Sie, welche rechtliche Wirkung die Handelsregistereintragung hat!

3. Der Angestellte Fritz Kugel erwirbt die Lebensmittelfabrik Karl Klein e.K. Die neue Firma lautet „Fritz Kugel e. Kfm., Lebensmittelfabrik". Mit dem ehemaligen Inhaber Klein vereinbart Fritz Kugel, dass dieser die restlichen Verbindlichkeiten an die Lieferer persönlich zu begleichen habe. Karl Klein zahlt nicht. Bei Fälligkeit der Verbindlichkeiten verlangen die Gläubiger die Begleichung der Verbindlichkeiten von Fritz Kugel.

   Aufgabe:
   Untersuchen Sie, ob Herr Kugel zahlen muss!

4. Die Wirkung von Handelsregistereintragungen kann deklaratorisch oder konstitutiv sein.

   Aufgaben:
   4.1 Erklären Sie, was jeweils hierunter zu verstehen ist!
   4.2 Ordnen Sie die rechtlichen Wirkungen der Handelsregistereintragung den Kaufmannsarten zu!

8.2 Wahl der Rechtsform der Unternehmung als Entscheidungsproblem

8.2.1 Rechtsformen im Überblick

(1) Begriff Rechtsform

Die **Rechtsform** stellt die Rechtsverfassung eines Unternehmens dar. Sie regelt die Rechtsbeziehungen innerhalb des Unternehmens und zwischen dem Unternehmen und Dritten.

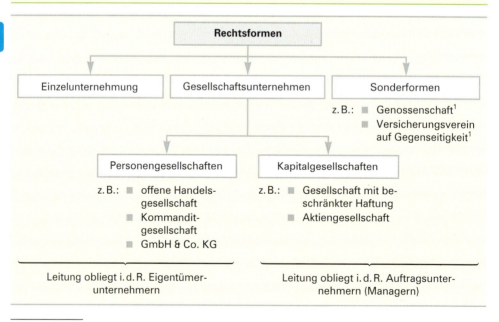

---
1 Der Lehrplan sieht die Behandlung nicht vor.

(2) Einzelunternehmung

Der Begriff **Unternehmer** kommt von „etwas unternehmen". Unternehmer ist also, wer es selbst „unternimmt", Geschäfte in eigenem Namen und auf eigene Rechnung mit vollem Risiko zu tätigen. Unternehmer dieser (ursprünglichen) Art bezeichnet man daher als **Einzelunternehmer**.

(3) Gesellschaftsunternehmen

- Bei den **Personengesellschaften** schließen sich mindestens **zwei Personen** zusammen, die alle (bei der offenen Handelsgesellschaft) oder wenigstens teilweise (bei der Kommanditgesellschaft) die oben genannten Unternehmerfunktionen wahrnehmen (**Eigentümerunternehmer**).

- Die Möglichkeiten der Personengesellschaften, d.h. der Unternehmensformen, bei denen die Person als Gesellschafter im Vordergrund steht, reichen in vielen kapitalintensiven[1] Wirtschaftszweigen nicht aus, um den riesigen Kapitalbedarf zu decken. Es werden **Kapitalgesellschaften** wie z.B. die Aktiengesellschaften oder die Gesellschaften mit beschränkter Haftung gegründet. Die Kapitalgesellschaften sind unter anderem dadurch gekennzeichnet, dass die Unternehmerfunktionen „geteilt", d.h. von unterschiedlichen Personengruppen wahrgenommen werden. Die **Eigenkapitalaufbringung** erfolgt durch viele „kleine" oder auch „große" **Kapitalanleger** (z.B. durch die GmbH-Gesellschafter bzw. Aktionäre), wobei das Risiko auf den Wert der Kapitaleinlage beschränkt wird. Die Leitung der Kapitalgesellschaften obliegt angestellten Geschäftsführern (z.B. bei der GmbH) oder Direktoren (z.B. Vorstandsmitgliedern der AG), die selbst nicht am Unternehmen beteiligt sein müssen. Die Leiter (Geschäftsführer, Vorstandsmitglieder) der Kapitalgesellschaften werden deshalb als **Auftragsunternehmer** oder als **Managerunternehmer** bezeichnet.

8.2.2 Bestimmungsgründe für die Wahl der Rechtsform

(1) Vielschichtigkeit des Entscheidungsproblems

Die Wahl der Rechtsform für eine neu zu gründende Unternehmung oder bei einer Rechtsformänderung hängt von vielen rechtlichen und wirtschaftlichen Kriterien ab. Auch soziale und personelle Bedingungen müssen unter Berücksichtigung der gesetzten betrieblichen Ziele als Bestimmungsgründe bei der Wahl einer geeigneten Unternehmensform beachtet werden.

---

1 Kapitalintensive Betriebe sind solche mit hohem Kapitalbedarf (z.B. Hochöfen, Stahlwerke, Werften, Eisenbahnen, Raffinerien).

Wie vielschichtig die Gründe für die Rechtsformwahl sind, zeigt folgende Übersicht:[1]

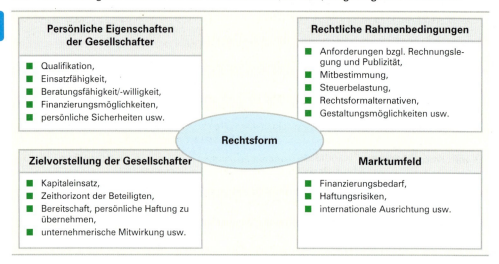

8.2.3 Wichtige Entscheidungskriterien für die Wahl der Rechtsform

Vergleichsmerkmale	Beschreibung
Haftung	Die Haftung des Unternehmers/Gesellschafters kann **unbeschränkt** (volle Haftung auch mit Privatvermögen) oder auf die Einlage **beschränkt** (Teilhaftung) sein.
Kapitalaufbringung	Die **Eigenkapitalbasis** ist bei Rechtsformen mit unbeschränkter Haftung (z. B. Einzelunternehmen, OHG) auf die Möglichkeiten des Unternehmers/der Gesellschafter beschränkt. Es ist leichter, Kapital durch Gesellschafter mit beschränkter Haftung zu beschaffen (Aufnahme weiterer Teilhafter, z. B. Kommanditisten). Besonders kapitalkräftig sind Aktiengesellschaften mit Zugang zur Börse.
	Bei einigen Rechtsformen, z. B. bei GmbH und AG, ist ein Mindestkapital vorgeschrieben.
	Die **Beschaffung von Fremdkapital** bei Banken ist bei unbeschränkter Haftung der Gesellschafter in der Regel einfacher. Bei Kapitalgesellschaften müssen die beschränkt haftenden Gesellschafter insbesondere bei höherer Verschuldung oft zusätzlich über Haftungserklärungen mit Teilen des Privatvermögens bürgen.

---

1 In Anlehnung an Zinser, Thomas: Grundlagen der BWL (Vorlesungsskript), Landshut o.J., Folie 14

Vergleichsmerkmale	Beschreibung
Geschäftsführungs- und Vertretungsbefugnisse	Die **Geschäftsführung** richtet sich nach **innen** (z. B. Gegenstand des Geschäfts, Beziehungen der Gesellschafter untereinander, Weisungsrecht gegenüber Mitarbeitern).[1]
	Die **Vertretung** richtet sich nach **außen** (z. B. Beziehungen zu Dritten, Abschluss von Verträgen mit Lieferanten, Kunden, Banken).[2]
	Bei **Personenunternehmen** wird die Geschäftsführung und Vertretung von den **vollhaftenden Gesellschaftern** wahrgenommen.
	Bei **Kapitalgesellschaften** können auch Nichtgesellschafter **(Manager)** die Geschäftsführung und Vertretung ausüben.
Kontrollmöglichkeiten	Bei **Personenunternehmen** gibt es keine Kontrollorgane. Die Gesellschafter kontrollieren sich gegenseitig.
	Bei **Kapitalgesellschaften** hat neben der Gesellschafterversammlung vor allem der Aufsichtsrat Kontrollfunktionen.
Mitbestimmung der Arbeitnehmer im Aufsichtsrat	Da nur GmbHs ab 500 Mitarbeitern und die Aktiengesellschaften einen Aufsichtsrat haben, beschränkt sich die Mitbestimmung nach dem Drittelbeteiligungs- und dem Mitbestimmungsgesetz auf diese Rechtsformen.

Daneben beeinflussen auch die **Gründungsformalitäten,** die Regelungen zur **Gewinn- und Verlustverteilung** sowie die **Steuerbelastung** und **Offenlegungspflichten** zum Jahresabschluss die Wahl der Rechtsform.

In den folgenden Kapiteln werden die verschiedenen Rechtsformen vor allem anhand der beschriebenen Vergleichsmerkmale charakterisiert und gegenübergestellt.

8.3 Einzelunternehmung

(1) Begriff Einzelunternehmer

Einzelunternehmer ist, wer es selbst „unternimmt", Geschäfte in **eigenem Namen** und auf **eigene Rechnung** mit **vollem Risiko** zu tätigen und hierzu sein **eigenes Geld- und Sachkapital** einsetzt.

(2) Firma

Die Firma der Einzelunternehmung richtet sich i. d. R. nach dem Vor- und Zunamen des Einzelunternehmers. Sie muss die Bezeichnung „eingetragener Kaufmann" bzw. „eingetragene Kauffrau" oder eine allgemein verständliche Abkürzung dieser Bezeichnung enthalten [§ 19 l, Nr. 1 HGB].

Beispiele:

Beauty-Farm Isabella Starnecker, eingetragene Kauffrau; Textilwerke Philip Schmidt e. Kfm.

---
1 Nähere Informationen zum Innenverhältnis siehe S. 144 f.
2 Nähere Informationen zum Außenverhältnis siehe S. 148 f.

(3) Merkmale einer Einzelunternehmung

Wer erfolgreich eine Einzelunternehmung gründen und führen will, der muss nicht nur die persönlichen und wirtschaftlichen Voraussetzungen beachten, sondern die typischen Merkmale der Einzelunternehmung berücksichtigen.

Die folgende Tabelle informiert Sie deshalb über die bei der Unternehmensgründung und -führung zu beachtende Unternehmensmerkmale.

Personenzahl	Der Einzelunternehmer ist **alleiniger Inhaber.**
Form der Gründung	Für die Gründung der Einzelunternehmung bestehen **keine gesetzlichen Formvorschriften.** Erfordert eine Unternehmung eine kaufmännische Einrichtung, ist eine Eintragung ins Handelsregister erforderlich. Werden in die Einzelunternehmung **Grundstücke** eingebracht, ist die **Schriftform** mit **notarieller Beurkundung**[1] erforderlich [§ 311b I, S. 1 BGB].
Haftungs-verhältnisse[2]	Der Einzelunternehmer haftet für alle Verbindlichkeiten der Unternehmung mit seinem Geschäfts- und sonstigen Privatvermögen **unbeschränkt** und **unmittelbar (direkt).**
Eigenkapital-aufbringung	Das Eigenkapital stellt der Einzelunternehmer zur Verfügung. Über die **Höhe des aufzubringenden Eigenkapitals** gibt es **keine gesetzliche Vorschrift.**
Kreditwürdigkeit	Die Kreditwürdigkeit hängt vor allem von der **persönlichen Zuverlässigkeit,** Ehrlichkeit sowie den menschlichen und beruflichen **Erfahrungen, Kenntnissen, Fähigkeiten** sowie von der **Leistungsfähigkeit** und -**willigkeit** des Einzelunternehmers ab. Aufgrund der meistens beschränkten Finanzierung durch erzielte Gewinne und des relativ niedrigen, den Gläubigern haftenden Vermögens ist die Kreditwürdigkeit nicht sehr hoch.
Geschäftsführung/ Mitarbeit	Die Geschäftsführung, d.h. die Leitung des Unternehmens, obliegt dem Einzelunternehmer allein. Er trifft alle Anordnungen in seinem Betrieb (im **Innenverhältnis**) allein, ohne andere anhören zu müssen.
Vertretung	Das Recht auf Vertretung des Unternehmens gegenüber Dritten (im **Außenverhältnis**) hat der Einzelunternehmer. Er schließt für das Unternehmen alle erforderlichen Rechtsgeschäfte mit Dritten ab (z.B. Kaufverträge, Mietverträge, Kreditverträge).
Gewinn- und Verlustverteilung	Der Einzelunternehmer hat (soweit keine Gewinnbeteiligung der Arbeitnehmer vereinbart ist) das Recht auf den gesamten **Gewinn.** Andererseits hat er den Verlust ebenfalls allein zu tragen.

(4) Auflösung der Einzelunternehmung

Die Auflösung der Einzelunternehmung liegt allein im Entscheidungsbereich des Einzelunternehmers, es sei denn, die Unternehmung wird wegen Zahlungsunfähigkeit im Rahmen eines Insolvenzverfahrens[3] aufgelöst. Auch die Umwandlung in eine andere Rechtsform (z.B. in eine OHG) führt zur Auflösung der Einzelunternehmung.

---

1 Bei der **Beurkundung** werden die Willenserklärungen der Beteiligten von einem Notar in eine Urkunde aufgenommen. Der Notar beurkundet dabei die Unterschrift und den Inhalt der Erklärungen.
2 Die Haftung betrifft die Rechtsbeziehungen des Unternehmens mit außenstehenden Dritten und damit das Außenverhältnis.
3 Insolvenz: Zahlungsunfähigkeit.

(5) Bedeutung der Einzelunternehmung

Für einen **Unternehmer** hat diese Unternehmensform Vor- und Nachteile:

Vorteile (Gründungsmotive)	Nachteile
■ Keine Abstimmung der Entscheidungen mit anderen (Ausnahme: Mitbestimmung der Arbeitnehmer). ■ Schnelle Entscheidungsmöglichkeit. ■ Rasche Anpassung an veränderte wirtschaftliche Verhältnisse (z.B. Aufnahme neuer Produkte). ■ Klarheit und Eindeutigkeit der Unternehmensführung. ■ Großes Eigeninteresse des Inhabers an der Arbeit, da ihm der Gewinn allein zusteht (Gewinn als Leistungsanreiz).	■ Bei falschen Entscheidungen trägt der Inhaber das Risiko allein. ■ Der Erfolg des Unternehmens hängt untrennbar an der Person des Inhabers, seinen fachlichen Fähigkeiten, seinem Charakter und seiner Gesundheit. ■ In der Regel geringe Eigenkapitalkraft und beschränkte Kreditbeschaffungsmöglichkeiten. ■ Großes Haftungsrisiko.

Gesamtwirtschaftlich gesehen nimmt die Einzelunternehmung eine wichtige Stellung ein. Wir finden sie in allen Wirtschaftsbereichen. In der Landwirtschaft, im Einzelhandel und im Handwerk stellt die Einzelunternehmung die vorherrschende Unternehmensform dar. In der Industrie sind dagegen die Gesellschaftsunternehmen die wichtigsten Unternehmensformen.

Zusammenfassung

- Bei der **Einzelunternehmung** werden alle wichtigen Unternehmerfunktionen und Risiken vom Einzelunternehmer wahrgenommen, dem auch der Gewinn allein zusteht und der auch entstehende Verluste allein zu tragen hat.

- Wichtige **wirtschaftliche Voraussetzungen** sind, dass bei der Gründung und für die laufende Geschäftstätigkeit des Unternehmens (z.B. für den Einkauf, die Lagerhaltung, die Leistungserstellung und den Verkauf) ausreichend Finanzmittel vorhanden sind und das Unternehmen seine Leistungen auch langfristig mit Gewinn verkaufen kann.

- Das **Haftungsrisiko** ist aufgrund der unbeschränkten und unmittelbaren alleinigen Haftung des Einzelunternehmers für die Geschäftsverbindlichkeiten hoch.

- Die **Kreditwürdigkeit** der Einzelunternehmen hängt vor allem von der persönlichen Zuverlässigkeit sowie von den beruflichen Fähigkeiten und Kenntnissen der Einzelunternehmer ab.

- Einzelunternehmen verfügen grundsätzlich nur über ein **relativ niedriges Eigenkapital**. Aufgrund des niedrigen, den Gläubigern haftenden Eigenkapitals besteht für die Einzelunternehmen eine beschränkte Kreditbeschaffungsmöglichkeit.

> **Übungsaufgabe**

74 Einzelunternehmung – Existenzgründung

Heinz Augustin, Angestellter eines Softwareunternehmens, möchte sich selbstständig machen und als Einzelunternehmer Softwareprogramme erstellen und anbieten.

Aufgaben:

1. 1.1 Nennen Sie drei persönliche Voraussetzungen, die Heinz Augustin mitbringen sollte, um das Softwareunternehmen erfolgreich führen zu können!
   1.2 Geben Sie drei Gründe wieder, die Heinz Augustin zur Wahl dieser Rechtsform veranlasst haben könnten!
   1.3 Nennen Sie die Abteilung des Handelsregisters, in welche die Firma „Heinz Augustin e. Kfm., Softwareprogramme" eingetragen wird!
   1.4 Notieren Sie die öffentlichen Stellen, bei denen Heinz Augustin sein neu gegründetes Einzelunternehmen anmelden muss! Geben Sie jeweils den Grund für die Anmeldepflicht an!
   1.5 Projektauftrag: Erstellen Sie eine Handreichung für Existenzgründer!
2. Erörtern Sie je drei Vor- und Nachteile des Einzelunternehmens
   2.1 aus der Sicht der Arbeitnehmer,
   2.2 aus der Sicht des Einzelunternehmers!

8.4 Offene Handelsgesellschaft (OHG)

8.4.1 Begriff, Firma und Gründung der OHG

(1) Begriff

> Die **offene Handelsgesellschaft (OHG)** ist eine **Gesellschaft** mit mindestens zwei Gesellschaftern, deren Zweck auf den Betrieb eines **Handelsgewerbes** unter **gemeinschaftlicher Firma** gerichtet ist und bei der die **Haftung aller Gesellschafter gegenüber den Gesellschaftsgläubigern unbeschränkt ist** [§ 105 I HGB].

(2) Firma

Die Firma, unter der die OHG ihre Rechtsgeschäfte abschließt (z.B. Kauf-, Miet-, Arbeitsverträge), muss die Bezeichnung „offene Handelsgesellschaft" oder eine allgemein verständliche Abkürzung dieser Bezeichnung enthalten [§ 19 I, Nr. 2 HGB].

Beispiel:

Karl Wagner OHG; Wagner & Wunsch – offene Handelsgesellschaft; Wunsch OHG, Kraftfahrzeughandel und -reparaturen; Freiburger Kraftfahrzeughandel und -reparaturen OHG.

Beispiel für einen Gesellschaftsvertrag

Verhandelt in Ravensburg, den 10. Mai 20..

Vor dem unterzeichnenden Notar Dr. jur. Wilhelm Ambach in Ravensburg erschienen heute:

Friedrich Stolz, Ravensburg, und Frank Krug, Ravensburg

Genannte Personen gaben nachstehende Erklärung zur notarischen Niederschrift. Sie schließen nachstehenden

Gesellschaftsvertrag

§ 1 Gründer

Herr Stolz betreibt in Ravensburg unter der Firma Friedrich Stolz e.Kfm. eine Kfz-Reparaturwerkstatt. Er nimmt Herrn Krug als Gesellschafter einer zu gründenden offenen Handelsgesellschaft auf.

§ 2 Firma

Die offene Handelsgesellschaft erhält die Firma Stolz & Krug OHG.

§ 3 Sitz der Gesellschaft

Der Niederlassungsort der Gesellschaft ist Ravensburg.

§ 4 Gegenstand und Dauer des Unternehmens

Die Gesellschaft betreibt auf unbestimmte Zeit die Reparatur und den An- und Verkauf von Kraftfahrzeugen samt Zubehör.

§ 5 Einlagen

Herr Stolz bringt seinen Gewerbebetrieb ein. Der Wert der Einlage wird entsprechend der letzten Bilanz vom 31. Dezember 20.. und mit Zustimmung von Herrn Krug mit 800 000,00 EUR angesetzt. Herr Krug beteiligt sich mit seinem Grundstück im Wert von 380 000,00 EUR.

§ 6 Mitarbeit (Geschäftsführung, Vertretung)

(1) Jeder Gesellschafter hat der Gesellschaft Stolz & Krug OHG seine volle Arbeitskraft zu widmen.

(2) Zur Geschäftsführung und Vertretung der Gesellschaft ist jeder Gesellschafter für sich allein berechtigt und verpflichtet.

(3) Geschäfte, deren Gegenstand den Wert von 50 000,00 EUR übersteigen, dürfen von beiden Gesellschaftern nur gemeinsam vorgenommen werden. Das Gleiche gilt uneingeschränkt für die Aufnahme von Krediten und das Eingehen von Wechselverbindlichkeiten.

§ 7 Privatentnahmen

Jeder Gesellschafter kann für seine Arbeitsleistung monatlich 5 000,00 EUR Privatentnahmen tätigen.

§ 8 Gewinn- und Verlustverteilung

Am Gewinn und Verlust sind Herr Stolz mit 60%, Herr Krug mit 40% beteiligt.

§ 9 Kündigung

Die Frist zur Kündigung des Gesellschaftsvertrages beträgt 10 Monate zum Schluss des Kalenderjahres.

§ 10 Tod eines Gesellschafters

Stirbt ein Gesellschafter, so wird die Gesellschaft mit dessen Erben fortgesetzt. Diese sind von Geschäftsführung und Vertretung ausgeschlossen.

gez. Stolz   gez. Krug   gez. Ambach, Notar

(3) Gründung

Zur Gründung der OHG sind **zwei Voraussetzungen** erforderlich:

■ **Abschluss eines Gesellschaftsvertrags**

Der Gesellschaftsvertrag regelt das Rechtsverhältnis der Gesellschafter untereinander [§ 109 HGB]. Er kann mündlich abgeschlossen werden. In der Praxis wird er aber aus Gründen der Rechtssicherheit (Beweissicherheit) regelmäßig **schriftlich** abgeschlossen.[1] Im Gesellschaftsvertrag werden alle wesentlichen Rechte und Pflichten, die die Gesellschafter geregelt sehen wollen, festgehalten, z.B. die Art und Höhe der Kapitaleinlage,[2] die Gewinn- und Verlustverteilung, die Höhe der Privatentnahmen usw.

■ **Eintragung ins Handelsregister**

Die OHG ist beim zuständigen Gericht zur Eintragung in das Handelsregister anzumelden [§ 106 I HGB]. Die Anmeldung beim Handelsregister muss von sämtlichen Gesellschaftern der OHG vorgenommen werden [§ 108 HGB]. Die **Anmeldung beim Registergericht** hat zu enthalten:

- Namen, Vornamen, Geburtsdatum und Wohnort jedes Gesellschafters,
- Firma der Gesellschaft und den Ort, wo sie ihren Sitz hat,
- Zeitpunkt des Geschäftsbeginns,
- Vertretungsmacht des Gesellschafters [§ 106 II HGB].

(4) Entstehung der Gesellschaft

Im Innenverhältnis	Das Unternehmen entsteht mit Abschluss des Gesellschaftsvertrags bzw. zu dem im Gesellschaftsvertrag festgelegten Termin.
Im Außenverhältnis	■ Betreibt die OHG ein Handelsgewerbe, so ist sie nach § 1 I HGB auch ohne Eintragung Kaufmann. In diesem Fall ist die OHG im **Außenverhältnis** entstanden, sobald ein Gesellschafter im Namen der OHG Geschäfte tätigt, z.B. einen Kaufvertrag abschließt **(deklaratorische Wirkung der Handelsregistereintragung)**. ■ Wird kein Handelsgewerbe im Sinne des § 1 II HGB betrieben, entsteht die OHG im **Außenverhältnis** mit ihrer Eintragung **(konstitutive Wirkung der Handelsregistereintragung;** siehe auch § 2 HGB).

8.4.2 Pflichten und Rechte der OHG-Gesellschafter im Innenverhältnis

(1) Begriff Innenverhältnis

- Unter **Innenverhältnis** verstehen wir die Rechtsbeziehungen der Gesellschafter untereinander.
- Innerhalb der Gesellschaft gelten zunächst die **Vereinbarungen des Gesellschaftsvertrags** sowie die **zwingenden Vorschriften des HGB**. Ist ein Sachverhalt im Gesellschaftsvertrag nicht geregelt, gelten die **Bestimmungen des HGB**.

---

1 Werden in die OHG Grundstücke eingebracht, ist Schriftform mit **notarieller Beurkundung** erforderlich (siehe §§ 311 b I, S. 1; 128 BGB).
2 Ebenso wie beim Einzelunternehmen gibt es bei der OHG keine gesetzliche Vorschrift über die Höhe des Eigenkapitals.

(2) Pflichten der Gesellschafter im Innenverhältnis

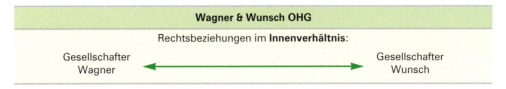

- **Fristgemäße Leistung der festgesetzten Kapitaleinlage**

Die Kapitaleinlagen können in Geld, in Sachwerten und/oder in Rechtswerten geleistet werden (z. B. Buchgeld, Gebäude, Grundstücke, Maschinen, Patente). Die Summe der geleisteten Kapitaleinlagen bildet als gemeinschaftliches Vermögen der Gesellschaft ein Sondervermögen [§ 718 I BGB] und steht den Gesellschaftern zur **gesamten Hand** zu [§ 719 BGB]. Das persönliche Eigentum der Gesellschafter an ihren Einlagen erlischt. Die **Einlagen der Gesellschafter** werden **gemeinschaftliches Vermögen (Gesamthandsvermögen)** aller Gesellschafter. Ein einzelner Gesellschafter kann somit nicht mehr über seinen Kapitalanteil verfügen. Grundstücke werden im Grundbuch auf die OHG eingetragen. Das bedeutet, die eingebrachten Grundstücke werden zum gemeinschaftlichen Vermögen aller Gesellschafter. Ein eingebrachtes Grundstück kann daher z. B. nur mit Zustimmung aller Mitgesellschafter verkauft werden.

Pflichten der OHG-Gesellschafter (Innenverhältnis)
■ Kapitaleinlage
■ Arbeitsleistung
■ Geschäftsführung
■ Wettbewerbsenthaltung
■ Verlustbeteiligung

- **Persönliche Arbeitsleistung, Geschäftsführung**

Die OHG wird zu den Personengesellschaften gerechnet, weil die Gesellschafter zur persönlichen Arbeitsleistung verpflichtet sind [§ 114 I HGB].

- **Wettbewerbsverbot**

Die enge persönliche Bindung an die OHG verlangt von den Gesellschaftern, dass sie keine Geschäfte im Wirtschaftszweig der OHG auf eigene Rechnung machen oder als persönlich haftende Gesellschafter an einer anderen gleichartigen Handelsgesellschaft teilnehmen (z. B. als Gesellschafter in einer anderen OHG). Bei einer Verletzung des Wettbewerbsverbots kann die Gesellschaft Schadensersatz fordern oder in das betreffende Geschäft (z. B. Vertrag) eintreten und die Herausgabe der bezogenen Vergütung bzw. die Abtretung des Anspruchs auf die Vergütung verlangen [§ 113 I HGB]. Ferner können die übrigen Gesellschafter die Auflösung der OHG verlangen [§ 113 IV HGB].

Ein Gesellschafter kann mit Einwilligung der übrigen Gesellschafter von diesem sogenannten Wettbewerbsverbot entbunden werden.

- **Verlustbeteiligung**

Nach der gesetzlichen Regelung wird der Verlust zu gleichen Teilen (nach „Köpfen") verteilt [§ 121 III HGB]. Abweichende vertragliche Regelungen sind möglich.

(3) Rechte der Gesellschafter im Innenverhältnis

■ Geschäftsführung

Die Geschäftsführungsbefugnisse der Gesellschafter richten sich nach dem Gesellschaftsvertrag, bei fehlender Vereinbarung nach dem HGB [§§ 114–116 HGB].

- Bei **gewöhnlichen Geschäften** besteht nach HGB **Einzelgeschäftsführungsrecht**, d. h., jeder einzelne Gesellschafter ist zur Vornahme aller Handlungen berechtigt, die der gewöhnliche Betrieb des Handelsgewerbes dieser Unternehmung mit sich bringt [§ 116 I HGB].

  Beispiele:
  Arbeitsaufträge an Belegschaftsmitglieder erteilen, Rechnungen bezahlen, Bestellungen unterschreiben, Arbeitnehmer einstellen oder entlassen.

  Widerspricht ein Gesellschafter einer Geschäftsführungsmaßnahme eines Mitgesellschafters, so muss diese unterbleiben. Bei einem gewöhnlichen Geschäft steht jedem Gesellschafter ein **Vetorecht** zu.

- Bei **außergewöhnlichen Geschäften** besteht nach HGB **Gesamtgeschäftsführungsrecht**, d. h., es bedarf eines Gesamtbeschlusses aller Gesellschafter.

  Beispiele:
  Der Gesellschafter Albrecht befürwortet einen riskanten Aktienkauf zur Geldanlage. Dem Mitgesellschafter Berthold ist das Risiko zu hoch. Das Geschäft muss unterbleiben.

  Weitere Beispiele für außergewöhnliche Geschäfte: Grundstückskäufe bzw. -verkäufe, Aufnahme neuer Gesellschafter, Änderung des Unternehmenszwecks, Aufnahme von Großkrediten [§ 116 II HGB].

  Eine Sonderregelung besteht bei der Ernennung eines Prokuristen. Als ein außergewöhnliches Geschäft bedarf die Ernennung eines Prokuristen der Zustimmung aller geschäftsführenden Gesellschafter. Der Widerruf der Prokura kann dagegen durch jeden Gesellschafter in alleiniger Verantwortung erfolgen.

Der **Gesellschaftsvertrag** kann vorsehen, dass bei **allen Geschäften** die Zustimmung aller Gesellschafter, der Mehrheit der Gesellschafter oder die von mindestens zwei Gesellschaftern vorliegen muss **(Gesamtgeschäftsführungsbefugnis)**.

Rechte der OHG-Gesellschafter (Innenverhältnis)
■ Geschäftsführung
■ Kontrollrecht
■ Gewinnbeteiligung
■ Privatentnahme
■ Kündigung
■ Liquidationsanteil

Auf Antrag der übrigen Gesellschafter kann einem Gesellschafter die Befugnis zur Geschäftsführung durch **gerichtliche Entscheidung** entzogen werden, wenn ein wichtiger Grund vorliegt (z. B. grobe Pflichtverletzung, Unfähigkeit zur ordnungsmäßigen Geschäftsführung [§ 117 HGB]).

■ Kontrollrecht

Im Rahmen des Geschäftsführungsrechts erwähnt das Gesetz [§ 118 HGB] ausdrücklich, dass die Gesellschafter (auch wenn sie von der Geschäftsführung ausgeschlossen sind) die Befugnis haben, sich über die Angelegenheiten der Gesellschaft persönlich zu unterrichten, in die Handelsbücher und Papiere der Gesellschaft einzusehen und sich hieraus einen Jahresabschluss (Bilanz und Gewinn- und Verlustrechnung) anzufertigen. Das Kontrollrecht ist **zwingendes Recht,** kann also nicht durch Gesellschaftsvertrag aufgehoben werden.

■ **Gewinnberechtigung**

Jeder Gesellschafter hat Anspruch auf einen Anteil am Jahresgewinn. Ist im Gesellschaftsvertrag nichts anderes vereinbart, gilt das HGB [§ 121 HGB]. Danach erhalten die Gesellschafter zunächst eine 4%ige Verzinsung der (jahresdurchschnittlichen) Kapitalanteile. (Falls der Gewinn nicht ausreicht, erfolgt eine entsprechend niedrigere Verzinsung.) Ein über die 4% hinausgehender Rest wird unter die Gesellschafter „nach Köpfen", d.h. zu gleichen Teilen verteilt.

Mit dieser Regelung will das Gesetz zwei Gesichtspunkten gerecht werden:

- ■ Mit der Verzinsung soll der möglicherweise **unterschiedlichen Kapitalbeteiligung** der Gesellschafter Rechnung getragen werden: Wer mehr Kapital einbringt, soll auch einen höheren Gewinnanteil haben.
- ■ Mit der Verteilung des „Rests" nach Köpfen soll die Tatsache berücksichtigt werden, dass die **Mitarbeit und Haftung der Gesellschafter entlohnt** wird. Bei gleichmäßiger Verteilung des Rests wird unterstellt, dass die persönliche Mitarbeit der Gesellschafter gleichwertig ist.

Die Geschäftsführung ist durch die Gewinnbeteiligung abgegolten. Ein Entgelt für ihre Geschäftsführung steht den Gesellschaftern nicht zu.

■ **Recht auf Privatentnahme**

Da die Gesellschafter im Normalfall ihren Lebensunterhalt aus der Entlohnung ihrer unternehmerischen Tätigkeit bestreiten müssen, sieht das Gesetz vor, dass (bei fehlender sonstiger Vereinbarung) jeder Gesellschafter berechtigt ist, **während des Geschäftsjahres** bis zu 4% seines zu Anfang des Geschäftsjahres vorhandenen Kapitalanteils zu entnehmen [§ 122 I HGB]. Dieses Recht zur Privatentnahme besteht auch dann, wenn die Gesellschaft derzeit Verluste erzielt. Will ein Gesellschafter mehr als 4% bzw. mehr als den im Gesellschaftsvertrag vereinbarten Prozentsatz entnehmen, müssen die übrigen Gesellschafter zustimmen [§ 122 II HGB].

■ **Kündigungsrecht der Gesellschafter (Austritt aus der OHG)**

Wenn keine Vereinbarung zwischen den Gesellschaftern getroffen wurde, gilt die gesetzliche Regelung: Kündigungsmöglichkeit unter Einhaltung der Kündigungsfrist von mindestens 6 Monaten zum Schluss des Geschäftsjahres [§ 132 HGB].

Auf Antrag eines Gesellschafters kann die Auflösung der Gesellschaft ohne Kündigung durch gerichtliche Entscheidung ausgesprochen werden, wenn ein wichtiger Grund vorliegt. Das Gericht kann auch den Ausschluss eines Gesellschafters verfügen, wenn die übrigen Gesellschafter dies begründet verlangen [§§ 133, 140 HGB].

■ **Recht auf Liquidationserlös bei Auflösung der OHG** [§ 155 HGB]

Wird die OHG aufgelöst, so ist das nach Abzug der Schulden verbleibende Vermögen im Verhältnis der Kapitalanteile unter die Gesellschafter aufzuteilen **(Recht auf Liquidationserlös)**. Verbleibt nach der Liquidation der OHG ein negativer Kapitalanteil, so haben die Gesellschafter eine entsprechende **Ausgleichszahlung** zu erbringen.

8.4.3 Pflichten und Rechte der OHG-Gesellschafter im Außenverhältnis

(1) Begriff Außenverhältnis

- Unter **Außenverhältnis** versteht man die Rechtsbeziehungen der Gesellschafter gegenüber **außenstehenden Dritten**.
- Im Außenverhältnis **gelten grundsätzlich die Bestimmungen des HGB**. Abweichende Vereinbarungen müssen, soweit sie gesetzlich zulässig sind, im Handelsregister eingetragen werden.

(2) Pflichten der Gesellschafter im Außenverhältnis

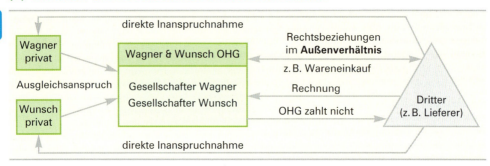

- **Haftung** [§§ 128–130 HGB][1]

Die OHG-Gesellschafter haften

unbeschränkt	Die OHG-Gesellschafter haften mit ihrem Geschäfts- **und** mit ihrem Privatvermögen.
unmittelbar	Die Gläubiger (z. B. die Lieferanten) können die Forderungen nicht nur der OHG gegenüber, sondern zugleich unmittelbar (direkt) gegenüber **jedem** OHG-Gesellschafter geltend machen. Dies bedeutet, dass jeder einzelne Gesellschafter durch die Gesellschaftsgläubiger verklagt werden kann. Der Gesellschafter kann nicht verlangen, dass der Gläubiger zuerst gegen die OHG klagt. Eine „Einrede der Vorausklage" steht dem Gesellschafter nicht zu.
gesamtschuldnerisch („solidarisch")	Jeder Gesellschafter haftet persönlich (allein) für die gesamten Schulden der Gesellschaft [§ 128 I HGB], nicht jedoch für die privaten Schulden der übrigen Gesellschafter.

---

[1] Da die OHG unter einer Firma betrieben wird, kann ein Gläubiger auch die OHG als Ganzes verklagen. Das von den einzelnen Gesellschaftern eingebrachte Eigenkapital sowie der durch Gewinne erzielte Reinvermögenszuwachs „gehört" den einzelnen Gesellschaftern nicht etwa zu Bruchteilen, sondern stellt vielmehr **gemeinschaftliches Vermögen aller Gesellschafter** dar („Gesamthandsvermögen", „Vermögen zur gesamten Hand"). Daraus folgt, dass die OHG selbst auch Ansprüche haben kann, die sie notfalls einklagen kann. Vertreten wird die OHG durch die Gesellschafter. Weil z. B. die Möglichkeit besteht, die OHG als Ganzes zu verklagen, ist sie eine quasi-juristische Person. „Quasi" heißt soviel wie „als ob". Die OHG wird in diesem Fall also so behandelt, als ob sie eine juristische Person sei.

Eine vertragliche Vereinbarung zwischen den Gesellschaftern, durch die die Haftung beschränkt wird (z. B. auf den übernommenen Kapitalanteil), ist nur im **Innenverhältnis** gültig [§ 128, S. 2 HGB].

Hat ein Gesellschafter an einen Gläubiger eine Zahlung vorgenommen, so hat er gegenüber seinen Mitgesellschaftern einen **Ausgleichsanspruch**.

> **Beispiel:**
>
> Der Gesellschafter Haufe der Kleiner & Haufe OHG hat mit Kleiner im Gesellschaftsvertrag vereinbart, dass letzterer für Verbindlichkeiten nur in Höhe von 25 000,00 EUR haftet. Wird Herr Kleiner von einem Gläubiger der OHG mit 30 000,00 EUR in Haft genommen, so kann er von Herrn Haufe den Mehrbetrag von 5 000,00 EUR fordern.

■ Haftung bei Eintritt [§ 130 I HGB]

Tritt ein Gesellschafter in eine bereits bestehende OHG ein, haftet er auch für die vor seinem Eintritt bestehenden Verbindlichkeiten der OHG. Schließen die Gesellschafter die Haftung aus oder wird die Haftung vertraglich eingeschränkt, so ist dies nur im Innenverhältnis gültig [§ 130 II HGB]. Ein Haftungsausschluss gegenüber Dritten ist nicht möglich.

Wird ein Einzelunternehmen in eine Gesellschaft umgewandelt (z. B. in eine OHG), so haftet die entstandene Gesellschaft, und damit auch der eintretende Gesellschafter, für alle Verbindlichkeiten des bisherigen Unternehmens, und zwar auch dann, wenn die bisherige Firma nicht fortgeführt wird. Ein Haftungsausschluss ist in diesem Fall jedoch möglich. Allerdings ist er gegenüber einem Dritten nur wirksam, wenn er in das Handelsregister eingetragen und bekannt gemacht oder von den Gesellschaftern den einzelnen Gläubigern mitgeteilt worden ist [§ 28 I, II HGB].

■ Haftung bei Austritt [§ 160 I HGB]

Tritt ein Gesellschafter aus, haftet er noch fünf Jahre für die Verbindlichkeiten der OHG, die zum Zeitpunkt seines Ausscheidens bestanden [§ 160 I, S. 1 HGB]. Die Fünfjahresfrist beginnt erst am Ende des Tages, an dem das Ausscheiden des Gesellschafters in das Handelsregister eingetragen worden ist [§ 160 I, S. 2 HGB].

■ Haftung bei Auflösung der Gesellschaft [§ 159 I HGB]

Sofern die Ansprüche gegen die OHG keiner kürzeren Verjährung unterliegen, haften die Gesellschafter für Verbindlichkeiten der Gesellschaft bis zu fünf Jahren nach Auflösung der OHG. Auch hier beginnt die Fünfjahresfrist erst am Ende des Tages, an dem die Auflösung der Gesellschaft in das Handelsregister eingetragen worden ist.

■ Rechnungslegungs-, Prüfungs- und Offenlegungspflicht

Die Pflichten zur Aufstellung, Prüfung und Offenlegung von Jahresabschlüssen (Bilanz, Gewinn- und Verlustrechnung, Lagebericht) nach den für die Kapitalgesellschaften (AG, GmbH) geltenden Vorschriften (siehe §§ 264 – 330 HGB) gelten auch für die offenen Handelsgesellschaften (OHG), wenn bei einer OHG die persönlich haftenden Gesellschafter ausschließlich Kapitalgesellschaften sind. Oder anders ausgedrückt: Wenn es bei diesen Personengesellschaften keinen persönlich haftenden Gesellschafter gibt, der eine natürliche Person ist.

(3) Rechte der Gesellschafter im Außenverhältnis

■ **Einzelvertretungsrecht** [§§ 125, 126 HGB]

Ist im Gesellschaftsvertrag nichts anderes bestimmt und im Handelsregister eingetragen, besteht Einzelvertretungsrecht, d.h., jeder einzelne Gesellschafter hat das Recht, die OHG (und damit die übrigen Gesellschafter) gegenüber Dritten zu vertreten und zu verpflichten (z.B. durch Kaufverträge, Darlehensverträge, Mietverträge, Arbeitsverträge). Dieses Einzelvertretungsrecht gilt für **gewöhnliche und außergewöhnliche Rechtsgeschäfte**. Zum Schutz der Dritten (z.B. Lieferer und Kunden) kann das Einzelvertretungsrecht im Umfang **nicht** durch den Gesellschaftsvertrag beschränkt werden.

> **Beispiel:**
>
> Angenommen, die Arndt OHG hat drei Gesellschafter: Arndt, Brecht und Czerny. Im Gesellschaftsvertrag wurde Gesamtgeschäftsführung vereinbart, d.h., alle Geschäfte bedürfen eines Gesamtbeschlusses der Gesellschafter. Brecht kauft, ohne die übrigen Gesellschafter zu fragen und zu informieren, eine neue Maschine. Der Kaufvertrag ist rechtswirksam, weil Brecht das Einzelvertretungsrecht besitzt. Die übrigen Gesellschafter müssen den Vertrag gegen sich gelten lassen: Die OHG muss die Maschine abnehmen und bezahlen. Brecht hat jedoch gegen die Vereinbarungen über die Geschäftsführung verstoßen. Sollte durch seinen Vertragsabschluss der Gesellschaft ein Schaden entstehen, ist er gegenüber den übrigen Gesellschaftern schadensersatzpflichtig.

■ **Gesamtvertretungsrecht** [§ 125 II HGB]

Im Gesellschaftsvertrag kann Gesamtvertretung vereinbart werden. Dies bedeutet, dass ein Gesellschafter nur zusammen mit mindestens einem weiteren Gesellschafter Rechtsgeschäfte mit Dritten rechtswirksam für die OHG abschließen kann.

Die Gesamtvertretung ist Dritten gegenüber nur rechtswirksam, wenn sie **im Handelsregister eingetragen** oder dem Dritten z.B. durch Rundschreiben bekannt ist.

■ **Entzug des Vertretungsrechts**

Der Entzug der Vertretungsmacht ist bei wichtigem Grund (z.B. Ernennung eines Prokuristen ohne Beschluss aller Gesellschafter) auf Antrag der übrigen Gesellschafter durch eine Gerichtsentscheidung möglich [§ 127 HGB]. Der Ausschluss eines Gesellschafters von der Vertretung ist von sämtlichen Gesellschaftern zur **Eintragung in das Handelsregister** anzumelden [§§ 107, 108 I HGB].

8.4.4 Auflösung der OHG

Auflösungsgründe können z.B. sein [§ 131 I HGB]:

- Ablauf der Zeit, für welche die OHG eingegangen ist,
- Beschluss der Gesellschafter,
- Eröffnung des Insolvenzverfahrens über das Vermögen der OHG,
- eine gerichtliche Entscheidung.

Ist im Gesellschaftsvertrag nichts anderes vereinbart, führt das Ausscheiden eines Gesellschafters nicht zur Auflösung der OHG. Besteht eine OHG aus nur zwei Gesellschaftern und will einer von ihnen ausscheiden, so kann die OHG nicht fortbestehen, da eine Personengesellschaft mindestens zwei Gesellschafter voraussetzt.

8.4.5 Merkmalsübersicht zur OHG

Die folgende Tabelle informiert über die bei der Gründung und Führung einer OHG zu beachtende Unternehmensmerkmale.

Personenzahl	Eine OHG besteht aus mindestens zwei Gesellschaftern.
Form der Gründung	Für die Gründung einer OHG bestehen **keine gesetzlichen Formvorschriften**. Die Schriftform für den Gesellschaftsvertrag ist zu empfehlen. Werden in die OHG **Grundstücke** eingebracht, ist die **Schriftform** mit **notarieller Beurkundung** erforderlich [§ 311b I, S. 1 BGB]. Die Eintragung ins Handelsregister ist nur deklaratorisch, aber erforderlich.
Haftungsverhältnisse	Jeder Gesellschafter haftet für alle Verbindlichkeiten der OHG mit seinem Geschäfts- und sonstigen Privatvermögen **unbeschränkt** und **unmittelbar (direkt)**.
Eigenkapitalaufbringung	Das Eigenkapital stellen die Gesellschafter zur Verfügung. Über die Höhe des aufzubringenden Eigenkapitals gibt es **keine gesetzliche Vorschrift**. Die Gesellschafter können auf die Ausschüttung von Gewinnen verzichten, wodurch ihr Kapitalanteil steigt.
Kreditwürdigkeit	Die Kreditwürdigkeit hängt vor allem von der **persönlichen Zuverlässigkeit**, Ehrlichkeit sowie den menschlichen und beruflichen **Erfahrungen, Kenntnissen, Fähigkeiten** sowie von der **Leistungsfähigkeit** und **-willigkeit** der Gesellschafter ab. Wegen des relativ niedrigen, den Gläubigern haftenden Vermögens ist die Finanzierung großer Investitionen oft nicht möglich.
Geschäftsführung/ Mitarbeit	Die Geschäftsführung, d.h. die Leitung des Unternehmens im **Innenverhältnis**, obliegt den Gesellschaftern. Für **gewöhnliche Geschäfte** und Routineaufgaben besteht Einzelgeschäftsführungsbefugnis. Für **außergewöhnliche Geschäfte** ist eine gemeinsame Entscheidung notwendig (Gesamtgeschäftsführung).
Vertretung	Im Normalfall gilt das Recht auf Einzelvertretung des Unternehmens gegenüber Dritten (im **Außenverhältnis**). Gesamtvertretung mit einem weiteren Gesellschafter kann jedoch vereinbart werden. Zur Gültigkeit ist die Eintragung ins Handelsregister erforderlich.
Gewinn- und Verlustverteilung	Die Gesellschafter haben das **Recht auf anteiligen Gewinn**. Sie erhalten zunächst eine Verzinsung ihres Kapitalanteils. Der Restgewinn wird nach Köpfen verteilt. Eine Verlustbeteiligung erfolgt nach Köpfen.

8.4.6 Vor- und Nachteile der OHG

Vorteile (Gründungsmotive)	Nachteile
■ Ausnutzung unterschiedlicher Kenntnisse und Fähigkeiten der Gesellschafter verbessert die Geschäftsführung. ■ Umwandlung einer Einzelunternehmung in eine OHG vergrößert die Eigenkapitalbasis des Unternehmens. ■ Bei guten privaten Vermögensverhältnissen ist die Kreditwürdigkeit der OHG größer als die der Einzelunternehmung. ■ Da das Eigenkapital und die Unternehmensführung in einer Hand sind, ist das Interesse der Gesellschafter an der Geschäftsführung groß. ■ Verteilung des Unternehmerrisikos. ■ Bei kleinen und mittelgroßen Personengesellschaften keine Prüfungs- und Offenlegungspflicht.	■ Persönliche Meinungsverschiedenheiten zwischen den Gesellschaftern können den Bestand des Unternehmens gefährden (siehe Kündigungsrecht!). ■ Dem Wachstum des Unternehmens sind häufig finanzielle Grenzen gesetzt, weil das Eigenkapital der Gesellschafter zur Finanzierung großer Investitionen nicht ausreicht. ■ Fremdkapital kann nur in begrenztem Maße aufgenommen werden. ■ Durch aufwendige Lebenshaltung der Gesellschafter kann die Existenz des Unternehmens aufs Spiel gesetzt werden, da Kontrollorgane fehlen. ■ Unbeschränkte, direkte, gesamtschuldnerische Haftung der Gesellschafter.

Die OHG ist der Modellfall (Prototyp) einer Personengesellschaft. Innerhalb der OHG kooperieren zwei oder mehrere Gesellschafter, die persönlich und unbeschränkt haften. Die OHG-Gesellschafter sind daher **Unternehmer** im ursprünglichen Sinne, die das Eigenkapital selbst aufbringen, die Geschäfte persönlich führen, das Unternehmen vertreten und das Risiko auf sich nehmen (**Eigentümerunternehmer**). Deshalb ist das Interesse der Gesellschafter am Wohlergehen des Unternehmens und an der Unternehmensführung normalerweise sehr groß (Leistungsanreiz durch die Chance, Gewinn zu erzielen). Somit ist die OHG die geeignete Unternehmensform für mittelgroße Unternehmen, die keinen allzu großen Bedarf an finanziellen Mitteln haben.

Zusammenfassung

- Die **OHG** ist u. a. durch folgende **Merkmale** charakterisiert: (1) Zusammenschluss von mindestens zwei Personen; (2) Handelsgewerbe; (3) gemeinschaftliche Firma; (4) unbeschränkte, unmittelbare und gesamtschuldnerische Haftung aller Gesellschafter.

- Die **Firma** muss die Bezeichnung „offene Handelsgesellschaft" oder eine allgemein verständliche Abkürzung dieser Bezeichnung enthalten [§ 19 I, Nr. 2 HGB].

- Zur **Gründung** ist erforderlich: (1) Gesellschaftsvertrag; (2) Eintragung ins Handelsregister.

- Entstehung der OHG:
  - Im **Innenverhältnis** entsteht das Unternehmen mit Abschluss des Gesellschaftsvertrags bzw. zum vereinbarten Termin.
  - Im **Außenverhältnis** entsteht die OHG – sofern ein Handelsgewerbe betrieben wird –, sobald ein Gesellschafter im Namen der OHG tätig wird. Wird kein Handelsgewerbe betrieben, entsteht die OHG mit der Eintragung ins Handelsregister.

- **Rechtsverhältnisse im Innenverhältnis**:
  - Die **Pflichten der Gesellschafter** sind: (1) Leistung der im Gesellschaftsvertrag vereinbarten **Kapitaleinlage**; (2) Pflicht zur **persönlichen Mitarbeit**; (3) **Verlusttragung** nach HGB oder nach Vertrag; (4) Einhaltung des **Wettbewerbsverbots**.

- Die **Rechte der Gesellschafter** sind: (1) Recht auf **Geschäftsführung** (gesetzlich: Einzelgeschäftsführungsbefugnis bei gewöhnlichen Geschäften, Gesamtgeschäftsführungsbefugnis bei außergewöhnlichen Geschäften). Gesamtgeschäftsführungsbefugnis für gewöhnliche Geschäfte muss im Gesellschaftsvertrag vereinbart sein; (2) **Kontrollrecht** über Geschäftslage und -entwicklung; (3) **Recht auf Gewinnanteil** (gesetzlich: 4% des jahresdurchschnittlichen Kapitalanteils, Rest Pro-Kopf-Anteil); (4) Recht auf **Privatentnahme** (gesetzlich höchstens jährlich bis zu 4% des Eigenkapitalanteils zu Beginn des Geschäftsjahrs); (5) Anspruch auf **Aufwandsersatz**; (6) **Kündigungsrecht**; (7) Recht auf **Liquidationserlös** bei Auflösung der OHG.
- **Rechtsverhältnisse im Außenverhältnis:**
  - **Pflicht zur Haftung.** Die OHG-Gesellschafter haften unbeschränkt, unmittelbar und gesamtschuldnerisch (solidarisch).
  - **Recht auf Vertretung.** Gesetzlich: Einzelvertretungsmacht; Gesamtvertretung muss im Handelsregister eingetragen sein.

Übungsaufgaben

75 OHG: Gesellschaftsvertrag und sonstige Rechtsfragen

Frank Strobel, 40 Jahre alt, ist seit 15 Jahren im Verkauf des Autohauses Hans Stolz tätig, davon 10 Jahre als Verkaufsleiter. Strobel ist bereit, sich mit einem Grundstück im Wert von 380 000,00 EUR am Unternehmen zu beteiligen. Er möchte als gleichberechtigter Partner mitarbeiten und volle Verantwortung mitübernehmen. Stolz und Strobel entschließen sich zur Gründung einer OHG.

Aufgaben:

1. Begründen Sie, ob der Gesellschaftsvertrag einer Formvorschrift unterliegt!
2. Belegen Sie die gesetzlichen Voraussetzungen, die bei der Gründung einer OHG bezüglich der Form des Gesellschaftsvertrags und hinsichtlich der Firmierung beachtet werden müssen!
3. Untersuchen Sie, ob die bisherige Firma „Kfz-Reparaturwerkstatt Hans Stolz e. Kfm." fortgeführt werden kann!
4. Stolz und Strobel schließen am 1. September 20.. einen Gesellschaftsvertrag ab. Die Handelsregistereintragung erfolgt am 14. November 20.. Prüfen Sie, wann die OHG entstanden ist!
5. Die Handelsgeschäfte werden am 15. September 20.. aufgenommen. Am 20. September kauft Frank Strobel eine Hebebühne im Wert von 140 000,00 EUR. Der Lieferer verlangt von Hans Stolz die Bezahlung der Rechnung. Beurteilen Sie die Rechtslage!
6. Stolz möchte im Januar des nächsten Jahres zwei Kfz-Mechatroniker einstellen. Entscheiden Sie begründet, ob Stolz die Mechatroniker einstellen darf!
7. Unterscheiden Sie die Vertretungsbefugnis von der Geschäftsführungsbefugnis!
8. Im Februar des nächsten Jahres nehmen Stolz und Strobel Franz Stang als neuen Gesellschafter in die OHG auf. Einige Wochen später wendet sich die Langinger KG, Lieferer für Autozubehör, mit ihrer Forderung über 9 700,00 EUR direkt an den neuen Gesellschafter. Dieser lehnt die Zahlung ab.

    Beurteilen Sie die folgenden Argumente und begründen Sie Ihre Antwort:

    8.1 Die Langinger KG soll sich direkt an die OHG wenden.

    8.2 Die Verbindlichkeit sei von Stolz eingegangen worden, also müsse im Zweifel dieser zahlen.

8.3 Die Verbindlichkeit stamme aus dem vorausgegangenen Jahr, also aus der Zeit vor seinem Eintritt in die Gesellschaft.

8.4 Die Haftung austretender OHG-Gesellschafter ist gesetzlich nicht geregelt.

9. Laut Gesellschaftsvertrag darf Stang nur Geschäfte bis zu einer Höhe von 20 000,00 EUR ohne Einwilligung der anderen Gesellschafter vornehmen. Stang bestellt Ersatzteile im Wert von 25 000,00 EUR. Arbeiten Sie heraus, ob die Gesellschaft an die Willenserklärung gebunden ist!

10. Frank Strobel ist über den Vorfall so verärgert, dass er aus der OHG ausscheiden möchte. Ermitteln Sie, welche Regelung das HGB für das Ausscheiden eines OHG-Gesellschafters vorsieht!

11. Geben Sie wieder, wie die Gewinnverteilung der OHG gesetzlich geregelt ist!

12. Für den Bau eines Einfamilienhauses will Frank Strobel sein von ihm eingebrachtes unbebautes Grundstück zum Verkehrswert aus dem Vermögen der OHG entnehmen. Prüfen Sie, ob er gegen den Willen seiner Mitgesellschafter das Grundstück zurückerhalten kann!

76 Rechte und Pflichten von OHG-Gesellschaftern

Hans-Peter Mayer und Ludwig Baumann gründen die Mayer & Baumann OHG. Mayer ist für den technischen Bereich zuständig, Baumann für den kaufmännischen Bereich. Unternehmenszweck ist die Produktion von Rohren für den Tiefbau.

Mayer bringt einen gebrauchten Lkw im Wert von 30 000,00 EUR und 225 000,00 EUR in bar ein. Baumann hat ein Grundstück geerbt, das er in die neue Gesellschaft einbringt. Das Grundstück hat einen Wert von 270 000,00 EUR.

Der Gesellschaftsvertrag wird am 8. Februar dieses Jahres abgeschlossen. Er ist an die gesetzlichen Bestimmungen angelehnt.

Aufgaben:

1. Begründen Sie, ob der Gesellschaftsvertrag einer Formvorschrift unterliegt!

2. Erläutern Sie, ob für die gewählte Rechtsform die dargelegte Firmierung zulässig ist!

3. Begründen Sie, zu welchem Zeitpunkt die OHG entstanden ist!

4. Geben Sie an, in welcher Abteilung des Handelsregisters die OHG einzutragen ist und welche Rechtswirkung die Eintragung hat!

5. Hans-Peter Mayer hängt sehr an seinem Lkw. Deshalb möchte er auch alleine über alle Einsätze des Lkw entscheiden. Er denkt sich, dass er ihn schließlich auch in die neue Gesellschaft eingebracht habe. Begründen Sie, ob es dafür eine Rechtsgrundlage gibt!

6. Ludwig Baumann ist auf einem Messe-Besuch. Zufällig entdeckt er für die eigene Produktion eine passende Fertigungsmaschine. Die Maschine kostet 75 000,00 EUR. Baumann ruft Mayer im Unternehmen an und erklärt ihm die Vorzüge der Maschine. Mayer lehnt ab, da er für diesen Preis die Maschine für zu teuer hält. Doch Baumann ist eigensinnig und kauft die Maschine trotzdem. Als die Maschine zwei Wochen später angeliefert wird, möchte Mayer die Maschine nicht annehmen.

Begründen Sie die Rechtslage, indem Sie eine Differenzierung in Innen- und Außenverhältnis vornehmen!

7. Nach dem Vorfall mit der Fertigungsmaschine ist Mayer verärgert. Da bekommt er das Angebot von einem Mitkonkurrenten, dessen Unternehmen in der Rechtsform einer KG mit seiner Fachkompetenz zu beraten. Sein Beraterhonorar soll pro Jahr 30 000,00 EUR betragen.

7.1 Prüfen Sie, ob er rechtlich dieses Angebot annehmen darf!

7.2 Prüfen Sie auch den Fall, dass er sich als Kommanditist bei der KG beteiligen wollte!

77 OHG-Gründung

Axel Sterk betreibt als Einzelunternehmer die industrielle Herstellung und den Vertrieb von Gartenzwergen. Das Unternehmen firmiert unter „Gartenzwergfabrik Axel Sterk e.K." und ist in das Handelsregister eingetragen. Der Umsatz des Einzelunternehmens hat sich so vergrößert, dass es der Inhaber für zweckmäßig hält, den Betrieb zu erweitern. Sterk bietet Igor Wetzel an, ihn als Gesellschafter aufzunehmen. Wetzel ist hierzu bereit und bringt 140000,00 EUR Barvermögen und ein unbebautes Grundstück in die zu gründende OHG ein.

Am 15. August 20.. wird der Gesellschaftsvertrag abgeschlossen (siehe nachfolgenden Auszug). Die Eintragung in das Handelsregister erfolgt am 10. September 20..

> Auszug aus dem Gesellschaftsvertrag
>
> § 1 Gegenstand des Unternehmens ist die Herstellung und der Vertrieb von Gartenzwergen.
>
> § 2 Axel Sterk nimmt Igor Wetzel als Gesellschafter in sein Unternehmen auf. Die dadurch entstehende OHG wird unter der bisherigen Firmenbezeichnung „Gartenzwergfabrik Axel Sterk OHG" geführt.
>
> § 3 Axel Sterk bringt in die OHG sein Einzelunternehmen ein, und zwar so, wie es bis zum 15. August 20.. geführt wurde. Der Einbringung wird die berichtigte Bilanz zum 15. August 20.. zugrunde gelegt. In ihr ist ein Eigenkapital von 500000,00 EUR ausgewiesen.
>
> Igor Wetzel bringt sein Grundstück an der Simoniussteige ein. Der Wert wird mit 200000,00 EUR festgelegt. Außerdem leistet er eine Bareinlage von 140000,00 EUR.
>
> § 4 Igor Wetzel haftet nicht für die bisherigen Verbindlichkeiten der Firma „Gartenzwergfabrik Axel Sterk e.K.".
>
> § 5 Die Gesellschaft beginnt am 1. September 20..
>
> § 6 Kündigt ein Gesellschafter, ist der andere Gesellschafter berechtigt, das Unternehmen ohne Liquidation zu übernehmen und unter der bisherigen Firma weiterzuführen.
>
> § 7 Die Aufnahme von Darlehen sowie Anschaffungen, deren Wert im Einzelfall 60000,00 EUR überschreitet, erfordern einen gemeinsamen Beschluss aller Gesellschafter.
>
> § 8 Für die Gewinn- und Verlustverteilung gelten die gesetzlichen Bestimmungen.

Aufgaben:

1. Begründen Sie, ob der Gesellschaftsvertrag einer gesetzlichen Formvorschrift unterliegt!
2. Prüfen Sie, ob die in § 2 des Gesellschaftsvertrags vorgesehene Firmierung zulässig ist!
3. Erläutern Sie, welche rechtliche Wirkung die Handelsregistereintragung im vorgegebenen Fall hat!
4. Igor Wetzel schließt am 15. November 20.. mit der Seppl AG einen langfristigen Vertrag über die Lieferung von Ton im Wert von 62000,00 EUR. Als Sterk von der Lieferung erfährt, verweigert er die Bezahlung der Rechnung, da er den Preis für überhöht hält. Außerdem sei Wetzel nicht zum Abschluss des Kaufvertrags befugt gewesen. Die Seppl AG solle daher den Kaufpreis direkt von Wetzel einfordern.
   Erläutern Sie die Rechtslage!
5. Wetzel ist kaufmännisch nicht vorgebildet.
   5.1 Machen Sie ihm den Unterschied zwischen der unbeschränkten, persönlichen Haftung und der Verlustbeteiligung deutlich!
   5.2 Erläutern Sie ihm den Unterschied zwischen Geschäftsführung und Vertretung!
6. Sterk möchte im November 20.. für seine Sammlung eine Skulptur für 40000,00 EUR erwerben. Er beabsichtigt, den Betrag dem Gesellschaftsvermögen zu entnehmen. Beurteilen Sie die Rechtslage!

7. Das eingebrachte Grundstück von Igor Wetzel geht in das Gesellschaftsvermögen ein. Zeigen Sie auf, welche rechtlichen Konsequenzen sich daraus für Wetzel ergeben!
8. Wetzel möchte trotz zu erwartender Verluste 20.. monatlich 1 200,00 EUR entnehmen. Sterk ist gegen die Entnahme.
   Beurteilen Sie die Lage unter rechtlichem und betriebswirtschaftlichem Aspekt!
9. Erläutern Sie, warum Wetzel und Sterk im Gesellschaftsvertrag vereinbart haben, dass beim Ausscheiden eines Gesellschafters das Unternehmen nicht liquidiert (aufgelöst) werden soll!
10. Durch die Verzögerung einer Rohstofflieferung hat die Gesellschaft für ca. vier Wochen freie Liquidität in Höhe von 150 000,00 EUR. Igor Wetzel möchte den Gesamtbetrag spekulativ in ein Warentermingeschäft[1] anlegen. Axel Sterk widerspricht.
    Beurteilen Sie die Rechtslage!
11. Kann Igor Wetzel die Haftung für die bei seinem Eintritt in die Gesellschaft bestehenden Verbindlichkeiten ausschließen?
    Nehmen Sie hierzu Stellung!
12. Peter Sterk, der Bruder von Axel Sterk, möchte in die OHG eintreten. Allerdings will er keine Einlage leisten, sondern der OHG lediglich seine Arbeitskraft zur Verfügung stellen. Beurteilen Sie diesen Sachverhalt
    12.1 im Hinblick auf eine mögliche Einlagepflicht des OHG-Gesellschafters,
    12.2 in bilanztechnischer Sicht,
    12.3 aus Sicht der Mitgesellschafter und
    12.4 aus Sicht der Gläubiger!

8.5 Kommanditgesellschaft (KG)

8.5.1 Begriff, Firma und Gründung der KG

(1) Begriff

Die **Kommanditgesellschaft (KG)** ist eine **Gesellschaft** (Zusammenschluss von mindestens zwei Personen),

- deren Zweck auf den Betrieb eines **Handelsgewerbes** unter **gemeinschaftlicher Firma** gerichtet ist und
- bei der die **Haftung von mindestens einem Gesellschafter** gegenüber den Gesellschaftsgläubigern auf den Betrag einer bestimmten Vermögenseinlage **beschränkt** ist **(Kommanditisten)**, während **die anderen Gesellschafter** (mindestens ein Gesellschafter) den Gesellschaftsgläubigern gegenüber **unbeschränkt haften (Komplementäre)** [§ 161 I HGB].

---

1 Warentermingeschäfte sind Termingeschäfte mit weltweit gehandelten Gütern (z.B. Kaffee, Kakao, Getreide, Öl, Baumwolle, Zucker, Kupfer, Gold), bei denen die Erfüllung (Abwicklung) des Kaufvertrags (des Verpflichtungsgeschäfts) durch die Übergabe, Übereignung der Güter und Kaufpreiszahlung der ver- bzw. gekauften Waren (das Erfüllungsgeschäft) zu einem späteren Zeitpunkt („per Termin") erfolgt. Warentermingeschäfte dienen vor allem der Absicherung von größeren Preisschwankungen und der Spekulation bei erfahrungsgemäß stark schwankenden Rohstoffpreisen.

Es gibt bei der KG also mindestens einen Gesellschafter, der nach den Vorschriften des OHG-Rechts [§§ 128 ff. HGB] haftet (den persönlich haftenden Komplementär), und mindestens einen Gesellschafter, dessen Haftung beschränkt ist (Kommanditist). In der Praxis macht der Vorteil der Haftungsbeschränkung für die Kommanditisten die große Attraktivität der KG im Vergleich mit der OHG aus.

Außerdem bietet die KG die Möglichkeit, eine juristische Person als Komplementär einzusetzen. Ist eine GmbH Komplementär, so entsteht eine GmbH & Co. KG.[1]

(2) Firma

Die Firma der KG muss die Bezeichnung „Kommanditgesellschaft" oder eine allgemein verständliche Abkürzung dieser Bezeichnung (z. B. KG) enthalten [§ 19 I, Nr. 3 HGB].

> **Beispiele:**
>
> Müller und Moser sind Vollhafter (Komplementäre), Krause ist Teilhafter (Kommanditist). Mögliche Firmen sind z.B.: Müller & Moser KG; Müller Kommanditgesellschaft; Mannheimer Import KG; Emmendinger Import-Export KG.

(3) Gründung

Der Gründungsablauf der KG entspricht derjenigen der OHG. Einzige Besonderheit: Wegen der beschränkten Haftung des Kommanditisten wird die **Höhe der Kommanditeinlagen ins Handelsregister** eingetragen [§ 162 I HGB]. Veröffentlicht wird jedoch nur die Zahl der Kommanditisten, nicht aber die Höhe ihrer Einlage. Die Anmeldung zum Handelsregister ist von allen Gesellschaftern vorzunehmen, also auch von den Kommanditisten.

8.5.2 Pflichten und Rechte der Komplementäre im Innenverhältnis und im Außenverhältnis

> **Beachte:**
>
> Für die Komplementäre gelten die gleichen Bestimmungen wie für die persönlich haftenden Gesellschafter einer OHG, d. h., es werden die für die OHG geltenden gesetzlichen Vorschriften angewendet [§ 161 II HGB]. Die eigenständige Regelung der KG in den §§ 162 ff. HGB befasst sich nur mit der Sonderstellung des Kommanditisten.

8.5.3 Pflichten und Rechte der Kommanditisten im Innenverhältnis

> **Beachte:**
>
> Zunächst gelten immer die Vereinbarungen zwischen den Gesellschaftern und erst dann ersatzweise die gesetzlichen Bestimmungen des HGB.

---

1 Zur GmbH & Co. KG vgl. Kapitel 8.7, S. 183 f.

(1) Pflichten der Kommanditisten im Innenverhältnis

■ **Fristgemäße Leistung der festgesetzten Kapitaleinlage**

Die vertraglich festgelegte Kapitaleinlage **(Pflichteinlage)** kann in Geld, in Sachwerten und/oder in Rechtswerten erfolgen. Die Höhe der Pflichteinlage kann dabei von der in das Handelsregister eingetragenen Einlage, der **Haftsumme (Hafteinlage),** abweichen.

■ **Verlustbeteiligung**

Eine Verlustbeteiligung erfolgt bis zur Höhe des Kapitalanteils und der noch rückständigen Einlagen [§ 167 III HGB] in einem „angemessenen" Verhältnis der Kapitalanteile [§ 168 II HGB]. Wegen der Unbestimmtheit der gesetzlichen Regelung empfiehlt es sich, die Art und Weise der Verlustbeteiligung der Kommanditisten im Gesellschaftsvertrag eindeutig festzulegen.

> **Beispiel:**
>
> Bei der Müller KG (Müller und Moser sind Vollhafter, Krause ist Teilhafter) könnte die Verlustbeteiligung wie folgt geregelt sein: „Müller, Moser und Krause teilen sich einen eventuellen Verlust im Verhältnis 3 : 3 : 1."

(2) Rechte der Kommanditisten im Innenverhältnis

■ **Kontrollrecht**

Die Kommanditisten haben **kein ständiges Kontrollrecht.** Sie können jedoch Abschriften des Jahresabschlusses (Jahresbilanz mit Gewinn- und Verlustrechnung) verlangen und deren Richtigkeit unter Einsicht in die Geschäftsbücher und sonstiger Geschäftspapiere überprüfen [§ 166 I, II HGB].

■ **Gewinnberechtigung und Gewinnverwendung**

Nach dem Gesetz erhalten die Kommanditisten (und die Komplementäre) zunächst eine **4 %ige Verzinsung** der (durchschnittlichen) Kapitalanteile. Der eventuell verbleibende **Restgewinn ist in „angemessenem" Verhältnis** (z. B. nach den Kapitalanteilen) zu verteilen [§§ 167f. HGB]. Wegen der Unbestimmtheit der gesetzlichen Regelung ist es erforderlich, im Gesellschaftsvertrag die Gewinnverteilung eindeutig zu regeln, um spätere Unstimmigkeiten zu vermeiden.

> **Beispiel:**
>
> Bei der Müller KG könnte die Gewinnbeteiligung wie folgt geregelt sein: „Aus dem Jahresreingewinn erhält jeder Gesellschafter zunächst eine 6 %ige Verzinsung der durchschnittlichen Kapitalanteile. Reicht der Gewinn nicht aus, erfolgt eine entsprechend niedrigere Verzinsung. Übersteigt der Jahresreingewinn 6 % der durchschnittlichen Kapitalanteile, wird der übersteigende Betrag im Verhältnis 3 : 3 : 1 verteilt."

Die Gewinnanteile der Kommanditisten werden ihren Kapitalanteilen nur so lange gutgeschrieben, bis diese voll geleistet sind [§ 167 II HGB]. Ist die Pflichteinlage der Kommanditisten erreicht, so haben sie Anspruch auf Auszahlung ihrer Gewinnanteile. Die im Unternehmen belassenen Gewinnanteile der Kommanditisten stellen „sonstige Verbindlichkeiten" der KG gegenüber den Kommanditisten dar.

Wird der Kapitalanteil des Kommanditisten durch Verlust oder Auszahlung gemindert, und zwar unter den auf die vereinbarte Einlage geleisteten Betrag, so kann der Kommanditist keine Auszahlung seines Gewinnanteils fordern. In diesem Fall wird der Gewinnanteil zur Auffüllung der Kommanditeinlage verwendet. Der Kommanditist ist dabei nicht verpflichtet, früher bezogene Gewinne wegen später eingetretener Verluste zurückzuzahlen [§ 169 II HGB].

Rechte des Kommanditisten (Innenverhältnis)
▪ Kontrolle ▪ Gewinnbeteiligung ▪ Widerspruch ▪ Kündigung

■ **Privatentnahme**

Der Kommanditist hat **kein Recht auf Privatentnahmen** [§§ 169 I, 122 HGB].

■ **Widerspruchsrecht**

Die Kommanditisten sind im Regelfall von der **Geschäftsführung ausgeschlossen.**[1] Sie können lediglich Handlungen der persönlich haftenden Komplementäre widersprechen, wenn diese **über den gewöhnlichen Betrieb** des Handelsgewerbes der KG hinausgehen, z. B. bei Grundstückskäufen und -verkäufen, bei der Aufnahme eines neuen Gesellschafters oder bei Änderung des Betriebszwecks [§ 164 HGB]. Ein Ausschluss des Widerspruchsrecht im Gesellschaftsvertrag ist möglich.

■ **Kündigungsrecht**

Wenn keine abweichenden Vereinbarungen zwischen den Gesellschaftern getroffen wurden, gilt die gesetzliche Regelung: Kündigungsmöglichkeit unter Einhaltung einer Kündigungsfrist von mindestens 6 Monaten zum Schluss des Geschäftsjahres [§ 161 II i. V. m. § 132 HGB].

■ Für die **Kommanditisten** besteht **kein gesetzliches Wettbewerbsverbot** [§ 165 HGB].

8.5.4 Pflichten und Rechte der Kommanditisten im Außenverhältnis

Beachte:
Im Außenverhältnis sind allein die gesetzlichen Bestimmungen des HGB maßgebend.

Vertretung	Kommanditisten sind nach dem HGB grundsätzlich **nicht** zur Vertretung der KG ermächtigt [§ 170 HGB].[2] Die Kommanditgesellschaft wird durch die Vollhafter vertreten. Möglich ist jedoch, einem oder mehreren Kommanditisten Handlungsvollmacht oder Prokura zu erteilen.
Haftung ■ nach Eintragung der KG ins Handelsregister	■ Soweit die Kommanditisten ihre vertraglich bestimmte und im Handelsregister **eingetragene Einlage geleistet** haben, haften sie mit ihrer Einlage nur mittelbar (**Risikohaftung**)[3] [§ 171 I, S. 1, 2. HS. HGB].

---

1 Durch Gesellschaftsvertrag kann einem Kommanditisten auch die Geschäftsführung übertragen werden.
2 Aufgrund des Gesellschaftsvertrags können jedoch auch die Kommanditisten das Vertretungsrecht haben.
3 Die vertraglich vereinbarte (bedungene) Einlage kann höher als die im Handelsregister eingetragene Kommanditeinlage sein. Der übersteigende Betrag ist nicht haftungsrelevant, da die Risikohaftung sich auf den eingetragenen Betrag (Haftsumme) beschränkt.

■ bei Eintritt in eine bestehende KG	■ Soweit ein Kommanditist seine **Einlage** nach Eintragung **noch nicht geleistet** hat, haftet er den Gesellschaftsgläubigern **persönlich in Höhe der ausstehenden Einlage** [§ 171 I, S. 1, 1. HS. HGB].
	Tritt ein Kommanditist in eine bestehende KG ein, so haftet der beitretende Kommanditist gegenüber einem gutgläubigen Dritten **in der Zeit zwischen seinem Eintritt und der Eintragung der Kapitaleinlage** in das Handelsregister **persönlich und unbeschränkt** [§ 176 II HGB].

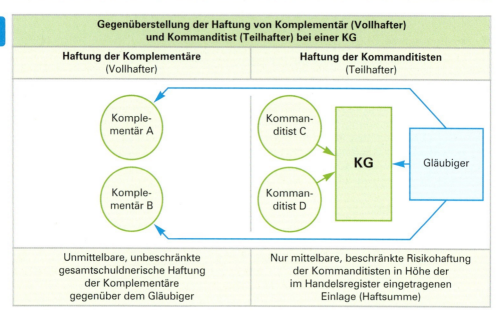

PDF Gegenüberstellung der Haftung von Komplementär (Vollhafter) und Kommanditist (Teilhafter) bei einer KG

Haftung der Komplementäre (Vollhafter)	Haftung der Kommanditisten (Teilhafter)
Unmittelbare, unbeschränkte gesamtschuldnerische Haftung der Komplementäre gegenüber dem Gläubiger	Nur mittelbare, beschränkte Risikohaftung der Kommanditisten in Höhe der im Handelsregister eingetragenen Einlage (Haftsumme)

8.5.5 Merkmalsübersicht zur KG

Die folgende Tabelle informiert über die bei der Gründung und Führung einer KG zu beachtenden Unternehmensmerkmale.

Personenzahl	Eine KG besteht aus mindestens einem Vollhafter (Komplementär) und mindestens einem Teilhafter (Kommanditist).
Form der Gründung	Für die Gründung einer KG bestehen **keine gesetzlichen Formvorschriften**. Die Schriftform für den Gesellschaftsvertrag ist zu empfehlen. Werden in die KG **Grundstücke** eingebracht, ist die **Schriftform** mit **notarieller Beurkundung** erforderlich. Die Eintragung ins Handelsregister hat nur deklaratorische Wirkung, ist aber vorgeschrieben.
Haftungsverhältnisse	Jeder **Komplementär** haftet für alle Verbindlichkeiten der KG mit seinem Geschäfts- und sonstigen Privatvermögen **unbeschränkt** und **unmittelbar**. Bei **Kommanditisten** ist die Haftung auf die Einlage **beschränkt**.

Eigenkapital-aufbringung	Das Eigenkapital stellen die Gesellschafter zur Verfügung. Über die Höhe des aufzubringenden Eigenkapitals gibt es **keine gesetzliche Vorschrift**.
Komplementäre können auf die Ausschüttung von Gewinnen verzichten, wodurch ihr Kapitalanteil steigt.
Bei höherem Eigenkapitalbedarf kann die Zahl der Kommanditisten beliebig erhöht werden.
Kreditwürdigkeit	Die Kreditwürdigkeit hängt vor allem von der **persönlichen Zuverlässigkeit,** Ehrlichkeit sowie den menschlichen und beruflichen **Erfahrungen, Kenntnissen, Fähigkeiten** sowie von der **Leistungsfähigkeit** und **-willigkeit** der Komplementäre ab. Wegen des relativ niedrigen, den Gläubigern haftenden Vermögens sind große Kredite meist nicht möglich.
Geschäftsführung/ Mitarbeit	Die Geschäftsführung, d. h. die Leitung des Unternehmens im Innenverhältnis, obliegt dem Komplementär bzw. den Komplementären. Für gewöhnliche Geschäfte haben sie Einzelgeschäftsführungsbefugnis. Für außergewöhnliche Geschäfte ist eine gemeinsame Gesamtgeschäftsführung durch alle Komplementäre erforderlich.
Kommanditisten können bei außergewöhnlichen Geschäften widersprechen. Sie haben ferner ein Kontrollrecht.
Vertretung	Im Normalfall gilt für Komplementäre das Recht auf **Einzelvertretung** des Unternehmens gegenüber Dritten (im **Außenverhältnis**).
Gesamtvertretung mit einem weiteren Komplementär kann jedoch vereinbart werden. Zur Gültigkeit ist die Eintragung ins Handelsregister erforderlich.
Gewinn- und Verlustverteilung	Die Gesellschafter haben das **Recht auf anteiligen Gewinn.** Sie erhalten zunächst eine Verzinsung ihres Kapitalanteils. Verteilung des Restgewinns in einem angemessenen Verhältnis: Komplementäre erhalten in der Regel vorab eine Tätigkeitsvergütung. Die **Verlustbeteiligung** erfolgt gegebenenfalls in einem angemessenen Verhältnis.

8.5.6 Auflösung der KG

Es gelten die für die OHG angegebenen Auflösungsgründe (siehe S. 150).[1]

Beim Tod eines Kommanditisten wird die Gesellschaft, sofern keine abweichenden vertraglichen Regelungen getroffen worden sind, mit den Erben fortgesetzt [§ 177 HGB]. Die Erben des verstorbenen Kommanditisten sind zunächst Teilhafter der KG mit dem Recht, die geerbte Einlage zu kündigen.

8.5.7 Bedeutung der KG

Die Rechtsform der Kommanditgesellschaft ermöglicht den **Kommanditisten,** sich an einem Unternehmen durch Kapitaleinlagen zu beteiligen und die Haftung (das Risiko ihres Verlusts) auf diese Einlagen zu beschränken, ohne zur Geschäftsführung und Vertretung verpflichtet (und berechtigt) zu sein.

---

[1] Die KG muss mindestens einen Komplementär aufweisen. Tritt der einzige (letzte) Komplementär aus der KG aus, so führt dies zur Auflösung der KG. Führen die Kommanditisten die Gesellschaft ohne (neuen) Komplementär fort, dann wird die KG grundsätzlich zu einer OHG, d. h., die Kommanditisten haften unbeschränkt.

Für **Komplementäre** bietet die Rechtsform der KG die Möglichkeit, das Gesellschaftskapital sowie die Kreditbasis durch Aufnahme von Kommanditisten zu erweitern, ohne in der Geschäftsführung und Vertretungsbefugnis beschränkt zu werden.

Vorteile und **Nachteile** der Unternehmensform KG sind z.B.:

Vorteile der Unternehmensform KG	Nachteile der Unternehmensform KG
■ Ausnutzung unterschiedlicher Kenntnisse und Fähigkeiten der Gesellschafter verbessert die Geschäftsführung. ■ Da das Eigenkapital und die Unternehmensführung in einer Hand sind, ist das Interesse der Gesellschafter an der Geschäftsführung groß. ■ Verteilung des Unternehmerrisikos.	■ Unbeschränkte, direkte, gesamtschuldnerische Haftung der Komplementäre. ■ Persönliche Meinungsverschiedenheiten zwischen den Gesellschaftern können den Bestand des Unternehmens gefährden (siehe Kündigungsrecht!). ■ Dem Wachstum des Unternehmens sind häufig finanzielle Grenzen gesetzt, weil das Eigenkapital der Gesellschafter zur Finanzierung großer Investitionen nicht ausreicht. Fremdkapital kann nur in begrenztem Maße aufgenommen werden. ■ Durch aufwendige Lebenshaltung der Gesellschafter kann die Existenz des Unternehmens aufs Spiel gesetzt werden, da Kontrollorgane fehlen.

Zusammenfassung

- **Beginn** der KG:
    - Im **Innenverhältnis** beginnt das Unternehmen mit Abschluss des Gesellschaftsvertrags bzw. zum vereinbarten Termin.
    - Im **Außenverhältnis** beginnt die KG – sofern ein Handelsgewerbe betrieben wird – sobald ein Gesellschafter im Namen der KG tätig wird. Wird kein Handelsgewerbe betrieben, beginnt die KG mit der Eintragung ins Handelsregister.

Vergleichs-merkmale	OHG	KG
Gründung	- Gesellschaftsvertrag (notarielle Beurkundung, falls Grundstücke eingebracht werden [§ 311b BGB]). - Geld- oder Sachleistungen. Einlagen werden zu Gesamthandsvermögen [§ 719 BGB]. - Eintragung ins Handelsregister [§§ 106, 108 HGB].	Entspricht der OHG. Besonderheit: Die Höhe der Kommanditeinlage ist ins Handelsregister einzutragen [§ 162 I HGB].
Firma	Sach-, Personen-, Fantasiefirma oder gemischte Firma mit dem Zusatz OHG.	Sach-, Personen-, Fantasiefirma oder gemischte Firma mit dem Zusatz KG.
Geschäftsführung	Geschäftsführung erfolgt durch die OHG-Gesellschafter [§§ 114–116 HGB]. Für gewöhnliche Geschäfte: Einzelgeschäftsführungsbefugnis und -pflicht jedes Gesellschafters [§ 116 I HGB]. Für außergewöhnliche Geschäfte: Gesamtbeschluss (Gesamtgeschäftsführungsbefugnis) aller Gesellschafter [§ 116 II HGB].	Geschäftsführung erfolgt durch Komplementär(e). Die Kommanditisten haben (gesetzlich) keine Geschäftsführungsbefugnisse.[1] Die gesetzlichen Regelungen bezüglich der Komplementäre entsprechen denen für die OHG-Gesellschafter [§ 161 II HGB].
Gewinn- und Verlustverteilung	4% Verzinsung der (jahresdurchschnittlichen) Kapitalanteile; Restgewinn sowie Verlust zu gleichen Teilen (nach Köpfen) [§ 121 HGB].	4% Verzinsung der (jahresdurchschnittlichen) Kapitalanteile; Restgewinn „in angemessenem Verhältnis". Ergänzende gesellschaftsvertragliche Regelung somit erforderlich. Verlustverteilung gesetzlich in „angemessenem Verhältnis" der Kapitalanteile [§§ 121, 167, 168 HGB].
Vertretung	Vertretung durch OHG-Gesellschafter. Grundsätzlich besteht Einzelvertretungsbefugnis jedes Gesellschafters [§§ 125, 126 HGB].	Vertretung durch Komplementäre entsprechend den Regelungen für die OHG-Gesellschafter. Die Kommanditisten besitzen (gesetzlich) keine Vertretungsmacht [§§ 161 II, 170 HGB].
Gesellschafterrisiko (Haftung)	Unmittelbare, unbeschränkte und gesamtschuldnerische Haftung jedes OHG-Gesellschafters [§§ 128, 129, 130, 159f. HGB].	Die Komplementäre haften wie die OHG-Gesellschafter. Die Haftung der Kommanditisten ist auf die Höhe ihrer geleisteten Einlagen beschränkt. Außerdem haften die Kommanditisten nur indirekt (Risikohaftung § 171 HGB).

---

1 Zweck: Schutz der das volle Haftungsrisiko tragenden Komplementäre. Voll geschäftsfähigen Kommanditisten kann jedoch ohne Haftungsnachteile Generalvollmacht, Prokura oder eine andere Vollmacht erteilt werden.

Übungsaufgaben

78 Wechsel zur Rechtsform der KG

1. Der bisherige Einzelunternehmer Fritz Irmler e. Kfm. möchte sich aus Altersgründen aus der Unternehmensführung zurückziehen. Zusammen mit seinen beiden Söhnen Hans und Heinrich gründet er eine KG. Kapitalmäßig möchte Fritz Irmler noch im Unternehmen verbleiben.

   Aufgaben:
   1.1 Nennen Sie zwei Gründe, die Herrn Irmler dazu bewogen haben könnten, eine KG zu gründen!
   1.2 Erklären Sie anhand der angeführten Personen, wie man die Gesellschafter bei dieser Rechtsform bezeichnet und beschreiben Sie kurz deren Aufgaben!
   1.3 Bilden Sie ein Beispiel, wie die Firma der KG lauten könnte!
   1.4 Um die Liquidität der KG zu stärken, wollen die Söhne Hans und Heinrich ein Betriebsgrundstück verkaufen. Der Vater Fritz widerspricht dem Geschäft. Beurteilen Sie die Rechtslage!

2. Gerhard Paulußen, Kommanditist des Sägewerks Kofler KG, beabsichtigt, in die am Ort bestehende Möbelfabrik Franz OHG als persönlich haftender Gesellschafter einzutreten.

   Aufgaben:
   2.1 Beurteilen Sie die Rechtslage!
   2.2 Häufig wird eine OHG in eine KG umgewandelt, wenn ein OHG-Gesellschafter stirbt. Nennen Sie hierfür Gründe!
   2.3 Ole Müller und Kevin Moser sind Vollhafter der Kofler KG. Ole Müller ernennt im Einverständnis mit Kevin Moser einen Prokuristen. Paulußen wurde nicht gefragt und ist auch nicht einverstanden. Analysieren Sie den Sachverhalt!

3. Die gute Fremdenverkehrssituation im Allgäu möchte der Inhaber des Unternehmens Ferien-Hotel Karl Müller e. K. in Füssen nutzen und sein Hotel durch einen großzügigen Anbau erweitern.

   Seinem Nachbarn Heilmann, dessen angrenzendes Grundstück für den Bau von Hotelgaragen geeignet ist, bietet Müller an, sich als Gesellschafter an seinem Unternehmen zu beteiligen. Herr Heilmann ist dazu bereit, will aber nur teilweise haften und im Unternehmen nicht mitarbeiten. Auf seine Einlage in Höhe von 250 000,00 EUR bringt er das angrenzende Grundstück im Wert von 150 000,00 EUR ein und zahlt auf den Rest 65 % bar ein. Auch der Innenarchitekt Kaiser beteiligt sich mit einer Bareinlage von 80 000,00 EUR als Teilhafter an dieser neuen Kommanditgesellschaft.

   Aufgaben:
   3.1 Begründen Sie, welcher Form der Gesellschaftsvertrag bedarf!
   3.2 Beurteilen Sie, ob die bisherige Firma Ferien-Hotel Karl Müller e. K. beibehalten werden kann!
   3.3 Erläutern Sie die rechtliche Wirkung, die die am 1. Dez. 20.. erfolgte Eintragung der Gesellschaft ins Handelsregister hat!
   3.4 § 162 II HGB lautet: „Bei der Bekanntmachung der Eintragung der Gesellschaft sind keine Angaben zu den Kommanditisten zu machen …"

   Nennen und erläutern Sie die maßgebenden Gründe dafür, dass alle weiteren im Handelsregister eingetragenen Tatbestände in Bezug auf die Teilhafter nicht publiziert werden!

3.5 Die Ferien-Hotel Müller KG schuldet der Möbelfabrik Bach GmbH für gelieferte Zimmereinrichtungen 43 440,00 EUR. Die Möbelfabrik Bach GmbH fordert von Heilmann die Bezahlung der Einrichtungen. Untersuchen Sie, ob Heilmann die Zahlung verweigern kann!

3.6 Teilhafter Kaiser hat während seines Urlaubs am Bodensee für die Ferien-Hotelgesellschaft KG bei der Münster & Co. OHG, Großhandlung für Hotelbedarf, Konstanz, ein exklusives Kaffeeservice, das ihm besonders gut gefiel, im Wert von 35 482,00 EUR eingekauft. Beurteilen Sie die Rechtslage!

3.7 Prüfen Sie, ob Heilmann und Kaiser das Recht haben, dem Verkauf eines Betriebsgrundstücks zu widersprechen!

3.8 Erklären Sie jeweils zwei Rechte und Pflichten der Kommanditisten!

3.9 Stellen Sie dar, wie bei der KG nach dem HGB die Gewinne und Verluste verteilt werden!

3.10 Nennen Sie zwei Gründe, die zur Auflösung der KG führen können! Muss die KG z. B. beim Tod von Kaiser aufgelöst werden?

79 Rechtliche Grundlagen der KG

Andreas Schneider führte über viele Jahre sein mittelständisches Unternehmen SES Entsorgung e. K. Nun möchte er sein Unternehmen zu gleichen Teilen an drei ehemalige Geschäftspartner übergeben: Martin Suder ist bereits Prokurist im Unternehmen. Christian Scheerer und Uwe Ecker sind beide Ingenieure.

Angedacht ist folgende Lösung: Martin Suder und Christian Scheerer möchten persönlich haftende Gesellschafter werden. Uwe Ecker möchte dies nicht, sondern sich zwar am Unternehmen beteiligen, aber weiterhin in seinem bisherigen Unternehmen arbeiten. Es wird nun beschlossen, dass das Unternehmen in eine Kommanditgesellschaft umgewandelt wird.

Folgender Gesellschaftsvertrag wird am 17. Oktober des Vorjahres vereinbart:

§ 1 Gesellschafter und Zweck der Gesellschaft
(1) Die Gesellschafter
- Martin Suder wohnhaft in Wangen
- Christian Scheerer wohnhaft in Ravensburg
- Uwe Ecker wohnhaft in Weingarten gründen eine Kommanditgesellschaft.

(2) Zweck der Gesellschaft ist die Planung und Durchführung der Entsorgung von Abfallresten sowie eine umweltfreundliche Energieerzeugung.

§ 2 Firma und Sitz der Gesellschaft
(1) Die Gesellschaft führt die Firma SES Entsorgung KG.
(2) Sitz der Gesellschaft ist Ravensburg.

§ 3 Beginn, Dauer
(1) Die Gesellschaft beginnt am 01.01. des neuen Jahres.
(2) Die Dauer der Gesellschaft ist unbestimmt.

§ 4 Gesellschafter/Einlagen
(1) Persönlich haftende Gesellschafter sind Martin Suder und Christian Scheerer. Kommanditist ist der Gesellschafter Uwe Ecker.
(2) Martin Suder und Christian Scheerer bringen je 200 000,00 EUR in bar in das Unternehmen ein.
(3) Der Kommanditanteil von Uwe Ecker beträgt 50 000,00 EUR.

§ 5 Geschäftsführung und Vertretung
(1) ...
(2) Anschaffungen, die Aufnahme und Gewährung von Darlehen, die im Einzelfall einen Betrag von 25 000,00 EUR übersteigen, sowie der Erwerb, die Veräußerung und die Belastung von Grundstücken erfordern einen Beschluss sämtlicher Gesellschafter.

§ 6 Verteilung von Gewinn und Verlust
(1) ...

Aufgaben:

1. Erläutern Sie, ob die dargelegte Firmierung zulässig ist!

2. Uwe Ecker vereinbart mit den anderen Gesellschaftern, dass diese die Eintragung in das Handelsregister vorbereiten und die bisherige Einzelunternehmung zum 1. Januar des neuen Jahres als KG fortführen. Begründen Sie, weshalb Uwe Ecker ein Interesse daran hat, so schnell wie möglich als Kommanditist ins Handelsregister eingetragen zu werden!

3. Die Eintragung ins Handelsregister erfolgt am 7. Januar des neuen Jahres, die Bekanntmachung am 12. Januar des neuen Jahres. Martin Suder und Christian Scheerer sind vor der Eintragung der KG bereits betriebliche Verpflichtungen im Gesamtbetrag von 20 000,00 EUR eingegangen.

    Uwe Ecker möchte wissen, inwieweit er den Gläubigern für diese Verbindlichkeiten haftet. Beurteilen Sie die Rechtslage!

4. 4.1 Begründen Sie, weshalb die gesetzliche Regelung der Gewinnverteilung im Gesellschaftsvertrag einer Kommanditgesellschaft ergänzt werden sollte!

    4.2 Schlagen Sie eine konkrete Regelung für die Verteilung von Gewinn und Verlust für die KG (siehe § 6 Gesellschaftsvertrag) vor!

5. Am 30. Januar des neuen Jahres bietet sich Martin Suder im Rahmen einer Fachmesse für erneuerbare Energien die Gelegenheit, aus einem Sonderverkauf eine spezielle Maschine besonders günstig für 75 000,00 EUR zu erwerben. Der Gesellschafter Uwe Ecker widerspricht. Martin Suder schließt trotzdem mit der Maschinentechnik AG einen Kaufvertrag ab.

    Beurteilen Sie die Rechtslage im Innen- und Außenverhältnis!

6. Nachdem das Unternehmen erfolgreich gestartet ist, stellt Martin Suder seine Nachbarin Claudia Schmieder als kaufmännische Angestellte für das Rechnungswesen ein. Sie hat eine kaufmännische Ausbildung in diesem Bereich vorzuweisen. Auch hier widerspricht Uwe Ecker, da er meint, dass Claudia Schmieder nur aufgrund des Nachbarschaftsverhältnisses eingestellt worden sei.

    Beurteilen Sie die Rechtslage im Innen- und Außenverhältnis!

7. Uwe Ecker ist mit einigen Entscheidungen der anderen Gesellschafter unzufrieden. Deshalb möchte er aus der Gesellschaft aussteigen und kündigt.

    Prüfen Sie rechtlich, zu welchem Zeitpunkt er frühestens aussteigen kann!

8. Mitte Mai des aktuellen Geschäftsjahres bekommen Martin Suder und Christian Scheerer eine traurige Nachricht. Uwe Ecker ist bei einem Autounfall gestorben. Begründen Sie, welche Konsequenzen dies für die Gesellschaft hat!

80 Rechtsfragen im Zusammenhang mit der Gründung einer KG

Frau Eva Schrade betreibt die sich seit mehreren Generationen in Familienbesitz befindliche Maschinenfabrik A. Schrade e. Kfr. Vor allem mit ihren Wärmepumpen hatte sie einen beachtlichen Geschäftserfolg.

Der ständige Zwang zu Neuerungen und der harte Preiskampf ließen Frau Schrade wenig Spielraum zur Selbstfinanzierung.[1] Deshalb musste sie verstärkt auf Fremdkapital ausweichen. Weitere Investitionen will sie deshalb vorrangig mit Eigenkapital durchführen. Sie entschließt sich deshalb dazu, eine offene Handelsgesellschaft oder eine Kommanditgesellschaft zu gründen. Von den von ihr angesprochenen Personen sind ihrer Ansicht nach der langjährige und erfolgreiche Vertreter Heinz Mann und dessen Frau Doris Waggis-Mann die geeignetsten Partner. Herr Mann will als Komplementär, Frau Waggis-Mann als Kommanditistin in die Maschinenfabrik A. Schrade e. Kfr. eintreten.

Im Gesellschaftsvertrag vom 31. März 20.. wird unter anderem Folgendes vereinbart:

> § 1 Frau Schrade bringt ihr Unternehmen in die KG ein. Das Eigenkapital der Maschinenfabrik A. Schrade e. Kfr. beträgt 3 600 000,00 EUR. Herr Mann leistet 800 000,00 EUR in bar und bringt ein unbebautes Grundstück im Wert von 1 000 000,00 EUR ein. Die Einzahlung auf das Geschäftsbankkonto und die Übereignung des Grundstücks auf die KG erfolgt zum 30. April 20..
>
> § 2 Frau Waggis-Mann übernimmt eine Kommanditeinlage in Höhe von 500 000,00 EUR. Am 30. April 20.. zahlt sie 300 000,00 EUR auf das Geschäftsbankkonto ein. Den Restbetrag will sie am 30. Mai überweisen.
>
> § 3 Jeder Gesellschafter erhält 5 % Guthabenzinsen. Der verbleibende Rest des Jahresgewinns wird im Verhältnis 4 (Schrade) : 3 (Mann) : 1 (Waggis-Mann) verteilt. Der Verlust wird im Verhältnis der Kapitalanteile der Gesellschafter verteilt.
>
> § 4 Die Gesellschaft beginnt am 30. April 20..

Die Eintragung der KG ins Handelsregister erfolgt am 14. Mai 20..

Aufgaben:

1. Nennen Sie die Rechtsform, die das Unternehmen von Frau Schrade aufweist!
2. Zählen Sie fünf wesentliche Merkmale der von Frau Schrade betriebenen Unternehmensform auf!
3. Begründen Sie, welcher Form der Gesellschaftsvertrag für diese KG genügen muss!
4. Erörtern Sie die Vorteile, die Frau Schrade durch die Gründung der KG hat!
5. Beurteilen Sie, welche Nachteile Frau Schrade durch die Gründung der KG auf sich nimmt!
6. Erläutern Sie, welche Gründe Frau Waggis-Mann und Herrn Mann bewogen haben können, als Gesellschafter in das Unternehmen von Frau Schrade einzutreten!
7. Bilden Sie mindestens zwei Beispiele für die Firmierung der KG!
8. Erklären Sie die Geschäftsführungs- und Vertretungsbefugnisse der Komplementäre Eva Schrade und Heinz Mann, wenn der Gesellschaftsvertrag hierzu keine Regelungen enthält!
9. Die Kommanditistin Frau Waggis-Mann wird vom Finanzamt am 20. Mai 20.. aufgefordert, die für die KG fällige Umsatzsteuerschuld in Höhe von 210 000,00 EUR zu überweisen. Prüfen Sie, ob sie zahlen muss!
10. Der Komplementär Mann möchte auf seinem eingebrachten Grundstück ein Privathaus errichten. Hierzu will er das Grundstück aus dem Vermögen der KG entnehmen. Untersuchen Sie, ob er hierzu die Zustimmung von Frau Schrade benötigt!

---

[1] Zum Begriff Selbstfinanzierung siehe S. 215 ff.

11. Im Hinblick auf eine angekündigte Preiserhöhung kauft Frau Schrade am 25. Mai 20.. im Namen der KG eine Verpackungsmaschine im Wert von 330 000,00 EUR, für die nach den Liefer- und Zahlungsbedingungen eine Vorauszahlung von 110 000,00 EUR zu leisten ist. Beurteilen Sie, ob Frau Schrade den Kaufvertrag für die Gesellschaft abschließen durfte, ohne gegen den Gesellschaftsvertrag oder das HGB zu verstoßen!

12. Frau Schrade und Herr Mann haben in Verhandlungen mit der Deutschen Bank AG die Zusage für einen Investitionskredit in Höhe von 250 000,00 EUR erhalten. Kreditlaufzeit 8 Jahre, Festzinssatz 5 % p. a.[1] Mit diesem Kredit und eigenen Mitteln der KG soll das Unternehmen eines Elektromotorenherstellers übernommen werden. Die Kommanditistin Frau Waggis-Mann widerspricht.

Die Kreditkonditionen der Deutschen Bank AG seien ungünstig und die Eingliederung eines neuen Produktes in das Herstellungsprogramm der KG sei nicht sinnvoll. Sie habe ihrerseits aber ein sehr günstiges Kreditangebot der Kreissparkasse für die KG angenommen, das einen Vorzugszinssatz von 3 $^{1}/_{2}$ % gewähre.

Beurteilen Sie die Handlungsweise der Kommanditistin
12.1 im Hinblick auf den Kreditantrag;
12.2 im Hinblick auf die Übernahme des Betriebs des Elektromotorenherstellers;
12.3 im Hinblick auf den Kreditvertrag mit der Kreissparkasse!

8.6 Gesellschaft mit beschränkter Haftung (GmbH)

8.6.1 Begriff, Kapital und Firma der GmbH

(1) Begriff GmbH

- Die **Gesellschaft mit beschränkter Haftung** (GmbH) ist eine **Handelsgesellschaft** mit **eigener Rechtspersönlichkeit (juristische Person**[2]**)**.
- Die Gesellschafter sind mit einem oder mehreren Geschäftsanteilen an der Gesellschaft beteiligt, **ohne persönlich** für die Verbindlichkeiten der Gesellschaft **zu haften** [§ 13 I, II GmbHG].

Die **GmbH** hat **selbstständige Rechte und Pflichten**. Mithilfe ihrer Organe ist es möglich, Rechtsgeschäfte abzuschließen. Sie kann z. B. Eigentum an Grundstücken erwerben und vor Gericht klagen und verklagt werden. Die GmbH ist Gläubiger und Schuldner, nicht etwa die GmbH-Gesellschafter. Die **GmbH-Gesellschafter** statten die GmbH lediglich mit **Eigenkapital** aus, indem sie sich mit Geschäftsanteilen am Stammkapital der GmbH beteiligen.

---

1 Die Abkürzung p. a. bedeutet per annum (lat.): pro Jahr.
2 **Juristische (rechtliche) Personen** sind „künstliche" Personen, denen der Staat die Eigenschaft von Personen kraft Gesetzes verliehen hat. Sie sind damit rechtsfähig, d. h. Träger von Rechten und Pflichten.

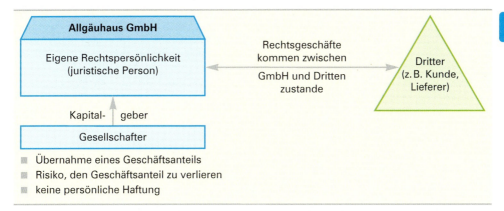

- Übernahme eines Geschäftsanteils
- Risiko, den Geschäftsanteil zu verlieren
- keine persönliche Haftung

Die GmbH ist eine rechtliche Konstruktion, durch die unternehmerisches Kapital in einer juristischen Person verselbstständigt und die Haftung auf das Gesellschaftsvermögen begrenzt wird. Dies eröffnet Eigenkapitalgebern (Gesellschaftern) die Möglichkeit, ihr Risiko auf das eingesetzte Kapital zu begrenzen sowie ihre persönliche Haftung zu vermeiden. Es kommt zu einer rechtlichen **Trennung von Unternehmens- und Privatvermögen**.

Gesellschaften mit beschränkter Haftung können zu jedem gesetzlich zulässigen Zweck errichtet werden. Das Betreiben eines Handelsgewerbes ist nicht erforderlich. Die GmbH kann von **einem Gesellschafter** (Einpersonen-GmbH) oder **mehreren Gesellschaftern** errichtet werden.

(2) Kapital der GmbH

Geschäftsanteil	Ein Geschäftsanteil ist der nominale Anteil am Stammkapital der GmbH. Er ist mit einem Nennbetrag versehen. Die **Nennbeträge** der einzelnen Geschäftsanteile können unterschiedlich hoch sein, müssen jedoch auf **volle Euro** (mindestens 1,00 EUR) lauten. Jeder Gesellschafter beteiligt sich im Rahmen der Errichtung (Gründung) der GmbH mit einem oder mehreren Geschäftsanteilen [§ 5 II GmbHG]. Die Summe der Nennbeträge aller Geschäftsanteile muss mit der Höhe des Stammkapitals übereinstimmen [§ 5 III GmbHG]. Geschäftsanteile können jederzeit – ohne dass eine Genehmigung der übrigen Gesellschafter eingeholt werden muss – veräußert werden. Der **tatsächliche** Wert der Geschäftsanteile kann steigen oder fallen, je nachdem wie erfolgreich die Geschäftstätigkeit der GmbH verläuft. **Beispiel:** Florian Habel, Konstantin Schopel und Lasse Landmann wollen eine GmbH gründen. In dem Gesellschaftsvertrag setzen sie das Stammkapital auf 25 000,00 EUR fest. Florian Habel, der auch zum Geschäftsführer der GmbH bestimmt wird, übernimmt einen Geschäftsanteil mit einem Nennbetrag in Höhe von 15 000,00 EUR (Geschäftsanteil Nr. 1). Die beiden anderen Gesellschafter übernehmen jeweils einen Geschäftsanteil mit einem Nennbetrag in Höhe von 5 000,00 EUR (Geschäftsanteile Nr. 2 und 3).

	Nach einigen Jahren hat die GmbH Gewinnrücklagen in Höhe von 5000,00 EUR gebildet. Der tatsächliche Wert von Geschäftsanteil Nr. 1 liegt dann bei 18 000,00 EUR, der der Geschäftsanteile Nr. 2 und 3 bei jeweils 6 000,00 EUR.
Stamm-einlagen	Der Betrag, der auf einen Geschäftsanteil zu leisten ist, wird als Stammeinlage bezeichnet. Die Höhe der zu **leistenden Einlage** richtet sich nach dem bei der Gründung der Gesellschaft im Gesellschaftsvertrag festgesetzten Nennbetrag des Geschäftsanteils [§ 14 GmbHG].
Stamm-kapital	Dies ist der in der Satzung festgelegte **Gesamtbetrag der Nennwerte aller Geschäftsanteile.** Das Stammkapital muss mindestens 25 000,00 EUR betragen [§ 5 I GmbHG]. Das Stammkapital wird in der offenzulegenden Bilanz als „gezeichnetes Kapital" ausgewiesen [§§ 266 III, 272 I HGB].

(3) Firma

Die **Firma** der GmbH muss die Bezeichnung **„Gesellschaft mit beschränkter Haftung"** oder eine allgemein verständliche Abkürzung dieser Bezeichnung (z. B. GmbH) enthalten [§ 4 GmbHG].

Beispiele:

Albrecht Büller GmbH; Esslinger Maschinenfabrik GmbH; Albrecht Büller Maschinenfabrik GmbH; Backhaus Unternehmergesellschaft (haftungsbeschränkt).

8.6.2 Gründung der GmbH

(1) Errichtung der GmbH

Die GmbH kann durch **eine Person**[1] oder **mehrere Personen** errichtet werden [§ 1 GmbHG].

Zur **Errichtung der GmbH** ist ein **notariell beurkundeter Gesellschaftsvertrag (Satzung)**[2] erforderlich, der von sämtlichen Gesellschaftern unterzeichnet werden muss [§ 2 I GmbHG].

Der Gesellschaftsvertrag muss enthalten:

- die **Firma** und den **Sitz der Gesellschaft,**
- den **Gegenstand** des Unternehmens,
- den **Betrag des Stammkapitals** und
- die **Zahl und die Nennbeträge der Geschäftsanteile,** die jeder Gesellschafter gegen Einlage auf das Stammkapital (Stammeinlage) übernimmt [§ 3 GmbHG].

GmbH-Gesellschafter ist nur der, der in die **Gesellschafterliste** eingetragen ist [§ 16 I GmbHG]. Jeder Gesellschafter hat Anspruch darauf, in die Liste eingetragen zu werden.

---

[1] Bei einer Einpersonen-GmbH erfolgt die Gründung in einem vereinfachten Verfahren unter Zuhilfenahme eines Musterprotokolls, das dem Vertrag gleichsteht und vom Gesetz ebenfalls als „Gesellschaftsvertrag" bezeichnet wird [§ 2 I a GmbHG].
[2] Der Gesellschaftsvertrag von Kapitalgesellschaften wird oft auch als Satzung bezeichnet.

> **Beachte:**
>
> Für **unkomplizierte Standardgründungen** steht den Gründern der GmbH ein **notariell zu beurkundendes Musterprotokoll** als Anlage zum GmbHG zur Verfügung. Als „einfache Standardgründung" gilt z.B. eine Bargründung[1] mit höchstens **drei Gesellschaftern** und **einem Geschäftsführer** [§ 2 I a GmbHG]. Am Musterprotokoll dürfen keine Veränderungen oder Ergänzungen vorgenommen werden.

(2) Anmeldung und Eintragung der GmbH ins Handelsregister

Die **Anmeldung zur Eintragung in das Handelsregister** darf erst erfolgen, wenn auf **jeden Geschäftsanteil ein Viertel des Nennbetrags** eingezahlt sind [§ 7 II, S. 1 GmbHG]. Sachanlagen müssen vor der Eintragung in vollem Umfang geleistet werden. Insgesamt muss auf das Stammkapital mindestens soviel eingezahlt werden, dass der Gesamtbetrag der eingezahlten Geldeinlagen zuzüglich des Gesamtnennbetrags der Geschäftsanteile, für die Sacheinlagen zu leisten sind, die Hälfte des Mindeststammkapitals, d.h. 12 500,00 EUR, erreicht [§ 7 II, S. 2 GmbHG]. Außerdem müssen die Nennbeträge und die laufenden Nummern der von jedem Gesellschafter übernommenen Geschäftsanteile ersichtlich sein [§ 8 I, Nr. 3 GmbHG].

Bei der Eintragung in das Handelsregister ist neben anderen Angaben (z.B. Firma, Gegenstand, Liste der Gesellschafter, Höhe des Stammkapitals, Tag des Gesellschaftsvertragsabschlusses, Vertretungsbefugnis der Geschäftsführer, Regelung zur Tragung der Gründungskosten) auch der Sitz der Gesellschaft anzugeben. Der Sitz der Gesellschaft ist der Ort im Inland, den der Gesellschaftsvertrag bestimmt [§ 4 9 GmbHG]. Wählt eine deutsche GmbH einen Verwaltungssitz im Ausland, so ist zusätzlich auch eine **inländische Geschäftsanschrift** zu benennen. Zudem kann eine weitere Person als empfangsberechtigte Person für Willenserklärungen und Zustellungen angegeben und eingetragen werden [§§ 8 IV, 10 I, S. 1 GmbHG].

Die GmbH als juristische Person entsteht erst durch die Eintragung der GmbH ins Handelsregister **(konstitutive Wirkung der Eintragung)** [§§ 11 I, 13 GmbHG]. Sie ist Kaufmann kraft Rechtsform. Schließen die Gesellschafter **vor der Handelsregistereintragung** im Namen der Gesellschaft Rechtsgeschäfte ab, so haften die Handelnden persönlich und solidarisch [§ 11 II GmbHG].

8.6.3 Organe der GmbH

(1) Geschäftsführer

Die Geschäftsführer leiten die GmbH (Geschäftsführungsrecht). Sie werden von der Gesellschafterversammlung gewählt oder durch den Gesellschaftsvertrag (Satzung) bestimmt. Die Zeitdauer der Bestellung ist nicht bestimmt. Die Geschäftsführer sind die gesetzlichen Vertreter der GmbH. Sind mehrere Geschäftsführer bestellt, besteht **Gesamtvertretungsbefugnis,** sofern der Gesellschaftsvertrag nichts anderes vorsieht [§ 35 II GmbHG]. Eine Beschränkung der Vertretungsmacht ist Dritten gegenüber unwirksam [§ 37 GmbHG]. Bei einer Gesellschaft ohne Geschäftsführer **(Führungslosigkeit)** wird diese Gesellschaft durch die Mitglieder des Aufsichtsrats (siehe § 52 GmbHG) oder, wenn kein Aufsichtsrat bestellt ist, durch die Gesellschafter vertreten [§ 35 I, S. 2 GmbHG].

---

1 Das bedeutet, dass **keine Sacheinlagen** getätigt werden dürfen.

Beispiel einer GmbH-Satzung:[1]

§ 1 Sitz der Gesellschaft
Die Gesellschaft hat ihren Sitz in Titisee-Neustadt. Die Gesellschaft betreibt den Handel mit Trendsport-, Extremsport- und Funsportartikeln aller Art. Die Gesellschaft kann Filialen errichten und sich an anderen Firmen beteiligen.

§ 2 Name der Firma
Der Name der Firma lautet: Trend- und Funsport Center Schwarzwald GmbH

§ 3 Stammkapital
Das Stammkapital der Gesellschaft wird auf 60 000,00 EUR festgesetzt. Darauf übernehmen Sven Wagner Geschäftsanteil 1: Nennwert 30 000,00 EUR, Sonja Maunz Geschäftsanteil 2: Nennwert 20 000,00 EUR und Max Moser Geschäftsanteil 3: Nennwert 10 000,00 EUR.

§ 4 Geschäftsführung und Vertretung
Zu den ersten Geschäftsführern der Gesellschaft werden Sven Wagner und Sonja Maunz bestellt. Sie besitzen Einzelvertretungsmacht. Die arbeitsrechtlichen Bestimmungen sind in einem gesonderten Vertrag zu vereinbaren.

§ 5 Gesellschafterversammlung
Über wichtige Entscheidungen ist eine Gesellschafterversammlung abzuhalten und das Ergebnis zu protokollieren. Die Einberufung erfolgt zwei Wochen vor der Abhaltung der Versammlung unter Bekanntgabe der zu beschließenden Punkte.

§ 6 Beschlussfassung
Abgestimmt wird mit einfacher Mehrheit. Dabei gewährt jeder Euro eines Geschäftsanteils eine Stimme. Bei Stimmengleichheit gilt der Antrag als abgelehnt.

§ 7 Feststellung des Jahresabschlusses, Entlastung der Geschäftsführer
Die Gesellschafterversammlung hat auch über die Feststellung des Jahresabschlusses, die Gewinnverwendung und die Entlastung der Geschäftsführer zu beschließen.

§ 8 Übertragung von Geschäftsanteilen
Die Geschäftsanteile können nur mit Zustimmung der anderen Gesellschafter zum Ende eines Geschäftsjahres übertragen werden. Diese Übertragung muss der Gesellschaft mindestens vier Monate zuvor angezeigt werden.

§ 9 Einziehung von Geschäftsanteilen
Die Gesellschafter können auch die Einziehung von Geschäftsanteilen beschließen. Dies gilt besonders dann, wenn über das Vermögen eines Gesellschafters das Insolvenzverfahren eröffnet wurde. Der betroffene Gesellschafter hat dabei kein Stimmrecht.

§ 10 Auflösung der Gesellschaft
Wird die Gesellschaft durch Auflösung beendet, so ist aus den Reihen der Gesellschafter ein Liquidator zu bestellen. Dieser hat das Geschäftsvermögen zu veräußern, die Gläubiger zu befriedigen und den verbleibenden Überschuss entsprechend der Höhe der zuletzt von den Gesellschaftern gehaltenen Beteiligung zu verteilen.

Titisee-Neustadt, den 15. September 20..

Den vorstehenden Vertrag beurkundet:

_____ _____
Unterschriften der Gesellschafter Unterschrift des Notars

---

[1] In Anlehnung an: Konz, Franz: 1000 Tipps und Tricks für Selbstständige und zur Existenzgründung, München 2002.

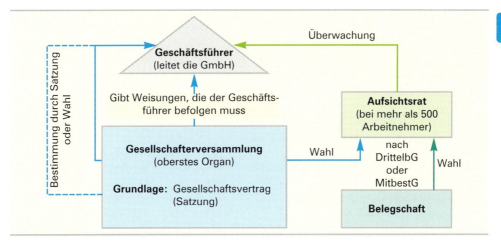

(2) Gesellschafterversammlung

Die Geschäftsführer leiten die Gesellschaft **nicht** in eigener Verantwortung; sie müssen vielmehr im Rahmen der Satzung und des Gesetzes die **Weisungen der Gesellschafter** unmittelbar befolgen. Aus diesem Grund ist die Gesellschafterversammlung das **oberste Organ** der GmbH. In ihm nehmen die Gesellschafter ihre Rechte wahr [§§ 45, 46 GmbHG]. Beschlussfassungen erfolgen grundsätzlich mit der Mehrheit der abgegebenen Stimmen. Dabei gewährt **jeder Euro** eines Geschäftsanteils **eine Stimme**. Notariell zu beurkundende Satzungsänderungen bedürfen einer Mehrheit von drei Vierteln der abgegebenen Stimmen [§§ 47 I, II; 53 GmbHG].

(3) Aufsichtsrat

Grundsätzlich benötigen Gesellschaften mit bis zu 500 Arbeitnehmern keinen Aufsichtsrat, es sei denn, die Satzung schreibt die Bestellung eines Aufsichtsrats vor [§ 52 I GmbHG]. Beschäftigt die GmbH **mehr als 500 Arbeitnehmer,** so **muss ein Aufsichtsrat gewählt werden** [§ 1 I Nr. 3 DrittelbG]. Durch die verschiedenen Gesetze zur Stärkung der Mitbestimmungsrechte der Arbeitnehmer und Gewerkschaften gelten bezüglich der **Wahl, Zusammensetzung** und **Zahl der Aufsichtsräte** unterschiedliche Vorschriften:

Größe der GmbH	Geltendes Gesetz	Vorschriften über den Aufsichtsrat (AR)
GmbH mit i. d. R. mehr als 500 bis zu 2 000 Arbeitnehmer	Drittelbeteiligungs- gesetz von 2004 [DrittelbG]	Der AR besteht aus mindestens 3 Personen oder aus einer höheren, durch drei teilbaren Mitgliederzahl. Die Gesellschafterversammlung wählt $^2/_3$, die Belegschaft $^1/_3$ der AR-Mitglieder (**„Drittel-Parität"**).
GmbH mit in der Regel mehr als 2 000 Arbeitnehmer	Mitbestimmungs- gesetz von 1976 [MitbestG 1976]	Der AR hat 12 bis 20 Mitglieder. Die Hälfte wird von der Gesellschafterversammlung gewählt. Ein AR-Mitglied wird von den leitenden Angestellten, die übrigen von der restlichen Belegschaft gewählt (**„gleichgewichtige Mitbestimmung"**).

Die **Aufgaben** des **Aufsichtsrats** sind vor allem:

- **Überwachung der Geschäftsführung,** Einsicht und Prüfung der Geschäftsbücher und Schriften sowie der Vermögensgegenstände [§ 52 I GmbHG; § 111 I, II AktG],

- **Einberufung einer außerordentlichen Gesellschafterversammlung,** wenn es das Wohl der Gesellschaft erfordert (z. B. bei Eintritt hoher Verluste [§ 52 I GmbHG; § 111 III AktG]),
- **Prüfung des Jahresabschlusses.** Der Aufsichtsrat hat die Gesellschafterversammlung über das Ergebnis der Prüfung schriftlich zu unterrichten [§ 52 I GmbHG; § 171 I, II AktG].

8.6.4 Pflichten und Rechte der GmbH-Gesellschafter

(1) Pflichten der GmbH-Gesellschafter

Leistung des Geschäftsanteils	Bei **nicht rechtzeitiger Einzahlung** sind **Verzugszinsen** zu entrichten [§ 20 GmbHG].
Nachschusspflicht	Die Satzung kann eine **beschränkte** oder **unbeschränkte Nachschusspflicht** vorsehen (Näheres siehe §§ 26 ff. GmbHG). Nachschüsse werden in der Regel dann verlangt, wenn die GmbH einen Eigenkapitalbedarf (z. B. für Investitionen) hat. Sie dienen nur mittelbar zur Sicherung der Gläubiger.
Risikohaftung	Die **Gesellschafter** der GmbH **haften nicht** für die Verbindlichkeiten der Gesellschaft. Als juristische Person des Handelsrechts (Kapitalgesellschaft) haftet lediglich die GmbH selbst [§ 13 I, II GmbHG]. Das einzige Risiko, das der GmbH-Gesellschafter eingeht, ist, dass er den Wert seines Geschäftsanteils teilweise oder ganz verliert. Das Letztere ist der Fall, wenn die GmbH wegen Überschuldung oder Zahlungsunfähigkeit aufgelöst wird, also kein Eigenkapital mehr übrig bleibt. Die GmbH-Gesellschafter übernehmen daher nur eine „Risikohaftung", die mit der beschränkten und mittelbaren Haftung eines Aktionärs (siehe S. 188) vergleichbar ist.

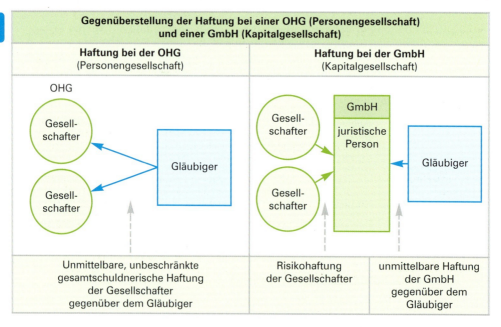

(2) Rechte der GmbH-Gesellschafter

Gewinnanteil	Jeder Gesellschafter hat einen Anspruch auf den sich nach der jährlichen Bilanz ergebenden Reingewinn. Die Verteilung des Gewinns erfolgt nach dem Verhältnis der Geschäftsanteile. Im Gesellschaftsvertrag kann eine andere Gewinnverteilung vereinbart sein [§ 29 GmbHG].
Auskunfts- und Einsichtsrecht	Der Geschäftsführer hat einem Gesellschafter auf dessen Wunsch unverzüglich Auskunft über die Angelegenheit der Gesellschaft zu geben. Die Einsicht in die Bücher und Schriften ist dem Gesellschafter gestattet [§ 51 a GmbHG].
Geschäftsführungs- und Vertretungsrecht sowie Mitverwaltungsrecht	Aus der engen persönlichen Bindung der Gesellschafter an die GmbH ergibt sich für sie ein weitgehendes Mitverwaltungsrecht.

8.6.5 Merkmalsübersicht zur GmbH

Die folgende Tabelle informiert über die bei der Gründung und Führung einer GmbH zu beachtenden Unternehmensmerkmale.

Personenzahl	Eine GmbH besteht aus mindestens einem beschränkt haftenden Gesellschafter.
Form der Gründung	Der Gesellschaftsvertrag (bzw. das Musterprotokoll) ist immer **notariell zu beurkunden**. Die Eintragung ins Handelsregister hat konstitutive Wirkung. Die GmbH wird zur juristischen Person.
Haftungsverhältnisse	Bei **jedem Gesellschafter** ist die Haftung auf den Geschäftsanteil beschränkt (Risikohaftung). Sie haften nicht für Verbindlichkeiten der GmbH.
Eigenkapitalaufbringung	Das Eigenkapital stellen die Gesellschafter zur Verfügung. Das **Mindeststammkapital** beträgt 25 000,00 EUR.
	Die Gesellschafterversammlung kann einen Teil der erzielten Gewinne anstelle einer Ausschüttung in die Gewinnrücklagen einstellen und so die Eigenkapitalbasis verbessern.
Kreditwürdigkeit	Die Kreditwürdigkeit ist aufgrund der beschränkten Haftung der Gesellschafter allein vom Geschäftsvermögen und den Zukunftsaussichten für die GmbH abhängig und deshalb häufig gering. Banken verlangen zur Absicherung von Krediten häufig Sicherheitserklärungen (z.B. Bürgschaften) der Gesellschafter.
Geschäftsführung/ Mitarbeit	Die Geschäftsführung, d.h. die Leitung des Unternehmens im Innenverhältnis, obliegt den gewählten Geschäftsführern gemeinsam. Die Geschäftsführung kann auch von Nicht-Gesellschaftern wahrgenommen werden.
Vertretung	Die Geschäftsführer haben eine **Gesamtvertretungsbefugnis** des Unternehmens gegenüber Dritten.
Gewinn- und Verlustverteilung	Die Gesellschafter haben das Recht auf anteiligen **Gewinn**.
	Eine **Verlustbeteiligung** erfolgt in einem angemessenen Verhältnis.

8.6.6 Unternehmergesellschaft als Sonderform der GmbH

(1) Merkmale

Die haftungsbeschränkte Unternehmergesellschaft ist keine eigene Rechtsform, sondern eine „Mini-GmbH", die vor allem die Unternehmungsgründung erleichtern soll.

Höhe des Kapitals	Die **Unternehmergesellschaft** (UG, „Mini-GmbH") kann mit **einem geringeren Stammkapital** als dem Mindeststammkapital von 25 000,00 EUR gegründet werden [§ 5a I GmbHG]. Das Stammkapital kann somit zwischen 1,00 EUR und 24 999,00 EUR liegen. **Sacheinlagen sind ausgeschlossen** [§ 5a II GmbHG].
Firma	Die **Unternehmergesellschaft** muss in der Firma den Rechtsformzusatz „Unternehmergesellschaft (haftungsbeschränkt)" oder „UG (haftungsbeschränkt)" führen.
Anmeldung zum Handelsregister	Die Anmeldung einer Unternehmergesellschaft zur Handelsregistereintragung kann erst erfolgen, wenn das Stammkapital in voller Höhe eingezahlt ist.
Gewinnausschüttung	Die Unternehmergesellschaft darf ihre **Gewinne** – sofern sie welche erzielt – **zu höchstens** $^3/_4$ an die Gesellschafter **ausschütten**. Sie muss **ein Viertel** des um einen Verlustvortrag aus dem Vorjahr geminderten Jahresüberschusses **ansparen, bis sie das Mindestkapital** von 25 000,00 EUR erreicht hat. Der angesparte Betrag ist in eine gesetzliche Rücklage einzustellen. Die Rücklage darf nur verwandt werden zur **Erhöhung des Stammkapitals**, zum **Ausgleich eines Jahresfehlbetrags**, soweit er nicht durch einen Gewinnvortrag aus dem Vorjahr gedeckt ist, oder zum **Ausgleich eines Verlustvortrags aus dem Vorjahr**, soweit er nicht durch einen Jahresüberschuss gedeckt ist [§ 5a, III GmbHG].
Umwandlung in eine GmbH	Wenn das Mindestkapital von 25 000,00 EUR erreicht ist, kann die Unternehmergesellschaft in eine „gewöhnliche" GmbH umgewandelt werden. Die UG ist als „Einbahnstraße" konzipiert. Das bedeutet, dass die UG nur im Rahmen einer **Erstgründung** errichtet werden kann und daher insbesondere eine Zurückführung der GmbH in eine UG nicht möglich ist.

(2) Vergleich von GmbH und UG

Rechtsformzusatz	GmbH	UG (haftungsbeschränkt)
Mindeststammkapital	25 000,00 EUR	1,00 EUR
Mindestnennbetrag	1,00 EUR	1,00 EUR
Gründungsvorschriften	Notariell beurkundeter Gesellschaftsvertrag mit gesetzlich vorgeschriebenem Inhalt bzw. vereinfachte Gründung mit Musterprotokoll (bei 1–3 Gesellschaftern). Sachgründung bei ausführlichem Gesellschaftsvertrag möglich.	Nur mit notariell beurkundetem **Musterprotokoll** möglich. Es ersetzt den Gesellschaftsvertrag und die Gesellschafterliste. Sachgründung nicht möglich [§ 5a (2) GmbHG].

Rechtsformzusatz	GmbH	UG (haftungsbeschränkt)
Handelsregister	Für HR-Anmeldung sind mindestens ein Viertel des Nennbetrags aller Geschäftsanteile bzw. die Hälfte des Stammkapitals einzuzahlen. Sacheinlagen sind voll zu leisten. Eintragung ist konstitutiv.	Anmeldung erst nach Einzahlung des gesamten Stammkapitals möglich. Eintragung ist konstitutiv.
Gewinnverwendung	Gesellschaften können frei über Ausschüttung oder Bildung von Gewinnrücklagen entscheiden.	Vom Jahresüberschuss (minus Verlustvortrag aus Vorjahr) sind 25 % als Gewinnrücklagen einzubehalten. Sind 25 000,00 EUR Eigenkapital erreicht, kann die Gesellschaft im Handelsregister als GmbH geführt werden.

8.6.7 Auflösung und Bedeutung der GmbH

(1) Auflösung der GmbH

Die Auflösung der GmbH ist in den §§ 60 ff. GmbHG geregelt. Neben der **zwangsweisen Auflösung durch das Gericht** (im Rahmen eines Insolvenzverfahrens) wegen **Zahlungsunfähigkeit** oder **Überschuldung** kann die GmbH nach **Ablauf der im Gesellschaftsvertrag bestimmten Zeit**, durch **Beschluss der Gesellschafter** (grundsätzlich mit einer Mehrheit von drei Viertel der abgegebenen Stimmen) oder auch durch **gerichtliches Urteil** aufgelöst werden.

(2) Bedeutung der GmbH

Die Gesellschaft mit beschränkter Haftung ist vor allem bei Familienunternehmen und bei Unternehmen mittlerer Größe anzutreffen, weil für die Gründung ein sehr niedriges Anfangskapital (Eigenkapital) vorgeschrieben ist, die Haftung der Gesellschafter begrenzt ist, ein enges Verhältnis zwischen Gesellschaftern und Geschäftsführern besteht (die Gesellschafter häufig selbst Geschäftsführer sind) und die Gründung verhältnismäßig unkompliziert und kostengünstig ist. Hinzu kommt, dass bei kleineren Gesellschaften die Prüfungs- und Offenlegungspflicht entfällt.

Vor- und Nachteile einer GmbH gegenüber den Personengesellschaften (OHG, KG)	
Vorteil	Nachteile
■ Risikohaftung (nur auf Geschäftsanteil beschränkte Haftung) ■ GmbH hat eine eigene Rechtspersönlichkeit (juristische Person). ■ Leichtere Eigenkapitalbeschaffung durch Aufnahme weiterer Gesellschafter (Kapitalgesellschaft). ■ Einfache Veräußerung der Geschäftsanteile, da keine persönliche Mitarbeit vorliegt.	■ Geringere Kreditwürdigkeit. ■ Höhere Gründungskosten durch zwingende notarielle Beurkundung (Ausnahme Musterprotokoll und UG). ■ Bei Kreditgewährungen werden von den Gesellschaftern häufig eine Bürgschaft oder andere Kreditsicherheiten verlangt. ■ Aufgrund gesetzlicher Vorschriften ist der Jahresabschluss aufwendig.

Häufig gründen auch Großunternehmen Gesellschaften mit beschränkter Haftung, die Teilfunktionen übernehmen (z. B. Forschung und Entwicklung, Erschließung neuer Rohstoffquellen, Wahrnehmung des Vertriebs). Daneben eignet sich die Rechtsform der GmbH auch zur Ausgliederung bestimmter kommunaler Aufgaben (z. B. können kommunale Wasserwerke, Versorgungsunternehmen, Krankenhäuser, Müllverbrennungsanlagen in Rechtsform der GmbH betrieben werden).

Zusammenfassung

- Die **GmbH** ist durch folgende **Merkmale** charakterisiert: (1) juristische Person; (2) Handelsgesellschaft; (3) Gesellschafter sind mit Geschäftsanteilen am Stammkapital beteiligt; (4) keine persönliche Haftung der Gesellschafter.

- Das **Stammkapital** beträgt mindestens 25 000,00 EUR. Es ergibt sich aus der **Summe aller Geschäftsanteile**.

- Die **Unternehmergesellschaft** – eine Sonderform der GmbH – kann auch mit einem geringeren Stammkapital als das Mindeststammkapital von 25 000,00 EUR gegründet werden.

- Jeder Gesellschafter übernimmt eine bestimmte Zahl an **Geschäftsanteilen**. Jeder Geschäftsanteil ist wiederum mit einem **Nennbetrag** versehen. Der Nennbetrag jedes Geschäftsanteils muss auf volle EUR lauten. Die Summe der Nennbeträge aller Geschäftsanteile muss mit dem Stammkapital übereinstimmen.

- Die **Firma der GmbH** muss die Bezeichnung „Gesellschaft mit beschränkter Haftung" oder eine allgemein verständliche Abkürzung dieser Bezeichnung enthalten.
  Die **haftungsbeschränkte Unternehmergesellschaft** muss in der Firma den Rechtsformzusatz „Unternehmergesellschaft (haftungsbeschränkt)" oder „UG (haftungsbeschränkt)" führen.

- Zur **Gründung der GmbH** sind erforderlich: (1) eine Person oder mehrere Personen; (2) notariell beurkundete Satzung; (3) Mindesteinzahlung 12 500,00 EUR bzw. $1/4$ aller Geschäftsanteile; (4) Eintragung ins Handelsregister.

- Erst durch die Eintragung entsteht die GmbH als juristische Person mit Kaufmannseigenschaft **(konstitutive Wirkung der Eintragung)**.

- **Organe der GmbH**
    - **Gesellschafterversammlung:** beschließendes Organ
    - **Geschäftsführer:** ausführendes Organ
    - **Aufsichtsrat:** kontrollierendes Organ

- Als juristische Person des Handelsrechts **haftet die GmbH** in Höhe des Stammkapitals selbst. Die Gesellschafter der GmbH haften nur indirekt, d. h., sie riskieren den Wert ihres Geschäftsanteils teilweise oder ganz zu verlieren **(Risikohaftung)**.

- Die **Vertretung** der GmbH nach außen erfolgt durch den (die) Geschäftsführer. Soweit die Satzung nichts anderes bestimmt, besteht für eine aus mehreren Personen bestehende Geschäftsführung **Gesamtvertretungsmacht**. **Einzelvertretungsmacht** muss, um rechtswirksam zu sein, im **Handelsregister** eingetragen werden.

- Die **Geschäftsführung** erfolgt durch die Geschäftsführer, die Gesellschafter der GmbH und/oder auch andere unbeschränkt geschäftsfähige natürliche Personen.
  Wenn die Geschäftsführung mehrere Personen umfasst, besteht grundsätzlich **Gesamtgeschäftsführungsbefugnis**. Die Satzung kann Abweichendes bestimmen.

- In Gesellschaften mit mehr als 500 Arbeitnehmern ist ein **Aufsichtsrat** (AR) zwingend vorgeschrieben.

- **Aufgaben des AR**: Überwachung der Geschäftsführung; Einsicht und Prüfung der Geschäftsbücher und Schriften sowie der Vermögensgegenstände; Einberufung einer außerordentlichen Gesellschafterversammlung; Prüfung des Jahresabschlusses, des Lageberichts und des Vorschlags für die Verwendung des Bilanzgewinns.

- Die **Auflösung der GmbH** erfolgt im Rahmen eines Insolvenzverfahrens, durch Beschluss der Gesellschafterversammlung oder aufgrund einer Satzungsbestimmung.

Übungsaufgaben

81 Vergleich OHG–GmbH; Gründung einer GmbH

1. Die Heinz Kern OHG betreibt eine Großhandlung für Medizintechnik. Sie soll in eine GmbH umgewandelt werden. Gleichzeitig soll der bisherige Verkaufsleiter Fritz Dick als Gesellschafter in die neue GmbH aufgenommen werden.

   Aufgaben:
   1.1 Erläutern Sie, wodurch sich die Personengesellschaft von der Kapitalgesellschaft unterscheidet!
   1.2 Nennen Sie zwei Gründe, die für die Wahl der Gesellschaftsform GmbH sprechen!
   1.3 Klären Sie die finanziellen Voraussetzungen, die für die Anmeldung zur Eintragung der GmbH in das Handelsregister gegeben sein müssen!
   1.4 Machen Sie zwei Vorschläge für die Firmierung der GmbH!
   1.5 Vergleichen Sie die Haftungsverhältnisse bei der GmbH und der OHG!
   1.6 Zeigen Sie die Unterschiede bei der Vertretung der GmbH und der OHG auf!
   1.7 Nennen Sie drei Gründe, die zur Auflösung der GmbH führen können!

2. Unterscheiden Sie zwischen Stammkapital, Stammeinlage und Geschäftsanteil!

3. Klären Sie mithilfe des Gesetzestextes, wie die Mindesteinzahlung der Gesellschafter im GmbHG geregelt ist!

4. An den Heidelberger Impfstoffwerken GmbH sind beteiligt:
   – Adam mit einem Geschäftsanteil von 25 000,00 EUR,
   – Brecht mit einem Geschäftsanteil von 30 000,00 EUR und
   – Czerny mit einem Geschäftsanteil von 45 000,00 EUR.

   Aufgaben:
   4.1 Geben Sie die Höhe des Stammkapitals an!
   4.2 Untersuchen Sie, wie der Reingewinn in Höhe von 90 000,00 EUR zu verteilen ist, wenn die Gewinnverteilung nach dem GmbHG erfolgt! Berechnen Sie, wie viel Euro jeder Gesellschafter erhält!
   4.3 Czerny möchte seinen Geschäftsanteil verkaufen. Prüfen Sie, ob und gegebenenfalls wie er das kann!

5. Vergleichen Sie die GmbH mit der UG (haftungsbeschränkt) anhand folgender Vergleichsmerkmale: Gründung, Firma und Mindeststammkapital!

6. Erklären Sie zwei Nachteile der Gründung einer Unternehmergesellschaft (haftungsbeschränkt) im Vergleich zur „Standardgründung" einer 25 000,00-EUR-GmbH!

82 Rechtsformwechsel von KG zu GmbH; Organe der GmbH

Die Albrecht Bühner KG stellt Nahrungsergänzungsmittel her. An der KG sind beteiligt Albrecht Bühner als Komplementär und Sigrid Bühner als Kommanditistin. Da auf dem Markt ein starker Wettbewerb herrscht, müssen erhebliche Investitionen vorgenommen werden. Albrecht Bühner entschließt sich daher, die KG in eine GmbH umzuwandeln und zwei neue Gesellschafter aufzunehmen. Es sind dies Ingo Bach und Franz Werder.

Albrecht Bühner legt folgenden Vorschlag für einen Gesellschaftsvertrag vor (Auszug):

§ 1 Firma: Albrecht Bühner GmbH

§ 2 Sitz der Gesellschaft: Nürtingen

§ 3 Geschäftsbeginn: 10. August 15

§ 4 Die Geschäftsanteile betragen:
- Geschäftsanteil Nr. 1, Albrecht Bühner   Nennwert: 300 000,00 EUR
- Geschäftsanteil Nr. 2, Sigrid Bühner   Nennwert: 200 000,00 EUR
- Geschäftsanteil Nr. 3, Ingo Bach   Nennwert: 150 000,00 EUR
  Einzahlung: 50 % bis zum 30. September 15
  50 % bis zum 31. Dezember 15
- Geschäftsanteil Nr. 4, Franz Werder   Nennwert: 400 000,00 EUR

Das Stammkapital der Gesellschaft beträgt 1 050 000,00 EUR.

§ 5 Gegenstand des Unternehmens ist die Produktion und der Vertrieb von Nahrungsergänzungsmitteln.

§ 6 Zu Geschäftsführern der GmbH werden bestellt:
- Albrecht Bühner, zuständig für Beschaffung und Produktion
- Sigrid Bühner, zuständig für Marketing und Vertrieb

Die Geschäftsführer besitzen Einzelvertretungsmacht.

Ingo Bach und Franz Werder sind von der Geschäftsführung ausgeschlossen.

Die notarielle Beurkundung des Gesellschaftsvertrags erfolgt am 30. Juli 15, die Handelsregistereintragung am 30. August 15.

Aufgaben:

1. Geben Sie an, welche gesetzlichen Gesellschaftsrechte Albrecht Bühner und welche Sigrid Bühner hat, solange das Unternehmen als Kommanditgesellschaft betrieben wird!

2. Erörtern Sie, welche Vorteile sich für die Gesellschafter insgesamt aus der Umwandlung in eine GmbH ergeben!

3. Untersuchen Sie, was die GmbH unternehmen kann, wenn Ingo Bach den noch zu leistenden Restbetrag auf seinen Geschäftsanteil nicht vertragsgemäß zahlt!

4. Sigrid Bühner, zuständig für Marketing und Vertrieb, kauft ohne Wissen von Albrecht Bühner Rohstoffe im Wert von 56 000,00 EUR ein. Albrecht Bühner verweigert die Zahlung mit der Begründung, der Kaufvertrag sei ohne sein Wissen abgeschlossen worden.

   Beurteilen Sie die Rechtslage!

5. Geben Sie in Stichworten an, welcher Punkt im Gesellschaftsvertrag der GmbH außer den in den §§ 1 – 6 genannten vertraglich noch geregelt werden sollten!

6. Ingo Bach und Franz Werder sind mit der Geschäftsführung von Sigrid Bühner nicht zufrieden und verlangen ihre Ablösung als Geschäftsführerin.

   Außerdem sind Bach und Werder der Meinung, die Kleber GmbH, ein starkes Konkurrenzunternehmen auf dem Nahrungsergänzungsmittelmarkt, zu übernehmen. Hierzu verlangen Sie eine Erhöhung des Stammkapitals um 200 000,00 EUR.

Beurteilen Sie die Erfolgsaussichten von Bach und Werder bezüglich der beiden Vorhaben bei den gegebenen Beteiligungsverhältnissen!

7. Ende 15 beschäftigt die Albrecht Bühner GmbH 480 Mitarbeiter. Im Jahr 16 soll die Belegschaft um 180 Mitarbeiter aufgestockt werden.

   Erläutern Sie, ob für diesen Fall ein Aufsichtsrat zu bilden ist und wie er sich gegebenenfalls zusammensetzt!

83 Rechtsformwechsel von KG zu GmbH; Musterprotokoll

1. Bernd Roßdeutscher, Diplom-Ingenieur, und Hans-Joachim Gommeringer, Industriekaufmann, sind voll haftende Gesellschafter der Klimatechnik Roßdeutscher KG, die Messinstrumente und automatische Regler für Klimaanlagen produziert und vertreibt.

   Bernd Roßdeutscher muss zu Beginn des Jahres 20.. seine Berufstätigkeit wegen Krankheit aufgeben. Da Hans-Joachim Gommeringer inzwischen das Seniorenalter erreicht hat, beschließen die Gesellschafter, die Regeltechnik Roßdeutscher KG zum 31.03.20.. in eine GmbH umzuwandeln.

   Aufgaben:

   1.1 Bernd Roßdeutscher und Hans-Joachim Gommeringer behaupten, die Umwandlung bringe Vorteile hinsichtlich ihrer Haftung und Geschäftsführungspflicht.
   Erläutern Sie diese Aussage!

   1.2 Die Gesellschafter beabsichtigen die bisherige Firmenbezeichnung beizubehalten.

   Prüfen Sie dieses Vorhaben aus juristischer und wirtschaftlicher Sicht!

   1.3 Nach Gründung der GmbH wird Hans-Joachim Gommeringer zum Geschäftsführer bestellt.

   Treffen Sie eine begründete Entscheidung, ob sein Jahresgehalt von 90000,00 EUR als kalkulatorischer Unternehmerlohn in die Kostenrechnung aufgenommen werden sollte!

2. Franz Hirschfeldt, gelernter Schlosser, und Annegret Grabisch, gelernte Kauffrau für Büromanagement, wollen gemeinsam ihre Kenntnisse und Fertigkeiten selbstständig am Markt anbieten. Sie lassen bei der Notarin Elke Romländer das folgende Musterprotokoll (siehe S. 182) beurkunden.

   Aufgaben:

   2.1 Prüfen Sie, ob dieses Musterprotokoll den rechtlichen Anforderungen entspricht!

   2.2 Nehmen Sie Stellung, aus welchem Grund der Gesetzgeber eine notarielle Beurkundung eines Gesellschaftsvertrags bzw. eines Musterprotokolls bei der Gründung einer GmbH festgelegt haben mag!

Urk.-Nr. 0001

Heute, den *15. November 20..* erschienen vor mir, *Elke Romländer*, Notar/in mit dem Amtssitz in *Ludwigsburg*,

Herr/~~Frau~~[1]

Hirschfeldt, Franz, geb. am 20.03.1975 in Ludwigsburg, wohnhaft Fliederweg 12, 71640 Ludwigsburg, PA-Nr. 10029990,2

~~Herr~~/Frau[1]

Grabisch, Annegret, geb. am 10.04.1980 in Esslingen, wohnhaft Eibenweg 8, 70597 Stuttgart, PA-Nr. 26394029,2

Herr/Frau[1]
....
.... [2]

1. Die Erschienenen errichten hiermit nach § 2 Abs. 1a GmbHG eine Gesellschaft mit beschränkter Haftung unter der Firma *Hirschfeldt Reparaturdienstleistungen UG (haftungsbeschränkt)* mit Sitz in *Ludwigsburg*.

2. Gegenstand des Unternehmens ist *die Erbringung von Reparaturdiensten.*

3. Das Stammkapital der Gesellschaft beträgt *5 000,00 EUR (i. W. Fünftausend Euro)* und wird wie folgt übernommen:

   Herr/~~Frau~~[1] *Hirschfeldt, Franz,* übernimmt einen Geschäftsanteil mit einem Nennbetrag in Höhe von *4 000,00 EUR (i. W. Viertausend Euro)* (Geschäftsanteil Nr. 1),

   ~~Herr~~/Frau[1] *Grabisch, Annegret,* übernimmt einen Geschäftsanteil mit einem Nennbetrag in Höhe von *1 000,00 EUR (i. W. Eintausend Euro)* (Geschäftsanteil Nr. 2).

   Die Einlagen sind in Geld zu erbringen, und zwar sofort in voller Höhe/~~zu 50 % sofort~~, im Übrigen sobald die Gesellschafterversammlung ihre Einforderung beschließt[3].

4. Zum Geschäftsführer der Gesellschaft wird Herr/~~Frau~~[4] *Hirschfeldt, Franz*, geboren am *20.03.1975*, wohnhaft in *Ludwigsburg, Fliederweg 12*, bestellt. Der Geschäftsführer ist von den Beschränkungen des § 181 des Bürgerlichen Gesetzbuchs befreit.

5. Die Gesellschaft trägt die mit der Gründung verbundenen Kosten bis zu einem Gesamtbetrag von 300 EUR, höchstens jedoch bis zum Betrag ihres Stammkapitals. Darüber hinausgehende Kosten tragen die Gesellschafter im Verhältnis der Nennbeträge ihrer Geschäftsanteile.

6. Von dieser Urkunde erhält eine Ausfertigung jeder Gesellschafter, beglaubigte Ablichtungen die Gesellschaft und das Registergericht (in elektronischer Form) sowie eine einfache Abschrift das Finanzamt – Körperschaftsteuerstelle – .

7. Die Erschienenen wurden ~~vom Notar~~ / von der Notarin insbesondere auf Folgendes hingewiesen:
   ....
   ....

Hinweise:

[1] Nichtzutreffendes streichen. Bei juristischen Personen ist die Anrede Herr/Frau wegzulassen.

[2] Hier sind neben der Bezeichnung des Gesellschafters und den Angaben zur notariellen Identitätsfeststellung ggf. der Güterstand und die Zustimmung des Ehegatten sowie die Angaben zu einer etwaigen Vertretung zu vermerken.

[3] Nichtzutreffendes streichen. Bei der Unternehmergesellschaft muss die zweite Alternative gestrichen werden.

[4] Nichtzutreffendes streichen.

8.7 GmbH & Co. KG

(1) Begriff

Bei der **GmbH & Co. KG** handelt es sich um eine **Kommanditgesellschaft** (KG), an der eine **GmbH** als einzige persönlich haftende Person **(Komplementär)** beteiligt ist. Faktisch haftet aufgrund der juristischen Person der GmbH keine der beteiligten natürlichen Personen **mit dem Privatvermögen**.

Kommanditisten können die **Gesellschafter der GmbH** (echte, typische GmbH & Co. KG) **oder andere Personen** (unechte, atypische GmbH & Co. KG) sein.

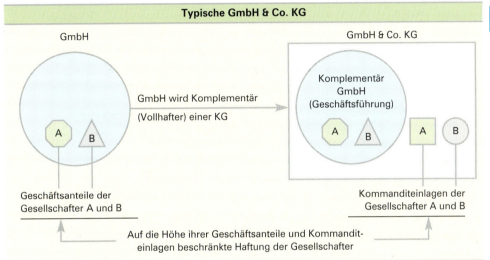

(2) Firma

Die **Firma** einer GmbH & Co. KG muss die Bezeichnung „Kommanditgesellschaft" oder eine allgemein verständliche Abkürzung dieser Bezeichnung enthalten [§ 19 I, Nr. 3 HGB].

Beispiele:
Exportgesellschaft Wild m.b.H. & Co. KG; Impex GmbH & Co. KG; Pforzheimer Saatgut GmbH & Co. KG; Friedrich Metzger GmbH & Co. KG.

(3) Geschäftsführung und Vertretung

Die GmbH & Co. KG wird durch die GmbH (Komplementär) vertreten, die auch die Geschäftsführungsbefugnis besitzt. Für die GmbH handeln die Geschäftsführer, die bei der typischen GmbH & Co. KG mit den Kommanditisten identisch sind. Im Übrigen sind die Rechtsgrundlagen die gleichen wie bei der KG.

(4) Gründe für die Ausgestaltung der KG als GmbH & Co. KG

Haftungsbeschränkung	Die GmbH als Komplementär haftet zwar unbeschränkt mit ihrem Vermögen, die Gesellschafter der GmbH allerdings **nur mit ihren Geschäftsanteilen**.
Erleichterung der Kapitalbeschaffung	Die GmbH & Co. KG kann durch die Aufnahme weiterer Kommanditisten ihr Kapital erweitern, wobei die neuen Gesellschafter nur einen geringen Einfluss auf das Unternehmen gewinnen.
Nachfolgeregelung	Anstelle einer natürlichen Person tritt die GmbH als Vollhafter ein. Damit ist die Unternehmensfortführung gesichert, denn die GmbH ist „unsterblich". Dies ist insbesondere für Familienunternehmen wichtig.
Geschäftsführung	Als Geschäftsführer der Komplementär-GmbH können außenstehende Fachleute angestellt werden.
Vermeidung eines Aufsichtsrats	Durch die Verteilung der Arbeitnehmer auf beide Firmen kann die gesetzliche Pflicht zur Bildung eines GmbH-Aufsichtsrats (ab 500 Arbeitnehmern) umgangen werden.

- Die **GmbH & Co. KG** ist eine KG, an der eine **GmbH** als einziger persönlich haftender Gesellschafter **(Komplementär)** beteiligt ist.
- Bei der typischen Form sind die Gesellschafter der GmbH gleichzeitig die Kommanditisten der KG. Sie haften **nicht** mit dem Privatvermögen.

Übungsaufgabe

84 Analyse der Handelsregistereintragungen im Zusammenhang mit der Entstehung einer GmbH & Co. KG

HRB 721612 – 29.04.20..: Firma ABIG Wärmetechnik Verwaltungs GmbH in Stuttgart (Abigstr. 1). Gegenstand des Unternehmens: Der Erwerb und die Verwaltung von Beteiligungen sowie die Übernahme der persönlichen Haftung und die Geschäftsführung bei Gesellschaften, die die Produktion und den Verkauf von Anlagen zur Energiegewinnung und Energieumwandlung sowie die Erbringung von Serviceleistungen im Zusammenhang mit solchen Anlagen zum Gegenstand haben, insbesondere die Beteiligung als persönlich haftende geschäftsführende Gesellschafterin an der ABIG Wärmetechnik GmbH & Co. KG mit Sitz in Stuttgart. Stammkapital: 25.000 EUR. Gesellschafter und Geschäftsführer: Wolfgang Meyer, geb. am 13.10.1975, Ulm. Gesellschaft mit beschränkter Haftung. Gesellschaftsvertrag vom 28. April 20.. Die Gesellschaft hat einen oder mehrere Geschäftsführer. Ist nur ein Geschäftsführer bestellt, so vertritt dieser die Gesellschaft allein. Sind mehrere Geschäftsführer bestellt, so wird die Gesellschaft durch zwei Geschäftsführer zusammen oder durch einen Geschäftsführer in Gemeinschaft mit einem Prokuristen vertreten. Einzelvertretungsbefugnis kann erteilt werden. Der Geschäftsführer Wolfgang Meyer ist einzelvertretungsberechtigt und befugt, die Gesellschaft bei der Vornahme von Rechtsgeschäften mit selbst oder als Vertreter eines Dritten uneingeschränkt zu vertreten.

HRA 741048 – 30.04.20..: Firma ABIG Wärmetechnik GmbH & Co. KG in Stuttgart (Abigstr. 1; Geschäftszweig: Die Produktion und der Verkauf von Anlagen zur Energiegewinnung und Energieumwandlung sowie die Erbringung von Serviceleistungen im Zusammenhang mit solchen Anlagen). Kommanditgesellschaft. Beginn: 1. Mai 20.. Persönlich haftende Gesellschafterin: ABIG Wärmetechnik Verwaltungs GmbH mit Sitz in Stuttgart (eingetragen

Amtsgericht Stuttgart HRB 721612). Jeder persönlich haftende Gesellschafter ist einzelvertretungsberechtigt. Die persönlich haftende Gesellschafterin ABIG Wärmetechnik Verwaltungs GmbH ist befugt, die Gesellschaft bei der Vornahme von Rechtsgeschäften mit sich selbst oder als Vertreter eines Dritten uneingeschränkt zu vertreten.

Aufgaben:

1. Benennen Sie die Gesellschafter der ABIG Wärmetechnik GmbH & Co. KG, wenn es sich um die typische Form handelt!
2. Begründen Sie, welche natürliche Person die Geschäftsführung und Vertretung der GmbH & Co. KG wahrnimmt!
3. Vergleichen Sie diese Rechtsform mit einer Einzelunternehmung!
4. Nach einigen Jahren ist die Belegschaft auf 522 Arbeitnehmer angewachsen. Erläutern Sie, wie die Pflicht zur Bildung eines Aufsichtsrats mit Arbeitnehmerbeteiligung verhindert werden kann!

8.8 Aktiengesellschaft (AG)

8.8.1 Begriff, Firma und Gründung der Aktiengesellschaft

(1) Begriff

Die Aktiengesellschaft ist eine **juristische Person**. Dies bedeutet, dass die Aktiengesellschaft ab ihrer Eintragung in das Handelsregister **rechtsfähig** ist [§ 6 HGB; § 41 I AktG]. Sie selbst ist es, die Rechtsgeschäfte abschließt, klagen oder verklagt werden kann. Die Aktiengesellschaft ist Gläubiger oder Schuldner, nicht etwa ihre Geldgeber, die Aktionäre. Die Aktionäre statten die AG lediglich mit Eigenkapital aus, indem sie sich mit Einlagen (Aktien) am Grundkapital der AG beteiligen. Die Beteiligung an einer Aktiengesellschaft wird von einem Großteil der Aktionäre als eine (zeitweilige) Kapitalanlage angesehen, mit der Aussicht, einen Anteil am Gewinn der Aktiengesellschaft zu erhalten bzw. einen Kursgewinn zu erzielen.

> Die **Aktiengesellschaft** ist eine **Handelsgesellschaft mit eigener Rechtspersönlichkeit (juristische Person),** deren Gesellschafter (Aktionäre) **mit Einlagen an dem in Aktien** zerlegten **Grundkapital** beteiligt sind, **ohne persönlich für die Verbindlichkeiten** der Gesellschaft zu **haften.**

Die **juristischen Folgerungen** aus dieser Ausgangssituation sind:

- die Verselbstständigung des angesammelten Eigenkapitals in einer **juristischen Person mit Ausschluss der persönlichen Haftung der Gesellschafter,**
- die Zerlegung des Eigenkapitals in **standardisierte Anteile (Aktien)** und deren rechtlich erleichterte Übertragbarkeit,
- die **Verwaltung der Aktiengesellschaft durch Organe** und eine daran anknüpfende **komplizierte Unternehmensverfassung,**
- mannigfaltige **Schutzvorschriften für Aktionäre und Gläubiger.**

Die genannten Begriffsmerkmale machen die Aktiengesellschaft zur geeigneten Unternehmungsform zur Sammlung einer Vielzahl kleinerer Kapitalien durch Verkauf von Aktien über die Wertpapierbörse.

(2) Firma

Die Firma der AG muss die Bezeichnung Aktiengesellschaft oder eine allgemein verständliche Abkürzung dieser Bezeichnung (z. B. AG) enthalten [§ 4 AktG].

> **Beispiele:**
>
> Mannheimer Motorenwerke Aktiengesellschaft; Münsterländer Spiegelglas Aktiengesellschaft; Volkswagenwerk Aktiengesellschaft; Mitter & Töchter AG; Spielwarenfabrik Spiwa AG.

(3) Gründung

■ Feststellung der Satzung

Die Gründung der AG beginnt mit der Feststellung der Satzung.[1] Sie ist das Grundgesetz der zu gründenden AG.

- Die Satzung kann von einer Person oder von mehreren **natürlichen** oder **juristischen Personen,** die Aktien übernehmen, festgestellt werden. Sie heißen **Gründer**.
- Vom Gründer bzw. von den Gründern muss ein **Gesellschaftsvertrag (Satzung)** abgeschlossen werden, der von einem **Notar zu beurkunden ist** [§ 23 I AktG].

■ Übernahme der Aktien durch die Gründer (Errichtung der AG)

Das Grundkapital kann in Form von Bargeld oder Buchgeld (Bargründung) oder in Form von Sachen oder Rechten (Sachgründung) eingezahlt werden.

Bargründung	Hier erfolgt die Übernahme der Aktien gegen Geldeinzahlungen. Gesetzlich ist ein Mindestnennbetrag des Grundkapitals (Summe der auf den **Nennbetragsaktien** aufgedruckten Nennwerte) von 50 000,00 EUR vorgeschrieben [§ 7 AktG].
Sachgründung	Hier bringen die Aktionäre statt der Geldeinlagen **Sacheinlagen** (z. B. Einbringung von Patenten und/oder Grundstücken) ein oder die AG tätigt **Sachübernahmen** (z. B. Übernahme von Gebäuden oder Maschinen). Sacheinlagen bzw. Sachübernahmen müssen in der Satzung festgehalten werden [§ 27 AktG].

Der übernommene Anteil am Grundkapital wird in Aktien verbrieft. Der Mindestnennwert einer **Nennbetragsaktie** beträgt 1,00 EUR. Höhere Nennbeträge müssen auf volle Euro lauten [§ 8 II AktG]. Der auf eine **Stückaktie** (Aktie ohne Nennbetrag; nennwertlose Aktie) entfallende anteilige Betrag des Grundkapitals (fiktiver Nennwert) darf 1,00 EUR nicht unterschreiten (Näheres siehe §§ 8 III, 9 AktG).

Mit der Übernahme aller Aktien durch die Gründer ist die **Aktiengesellschaft errichtet.**

---

1 Der Gesellschaftsvertrag einer AG wird in der Regel als Satzung bezeichnet. Vgl. auch Fußnote 2, S. 170.

- **Wahl von Aufsichtsrat, Vorstand, Erstellen und Prüfung des Gründungsberichts**

  - Die Gründer bestellen den ersten **Aufsichtsrat** sowie den **Abschlussprüfer** für das erste Geschäftsjahr.
  - Der Aufsichtsrat bestellt den ersten **Vorstand**.
  - Die Gründer erstellen einen Bericht über den Hergang der Gründung **(Gründungsbericht)**. Der Gründungsbericht ist durch den Vorstand und den Aufsichtsrat sowie durch einen außenstehenden Gründungsprüfer zu prüfen **(Gründungsprüfung)**.

- **Eintragung in das Handelsregister (Entstehung der AG)**

Nachdem die Gründer den Vorstand, den Aufsichtsrat sowie den Abschlussprüfer gewählt und einen Gründungsbericht (mit Prüfungsvermerk) erstellt haben, wird die Gesellschaft ins **Handelsregister eingetragen**. Mit der Eintragung ist die Aktiengesellschaft entstanden **(konstitutive Wirkung der Eintragung)** [§ 41 I AktG].

Die Anmeldung zum Handelsregister muss durch alle Gründer sowie Vorstands- und Aufsichtsratsmitglieder erfolgen und den Nachweis enthalten, dass die notwendigen Einzahlungen und Sacheinlagen auf das Grundkapital erfolgt sind. Der Anmeldung sind alle urkundlichen Unterlagen der Gründung beizufügen. Nach Prüfung der Anmeldung durch das Gericht erfolgt dann die Eintragung und Bekanntmachung (Näheres siehe §§ 36 ff. AktG).

8.8.2 Aktienarten und Rechte aus der Aktie

8.8.2.1 Begriff und Wert der Aktien

(1) Begriff Aktie

Die Aktie verbrieft eine Beteiligung am Eigenkapital und ein Mitgliedschaftsrecht an einer Aktiengesellschaft, denn der Aktionär ist nominal (mit dem Nennwert)[1] mit einem bestimmten Anteil am Grundkapital und real am gesamten Eigenkapital beteiligt.

> **Aktien** sind **vertretbare Kapitalwertpapiere (Effekten)**, die ein Anteilsrecht (Mitgliedschaftsrecht) an einer Aktiengesellschaft verbriefen **(Teilhaberpapiere)**.

Erläuterungen:

- **Wertpapiere** im engeren Sinne sind Urkunden, die ein privates Recht in der Weise verbriefen, dass zur Ausübung dieses Rechts die Innehabung der Urkunde erforderlich ist. Das Recht aus dem Papier folgt dem Recht am Papier.
- **Effekten** sind vertretbare (fungible) Kapitalwertpapiere mit Ertragsanspruch.
- **Kapitalwertpapiere** sind Wertpapiere, die einen Ertrag abwerfen und langfristige Forderungen oder Beteiligungen verbriefen.

---

1 Nennwert ist der auf einem Wertpapier genannte, aufgedruckte Betrag.

(2) Wert der Aktien (Kurs)

Der Aktionär ist über das Grundkapital am Eigenkapital der Aktiengesellschaft beteiligt. Dies bedeutet, dass der Wert der Aktie die Rücklagen und den Gewinnvortrag mit einschließt. Der Preis (Kurs), der für die Aktie bezahlt wird, hängt von der Nachfrage nach Aktien und vom Angebot von Aktien ab. Angebot und Nachfrage werden bestimmt durch die Höhe des Eigenkapitals einer AG, die Gewinnerwartungen der Anbieter und Nachfrager, den Konjunkturverlauf, die politische Lage und durch die spekulativen Überlegungen der Aktienanbieter und -nachfrager.

- Die Aktien der meisten Aktiengesellschaften werden an der Wertpapierbörse gehandelt. Der **Marktpreis (Kurs)** für diese Aktien bildet sich an der Wertpapierbörse.[1] Die Notierung erfolgt in Euro, bezogen auf die kleinste Stückelung (Stückkurs).
- Der **Kurswert** ist der Preis, der für die gekauften Aktien bezahlt werden muss (Stückkurs · Anzahl der gekauften Aktien = Kurswert).

8.8.2.2 Pflichten und Rechte eines Aktionärs

(1) Pflichten des Aktionärs

Leistung der übernommenen Kapitaleinlage [§ 54 AktG]	■ Bei **Bareinlagen** müssen mindestens 25% des Nennwerts der Aktien eingezahlt werden. Werden die Aktien zu einem Betrag ausgegeben, der höher ist als der Nennwert, so muss das Aufgeld (Agio)[2] voll einbezahlt werden. ■ **Sacheinlagen** sind (vor allem zum Gläubigerschutz) vollständig zu leisten.
Übernahme der Risikohaftung in Höhe des Aktienwerts [§ 1 I AktG]	Wer Aktien bei einer Gründung übernimmt oder über die Wertpapierbörse kauft, haftet nicht für die Verbindlichkeiten der Gesellschaft. Als juristische Person haftet lediglich die Aktiengesellschaft selbst. Das einzige Risiko, das der Aktionär eingeht, ist, dass er einen Kursverlust erleidet oder dass er im Extremfall den Wert der gesamten Aktien verliert. Das Letztere ist der Fall, wenn die Aktiengesellschaft z.B. wegen Überschuldung aufgelöst wird, also kein Eigenkapital mehr übrig bleibt. Man sagt daher, dass die Aktionäre lediglich eine „Risikohaftung" übernehmen.

(2) Rechte des Aktionärs

Dividendenrecht [§§ 58 IV, 60 I AktG]	Die Aktionäre haben – im Verhältnis zu ihrem Anteil am Grundkapital – Anspruch auf den Bilanzgewinn. Der Gewinnanteil je Aktie wird Dividende genannt. Das Anrecht auf Dividende wird in der Regel in einem Eurobetrag je Aktie ausgedrückt. Beträgt z.B. die Dividende 0,20 EUR je 1-EUR-Aktie, so schüttet die AG bei einem Grundkapital von 30 Mio. EUR 6 Mio. EUR Gewinn aus (vgl. Kapitel 9.3.1.4, S. 219f.).

---

1 Die Wertpapierbörse ist der Markt für vertretbare Kapitalwertpapiere (Effekten).
2 Agio (Aufgeld) ist der Betrag, um den der Kurswert einer Aktie über dem Nennwert liegt. Beispiel: Eine Aktie mit einem Nennwert von 5,00 EUR wird für 32,50 EUR an die Ersterwerber verkauft. Das Agio beträgt hier 27,50 EUR.

Bezugsrecht [§§ 186 I, III AktG]	Der Aktionär hat das Recht, dass ihm bei einer Kapitalerhöhung, gemäß seinem Anteil am bisherigen Grundkapital, junge Aktien angeboten werden. Allerdings kann das Bezugsrecht durch Beschluss der Hauptversammlung ganz oder teilweise ausgeschlossen werden (vgl. Kapitel 9.4.2.3, S. 242).
Anteil am Liquidationserlös [§ 271 AktG]	Wird eine Aktiengesellschaft aufgelöst, so wird das Vermögen nach Abzug der Verbindlichkeiten anteilmäßig unter den Aktionären verteilt.
Recht auf Teilnahme an der Hauptversammlung [§§ 118, 175 AktG]	Jedem Aktionär steht das Recht zu, an der Hauptversammlung teilzunehmen und dort seine Aktionärsrechte wahrzunehmen.
Stimmrecht in der Hauptversammlung [§§ 133ff. AktG]	■ In der Hauptversammlung entscheiden die Aktionäre über die vom Gesetz bzw. in der Satzung festgelegten Fälle (siehe die Ausführungen zu den „Aufgaben der Hauptversammlung" S. 198f.). Das Stimmrecht der Aktionäre richtet sich an dem Aktiennennwert oder der Anzahl der Stückaktien aus, die sich im Eigentum des Aktionärs befinden [§ 134 I AktG].[1] Zur Ausübung des Stimmrechts muss der Aktionär nicht persönlich an der Hauptversammlung teilnehmen. Das Stimmrecht kann auch durch eine schriftlich beauftragte Person oder Institution (z. B. eine Bank) ausgeübt werden. ■ Jeder Beschluss der Hauptversammlung muss bei börsennotierten Aktiengesellschaften notariell beurkundet werden. Bei nicht börsennotierten Gesellschaften reicht eine vom Vorsitzenden des Aufsichtsrats zu unterzeichnende Niederschrift aus, soweit keine Beschlüsse gefasst werden, für die das AktG eine Dreiviertel- oder größere Mehrheit bestimmt (z. B. bei Satzungsänderungen) [§ 130 I AktG].

8.8.2.3 Aktienarten

(1) Arten der Aktien nach ihrer Übertragbarkeit

Inhaberaktien	Bei Inhaberaktien kann jeweils der Besitzer das in der Urkunde verbriefte Recht geltend machen. Der Eigentümer (Inhaber) der Aktien bleibt für die Aktiengesellschaft in der Regel unbekannt. Sie werden durch **Einigung und Übergabe** übertragen [§§ 929ff. BGB].
Namensaktien	Auf ihnen ist bei effektiven Stücken (Urkunden) der Name des Anteilseigners (Aktionärs) eingetragen. Bei nicht verbrieften Namensaktien (ohne Urkunde) werden z. B. die Namen der Aktionäre, der Wohnort und die Geburtsdaten der Aktionäre im **Aktienregister** der AG eingetragen [§ 67 I AktG].[2] Die Übertragung erfolgt durch **Löschung und Neueintragung im Aktienregister** [§ 67 III AktG]. Nicht voll eingezahlte Aktien (Mindesteinzahlung 25 % des Nennwerts) sind immer Namensaktien [§ 10 II AktG].

---

1 Ein Aktionär mit einem „Aktienpaket" zum Nennwert von 10000,00 EUR hat also das fünffache Gewicht gegenüber einem Aktionär, dem nur Aktien im Nennwert von 2000,00 EUR gehören. Da für die Beschlüsse der Hauptversammlung grundsätzlich die einfache Mehrheit der abgegebenen Stimmen genügt [§ 133 AktG], kann ein Großaktionär mit 50%igem Aktienbesitz über den von ihm mitbestimmten Aufsichtsrat erheblichen Einfluss auf die Aktiengesellschaft gewinnen.
Praktisch genügt eine geringere Mehrheit, weil bei der Hauptversammlung in aller Regel nicht alle Aktionäre erscheinen oder ihr Stimmrecht an andere (z. B. an ihre Bank) abtreten.

2 Effektive (gedruckte) Namensaktien als Stückaktien sind noch im Aktienbuch eingetragen. Sie werden durch Indossament (Übertragungsvermerk mit Unterschrift) übertragen.

	Da die notwendigen Umschreibungen im Aktienregister durch elektronische Datenverarbeitung erfolgen, ist es möglich, Geschäfte mit Namensaktien wie bei Inhaberaktien innerhalb von zwei Börsentagen durchzuführen. Die zunehmende Bedeutung der Namensaktien in Deutschland ist auch darauf zurückzuführen, dass die Gesellschaften die Aktionäre gezielt ansprechen können und zudem die internationale Kapitalbeschaffung erleichtert wird.
Vinkulierte Namensaktien[1]	Sie stellen Namensaktien dar, bei denen die Übertragung an die Zustimmung der AG gebunden ist [§ 68 II AktG].

(2) Arten der Aktien nach ihrem Ausgabezeitpunkt

Alte Aktien	Hierunter versteht man die zum Zeitpunkt einer Grundkapitalerhöhung bereits vorhandenen Aktien. Sie gewähren ein Bezugsrecht auf „junge Aktien" (vgl. Kapitel 9.4.2, S. 240 ff.).
Junge Aktien	Sie sind Aktien, die bei einer Grundkapitalerhöhung [§§ 182 ff. AktG] den Aktionären zum Kauf angeboten werden. Die alten Aktionäre können ihr Bezugsrecht verkaufen, sodass auch Dritte die jungen Aktien erwerben können.

(3) Arten der Aktien nach der Angabe der Beteiligungshöhe

Nennbetragsaktien	Sie müssen auf mindestens einen Euro, höhere Aktiennennbeträge müssen auf volle Euro lauten [§ 8 II AktG]. Bei Nennbetragsaktien bestimmt sich der Anteil am Grundkapital nach dem Verhältnis ihres Nennbetrags zum Grundkapital [§ 8 IV AktG]. Die Summe der Nennwerte aller Aktien ergibt das Grundkapital.
Stückaktien	Sie lauten auf keinen Nennbetrag **(nennwertlose Aktien)**. Stückaktien sind am Grundkapital einer Aktiengesellschaft immer in gleichem Umfang beteiligt [§ 8 III, S. 1 und 2 AktG]. Hat z.B. eine Aktiengesellschaft ein Grundkapital (gezeichnetes Kapital) von 10 Mio. EUR und gibt sie 2 Mio. Stückaktien aus, so ist jede Stückaktie mit einem zweimillionstel Teil am Grundkapital der AG beteiligt. Der auf die einzelne Aktie entfallende anteilige Betrag des Grundkapitals darf einen Euro jedoch nicht unterschreiten [§ 8 III, S. 3 AktG]. Aktien dürfen nicht für einen geringeren Betrag als den Nennwert oder den auf die einzelne Stückaktie entfallenden anteiligen Betrag des Grundkapitals ausgegeben werden (geringster Ausgabebetrag, „fiktiver Nennwert")[2] [§ 9 I AktG]. Eine Ausgabe mit einem höheren Betrag ist jedoch zulässig [§ 9 II AktG].

---

1 Vinkulieren: das Recht der Übertragung eines Wertpapiers an die Genehmigung des Emittenten (Aussteller) binden.
2 Fiktiv: angenommen.

(4) Arten der Aktien nach den verbrieften Rechten[1]

Stammaktien	Sie sind die „gewöhnlichen", von einer AG zur Beschaffung von Grundkapital herausgegebenen Aktien. Diese Aktien gewähren dem Aktionär die nach dem Aktiengesetz oder der Satzung zustehenden Rechte.
Vorzugsaktien	Vorzugsaktien sind gegenüber Stammaktien mit bestimmten Vorzügen ausgestattet. Diese Vorzüge können im Ertrag (z. B. Vorzugsdividende), Bezugsrecht und/oder bei der Liquidation der Gesellschaft liegen. Von praktischer Bedeutung sind vor allem die Dividendenvorzugsaktien. Die Ausgabe von Mehrstimmrechtsaktien ist nach § 12 II AktG unzulässig. Zulässig ist aber die Ausgabe von stimmrechtslosen „Vorzugsaktien" [§ 12 I AktG]. Eine Aufhebung oder Beschränkung des Vorzugs bedarf zur Rechtswirksamkeit der Zustimmung der Vorzugsaktionäre [§ 141 I AktG]. Wichtigster **Nachteil** der Vorzugsaktie ist, dass der Inhaber **kein Stimmrecht in der Hauptversammlung** hat.

Zusammenfassung

- **Aktien** sind **Teilhaberpapiere**. Sie verbriefen ein nominales Anteilsrecht am Grundkapital und ein reales Anteilsrecht am Eigenkapital der Aktiengesellschaft. Aktien gewähren dem Inhaber – neben der Beteiligung am Reinvermögen der Gesellschaft – einen Anspruch auf Beteiligung am Gewinn (Dividende), ein Bezugsrecht, ein Stimmrecht und das Recht auf einen Anteil am Liquidationserlös.

- Der **Preis (Kurs),** der für die Aktie tatsächlich bezahlt wird, hängt von Angebot und Nachfrage ab. Das Eigenkapital ist ein möglicher Maßstab, an dem sich der Kurs einer Aktie ausrichten kann. Hinzutreten können: politische Überlegungen, spekulative Erwägungen, Konjunkturverlauf, Ertragswert oder erwartete Geschäftsabschlüsse.

- Aktien können z. B. nach der **Übertragbarkeit** (in Inhaber- und Namensaktien), den **verbrieften Rechten** (in Stamm- und Vorzugsaktien), dem **Ausgabezeitpunkt** (in junge und alte Aktien) und nach Angabe der **Beteiligungshöhe** (in Nennbetragsaktien und Stückaktien) unterschieden werden.

- Zu den Pflichten und Rechten der Aktionäre siehe Tabellen S. 188 f.

Übungsaufgaben

85 Gründung einer AG – Vor- und Nachteile

Peter Kaiser, alleiniger Inhaber (Gesellschafter) einer Maschinenfabrik, hat ein neues patentiertes Verfahren zur Wiederaufbereitung (Recycling) von Kunststoffen entwickelt und möchte zur Auswertung seiner Erfindung eine Aktiengesellschaft gründen.

Aufgaben:

1. Nennen Sie zwei wichtige wirtschaftliche Entscheidungen, die bei der Gründung dieser AG neben der Wahl der Rechtsform getroffen werden müssen!

2. Geben Sie an, wie viele Personen zur Gründung einer Aktiengesellschaft erforderlich sind und wie viel EUR das Grundkapital mindestens betragen muss!

---

[1] Siehe auch §§ 11, 204 II AktG.

3. Bei der Gründerversammlung wird auch über eine Bargründung und/oder Sachgründung sowie über die Firma der zu gründenden AG gesprochen.
   3.1 Erklären Sie kurz die beiden Gründungsarten!
   3.2 Unterbreiten Sie einen Firmierungsvorschlag und erklären Sie kurz drei Grundsätze, die bei der Wahl der Firma berücksichtigt werden müssen!
4. Nachdem die Gründervoraussetzungen erfüllt sind, wird die Satzung am 28. Juli 20.. unterschrieben und die Aktiengesellschaft am 14. August 20.. beim Handelsregister angemeldet. Am 8. Oktober 20.. erfolgt die Handelsregistereintragung.
   4.1 Begründen Sie, in welcher Form der Gesellschaftsvertrag abgeschlossen werden muss!
   4.2 Nennen Sie zwei Stellen, bei denen die neu gegründete AG angemeldet werden muss und begründen Sie kurz diese Anmeldepflicht!
   4.3 Nennen Sie die Aufgaben des Handelsregisters und wo es geführt wird! Erläutern Sie die Rechtswirkung der erfolgten Handelsregistereintragung für die AG!
   4.4 Nennen Sie zwei eintragungspflichtige Tatsachen der AG!
   4.5 Begründen Sie, an welchem Tag die AG als juristische Person entstanden ist!
   4.6 Erklären Sie, warum eine AG sogenannte Organe haben muss! Nennen Sie die Organe und jeweils zwei ihrer Aufgaben!
   4.7 Führen Sie zwei Gründe an, die zur Auflösung der AG führen können!
5. Nennen und beurteilen Sie wesentliche Vor- und Nachteile großer Aktiengesellschaften
   5.1 aus der Sicht der Kapitalgeber,
   5.2 aus der Sicht der in diesen Unternehmen Beschäftigten und
   5.3 aus der Sicht der Verbraucher!

86 Grundlegendes zur Aktie

1. Erkären Sie den Begriff Wertpapier!
2. Erläutern Sie den Begriff Effekten und begründen Sie, warum nur Effekten börsenmäßig handelbare Wertpapiere sein können!
3. Zeigen Sie auf, warum die Aktien zu den Teilhaberpapieren gehören!
4. Der Kaufmann Friedrich Haber möchte 30000,00 EUR anlegen. Da Herr Haber gute wirtschaftliche Kenntnisse hat, rät ihm der Anlageberater zum Kauf von Aktien.
   4.1 Begründen Sie, warum ihm der Anlageberater raten könnte, Aktien zu kaufen!
   4.2 Erläutern Sie, wodurch der Kurs von Aktien beeinflusst werden kann!
5. Aktiengesellschaften können sich durch Ausgabe von Aktien Finanzmittel beschaffen.
   Aufgaben:
   5.1 Erklären Sie die Begriffe Nennwert und Kurs!
   5.2 Nennen Sie fünf Rechte, die eine Aktie verbrieft. Belegen Sie Ihre Aussage jeweils mit der Angabe der Gesetzesquelle!
   5.3 Begründen Sie, warum eine Aktie mit einem Nennwert von 5,00 EUR auf 98,00 EUR steigen kann!
   5.4 Erörtern Sie die Vor- und Nachteile der Namensaktien!
   5.5 Erläutern Sie die „Funktion" der Aktie!

8.8.3 Organe der Aktiengesellschaft

Da die Aktiengesellschaft als juristische Person nicht wie ein Mensch handeln kann, braucht sie, um handlungsfähig zu sein, Organe. Diese Organe sind: der **Vorstand,** der **Aufsichtsrat** und die **Hauptversammlung.**

Organe der AG		
Vorstand (leitendes Organ)	**Aufsichtsrat** (überwachendes Organ)	**Hauptversammlung** (beschließendes Organ)

8.8.3.1 Vorstand

(1) Wahl und Anzahl der Vorstandsmitglieder

Der Vorstand als leitendes Organ wird vom **Aufsichtsrat** auf höchstens 5 Jahre **bestellt** [§ 84 I AktG]. Er kann aus einer Person oder aus mehreren Personen (den Vorstandsmitgliedern, Direktoren) bestehen [§ 76 III AktG]. Bei Gesellschaften mit einem Grundkapital von mehr als 3 Mio. EUR muss er, soweit die Satzung nicht ausdrücklich anderes bestimmt, aus mindestens zwei Personen bestehen [§ 76 II AktG].

(2) Aufgaben des Vorstands

Geschäftsführung/ Vertretung	■ Geschäftsführung **nach innen** und Vertretung der AG **nach außen,** z. B. Abschluss von Verträgen, Ernennung von Bevollmächtigten, Verkehr mit Behörden. Der Vorstand hat die AG in eigener Verantwortung zu leiten [§ 76 II AktG]. ■ Nach dem Gesetz besteht, sofern der Vorstand mehrere Mitglieder hat, **Gesamtgeschäftsführungsbefugnis** und **Gesamtvertretungsmacht** [§§ 77, 78 AktG]. Abweichende Bestimmungen müssen in der Satzung niedergelegt sein. Einzelvertretungsmacht muss aber, um wirksam zu sein, im Handelsregister eingetragen werden [§ 81 AktG].
Unterrichtung des Aufsichtsrats	Der Vorstand hat den Aufsichtsrat über die **Geschäftslage der AG** [§ 90 AktG] regelmäßig zu unterrichten.
Erstellung des Jahresabschlusses[1]	Der Jahresabschluss besteht aus der **Bilanz** mit der **Gewinn- und Verlustrechnung** [§ 242 HGB] und dem **Anhang**. Daneben hat der Vorstand mittlerer und großer Aktiengesellschaften einen **Lagebericht** aufzustellen [§ 264 HGB]. Der Jahresabschluss und der Lagebericht sind bei großen Aktiengesellschaften[2] in den **ersten drei Monaten des Geschäftsjahres** für das vergangene Geschäftsjahr aufzustellen [§ 264 I, S. 3 HGB]. Der Vorstand hat den Jahresabschluss und den Lagebericht unverzüglich nach der Aufstellung dem **Aufsichtsrat vorzulegen** [§ 170 I AktG], und zwar zusammen mit einem **Vorschlag über die Verwendung des Bilanzgewinns** [§ 170 II AktG].

---

1 Der Jahresabschluss der AG wird in Kapitel 12, S. 349 ff. behandelt. In diesem Kapitel wird auch die Prüfungs- und Offenlegungspflicht (Publizitätspflicht) der AG dargestellt (vgl. S. 350).
2 Zu den Begriffen große, mittelgroße und kleine Aktiengesellschaft siehe S. 349.

Einberufung der ordentlichen Hauptversammlung¹	■ Einberufung der ordentlichen Hauptversammlung mindestens einmal jährlich [§ 121 AktG] sowie einer außerordentlichen Hauptversammlung bei hohen Verlusten, Überschuldung oder Zahlungsunfähigkeit [§ 92 AktG].
	■ Die ordentliche Hauptversammlung hat in den ersten acht Monaten des Geschäftsjahres zur Entgegennahme des Jahresabschlusses und des Lageberichts sowie zur Beschlussfassung über die Verwendung des Bilanzgewinns stattzufinden [§ 175 I AktG]. Bei Publikumsgesellschaften erfolgt die Einberufung der Hauptversammlung durch eine Veröffentlichung der Tagesordnung in den Gesellschaftsblättern. Außerdem werden die Daten an die Banken weitergeleitet, die diese dann an die betroffenen Depotkunden weitergeben.

(3) Einhaltung des Wettbewerbsverbots

Die Vorstandmitglieder dürfen ohne Einwilligung des Aufsichtsrats weder ein Handelsgewerbe betreiben noch im Geschäftszweig der Gesellschaft für eigene oder fremde Rechnung Geschäfte machen. Sie dürfen ohne Einwilligung auch nicht Mitglied des Vorstands oder Geschäftsführer oder persönlich haftender Gesellschafter einer anderen Handelsgesellschaft sein. Verstößt ein Vorstandsmitglied gegen dieses Verbot, so kann die Gesellschaft z. B. Schadensersatz fordern (Näheres siehe § 88 II AktG).

(4) Vergütung

Die Bezüge der Vorstandsmitglieder können sich zusammensetzen aus einem Gehalt, Gewinnbeteiligungen, Aufwandsentschädigungen, Versicherungsentgelte, Provisionen und Nebenleistungen jeder Art. Der Aufsichtsrat hat jedoch dafür zu sorgen, dass die Gesamtbezüge in einem angemessenen Verhältnis zu den Aufgaben des Vorstandsmitglieds und zur Lage der Gesellschafter stehen (Näheres siehe § 87 AktG).

(5) Öffentlichkeit

Die Zusammensetzung des Vorstands sowie jede Änderung des Vorstands oder der Vertretungsbefugnis eines Vorstandsmitglieds hat der Vorstand zur Eintragung ins Handelsregister anzumelden [§ 81 I AktG]. Die neuen Vorstandsmitglieder haben ihre Namensunterschrift zur Aufbewahrung beim Gericht zu zeichnen [§ 81 IV AktG]. Der Vorsitzende des Vorstands ist zu benennen. Die Namen der Vorstandsmitglieder sind auf den Geschäftsbriefen der AG anzugeben [§ 80 I, S. 1 AktG].

---

1 Die Hauptversamlung kann unter bestimmten Bedingungen auch auf Verlangen der Aktionäre einberufen werden (siehe § 122 AktG).

8.8.3.2 Aufsichtsrat

(1) Wahl, Zusammensetzung und Anzahl der Aufsichtsratsmitglieder

Durch die verschiedenen Gesetze zur Stärkung der **Mitbestimmungsrechte** der Arbeitnehmer und Gewerkschaften gelten bezüglich der **Wahl, Zusammensetzung** und **Zahl der Aufsichtsräte** unterschiedliche Vorschriften.

■ **Mitbestimmung der Arbeitnehmer nach dem Drittelbeteiligungsgesetz von 2004 (Drittel-Parität)**[1]

Zahl der Aufsichts-ratsmitglieder	Der Aufsichtsrat der Aktiengesellschaften besteht aus drei Mitgliedern. In der Satzung kann eine bestimmte höhere Zahl (bis zu 21 Mitgliedern, bei einem Grundkapital von mehr als 10 Mio. EUR) festgesetzt sein. Die Zahl muss jedoch stets durch drei teilbar sein [§ 95 AktG].
Wahl und Zusammensetzung	■ Der Aufsichtsrat besteht zu $^2/_3$ **aus Vertretern der Aktionäre** und zu $^1/_3$ **aus Arbeitnehmervertretern** [§§ 1 I, 4 I DrittelbG]. Die Zahl der Arbeitnehmervertreter schwankt somit zwischen eins und sieben, je nachdem, wie hoch die Gesamtzahl der Aufsichtsratsmitglieder ist. ■ Sind **mehr** als zwei Aufsichtsratsmitglieder der Arbeitnehmer zu wählen, müssen mindestens **zwei Aufsichtsratsmitglieder als Arbeitnehmer im Unternehmen beschäftigt** sein [§ 4 II DrittelbG]. Bei drei zu wählenden Arbeitnehmervertretern kann ein „außenstehender" Vertreter (z.B. ein Vertreter der Gewerkschaften) gewählt werden. **Aufsichtsrat: 9 Mitglieder** 6 Vertreter der Aktionäre | 2 Arbeitnehmer des Betriebs / 1 außenstehender Vertreter ■ Bei den Aufsichtsratsmitgliedern der Arbeitnehmer sollen die **Frauen und Männer** entsprechend ihrem **zahlenmäßigen Verhältnis im Unternehmen** vertreten sein [§ 4 IV DrittelbG]. ■ Die Wahl erfolgt aufgrund von **Wahlvorschlägen der Betriebsräte und Arbeitnehmer** (Näheres siehe § 6 DrittelbG). Wahlberechtigt sind alle Arbeitnehmer des Unternehmens, die das 18. Lebensjahr vollendet haben [§ 5 DrittelbG]. Die Aufsichtsratsmitglieder werden für 4 Jahre gewählt [§ 100 I AktG].
Rechtsstellung	■ Die Arbeitnehmervertreter im Aufsichtsrat haben grundsätzlich die gleichen Rechte und Pflichten wie die übrigen Mitglieder, was auch hinsichtlich der Vergütung gilt. Die Arbeitnehmervertreter sind **nicht** an Aufträge oder Weisungen ihrer Wähler, der Betriebsräte und Gewerkschaften gebunden. Sie haben die Interessen des Unternehmens wahrzunehmen und tragen für ihre Tätigkeit die gleiche Verantwortung wie die von den Aktionären gewählten Aufsichtsratsmitglieder. ■ Die Arbeitnehmervertreter dürfen bei der Ausübung ihrer Tätigkeit nicht gestört oder gehindert und wegen ihrer Tätigkeit im Aufsichtsrat auch nicht benachteiligt oder begünstigt werden [§ 9 DrittelbG]. Auch für die Arbeitnehmervertreter gilt die Verschwiegenheitspflicht.

---

[1] Im Folgenden wird die Vertretung der Arbeitnehmer im Aufsichtsrat am Beispiel der Aktiengesellschaft mit in der Regel **mehr als 500 bis zu 2 000 Arbeitnehmern** dargestellt (**kleine Aktiengesellschaft**).

- **Mitbestimmung der Arbeitnehmer nach dem Mitbestimmungsgesetz von 1976 (gleichgewichtige Mitbestimmung)**[1]
- **Aufsichtsratsmitglieder**

Anzahl der Aufsichtsratsmitglieder	Die Zahl der Aufsichtsratsmitglieder hängt von der Anzahl der in der Regel beschäftigten Arbeitnehmer ab. Der Aufsichtsrat besteht in Unternehmen mit in der Regel bis zu - 10 000 Arbeitnehmern aus 12 Mitgliedern, - bei 10 001 bis 20 000 Arbeitnehmern aus 16 Mitgliedern und bei - mehr als 20 000 Arbeitnehmern aus insgesamt 20 Mitgliedern [§ 7 I MitbestG 1976]. Die **Anteilseigner** und die **Arbeitnehmervertreter** erhalten **jeweils die Hälfte der Aufsichtsratssitze** (jeweils 6 bzw. 8 oder 10 Vertreter) [§ 7 I MitbestG 1976].
Wahl der Aufsichtsratsmitglieder	- Die **Aufsichtsratsmitglieder der Aktionäre** werden von der **Hauptversammlung** gewählt [§ 8 I MitbestG 1976]. Die **Aufsichtsratsmitglieder der Arbeitnehmer** [§ 7 II MitbestG 1976] werden in Unternehmen mit in der Regel **bis zu 8 000 Arbeitnehmern direkt durch die wahlberechtigten Arbeitnehmer (Belegschaft)** gewählt. In Unternehmen mit in der Regel **über 8 000 Arbeitnehmern** soll die Wahl der Arbeitnehmer zum Aufsichtsrat durch **Delegierte (indirekte Wahl)** erfolgen [§ 9 I MitbestG]. - Die überwiegende Zahl der Arbeitnehmer im Aufsichtsrat muss aus dem Unternehmen kommen (siehe § 7 II MitbestG 1976). Unter den unternehmensangehörigen Aufsichtsratsmitgliedern müssen mindestens ein Vertreter der Arbeiter, ein Vertreter der Angestellten und ein Vertreter der leitenden Angestellten sein [§ 15 II MitbestG 1976]. - Gewählt wird nach den Grundsätzen der **Verhältniswahl** und **geheim** [§§ 10 I, 15 I MitbestG 1976]. Die Aufsichtsratsmitglieder werden für 4 Jahre gewählt [§ 100 I AktG].
Wahl des Vorsitzenden/ Stellvertreters	- Der Vorsitzende und sein Stellvertreter müssen mit einer „Zwei-Drittel-Mehrheit" aller Aufsichtsratsmitglieder gewählt werden. Wenn diese Mehrheit nicht erreicht wird, wählen die **Aufsichtsratsmitglieder der Anteilseigner** aus ihrer Mitte den **Aufsichtsratsvorsitzenden,** diejenigen der **Arbeitnehmer** den **Stellvertreter** [§ 27 I, II MitbestG 1976]. Damit ist sichergestellt, dass praktisch immer ein Vertreter der Kapitalseite den Aufsichtsratsvorsitz hat. - Bei weiteren Abstimmungen des Aufsichtsrats gilt das Mehrheitsprinzip. Bei **Stimmengleichheit (Patt-Situationen)** erfolgt eine **zweite Abstimmung,** bei der dann **der Aufsichtsratsvorsitzende zwei Stimmen** hat (Stichentscheid). Dem Stellvertreter steht diese zweite Stimme nicht zu [§ 29 MitbestG 1976]. Diese Regelung bedeutet einen Verzicht auf die vor allem von den Gewerkschaften geforderte echte paritätische Mitbestimmung. Man spricht deshalb auch nicht von der paritätischen Mitbestimmung, sondern von der **gleichwertigen** bzw. **gleichgewichtigen Mitbestimmung**.
Beispiel	**Aufsichtsrat: 12 Mitglieder** 6 Vertreter der Aktionäre → Aufsichtsratsvorsitzender ← 4 Arbeitnehmer (mindestens 1 Arbeiter, 1 Angestellter, 1 leitender Angestellter) + 2 Vertreter der Gewerkschaften

---

1 Im Folgenden wird die Vertretung der Arbeitnehmer im Aufsichtsrat am Beispiel der Aktiengesellschaft mit in der Regel **mehr als 2 000 Arbeitnehmern** dargestellt **(große Aktiengesellschaft)**.

■ **Arbeitsdirektor**

Für die Geschäftsführung der dem Mitbestimmungsgesetz 1976 unterliegenden Unternehmen wird ein Arbeitsdirektor vorgeschrieben. Dieser ist ein gleichberechtigtes Mitglied im Vertretungsorgan der Unternehmen und insbesondere für die sozialen und personellen Angelegenheiten des Unternehmens zuständig [§ 33 MitbestG 1976]. Der Arbeitsdirektor wird wie alle anderen Vorstandsmitglieder gewählt (bestellt). Die Arbeitnehmervertreter haben mithin bei der Bestellung und Abberufung des Arbeitsdirektors kein Vetorecht.

(2) Persönliche Voraussetzungen für Aufsichtsratsmitglieder

Im eigenen Unternehmen kann ein Aufsichtsratsmitglied nicht zugleich Vorstandsmitglied, dauernder Stellvertreter von Vorstandsmitgliedern, Prokurist oder zum gesamten Geschäftsbetrieb ermächtigter Handlungsbevollmächtigter der Gesellschaft sein [§ 105 I AktG].

Grundsätzlich kann ein Vorstandsmitglied einer AG bei einer anderen Kapitalgesellschaft Aufsichtsratsmitglied sein. Allerdings ist eine Höchstzahl zu beachten.[1] Mitglied eines Aufsichtsrats kann nicht sein, wer bereits in zehn Handelsgesellschaften, die gesetzlich einen Aufsichtsrat zu bilden haben, Aufsichtsratsmitglied ist [§ 100 II, S. 1, Nr. 1 AktG]. Auf die Höchstzahl werden aber bis zu fünf Aufsichtsratssitze bei Konzerntochtergesellschaften nicht angerechnet [§ 100 II, S. 2 AktG].

Um die Überwachungsfunktion des Aufsichtsrats über den Vorstand zu sichern, sind folgende zwei Fälle verboten:

■ Der Vorstand eines abhängigen Unternehmens (Tochterunternehmen) kann nicht Aufsichtsratsmitglied bei herrschenden Unternehmen (Muttergesellschaft) sein [§ 100 II, S. 1, Nr. 2 AktG].

■ Die Entsendung von gesetzlichen Vertretern (Vorstandsmitgliedern, Geschäftsführern) anderer Kapitalgesellschaften in den Aufsichtsrat einer AG ist nicht möglich, wenn ein Vorstandsmitglied dieser AG bereits dem Aufsichtsrat der anderen Kapitalgesellschaft angehört (Überkreuzverflechtung) [§ 100 II, S. 1, Nr. 3 AktG].

---

1 **Zur Erinnerung**: Die Höchstzahl der Aufsichtsratsmitglieder beträgt bei Gesellschaften mit einem Grundkapital von mehr als 10 Mio. EUR einundzwanzig [§ 95 AktG].

(3) Aufgaben des Aufsichtsrats

Die Aufgaben des Aufsichtsrats sind vor allem:

- **Bestellung des Vorstands,** Abberufung des Vorstands, wenn wichtige Gründe (z.B. Pflichtverletzungen) vorliegen, Überwachung des Vorstands, Einsicht und Prüfung der Geschäftsbücher [§§ 84, 111 AktG].
- **Prüfung des Jahresabschlusses,** des Lageberichts und des Vorschlags für die Verwendung des Bilanzgewinns [§ 171 I AktG].
- **Einberufung einer außerordentlichen Hauptversammlung,** wenn es das Wohl der Gesellschaft erfordert (z.B. bei Eintritt hoher Verluste [§ 111 III AktG]).

(4) Vergütung

Für seine Tätigkeit erhält der Aufsichtsrat in der Regel eine **Vergütung (Tantieme),** deren Höhe entweder in der Satzung festgelegt ist oder durch die Hauptversammlung beschlossen wird [§ 113 AktG]. Da die Aufsichtsratsmitglieder keine Angestellten der AG sind, erhalten sie **kein Gehalt.**

(5) Öffentlichkeit

Name, Beruf und Wohnort der Aufsichtsratsmitglieder müssen dem Registergericht gemeldet werden. Sie werden aber nicht eingetragen, sondern nur in den Gesellschaftsblättern veröffentlicht. Der Vorstand hat jeden Wechsel der Aufsichtsratsmitglieder unverzüglich in den Gesellschaftsblättern bekannt zu machen und die Bekanntmachung zum Handelsregister einzureichen [§ 106 AktG]. Der Name des Vorsitzenden des Aufsichtsrats ist auf den Geschäftsbriefen anzugeben [§ 80 I, S. 1 AktG].

8.8.3.3 Hauptversammlung

Die Hauptversammlung als **beschließendes Organ** der Aktiengesellschaft ist die **Versammlung der Gesellschafter (Aktionäre).** In der Hauptversammlung nehmen die **Aktionäre ihre Rechte**[1] durch **Ausübung des Stimmrechts** wahr [§ 118 I AktG].

Wichtige **Aufgaben der Hauptversammlung** sind z.B.:

| Wahl der AR-Mitglieder der Anteilseigner [§§ 101, 102 I, 119 AktG] Abberufung der AR-Mitglieder [§ 103 AktG] | Beschließt über Grundfragen der AG (z.B. Satzungsänderung, Kapitalerhöhung und -herabsetzung, Verschmelzung, Auflösung) [§§ 118ff., 179ff. AktG] | Entlastung der Vorstands- und AR-Mitglieder (Entlastung: nachträgliche Billigung der Tätigkeit des Vorstands und des AR) [§ 120 AktG] | Entgegennahme des Jahresabschlusses, des Lageberichts und des Berichts des Aufsichtsrats [§ 120 III AktG] Beschluss über die Verwendung des Bilanzgewinns. Sie ist hierbei an den festgestellten Jahresabschluss gebunden [§ 174 AktG] |

---

[1] Eine detaillierte Darstellung der Rechte und Pflichten der Aktionäre erfolgt auf S. 188 f.

Jedem Aktionär ist auf Verlangen in der Hauptversammlung vom Vorstand Auskunft über Angelegenheiten der Gesellschaft zu geben, soweit sie zur sachgemäßen Beurteilung des Gegenstands der Tagesordnung erforderlich ist [§ 131 I, S. 1 AktG]. Allerdings darf die Auskunft verweigert werden, wenn dadurch der Gesellschaft oder einem verbundenen Unternehmen ein nicht unerheblicher Nachteil zugefügt würde (zu Einzelheiten vgl. § 131 III AktG). Im Zweifelsfall entscheidet das Gericht über die Berechtigung einer Auskunftsverweigerung.

Die **ordentliche Hauptversammlung** muss jährlich in den ersten 8 Monaten des Geschäftsjahres zur Entgegennahme des Jahresabschlusses und des Lageberichts sowie zur Beschlussfassung über die Verwendung des Bilanzgewinnes einberufen werden.[1] Gründe für die Einberufung der **außerordentlichen Hauptversammlung** sind: hohe Verluste, Überschuldung oder Zahlungsunfähigkeit.

8.8.4 Auflösung der Aktiengesellschaft

Die Auflösung der Aktiengesellschaft ist in den §§ 262 ff. AktG geregelt. Neben der zwangsweisen Auflösung im Rahmen eines **Insolvenzverfahrens** wegen **Zahlungsunfähigkeit** und/oder **Überschuldung** kann die AG auch durch **Beschluss der Hauptversammlung** mit einer qualifizierten Mehrheit von mindestens drei Viertel des bei der Beschlussfassung vertretenen Grundkapitals aufgelöst werden. Die Satzung kann weitere Auflösungsgründe bestimmen.

8.8.5 Merkmalsübersicht zur AG

Personenzahl	Eine AG wird von mindestens **einem** beschränkt haftenden Gesellschafter **(Aktionär)** gegründet.
Form der Gründung	Der Gesellschaftsvertrag (Satzung) ist immer **notariell zu beurkunden**. Die Eintragung ins Handelsregister hat konstitutive Wirkung. Die AG wird zur juristischen Person.
Haftungsverhältnisse	Bei **jedem Aktionär** ist die Haftung auf den Geschäftsanteil **beschränkt** (Risikohaftung). Sie haften nicht für Verbindlichkeiten der AG.
Eigenkapitalaufbringung	Das Eigenkapital stellen die Aktionäre zur Verfügung. Das **gezeichnete Kapital** (Grundkapital) muss mindestens 50 000,00 EUR betragen.
	Die Vorstand und Aufsichtsrat sowie die Hauptversammlung müssen einen Teil der erzielten Gewinne anstelle einer Ausschüttung in die **Gewinnrücklagen** einstellen und so die Eigenkapitalbasis verbessern. Die Eigenkapitalbasis kann auch mittels **Kapitalerhöhungen** durch Ausgabe junger Aktien verbessert werden.
Kreditwürdigkeit	Die Kreditwürdigkeit ist aufgrund der beschränkten Haftung der Aktionäre allein vom durch Eigenkapital finanzierten Geschäftsvermögen und den Zukunftsaussichten für die AG abhängig.

---

1 Siehe S. 219 f.

Geschäftsführung/ Mitarbeit	Die Geschäftsführung, d. h. die Leitung des Unternehmens im Innenverhältnis, obliegt den vom Aufsichtsrat bestimmten Vorstandsmitgliedern gemeinsam (**Gesamtgeschäftsführungsbefugnis**). Vorstände sind in der Regel **Auftragsunternehmer (Manager)**. Sie werden vom Aufsichtsrat überwacht.
Vertretung	Die Vorstandsmitglieder haben eine **Gesamtvertretungsbefugnis** des Unternehmens gegenüber Dritten.
Gewinn- und Verlustverteilung	Die Aktionäre haben einen Anspruch auf **Anteil am Bilanzgewinn** (Jahresüberschuss abzüglich Verlustvortrag und gebildete Gewinnrücklagen). Bei **Verlusten** sinkt der Wert der Aktien.

8.8.6 Bedeutung der Aktiengesellschaft

(1) Leichtere Kapitalbeschaffung

Durch die Aufteilung des Grundkapitals in viele kleine Kapitalanteile sind die Aktiengesellschaften in der Lage, große Kapitalbeträge anzusammeln und zu investieren. Die Aktiengesellschaft ist damit die ideale Unternehmensform für Großunternehmen. Sie sind in der Regel an der Börse notiert.

Börsennotierung der AG	
Vorteil	**Nachteile**
■ Zugang zum Kapitalmarkt (z. B. Kapitalerhöhungen leichter möglich), ■ bessere Wachstumschancen, ■ Unabhängigkeit von Banken, ■ Steigerung des Bekanntheitsgrads, ■ erleichtert die Kapitalbeteiligung des Managements und der Mitarbeiter, ■ vereinfacht die Unternehmensnachfolge.	■ Erhöhte Publizitätspflichten (z. B. Dreimonatsberichte), ■ notarielle Beurkundung aller Hauptversammlungsbeschlüsse, ■ unkontrollierbare Mehrheitsverschiebungen in der Hauptversammlung, ■ höhere Kosten (Zulassungsgebühren, Bankprovisionen).

Die starke Marktstellung der großen Kapitalgesellschaften ermöglicht diesen, hohe soziale Leistungen für ihre Belegschaftsmitglieder zu erbringen (z. B. übertarifliche Löhne, zusätzliche Altersversorgung, Ferienheime usw.). Zum Abbau der Interessenkonflikte zwischen Arbeitnehmern (primäres Interesse an hohen Löhnen bzw. Sicherung des Arbeitsplatzes) und dem Kapital (primäres Interesse an der Kapitalbildung bzw. dem Unternehmenswachstum) tragen die verschiedenen Mitbestimmungsgesetze bei.

Schließlich sind die großen Unternehmen aufgrund ihrer Kapitalkraft in der Lage, kostspielige Forschungsvorhaben zu finanzieren und durchzuführen (z. B. Auffinden neuer Rohstoffquellen, Entwicklung neuer Technologien). Sie sind daher wesentliche Träger der weiteren Produktivitätsentwicklung. Andererseits sind sie aufgrund ihrer Größe wenig flexibel, weil grundsätzliche Entscheidungen lange brauchen.

> Die Aktiengesellschaft ist die Unternehmensform für kapitalintensive Großunternehmen, die teure Betriebsanlagen benötigen, hohe Aufwendungen für Forschung und Entwicklung haben und eine Vielzahl von qualifizierten und hoch bezahlten Mitarbeitern anstellen.

(2) Kompetentere Unternehmensführung

Ein Vorteil der Trennung von Unternehmensleitung und Eigenkapitalaufbringung ist, dass ausgesuchte qualifizierte Fachleute mit der Unternehmensleitung beauftragt werden können. Allerdings birgt die Trennung von Eigenkapital und Management (Geschäftsleitung), also die Entstehung von „Manager-Unternehmern", die Gefahr in sich, dass einzelne Personen ohne jeden Anteil am Eigenkapital des verwalteten und vertretenen Unternehmens ihre unbestreitbar große wirtschaftliche und politische Macht missbrauchen. Es ist daher kein Zufall, dass die Mitbestimmung gerade bei den Aktiengesellschaften am weitesten vorangetrieben wurde.

> Die Führung der Aktiengesellschaft kann besonders geeigneten und tüchtigen Fachkräften übertragen werden. Durch die Verteilung der Verantwortung auf mehrere Personen wird die Notwendigkeit einer guten Unternehmensführung besser sichergestellt.

(3) Gesamtwirtschaftliche Bedeutung

Ein weiterer Vorteil der Aktiengesellschaft ist die beschränkte, mittelbare Haftung der Aktionäre. Damit kann auch ein wirtschafts- und sozialpolitisches Ziel der sozialen Marktwirtschaft, nämlich eine größere Unternehmensbeteiligung der Arbeitnehmer verfolgt werden.

Die Gefahr für eine marktwirtschaftlich orientierte Wirtschaftsordnung besteht allerdings darin, dass die Möglichkeit, jederzeit Aktien anderer Unternehmen aufkaufen zu können, die Konzentration (z. B. die Machtzusammenballung durch Konzernbildung) erleichtert. Durch hintereinandergeschaltete Beteiligungen kann so mit verhältnismäßig geringem Kapital eine Gruppe von Manager-Unternehmern (denen kein „Cent" an den beherrschten Unternehmen „gehören" muss) eine Vielzahl von Unternehmen beherrschen.

> Große Kapitalgesellschaften haben den Vorteil, dass sie zu einer breiteren Streuung der Beteiligung der Arbeitnehmer am Produktivvermögen beitragen können. Andererseits besteht die Gefahr, dass es über Verflechtungen zu einer Konzentration der Wirtschaftsmacht kommt.

Zusammenfassung

- Die **AG** ist vor allem durch folgende **Merkmale** charakterisiert: (1) juristische Person; (2) Handelsgesellschaft; (3) Aktionäre sind mit Einlagen am Grundkapital beteiligt; (4) keine persönliche Haftung der Aktionäre.

- Die **Firma** der AG muss die Bezeichnung „Aktiengesellschaft" oder eine allgemein verständliche Abkürzung dieser Bezeichnung enthalten.

- Zur **Gründung** der AG sind erforderlich: (1) ein oder mehrere Gründer; (2) Satzung; (3) Mindestnennbetrag des Grundkapitals 50 000,00 EUR; (4) Übernahme der Aktien durch die Gründer; (5) Eintragung ins Handelsregister.

Art der AG	Geltendes Gesetz	Vorschriften über den AR
Aktiengesellschaften mit 500 bis 2 000 Arbeitnehmern [§ 1 DrittelbG]	**DrittelbG 2004**	Der AR besteht aus mindestens 3 Personen oder aus einer höheren durch drei teilbaren Mitgliederzahl. Die HV wählt $2/3$, die Arbeitnehmer oder deren Delegierte wählen $1/3$ der AR-Mitglieder (**„Drittel-Parität"**). Höchstzahl 21 Mitglieder.
Aktiengesellschaften mit i. d. R. mehr als 2 000 Arbeitnehmern [§ 1 MitbestG]	**MitbestG 1976**	Der AR hat 12 bis 20 Mitglieder. Die Hälfte wird grundsätzlich von der HV gewählt (Vertreter der Aktionäre). Die übrigen AR-Mitglieder der Arbeitnehmer (von denen ein Mitglied Vertreter der leitenden Angestellten sein muss) werden von den Delegierten der Arbeitnehmer oder direkt von den wahlberechtigten Arbeitnehmern gewählt (**„gleichgewichtige Mitbestimmung"**).

- Die **Bestellung, Rechtsstellung und Aufgaben der Organe der Aktiengesellschaft** lassen sich aus nachstehender Abbildung entnehmen:

Vorstand
(Leitungsorgan)

bestellt auf 5 Jahre

Aufsichtsrat
(Überwachungsorgan)

auf 4 Jahre

wählt die Hälfte der Aufsichtsratsmitglieder

wählen die Hälfte der Aufsichtsratsmitglieder auf Vorschlag der Belegschaft, Gewerkschaft und leitenden Angestellten

Hauptversammlung der Aktionäre
(Beschlussfassungsorgane)

Wahlberechtigte Arbeitnehmer
(Belegschaft) oder Delegierte

Wahl des Aufsichtsrats nach dem Gesetz über die Mitbestimmung der Arbeitnehmer
(MitbestG: Mitbestimmungsgesetz) vom 4. Mai 1976

Übungsaufgaben

87 Gründung und Organe der AG

Karl Schwarzbauer aus Neustadt hatte vor 20 Jahren eine Idee: Er nahm den Großunternehmen der pharmazeutischen und kosmetischen Industrie die teure Aufgabe ab, Pröbchen zu verpacken und zu versenden. Sechs Jahre später holte er von namhaften Herstellern immer mehr Aufträge herein, sodass er neue Verpackungsmaschinen kaufte und von Jahr zu Jahr mehr Mitarbeiter einstellen konnte. Zurzeit beschäftigt Karl Schwarzbauer 620 Arbeitskräfte. Die Zukunftsaussichten sind so gut, dass Karl Schwarzbauer eine Aktiengesellschaft gründet, um die Eigenkapitalbasis des Unternehmens zu erweitern.

Aufgaben:

1. Das Grundkapital der neu zu gründenden Aktiengesellschaft soll 10 Mio. EUR betragen. Die Aktien sollen auf den gesetzlichen Mindestnennwert lauten und zum Ausgabekurs von 1,70 EUR emittiert (ausgegeben) werden. Die Hälfte der Aktien will Karl Schwarzbauer übernehmen, indem er sein Unternehmen in die AG einbringt.
    1.1 Erörtern Sie drei Vorteile, die Herr Schwarzbauer durch die Gründung einer AG hat!
    1.2 Die neue AG soll „Verpackungs-Logistik AG" heißen. Prüfen Sie, ob diese Firma den Erfordernissen des Aktiengesetzes entspricht!
    1.3 Zeigen Sie auf, warum Herr Schwarzbauer ausgerechnet 50 % der Aktien übernehmen will!
    1.4 Geben Sie die rechtlichen Erfordernisse an, die Herr Schwarzbauer erfüllen muss, bevor die neue Aktiengesellschaft ins Handelsregister eingetragen wird!
    1.5 In der von Herrn Schwarzbauer und seinem Rechtsanwalt Herrn Dr. Winterhalder verfassten Satzung wird festgelegt, dass die AG von einem Vorstand geleitet und vertreten werden soll. Beurteilen Sie, ob diese Regelung rechtlich möglich ist!
2. Die Aktiengesellschaft wird zum 1. April 20.. in das Handelsregister eingetragen. Sie wird damit Kaufmann kraft Rechtsform. Erläutern Sie, was hierunter zu verstehen ist!
3. Sämtliche Aktien wurden termingerecht untergebracht (verkauft). Zur ersten Hauptversammlung erscheinen 36 Aktionäre, die 80 % des Grundkapitals vertreten.
    3.1 Untersuchen Sie, wie viel Stimmen Herr Schwarzbauer hat und wie viel Stimmen die in der Hauptversammlung erschienenen Aktionäre haben!
    3.2 Nennen Sie fünf wichtige Aufgaben der Hauptversammlung!
4. Der Aufsichtsrat der Verpackungs-Logistik AG wird nach dem DrittelbG gewählt. Die Satzung sieht für den Aufsichtsrat keine höhere Mitgliederzahl als das Aktiengesetz vor. Zum Aufsichtsratsvorsitzenden wird Herr Schwarzbauer gewählt.
    4.1 Stellen Sie fest, wie viele Aufsichtsratsmitglieder zu wählen sind!
    4.2 Geben Sie an, wer den Aufsichtsrat wählt!
    4.3 Nennen und beschreiben Sie fünf wesentliche Aufgaben des Aufsichtsrats!
    4.4 Begründen Sie, warum der Aufsichtsrat kein Gehalt erhält, i.d.R. jedoch eine Tantieme!
5. Karl Schwarzbauer wird vom Aufsichtsrat zum Vorstand bestimmt. Erläutern Sie, welche Aufgaben Herrn Schwarzbauer dadurch übertragen werden! (Nennen Sie fünf Beispiele!)
6. Aufgrund eines Buchungsfehlers wird die Eingangsrechnung des langjährigen Lieferers Karl Baumann, Verpackungsmaschinen GmbH, in Freiburg nicht beglichen. Karl Baumann wendet sich daher an Karl Schwarzbauer persönlich und verlangt Zahlung. Beurteilen Sie die Rechtslage!

88 Vergleich von OHG und AG

1. Die Franz Schneider OHG liefert seit Langem Tuche an die Kleiderfabrik Schorndorf AG, deren Vorstand Herr Dipl.-Kfm. Moder ist. In letzter Zeit erfolgen die Zahlungen der Schorndorf AG nur schleppend, die Bezahlung einiger Rechnungen steht trotz mehrmaliger Mahnungen aus. Die Franz Schneider OHG will daher Herrn Moder auf Zahlung verklagen.

   Aufgaben:
   1.1 Untersuchen Sie, ob die Franz Schneider OHG den Vorstand auf Zahlung verklagen kann!
   1.2 Prüfen Sie, ob es sinnvoller wäre, die Aktionäre zu verklagen!
   1.3 Klären Sie die Haftung, falls Vorstand und/oder Aktionäre nicht haften!

2. In der Hauptversammlung der Steinbach AG ist die Mehrheit der Anwesenden der Meinung, dass der Vorstand den Umsatzrückgang des vergangenen Jahres durch leichtsinnige Geschäftsführung verschuldet habe. Man verlangt die Absetzung des Vorstands.

   Aufgaben:
   2.1 Nennen Sie den Personenkreis, der in der Hauptversammlung vertreten ist!
   2.2 Untersuchen Sie, ob die Hauptversammlung den Vorstand absetzen kann? Begründen Sie Ihre Entscheidung!
   2.3 Prüfen Sie, ob die Hauptversammlung überhaupt einen Einfluss darauf hat, wer Vorstand einer AG wird!

3. Nennen Sie die Gründe, warum die meisten großen Unternehmen die Rechtsform der Aktiengesellschaft (AG) aufweisen!

4. Vergleichen Sie in gegenüberstellender Weise die OHG und die AG hinsichtlich folgender Probleme:
   4.1 Vorschriften zur Aufstellung des Gesellschaftsvertrags im Hinblick auf Inhalt und Form,
   4.2 Entstehung der beiden Gesellschaften,
   4.3 Eigentum am Vermögen nach Entstehen der Gesellschaften,
   4.4 Gründung einer Aktiengesellschaft und einer offenen Handelsgesellschaft,
   4.5 Haftung der Gründer vor dem Entstehen einer AG und einer OHG,
   4.6 Voraussetzungen für nachträgliche Gesellschaftsvertrags- bzw. Satzungsänderungen nach den gesetzlichen Bestimmungen bei der OHG und der AG,
   4.7 Geschäftsführungs- und Vertretungsrecht.

5. Vergleichen Sie die GmbH (einschließlich der Unternehmergesellschaft) mit der Aktiengesellschaft im Hinblick auf folgende Merkmale: Gründung, Firma, Geschäftsführung, Vertretung, Haftung und Organe!

Zusammenfassender Vergleich der Gesellschaftsunternehmen

Merkmale	Offene Handelsgesellschaft (OHG)	Kommanditgesellschaft (KG)	Aktiengesellschaft (AG)	Gesellschaft mit beschränkter Haftung (GmbH)
Rechtsgrundlagen	§§ 105 – 160 HGB Ergänzend BGB	§§ 161 – 177a HGB Ergänzend Vorschriften über die OHG	Aktiengesetz vom 6. Sept. 1965 mit Änderungen	GmbH-Gesetz vom 20. April 1892 mit Änderungen
Gründung Form Anzahl der Gründer Firma Eintragung in das Handelsregister (HR)	Gesellschaftsvertrag zwischen mindestens zwei natürlichen und/oder juristischen Personen (kein gesetzlicher Formzwang). Die Firma, unter der die OHG ihre Rechtsgeschäfte abschließt, muss die Bezeichnung „offene Handelsgesellschaft" oder eine allgemein verständliche Abkürzung dieser Bezeichnung enthalten [§ 19 I, Nr. 2 HGB]. Keine Einmanngesellschaft möglich. Eintragung ins HR notwendig (deklaratorische Wirkung). Entstehung (Außenwirkung) mit Aufnahme der Geschäfte, spätestens mit Eintragung ins HR.	Gesellschaftsvertrag zwischen mindestens einem Vollhafter (Komplementär) und mindestens einem Teilhafter (Kommanditisten); (wie bei der OHG kein gesetzlicher Formzwang). Die Firma der KG muss die Bezeichnung „Kommanditgesellschaft" oder eine allgemein verständliche Abkürzung dieser Bezeichnung enthalten [§ 19 I, Nr. 3 HGB]. Keine Einmanngesellschaft möglich. Wie bei der OHG Eintragung in das HR notwendig.	Notariell beurkundeter Gesellschaftsvertrag (Satzung), Mindestinhalt gesetzlich vorgeschrieben. Strenge, ausführliche Gründungsvorschriften und Gründungsprüfung. Mindestens ein Gründer, der eine natürliche oder juristische Person sein kann. Auch eine OHG oder eine KG können zu den Gründern gehören. Die Firma muss die Bezeichnung „Aktiengesellschaft" oder eine allgemein verständliche Abkürzung dieser Bezeichnung enthalten [§ 4 AktG]. Von der Errichtung der AG (nach Übernahme aller Aktien durch die Gründer) ist die Entstehung der AG als juristische Person nach erfolgter Eintragung in das HR zu unterscheiden. HR-Eintragung ist erforderlich (rechtsbegründende Wirkung).	Notariell beurkundeter Gesellschaftsvertrag. Ein oder mehrere Gründer, die natürliche oder juristische Personen sein können. Auch eine OHG oder KG kann zu den Gründern gehören. Gesetzlicher Formzwang, jedoch keine Gründungsprüfung wie bei der AG. Die Firma muss die Bezeichnung „Gesellschaft mit beschränkter Haftung" oder eine allgemein verständliche Abkürzung dieser Bezeichnung enthalten [§ 4 GmbHG]. HR-Eintragung ist erforderlich, erst mit der erfolgten Eintragung erlangt die GmbH ihre Rechtsfähigkeit, wird diese juristische Person (rechtsbegründende Wirkung).
Mindestkapital, Mindestbeteiligung, Mindesteinzahlung	Kein festes Mindestkapital, keine Mindesteinlage und -einzahlung gesetzlich vorgeschrieben.	Kein festes Mindestkapital; für die Komplementäre auch keine Mindesteinlage gesetzlich vorgeschrieben. Kommanditisten haben feste, in ihrer Höhe jedoch beliebig festsetzbare Einlagen zu leisten.	Festes Grundkapital von mind. 50 000,00 EUR, Mindestnennbetrag je Aktie (Mindestbeteiligung) 1,00 EUR. Mindesteinzahlung 25 % des Nennwerts zuzüglich Aufgeld (Agio).	Festes Stammkapital von mindestens 25 000,00 EUR. Mindestbeteiligung (Mindestgeschäftsanteil/Mindeststammeinlage) von 1,00 EUR und Mindesteinzahlung auf das Stammkapital von $^1/_4$. Insgesamt müssen mindestens 12 500,00 EUR einbezahlt sein.[1]

---

1 Bei zu leistenden **Sacheinlagen** zuzüglich des Gesamtnennbetrags der Geschäftsanteile, für die Sacheinlagen zu leisten sind [§ 7 II GmbHG].

Merkmale	Offene Handelsgesellschaft (OHG)	Kommanditgesellschaft (KG)	Aktiengesellschaft (AG)	Gesellschaft mit beschränkter Haftung (GmbH)
Art der Einlagen	Geld, Sachwerte, Dienstleistungen, Rechte	Komplementäre wie die OHG-Gesellschafter; Kommanditisten: Geld, Sachwerte, Rechte	Geld, Sacheinlagen, Rechte	Möglich sind Geld-, Sacheinlagen, Rechte
Rechtsfähigkeit	Keine eigene Rechtsfähigkeit.	Keine eigene Rechtsfähigkeit.	Rechtsfähig: Juristische Person.	Rechtsfähig: Juristische Person.
Gesellschaftsvermögen	Gesamthandsvermögen aller Gesellschafter.	Gesamthandsvermögen aller Gesellschafter.	Eigenes Vermögen der AG als juristische Person.	Eigenes Vermögen der GmbH als juristische Person.
Haftung	Unmittelbare, unbeschränkte, gesamtschuldnerische Haftung jedes Gesellschafters.	Vor Eintragung ins HR haften alle Gesellschafter unmittelbar, unbeschränkt, gesamtschuldnerisch; nach ihrer Eintragung ins HR haften nur die Komplementäre weiterhin unbeschränkt, die Kommanditisten hingegen nur noch bis zur Höhe ihrer Einlagen. Nach der Leistung ihrer Einlage entfällt jede weitere Haftung (beschränkte, mittelbare Haftung der Kommanditisten).	Gesellschaftsvermögen der AG haftet unbeschränkt. Vor der Eintragung der AG in das HR haften die handelnden Gesellschafter persönlich und unbeschränkt. Nach der Eintragung der AG in das HR besteht nur noch eine beschränkte mittelbare Haftung der Aktionäre.	Gesellschaftsvermögen der GmbH haftet unbeschränkt. Vor der Eintragung der GmbH in das HR haften alle Gesellschafter außerdem unbeschränkt und gesamtschuldnerisch. Nach der Eintragung schulden die Gesellschafter nur ihre rückständige Einlage. Im Gesellschaftsvertrag kann eine unbeschränkte oder beschränkte Nachschusspflicht der Gesellschafter gegenüber der GmbH vereinbart sein. Bei unbeschränkter Nachschusspflicht besteht das Abandonrecht.
Organe	Neben den Gesellschaftern keine besonderen Organe.	Neben den Gesellschaftern keine besonderen Organe.	Vorstand (Leitungsorgan), Aufsichtsrat (Überwachungsorgan), Hauptversammlung (Beschlussfassungsorgan).	Geschäftsführer und Gesellschafterversammlung. Aufsichtsrat möglich, jedoch nur bei i. d. R. mehr als 500 Arbeitnehmern gesetzlich vorgeschrieben.
Geschäftsführung (Innenverhältnis)	Für gewöhnliche Geschäfte hat jeder Gesellschafter Einzelgeschäftsführungsbefugnis und -pflicht, bei außergewöhnlichen Geschäften ist Gesamtbeschluss aller Gesellschafter erforderlich (Gesamtgeschäftsführungsbefugnis).	Geschäftsführung liegt bei den Komplementären. Der Umfang ihrer Geschäftsführungsbefugnis entspricht dem der OHG-Gesellschafter. Andere vertragliche Regelungen im Gesellschaftsvertrag möglich. Kommanditisten sind (gesetzlich) von der Geschäftsführung grundsätzlich ausgeschlossen.	Vorstand führt die Gesellschaft in eigener Verantwortung. Soweit in der Satzung nicht Einzelgeschäftsführungsbefugnis festgelegt wurde, besteht Gesamtgeschäftsführungsbefugnis.	Geschäftsführung erfolgt durch die Geschäftsführer. Soweit die Satzung nichts anderes bestimmt, haben diese Gesamtgeschäftsführungsbefugnis. In besonderen Fällen hat die Gesellschafterversammlung oder ein bestehender Aufsichtsrat die Geschäftsführungsbefugnis.

Merkmale	Offene Handelsgesellschaft (OHG)	Kommanditgesellschaft (KG)	Aktiengesellschaft (AG)	Gesellschaft mit beschränkter Haftung (GmbH)
Vertretung (Außenverhältnis)	Grundsätzlich Einzelvertretungsbefugnis jedes Gesellschafters. Soweit hiervon abweichend im Gesellschaftsvertrag Gesamtvertretungsbefugnis vereinbart wurde oder einzelne Gesellschafter von der Vertretung ausgeschlossen werden sollen, ist dies, um gegenüber Dritten wirksam zu werden, ins HR einzutragen.	Vertretung erfolgt durch die Komplementäre nach den Vorschriften für die OHG-Gesellschafter. Kommanditisten sind (gesetzlich) nicht zur Vertretung der Gesellschaft berechtigt (Möglichkeit der Prokura und Handlungsvollmacht besteht).	Vertretung erfolgt durch den Vorstand. Soweit in der Satzung nichts anderes bestimmt wurde, besteht für alle Vorstandsmitglieder Gesamtvertretungsmacht. Einzelvertretungsbefugnis muss, um gegenüber Dritten wirksam zu werden, im HR eingetragen sein.	Vertretung erfolgt durch die Geschäftsführer, die, soweit im Gesellschaftsvertrag nichts anderes bestimmt ist, Gesamtvertretungsmacht haben.
Gewinn- und Verlustverteilung	Soweit nichts anderes im Gesellschaftsvertrag vereinbart ist, 4 % Verzinsung der jahresdurchschnittlichen Kapitalanteile; Restgewinn sowie Verlust nach Köpfen.	Soweit im Gesellschaftsvertrag nichts anderes vereinbart ist: 4 % Verzinsung der jahresdurchschnittlichen Kapitalanteile, Verteilung des Restgewinns in angemessenem Verhältnis. Verluste sind ebenfalls in angemessenem Verhältnis (nicht nach Köpfen) umzulegen. Kommanditist trägt jedoch nur den Verlust bis zum Betrag seines Kapitalanteils und seiner noch rückständigen Einlage.	Soweit die Satzung keine andere Verteilung bestimmt, erfolgt die Gewinnverteilung in der Regel nach dem Verhältnis der Aktiennennbeträge bzw. entsprechend der Anzahl der Aktien.	Soweit nicht im Gesellschaftsvertrag anders festgelegt, erfolgt die Gewinnverteilung entsprechend der Höhe der Geschäftsanteile.
Auflösungsgründe	Zeitablauf; Gesellschafterbeschluss; Gesellschaftsinsolvenz; gerichtliche Entscheidung.	Auflösungsgründe wie bei der OHG.	Zeitablauf; Beschlussfassung der Hauptversammlung mit mindestens $^3/_4$-Mehrheit; Auflösung im Rahmen eines Insolvenzverfahrens und Beschluss über Ablehnung des Insolvenzverfahrens mangels Masse.	Zeitablauf, Gesellschafterbeschluss mit mindestens $^3/_4$-Mehrheit; Auflösung im Rahmen eines Insolvenzverfahrens und Beschluss über Ablehnung des Insolvenzverfahrens mangels Masse.

8.9 Rechtsformentscheidungen

(1) Situationsbedingte Rechtsformempfehlungen

Weil sich die innerbetrieblichen und außerbetrieblichen Bedingungen der Betriebe ständig ändern, muss auch immer wieder neu beurteilt und entschieden werden, ob die für das einzelne Unternehmen gewählte Rechtsform beizubehalten ist oder durch eine geeignetere Rechtsform ersetzt werden kann oder muss.

Die folgende Tabelle gibt einen zusammenfassenden Überblick über wesentliche rechtliche und wirtschaftliche (finanzielle) Entscheidungskriterien mit den jeweils am besten geeigneten Rechtsformen.

Mögliche rechtliche und wirtschaftliche (finanzielle) Entscheidungsmerkmale	Geeignete Rechtsformen
Mittelbare (keine persönliche) und beschränkte Haftung aller Gesellschafter oder mindestens eines Gesellschafters	Kapitalgesellschaften (juristische Personen) wie die Aktiengesellschaft (AG), Gesellschaft mit beschränkter Haftung (GmbH) und Unternehmergesellschaft (haftungsbeschränkt) mit einer mittelbaren und grundsätzlich beschränkten Haftung aller Gesellschafter Kommanditgesellschaft (KG) mit der mittelbaren und beschränkten Haftung mindestens eines Gesellschafters (Kommanditisten)
Unabhängigkeit des Unternehmens vom Wechsel seiner Gesellschafter	Aktiengesellschaft (AG)
Verteilung der persönlichen Haftungsrisiken und persönlichen Arbeitslast (Geschäftsführungs- und Vertretungsbefugnisse) auf mehrere Gesellschafter (Personen)	Personengesellschaften (offene Handelsgesellschaft, Kommanditgesellschaft)
Geschäftsführung und Vertretung durch Managerunternehmer (Gesellschafter wollen lediglich ihr Kapital in einem Unternehmen anlegen)	Kapitalgesellschaften (juristische Personen) wie die Aktiengesellschaft (AG), Gesellschaft mit beschränkter Haftung (GmbH) und Unternehmergesellschaft (haftungsbeschränkt)
Geschäftsführungs- und Vertretungsrecht bzw. -pflicht der Gesellschafter (Geschäftsinhaber)	Einzelunternehmen, offene Handelsgesellschaft (OHG), Kommanditgesellschaft (KG) bezüglich des Vollhafters (Komplementärs) sowie Gesellschaft mit beschränkter Haftung und Unternehmergesellschaft (haftungsbeschränkt) (Gesellschafter: Geschäftsführer)
Gewinne als Leistungsmotivation der Gesellschafter	Einzelunternehmen, Personengesellschaften (OHG, KG), Gesellschaft mit beschränkter Haftung (GmbH)[1] und Unternehmergesellschaft (haftungsbeschränkt)

---

[1] Unter der Annahme, dass die Geschäftsführung von den Gesellschaftern übernommen wird.

Mögliche rechtliche und wirtschaftliche (finanzielle) Entscheidungsmerkmale	Geeignete Rechtsformen
Höhe des Eigenkapitalbedarfs	Aktiengesellschaft (AG) bei hohem Kapitalbedarf; Einzelunternehmen, Personengesellschaften (OHG, KG) sowie Gesellschaften mit beschränkter Haftung (GmbH) und Unternehmergesellschaft (haftungsbeschränkt) bei (relativ) niedrigem Kapitalbedarf
Möglichst unkomplizierte und kostengünstige Unternehmensgründung	Vor allem Einzelunternehmen und Personengesellschaften (OHG, KG) sowie UG (haftungsbeschränkt)
Mitwirkung und Mitbestimmung der Arbeitnehmervertreter durch den Betriebsrat (innerbetriebliche Mitbestimmung) und/oder durch den Vorstand und Aufsichtsrat	Z.B. keine Mitwirkung/Mitbestimmung der Arbeitnehmer im Vorstand und Aufsichtsrat bei allen Personenunternehmen (weil diese Organe hier nicht vorhanden sind) sowie bei Tendenzbetrieben[1] in der Rechtsform der Aktiengesellschaft (AG)

(2) Zielkonflikte und Zielharmonie bei der Rechtsformwahl

Wie bei vielen anderen unternehmenspolitischen Entscheidungen, so gibt es auch bei der Rechtsformwahl **Zielkonflikte** und **Zielharmonie**.

> **Beispiele:**
>
> - Wollen die Gründer (Gesellschafter) eines Unternehmens z.B. keine Geschäftsführungs- und Vertretungspflichten haben, lediglich mit ihrem Eigenkapitalanteil mittelbar und beschränkt haften und außerdem dem Unternehmen eine optimale Beteiligungsfinanzierung vieler Gesellschafter ermöglichen, dann führen alle genannten Entscheidungskriterien zur Rechtsformwahl der Aktiengesellschaft (AG) **(Zielharmonie)**.
>
> - Wollen die Gesellschafter hingegen ein großes Unternehmen mit einer kapitalintensiven Massenfertigung gründen und zugleich ein persönliches Geschäftsführungs- und Vertretungsrecht haben, dann besteht ein **Zielkonflikt,** weil der große Kapitalbedarf die Gründung einer Aktiengesellschaft, die gewünschte Geschäftsführung und Vertretung hingegen grundsätzlich die Gründung einer Personengesellschaft erforderlich macht.

Die Wahl einer geeigneten Rechtsform eines Unternehmens kann somit immer nur unter Berücksichtigung aller wichtigen, sich gegenseitig ergänzenden, aber auch sich gegenseitig ausschließenden rechtlichen, wirtschaftlichen, sozialen und personellen betrieblichen Zielsetzungen und Bedingungen erfolgen.

---

[1] Sogenannte Tendenzbetriebe sind Betriebe (Unternehmen), die unmittelbar und überwiegend z.B. politischen, gewerkschaftlichen, konfessionellen, karitativen oder künstlerischen Zielsetzungen dienen (siehe z.B. § 1 IV MitbestG).

(3) Situationsbeispiel

Eine „richtige" Rechtsformempfehlung kann immer nur bezogen auf ein konkretes Situationsgefüge gegeben werden.

> **Beispiel:**
>
> Einer der beiden Gesellschafter einer offenen Handelsgesellschaft (OHG) stirbt. Der verbleibende Gesellschafter möchte das Unternehmen gerne entweder allein oder zusammen mit den Erben weiterführen.
>
> **Situation 1:**
>
> Keiner der Erben möchte in die OHG oder eine andere Gesellschaft eintreten.
>
> **Situation 2:**
>
> Die Erben können sich eine Beteiligung vorstellen, möchten aber nicht mitarbeiten und nur beschränkt und mittelbar haften.
>
> **Aufgaben:**
>
> 1. Unterbreiten Sie dem verbleibenden Gesellschafter der OHG für die Situation 1 Vorschläge für die Rechtsformentscheidung!
> 2. Legen Sie dem verbleibenden Gesellschafter und den Erben ausgehend von der Situation 2 Empfehlungen für geeignete Rechtsformen vor!

Lösungen:

Zu 1: Der verbleibende Gesellschafter kann die OHG aus rechtlichen Gründen (mindestens zwei Gesellschafter) allein nicht weiterführen. Er muss eine Rechtsformänderung vornehmen. Zu empfehlen sind die Einzelunternehmung oder die Einpersonen-GmbH – je nachdem, ob er weiterhin persönlich haften möchte oder nicht.

Zu 2: Auch in diesem Fall ist eine Rechtsformänderung unumgänglich. Eine beschränkte Haftung der Erben ist sowohl in einer KG als auch in einer GmbH möglich. Falls der bisherige OHG-Gesellschafter weiterhin persönlich haften und mitarbeiten möchte, wäre der KG der Vorzug zu geben. In einer GmbH hätten die Erben ein größeres Mitspracherecht (Gesellschafterversammlung), d.h., der bisherige OHG-Gesellschafter wäre nicht automatisch Geschäftsführer.

(4) Anmeldung des Unternehmens

Der Gründer **muss** sein neu zu gründendes Unternehmen vor allem bei folgenden öffentlichen Stellen anmelden:

- **Amtsgericht**

Eine Anmeldung beim zuständigen **Amtsgericht** zur **Eintragung** in das **Handelsregister** ist erforderlich, sofern ein **Handelsgewerbe** vorliegt.

- **Gemeindebehörde**

Der Gründer des Unternehmens muss sein zu gründendes Unternehmen bei der für den betreffenden Ort zuständigen Behörde, z.B. beim **Gewerbeamt** der Gemeinde [§ 14 GewO], anmelden.

Die Gewerbeanmeldung (Fachausdruck: Gewerbeanzeige) verfolgt den Zweck, dem Gewerbeamt jederzeit über Zahl und Art der ansässigen Gewerbebetriebe Kenntnis zu geben. Dadurch soll eine wirksame Überwachung der Gewerbebetriebe gewährleistet werden.

Mit der Gewerbeanzeige werden auch die sonstigen Meldeverpflichtungen erfüllt. Die nachfolgend genannten Stellen erhalten je eine **Ausfertigung von der Gewerbeanzeige**:

- das **Finanzamt**, um die Abführung der Steuern zu gewährleisten;
- die **Berufsgenossenschaft** als Träger der gesetzlich vorgeschriebenen Unfallversicherung;
- die **Industrie- und Handelskammer** bzw. die **Handwerkskammer** als berufsständische Vertretung;

- das **Gewerbeaufsichtsamt** als Aufsichtsbehörde für Anlagen, die einer besonderen Überwachung bedürfen (z. B. Dampfkesselanlagen, Aufzugsanlagen, Getränkeschankanlagen).

Die Gewerbeanzeige ist nicht immer ausreichend. Für bestimmte Gewerbezweige ist eine behördliche Genehmigung erforderlich (z. B. für Spielhallen, Makler, Bauträger, Gaststätten, Reisegewerbe).

- **Sozialversicherungsträger**

Werden Arbeitnehmer beschäftigt, so ist eine Anmeldung bei den Sozialversicherungsträgern (gesetzliche Krankenkassen, gesetzliche Pflegekassen, Deutsche Rentenversicherung [gesetzliche Rentenversicherung], Bundesagentur für Arbeit [gesetzliche Arbeitsförderung]) erforderlich, um Versicherungsschutz zu erhalten.

Bei einer **Rechtsformumwandlung** müssen die Änderungen beim zuständigen Amtsgericht zur Eintragung in das **Handelsregister** angemeldet werden.[1]

Übungsaufgaben

89 Rechtsformwahl und -umwandlung als Entscheidungsproblem

1. Entscheiden Sie bei den folgenden Problemlagen, welche Rechtsform am besten geeignet ist und begründen Sie Ihre Rechtsformwahl:
   1.1 Herr Fritz Müller arbeitet als angestellter Bäckermeister in einer Brotfabrik. Sein großer Wunsch ist, selbst (allein) eine eigene Bäckerei zu haben und zu leiten. Aus einer unerwarteten Erbschaft stehen ihm 130 000,00 EUR zur freien Verfügung. Soweit Kredite erforderlich sind, ist Herr Müller bereit, mit seinem gesamten Privatvermögen unbeschränkt zu haften.
   1.2 Weil die eigenen Finanzmittel nicht ausreichen und um sich nicht zu stark zu verschulden, sucht Herr Müller einen weiteren Gesellschafter, der sich an der Finanzierung der Bäckerei beteiligt.
      1.2.1 Sein Schwager Felix Thein ist bereit, sich mit 100 000,00 EUR zu beteiligen, hat jedoch kein Interesse an der Geschäftsführung und möchte außerdem nur bis zur Höhe seiner Einlage für die Verbindlichkeiten des zu gründenden Unternehmens haften.
      1.2.2 Herr Kaiser ist ebenfalls bereit, sich mit 100 000,00 EUR zu beteiligen, er möchte jedoch (wie Herr Müller) das Geschäftsführungs- und Vertretungsrecht haben, ohne persönlich haften zu müssen.
   1.3 Begründen Sie, warum die Rechtsform der Aktiengesellschaft in den Fällen 1.1 und 1.2 nicht geeignet ist!
2. Herr Krause hat als selbstständiger Ingenieur eine Kunststoffrecyclinganlage entwickelt und patentieren lassen. Er möchte diese Anlage industriell fertigen und hierzu ein Industrieunternehmen gründen.

   Der Industrievertreter Kern und der Bankkaufmann Schmidt sind bereit, sich mit jeweils 600 000,00 EUR an dem zu gründenden Unternehmen zu beteiligen. Herr Krause kann Geldmittel von 80 000,00 EUR und ein baureifes Industriegrundstück im Wert von 1,2 Mio. EUR in das Unternehmen einbringen. Bei der Rechtsformwahl sind folgende Ziele und Problemlagen zu berücksichtigen:
   – Der voraussichtliche Kapitalbedarf für die Finanzierung des erforderlichen Anlagevermögens liegt bei etwa 3,8 Mio. EUR.

---

[1] Bei der Beurkundung werden die Willenserklärungen der Beteiligten von einem Notar in eine Urkunde aufgenommen. Der Notar beurkundet dabei die Unterschrift und den Inhalt der Erklärungen.

- Alle Kapitalgeber (Gesellschafter) möchten das Geschäftsführungs- und Vertretungsrecht haben, jedoch nur beschränkt und mittelbar bis zur Höhe ihrer Geschäftsanteile haften.
- Die Rechtsform soll vom Wechsel der Gesellschafter unabhängig sein.
- Die Geschäftsanteile sollen möglichst leicht auf andere Gesellschafter übertragen werden können.
- Bei zusätzlichem hohem Eigenkapitalbedarf soll die Möglichkeit einer Eigenkapitalfinanzierung (Eigenkapitalbeteiligung) vieler Gesellschafter bestehen.

Aufgabe:

Begründen Sie, ob unter Beachtung der vorstehend genannten Bedingungen bei der Rechtsformwahl nur Zielharmonie besteht oder mögliche Zielkonflikte bestehen können und ob eine spätere Rechtsformumwandlung angebracht sein kann!

3. Die bisherigen Einzelunternehmer Fritz Lang und Kurt Lehmann planen gemeinsam die Gründung eines Gesellschaftsunternehmens zur Herstellung von Büromöbeln.

Aufgaben:

3.1 Nennen Sie zwei Gründe, warum Lang und Lehmann ihre Unternehmen zunächst als Einzelunternehmen betrieben haben!

3.2 Beide Gesellschafter möchten das Geschäftsführungs- und Vertretungsrecht haben. Prüfen Sie, bei welchen Unternehmensformen ihnen dies (gesetzlich) möglich ist!

3.3 Fritz Lang ist bereit, auch persönlich und unbeschränkt zu haften, Kurt Lehmann möchte jedoch nur mit seiner Kapitaleinlage und nicht direkt haften.
Entscheiden Sie, welche Unternehmensform beide Gründer wählen sollten! (Begründung!)

3.4 Suchen Sie Gründe, die Lang und Lehmann veranlasst haben könnten, einen weiteren Gesellschafter als Voll- oder Teilhafter aufzunehmen!

3.5 Nach der Abwägung aller möglichen Vor- und Nachteile der verschiedenen Rechtsformen gründen Lang und Lehmann eine GmbH.
Nennen Sie zwei mögliche Gründe für die Wahl dieser Rechtsform!

3.6 Nach sechs Jahren sehr erfolgreicher Geschäftstätigkeit soll die GmbH in eine AG umgewandelt werden.
Nennen Sie zwei Gründe, die die Gesellschafter zur Wahl dieser Rechtsform veranlasst haben könnten!

90 Rechtsformen im Vergleich

Die Baumwollfärberei Max Maier e. Kfm., ein Unternehmen mittlerer Größe, benötigt für die aus Konkurrenzgründen erforderlich gewordene Erweiterung und Rationalisierung ihres Betriebs zusätzliche Finanzierungsmittel. Die Beleihungsgrenzen der Hausbank würden eine etwa 40%ige Finanzierung der Neuinvestitionen mit Fremdkapital gestatten. Da Maier aber das für die Restfinanzierung notwendige Eigenkapital nicht besitzt, sieht er sich gezwungen, in Zukunft mit Gesellschaftern zusammenzuarbeiten. Er gründet mit den Herren Merger und Baum die Heidelberger Textilveredelungs-GmbH, in die er selbst seinen bisherigen Betrieb einbringt, während sich Merger und Baum mit Bareinlagen beteiligen.

Aufgaben:

1. Erörtern Sie die Vorteile der GmbH gegenüber dem Einzelunternehmen und den Personengesellschaften!

2. Die Rechtsform der GmbH erschien den drei Gesellschaftern günstiger als die der Aktiengesellschaft.
Nennen Sie drei mögliche Vorteile! Vergleichen Sie hierbei auch die Gründungsvoraussetzungen bei der GmbH und AG!

3. Schlagen Sie Herrn Maier eine Regelung des Geschäftsführungsrechts und der Vertretungsmacht vor!
4. Vergleichen Sie die Rechte der Gesellschafterversammlung einer GmbH und die Rechte der Hauptversammlung einer Aktiengesellschaft!
5. Beschreiben Sie die Haftung des Einzelunternehmers sowie der Gesellschafter einer OHG und GmbH!
6. Führen Sie aus, wodurch sich die Gewinnverteilung der OHG von der der GmbH unterscheidet! Nennen Sie zwei weitere Merkmale, durch die sich eine Personengesellschaft von einer Kapitalgesellschaft unterscheidet!
7. Geben Sie drei Gründe an, warum viele „mittelgroße" Industrieunternehmen die Rechtsform der GmbH haben!

91 Umwandlung einer KG in eine AG

Die Peter Böhm KG soll als Folge des gestiegenen Kapitalbedarfs in eine Aktiengesellschaft umgewandelt werden. Die Komplementäre Peter Böhm und Rudolf Wetzel, die jeweils 5 Mio. EUR halten, sowie die Kommanditistin Anne Kraft, deren Einlage 2 Mio. EUR beträgt, sollen in Höhe der bisherigen Kapitalanteile Aktien zum Nennwert von je fünf Euro übernehmen. Zusätzlich sollen 20 Mio. EUR Grundkapital neu geschaffen und dem Publikum zur Zeichnung angeboten werden. Einzelheiten sind noch festzulegen.

Im Zusammenhang mit der Idee der Umwandlung der KG in eine AG diskutieren die bisherigen Gesellschafter u. a. folgende Fragen:

Aufgaben:

1. Nennen Sie drei Gründe, die für die geplante Umwandlung in die Rechtsform der AG sprechen!
2. Erläutern Sie den Unterschied zwischen einer KG und einer Aktiengesellschaft hinsichtlich
   - Firmierung,
   - Geschäftsführung, Vertretung und
   - Haftung!
3. Die Kommanditistin Anne Kraft hat Bedenken gegen die Umwandlung der KG in eine AG. Beurteilen Sie, ob sie die geplante Umwandlung verhindern kann!
4. Die geplante AG soll später 3000 Mitarbeiter beschäftigen.
   4.1 Ermitteln Sie, wie viel Mitglieder der Aufsichtsrat umfasst und von wem die Aufsichtsratsmitglieder gewählt werden!
   4.2 Bei den Vorschlägen für die neuen Aufsichtsratsmandate wurde die Frage nach der Überkreuzverflechtung aufgeworfen. Erkären Sie den Begriff!
5. Ein Vorteil der AG besteht darin, dass das Aktienkapital seitens der Gesellschafter unkündbar ist.
   Nehmen Sie Stellung zu dieser Aussage!
6. Erläutern Sie, warum es für eine AG leichter als für Personengesellschaften und Gesellschaften mit beschränkter Haftung ist, größere Kapitalbeträge aufzubringen!
7. Beschreiben Sie, wo und wie die Aktionäre Einfluss auf die Entscheidungen der AG nehmen können!
8. Entscheiden Sie begründet, ob ein Lieferer von einem Aktionär, der 10000 Aktien zu je 5,00 EUR besitzt, den Rechnungsbetrag in Höhe von 2000,00 EUR verlangen kann!
9. Suchen Sie nach Gründen, warum die meisten großen Unternehmen die Rechtsform der Aktiengesellschaft (AG) aufweisen!

9 Finanzierungsmöglichkeiten der AG

9.1 Begriff Finanzierung

Zur Durchführung von Investitionen[1] muss Kapital beschafft und bereitgestellt werden. Dies ist Aufgabe der Finanzierung.

> **Finanzierung** ist die Bereitstellung von **finanziellen Mitteln** zur Durchführung des **betrieblichen Leistungsprozesses** sowie aller **sonstiger finanzieller Vorgänge**.[2]

9.2 Übersicht über die Finanzierungsarten

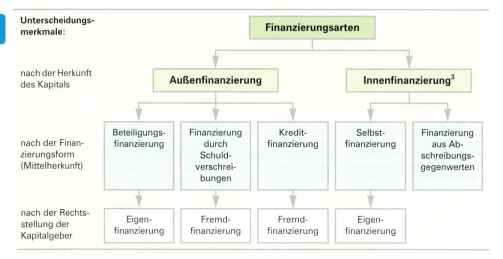

Erläuterungen:

Außenfinanzierung. Sie liegt vor, wenn dem Unternehmen Kapital von außen zufließt, also nicht aus dem betrieblichen Umsatzprozess, sondern aus Kapitaleinlagen der Gesellschafter und/oder Kapitalgewährungen durch Gläubiger.

- Wird dem Unternehmen Kapital durch den Unternehmer bzw. durch die Gesellschafter von Personengesellschaften oder durch den Erwerb von Anteilen an Kapitalgesellschaften zugeführt, so spricht man von **Beteiligungsfinanzierung (externe Eigenfinanzierung)**. Die Finanzierung führt zu **Eigenkapital**.
- Bei der **Finanzierung durch Schuldverschreibungen** erfolgt die Mittelbeschaffung am Kapitalmarkt (langfristige Fremdfinanzierung).
- Eine **Kreditfinanzierung (Fremdfinanzierung)** ist gegeben, wenn dem Unternehmen fremde Mittel (z. B. von Banken) von außen zugeführt werden. Die Finanzierung führt zu **Fremdkapital**.

Innenfinanzierung. Bei der Innenfinanzierung stammen die Mittel aus dem Umsatzprozess, der auf dem Leistungsprozess des Unternehmens beruht.

---

1 Vgl. hierzu Kapitel 10.
2 Z. B. Gründung, Kapitalerhöhung, Sanierung, Liquidation.
3 Auf die **Finanzierung aus ergebnisabhängigen Rückstellungen** wird im Folgenden aufgrund des Lehrplans nicht eingegangen.

- Werden die Gewinne, die den Eigenkapitalgebern zustehen, nicht ausgeschüttet, sondern für zusätzliche Investitionen herangezogen, so erhöht sich das Vermögen und das Eigenkapital. Die Finanzierung aus Gewinnen bezeichnet man auch als **Selbstfinanzierung (interne Eigenfinanzierung)**. Die Finanzierung führt zu **Eigenkapital**.
- Der Wertverlust der Investitionen wird durch die Abschreibungen erfasst und als Kosten in die Verkaufspreise eingerechnet. Decken die Umsatzerlöse die kalkulierten Abschreibungen, so kommt es zu einer Vermögensumschichtung. Geldmittel, die für längere Zeit in Sachmitteln gebunden sind, werden schrittweise wieder in liquide Mittel überführt **(Finanzierung aus Abschreibungsgegenwerten)**. Die „Wiedergeldwerdung" bereits einmal investierter Finanzmittel stellt eine Innenfinanzierung dar, die zu einer Vermögensumschichtung führt. Eine solche Finanzierung bezeichnet man auch als **Uminvestierung**.

9.3 Innenfinanzierungsmöglichkeiten der AG

9.3.1 Offene Selbstfinanzierung

9.3.1.1 Begriff und Arten der Selbstfinanzierung

(1) Begriff Selbstfinanzierung

Der Gewinn wird im Rahmen der Ergebnisrechnung als Saldo der Erträge und Aufwendungen ermittelt. Verbleibt ein Teil des Gewinnes in dem Unternehmen, erhöht sich das Eigenkapital. Dies ist ein von dem Unternehmen selbst erwirtschafteter Mittelzuwachs.

> **Selbstfinanzierung** ist die Bereitstellung von **Finanzmitteln** aus dem **Gewinn des Unternehmens**.

(2) Arten der Selbstfinanzierung

- Bei der **offenen Selbstfinanzierung** wird der von der Buchführung **ausgewiesene Gewinn** ganz oder teilweise **nicht ausgeschüttet**.

Rein-gewinn	Gewinnausschüttung an die Gesellschafter
	Einbehaltener Gewinn (Selbstfinanzierung)

- Bei der **stillen Selbstfinanzierung** wird der tatsächlich erzielte Gewinn durch **Unterbewertung des Vermögens** (z. B. überhöhte Abschreibungen) oder **Überbewertung der Schulden** (z. B. überhöhte Rückstellungen) verdeckt und so vor der Ausschüttung bewahrt. Den verdeckten Gewinn bezeichnet man als **stille Reserven**.

Aktiva	Bilanz	Passiva
Vermögen		Eigenkapital am Beginn des Geschäftsjahres
		Ausgewiesener Gewinn
		Fremdkapital
überhöhte Abschr.	verdeckter Gewinn	

Aktiva	Bilanz	Passiva
Vermögen		Eigenkapital am Beginn des Geschäftsjahres
		Ausgewiesener Gewinn
		Überhöhte Rückstellungen (verdeckter Gewinn)
		Fremdkapital

> **Übungsaufgabe**
>
> **92 Grundbegriffe der Finanzierung**
>
> 1. Nennen Sie zwei Beispiele für Finanzierungsarten, die der Eigenfinanzierung zugeordnet werden müssen!
> 2. Erläutern Sie den Begriff Selbstfinanzierung!
> 3. Erklären Sie den Unterschied zwischen offener und verdeckter Selbstfinanzierung!
> 4. Nennen Sie den Bilanzposten, dem nicht entnommene (nicht ausgeschüttete) Gewinne zuzurechnen sind!
> 5. Nennen Sie mindestens fünf Faktoren, die für die Möglichkeit, Eigen- bzw. Fremdkapital zu beschaffen, maßgeblich sind!

9.3.1.2 Bilanzierung des Eigenkapitals im handelsrechtlichen Jahresabschluss von Kapitalgesellschaften

Für Kapitalgesellschaften ist der Ausweis des Eigenkapitals im § 266 III HGB, ergänzt durch § 272 HGB geregelt. Danach müssen große und mittelgroße Kapitalgesellschaften folgende Posten als Untergliederung des Eigenkapitals in die Bilanz aufnehmen:

Aktiva	Ausschnitt aus der Bilanz nach § 266 II, III HGB	Passiva

	A. **Eigenkapital:**
	I. Gezeichnetes Kapital
	II. Kapitalrücklage
	III. Gewinnrücklagen
	   1. Gesetzliche Rücklage
	   2. Rücklage für Anteile an einem herrschenden oder mehrheitlich beteiligten Unternehmen
	   3. Satzungsmäßige Rücklagen
	   4. Andere Gewinnrücklagen
	IV. Gewinnvortrag/Verlustvortrag
	V. Jahresüberschuss/Jahresfehlbetrag	

Erläuterungen zur Gliederung des Eigenkapitals bei einer AG:

(1) Gezeichnetes Kapital

Der Begriff **gezeichnetes Kapital** wird bei allen Kapitalgesellschaften zum Ausweis des in der **Satzung festgelegten Kapitals** verwendet (z. B. des Grundkapitals bei der AG). Das gezeichnete Kapital ist stets zum Nennwert auszuweisen **(Nominalkapital)**. Das gezeichnete Kapital bleibt so lange in der Bilanz unverändert, bis z. B. die Hauptversammlung bei einer AG eine Kapitalerhöhung oder eine Kapitalherabsetzung beschließt.

Das Grundkapital einer AG ist die Summe der Nennwerte der ausgegebenen (emittierten) Aktien. Der Mindestnennbetrag des Grundkapitals ist 50 000,00 EUR. Der Mindestnennbetrag einer Aktie beträgt einen Euro.

(2) Rücklagen[1]

Rücklagen stellen das **variable Eigenkapital der Aktiengesellschaft** dar. Sie dienen insbesondere zwei Zwecken:

- Die Eigenkapitalbasis der AG wird erhöht und
- dadurch die Höhe der Haftungsmasse der AG gegenüber ihren Gläubigern gestärkt.

Die in der Bilanz ausgewiesenen Rücklagen gliedern sich in Kapital- und Gewinnrücklagen.

■ Kapitalrücklage

In die Kapitalrücklage[2] werden Beträge eingestellt, die nicht aus Gewinnen der Gesellschaft stammen. Sie gehen auf **Zuzahlungen der Kapitalgeber** von außen zurück (z.B. Agio bei der Ausgabe von Aktien, Zuzahlungen für Vorzugsrechte).

Kapitalerhöhung:	10 Mio. EUR, Nennwert junge Aktie 1,00 EUR, Ausgabekurs: 1,50 EUR.
Kapitalrücklage:	10 Mio. EUR · 0,50 = 5 Mio. EUR

■ Gewinnrücklage

Als **Gewinnrücklagen** dürfen nur Beträge ausgewiesen werden, die im Geschäftsjahr oder in einem früheren Geschäftsjahr aus dem Ergebnis gebildet worden sind [§ 272 III HGB]. Bei den Gewinnrücklagen handelt es sich somit um Mittel, die im Unternehmen durch die Einbehaltung eines Teils des Jahresergebnisses gebildet werden. Nach dem Gliederungsschema des § 266 III HGB sind die Gewinnrücklagen in **gesetzliche Rücklage, Rücklage für Anteile an einem herrschenden oder mehrheitlich beteiligten Unternehmen,**[3] **satzungsmäßige Rücklagen** und **andere Gewinnrücklagen** zu untergliedern.

■ Gesetzliche Rücklage

Aktiengesellschaften sind nach § 150 I AktG zur Bildung einer gesetzlichen Rücklage verpflichtet **(gesetzlich erzwungene Selbstfinanzierung).** Der zwanzigste Teil (das sind 5%) vom Jahresüberschuss (vermindert um einen Verlustvortrag aus dem Vorjahr) ist so lange in die gesetzliche Rücklage einzustellen, bis diese zusammen mit der Kapitalrücklage nach § 272 II HGB den zehnten (oder den in der Satzung bestimmten höheren) Teil des Grundkapitals erreicht hat [§ 150 II AktG].

> Jahresüberschuss
> − Verlustvortrag
> = bereinigter Jahresüberschuss
> − 5% gesetzliche Rücklage*
> = Zwischensumme
>
> * **Höchstgrenze:** gesetzliche Rücklage + Kapitalrücklage betragen 10% des Grundkapitals.

---

1 Da diese Rücklagen in der Bilanz ausgewiesen werden, bezeichnet man diese auch als **offene Rücklagen.**
2 Zu Einzelheiten siehe S. 240ff.
3 Der Lehrplan sieht die Behandlung der Rücklage für Anteile an einem herrschenden oder mehrheitlich beteiligten Unternehmen und der satzungsmäßigen Rücklage nicht vor.

■ **Andere Gewinnrücklagen**

Die Einstellung von Teilen des Jahresüberschusses in die anderen Gewinnrücklagen ist im § 58 AktG festgelegt.

Stellen **Vorstand und Aufsichtsrat** den Jahresabschluss fest (Normalfall), dann können sie bis zur Hälfte des um den Verlustvortrag und um die Einstellung in die gesetzliche Rücklage verminderten Teils des Jahresüberschusses in die anderen Gewinnrücklagen einstellen [§ 58 II, S. 1, 4 AktG]. Ein

Zwischensumme
− höchstens 50 % andere Gewinnrücklagen
= restlicher Jahresüberschuss

Gewinnvortrag aus dem Vorjahr bleibt unberücksichtigt. Eine Einstellung in die anderen Gewinnrücklagen ist unabhängig von der bereits erreichten Höhe der anderen Gewinnrücklagen. Die Hauptversammlung kann im Beschluss über die Verwendung des Bilanzgewinnes weitere Beträge in andere Gewinnrücklagen einstellen [§ 58 III AktG].

Die Einstellung in die **anderen Gewinnrücklagen** ist eine freiwillige Rücklagenbildung **(freiwillig vorgenommene Selbstfinanzierung)**.

- Die **Bildung von Kapitalrücklagen** ist eine **Form der Beteiligungsfinanzierung**.
- Die **Bildung von Gewinnrücklagen** ist eine **Form der Selbstfinanzierung**.

9.3.1.3 Überblick über die Gewinnverwendung bei der AG

Für die Verwendung des Jahresüberschusses bestimmt das Gesetz [§ 158 AktG] nachstehende Reihenfolge (Maximalschema für alle Fälle):

PPT

```
    Jahresüberschuss
  − Verlustvortrag aus dem Vorjahr
  = bereinigter Jahresüberschuss
  − Einstellung in die gesetzliche Rücklage
  = Zwischensumme
  − Einstellung in andere Gewinnrücklagen
  = Restlicher Jahresüberschuss
  + Gewinnvortrag aus dem Vorjahr
  + Entnahmen aus Gewinnrücklagen oder aus der Kapitalrücklage
  = Bilanzgewinn (bzw. Bilanzverlust)
  − Bildung weiterer Gewinnrücklagen[1]
  − Dividendenausschüttung
  = Gewinnvortrag des laufenden Geschäftsjahres
```

Beispielrechnungen finden Sie in Kapitel 9.3.1.4, S. 219 ff.

---

[1] Die Hauptversammlung kann im Beschluss über die Verwendung des Bilanzgewinnes weitere Beträge in die Rücklagen einstellen.

9.3.1.4 Rechnerischer Ablauf der Gewinnverwendung

Beispiel: *Excel*

Die Baustoffe Sigmaringen AG hat ein Grundkapital in Höhe von 6 000 000,00 EUR. Der Jahresüberschuss des laufenden Geschäftsjahres beträgt 2 500 000,00 EUR. Aus dem Vorjahr wurde ein Verlust in Höhe von 100 000,00 EUR vorgetragen. Am Ende des laufenden Geschäftsjahres ergaben sich folgende Rücklagen:

Kapitalrücklage	100 000,00 EUR
Gesetzliche Rücklage	400 000,00 EUR
Andere Gewinnrücklagen	2 400 000,00 EUR

Die Baustoffe Sigmaringen AG hat 120 000 Stückaktien ausgegeben.

Die Hauptversammlung beschließt, dass eine Dividende in Höhe von 18 % ausgeschüttet werden soll und der Restbetrag als Gewinnvortrag verbleibt.

Aufgaben:

1. Berechnen Sie den Betrag, der noch in die gesetzliche Rücklage einzustellen ist!
2. Ermitteln Sie den Betrag, der in die anderen Gewinnrücklagen eingestellt werden kann, wenn der Vorstand und der Aufsichtsrat den Jahresabschluss nach § 58 II AktG feststellen!
3. Berechnen Sie den EUR-Betrag der Dividendenausschüttung und den Gewinnvortrag!
4. Stellen Sie den rechnerischen Ablauf der Gewinnverwendung in einer Übersicht dar!

Lösungen:

Zu 1.: Berechnung der gesetzlichen Rücklage

Erforderliche Rücklagenbildung:

10 % von 6 000 000,00 EUR =	600 000,00 EUR
bisher gebildet	500 000,00 EUR
noch zu bilden	100 000,00 EUR

Rücklagenbildung im laufenden Geschäftsjahr:

Jahresüberschuss	2 500 000,00 EUR
– Verlustvortrag	100 000,00 EUR
= Bereinigter Jahresüberschuss	2 400 000,00 EUR

5 % von 2 400 000,00 EUR = 120 000,00 EUR

Ergebnis: Es sind noch 100 000,00 EUR in die gesetzliche Rücklage einzustellen [§ 150 II AktG].

Zu 2.: Berechnung der anderen Gewinnrücklagen

Jahresüberschuss	2 500 000,00 EUR
– Verlustvortrag aus dem Vorjahr	100 000,00 EUR
= Bereinigter Jahresüberschuss	2 400 000,00 EUR
– Einstellung in gesetzliche Rücklage	100 000,00 EUR
= Zwischensumme	2 300 000,00 EUR

Einstellung in die anderen Gewinnrücklagen 50 % = 1 150 000,00 EUR

Zu 3.: Berechnung der Dividende und des Gewinnvortrags

6 000 000,00 EUR Grundkapital: 120 000 Aktien = 50,00 EUR Grundkapital/Aktie

18 % von 50,00 EUR = 9,00 EUR Dividende/Aktie

120 000 Aktien · 9,00 EUR = 1 080 000,00 EUR Gesamtdividende

	Bilanzgewinn	1 150 000,00 EUR
–	Dividendenausschüttung	1 080 000,00 EUR
=	Gewinnvortrag aus dem Berichtsjahr	70 000,00 EUR

Zu 4.: Zusammenfassende Übersicht

	Jahresüberschuss	2 500 000,00 EUR
–	Verlustvortrag aus dem Vorjahr	100 000,00 EUR
=	Bereinigter Jahresüberschuss	2 400 000,00 EUR
–	Einstellung in gesetzliche Rücklage	100 000,00 EUR
=	Zwischensumme	2 300 000,00 EUR
–	Einstellung in andere Gewinnrücklagen	1 150 000,00 EUR
=	Bilanzgewinn	1 150 000,00 EUR
–	Dividendenausschüttung	1 080 000,00 EUR
=	Gewinnvortrag	70 000,00 EUR

- Einbehaltene Gewinnanteile werden in der Bilanz der AG unter der Position „**Gewinnrücklagen**" ausgewiesen.

- In diesem Lehrbuch wird auf **zwei Arten von Gewinnrücklagen** eingegangen:
  - die **gesetzliche Rücklage** (die **gesetzlich erzwungene Selbstfinanzierung** nach § 150 AktG) und
  - **andere Gewinnrücklagen** (die **freiwillig vorgenommene Selbstfinanzierung** nach § 58 AktG).

Übungsaufgabe

93 Bildung von Gewinnrücklagen bei der AG

1.
Grundkapital	18,75 Mio. EUR	Gewinnvortrag	8,145 Mio. EUR
Kapitalrücklage	0,375 Mio. EUR	Andere Gewinnrücklagen	0,105 Mio. EUR
Gesetzliche Rücklage	1,305 Mio. EUR	Jahresüberschuss	2,25 Mio. EUR

Einstellung in die gesetzliche Rücklage nach § 150 AktG, in die anderen Gewinnrücklagen nach § 58 II AktG.

Aufgabe:

Berechnen Sie die Rücklagen!

2.
Grundkapital	12,0 Mio. EUR	Gewinnvortrag	0,5 Mio. EUR
Gesetzliche Rücklage	0,4 Mio. EUR	Jahresüberschuss	1,8 Mio. EUR
Kapitalrücklage	0,72 Mio. EUR		

Einstellung in die gesetzliche Rücklage nach § 150 AktG, in die anderen Gewinnrücklagen 50 % des Jahresüberschusses nach Einstellung in die gesetzliche Rücklage. Die Einstellung erfolgt durch Vorstand und Aufsichtsrat.

Aufgabe:
Berechnen Sie die Rücklagen!

3. | | | | |
    |---|---|---|---|
    | Grundkapital | 80,0 Mio. EUR | Verlustvortrag | 0,5 Mio. EUR |
    | Gesetzliche Rücklage | 4,5 Mio. EUR | Jahresüberschuss | 6,5 Mio. EUR |
    | Kapitalrücklage | 1,2 Mio. EUR | | |
    | Andere Gewinnrücklagen | 38,2 Mio. EUR | | |

Einstellung in die gesetzliche Rücklage nach § 150 AktG. Einstellung in die anderen Gewinnrücklagen: Höchstbetrag nach § 58 II AktG.

Ausgegebene Stückaktien: 1 600 000

Aufgaben:
3.1 Ermitteln Sie die gesetzliche Rücklage und die anderen Gewinnrücklagen!
3.2 Berechnen Sie die höchstmögliche Dividendenzahlung (auf 5 Cent gerundet)!
3.3 Stellen Sie den rechnerischen Ablauf der Gewinnverwendung in einer Übersicht dar!

9.3.1.5 Ausweis der Gewinnverwendung in der Bilanz

(1) Aufstellung der Bilanz ohne Berücksichtigung der Ergebnisverwendung

Der Ausweis der Bilanzposten ist in § 266 III HGB ohne Berücksichtigung der Ergebnisverwendung geregelt. Daher erscheint in dem durch § 266 HGB vorgeschriebenen Gliederungsschema für Bilanzen von Kapitalgesellschaften im Abs. III unter V der Posten „Jahresüberschuss/Jahresfehlbetrag".

Jahresüberschuss/Jahresfehlbetrag des laufenden Geschäftsjahres	**Anmerkung:** Die Ergebnisverwendung wird hier außerhalb der Bilanz im Anhang ausgewiesen.

(2) Aufstellung der Bilanz unter teilweiser Berücksichtigung der Ergebnisverwendung durch Vorstand und Aufsichtsrat

Üblicherweise erfolgt die Bilanzaufstellung bei der AG unter Berücksichtigung der teilweisen Gewinnverwendung. Unter der Voraussetzung, dass aus dem Vorjahr ein Gewinnvortrag übernommen wurde und während des laufenden Geschäftsjahrs keine Entnahmen aus bereits gebildeten Rücklagen vorgenommen wurden, errechnet sich der Bilanzgewinn wie folgt:

Jahresüberschuss − neue Gewinnrücklagen + alter Gewinnvortrag = Bilanzgewinn	**Anmerkung:** Im Fall eines Verlustvortrags ist für die Berechnung des Anteils der gesetzlichen Rücklage der Jahresüberschuss um den Verlustvortrag zu korrigieren (vgl. § 150 II AktG).

> **Beispiel 1:**

Die Württembergische Autowerke AG (WAW AG) kann nach einem schlechten Vorjahr für das Berichtsjahr wieder einen Jahresüberschuss ausweisen. Hier die Zahlen der vorläufigen Bilanz:

Aktiva	Bilanz der WAW AG vor der Gewinnverwendungsrechnung		Passiva
Anlagevermögen	388 000 000,00	**Eigenkapital**	
Umlaufvermögen	1 359 000 000,00	Gezeichnetes Kapital*	492 000 000,00
		Kapitalrücklage	16 000 000,00
		Gesetzliche Rücklage	28 000 000,00
		Andere Gewinnrücklagen	61 000 000,00
		Verlustvortrag	– 3 000 000,00
		Jahresüberschuss	68 000 000,00
		Rückstellungen	213 000 000,00
		Verbindlichkeiten	872 000 000,00
	1 747 000 000,00		1 747 000 000,00

*Die WAW AG hat 98,4 Mio. Stückaktien ausgegeben.

Aufgaben:

1. Ermitteln Sie den Bilanzgewinn! Die Einstellung in die gesetzliche Rücklage erfolgt nach § 150 AktG. In die anderen Gewinnrücklagen werden lt. Beschluss von Vorstand und Aufsichtsrat 30 875 000,00 EUR eingestellt.

2. Erstellen Sie die Bilanz unter Berücksichtigung der teilweisen Verwendung des Jahresüberschusses!

Lösungen:

Zu 1.: **Ermittlung des Bilanzgewinnes durch Vorstand und Aufsichtsrat**

	Jahresüberschuss	68 000 000,00 EUR
–	Verlustvortrag aus dem Vorjahr	3 000 000,00 EUR
=	Bereinigter Jahresüberschuss	65 000 000,00 EUR
–	Einstellung in die gesetzliche Rücklage	3 250 000,00 EUR
=	Zwischensumme	61 750 000,00 EUR
–	Andere Gewinnrücklagen	30 875 000,00 EUR
=	Bilanzgewinn	30 875 000,00 EUR

Zu 2.: **Bilanz nach der teilweisen Verwendung des Jahresüberschusses**

Aktiva	Bilanz der WAW AG vor der Verwendung des Bilanzgewinns		Passiva
Anlagevermögen	388 000 000,00	**Eigenkapital**	
Umlaufvermögen	1 359 000 000,00	Gezeichnetes Kapital	492 000 000,00
		Kapitalrücklage	16 000 000,00
		Gesetzliche Rücklage	31 250 000,00
		Andere Gewinnrücklagen	91 875 000,00
		Bilanzgewinn	30 875 000,00
		Rückstellungen	213 000 000,00
		Verbindlichkeiten	872 000 000,00
	1 747 000 000,00		1 747 000 000,00

(3) Aufstellung der Bilanz unter vollständiger Berücksichtigung der Ergebnisverwendung nach Beschluss der Hauptversammlung

Die Aktionäre haben nach § 58 IV AktG Anspruch auf den Bilanzgewinn, soweit er nicht nach Gesetz, Satzung oder aufgrund eines Beschlusses der Hauptversammlung von der Verteilung an die Aktionäre ausgeschlossen ist. Die Hauptversammlung kann z.B. nach § 58 III, S. 1 AktG beschließen, dass weitere Beträge in die Gewinnrücklagen eingestellt werden oder dass ein Teil des Bilanzgewinnes als Gewinnvortrag in der Gesellschaft verbleibt.

Unter der Annahme, dass ein Teil des Bilanzgewinns als Gewinnvortrag auf das folgende Geschäftsjahr übertragen wird und dass weitere Beträge in die Gewinnrücklagen eingestellt werden sollen, ergibt sich folgende weitere Berechnung:

Bilanzgewinn − weitere Gewinnrücklagen − Dividende = neuer Gewinnvortrag	**Anmerkung:** Bis zur Auszahlung stellt der für die Ausschüttung vorgesehene Dividendenbetrag eine Verbindlichkeit der Aktiengesellschaft gegenüber den Aktionären dar.

Beispiel 2:

Wir erweitern das Beispiel 1 von S. 222 in der folgenden Weise:

Die Hauptversammlung genehmigt die Rücklagenbildung und beschließt, dass eine Dividende in Höhe von 6 % ausgeschüttet werden soll und der Restbetrag als Gewinnvortrag verbleibt.

Aufgaben:
1. Berechnen Sie den EUR-Betrag der Dividendenausschüttung und den Gewinnvortrag!
2. Erstellen Sie die Bilanz nach der vollständigen Verwendung des Jahresüberschusses, wobei unterstellt werden soll, dass die Dividende bereits ausgezahlt wurde!
3. Ermitteln Sie die Höhe der Selbstfinanzierung!

Lösungen:

Zu 1.: Berechnung der Dividende und des Gewinnvortrags

492 000 000,00 EUR Grundkapital : 98 400 000 Aktien = 5,00 EUR Grundkapital/Aktie

6 % von 5,00 EUR = 0,30 EUR Dividende/Aktie

98 400 000 Aktien · 0,30 EUR = 29 520 000,00 EUR Dividende

Bilanzgewinn	30 875 000,00 EUR
− Dividendenausschüttung	29 520 000,00 EUR
= Gewinnvortrag aus dem Berichtsjahr	1 355 000,00 EUR

Zu 2.: Bilanz nach der vollständigen Verwendung des Bilanzgewinnes

Bilanz der WAW AG nach vollständiger Verwendung des Bilanzgewinnes

Aktiva		Passiva	
Anlagevermögen	388 000 000,00	**Eigenkapital**	
Umlaufvermögen	1 329 480 000,00	Gezeichnetes Kapital	492 000 000,00
		Kapitalrücklage	16 000 000,00
		Gesetzliche Rücklage	31 250 000,00
		Andere Gewinnrücklagen	91 875 000,00
		Gewinnvortrag	1 355 000,00
		Rückstellungen	213 000 000,00
		Verbindlichkeiten	872 000 000,00
	1 717 480 000,00		1 717 480 000,00

Zu 3.: Berechnung der Selbstfinanzierung[1]

	Ausgleich des Verlustvortrags	3 000 000,00 EUR
+	Einstellung in die gesetzliche Rücklage	3 250 000,00 EUR
+	Andere Gewinnrücklagen	30 875 000,00 EUR
+	Gewinnvortrag aus dem Berichtsjahr	1 355 000,00 EUR
=	Höhe der Selbstfinanzierung	38 480 000,00 EUR

Übungsaufgabe

94 Verwendung des Bilanzgewinns und offene Selbstfinanzierung

1. Nennen Sie die Bilanzposten, die zum Eigenkapital einer Aktiengesellschaft gehören!
2. Geben Sie die Bilanzposten einer Aktiengesellschaft an, die die offene Selbstfinanzierung zeigen!
3. Stellen Sie eine allgemeingültige Berechnungsregel für die Ermittlung der gesetzlichen Gewinnrücklage (ohne satzungsmäßige Änderungen) auf!
4. Stellen Sie unter der Annahme, dass ein Verlustvortrag vorliegt, ein allgemeingültiges Berechnungsschema für die Ermittlung des Bilanzgewinnes auf!
5. Nennen Sie den Zweck der Rücklagenbildung!
6. Am Ende des Geschäftsjahres hat die Triberger Uhren AG ein Anlagevermögen in Höhe von 75 400 000,00 EUR und ein Umlaufvermögen in Höhe von 45 500 000,00 EUR. Das gezeichnete Kapital beträgt 50 000 000,00 EUR. Die Verbindlichkeiten betragen 44 700 000,00 EUR. Vor dem Beschluss über die Verwendung des Jahresüberschusses in Höhe von 10 300 000,00 EUR wurden folgende Rücklagen ausgewiesen:

Kapitalrücklage	550 000,00 EUR,
Gewinnrücklagen:	
1. Gesetzliche Rücklage	3 200 000,00 EUR,
2. Andere Gewinnrücklagen	11 650 000,00 EUR.

Es liegt ein Gewinnvortrag aus dem Vorjahr in Höhe von 500 000,00 EUR vor.

---

[1] Die Höhe der Selbstfinanzierung kann auch als Differenz zwischen dem Jahresüberschuss (68 000 000,00 EUR) und der Dividendenausschüttung (29 520 000,00 EUR) berechnet werden.

Aufgaben:

6.1 Berechnen Sie den Bilanzgewinn aufgrund folgender Angaben:
Nach Einstellung des erforderlichen Betrags in die gesetzliche Gewinnrücklage sollen 3 000 000,00 EUR in andere Gewinnrücklagen eingestellt werden.

6.2 Erstellen Sie die Schlussbilanz unter Berücksichtigung der teilweisen Verwendung des Jahresüberschusses durch Vorstand und Aufsichtsrat!

6.3 Ermitteln Sie die höchstmögliche Dividende! Die Triberger Uhren AG hat 50 000 000 Stückaktien ausgegeben.

6.4 Erstellen Sie die Bilanz nach der vollständigen Verwendung des Jahresüberschusses, wobei unterstellt werden soll, dass die Stückdividende von der Hauptversammlung beschlossen und bereits ausbezahlt wurde!

6.5 Geben Sie an, wie viel EUR
  6.5.1 die gesetzlich erzwungene Selbstfinanzierung,
  6.5.2 die freiwillig vorgenommene Selbstfinanzierung,
  6.5.3 die offene Selbstfinanzierung insgesamt beträgt!

7. Der Vorstand der Textil AG erwartet für das kommende Geschäftsjahr ein schwieriges Geschäftsjahr, sodass Vorstand und Aufsichtsrat beschließen, die Dividende möglichst gering zu halten.

Für die Gewinnverwendung liegen für das alte Geschäftsjahr folgende Daten vor:

Gezeichnetes Kapital	3 000 000,00 EUR
Kapitalrücklage	750 000,00 EUR
gesetzliche Rücklage	0,00 EUR
andere Gewinnrücklagen	450 000,00 EUR
Gewinnvortrag	150 000,00 EUR
Jahresüberschuss	510 000,00 EUR

Aufgaben:

7.1 Führen Sie die Gewinnverwendungsrechnung bis zum Bilanzgewinn für das alte Geschäftsjahr durch!

7.2 Die Hauptversammlung beschließt eine Dividende von 10 Cent pro Aktie. Es sind 3 Mio. Stückaktien im Umlauf. Der verbleibende Rest wird auf neue Rechnung vorgetragen. Erstellen Sie den Eigenkapitalausweis nach vollständiger Gewinnverwendung!

7.3 Berechnen Sie den Betrag der offenen Selbstfinanzierung für das alte Geschäftsjahr!

9.3.1.6 Auflösung von Rücklagen zum Ausgleich eines Jahresfehlbetrags

(1) Auflösung von Kapitalrücklage und gesetzlicher Rücklage

Die Voraussetzungen, unter denen Entnahmen aus der Kapitalrücklage und der gesetzlichen Rücklage möglich sind, sind unterschiedlich geregelt, je nachdem, ob es sich um Rücklagen handelt, die den zehnten Teil (bzw. den in der Satzung genannten höheren Teil) des Grundkapitals übersteigen oder nicht.

■ Haben die Kapitalrücklagen und die gesetzlichen Rücklagen zusammen den **zehnten** oder den in der **Satzung bestimmten höheren Teil des Grundkapitals noch nicht überschritten,** so können sie nach § 150 III AktG z. B. zum Ausgleich eines Jahresfehlbetrags nur verwandt werden, wenn dieser nicht durch einen Gewinnvortrag aus dem Vorjahr gedeckt ist und nicht durch Auflösung anderer Gewinnrücklagen ausgeglichen werden kann. Welche Rücklage im Auflösungsfall herangezogen wird, liegt im Ermessen der Aktiengesellschaft.

- **Übersteigt die Summe aus Kapitalrücklage und gesetzlicher Rücklage die vorgeschriebene Mindestgrenze,** dann darf der übersteigende Betrag nach § 150 IV AktG zum Ausgleich eines Jahresfehlbetrags verwandt werden, soweit dieser nicht durch einen Gewinnvortrag aus dem Vorjahr gedeckt ist. Das ist jedoch nicht zulässig, wenn gleichzeitig Gewinnrücklagen zur Gewinnausschüttung aufgelöst werden.

Summe aus gesetzlicher Rücklage und Kapitalrücklage	Betrag, der den zehnten oder den in der Satzung bestimmten höheren Teil des Grundkapitals **übersteigt.** Es gilt § 150 IV AktG.
	Betrag, der den zehnten oder den in der Satzung bestimmten höheren Teil des Grundkapitals **nicht übersteigt.** Es gilt § 150 III AktG.

(2) Andere Gewinnrücklagen

Grundsätzlich ist es möglich, andere Gewinnrücklagen aufzulösen und zur Gewinnausschüttung heranzuziehen. Soll ein Jahresfehlbetrag durch Auflösung von Rücklagen verschleiert werden, sodass ein Bilanzgewinn entsteht, der für eine Dividendenausschüttung und einen eventuellen Gewinnvortrag zur Verfügung stehen soll, dann ändert sich das Berechnungsschema für die Ermittlung des Bilanzgewinnes mit anschließender Gewinnverwendung wie folgt:

```
  Jahresfehlbetrag (negativ)
+ evtl. Gewinnvortrag aus dem Vorjahr (bzw. – Verlustvortrag aus dem Vorjahr)
= korrigierter Jahresfehlbetrag
+ Entnahmen aus anderen Gewinnrücklagen
= Bilanzgewinn
– Dividendenausschüttung
= Gewinnvortrag aus dem Berichtsjahr
```

Werden andere Gewinnrücklagen zur Gewinnausschüttung aufgelöst, so ist eine **gleichzeitige Auflösung der Kapitalrücklage bzw. der gesetzlichen Rücklage** zum Ausgleich eines Jahresfehlbetrages bzw. eines Verlustvortrags aus dem Vorjahr **unzulässig.** Dies gilt auch dann, wenn die Summe aus Kapitalrücklage und gesetzlicher Rücklage die vorgeschriebene Mindestgrenze übersteigt [§ 150 IV, S. 1 AktG].

Beispiel:

Die AKS Computer AG weist in ihrer Gewinn- und Verlustrechnung Aufwendungen in Höhe von 13 670 000,00 EUR und Erträge in Höhe von 13 495 000,00 EUR aus, woraus sich ein Jahresfehlbetrag von 175 000,00 EUR ergibt. Aus der Bilanz des Vorjahres ergeben sich auf der Passivseite folgende Werte:

Gezeichnetes Kapital	3 000 000,00 EUR
Kapitalrücklage	1 000 000,00 EUR
Gewinnrücklagen	
1. Gesetzliche Rücklage	180 000,00 EUR
2. Andere Gewinnrücklagen	300 000,00 EUR
Gewinnvortrag	17 000,00 EUR

Um die vielen Kleinaktionäre bei Laune zu halten, möchte der Vorstand Rücklagen in Höhe von 280 000,00 EUR auflösen, sodass wenigstens eine Dividende von 0,20 EUR je 5-EUR-Aktie ausgeschüttet werden kann und ein kleiner Gewinnvortrag für das folgende Geschäftsjahr verbleibt.

Aufgabe:

Führen Sie aufgrund der Angaben die Berechnung vom Jahresfehlbetrag bis zum Gewinnvortrag durch!

Lösung:

Da eine Gewinnausschüttung vorgesehen ist, können die Kapitalrücklage und die gesetzliche Gewinnrücklage, obwohl die vorgeschriebene Mindesthöhe überschritten wird, nicht in Anspruch genommen werden (siehe § 150 IV, S. 1 AktG). Es dürfen daher nur andere Gewinnrücklagen aufgelöst werden.

	Jahresfehlbetrag	− 175 000,00 EUR
+	Gewinnvortrag aus dem Vorjahr	17 000,00 EUR
=	korrigierter Jahresverlust	− 158 000,00 EUR
+	Entnahmen aus den anderen Gewinnrücklagen	280 000,00 EUR
=	Bilanzgewinn	122 000,00 EUR
−	Dividendenausschüttung	120 000,00 EUR
=	Gewinnvortrag aus dem Berichtsjahr	2 000,00 EUR

Übungsaufgabe

95 Dividendenzahlung trotz Jahresfehlbetrags

Die Berndi-Jeans AG weist für das laufende Geschäftsjahr einen Jahresfehlbetrag von 472 500,00 EUR auf. Aus der Bilanz des Vorjahres ergeben sich auf der Passivseite folgende Werte:

Grundkapital	8 100 000,00 EUR
Kapitalrücklage	2 700 000,00 EUR
Gesetzliche Rücklage	486 000,00 EUR
Andere Gewinnrücklagen	892 000,00 EUR
Gewinnvortrag	45 900,00 EUR

Der Vorstand der Berndi-Jeans AG möchte trotz des Jahresfehlbetrags eine Dividende in Höhe von 0,25 EUR je 5-EUR-Aktie ausschütten.

Aufgaben:

1. Prüfen Sie, welche Rücklagen für eine Dividendenausschüttung zur Verfügung stehen!
2. Führen Sie aufgrund der Angaben die Berechnung vom Jahresfehlbetrag bis zum Gewinnvortrag durch! Es soll ein Gewinnvortrag von 42 000,00 EUR ausgewiesen werden.
3. Zeigen Sie die Konsequenzen des Vorgehens für die Selbstfinanzierung der AG auf!

9.3.1.7 Interessenkonflikt zwischen Aktionären und Geschäftsleitung und seine Auswirkungen auf die Dividendenpolitik

Bei der Gewinnverwendung tritt ein **Interessenkonflikt** zwischen der Geschäftsleitung, die eine möglichst hohe **Selbstfinanzierung** wünscht, und den **Dividendenansprüchen** der Aktionäre auf. Deshalb betont der Gesetzgeber in § 58 IV AktG ausdrücklich das Recht der Aktionäre auf Anteil am Bilanzgewinn (auf Dividende).

Je nachdem, welche Gruppe sich beim Interessenkonflikt um die Gewinnverwendung durchsetzen kann, sind folgende Extremlösungen denkbar:

- Die **Unternehmensleitung setzt sich durch** und erreicht die **Ausweisung des kleinstmöglichen Bilanzgewinnes** und damit eine **möglichst kleine Dividendenzahlung**.
- Die **Aktionäre setzen sich durch** und erreichen die Ausweisung des **größtmöglichen Bilanzgewinnes** und damit eine **möglichst hohe Dividendenzahlung**.

Beispiel:

Das Eigenkapital der EXTREM AG weist bei einem Jahresüberschuss von 455 000,00 EUR vor der Gewinnverwendungsrechnung folgende Positionen auf:

Gezeichnetes Kapital	4 500 000,00 EUR
Kapitalrücklage	110 000,00 EUR
Gesetzliche Rücklage	170 000,00 EUR
Andere Gewinnrücklagen	280 000,00 EUR
Gewinnvortrag	1 625,00 EUR

Der kleinste Aktiennennwert beträgt 5,00 EUR. Höchstmögliche Dividendenausschüttung.

Aufgaben:

1. Ermitteln Sie den minimalen Bilanzgewinn, den Vorstand und Aufsichtsrat mindestens ausweisen müssen, sowie den Gewinnvortrag und den sich dabei ergebenden Betrag, der zur Selbstfinanzierung zur Verfügung steht!
2. Bestimmen Sie den maximalen Bilanzgewinn, den Vorstand und Aufsichtsrat höchstens ausweisen können, sowie den Gewinnvortrag und den sich dabei ergebenden Betrag, der zur Selbstfinanzierung zur Verfügung steht bzw. verloren geht!

Lösungen:

Zu 1.: Situation bei Ermittlung eines minimalen Bilanzgewinnes

Soll ein minimaler Bilanzgewinn ermittelt werden, können neben der gesetzlichen Rücklage im Fall, dass Vorstand und Aufsichtsrat den Jahresabschluss feststellen (Normalfall), noch zusätzlich Beträge in andere Gewinnrücklagen eingestellt werden. Im Folgenden wird unterstellt, dass Vorstand und Aufsichtsrat die höchstmöglichen Beträge nach § 58 II, S. 1 AktG in die anderen Gewinnrücklagen einstellen. Wir erhalten folgende Berechnung:

	Jahresüberschuss	455 000,00 EUR
−	Einstellung in die gesetzliche Rücklage	22 750,00 EUR
=	Zwischensumme	432 250,00 EUR
−	Einstellung in andere Gewinnrücklagen	216 125,00 EUR
=	Restlicher Jahresüberschuss	216 125,00 EUR
+	Gewinnvortrag aus dem Vorjahr	1 625,00 EUR
=	Bilanzgewinn	217 750,00 EUR
−	Dividendenausschüttung 0,24 EUR	216 000,00 EUR
=	Gewinnvortrag	1 750,00 EUR

Die Selbstfinanzierung errechnet sich wie folgt:

	Einstellung in die gesetzliche Rücklage	22 750,00 EUR
+	Einstellung in andere Gewinnrücklagen	216 125,00 EUR
+	neuer Gewinnvortrag	1 750,00 EUR
=	Zwischensumme	240 625,00 EUR
−	alter Gewinnvortrag	1 625,00 EUR
=	gesamte neue Selbstfinanzierung	239 000,00 EUR

Alternative Berechnung:

	Jahresüberschuss	455 000,00 EUR
−	Dividende	216 000,00 EUR
=	gesamte neue Selbstfinanzierung	239 000,00 EUR

Erläuterung: Da der alte Gewinnvortrag im Bilanzgewinn enthalten ist, ist er in der Dividendenausschüttung enthalten und steht daher zur Selbstfinanzierung nicht mehr zur Verfügung. Dagegen bleibt der neue Gewinnvortrag des Unternehmens zur Selbstfinanzierung erhalten.

Zu 2.: Situation bei der Ermittlung eines maximalen Bilanzgewinnes

Soll ein maximaler Bilanzgewinn ermittelt werden, wird der Jahresüberschuss nur um die gesetzliche Rücklage gekürzt. Um den Bilanzgewinn möglichst hoch auszuweisen, können die vorhandenen anderen Rücklagen aufgelöst werden. Dann erhalten wir folgende Berechnung:

	Jahresüberschuss	455 000,00 EUR
−	Einstellung in die gesetzliche Rücklage	22 750,00 EUR
=	Zwischensumme	432 250,00 EUR
+	Entnahme aus den anderen Gewinnrücklagen	280 000,00 EUR
+	Gewinnvortrag aus dem Vorjahr	1 625,00 EUR
=	Bilanzgewinn	713 875,00 EUR
−	Dividendenausschüttung 0,79 EUR/Aktie	711 000,00 EUR
=	Gewinnvortrag aus dem Berichtsjahr	2 875,00 EUR

Die Selbstfinanzierung errechnet sich wie folgt:

	Entnahme aus anderen Gewinnrücklagen	280 000,00 EUR
−	Einstellung in gesetzliche Rücklage	22 750,00 EUR
−	Neuer Gewinnvortrag	2 875,00 EUR
=	Zwischensumme	254 375,00 EUR
+	Alter Gewinnvortrag	1 625,00 EUR
=	Selbstfinanzierung	256 000,00 EUR

Alternative Berechnung:

	Dividende	711 000,00 EUR
−	Jahresüberschuss	455 000,00 EUR
=	Selbstfinanzierung	256 000,00 EUR

Zur Entschärfung des Interessenkonflikts hat sich in der Praxis das sogenannte **Schütt-aus-Hol-zurück-Verfahren** herausgebildet. Die AG schüttet dabei eine hohe Dividende an die Aktionäre aus (allerdings ohne Rücklagen aufzulösen), gestaltet dabei gleichzeitig die Konditionen für eine Wiederanlage der erhaltenen Dividenden in junge Aktien so, dass sie für die Aktionäre attraktiv ist.

> Die Höhe des für die Dividendenausschüttung bereitgestellten Bilanzgewinnes beeinflusst den Umfang der offenen Selbstfinanzierung in starkem Maße.

9.3.1.8 Beurteilung der Selbstfinanzierung

Wichtige Vor- und Nachteile der Selbstfinanzierung sind in der nachfolgenden Tabelle einander gegenübergestellt.

Vorteile	Nachteile
■ Die Mittel stehen dem Unternehmen ohne zeitliche Begrenzung zur Verfügung, da es sich um Eigenkapitalbestandteile handelt. ■ Kein Zinsaufwand, weil kurzfristig auf eine Verzinsung des Eigenkapitals verzichtet werden kann. ■ Keine Tilgung und somit keine Belastung der Liquidität. ■ Unabhängigkeit (kein Einfluss von Gläubigern auf das Unternehmen). ■ Erhöhung der Kreditwürdigkeit. ■ Keine Kapitalbeschaffungskosten.	■ Es ist ein Beschluss der Hauptversammlung über die Verwendung des Bilanzgewinns nötig. ■ Das erhöhte Eigenkapital kann den Vorstand dazu verleiten, zu risikoreiche Investitionen vorzunehmen. ■ Bei einer geringen Dividendenzahlung kommt es zu einer negativen Stimmung bei den Aktionären (insbesondere bei den Kleinaktionären). ■ Die Aktie ist wegen der geringen Dividendenzahlung wenig attraktiv (geringe Kurssteigerungen). ■ Unerwünschte Einkommensumverteilung zugunsten der Unternehmen, wenn die Selbstfinanzierung über ungerechtfertigt hohe Preise vorgenommen wird.

Übungsaufgaben

96 Gewinnverwendung und Selbstfinanzierung der AG

1. Das Eigenkapital der Tübinger Reifen AG wurde im Jahresabschluss für das Berichtsjahr wie folgt ausgewiesen:

   Gezeichnetes Kapital   12,00 Mio. EUR   Andere Gewinnrücklagen   0,60 Mio. EUR
   Kapitalrücklage   16,80 Mio. EUR   Gewinnvortrag aus dem Vorjahr 0,06 Mio. EUR

   Für das Berichtsjahr wurden Aufwendungen von 83,6 Mio. EUR und Erträge von 87,9 Mio. EUR ermittelt. Vorstand und Aufsichtsrat stellten den Jahresabschluss fest, wobei sich die Gewinnverwendung ausschließlich nach den Vorschriften des Aktiengesetzes richtete. Es wurden 12 000 000 Stückaktien ausgegeben.

   Aufgaben:

   1.1 Zeigen Sie auf, inwieweit die Gewinnansprüche der Aktionäre dieser AG bei der Feststellung des Jahresabschlusses durch Vorstand und Aufsichtsrat geschmälert werden können!

   1.2 Berechnen Sie die minimale ganzzahlige Stückdividende, die Vorstand und Aufsichtsrat der AG den Aktionären für das Berichtsjahr anbieten müssen!

   Ermitteln Sie dabei auch in übersichtlicher Form den Bilanzgewinn und den Gewinnvortrag für das Berichtsjahr!

   1.3 Errechnen Sie den Betrag der Selbstfinanzierung und weisen Sie dabei die gesetzlich erzwungene Selbstfinanzierung aus!

2. Der Jahresabschluss der IMMO AG für 20.. wurde durch Vorstand und Aufsichtsrat festgestellt. Folgende Werte sind der Schlussbilanz entnommen:

   Grundkapital   8 000 000,00 EUR
   Kapitalrücklage   1 100 000,00 EUR   Andere Gewinnrücklagen   240 000,00 EUR
   Gesetzliche Rücklage   140 000,00 EUR   Verlustvortrag   28 000,00 EUR

Der Jahresüberschuss beträgt 1 025 000,00 EUR. Die Einstellung in die gesetzliche Rücklage erfolgt nach § 150 II AktG; den anderen Gewinnrücklagen wollen Vorstand und Aufsichtsrat 200 000,00 EUR zuführen. Der auf eine Stückaktie entfallende anteilige Wert am Grundkapital beträgt 1,00 EUR.

Aufgaben:

2.1 Berechnen Sie die höchstmögliche Stückdividende!

2.2 Stellen Sie in einer Übersicht die Posten des Eigenkapitals dar
- vor Gewinnverwendung,
- nach teilweiser Gewinnverwendung und
- nach vollständiger Gewinnverwendung!

3. Die BIOTEX AG hat für ihre vorläufige Bilanz folgende Zahlen ermittelt:

Gezeichnetes Kapital	5 000 000,00 EUR	Andere Gewinnrücklagen	400 000,00 EUR
Kapitalrücklagen	300 000,00 EUR	Gewinnvortrag	20 000,00 EUR
Gesetzliche Rücklagen	250 000,00 EUR	Jahresfehlbetrag	170 000,00 EUR

Der Aktiennennwert beträgt 1,00 EUR.

Die AG möchte für das abgelaufene Geschäftsjahr dennoch möglichst viel Dividende ausschütten, da das neue Geschäftsjahr sehr Erfolg versprechend angelaufen ist. Die Satzung enthält keine besonderen Vorschriften.

Aufgaben:

Ermitteln Sie den Bilanzgewinn, der für die Ausschüttung bereitgestellt werden kann, und den Dividendensatz (in EUR und in Prozent)!

97 Ermittlung des Jahresüberschusses durch Rückrechnung und Verwendung des Bilanzgewinns

Die verkürzte Jahresbilanz der Hoffmann Bautechnik AG hat folgendes Aussehen:

Aktiva	Bilanz zum 31. Dez. 20.. in Mio. EUR		Passiva
Anlagevermögen	15,4	Gezeichnetes Kapital	8,8
Umlaufvermögen	26,8	Kapitalrücklage	4,9
		Andere Gewinnrücklagen	3,2
		Bilanzgewinn	1,6
		Rückstellungen	4,2
		Verbindlichkeiten	19,5
	42,2		42,2

Vorstand und Aufsichtsrat stellen den Jahresabschluss fest. Die Gewinnverwendung richtet sich ausschließlich nach den Vorschriften des Aktiengesetzes.

Für das Geschäftsjahr 20.. wird eine möglichst hohe Selbstfinanzierung angestrebt.

Aufgaben:

1. Errechnen Sie den Jahresüberschuss für das Geschäftsjahr 20.. Berücksichtigen Sie dabei einen Gewinnvortrag aus dem Vorjahr in Höhe von 50 000,00 EUR.

2. 2.1 Berechnen Sie die höchstmögliche Dividende für eine 5-EUR-Aktie in Euro!

   2.2 Bestimmen Sie den neuen Gewinnvortrag!

3. Ermitteln Sie die Höhe der Selbstfinanzierung!

4. Nennen Sie zwei Gründe, die gegen die maximale Ausschöpfung der offenen Selbstfinanzierung sprechen!

98 Rücklagenbildung und Verwendung des Bilanzgewinns

Die Franz Heine AG legt für das laufende Geschäftsjahr folgende vereinfachte Bilanz vor:

Aktiva	Bilanz zum 31. Dez. 20.. in Mio. EUR		Passiva
Anlagevermögen	583	Gezeichnetes Kapital	200
Umlaufvermögen	170	Kapitalrücklage	10
		Gewinnrücklagen	
		– Gesetzliche Rücklage	9
		– Andere Gewinnrücklagen	290,5
		Jahresüberschuss	60
		Verlustvortrag	– 1,5
		Rückstellungen	90
		Verbindlichkeiten	95
	753		753

Die Franz Heine AG hat seit ihrer Gründung 40 Mio. Stückaktien ausgegeben.

Aufgaben:

1. Zeigen Sie in einer übersichtlichen Darstellung unter Berücksichtigung aktienrechtlicher Bestimmungen die Ermittlung und die Verwendung des Bilanzgewinnes sowie den maximalen Betrag der offenen Selbstfinanzierung der AG, wenn eine Stückdividende von 0,15 EUR ausgeschüttet wird!

2. Geben Sie an, welche Organe der AG für die notwendigen Entscheidungen jeweils zuständig sind!

99 Spielräume der offenen Selbstfinanzierung der AG

Die Schwarzwald-Pharma AG hat einen deutlichen Aufschwung zu verzeichnen. Sie schließt das Geschäftsjahr 20.. mit der nachstehend vereinfacht wiedergegebenen Bilanz ab:

Aktiva	Vorläufige Bilanz zum 31. Dez. 20.. (TEUR)		Passiva
Fertigungsanlagen	9 700	Gezeichnetes Kapital	8 000
Verpackungsanlagen	300	Kapitalrücklage	30
Sonstiges Vermögen	8 700	Gesetzliche Rücklage	750
		Andere Gewinnrücklagen	680
		Verlustvortrag	– 26
		Verbindlichkeiten	8 610
		Jahresüberschuss	656
	18 700		18 700

Aufgaben:

1. Ermitteln Sie gemäß den gesetzlichen Vorschriften für das abgeschlossene Geschäftsjahr mit rechnerischem Nachweis

    1.1 die Untergrenze der offenen Selbstfinanzierung,

    1.2 die Obergrenze der offenen Selbstfinanzierung, soweit Vorstand und Aufsichtsrat hierüber beschließen,

    1.3 die Obergrenze der offenen Selbstfinanzierung, soweit die Zustimmung der Hauptversammlung hierfür erreicht werden könnte!

2. Nennen Sie jeweils zwei Gesichtspunkte in den genannten drei Fällen (von 1.), die für eine derartige Verwendung des Jahresüberschusses sprechen würden!

3. Erklären Sie den Fall, dass die gesetzliche Rücklage zusammen mit der Kapitalrücklage 800 000,00 EUR übersteigt!

9.3.2 Finanzierung aus Abschreibungsgegenwerten

(1) Notwendigkeit von Abschreibungen

Maschinen und Baulichkeiten werden **verbraucht**. Sie verlieren z. B. durch Nutzung, kaufmännische und technische Überholung sowie Zeitablauf an Wert. Dieser Tatsache wird durch die Abschreibung Rechnung getragen.

> **Abschreibungen** erfassen die Wertminderungen des abnutzbaren Anlagevermögens sowie die Wertverluste beim Umlaufvermögen.

Auch das Umlaufvermögen muss erforderlichenfalls abgeschrieben werden (z.B. Abschreibungen auf Forderungen bei Zahlungsunfähigkeit [Insolvenz] der Kunden; Abschreibungen auf Wertpapiere des Umlaufvermögens, wenn der Börsenkurs am Bilanzstichtag unter den Anschaffungskosten liegt [§ 253 IV HGB]).

(2) Kalkulatorische und bilanzielle Abschreibungen[1]

- **Kalkulatorische Abschreibungen**

> - Die **kalkulatorischen Abschreibungen** erfassen die **kostenwirksamen Wertminderungen**.
> - Die kalkulatorischen Abschreibungen können von den **Anschaffungs-** bzw. **Herstellungskosten** eines Wirtschaftsgutes oder vom voraussichtlichen (geschätzten) höheren **Wiederbeschaffungswert** vorgenommen werden.

Die kalkulatorischen Abschreibungen werden in die Verkaufspreise eingerechnet und erwirtschaften damit – sofern die Preise für die Produkte kostendeckend sind – die Beträge, die zur Ersatzbeschaffung der Anlagegüter am Ende der Nutzungsdauer erforderlich sind. Sie dienen somit der Substanzerhaltung.

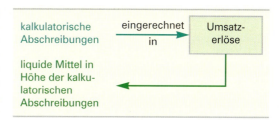

- **Bilanzielle Abschreibungen**

> - Die **bilanziellen Abschreibungen** erfassen die **erfolgswirksamen Wertminderungen**.
> - Berechnungsgrundlage der bilanziellen Abschreibungen sind aufgrund der handelsrechtlichen Bestimmungen die **Anschaffungs- und Herstellungskosten**.

---

1 Vgl. hierzu auch die Ausführungen auf S. 28ff.

Die bilanziellen Abschreibungen erscheinen in der Gewinn- und Verlustrechnung als Aufwand und verhindern, dass die mit den Umsatzerlösen rückfließenden kalkulierten Abschreibungsbeträge – **bis zur Höhe der bilanziellen Abschreibungen** – zu Gewinn werden.

Hinweis zu den handelsrechtlich erlaubten Abschreibungsmethoden

Das Handelsrecht schreibt in § 253 III HGB keine bestimmte Abschreibungsmethode vor. Nach den Grundsätzen ordnungsmäßiger Buchführung (GOB) muss die gewählte Abschreibungsmethode aber zu einer sinnvollen, nicht willkürlichen Verteilung der Anschaffungs- oder Herstellungskosten auf die Nutzungsdauer führen. Als handelsrechtlich erlaubte Abschreibungsmethoden gelten die lineare und die degressive Abschreibung sowie die Leistungsabschreibung.[1]

(3) Abschreibungskreislauf

Decken die Umsatzerlöse die kalkulierten Abschreibungen (man spricht in diesem Zusammenhang von **„verdienten Abschreibungen"**), so verändert sich der Aufbau des Vermögens. Geldmittel, die für längere Zeit in Sachmittel gebunden sind, werden schrittweise wieder in die liquide Form überführt. Der Bilanzwert des Anlagevermögens nimmt ab, der Bestand an Zahlungsmitteln erhöht sich, wobei die teilabgeschriebenen Anlagen weiterhin produktiv sind **(Kapitalfreisetzungseffekt)**. Der Vorgang ist erfolgsneutral, wenn die kalkulatorischen Abschreibungen durch die Umsatzerlöse gedeckt und nicht höher als die bilanziellen Abschreibungen sind.

Damit die Abschreibungswerte zur Verfügung stehen, müssen folgende Voraussetzungen erfüllt sein:

- Finanzierung des abzuschreibenden Anlageguts mit Eigenkapital.
- Zufluss liquider Mittel mindestens in Höhe des Abschreibungsbetrags.
- Durch den Ansatz der Abschreibungen darf kein Verlust entstehen.

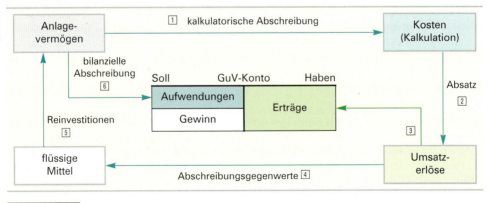

---

[1] Steuerrechtlich ist die degressive Abschreibung nicht erlaubt.

Die **Abschreibungsrückflüsse** sind in der Periode ihrer Erwirtschaftung **nicht mit Ausgaben verbunden** und sind daher zunächst frei verfügbar. Der Unternehmer hat somit die Möglichkeit,

- die während der Nutzungszeit hereinfließenden Abschreibungserlöse zu „speichern", d.h. auf **Geldkonten zu sparen,**
- die angesparten Gelder nach Ablauf der Nutzungszeit zu investieren und die Vermögensgegenstände wiederzubeschaffen (**Ersatzinvestitionen**) oder
- die eingehenden Abschreibungserlöse sofort in neue Anlagegüter zu investieren, um damit das Anlagevermögen zu erweitern (**Erweiterungsinvestitionen**).[1]

(4) Kalkulatorische und bilanzielle Abschreibungen sind gleich hoch (nominale Kapitalerhaltung)

Die bilanzielle Abschreibung darf handelsrechtlich höchstens von den Anschaffungs- oder Herstellungskosten berechnet werden. Wird die kalkulatorische Abschreibung ebenfalls von den Anschaffungs- oder Herstellungskosten berechnet, so steht am Ende der Nutzungsdauer der ursprüngliche Anschaffungsbetrag wieder zur Verfügung (**nominale Kapitalerhaltung**). Eine Ersatzbeschaffung des Anlagegutes ist in diesem Fall nur möglich, wenn in der Zwischenzeit keine Preissteigerungen eingetreten sind.

Beispiel:

Die Anschaffungskosten für eine Maschine betragen 40 000,00 EUR. Die Nutzungsdauer der Maschine beträgt 4 Jahre. Die Abschreibung erfolgt linear. Die kalkulatorische und die bilanzmäßige Abschreibung sind gleich hoch. Die Abschreibungsbeträge werden über den Verkauf der Erzeugnisse verdient.

Aufgabe:

Ermitteln Sie die durch Abschreibungsfinanzierung erwirtschafteten liquiden Mittel am Ende der Nutzungsdauer!

Lösung:

Jahr	Buchwert der Maschine	Abschreibungsbetrag	Abschreibungsfinanzierung		Restbuchwert der Maschine
			Liquide Mittel pro Jahr	Liquide Mittel insgesamt	
1.	40 000,00	10 000,00	10 000,00	10 000,00	30 000,00
2.	30 000,00	10 000,00	10 000,00	20 000,00	20 000,00
3.	20 000,00	10 000,00	10 000,00	30 000,00	10 000,00
4.	10 000,00	10 000,00	10 000,00	40 000,00	0,00

(5) Kalkulatorische und bilanzielle Abschreibungen sind nicht gleich hoch (substanzielle Kapitalerhaltung und stille Selbstfinanzierung)

In der Regel weichen die Anschaffungs- oder Herstellungskosten von den Wiederbeschaffungskosten ab. Üblicherweise liegen die **Wiederbeschaffungskosten** für das Anlagegut aufgrund von Preissteigerungen **über den Anschaffungs- oder Herstellungskosten**. In diesem Fall ist es sinnvoll, für die Berechnung der kalkulatorischen Abschreibung die **Wie-**

---

[1] Auf den Kapazitätserweiterungseffekt, der mithilfe von Abschreibungsrückflüssen erzielt werden kann, wird im Folgenden nicht eingegangen. Der Lehrplan sieht die Behandlung dieser Thematik nicht vor.

derbeschaffungskosten als Bezugsgrundlage zu wählen, denn nur dann steht der Betrag bereit, der für die Wiederbeschaffung des Anlagegutes benötigt wird (**substanzielle Kapitalerhaltung**). Allerdings wird die Differenz zwischen der bilanziellen und der höheren kalkulatorischen Abschreibung auf dem GuV-Konto als Gewinn ausgewiesen.[1] Man bezeichnet ihn als **Scheingewinn** bzw. **Preissteigerungsgewinn**. Der Gewinn unterliegt zum einen der Besteuerung und zum anderen besteht die Gefahr, dass Teile des Gewinns ausgeschüttet werden. Insofern wird das Ziel der Substanzerhaltung auch dann nicht vollständig erreicht, wenn kalkulatorisch von den Wiederbeschaffungskosten abgeschrieben wird.

In seltenen Fällen liegen die **Wiederbeschaffungskosten** für das Anlagegut **unter den ursprünglichen Anschaffungs- oder Herstellungskosten**. In diesem Fall wird nicht der gesamte Abschreibungsbetrag zur Ersatzbeschaffung benötigt, d.h., die Differenz zwischen den Wiederbeschaffungskosten und den erwirtschafteten Abschreibungsbeträgen steht für andere Investitionen bereit. Diese zusätzlichen Mittel fallen dadurch an, dass durch die (zu hohen) Abschreibungen ein zu niedriger Gewinn ausgewiesen wird. Dieser nicht ausgewiesene Teil des Gewinns stellt eine **stille Selbstfinanzierung**[2] dar.

Fall 1: Die **bilanzielle Abschreibung ist größer als die kalkulatorische Abschreibung**, d.h., der in der Buchführung verrechnete Abschreibungsaufwand ist größer als die verrechneten Abschreibungskosten in der Kosten- und Leistungsrechnung. Der Finanzierungseffekt wird in diesem Fall durch die **Bildung stiller Rücklagen** erweitert.

Fall 2: Die **bilanzielle Abschreibung ist kleiner als die kalkulatorische Abschreibung**, d.h., der in der Buchführung verrechnete Abschreibungsaufwand ist kleiner als die verrechneten Abschreibungskosten in der Kosten- und Leistungsrechnung. Der nicht berücksichtigte Aufwand wird als **Scheingewinn** ausgewiesen, muss versteuert werden und kann ausgeschüttet werden. Ein Teil der Abschreibungsgegenwerte ist in diesem Fall für Investitionen verloren.

Beispiel:

10 Maschinen mit Gesamtanschaffungskosten zu Beginn des Geschäftsjahres von 800 000,00 EUR, einer Nutzungsdauer von 8 Jahren und geschätzten Wiederbeschaffungskosten von 880 000,00 EUR werden wie folgt abgeschrieben:

Fall 1: Bilanzielle Abschreibung: 20% degressiv
von den Anschaffungskosten = 160 000,00 EUR
– kalkulatorische Abschreibung: linear von den Wiederbeschaffungskosten = 110 000,00 EUR
Differenz 50 000,00 EUR

Geht man davon aus, dass die kalkulatorische Abschreibung dem tatsächlichen Werteverzehr entspricht, sind in der Buchführung die Aufwendungen um 50 000,00 EUR zu hoch angesetzt. In dieser Höhe entstehen stille Reserven, weil die Maschinen unterbewertet werden.

Neben der **Abschreibungsfinanzierung** in Höhe von 110 000,00 EUR erfolgt hier im ersten Abschreibungsjahr noch eine **stille (verdeckte) Selbstfinanzierung** in Höhe von 50 000,00 EUR.

---

1 Siehe auch S. 234.
2 Siehe auch S. 215.

Fall 2: Kalkulatorische Abschreibung: linear von den Wiederbeschaffungskosten = 110 000,00 EUR
– bilanzielle Abschreibung: linear von den Anschaffungskosten = 100 000,00 EUR

Differenz 10 000,00 EUR

Geht man davon aus, dass die kalkulatorische Abschreibung den wirklichen Wertverlust erfasst, sind in der Buchführung die Aufwendungen um 10 000,00 EUR zu niedrig angesetzt. In dieser Höhe entsteht ein **Scheingewinn**. Ein Teil der Abschreibungsgegenwerte fließt dadurch wieder ab (z. B. über die Zahlung von Gewinnsteuern bzw. über eine Gewinnausschüttung). Dies führt hinsichtlich der Ersatzbeschaffungen zu einer **Substanzauszehrung**, weil für die Reinvestition zu wenig Mittel angespart werden können.

- Ist die **bilanzielle Abschreibung größer** als die **kalkulatorische Abschreibung**, werden **stille Rücklagen** gebildet.
- Ist die **bilanzielle Abschreibung kleiner** als die **kalkulatorische Abschreibung**, entsteht in Höhe der Differenz ein **Scheingewinn**, der zu einer **Substanzauszehrung** führt. Die Höhe der Finanzierung aus Abschreibungsgegenwerten **verringert** sich entsprechend.

Zusammenfassung

- Werden die verrechneten **Abschreibungsbeträge über die Umsatzerlöse erwirtschaftet**, so kommt es zu einer **Vermögensumschichtung**. Das Anlagevermögen wird über die in den Verkaufserlösen enthaltenen Abschreibungen schrittweise wieder in liquide Mittel überführt (Abschreibungsfinanzierung).

- Die durch die Abschreibung entstandenen liquiden Mittel können entweder zur **Erweiterung der liquiden Mittel, zur Ersatzinvestition** oder zur **Erweiterungsinvestition** herangezogen werden.

- Eine **nominale Kapitalerhaltung** ist gegeben, wenn die **Abschreibungsrückflüsse** und die **Anschaffungs- oder Herstellungskosten gleich hoch** sind.

- Eine **substanzielle Kapitalerhaltung** ist gegeben, wenn die **Abschreibungsrückflüsse** und die **Wiederbeschaffungskosten gleich hoch** sind.

- Die Differenz zwischen der bilanziellen Abschreibung und einer erhöhten kalkulatorischen Abschreibung bezeichnet man als **Scheingewinn**. Er unterliegt der **Besteuerung** und es besteht die **Gefahr der Ausschüttung**. Neben den Abschreibungsrückflüssen sind somit **weitere finanzielle Mittel erforderlich**, um die Substanzerhaltung zu gewährleisten.

- Ist die bilanzielle Abschreibung höher als die Wiederbeschaffungskosten, so wird ein zu niedriger Gewinn ausgewiesen. Die Substanzerhaltung ist gewährleistet. Der **verdeckte Gewinn** ermöglicht **zusätzlich** eine **stille Selbstfinanzierung**.

Übungsaufgaben

100 Finanzierung aus Abschreibungsgegenwerten

1. Erläutern Sie, dass die „Finanzierung aus Abschreibungsgegenwerten" im Grunde eine Uminvestierung ist!

2. Erklären Sie den Kapitalfreisetzungseffekt am Beispiel der Abschreibungsfinanzierung!

3. Das Sägewerk Hans Seeger GmbH investiert in die Abteilung „Zuschnittservice" in vier aufeinanderfolgenden Jahren je eine Sägemaschine im Wert von 2000,00 EUR, deren Nutzungsdauer jeweils vier Jahre beträgt. Die Abschreibung erfolgt linear. Sie entspricht dem tatsächlichen Wertverlust und wird über den Markt verdient. Im 5. Jahr wird die 1. Maschine durch den Kauf einer neuen Maschine ersetzt, im 6. Jahr die 2. Maschine usw.

Der Sachverhalt führt zu folgender Finanzierungstabelle:

Jahr (Ende) Maschine	1	2	3	4	5	6	7	8
1	500	500	500	500	500	500	500	500
2		500	500	500	500	500	500	500
3			500	500	500	500	500	500
4				500	500	500	500	500
jährliche Abschreibung	500	1000	1500	2000	2000	2000	2000	2000
freigesetzte Mittel – Reinvestitionen	500	1500	3000	5000	5000 2000	5000 2000	5000 2000	5000 2000
freiverfügbare Mittel	500	1500	3000	3000	3000	3000	3000	3000

Aufgaben:

3.1 Erläutern Sie, wie die freigesetzten Mittel bei dem gegebenen Sachverhalt genutzt werden!

3.2 Beschreiben Sie weitere Verwendungsmöglichkeiten der freigesetzten Mittel!

3.3 Arbeiten Sie heraus, welche Voraussetzungen gegeben sein müssen, damit die in der Tabelle dargestellte Art der Finanzierung umgesetzt werden kann!

101 Abschreibungsfinanzierung und Thesaurierung liquider Mittel

Die Anschaffungskosten für ein Anlagegut betragen 48000,00 EUR. Die Nutzungsdauer beläuft sich auf 5 Jahre. Die kalkulatorische und die bilanzmäßige Abschreibung sind gleich hoch. Die Abschreibungsbeträge werden über den Verkauf der Erzeugnisse verdient.

Aufgaben:

1. Berechnen Sie, wie viel EUR die liquiden Mittel am Ende der Nutzungsdauer betragen, wenn das Anlagegut linear abgeschrieben wird und die Geldmittel thesauriert[1] werden!

2. Ein Anlagegut wird kalkulatorisch mit 85000,00 EUR und bilanziell mit 70000,00 EUR abgeschrieben.

   2.1 Erläutern Sie den Finanzierungseffekt der Abschreibung!

   2.2 Erklären Sie den Begriff „Scheingewinn", der bei der Finanzierung an Abschreibungsgegenwerten entstehen kann!

---

[1] thesaurieren: sammeln, aufbewahren.

102 Abschreibungsfinanzierung und Entstehung stiller Rücklagen

1. In der Exklusiv-Näherei GmbH sind zu Beginn des Geschäftsjahres 400 gleichartige Arbeitsplätze mit neuen Nähmaschinen für je 16 000,00 EUR ausgestattet worden. Die Nähmaschinen haben eine betriebsgewöhnliche Nutzungsdauer von 10 Jahren. Sie werden kalkulatorisch linear, bilanziell degressiv mit 20 % mit Übergang zur linearen Abschreibung im 6. Jahr abgeschrieben.

    Aufgaben:
    1.1 Entscheiden Sie, welche der beiden Abschreibungen die Grundlage für die beschriebene Abschreibungsfinanzierung ist!
    1.2 Stellen Sie mithilfe folgender Tabelle fest, in welchen Jahren durch überhöhte bilanzielle Abschreibungen stille Rücklagen entstanden sind!

Jahr	Kalkulatorische Abschreibungen	Bilanzielle Abschreibungen	Entstandene stille Rücklagen

2. Schlagen Sie drei Möglichkeiten vor, durch die die MINKA Mineralöl AG, Karlsruhe, ihren Bestand an flüssigen Mitteln erhöhen könnte.

    Folgende Vermögenswerte (TEUR) liegen vor:

Anlagevermögen		Umlaufvermögen	
Immaterielle Vermögensgegenst.	36 800	Vorräte	9 950
Sachanlagen	258 100	Ford. aus Lief. u. Leist.	11 170
(davon Werkswohnungen 45		Sonst. Vermögensgegenstände	9 110
im Wert von 6 075 EUR)		Wertpapiere	6 000
Finanzanlagen	15 500	Flüssige Mittel	17 800

    Bei Anwendung der Just-in-time-Belieferung kann der Wert der Vorräte um 20 % abgesenkt werden. Eine Halbierung der Forderungsbestände wäre durch ein höheres Kundenskonto möglich.

9.4 Außenfinanzierung in Form von Beteiligungsfinanzierung

9.4.1 Begriff Beteiligungsfinanzierung

- Der Begriff der **Beteiligungsfinanzierung** betrifft die **Rechtsstellung des Kapitalgebers**. Bei **Personengesellschaften** entspricht das Eigenkapital i. d. R. den Einlagen der Gesellschafter. Die Einlagen können nur dann erhöht werden, wenn die bisherigen Gesellschafter ihre Einlagen erhöhen oder indem neue Gesellschafter Einlagen leisten.[1]

- Handelt es sich um eine **Aktiengesellschaft**, die an der Börse gelistet ist, so wird die Beteiligungsfinanzierung auch als **Kapitalerhöhung** bezeichnet (vgl. hierzu Kapitel 9.4.2).

Die aus der Beteiligungsfinanzierung (Eigenfinanzierung) stammenden Mittel bezeichnet man bilanzrechtlich als **Eigenkapital**. Unter dem **Gesichtspunkt der Kapitalherkunft** zählt die Eigenfinanzierung durch Einlagen bzw. Beteiligungen zur Außenfinanzierung, weil dem Unternehmen Finanzmittel von außen zugeführt werden.

---
[1] Die Beteiligungsfinanzierung bei Personengesellschaften ist nicht Gegenstand des Lehrplans.

9.4.2 Beteiligungsfinanzierung bei einer Aktiengesellschaft (AG) – ordentliche Kapitalerhöhung (Kapitalerhöhung gegen Einlagen)

Das Aktiengesetz sieht für die Beteiligungsfinanzierung der Aktiengesellschaft folgende Formen der Kapitalerhöhung (Kapitalbeschaffung) vor:

- **ordentliche Kapitalerhöhung** (Kapitalerhöhung gegen Einlagen),
- **genehmigte Kapitalerhöhung** und
- **bedingte Kapitalerhöhung**.

Die Kapitalerhöhung bedarf einer Satzungsänderung, wozu ein **Beschluss der Hauptversammlung mit qualifizierter Mehrheit** (drei Viertel des bei der Beschlussfassung vertretenen Grundkapitals) notwendig ist.[1]

9.4.2.1 Grundbegriffe und Ablauf der ordentlichen Kapitalerhöhung

Bei der Kapitalerhöhung gegen Einlagen (ordentliche Kapitalerhöhung nach §§ 182 ff. AktG) erfolgt die Beschaffung der liquiden Mittel gegen Ausgabe junger Aktien.

Der **Emissionskurs** (Ausgabekurs, Bezugskurs) **der jungen Aktien** darf bei Nennwertaktien **nicht unter dem Nennwert (unter pari)** liegen. Bei **Stückaktien** darf der Emissionskurs **nicht unter dem Beteiligungswert einer Aktie** (dem „fiktiven Nennwert") liegen. Eine Überpari-Emission ist zulässig. Sie hat zur Folge, dass der Nennwert der Kapitalerhöhung wesentlich geringer sein kann als der erforderliche Kapitalbedarf der AG.

Bei einer Kapitalerhöhung gegen Geldeinlagen fließen der Aktiengesellschaft entsprechende Geldmittel, bei einer Kapitalerhöhung gegen Sachmittel (z. B. Einbringung von Grundstücken) entsprechende Sachmittel zu (siehe § 183 AktG). In **Höhe des Nennbetrags der gezeichneten Aktien** erhöht sich das **gezeichnete Kapital (Grundkapital)** der Gesellschaft. Bei einer AG mit Stückaktien muss sich die Zahl der Aktien in demselben Verhältnis wie das Grundkapital erhöhen [§ 182 I, S. 5 AktG]. Der über den Nennbetrag hinausgehende Mittelzufluss, das sogenannte **Agio,** wird als **Kapitalrücklage ausgewiesen** [§ 272 II, Nr. 1 HGB]. In Höhe des gesamten Mittelzuflusses erhöht sich das **bilanzierte Eigenkapital** der AG.

Beispiel:

Bisheriges Grundkapital der Poggo AG 6 Mio. EUR, Aufteilung in 1,2 Mio. Aktien mit einem Nennwert von je 5,00 EUR. Kapitalerhöhung um 2 Mio. EUR mit einem Ausgabekurs von 8,00 EUR, Emissionskosten 163 200,00 EUR.

Aufgaben:
1. Berechnen Sie den Mittelzufluss!
2. Ermitteln Sie das neue Eigenkapital!

Lösungen:

Zu 1.:	Kapitalerhöhung 0,4 Mio. Aktien · 8,00 EUR =	3 200 000,00 EUR
	− Emissionskosten[2]	163 200,00 EUR
	= Mittelzufluss	3 036 800,00 EUR

---

[1] Im Folgenden beschränken wir uns aufgrund des Lehrplans auf die Darstellung der ordentlichen Kapitalerhöhung (Kapitalerhöhung gegen Einlagen) [§§ 182–191 AktG].

[2] Die Emissionskosten werden bis zum folgenden Jahresabschluss aktiviert. Im Rahmen des Jahresabschlusses werden sie dann als Aufwand in die GuV-Rechnung übernommen. Siehe auch S. 245.

Zu 2.: Bisheriges Grundkapital   6 000 000,00 EUR
        + Erhöhung des Grundkapitals 0,4 Mio. Aktien · 5,00 EUR =   2 000 000,00 EUR
        + Bildung der Kapitalrücklage 0,4 Mio. Aktien · 3,00 EUR =   1 200 000,00 EUR
        = Neues Eigenkapital   9 200 000,00 EUR

Finanzierungswirkung der Beteiligungsfinanzierung

Durch die Kapitalerhöhung steigt das Eigenkapital. Der Mittelzufluss erhöht zunächst das Umlaufvermögen.

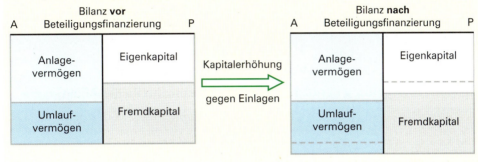

9.4.2.2 Berechnung des Bezugsverhältnisses

Damit die bisherigen Aktionäre bei der Ausgabe junger (neuer) Aktien nicht benachteiligt werden, muss nach § 186 I AktG jedem Altaktionär auf sein Verlangen ein seinem Anteil an dem bisherigen Grundkapital entsprechender Teil der jungen Aktien zugeteilt werden.

Das Bezugsverhältnis drückt das Verhältnis zwischen dem Nennwert des bisherigen Grundkapitals und dem Nennwert der Kapitalerhöhung aus.

Beispiel:

Die Poggo AG mit einem Grundkapital in Höhe von 6 000 000,00 EUR beschließt eine Kapitalerhöhung auf 8 000 000,00 EUR. Sie gibt hierzu Aktien im Nennwert von 2 000 000,00 EUR aus (siehe S. 240).

Aufgabe:
Berechnen Sie das Bezugsverhältnis!

Lösung:

$$\text{Bezugsverhältnis} = \frac{6\,000\,000 \text{ EUR}}{2\,000\,000 \text{ EUR}} = \frac{3}{1}$$

Ergebnis: Das Bezugsverhältnis beträgt 3 : 1 und besagt, dass drei Altaktien (Bezugsrechte) erforderlich sind, um eine junge Aktie erwerben zu können.

$$\text{Bezugsverhältnis} = \frac{\text{Nennwert des bisherigen Grundkapitals}}{\text{Nennwert der Kapitalerhöhung}}$$

9.4.2.3 Begriff und Bedeutung des Bezugsrechts

(1) Begriff Bezugsrecht

> **Bezugsrecht** ist das dem Aktionär zustehende Recht, bei einer Kapitalerhöhung einen seinem Anteil am bisherigen Grundkapital entsprechenden Teil der jungen Aktien zu beziehen.

Das **Bezugsrecht** hat für die Altaktionäre zwei wichtige Bedeutungen:

- Aufrechterhaltung der bisherigen Stimmrechtsanteile der Altaktionäre.
- Ausgleich von Vermögensnachteilen infolge der Kurssenkung.

(2) Aufrechterhaltung der bisherigen Stimmrechtsanteile der Altaktionäre

Beispiel:

Die Karlsruher Chemie AG mit einem Grundkapital in Höhe von 4 000 000,00 EUR beschließt eine ordentliche Kapitalerhöhung auf 6 000 000,00 EUR. Sie gibt hierzu Aktien im Nennwert von 2 000 000,00 EUR aus. Der Altaktionär Franz Wohlhaben besitzt ein Aktienpaket im Nennwert von 1 000 000,00 EUR an dieser AG. Der Mindestnennwert der Aktie beträgt 5,00 EUR.

Aufgaben:

1. Berechnen Sie das Bezugsverhältnis!
2. Ermitteln Sie, mit wie viel Prozent Herr Wohlhaben am Grundkapital vor der Grundkapitalerhöhung beteiligt ist!
3. Ermitteln Sie, auf wie viel Prozent der Anteil von Herrn Wohlhaben am Grundkapital absinken könnte, wenn kein Bezugsrecht besteht!
4. Bestimmen Sie, wie viel junge Aktien Herr Wohlhaben erwerben muss, um nach der Grundkapitalerhöhung den gleichen Anteil am erhöhten Grundkapital der Karlsruher Chemie AG zu haben wie vor der Grundkapitalerhöhung!

Lösungen:

Zu 1.: Bezugsverhältnis $= \dfrac{4\,000\,000\ \text{EUR}}{2\,000\,000\ \text{EUR}} = \dfrac{2}{1}$

Zu 2.: Herr Wohlhaben ist mit $1/4$ (1 Mio. EUR : 4 Mio. EUR), das sind 25 %, an der AG beteiligt.

Zu 3.: Ohne die Einräumung eines Bezugsrechts sinkt der Anteil von Herrn Wohlhaben am Grundkapital der AG auf $1/6$ (1 Mio. EUR : 6 Mio. EUR), das sind $16\,2/3$ %, ab.

Zu 4.: Das Aktienpaket von Herrn Wohlhaben muss nach der Kapitalerhöhung $1/4$ des neuen Grundkapitals (6 Mio. EUR : 4), also 1,5 Mio. EUR betragen, d.h., er müsste 100 000 junge Aktien erwerben.

> **Probe:** Herr Wohlhaben besitzt 200 000 Aktien (Bezugsrechte) und kann damit 100 000 junge Aktien (100 000 Aktien · 5,00 EUR = 500 000,00 EUR Nennwert) kaufen.

(3) Ausgleich von Vermögensnachteilen infolge der Kurssenkung

Die Ausgabe junger Aktien[1] findet nur dann das Interesse von Kapitalanlegern, wenn der Ausgabekurs unter dem bisherigen Börsenkurs der Aktien der betreffenden Gesellschaft liegt.

Die richtige Wahl des **Emissionskurses** der jungen Aktien ist ein wesentlicher Faktor für das Gelingen einer Kapitalerhöhung. Niedrige Emissionskurse erleichtern zwar die Emission, haben für das Unternehmen jedoch den Nachteil, dass ihr weniger Mittel zufließen. Ein hoher Börsenkurs der alten Aktien ermöglicht auch einen hohen Emissionskurs der jungen Aktien.

Nach der Emission der jungen Aktien sinkt der Börsenkurs meist auf den „Mittelkurs". Rechnerisch ist das der gewogene Durchschnitt des alten Börsenkurses und des Emissionskurses der jungen Aktien. Dem dabei entstehenden Wertverlust einer Altaktie entspricht rein rechnerisch der Wert des Bezugsrechts.

Für die Ermittlung des Mittelkurses (gewogener Durchschnitt) sind der Kurswert der alten Aktien (Anzahl alter Aktien · Kurs alte Aktien), der Kurswert der jungen Aktien (Anzahl junger Aktien · Emissionskurs), die Anzahl der alten Aktien und die Anzahl der jungen Aktien maßgebend. Der Mittelkurs ergibt sich daher aufgrund folgender Berechnungsformel:

$$\text{Mittelkurs} = \frac{\text{Anzahl alter Aktien} \cdot \text{Kurs alte Aktien} + \text{Anzahl junger Aktien} \cdot \text{Emissionskurs}}{\text{Anzahl alter Aktien} + \text{Anzahl junger Aktien}}$$

Beispiel: Ergänzung zum Beispiel auf S. 242

Der Börsenkurs der Aktien der Karlsruher Chemie AG mit einem Grundkapital von 4 000 000,00 EUR (800 000 Aktien zu je 5,00 EUR) beträgt vor der Kapitalerhöhung 25,00 EUR je Stück.

Der Emissionskurs von 400 000 Stück jungen Aktien im Nennwert von 5,00 EUR je Stück wird auf 22,00 EUR je Stück festgesetzt.

Aufgaben:
1. Ermitteln Sie den Mittelkurs!
2. Berechnen Sie den Vermögensverlust der Altaktionäre je Aktie!
3. Ermitteln Sie den rechnerischen Wert des Bezugsrechts!
4. Weisen Sie nach, dass Herr Wohlhaben, der ein Aktienpaket im Nennwert von 1 000 000,00 EUR an der Chemie AG hält, durch die Kapitalerhöhung rechnerisch keinen Vermögensnachteil erlitten hat!

Lösungen:

Zu 1.: $\text{Mittelkurs} = \frac{800\,000 \cdot 25 + 400\,000 \cdot 22}{800\,000 + 400\,000} = \underline{\underline{24{,}00 \text{ EUR}}}$

Verkürzt über das Bezugsverhältnis: $\frac{2 \cdot 25 + 1 \cdot 22}{3} = \underline{\underline{24{,}00 \text{ EUR}}}$

Ergebnis: Der Mittelkurs beträgt 24,00 EUR.

Zu 2.: Der Vermögensverlust der Altaktionäre beträgt damit 1,00 EUR je Aktie (bisheriger Börsenkurs 25,00 EUR – Mittelkurs 24,00 EUR). Da das Bezugsrecht einen marktfähigen Wert für sich darstellt, muss diesem Vermögensverlust der rechnerische Wert des Bezugsrechts entsprechen.

---

[1] Junge Aktien sind Aktien, die bei einer Grundkapitalerhöhung [§§ 182 ff. AktG] den Aktionären zum Kauf angeboten werden. Die alten Aktionäre können ihr Bezugsrecht verkaufen, sodass auch Dritte die jungen Aktien erwerben können.

Zu 3.: Allgemein lässt sich der Wert des Bezugsrechts mithilfe folgender Berechnungsformel ermitteln:[1]

$$\text{Wert des Bezugsrechts} = \frac{\text{Kurs der alten Aktien} - \text{Kurs der jungen Aktien}}{\dfrac{\text{Anzahl}^2 \text{ der alten Aktien}}{\text{Anzahl}^2 \text{ der jungen Aktien}} + 1}$$

Auf die Daten unseres Beispiels angewandt, ergibt das folgenden Wert:

$$\text{Wert des Bezugsrechts} = \frac{25 - 22}{\dfrac{800\,000}{400\,000} + 1} = \frac{3}{3} = \underline{\underline{1{,}00 \text{ (EUR/Stück)}}}$$

Der rechnerisch ermittelte Wert des Bezugsrechts entspricht damit dem Wert des Vermögensverlusts, den der Altaktionär durch die Ausgabe neuer Aktien zu einem unter dem Börsenkurs liegenden Emissionskurs erleidet. Falls der Altaktionär von seinem Bezugsrecht keinen Gebrauch macht, muss der neue Aktionär den Wert des Bezugsrechts mitbezahlen.

Zu 4.:

Wert des Aktienpakets vor der Kapitalerhöhung	Wert des Aktienpakets nach der Kapitalerhöhung

200 000 Aktien · 25,00 EUR = 5 000 000,00 EUR	200 000 Aktien · 24,00 EUR = 4 800 000,00 EUR
	 + Wert des Bezugsrechts
	   200 000 Aktien zu je 1,00 EUR = 200 000,00 EUR
	   5 000 000,00 EUR

Da an der Börse die Nachfrage- und Angebotsverhältnisse den Wert des Bezugsrechts bestimmen, weicht der tatsächliche Wert meist etwas vom rechnerischen Wert ab.

Zusammenfassung

- **Junge Aktien** können nur zusammen mit einer bestimmten **Anzahl von Bezugsrechten** erworben werden. Die Altaktionäre erhalten diese Bezugsrechte, die in der Bezugsfrist getrennt von den Aktien an der Börse gehandelt werden.
- Bei der Emission von jungen Aktien ist das **Agio in die Kapitalrücklagen** einzustellen.
- Durch die Wahrnehmung des Bezugsrechts bleibt der **Anteil des Altaktionärs am Grundkapital** der AG erhalten.
- Nach der Emission bildet sich ein **Mittelkurs**, der rechnerisch dem gewogenen Durchschnitt von bisherigem Kurs und Bezugskurs der jungen Aktien entspricht.
- Der **Altaktionär** erleidet **keinen Vermögensnachteil**, und zwar gleichgültig, ob er sein **Bezugsrecht ausübt** und junge Aktien erwirbt oder ob er darauf verzichtet und sein **Bezugsrecht verkauft**.
  - Im ersten Fall wird der **Kursverlust der alten Aktien** rechnerisch durch den **Erwerb der jungen Aktien** ausgeglichen.
  - Im zweiten Fall wird der **Kursverlust der alten Aktien** rechnerisch durch den Erlös aus dem **Verkauf der Bezugsrechte** ausgeglichen.

---

[1] Bei dieser „Berechnungsmethode" wird unterstellt, dass weder „Dividendenvorteile" noch „Dividendennachteile" vorliegen. Ist dies der Fall, müssen diese bei der Ermittlung des rechnerischen Werts des Bezugsrechts berücksichtigt werden. Ein Dividendenvorteil liegt z.B. vor, wenn die neuen Aktien einen Bonus erhalten. Ein Dividendennachteil ist z.B. gegeben, wenn die neuen Aktien zunächst keine oder eine geringere Dividende erhalten.

[2] Hierbei handelt es sich um das Bezugsverhältnis, d.h., der Bruch kann auch durch das Bezugsverhältnis ersetzt werden. Die Formel lautet dann:
$$\text{Wert des Bezugsrechts} = \frac{\text{Kurs der alten Aktien} - \text{Kurs der jungen Aktien}}{\text{Bezugsverhältnis} + 1}$$

9.4.2.4 Beispiel für eine ordentliche Kapitalerhöhung

Die ordentliche Hauptversammlung der Maschinenfabrik Hempel AG hat am 15. Mai 20.. beschlossen, das Grundkapital von 90 Mio. EUR auf 150 Mio. EUR durch Ausgabe von 12 Mio. junger Aktien im Nennwert von 60 Mio. EUR zu erhöhen. Der Emissionskurs der jungen Aktien beträgt 26,00 EUR je 5-EUR-Aktie. Der Börsenkurs der alten Aktien beträgt 32,00 EUR je 5-EUR-Aktie. Die Emissionskosten betragen 1,42 Mio. EUR. Die stark vereinfachte Bilanz weist vor der Kapitalerhöhung folgende Werte aus:

Aktiva	Bilanz der Maschinenfabrik Hempel AG in TEUR		Passiva
Verschiedene Aktivposten	3 682 000	Gezeichnetes Kapital	90 000
Liquide Mittel	48 000	Übrige Passiva	3 640 000
	3 730 000		3 730 000

Aufgaben:
1. Berechnen Sie den Vermögenszuwachs der Maschinenfabrik Hempel AG! Ermitteln Sie die Höhe des Agios!
2. Stellen Sie die Bilanz nach der Kapitalerhöhung dar!
3. Ermitteln Sie das Bezugsverhältnis!
4. Berechnen Sie den Mittelkurs und den rechnerischen Wert des Bezugsrechts!
5. Bestimmen Sie den EUR-Betrag, den der Aktionär Sigi, der 150 Aktien besitzt, aufzubringen hat, wenn er an der Kapitalerhöhung teilnimmt![1]
6. Prüfen Sie, ob der Aktionär Sigi einen Vermögensverlust erleidet, wenn er an der Kapitalerhöhung nicht teilnimmt![1]

Lösungen:

Zu 1.: Kapitalzufluss:

  60 Mio. EUR : 5,00 EUR = 12 000 000 Aktien · 26,00 EUR =   312,00 Mio. EUR
  – Emissionskosten: 1,42 Mio. EUR
  = Vermögenszuwachs   310,58 Mio. EUR

  Agio: 12 000 000 Aktien · (26,00 EUR – 5,00 EUR) =   252,00 Mio. EUR

Zu 2.:

Aktiva	Bilanz der Maschinenfabrik Hempel AG in TEUR nach der Kapitalerhöhung		Passiva
Verschiedene Aktivposten	3 682 000	Gezeichnetes Kapital	
Liquide Mittel		(90 000 + 60 000)	150 000
(48 000 + 312 000 – 1 420)	358 580	Kapitalrücklage	252 000
Aktive Jahresabgrenzung*	1 420	Übrige Passiva	3 640 000
	4 042 000		4 042 000

* Die Emissionskosten werden bis zum folgenden Jahresabschluss aktiviert. Im Rahmen des Jahresabschlusses werden sie dann als Aufwand in die GuV-Rechnung übernommen.

Zu 3.:   Bezugsverhältnis $= \dfrac{90}{60} = \dfrac{3}{2}$

Zu 4.:   Mittelkurs $= \dfrac{18\,000\,000 \cdot 32 + 12\,000\,000 \cdot 26}{18\,000\,000 + 12\,000\,000} = $ 29,60 EUR

---
[1] Kauf- und Verkaufsspesen bleiben unberücksichtigt.

Wert des Bezugsrechts = $\dfrac{32 - 26}{\dfrac{3}{2} + 1}$ = 2,40 EUR

Zu 5.: Der Aktionär Sigi besitzt 150 Bezugsrechte, d. h., er kann 100 junge Aktien beziehen. Er muss hierzu 100 · 26,00 EUR = 2 600,00 EUR aufwenden.

Zu 6.: Vermögensverlust des Aktionärs Sigi: 150 · (32,00 EUR – 29,60 EUR) =   360,00 EUR

Erlös aus dem Verkauf von Bezugsrechten: 150 ·   2,40 EUR =   360,00 EUR

Der Vermögensverlust wird durch den Erlös aus dem Verkauf der Bezugsrechte ausgeglichen.

9.4.2.5 Bilanzkurs

Der **Bilanzkurs** ist das Verhältnis des bilanzierten Eigenkapitals zum Grundkapital.

Bilanzkurs = $\dfrac{\text{bilanziertes Eigenkapital} \cdot 100}{\text{Grundkapital}}$

Der Bilanzkurs zeigt auf, wie viele in der Bilanz ausgewiesene Rücklagen auf eine Aktie entfallen. Da im Bilanzkurs die angenommenen stillen Rücklagen nicht berücksichtigt sind, ist der Börsenkurs in der Regel wesentlich höher als der Bilanzkurs.

Beträgt der Nennwert einer Aktie im angegebenen Beispiel 5,00 EUR, dann ergibt dies einen Bilanzkurs von 16,50 EUR, d.h., jede Aktie ist mit 11,50 EUR an den Rücklagen beteiligt.

Beispiel:

Das Grundkapital einer AG beträgt 150 Mio. EUR, die gesetzlichen Rücklagen 10 Mio. EUR, die anderen Gewinnrücklagen 120 Mio. EUR und die Kapitalrücklagen 215 Mio. EUR.

Bilanzkurs = $\dfrac{495 \cdot 100}{150}$ = 330 %

9.4.3 Beurteilung der Beteiligungsfinanzierung

Vorteile	Nachteile
■ Die Mittel stehen dem Unternehmen ohne zeitliche Begrenzung zur Verfügung. ■ Keine Tilgung und somit keine Belastung der Liquidität. ■ Kein Zinsaufwand, weil kurzfristig auf eine Verzinsung des Eigenkapitals verzichtet werden kann. ■ Unabhängigkeit (kein Einfluss von Gläubigern auf das Unternehmen). ■ Erhöhung der Kreditwürdigkeit. ■ Keine Kapitalbeschaffungskosten bei Einzelunternehmen und Personengesellschaften. (Bei Aktiengesellschaften entstehen jedoch z.B. Verwaltungs- und Emissionskosten anlässlich der Emission von Aktien.)	■ Bei Einzelunternehmen und Personengesellschaften ist die Finanzkraft des Inhabers bzw. der Gesellschafter i.d.R. begrenzt. ■ Bei Personengesellschaften kann die Aufnahme weiterer Gesellschafter zu Schwierigkeiten führen, wenn diesen ebenfalls Geschäftsführungs- und Vertretungsrechte eingeräumt werden müssen. ■ Bei Aktiengesellschaften entsteht dieses Problem nicht. Dennoch liegt eine gewisse Begrenzung der Beteiligungsfinanzierung bei Aktiengesellschaften dann vor, wenn durch eine Kapitalerhöhung bisherige gewünschte Mehrheitsverhältnisse gefährdet werden.

Übungsaufgaben

103 Grundlagen zur Beteiligungsfinanzierung

1. Die Ulmer Baustoffe AG gibt 500 000 Stück junge Aktien im Nennwert von 5,00 EUR je Stück zum Kurs von 180,00 EUR/Stück heraus. An Emissionskosten fallen 9 000 000,00 EUR an.

   Aufgaben:
   1.1 Berechnen Sie die Erhöhung des Grundkapitals der AG!
   1.2 Ermitteln Sie die Höhe des Finanzmittelzuflusses bei der AG!
   1.3 Bestimmen Sie den Betrag, um den sich das Eigenkapital der AG erhöht!

2. Eine AG weist auf der Passivseite der Bilanz u. a. folgende Positionen aus:

Gezeichnetes Kapital	8 000 000,00 EUR	Gewinnvortrag	28 000,00 EUR
Kapitalrücklage	700 000,00 EUR	Jahresfehlbetrag	750 000,00 EUR
Gesetzliche Rücklage	800 000,00 EUR		

   Aufgaben:
   2.1 Geben Sie die Höhe des bilanzierten Eigenkapitals an!
   2.2 Erläutern Sie, wie viel EUR das Haftungskapital der AG umfasst!
   2.3 Ermitteln Sie, wie viel Aktien die Aktionäre besitzen, wenn die Aktien einen Nennwert von 5,00 EUR je Stück aufweisen!
   2.4 Berechnen Sie, welchen Vermögenswert die Aktien repräsentieren, wenn ihr Kurs 85,00 EUR je Stück beträgt!

104 Bezugsrecht und Mittelzufluss

1. Die Hauptversammlung der Kolbinger Mineral AG beschließt mit qualifizierter Mehrheit eine ordentliche Kapitalerhöhung um 36 Mio. EUR auf 96 Mio. EUR. Der Börsenkurs der Altaktien wird mit 200,00 EUR notiert. Der Emissionskurs beträgt 150,00 EUR je 10-EUR-Aktie.

   Aufgaben:
   1.1 Ermitteln Sie das Bezugsverhältnis und den rechnerischen Wert des Bezugsrechts!
   1.2 Bestimmen Sie den Mittelzufluss der Kolbinger Mineral AG! Ermitteln Sie die Höhe des Agios und geben Sie an, wo das Agio ausgewiesen wird!
   1.3 Prüfen Sie, ob die AG auch einen höheren Emissionskurs für die jungen Aktien hätte festlegen können!

2. Die Wagner Tiefbau AG plant eine Investition über 27 Mio. EUR. Der erzielbare Emissionskurs je 5-EUR-Aktie liegt bei 70,00 EUR.

   Aufgabe:
   Ermitteln Sie, wie hoch die Kapitalerhöhung mindestens sein muss, damit das Investitionsvorhaben durchgeführt werden kann! (Emissionskosten 1 Mio. EUR)

105 Umsetzung einer ordentlichen Kapitalerhöhung

Die Lörracher Feintechnik AG stellt hochwertige Präzisionswerkzeuge her. Die zusammengefasste Bilanz des Unternehmens weist folgende Werte aus:

Aktiva	Zusammengefasste Bilanz am 31. Dezember 16 in TEUR		Passiva
Sachanlagen	222 000	Gezeichnetes Kapital	50 000
Vorräte	272 000	Kapitalrücklage	25 000
Forderungen und flüssige Mittel	240 000	Rückstellungen	380 200
		Verbindlichkeiten	278 800
	734 000		734 000

Die 10 Mio. Stückaktien der Lörracher Feintechnik AG befinden sich zu 70% im Besitz der Gründerfamilie. Im Jahr 10 ging die AG an die Börse. Seither sind 30% der Aktien, die früher auch im Familienbesitz waren, breit gestreut.

Aufgaben:

1. Geben Sie zwei Gründe an, die die AG im Jahr 10 zum Schritt an die Börse veranlasst haben könnten!

2. Die Expansion des Unternehmens macht die Zuführung von weiterem Eigenkapital notwendig. Im Jahr 13 soll eine Kapitalerhöhung gegen Einlagen von 10 Mio. EUR durchgeführt werden. Die Emissionskosten betragen 750000,00 EUR. Die Börse notiert die Lörracher Feintechnik-Aktie vor der Kapitalerhöhung mit 42,00 EUR.

    2.1 Die AG muss für die jungen Aktien den Emissionskurs festlegen. Nennen Sie die Gesichtspunkte die hierbei zu berücksichtigen sind! Gehen Sie dabei auch auf den höchstmöglichen und den theoretisch niedrigsten Emissionskurs ein!

    2.2 Der Börsenkurs wird nach der Kapitalerhöhung mit 39,00 EUR notiert.
    – Bestimmen Sie den Emissionskurs rechnerisch in EUR!
    – Geben Sie an, wie sich die entsprechenden Bilanzposten verändert haben!

    2.3 Berechnen und beurteilen Sie den Bilanzkurs vor und nach der Kapitalerhöhung!

106 Auswirkungen einer Kapitalerhöhung

Die Göppinger Maschinenbau-AG plant, ihr Produktprogramm um den Bereich Umwelttechnologie zu erweitern. Der Vorstand rechnet mit einem Investitionsvolumen im Anlagenbereich von 250 Mio. EUR.

Auszug aus der vereinfachten Bilanz:

Aktiva	Bilanz am 31. Dezember 20.. (in Mio. EUR)		Passiva
Bebaute Grundstücke	520	Gezeichnetes Kapital	210
Technische Anlagen	455	Kapitalrücklage	316
Betriebs- und Geschäftsausstattung	205	Jahresüberschuss	47
Wertpapiere des Anlagevermögens	70	Pensionsrückstellungen	149
Roh-, Hilfs- u. Betriebsstoffe	150	Sonstige Rückstellungen	58
Unfertige Erzeugnisse	42	Langfristige Verbindlichkeiten	582
Fertigerzeugnisse	78	Kurzfristige Verbindlichkeiten	316
Forderungen a. Lief. u. Leist.	125		
Bank	29		
Kassenbestand	4		
	1678		1678

Die Göppinger Maschinenbau-AG hat bisher 42 Mio. Stückaktien ausgegeben. Der Vorstand schlägt der Hauptversammlung vor, eine Kapitalerhöhung gegen Einlagen im Verhältnis 3 : 2 durchzuführen. Der gegenwärtige Kurs der Aktie beträgt 14,50 EUR.

Aufgaben:

1. Berechnen Sie, zu welchem Emissionskurs die jungen Aktien ausgegeben werden müssten, wenn der Mittelzufluss den Kapitalbedarf und die Emissionskosten von 10,4 Mio. EUR decken soll!

2. Stellen Sie die Auswirkungen der Kapitalerhöhung auf die Bilanzposten dar!

3. Aktionär Häberle, der über 10,2 Mio. Stückaktien verfügt, wendet sich in der Hauptversammlung gegen die vorgeschlagene Kapitalerhöhung. Prüfen Sie, ob sich Häberle durchsetzen kann!

4. Aktionär Müller, der keine jungen Aktien kaufen will, ist über den zu erwartenden Kursrückgang seiner siebzig Altaktien als Folge der Kapitalerhöhung empört. Weisen Sie rechnerisch nach, dass er insgesamt keinen Vermögensnachteil erleidet!

107 Berechnungen zur Kapitalerhöhung

Die FEM AG, Feinmechanik Aktiengesellschaft, gehört zu den Marktführern auf dem Gebiet der Medizintechnik. Sie erwägt die Durchführung umfangreicher Investitionen zur Erweiterung der Produktion elektromedizinischer und elektronischer Geräte. Das gezeichnete Kapital der FEM AG beträgt zurzeit 64 Mio. EUR, die gesetzliche Rücklage 7 Mio. EUR. Sie weist zudem Kapitalrücklagen in Höhe von 8 Mio. EUR auf. Zur Investition werden 24 Mio. EUR benötigt. Die Hauptversammlung hat beschlossen, diese Mittel durch eine Kapitalerhöhung gegen Einlagen in Höhe von 8,0 Mio. EUR zu beschaffen. Die Aktien der FEM AG notieren gegenwärtig mit 22,20 EUR je 5,00 EUR Nennwert.

Aufgaben:
1. Berechnen Sie das Bezugsverhältnis, den Emissionskurs der neuen Aktien und den rechnerischen Wert des Bezugsrechts!
2. Geben Sie zwei Gründe an, die den Gesetzgeber veranlasst haben, ein Bezugsrecht auf neue Aktien einzuführen!
3. Ermitteln Sie, wie sich die Kapitalerhöhung auf die betroffenen Bilanzposten auswirkt und geben Sie das neue Eigenkapital der FEM AG an!
4. Berechnen Sie, wie viele junge Aktien ein Aktionär beziehen kann, der Aktien im Nennwert von 250,00 EUR besitzt, wenn er höchstens 100,00 EUR anlegen möchte und der rechnerische Wert des Bezugsrechts zugrunde gelegt wird! Spesen bleiben unberücksichtigt.

108 Kapitalerhöhung aus der Sicht der Aktionäre

Der Vorstand einer AG schlägt der Hauptversammlung zur Finanzierung von Erweiterungsinvestitionen eine Erhöhung des Grundkapitals um 50 Mio. EUR auf 550 Mio. EUR vor. Der Börsenkurs der alten Stückaktien mit einem Grundkapitalanteil von 5,00 EUR je Aktie beträgt 26,00 EUR. Die jungen Aktien sollen in Stücken mit je 5,00 EUR Grundkapitalanteil zum Emissionskurs von 18,00 EUR ausgegeben werden.

Aufgaben:
1. Berechnen Sie, wie viel EUR der AG zufließen und wie viel EUR das Agio (ohne Berücksichtigung von Emissionskosten) beträgt!
2. Bestimmen Sie den rechnerischen Wert des Bezugsrechts in EUR!
3. Ermitteln Sie, wie hoch der Emissionskurs für die emittierten jungen Aktien sein müsste, um bei einem Bezugsverhältnis von 5 : 1 und dem bisherigen (alten) Grundkapital nicht 50 Mio. EUR, sondern 250 Mio. EUR beschaffen zu können!
4. Im Zusammenhang mit der Kapitalerhöhung will ein Aktionär, der 40 alte Aktien besitzt, Auskunft darüber haben, wie viel Bezugsrechte er zum Erwerb von 9 jungen Aktien noch kaufen muss. Geben Sie Auskunft!
5. Stellen Sie fest, wie viel junge Aktien ein anderer Aktionär, der 70 alte Aktien zu je 5,00 EUR Nennwert besitzt, kaufen kann, wenn er noch insgesamt 960,00 EUR anlegen will (Kosten bleiben unberücksichtigt)!

Zur Wiederholung

109 Gewinnverwendung und offene Selbstfinanzierung der AG

Die Hans Mathes AG hat im Geschäftsjahr 2016 ihre führende Stellung im Bereich automatische Verpackungsmaschinen weiter ausgebaut. Das Wachstum war mit einer erheblichen Steigerung des Betriebsergebnisses und des Jahresüberschusses verbunden.

Auszug aus den Daten des Jahresabschlusses

Informationen zum **Jahresüberschuss** und zur **Einstellung in die Gewinnrücklagen** der Hans Mathes AG.

	31.12.16	31.12.15
Jahresüberschuss	99 551 400 EUR	73 886 800 EUR
Einstellung in andere Gewinnrücklagen	13 296 400 EUR	13 296 400 EUR

Das **Grundkapital** und die **Anzahl der Aktien** haben sich wie folgt entwickelt:

Arten der Aktien	Stammaktien		Vorzugsaktien	
Ende des Jahres	2015	2016	2015	2016
Grundkapital in EUR	141 454 300	185 591 900	20 134 400	20 134 400
Anzahl Stückaktien	55 343 600	72 497 100	7 865 000	7 865 000

Die **Vorzugsaktien** haben kein Stimmrecht. Den Vorzugsaktionären steht gemäß der Satzung ein **Vorzugsgewinnanteil von 0,10 EUR je Vorzugsaktie** zu.

Aufgaben:

In Punkt 1 der Tagesordnung für die ordentliche Hauptversammlung legen Vorstand und Aufsichtsrat den festgestellten Jahresabschluss sowie den Lagebericht vor und schlagen der Hauptversammlung vor, den im Jahresabschluss ausgewiesenen Bilanzgewinn für das Jahr 2016 wie folgt zu verwenden:

Die Dividendenausschüttung für 2016 soll um 0,10 EUR gegenüber 2015 erhöht werden, und zwar auf 1,00 EUR Dividende je dividendenberechtigte Stammaktie und den entsprechenden Vorzugsgewinnanteil je dividendenberechtigte Vorzugsaktie.

1. Erläutern Sie den Unterschied zwischen den Begriffen Betriebsergebnis, Jahresüberschuss und Bilanzgewinn!
2. Erstellen Sie in übersichtlicher Form die vollständige Gewinnverwendung der Hans Mathes AG für die Jahre 2015 und 2016.

   Aus dem Jahr 2014 ist weder ein Gewinnvortrag noch ein Verlustvortrag zu berücksichtigen.
3. In der Hauptversammlung verlangt ein Aktionär Auskunft über die Höhe der offenen Selbstfinanzierung für das Jahr 2016.

   3.1 Erklären Sie den Begriff Selbstfinanzierung!

   3.2 Berechnen Sie die Höhe der offenen Selbstfinanzierung für das Jahr 2016!

   3.3 Erläutern Sie, inwieweit der Vorstand zur Bildung von offenen Rücklagen grundsätzlich verpflichtet sein kann!

   3.4 Durch Einstellungen von Teilen des Jahresüberschusses in die Gewinnrücklagen entsteht ein Interessenkonflikt zwischen den Gläubigern und den Teilhabern der Kapitalgesellschaft.

   Erläutern Sie diesen Interessenkonflikt an einem Beispiel!

9.5 Außenfinanzierung in Form von Schuldverschreibungen

9.5.1 Begriff Schuldverschreibung

- Bei **Schuldverschreibungen** (auch Anleihen oder Obligationen genannt) handelt es sich um Fremdkapital, das dem Unternehmen von Dritten (z. B. privaten Anlegern) zur Verfügung gestellt wird.
- Eine Schuldverschreibung ist ein Kapitalmarktdarlehen, bei dem **private oder institutionelle Gläubiger** die festverzinslichen Wertpapiere kaufen.

Als Emittenten können neben großen Unternehmen (i.d.R. Aktiengesellschaften) auch die öffentliche Hand (z.B. Bundes- oder Kommunalanleihen) oder Kreditinstitute (z.B. Hypothekenpfandbriefe) auftreten. Der Inhaber einer Anleihe hat das Recht auf Rückzahlung des zur Verfügung gestellten Betrages (Tilgung) und auf Zinszahlung.

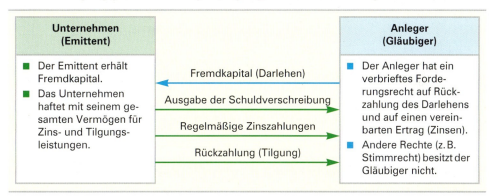

Die Ausgabe von Schuldverschreibungen ermöglicht es Unternehmen, **Liquidität über den Kapitalmarkt** aufzunehmen, um Investitionen zu finanzieren. Der Emittent (z.B. Industrieunternehmen) verpflichtet sich als Kapitalnehmer den Gläubigern gegenüber zur Zahlung einer **regelmäßigen Verzinsung** und zur **Rückzahlung** des Kapitalbetrags am Laufzeitende. Die Schuldverschreibungen haben eine **feste Laufzeit** und einen **festen Zinssatz**.[1]

Bilanzrechtlich stellen Schuldverschreibungen **langfristige Verbindlichkeiten** dar. Die Emission von Schuldverschreibungen wird durch Banken abgewickelt, welche folglich mit **Kosten** für das Unternehmen verbunden ist.

---

[1] Nachfolgend werden ausschließlich festverzinsliche Schuldverschreibungen thematisiert. Schuldverschreibungen mit variablem Zins **(Floater)** sind nicht Gegenstand des Lehrplanes. Diese werden in LPE 4 im Ergänzungsfach „Privates Vermögensmanagement" ausführlich behandelt.

Beispiel:

Quelle: Richard/Mühlemeyer: Betriebslehre der Banken und Sparkassen, Rinteln 2015.

9.5.2 Besonderheiten von Unternehmensschuldverschreibungen (Industrieobligationen)

(1) Ausgabekurs

Der Kurs einer Schuldverschreibung wird nicht in EUR, sondern in Prozentpunkten abgebildet. Die Ausgabe kann pari (100 %), mit einem Aufschlag (über pari) oder mit einem Abschlag (unter pari) erfolgen.

(2) Nominalwert

Der Nominalwert ist der auf der Anleihe aufgedruckte Betrag (z.B. 100, 500, 1 000, 5 000 oder 10 000 EUR) und gibt die Höhe der Forderung des Gläubigers gegenüber dem Emittenten an. Der Nennwert weicht häufig vom jeweiligen Kurswert der Schuldverschreibung ab. Der Kurswert ergibt sich an der Börse.

(3) Laufzeit

Die Laufzeit einer Schuldverschreibung beschreibt den Zeitraum zwischen Emission und letztem Handelstag, d.h. dem Tag, an dem die Tilgung erfolgt. Da sie allerdings auch an der Börse gehandelt werden, müssen Anleger nicht zwingend bis zum Ende der Laufzeit warten. Dementsprechend unterliegen die Anleihen auch Kursschwankungen, je nachdem wie sich die Zinsmärkte entwickeln.[1]

Bei Industrieobligationen beträgt die Laufzeit üblicherweise zwischen 8 und 15 Jahren.

(4) Rückzahlung

Der Rückzahlungskurs beträgt i.d.R. immer 100 %. Auch wenn der Kurs während der Laufzeit über oder unter 100 % beträgt, wird die Schuldverschreibung bei Fälligkeit zu 100 % zurückbezahlt.

(5) Verzinsung

■ **Nominalverzinsung**

Die Nominalverzinsung stellt den verbrieften Zinsanspruch (z.B. 3,0 %) bezogen auf den Nominalwert dar. Die Höhe des Nominalzinses wird einerseits vom Marktzinsniveau bei Ausgabe der Schulverschreibung und andererseits durch die Bonität[2] des Unternehmens bestimmt.

Beispiel:	
Die Baumaschinen Schmid AG aus Mannheim emittiert aufgrund von Erweiterungsinvestitionen eine 10-jährige Unternehmensanleihe. Folgende Angaben sind bekannt:	Anleihe Baumaschinen Schmid AG 2016 (2026) Volumen 10 Mio. EUR Nominalwert 1 000,00 EUR Nominalzinssatz 3,5 % Zinszahlungen jeweils 15.09. jeden Jahres (15.09. gzj.)

---
1 Vgl. hierzu auch LPE 4 im Ergänzungsfach „Privates Vermögensmanagement".
2 Vgl. hierzu Unterpunkt (6) Risiken.

Der Privatanleger Karl Müller stellt der Baumaschinen Schmid AG 15 000,00 EUR als Darlehen zur Verfügung. Im Gegenzug erhält er entsprechende Teilschuldverschreibungen der Unternehmensanleihe.

Aufgabe:

Bestimmen Sie den Zinslauf und die Zinsscheine für das Jahr 2017!

Lösung:

Zinslauf	Zinsscheine
15.09.2016 (einschließlich) bis 14.09.2017 (einschließlich)	Auszahlung am 15.09.2017; 35,00 EUR je Zinsschein, also insgesamt 525,00 EUR.

■ Effektivverzinsung

Die Effektivverzinsung spiegelt die tatsächliche Kostenbelastung für die Inanspruchnahme des Darlehens durch laufende Kosten (Zinsen) und einmalige Kosten (z.B. Provisionen oder Gebühren) wider. Schuldverschreibungen können anhand ihres Effektivzinses verglichen werden.

Beispiel: Ergänzung zum Beispiel auf S. 253

Folgende weitere Angaben sind bekannt:
Emissionskosten 500 000,00 EUR
Emissionskurs 97 %
Vollständige Tilgung im Jahr 2026
Kaufkurs der Unternehmensanleihe für Karl Müller 104 %
Aktueller Kurs 105 %.

Aufgaben:

1. Berechnen Sie den effektiven Jahreszinssatz für den Privatanleger Karl Müller!
2. Ermitteln Sie den effektiven Jahreszinssatz (hier: Zinslast des Emittenten) für die Baumaschinen Schmid AG!

Lösungen:

Zu 1.: **Effektiver Jahreszinssatz für den Anleger**

$$\text{Effektiver Jahreszinssatz} = \frac{\left(\text{Nominalzinssatz} + \dfrac{\text{Rückzahlungskurs} - \text{Erwerbskurs}}{\text{Restlaufzeit in Jahren}}\right) \cdot 100}{\text{Erwerbskurs}}$$

$$\text{Effektiver Jahreszinssatz} = \frac{\left(3{,}5 + \dfrac{100 - 104}{10}\right) \cdot 100}{104} = \underline{2{,}98\,\%}$$

Zu 2.: **Effektiver Jahreszinssatz für den Emittenten**

Bei der Berechnung des effektiven Jahreszinssatzes muss das Disagio in Höhe von 300 000,00 EUR auf die Laufzeit von 10 Jahren verteilt werden. Ferner muss berücksichtigt werden, dass der verfügbare Darlehensbetrag für die Erweiterungsinvestitionen 9,7 Mio. EUR beträgt.

	Nominalzinsen pro Jahr:	3,5 % von 10 Mio. EUR	= 350 000,00 EUR
+	Disagio pro Jahr:	300 000,00 EUR/10 Jahre	= 30 000,00 EUR
+	Emissionskosten pro Jahr:	500 000,00 EUR/10 Jahre	= 50 000,00 EUR
=	Gesamtkosten pro Jahr		= 430 000,00 EUR

$$\text{Effektiver Jahreszinssatz} = \frac{\left(\text{Nominalzinsen} + \dfrac{\text{Disagio}}{\text{Laufzeit}} + \dfrac{\text{Emissionskosten}}{\text{Laufzeit}}\right) \cdot 100}{(\text{Auszahlungsbetrag} - \text{Emissionskosten})}$$

Vereinfacht:

$$\text{Effektiver Jahreszinssatz} = \frac{\text{Gesamtkosten pro Jahr} \cdot 100}{(\text{Auszahlungsbetrag} - \text{Emissionskosten})}$$

$$\text{Effektiver Jahreszinssatz} = \frac{\left(350\,000{,}00\ \text{EUR} + \dfrac{300\,000{,}00\ \text{EUR}}{10} + \dfrac{500\,000{,}00\ \text{EUR}}{10}\right) \cdot 100}{(9\,700\,000{,}00\ \text{EUR} - 500\,000{,}00\ \text{EUR})}$$

$$= \underline{\underline{4{,}67\,\%}}$$

(6) Risiken

Für die Gläubiger (Anleger) wird die Geldanlage in Schuldverschreibungen (insbesondere in Unternehmensanleihen) im Allgemeinen als sichere Geldanlage bezeichnet (zumindest im Vergleich zu Aktien). Dennoch bestehen auch bei dieser Anlageform Risiken für den Gläubiger, insbesondere das Bonitätsrisiko.[1] Je riskanter der Zweck der Finanzierung ist, desto schlechter ist die Bonität. Gleichzeitig bedeutet das für den Emittenten, je schlechter seine Bonität, desto höher ist seine Zinslast. Die Bonität wird von den drei führenden Ratingagenturen festgelegt.[2]

9.5.3 Bilanzierung einer Schuldverschreibung

Durch die Ausgabe der Anleihe entsteht eine Verbindlichkeit gegenüber den Gläubigern der Schuldverschreibung, die in der Bilanz in dem Bilanzposten Anleihen gemäß § 266 III C. 1. HGB als Teil der Verbindlichkeiten ausgewiesen wird. Die Zinszahlungen an die Gläubiger stellen einen Aufwand dar und werden nach § 275 II, III Nr. 13 HGB in der Gewinn- und Verlustrechnung verbucht.

> **Beispiel:**
>
> Wir nehmen Bezug auf das Beispiel auf S. 254. Die Schuldverschreibungen der Baumaschinen Schmid AG werden zum 01.01.2016 ausgegeben. Die Rückzahlung durch das Unternehmen erfolgt nach 10-jähriger Laufzeit zum 31.12.2026.[3]

---

[1] Bonität kann mit Kreditwürdigkeit gleichgesetzt werden.
[2] Vgl. hierzu Kapitel 13.5.3, S. 435f.
[3] Die Zinszahlungen von jährlich 350 000,00 EUR werden immer zum Ende des Geschäftsjahres in der Gewinn- und Verlustrechnung als Aufwand verbucht.

Die vereinfachte Bilanz der Baumaschinen Schmid AG vor Ausgabe der Schuldverschreibungen sieht wie folgt aus:

Aktiva	Bilanz der Baumaschinen Schmid AG zum 31.12.2015		Passiva
Anlagevermögen	18 500 000,00	**Eigenkapital**	31 200 000,00
Umlaufvermögen	29 250 000,00	**Rückstellungen**	3 180 000,00
		Verbindlichkeiten	
		Verb. geg. Kreditinstituten	9 500 000,00
		Verb. aus Lief. u. Leist.	2 890 000,00
		Sonstige Verbindlichkeiten	980 000,00
	47 750 000,00		47 750 000,00

Aufgabe:
Erstellen Sie die Bilanz zum 31.12.2016 unter Berücksichtigung der Ausgabe der Schuldverschreibungen!

Lösung:

Aktiva	Bilanz der Baumaschinen Schmid AG zum 31.12.2016		Passiva
Anlagevermögen	18 500 000,00	**Eigenkapital**	31 200 000,00
Umlaufvermögen	38 950 000,00	**Rückstellungen**	3 180 000,00
ARAP[1]	300 000,00	**Verbindlichkeiten**	
		Anleihen	10 000 000,00
		Verb. geg. Kreditinstituten	9 500 000,00
		Verb. aus Lief. u. Leist.	2 890 000,00
		Sonstige Verbindlichkeiten	980 000,00
	57 750 000,00		57 750 000,00

9.5.4 Beurteilung der Finanzierung mit Schuldverschreibungen

Vorteile	Nachteile
■ Auch große Investitionsvorhaben – welche Kreditinstitute oftmals nicht finanzieren – können finanziert werden. ■ Schuldverschreibungen können i. d. R. ohne Sicherheiten ausgegeben werden. ■ Den Anlegern müssen keine Einfluss- und Mitbestimmungsrechte eingeräumt werden.	■ Die Emissionskosten sind i. d. R. sehr hoch, d. h. die Ausgabe von Schuldverschreibungen lohnt sich oftmals erst ab einem Kapitalbedarf von 10 Mio. EUR. ■ Die Zinssätze sind meistens höher als bei einem Bankkredit, da der Anleger sein Geld ohne Sicherheitengewährung und Mitspracherechte zur Verfügung stellt. ■ Eine Vielzahl von Unternehmensdaten müssen im Rahmen eines Wertpapierprospektes veröffentlicht werden. Dieser Prospekt ist auf der Homepage der BaFin[2] abrufbar.

---

1 Das Disagio kann wahlweise nach § 253 III, S. 1 HGB als Rechnungsabgrenzungsposten aktiviert werden; vgl. hierzu Kapitel 12.6.2, S. 392 f.
2 **BaFin:** Bundesanstalt für Finanzdienstleistungen. Die BaFin untersteht der Rechts- und Fachaufsicht des Bundesfinanzministeriums.

Zusammenfassung

- Die Emission von **Schuldverschreibungen** durch Unternehmen ist eine **Fremdfinanzierung** über den Kapitalmarkt (Börse).

- Der Emittent (Schuldner) verpflichtet sich zu regelmäßigen **Zinszahlungen** und zur **Rückzahlung** am Laufzeitende.

- Die Ausgabe von Schuldverschreibungen ist mit **Emissionskosten** (Prospekt, Provision für die Banken) verbunden.

- Der **effektive Jahreszinssatz** für den Emittenten wird wie folgt berechnet:

$$\text{Effektiver Jahreszinssatz} = \frac{\left(\text{Nominalzinsen} + \dfrac{\text{Disagio}}{\text{Laufzeit}} + \dfrac{\text{Emissionskosten}}{\text{Laufzeit}}\right) \cdot 100}{(\text{Auszahlungsbetrag} - \text{Emissionskosten})}$$

- Die **Bonität** beschreibt das Risiko der Anleger (Gläubiger) und bestimmt die Höhe des Zinssatzes. Sie wird von Ratingagenturen ermittelt.

Übungsaufgaben

110 Verzinsung einer Industrieschuldverschreibung

1. Ein wichtiges Finanzierungsinstrument großer Unternehmen ist die Industrieschuldverschreibung.

    Aufgaben:

    1.1 Erklären Sie den Begriff Industrieschuldverschreibung!

    1.2 Erklären Sie die Begriffe „über pari", „unter pari" und „Disagio"!

2. Die Papiertiger AG aus Heidenheim emittiert eine 4%-Industrieschuldverschreibung, nominal 15 Mio. EUR, Laufzeit 10 Jahre, Kurs 97,5%.

    2.1 Bestimmen Sie die Nominalverzinsung!

    2.2 Berechnen Sie die Effektivverzinsung für einen Anleger, der diese Industrieschuldverschreibung über die Börse kauft!

    2.3 Erläutern Sie, weshalb die Effektivverzinsung über der Nominalverzinsung liegen kann!

3. Zwei Industrieunternehmen derselben Branche geben jeweils zum 01.01.20.. eine Industrieschuldverschreibung mit 10-jähriger Laufzeit aus. Die Schuldverschreibungen weisen noch folgende weitere Daten aus:

	Schuldverschreibung A	Schuldverschreibung B
Nominalzins	4,5 %	3,0 %
Rückzahlungskurs	100 %	100 %

    Erläutern Sie, weshalb die Nominalverzinsung so stark voneinander abweicht!

111 Analyse eines Anleiheprospekts

Die Motorenwerke Mader AG aus Reutlingen möchte mit Mitteln aus nachfolgend beschriebener Industrieschuldverschreibung ihren internationalen Wachstumskurs vorantreiben. Zum 01.04.2017 soll folgende Schuldverschreibung emittiert werden:

Motorenwerke Mader AG
Reutlingen, Bundesrepublik Deutschland

Prospekt
Gemäß § 5 Wertpapierprospektgesetz
für die Emission von
bis zu nominal EUR 15 000 000,00
3,25 % Schuldverschreibungen 2017/2027
mit einer Laufzeit vom 01.04.2017 bis 01.04.2027

Die Schuldverschreibungen werden im Nennbetrag von je EUR 1 000,00 begeben.
Ausgabepreis: 99,5 %

Die Einbeziehung der Schuldverschreibungen in den Freiverkehr der Börse Stuttgart wurde beantragt.

Aufgaben:

1. Ermitteln Sie den Gesamtverkaufserlös der Industrieschuldverschreibung bei vollem Verkaufserfolg!
2. Die Bundesrepublik Deutschland muss als Emittent von Schuldverschreibungen (Bundesanleihen) i.d.R. einen deutlich niedrigeren Nominalzinssatz zahlen als Industrieunternehmen (wie hier die Motorenwerke Mader AG). Erläutern Sie dieses Phänomen!
3. Erläutern Sie, welche Positionen sich in der Bilanz der Motorenwerke Mader AG durch die Ausgabe der Industrieschuldverschreibungen ändern!
4. Berechnen Sie den Effektivzinssatz (Zinslast der Motorenwerke Mader AG) unter der Annahme, dass die Emissionskosten 400 000,00 EUR betragen.

9.6 Außenfinanzierung in Form der Kreditfinanzierung

9.6.1 Begriff Kreditfinanzierung (Fremdfinanzierung)

Reichen die eigenen Finanzmittel des Unternehmens zur Finanzierung nicht aus, ist das Unternehmen darauf angewiesen, Geld von Fremden **(Kredit)**[1] aufzunehmen. Diese Fremdmittel stellen u.a. Banken, Versicherungen, Privatpersonen, evtl. sogar der Staat, meistens gegen Zinszahlung zur Verfügung. Der Kredit wird dem Unternehmen ohne Weiteres gewährt, wenn das Unternehmen den Kreditgeber davon überzeugen kann, beispielsweise durch die Überlassung entsprechender Kreditsicherheiten (Grundstücke, Gebäude, Wertpapiere), dass es in der Lage sein wird, Zins und Tilgung vereinbarungsgemäß zu leisten.

---

[1] Der Begriff Kredit kommt vom lateinischen Wort credere: glauben, vertrauen.

Kreditfinanzierung kann außer mit Geldmitteln auch mit Sachmitteln erfolgen. Kreditgeber für Geldmittel sind insbesondere die Banken (z. B. Kontokorrentkredit, Darlehen) und die Lieferer (Liefererkredite). Eine wichtige Möglichkeit der Kreditfinanzierung mit Sachmitteln ist das Leasing.[1]

- Ein **Kredit** ist die zeitweilige Überlassung von Geld oder Sachgütern im Vertrauen darauf, dass der Kreditnehmer den Kredit fristgerecht zurückbezahlt.
- **Kreditfinanzierung (Fremdfinanzierung)** ist die Beschaffung fremder Finanzmittel für eine bestimmte Zeit. Es handelt sich um eine **Außenfinanzierung mit Fremdkapital**. Sie führt zur Bildung bzw. Erhöhung von **Fremdkapital**.

Die Kreditfinanzierung wird auch als **externe Fremdfinanzierung** bezeichnet, weil das Unternehmen fremde Mittel in Form von Geld oder Sachen aufnimmt.

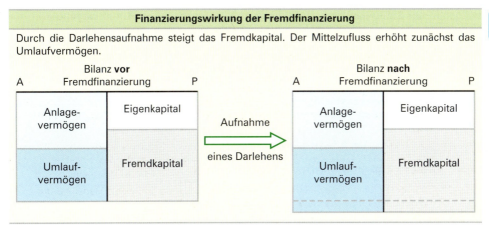

9.6.2 Kontokorrentkredit (Dispositionskredit)

9.6.2.1 Begriff Kontokorrentkredit

Das Prinzip des **Kontokorrents**[2] besteht darin, dass sich beide Vertragspartner ihre **gegenseitigen Forderungen** stunden und in regelmäßigen Zeitabständen (meist vierteljährlich oder halbjährlich) gegeneinander **aufrechnen**. Schuldner ist jeweils die Partei, zu deren Ungunsten der Saldo des Kontokorrentkontos steht. Der Saldo (Ergebnis der Aufrechnung) wird auf die neue Rechnungsperiode vorgetragen. Damit gehen die verschiedenen Forderungen unter, d. h., dass nur noch der Saldo eingeklagt werden kann [§ 355 HGB].

Schließen eine Bank und ein Bankkunde (z. B. ein Unternehmen) einen **Kreditvertrag** ab, dem das Kontokorrentprinzip zugrunde gelegt ist, so liegt ein **Kontokorrentkredit** vor. Wird mit einem Privatkunden ein Kontokorrentkredit abgeschlossen, so spricht man von einem **Dispositionskredit**.[3]

---

1 Vgl. hierzu die Ausführungen im Kapitel 9.8, S. 289 ff.
2 Kontokorrent: laufende Rechnung, d. h. der Kontostand ändert sich ständig.
3 Disponieren: verfügen, ordnen.

> - **Kontokorrentkredit** ist eine laufende Rechnung zwischen zwei Vertragspartnern, i. d. R. zwischen einer Bank und einem Bankkunden.[1]
> - Ein **Kreditvertrag** kommt dadurch zustande, dass der **Kreditantrag** des Kreditnehmers und die **Kreditzusage** des Kreditgebers **inhaltlich übereinstimmen** und die Kreditzusage dem Kreditnehmer rechtzeitig zugegangen ist.

9.6.2.2 Wirtschaftliche Merkmale

(1) Ablauf in der Praxis

Der Kontokorrentkredit bei einer Bank dient der **Abwicklung von allen eingehenden und ausgehenden Zahlungen** (z. B. Zahlungsaufträge für Miete, für Rundfunkgebühren, für über Bankkarte erfolgte Zahlungen, für das Gehalt). Er sichert damit die Zahlungsbereitschaft. Der Kreditnehmer kann hierbei bis zur Kreditobergrenze (Kreditlimit), die im Kreditvertrag vereinbart ist, frei über das Kontokorrentkonto (Girokonto) verfügen. Der Saldo auf dem Konto ist daher, je nach Umfang der eingehenden und ausgehenden Zahlungen, ständigen Schwankungen unterworfen. So entsteht ein Kontokorrent, d. h. eine laufende Rechnung, die ein **wechselseitiges Schuld- und Guthabenverhältnis** darstellt. Dies zeigt auch das nachfolgende Beispiel für einen Kontokorrentkredit an einen Bankkunden.

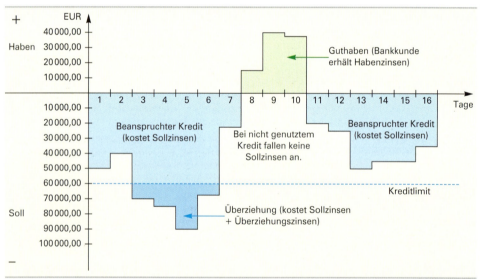

Weist das Konto ein **Guthaben** aus, erhält der Kunde **Habenzinsen**.[2] Wird ein **Kredit** beansprucht, müssen **Sollzinsen** an die Bank entrichtet werden. Aus der Sicht der Bank ist „Bewegung" auf dem Kontokorrentkonto erwünscht, denn Zahl und Umfang der Bewegungen werden als Maßstab für die wirtschaftliche Aktivität des Unternehmens gewertet. Konten mit wenig Bewegung widersprechen dem Sinn des Kontokorrentkredits.

---

1 Kontokorrente können auch zwischen Unternehmen geführt werden.
2 Bei den meisten Banken werden jedoch Habenzinsen erst dann vergütet, wenn das Guthaben vierteljährlich einen bestimmten **Durchschnittsbetrag** (z. B. von 3 000,00 EUR) erreicht.

Auf dem Kontokorrentkonto (Girokonto) werden die täglichen Ein- und Ausgänge aufgezeichnet und in einem **Kontoauszug** festgehalten. Die Ein- und Ausgänge werden gegeneinander aufgerechnet **(saldiert)** und dem bisherigen Kontostand zugerechnet. Rechtlich gesehen kann die Bank immer nur den Sollsaldo fordern.

> Der **Saldo** (Ergebnis der Aufrechnung) wird auf die **neue Rechnung vorgetragen.** In ihm gehen die verschiedenen Forderungen unter, d. h., dass nur der Saldo eingeklagt werden kann.

Der Kontokorrentkredit (Dispositionskredit) kann zeitlich begrenzt oder bis zur Kündigung in Anspruch genommen werden. Er ist formal **kurzfristig** bzw. **kurzfristig kündbar,** kann aber durch ständige Prolongation[1] über längere Zeiträume laufen. Durch diese enge, langfristige Verflechtung von Bank und Unternehmen wird die kreditgebende Bank zur „Hausbank".

(2) Sicherheiten

Für kleine Dispositionskredite genügt als Sicherheit meistens ein regelmäßiges Einkommen. Bei größeren Beträgen ist wegen der schwankenden Beanspruchung des Kredits insbesondere die **Grundschuld**[2] als Sicherheit geeignet.

(3) Kreditkosten

Üblich sind folgende Vereinbarungen:

Zinsen	Die Zinsen werden vom **in Anspruch genommenen Kredit** berechnet. Die Zinsbelastung passt sich somit der täglichen Veränderung des beanspruchten Kredits an. Die Zinsen werden dem Konto belastet bzw. gutgeschrieben. Die Kosten des Kontokorrentkredits sind verhältnismäßig hoch, da der Sollzinssatz für den Kreditsaldo erheblich höher ist als der Habenzinssatz für den Guthabensaldo.
Überziehungszinsen	Überziehungszinsen kommen dann zur Anwendung, wenn der Kunde ohne vorherige Krediteinräumung seine ihm eingeräumte Kreditgrenze überschreitet. Der Überziehungszinssatz beträgt im Normalfall 1,5 % – 3 % p. a. und wird neben den Sollzinsen in Rechnung gestellt.
Kreditprovision	Eine Kreditprovision für nicht in Anspruch genommenen Kredit wird selten berechnet.
Kosten des Zahlungsverkehrs	Um die Kosten des Zahlungsverkehrs zu decken, werden in der Regel **Gebühren** (z. B. für die Kontoführung und die einzelnen Buchungen) sowie die **anfallenden Postentgelte** berechnet.

Die Abrechnung der Kontokorrentkonten (Girokonten) wird in der Regel vierteljährlich vorgenommen. Dabei werden dem Konto die bis zum Abrechnungstermin angefallenen Sollzinsen, Provisionen und Gebühren belastet. Habenzinsen werden dem Konto gutgeschrieben.

---

1 Prolongation (lat.): Verlängerung einer Frist.
2 Die **Grundschuld** ist ein rein **dingliches Pfandrecht** und besagt, dass an den Inhaber der Grundschuld eine bestimmte Geldsumme aus dem Grundstück zu zahlen ist. Die Grundschuld **setzt keine Forderung voraus.** Allein die Grundschuld haftet. Zu Einzelheiten siehe S. 281 ff.

9.6.2.3 Vorteile des Kontokorrentkredits für die Kreditnehmer

- Die Inanspruchnahme des Kredits entspricht dem **jeweiligen Kreditbedarf**.
- Kreditzinsen werden nur vom **jeweiligen Sollsaldo** berechnet. Dadurch können – im Vergleich zum Darlehen – Zinskosten eingespart werden.
- Es bestehen **vielfache Verwendungsmöglichkeiten,** z. B. Überbrückung von zeitweiligen Liquiditätsanspannungen,[1] Ausnutzen von Skontierungsfristen.
- Der Kredit steht bei gegebener Kreditwürdigkeit durch **ständige Prolongationen** (Verlängerungen) meist über viele Jahre zur Verfügung.

9.6.3 Bankdarlehen

(1) Begriff

- **Darlehen** sind Kredite, die in einer Summe bereitgestellt und dem Finanzbedarf entsprechend ausbezahlt werden, und dann entweder am Fälligkeitstag in einer Summe oder während einer vorbestimmten Laufzeit in Raten (Teilbeträgen) getilgt werden müssen.

- Dem Kredit in Form eines Darlehens liegt ein **Darlehensvertrag** zugrunde. Darlehen sind in aller Regel mittel- oder langfristige Kredite. Rechtsgrundlagen des Darlehens sind die §§ 488 ff., 607 ff. BGB.[2]

(2) Zustandekommen eines Darlehensvertrags

Jeder Darlehenseinräumung gehen im Allgemeinen Vorverhandlungen zwischen Darlehensnehmer und Darlehensgeber voraus, in denen die Darlehensart und die Darlehensvertragsinhalte festgelegt werden. Das Ergebnis der Vorverhandlungen wird in der Regel in einem Darlehensvertragsformular festgehalten. Im rechtlichen Sinne handelt es sich um einen Antrag des Darlehensnehmers. Der Darlehensvertrag kommt mit der rechtzeitigen Annahme des Darlehensantrags durch die Bank zustande.

Der **Darlehensvertrag** kommt dadurch zustande, dass der **Darlehensantrag** des **Darlehensnehmers** und die **Darlehenszusage** des **Darlehensgebers** inhaltlich **übereinstimmen** und die Darlehenszusage dem Darlehensnehmer rechtzeitig zugegangen ist [§§ 145 ff. BGB].

(3) Inhalte eines Darlehensvertrags

■ **Darlehenshöhe und Rückzahlungsmodus**

Der Darlehensnehmer muss sich festlegen auf die Darlehenssumme, auf die Höhe und die Zeit der Tilgung. Außerdem muss der Darlehensnehmer erklären, dass er über getilgte Beträge nicht erneut verfügt.

---

1 Unter der **Liquidität** versteht man seine Zahlungsfähigkeit, d.h. die Fähigkeit, jederzeit die Zahlungsverpflichtungen erfüllen zu können. Zu Einzelheiten siehe S. 338f.
2 Die §§ 607 ff. BGB regeln den sogenannten **Sachdarlehensvertrag**, bei dem der Darlehensgeber verpflichtet ist, dem Darlehensnehmer eine vereinbarte vertretbare Sache zu überlassen.
Im Folgenden beschränken wir uns lehrplangemäß auf die Darstellung des Bankdarlehens.

Darlehensvertrag[1]

zwischen der

Maschinenbau Müller GmbH, Böblingen – Darlehensnehmer –

und der

Kreissparkasse Böblingen – Darlehensgeber –

wird folgender Darlehensvertrag geschlossen:

§ 1 Darlehensgewährung

Der Darlehensgeber gewährt dem Darlehensnehmer ein Darlehen in Höhe von **100 000,00 EUR** (in Worten: **einhunderttausend** Euro).

§ 2 Konditionen und Kosten

(1) Das Darlehen wird mit einem Festzinssatz von **2,5 %** p. a. auf den Darlehensbetrag – oder bei vorzeitigen Teilrückzahlungen mit Zustimmung des Darlehensgebers auf die aktuelle Darlehensvaluta – ab Auszahlung verzinst.

(2) Die Zinsen sind jährlich zum 31. Dezember auf das Konto des Darlehensgebers mit der IBAN **DE18 6035 0130 0235 8024 60** bei der **Kreissparkasse Böblingen**, zur Gutschrift, zu zahlen.

§ 3 Verwendungszweck

Das Darlehen wird dem Darlehensnehmer vom Darlehensgeber zum Zweck des **Kaufs eines Bohrzentrums** gewährt. Der Darlehensgeber ist berechtigt, die bestimmungsgemäße Verwendung des Darlehens zu überwachen.

§ 4 Auszahlung

(1) Die Darlehensvaluta in Höhe von **97 000,00 EUR** ist zur Auszahlung fällig am **4. April 20..** und wird auf das Konto des Darlehensnehmers mit der IBAN **DE36 6035 0130 0002 0040 06** bei der **Kreissparkasse Böblingen** ausgezahlt.

(2) Die Abtretung oder Verpfändung der Auszahlungsansprüche ist nur mit Zustimmung des Darlehensgebers möglich.

§ 5 Laufzeit, Rückzahlung

(1) Das Darlehen wird bis zum **4. April 20..** gewährt. Eine Verlängerung der Laufzeit ist vor Fälligkeit des Darlehens zu vereinbaren.

(2) Das Darlehen ist am Ende der Laufzeit in einer Summe zurückzuzahlen. Eine vollständige oder teilweise vorzeitige Rückzahlung des Darlehens bedarf der Zustimmung des Darlehensgebers.

§ 6 Außerordentliche Kündigung

Der Darlehensgeber kann das Darlehen aus wichtigem Grund jederzeit ohne Einhaltung einer Kündigungsfrist schriftlich kündigen und die sofortige Rückzahlung der Darlehensvaluta verlangen, insbesondere in folgenden Fällen:

– Der Darlehensnehmer kommt vollständig oder teilweise mit dem von ihm zu erbringenden Leistungen länger als einen Monat mit mindestens Teilleistungen in Verzug und erbringt die rückständigen Leistungen innerhalb eines weiteren Monats nach Zugang einer schriftlichen Mahnung nicht oder nicht vollständig.

– Wesentliche Verschlechterung der Vermögensverhältnisse des Darlehensnehmers, sodass die ordnungsgemäße Erfüllung der sich nach dem Darlehensvertrag ergebenden Pflichten gefährdet erscheint. Dem Darlehensgeber steht in diesem Fall die Geltendmachung des ihm durch die vorzeitige Rückzahlung entstehenden Schadens zu.

§ 7 Abtretungsrecht des Darlehensgebers

Der Darlehensgeber ist berechtigt, seine Forderungen aus dem Darlehensvertrag – und etwaigen Verträgen über Sicherheiten – zum Zweck der Refinanzierung an Dritte abzutreten.

Böblingen, den 1. April 20..
Ort, Datum

Maschinenbau Müller GmbH   Kreissparkasse Böblingen

C. Müller   *B. Baldauf   D. Berger*

(Darlehensnehmer)   (Darlehensgeber)

---

[1] In Anlehnung an: www.etl-rechtsanwaelte.de/zeigedoc/mustervertraege/Darlehensvertrag [30.09.2015].

■ Darlehenskosten

Zins	Der Darlehensnehmer kann wählen zwischen einem Festzins und einem variablen Zins. Beim Festzins bleibt der Zins für eine vereinbarte Laufzeit gleich, beim variablen Zins kann der Zinssatz durch Anpassungsklauseln geändert werden.
Bereitstellungs-zinsen	Wenn der Darlehensbetrag zum vereinbarten Auszahlungstermin vom Darlehensnehmer nicht in Anspruch genommen wird, kann die Bank vom vereinbarten bis zum tatsächlichen Auszahlungstermin einen Zinsausgleich (z. B. 3% p. a.) beanspruchen.
Disagio[1] (Damnum)	Das Disagio stellt eine Kürzung des auszuzahlenden Darlehensbetrags dar und soll den Nominalzins absenken. In der Geschäftspraxis ist das Disagio vor allem eine **laufzeitabhängige Zinsvorauszahlung**. Den Kunden (Darlehensnehmern) werden von den Banken oft mehrere Darlehensverträge mit unterschiedlichen Varianten (Kombinationen) der Nominalzinssätze und Disagiobeträge bzw. Auszahlungskurse angeboten.

■ Sicherheiten

Langfristige Darlehen werden häufig für einen Hausbau, für den Bau neuer Fabrikanlagen oder für den Kauf eines Grundstücks verwendet. Diese Art der Darlehensgewährung wird in der Regel durch Grundpfandrechte[2] abgesichert.

Daneben werden von Banken noch kurz- oder mittelfristige Darlehen zur Finanzierung von Konsumgütern bzw. Produktionsanlagen angeboten. Diese Darlehen werden entweder aufgrund der persönlichen Kreditwürdigkeit des Darlehensnehmers oder gegen die Verpfändung beweglicher Sachen gewährt.

(4) Berechnung des effektiven Jahreszinssatzes

Das Bankdarlehen stellt die Grundform des langfristigen Kredits dar. Die verschiedenen Kreditarten unterscheiden sich vor allem in ihren Auszahlungs- und Rückzahlungsmodalitäten. Der Auszahlungsbetrag liegt in der Regel bei 90–98% der Darlehenssumme. Die Differenz zu 100% wird als Disagio (Abgeld) bezeichnet. Der effektive Jahreszinssatz ist daher höher als der Nominalzinssatz.

> **Beispiel:**
>
> Ein Bankdarlehen über 100 000,00 EUR mit einer Auszahlung von 97% und einer Laufzeit von 10 Jahren soll jährlich mit 2,5% verzinst werden. Die Tilgung erfolgt in voller Höhe am Ende der Laufzeit.
>
> **Aufgabe:**
> Berechnen Sie den effektiven Jahreszinssatz!

Lösung:

Bei der Berechnung des effektiven Jahreszinssatzes muss das Disagio in Höhe von 3000,00 EUR auf die Laufzeit von 10 Jahren verteilt werden. Ferner muss berücksichtigt werden, dass der verfügbare Darlehensbetrag nur 97 000,00 EUR beträgt.

---

1 Damnum: Nachteil, Abzug.
  Disagio: Abschlag, Abgeld.
2 Ein **Grundpfandrecht** ist ein Pfandrecht an einem Grundstück. Vgl. hierzu S. 280.

$$\text{Effektiver Jahreszinssatz} = \frac{\left(\text{Nominalzinsen} + \dfrac{\text{Disagio}}{\text{Laufzeit}}\right) \cdot 100}{\text{Auszahlungsbetrag}}$$

$$\text{Effektiver Jahreszinssatz} = \frac{\left(2\,500{,}00 \text{ EUR} + \dfrac{3\,000{,}00 \text{ EUR}}{10}\right) \cdot 100}{97\,000{,}00 \text{ EUR}} = \underline{\underline{2{,}89\,\%}}$$

(5) Arten von Darlehen

Nach der **Art der Rückzahlung** unterscheidet man:

Fälligkeitsdarlehen (Festdarlehen)	Abzahlungsdarlehen (Ratentilgungsdarlehen)	Annuitätendarlehen
Für die Rückzahlung der gesamten Darlehenssumme ist ein bestimmter Termin vereinbart (z. B. „rückzahlbar am 31. Dez. 20.."). Während der Laufzeit des Darlehens sind in vertraglich vereinbarten Zeitabständen lediglich die Zinsen zu zahlen (z. B. vierteljährlich, halbjährlich, jährlich).	Hier erfolgt die Tilgung in stets gleichbleibenden Raten zu den vereinbarten Tilgungsterminen (z. B. vierteljährlich). Die Zinsen werden jeweils von der Restschuld errechnet und ermäßigen sich daher von Rate zu Rate.[1] Damit sinkt die Gesamtbelastung durch Zins- und Tilgungszahlungen.	Hier wird eine feste Annuität (Zins + Tilgung), d. h. Gesamtbelastung vereinbart. Die Summe aus Zins und Tilgung bleibt – außer bei der letzten Restzahlung – bei jeder Zahlung (z. B. monatlich, vierteljährlich) gleich. Daher nimmt die Zinsbelastung im Laufe der Zeit ab und die Tilgungsbeträge steigen an.[1]

(6) Darlehensformen im Vergleich

■ **Liquiditäts- und Aufwandsbelastungen**

Beispiel:

Der Unternehmer Hans Wetzel benötigt für den Kauf einer Maschine ein Darlehen über 120 000,00 EUR für die Dauer von 6 Jahren. Seine Hausbank bietet ihm folgende Konditionen an: Nominalzins 4 %, Auszahlung 100 %, Tilgung nach Wunsch.[2]

Aufgaben:

1. Vergleichen Sie für Herrn Wetzel die Liquiditäts- und Aufwandsbelastungen beim
   1.1 Fälligkeitsdarlehen,
   1.2 Abzahlungsdarlehen und
   1.3 Annuitätendarlehen!
2. Beurteilen Sie die Liquiditäts- und Aufwandsbelastungen der verschiedenen Darlehensarten!

---

[1] Die Zinsen werden immer aus der Schuldsumme (Restschuld) berechnet.
[2] Zur Vereinfachung erfolgt die gewählte Tilgung jeweils am Ende des Kalenderjahres.

Lösungen:

Zu 1.1: Fälligkeitsdarlehen (Festdarlehen)

Jahr	Darlehen Jahresanfang	Darlehen Jahresende	Tilgung	Zinsen	Mittelabfluss
1	120 000,00	120 000,00	0,00	4 800,00	4 800,00
2	120 000,00	120 000,00	0,00	4 800,00	4 800,00
3	120 000,00	120 000,00	0,00	4 800,00	4 800,00
4	120 000,00	120 000,00	0,00	4 800,00	4 800,00
5	120 000,00	120 000,00	0,00	4 800,00	4 800,00
6	120 000,00	0,00	120 000,00	4 800,00	124 800,00
Summe			120 000,00	28 800,00	148 800,00

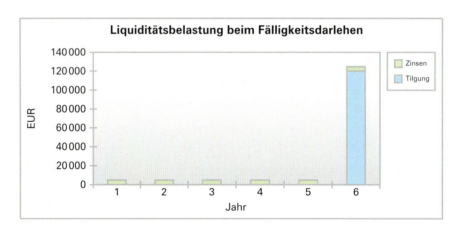

Zu 1.2: Abzahlungsdarlehen (Ratendarlehen)

Jahr	Darlehen Jahresanfang	Darlehen Jahresende	Tilgung	Zinsen	Mittelabfluss
1	120 000,00	100 000,00	20 000,00	4 800,00	24 800,00
2	100 000,00	80 000,00	20 000,00	4 000,00	24 000,00
3	80 000,00	60 000,00	20 000,00	3 200,00	23 200,00
4	60 000,00	40 000,00	20 000,00	2 400,00	22 400,00
5	40 000,00	20 000,00	20 000,00	1 600,00	21 600,00
6	20 000,00	0,00	20 000,00	800,00	20 800,00
Summe			120 000,00	16 800,00	136 800,00

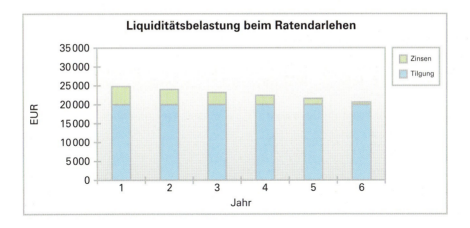

Zu 1.3: Annuitätendarlehen:

Jahr	Darlehen Jahresanfang	Darlehen Jahresende	Tilgung	Zinsen	Mittelabfluss (Annuität)
1	120 000,00	101 908,56	18 091,44	4 800,00	22 891,44
2	101 908,57	83 092,46	18 815,10	4 076,34	22 891,44
3	83 093,46	63 525,76	19 567,70	3 323,74	22 891,44
4	63 525,76	43 175,35	20 350,41	2 541,03	22 891,44
5	43 175,35	22 010,92	21 164,43	1 727,01	22 891,44
6	22 010,92	0,00	22 010,92	880,44	22 891,36
Summe			120 000,00	17 348,56	137 348,56

Erläuterungen:

Der Mittelabfluss entspricht hier der Annuität, d.h. der gleichbleibenden Summe aus Zinsen und Tilgung. Die Annuität wird mithilfe von **Annuitätenfaktoren** durch Multiplikation mit der Darlehenssumme errechnet. Der Faktor ist abhängig vom Zinssatz und der Laufzeit des Annuitätendarlehens und beträgt in unserem Fall 0,190762. Den Tilgungsbetrag erhält man durch Subtraktion der jeweiligen Zinsen von der Annuität.

Der Annuitätenfaktor lässt sich wie folgt berechnen:

$$\text{Annuitätenfaktor} = \frac{q^n (q-1)}{(q^n - 1)} = \frac{\left(1 + \frac{p}{100}\right)^n \cdot \left(\left[1 + \frac{p}{100}\right] - 1\right)}{\left(\left[1 + \frac{p}{100}\right]^n - 1\right)}$$

p: Zinssatz
n: Laufzeit in Jahren
q: $1 + \frac{p}{100}$

$$\text{Annuitätenfaktor} = \frac{\left(1 + \frac{4}{100}\right)^6 \cdot \left(\left[1 + \frac{4}{100}\right] - 1\right)}{\left(\left[1 + \frac{4}{100}\right]^6 - 1\right)} = \underline{\underline{0{,}190762}}$$

$$\text{Annuität} = \text{Darlehenssumme} \cdot \text{Annuitätenfaktor}$$

$$\text{Annuität} = 120\,000{,}00 \text{ EUR} \cdot 0{,}190762 = \underline{22\,891{,}44 \text{ EUR}}$$

Der Faktor ist abhängig vom Zinssatz und der Laufzeit des Annuitätendarlehens. Den Tilgungsbetrag erhält man durch Subtraktion der jeweiligen Zinsen von der Annuität. In der Praxis werden die Annuitätenfaktoren auch oftmals einer entsprechenden Tabelle entnommen.

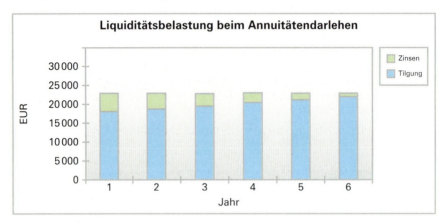

Zu 2.: Ergebnisse

- Beim **Fälligkeitsdarlehen** steht das gesamte Darlehen bis zum Ende der Laufzeit zur Verfügung. Die Liquiditätsbelastung ist aber im 6. Jahr aufgrund der Tilgung des gesamten Darlehensbetrags sehr hoch. Die jährliche Aufwandsbelastung durch die Zinsen bleibt konstant.
- Beim **Ratendarlehen** sinkt die Aufwands- und Liquiditätsbelastung von Tilgungsjahr zu Tilgungsjahr.
- Eine gleichmäßige Liquiditätsbelastung gewährleistet das **Annuitätendarlehen**, wobei die Tilgungsbeträge den sinkenden Zinsaufwendungen entsprechend steigen.

- Die Aufwands- und Liquiditätsbelastung ist neben dem Zinssatz vor allem vom Tilgungsmodus abhängig.
- Fälligkeitsdarlehen ermöglichen eine gleichmäßige Aufwandsverteilung, Annuitätendarlehen eine gleichmäßige Liquiditätsbelastung.
- Beim Ratendarlehen sinkt die Gesamtbelastung von Jahr zu Jahr.

■ Barwertvergleich[1]

Um die verschiedenen Darlehensformen vergleichen zu können, ist es für den Darlehensnehmer nicht nur von Bedeutung, **wie viel** er insgesamt an Zins und Tilgung während der Laufzeit an den Darlehensgeber zu zahlen hat, sondern es ist für ihn auch wichtig zu wissen, zu **welchem Zeitpunkt** er die Zahlungen zu erbringen hat. Beim Fälligkeitsdarlehen hat der Darlehensnehmer z. B. während der ersten 5 Jahre keine Tilgungen zu leisten (siehe S. 266), während er z. B. beim Abzahlungsdarlehen bereits ab dem ersten Jahr das Darlehen zu tilgen hat (siehe S. 266). Beim Fälligkeitsdarlehen kann der Darlehensnehmer somit anstelle der Tilgungsbeträge die „gesparten" Beträge zinsbringend anlegen und damit seine Aufwands- und Liquiditätsbelastung verringern.

---

[1] Zur Berücksichtigung steuerlicher Auswirkungen siehe S. 294 f.

Der Zeitwert der Zahlungen, die während der Laufzeit des Darlehens zeitlich nacheinander anfallen, sind nicht vergleichbar. Um die Vergleichbarkeit herzustellen, werden die Zahlungen auf einen gemeinsamen **Bezugszeitpunkt**, im vorliegenden Fall auf den Beginn der Darlehenslaufzeit, abgezinst. Für die Abzinsung kann der Darlehensnehmer z.B. den Zinssatz **(Kalkulationszinsfuß)** zugrunde legen, zu dem er die „ersparten" liquiden Mittel zinsbringend anlegen kann. Der Kalkulationszinsfuß stellt somit die Renditeerwartung (Zinserwartung) dar, die der Darlehensnehmer mit seiner Geldanlage erzielen möchte. Die Höhe des Kalkulationszinsfußes sowie die Zeitdifferenz zwischen der fälligen Zahlung und dem Bezugszeitpunkt sind entscheidend dafür, in welchem Umfang die künftigen Zahlungen abgezinst werden und wie hoch deren Barwerte sind.

- Bei der **Abzinsung** (Diskontierung) liegt die Fragestellung zugrunde, wie viel eine Zahlung, die zu einem Zeitpunkt *n* anfällt, zum Bezugszeitpunkt (z.B. bei der Aufnahme des Darlehens) wert ist.
- Der **Barwert** einer Zahlung ist der auf den Bezugszeitpunkt abgezinste Wert der Zahlung.

Beispiel:

Wir nehmen Bezug auf das Beispiel auf S. 265ff. Für die Barwertermittlung wird ein Kalkulationszinsfuß von 6% angenommen (zum Abzinsungsfaktor siehe nebenstehende Tabelle).

Aufgaben:

1. Berechnen Sie die Barwertsummen für die Liquiditätsbelastung!
2. Interpretieren Sie die Auswirkungen des Barwertvergleichs zwischen dem Fälligkeitsdarlehen und dem Abzahlungsdarlehen!

Jahr	Formel $\dfrac{1}{q^n} = \dfrac{1}{\left(1 + \dfrac{p}{100}\right)^n}$	Abzinsungsfaktor
1	$\dfrac{1}{\left(1 + \dfrac{6}{100}\right)^1}$	0,943396
2	$\dfrac{1}{\left(1 + \dfrac{6}{100}\right)^2}$	0,889996
3	$\dfrac{1}{\left(1 + \dfrac{6}{100}\right)^3}$	0,839619
4	$\dfrac{1}{\left(1 + \dfrac{6}{100}\right)^4}$	0,792094
5	$\dfrac{1}{\left(1 + \dfrac{6}{100}\right)^5}$	0,747258
6	$\dfrac{1}{\left(1 + \dfrac{6}{100}\right)^6}$	0,704961

Lösungen:

Zu 1.:

Jahr	Fälligkeitsdarlehen		Abzahlungsdarlehen		Annuitätendarlehen	
	Liquiditätsbelastung	Barwert	Liquiditätsbelastung	Barwert	Liquiditätsbelastung	Barwert
1	4 800,00	4 528,30	24 800,00	23 396,22	22 891,43	21 595,68
2	4 800,00	4 271,98	24 000,00	21 359,90	22 891,43	20 373,29
3	4 800,00	4 030,17	23 200,00	19 479,16	22 891,43	19 220,08
4	4 800,00	3 802,05	22 400,00	17 742,91	22 891,43	18 132,15
5	4 800,00	3 586,84	21 600,00	16 140,77	22 891,43	17 105,80
6	124 800,00	87 979,13	20 800,00	14 663,19	22 891,43	16 137,55
Σ	148 800,00	108 198,47	136 800,00	112 782,15	137 348,57	112 564,55

Zu 2.:

Werden das Fälligkeitsdarlehen und das Abzahlungsdarlehen mit einem Kalkulationszinsfuß von 6 % auf den Beginn der Darlehenszeit abgezinst, so beträgt die Gesamtschuld beim Fälligkeitsdarlehen 108 198,47 EUR und beim Abzahlungsdarlehen 112 782,15 EUR.

Der Barwertvergleich zeigt, dass sich die Liquiditätsbelastung, bei einem angenommenen Kalkulationszinsfuß von 6 %, zwischen dem Fälligkeitsdarlehen und dem Abzahlungsdarlehen von 12 000,00 EUR (148 800,00 EUR − 136 800,00 EUR) nun zugunsten des Fälligkeitsdarlehen auf 4 583,68 EUR (112 782,15 EUR − 108 198,47 EUR) verändert.

9.6.4 Beurteilung der Kreditfinanzierung

Vorteile	Nachteile
■ Die Finanzierung von Betriebserweiterungen ist auch dann möglich, wenn die Finanzkraft des Unternehmens (Selbstfinanzierung) oder der Teilhaber (Beteiligungsfinanzierung) erschöpft ist. ■ Die Rentabilität des Unternehmens kann erhöht werden. (Bedingung ist, die Verzinsung der zusätzlichen Investitionen übersteigt den Fremdkapitalzinssatz.)[1] ■ Risikoreiche Investitionen werden vermieden oder eingeschränkt, weil die Zins- und Liquiditätsbelastung des Fremdkapitals zu sorgfältiger Kalkulation und Finanzplanung zwingt. ■ Volkswirtschaftlich dann positiv, wenn die Kreditaufnahme der Unternehmen und Haushalte in etwa der Gesamtersparnis in der Volkswirtschaft entspricht.	■ Die Mittel stehen dem Unternehmen zeitlich nicht unbegrenzt zur Verfügung. ■ Die Fremdmittel müssen i. d. R. verzinst und getilgt werden. Damit werden Kalkulation und Liquidität belastet. ■ Insbesondere bei hoher Verschuldung eines Unternehmens nehmen die Gläubiger Einfluss auf die Geschäftsleitung, um die Verwendung ihrer Mittel zu kontrollieren. ■ Mit zunehmender Kreditfinanzierung sinkt die Kreditfähigkeit des Unternehmens. ■ Ein hoher Fremdkapitalanteil am Gesamtkapital verschlechtert den guten Ruf (Goodwill) eines Unternehmens. ■ Hohe Kapitalbeschaffungskosten vor allem bei Kapitalgesellschaften (z. B. anlässlich der Ausgabe von Industrieschuldverschreibungen).

---

1 Vgl. hierzu die Ausführungen zum Leverage-Effekt, S. 426 f.

Zusammenfassung

- Bei der **Kreditfinanzierung** werden die von den Unternehmen für Investitionszwecke benötigten Finanzmittel durch verschiedene **Gläubiger** (private Sparer, Versicherungsgesellschaften, Banken) zur Verfügung gestellt.

- Unter **Kredit** versteht man die zeitweilige Überlassung von Geld oder Gütern im Vertrauen darauf, dass der Kreditnehmer den Kredit termingerecht zurückzahlt und verzinst.

- Beim **Kontokorrent** werden die aus einer Geschäftsverbindung (z. B. Bankkunde und Bank) entstehenden beiderseitigen Forderungen in Rechnung gestellt. In regelmäßigen Zeitabständen erfolgt sodann eine Verrechnung und daran anschließend der Ausgleich des sich ergebenden Saldos durch den Schuldner.

- Der **Kontokorrentkredit** passt sich kurzfristig den jeweiligen Kreditbedürfnissen des Kunden an und soll vor allem die Mittel für den laufenden Zahlungsverkehr sichern. Er ist eigentlich für den kurzfristigen Kreditbedarf gedacht, wird aber von den Banken meist immer wieder verlängert. Es handelt sich um einen Kredit in laufender Rechnung, d. h., Rückzahlung und Inanspruchnahme wechseln sich laufend ab. Die Bank fordert die Zinsen nur für die jeweils beanspruchte Kreditsumme.

- Zum **Ablauf eines Kontokorrentkredits** siehe Grafik S. 260.

- Das **Darlehen** ist in der Regel ein langfristiger Kredit. Zweck des Darlehens ist es, einen in der Höhe bestimmten Fremdkapitalbedarf abzudecken. Die Rückzahlung erfolgt entweder in einer Summe (Fälligkeitsdarlehen) oder nach einem vereinbarten Tilgungsplan (entweder als Abzahlungs- oder Annuitätendarlehen).

- Der **Darlehensvertrag** kommt durch zwei inhaltlich übereinstimmende Willenserklärungen (z. B. Darlehensantrag des Darlehensnehmers, rechtzeitige Annahme des Darlehensantrags durch die Bank) zustande.

- Wichtige **Inhalte des Darlehensvertrags** sind: (1) Kredithöhe und Rückzahlungsmodus, (2) Kreditkosten (Zinsvereinbarung, Bereitstellungszinsen, Damnum [Disagio]), (3) Sicherheiten.

- Bei Kreditverträgen muss zwischen dem sogenannten **Nominalzinssatz** und dem tatsächlich berechneten Zinssatz (dem **Effektivzinssatz**) unterschieden werden.

Übungsaufgaben

112 Vergleich von Abzahlungs- und Annuitätendarlehen

Die Schneider AG möchte eine neue Lagerhalle bauen. Sie soll 576 000,00 EUR kosten und über ein Darlehen bei der langjährigen Geschäftsbank finanziert werden. Es wird mit einer Darlehenslaufzeit von 10 Jahren und einer Nutzungsdauer der Lagerhalle von 35 Jahren gerechnet. Die Bank legt folgendes Angebot vor: Auszahlung 96 %, Sollzinssatz 5 %.

1. Erklären Sie, wie ein Darlehensvertrag zustande kommt!
2. Nennen Sie drei Punkte, die ein Darlehensvertrag enthalten sollte!
3. Als Darlehensformen kommen für die Schneider AG ein Abzahlungs- oder ein Annuitätendarlehen infrage. Die Zins- und Tilgungsverrechnung erfolgt jeweils am Jahresende.
    - 3.1 Erklären Sie den Unterschied zwischen einem Abzahlungs- und einem Annuitätendarlehen! Gehen Sie dabei auf die Begriffe „Tilgung", „Zinsen" und „Gesamtbelastung" ein!
    - 3.2 Ermitteln Sie, in welcher Höhe das Darlehen bei der Hausbank beantragt werden muss!

3.3 Berechnen Sie jeweils die Liquiditätsbelastung und den Gesamtaufwand der beiden Darlehensformen für die ersten 3 Jahre nach folgendem Schema!
Hinweis: Der Annuitätenfaktor beträgt 0,129505.

Jahr	Darlehen am Jahresanfang	Zinsen	Tilgung	Abschreibung Disagio	Liquiditäts-belastung	Gesamt-aufwand

3.4 Die Schneider AG entscheidet sich nicht für die Alternative mit der besseren Ergebniswirkung. Erläutern Sie, warum die andere Alternative für die AG trotzdem zweckmäßiger sein kann!

3.5 Liquiditätsvergleiche werden häufig nicht auf Basis der Liquiditätsabflüsse vorgenommen, sondern aufgrund der Barwertsummen.
Ermitteln Sie die Barwertsummen der beiden Darlehensalternativen für den betrachteten Zeitraum und beurteilen Sie, wie sich diese auf die Entscheidung der Schneider AG auswirken!
Hinweis: Verwenden Sie jeweils nachfolgenden Tabellenkopf, einen Kalkulationszinssatz von 7 % und runden Sie Ihre Ergebnisse auf volle EUR.

Jahr	Abzinsungsfaktor
1	0,9346
2	0,8734
3	0,8163

Jahr	Liquiditätsbelastung	Barwert

113 Kontokorrentkredit und Darlehensarten im Vergleich

1. Ein Darlehen in Höhe von 100 000,00 EUR soll wie folgt zurückgezahlt werden: Tilgung vierteljährlich 2 500,00 EUR bei einem Zinssatz von 4 %.

   Aufgaben:
   1.1 Nennen Sie die vorliegende Darlehensart! Begründen Sie Ihre Antwort!
   1.2 Erstellen Sie rechnerisch den Zins- und Tilgungsplan für die ersten 3 Jahre!
   1.3 Angenommen, das Darlehen ist vertragsgemäß in der Weise zu verzinsen und zu tilgen, dass vierteljährlich ein Betrag zu zahlen ist, der Zins und Tilgung enthält. Zins und Tilgung sollen dabei konstant bleiben.
      1.3.1 Nennen Sie die vorliegende Darlehensart! Begründen Sie Ihre Antwort!
      1.3.2 Erstellen Sie rechnerisch den Tilgungsplan für die ersten 3 Jahre!
      1.3.3 Beschreiben Sie je einen Vor- und Nachteil der in den Aufgaben 1.1 und 1.3.1 genannten Darlehensarten für den Kreditnehmer!

2. 2.1 Vergleichen Sie stichwortartig Kontokorrentkredit und Darlehen!
   2.2 Geben Sie Gründe dafür an, dass der Zinssatz für den Kontokorrentkredit höher ist als für das Darlehen! (Hinweis: Erfragen Sie die geltenden Zinssätze bei einer Bank!)
   2.3 Erklären Sie die Bedeutung eines Auszahlungskurses in Höhe von 98 % bei einem Darlehen!
   2.4 Beschreiben Sie den Zweck, dem die Aufnahme eines Darlehens dienen kann!
   2.5 Erläutern Sie, weshalb es unwirtschaftlich wäre, für einen nur gelegentlich auftretenden finanziellen Spitzenbedarf ein Darlehen aufzunehmen!
   2.6 Ein Kredit wird als Abzahlungsdarlehen (Ratendarlehen) gewährt. Beschreiben Sie diese Darlehensart!

3. 3.1 Die örtliche Bank gewährt der Schwarz OHG ein Darlehen über 120 000,00 EUR. Der Kredit ist bei einer Auszahlung von 92 % mit 2 % nachschüssig zu verzinsen. Vereinbart wird eine jährliche Tilgung von 10 %, erstmals am Ende des ersten Darlehensjahres.

Aufgaben:
3.1.1 Berechnen Sie den effektiven Jahreszinssatz im 1. Jahr!
3.1.2 Stellen Sie tabellarisch den Darlehensverlauf dar und ermitteln Sie die jährliche Aufwandsbelastung!

3.2 Die Sparkasse bietet der Holzbau Achern GmbH folgendes Darlehen an: Kreditsumme: 80 000,00 EUR, Laufzeit 5 Jahre, Disagio 1 %, Zinssatz 4,0 %.

Aufgaben:
3.2.1 Berechnen Sie den effektiven Jahreszinssatz für das 1. Jahr!
3.2.2 Der Geschäftsführer der Holzbau Achern GmbH möchte eine gleichbleibende Liquiditätsbelastung.
    3.2.2.1 Ermitteln Sie, wie viel EUR die jährlichen Annuitätenzahlungen betragen, wenn der Annuitätenfaktor 0,224627 beträgt (Tabellenwert)!
    3.2.2.2 Bestimmen Sie die gesamte Aufwandsbelastung für diesen Kredit!

114 Abzahlungs- und Fälligkeitsdarlehen im Barwertvergleich

Die Werkzeugfabrik Fritz Leib OHG benötigt für den Kauf eines Lastenkrans ein Darlehen in Höhe von 160 000,00 EUR für die Dauer von 5 Jahren. Die Hausbank bietet folgende Konditionen an:

Nominalzins 7,5 %, Auszahlung 100 %. Die Tilgung wird alternativ angeboten, und zwar als Fälligkeitsdarlehen und als Abzahlungsdarlehen mit einer jährlichen Tilgung von 40 000,00 EUR, wobei das erste Darlehensjahr tilgungsfrei bleibt.

Aufgaben:

1. Vergleichen Sie für die Fritz Leib OHG die beiden Darlehensformen!

2. Die Fritz Leib OHG möchte auch einen Liquiditätsvergleich auf der Basis der Barwerte durchführen. Für die Barwertermittlung wird ein Kalkulationszinsfuß von 6 % angenommen (zum Abzinsungsfaktor siehe nebenstehende Tabelle).

Jahr	Abzinsungsfaktor
1	0,943396
2	0,889996
3	0,839619
4	0,792094
5	0,747258

  2.1 Berechnen Sie die Barwertsummen für die Liquiditätsbelastung!
  2.2 Interpretieren Sie die Auswirkungen des Barwertvergleichs zwischen dem Fälligkeitsdarlehen und dem Abzahlungsdarlehen!

Zur Wiederholung

115 Offene Selbstfinanzierung der AG; Annuitätendarlehen

Für die ALLTEC AG liegen zum 31. Dezember 2015 und zum 31. Dezember 2016 folgende Eigenkapitalposten vor (in Mio. EUR):

	2015	2016
Gezeichnetes Kapital	11,20	11,20
Kapitalrücklage	15,84	15,84
Gewinnrücklagen	20,42	24,72
Bilanzgewinn	4,50	4,60

Für das Jahr 2016 wird ebenso wie im Vorjahr eine Dividende von jeweils 2,00 EUR je Aktie (Nennwert 5,00 EUR) gezahlt.

Aufgaben:

1. Erstellen Sie in übersichtlicher Form die Gewinnverwendungsrechnung für das Jahr 2016!
2. Berechnen Sie für das Jahr 2016 die Höhe der Innenfinanzierung, die gleichzeitig Eigenfinanzierung ist!
3. Für das Jahr 2017 sind Erweiterungsinvestitionen geplant. Die notwendige Investitionssumme soll durch ein Annuitätendarlehen langfristig fremdfinanziert werden. Die vereinbarte Annuität beträgt bei einem Zinssatz von 3,5 % p. a. 1,44 Mio. EUR. Das Darlehen soll anfänglich mit 4 % p. a. getilgt werden.
    3.1 Berechnen Sie den Tilgungsbetrag im zweiten Jahr der Laufzeit!
    3.2 Zeigen Sie zwei Argumente auf, die gegen eine Kreditfinanzierung sprechen könnten!

9.7 Kreditsicherheiten

9.7.1 Begriff und Arten der Kreditsicherung

Sicherheiten müssen vom Kreditnehmer immer dann gestellt werden, wenn seine gegenwärtigen finanziellen Verhältnisse keine sicheren Rückschlüsse auf die spätere fristgerechte Verzinsung und Tilgung des Kapitals zulassen.

Die Frage der Kreditsicherung hat für die Banken deswegen eine besondere Bedeutung, weil sie gegenüber ihren Einlegern eine hohe Verantwortung tragen, denn die Verluste im Kreditgeschäft können das Kapital der Einleger gefährden. Die Banken haben daher in jedem Einzelfall zu prüfen und zu entscheiden, wie das Kreditrisiko einzuschränken ist.

Als Kreditsicherheit kann die **Zahlungsfähigkeit von Personen** oder der **Wert einer beweglichen** bzw. einer **unbeweglichen Sache** herangezogen werden.

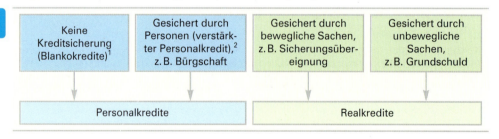

---

1 Die „Sicherheit" des **Blankokredits** liegt in der persönlichen Zuverlässigkeit des Kreditnehmers. Es handelt sich dabei in der Regel um kurzfristige Kredite in begrenzter Höhe (z.B. Dispositionskredite auf Gehaltskonten und Kontokorrentkredite auf Geschäftskonten).
2 Ein **verstärkter Personalkredit** liegt vor, wenn neben dem Kreditnehmer noch weitere Personen haften.

Im Folgenden werden die Bürgschaft als Beispiel für eine Sicherheit bei Personalkrediten und die Sicherungsübereignung sowie die Grundschuld als Beispiele für eine Sicherheit bei Realkrediten dargestellt.

9.7.2 Bürgschaft

(1) Begriff

Durch **Abschluss eines Bürgschaftsvertrags** zwischen dem Bürgen und dem Gläubiger wird eine Forderung derart gesichert, dass der Bürge neben den eigentlichen Schuldner (den Hauptschuldner) tritt. Der Bürge verpflichtet sich, für die Erfüllung der Verbindlichkeiten des Hauptschuldners (Tilgung, Verzinsung) einzustehen [§§ 765 ff. BGB, §§ 349 f. HGB].

- Durch den **Bürgschaftsvertrag** zwischen dem **Bürgen** und dem **Gläubiger** übernimmt der Bürge die Verpflichtung, für die **Erfüllung der Schuld aufzukommen**, wenn der Schuldner nicht leisten kann.
- Einen Kredit, der durch eine Bürgschaft gesichert ist, nennt man **Bürgschaftskredit**.

(2) Form des Bürgschaftsvertrags

Der Bürgschaftsvertrag unter **Nichtkaufleuten** ist schriftlich abzuschließen. Die Erteilung einer Bürgschaftserklärung in elektronischer Form ist ausgeschlossen (nicht rechtswirksam) [§ 766 BGB].[1] Die Bürgschaft unter **Kaufleuten** ist auch mündlich und in **elektronischer Form** gültig, falls sie auf der Seite des Bürgen ein **Handelsgeschäft** darstellt [§ 350 HGB].

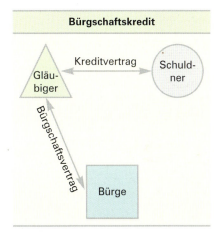

(3) Arten der Bürgschaft

Nach der **Strenge der Haftung,** die der Bürge übernimmt, unterscheidet man:

Ausfallbürgschaft (nachschuldnerische Bürgschaft)	Der Bürge haftet erst **nach** dem Hauptschuldner und nur unter der Voraussetzung, dass die Zwangsvollstreckung[2] in dessen Vermögen fruchtlos war. Es besteht für den Bürgen das Recht der **Einrede der Vorausklage** [§ 771 BGB]. Muss der Bürge zahlen, geht die Forderung an ihn über [§ 774 I BGB].

---

1 Soweit der Bürge die Hauptverbindlichkeit erfüllt, wird der Formmangel geheilt; die mündliche oder elektronische Bürgschaft ist gültig [§ 766 S. 3 und § 125 BGB].

2 Wenn ein Schuldner seine Verpflichtungen nicht freiwillig vertragsgemäß erfüllt (der Käufer z.B. nicht vertragsgemäß zahlt), so muss er mithilfe der Gerichte dazu gezwungen werden.

Selbstschuldnerische Bürgschaft	Im Gegensatz zur Ausfallbürgschaft haftet der Bürge bei der selbstschuldnerischen Bürgschaft genauso wie der Hauptschuldner selbst [§ 773 BGB, § 349 HGB]. Dem Gläubiger steht somit das Recht zu, die Leistung (z.B. Zahlung) unmittelbar vom Bürgen (oder wenn mehrere Personen gebürgt haben, von irgendeinem Mitbürgen) ohne vorherige Klage zu verlangen. Der Bürge haftet **selbstschuldnerisch** (so, als ob er selbst Schuldner wäre).
	Ist die Bürgschaft für den Bürgen ein **Handelsgeschäft,** dann liegt immer eine selbstschuldnerische Bürgschaft vor, weil dem Bürgen in diesem Fall das Recht der Einrede der Vorausklage nicht zusteht [§ 349 HGB]. Gewähren Banken einen Bürgschaftskredit, verlangen sie jeweils die selbstschuldnerische Bürgschaft.
	Bei Bürgschaftsverträgen ist die Vereinbarung von Höchstbeträgen möglich und üblich. Der Höchstbetrag liegt **über** der ursprünglichen Schuldsumme, weil er neben der Hauptforderung (z.B. Darlehenssumme) auch Nebenforderungen (z.B. Zinsen, Mahngebühren) umfassen soll **(Höchstbetragsbürgschaft).**

- Bei der **selbstschuldnerischen Höchstbetragsbürgschaft** wird vereinbart, bis zu welcher Höhe der Bürge dem Gläubiger gegenüber wie der Hauptschuldner selbst haftet.
- Der Betrag kann die **Hauptschuld, Zinsen** und **Kosten** umfassen.

9.7.3 Sicherungsübereignung

(1) Begriff Sicherungsübereignung

Bei der Sicherungsübereignung erhält der Kreditgeber (meist eine Bank) zwar eine dingliche Sicherheit für seine Forderung, die übereignete Sache bleibt jedoch im unmittelbaren Besitz des Schuldners [§§ 929, 930 BGB].[1] Deswegen wird mit dem Sicherungsübereignungsvertrag zugleich ein Miet-, Pacht- oder Leihvertrag abgeschlossen.

> **Beispiel:**
>
> Der Sportartikelvertreter Bernhard Siegel kauft sich einen neuen Pkw im Wert von 50000,00 EUR. Da er den Betrag nicht voll in bar aufbringen kann, bittet er seine Bank um einen Kredit in Höhe von 20000,00 EUR. Als Sicherheit bietet er der Bank die Sicherungsübereignung seines Fahrzeugs an. Eine Pfandübergabe kommt nicht infrage, da er das Fahrzeug dringend für sein Geschäft benötigt.

---

1 Bei diesem sogenannten **Besitzkonstitut** des § 930 BGB wird der Kreditgeber mithin Eigentümer und mittelbarer Besitzer. Der Kreditnehmer bleibt unmittelbarer Besitzer der Sache.

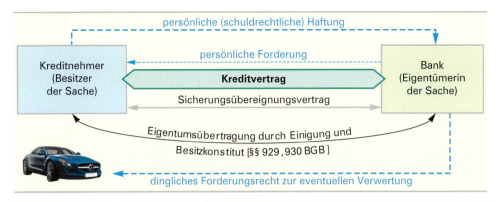

- Bei der **Sicherungsübereignung** erhält der Kreditgeber (meist eine Bank) zwar eine **dingliche Sicherheit** für seine Forderung, die **übereignete Sache** bleibt jedoch im unmittelbaren **Besitz des Schuldners** [§§ 929, 930 BGB].
- Mit dem Sicherungsübereignungsvertrag wird deswegen zugleich ein **Miet-, Pacht-** oder **Leihvertrag** (Besitzkonstitut) abgeschlossen.

Die Sicherungsübereignung wurde durch die Rechtsprechung der Gerichte als Ergänzung für das Pfandrecht entwickelt. Sie ist gesetzlich nicht ausdrücklich geregelt und stellt daher ein Beispiel für ein Gewohnheitsrecht dar.

Das **Eigentumsrecht des Kreditgebers** ist nur bedingt gegeben, d. h., es wird erst wirksam, wenn der Kreditnehmer seinen Verpflichtungen nicht nachkommt. Dann nämlich („unter dieser Bedingung") kann der Kreditgeber erst die Herausgabe der sicherungsübereigneten Sache verlangen. Bei Rückzahlung des Kredits geht das Eigentum ohne besondere Vereinbarung wieder auf den Kreditnehmer über.

Sicherungsübereignungskredite sind grundsätzlich **mittel- oder kurzfristige Kredite**.

(2) Vorteile und Nachteile der Sicherungsübereignung

Vorteile	Nachteile
- Der Vorteil der Sicherungsübereignung besteht darin, dass der Schuldner unmittelbarer Besitzer der übereigneten Sache bleibt, diese also wirtschaftlich nutzen kann. Zur Sicherungsübereignung eignen sich deshalb vor allem bewegliche Sachen wie z. B. Maschinen, Transporteinrichtungen, Kraftfahrzeuge und u. U. Warenlager. - Der Kreditgeber als Eigentümer hat den Vorteil, dass er die sicherungsübereigneten Sachen nicht wie ein Pfand[1] aufzubewahren braucht.	- Ein gewisser Nachteil der Sicherungsübereignung für die Bank kann sein, dass der Schuldner die übereigneten Gegenstände an gutgläubige Dritte veräußert, an die ein Herausgabeanspruch der Bank (des Gläubigers) nicht besteht. - Ein Nachteil ist ferner, dass die vom Schuldner weiter genutzten Gegenstände rascher an Wert verlieren, als der Kredit getilgt wird.

---

1 **Pfand** nennt man ein Vermögen (in Form einer beweglichen Sache wie z.B. ein Goldbarren oder eines Rechts, z.B. ein Patent), das als Sicherheit für eine Forderung gilt.

9.7.4 Zession

(1) Begriff Zession

Eine Forderung kann vom Gläubiger durch Vertrag auf einen Dritten übertragen bzw. abgetreten werden [§ 398 BGB]. Es kommt zu einem Gläubigerwechsel. Mit Abschluss des Vertrages tritt der neue Gläubiger an die Stelle des bisherigen Gläubigers.

Die Abtretungserklärung kann formlos erfolgen. In der Praxis wird meist ein mündlicher Vertrag zwischen dem Gläubiger einer Forderung bzw. Kreditnehmer (Zedenten) und dem Kreditinstitut (Zessionar) geschlossen. Der Drittschuldner ist an diesem Vertrag nicht beteiligt.

Durch den **Abtretungsvertrag** hat der Zessionar die volle Rechtsstellung eines Gläubigers (Vollgläubiger). Der Zedent gibt seine Gläubigerstellung, die er bisher gegenüber dem Drittschuldner hatte, auf.

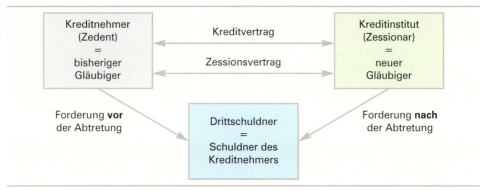

(2) Offene und stille Zession

Benachrichtigung des Drittschuldners über die Abtretung der Forderung	
Offene Zession	**Stille Zession**
■ Der Drittschuldner wird über die Abtretung informiert.	■ Der Drittschuldner wird über die Abtretung **nicht** informiert.
■ Die Zahlungen des Drittschuldners sind mit **schuldbefreiender Wirkung** nur noch an den Zessionar möglich.	■ Die Zahlungen des Drittschuldners an den Zedenten erfolgen mit **schuldbefreiender Wirkung**.

(3) Globalzession und Mantelzession

	Mantelzession	Globalzession
Begriff	Der Kreditnehmer (Zedent) tritt Forderungen gegen mehrere Drittschuldner im Rahmen eines bestimmten Gesamtbetrages ab. Gleichzeitig verpflichtet er sich, erledigte bzw. bezahlte Forderungen durch neue zu ersetzen.	Der Kreditnehmer (Zedent) tritt sämtliche gegenwärtige und künftige Forderungen aus bestimmten Geschäften oder gegen bestimmte Drittschuldner an das Kreditinstitut ab.
Rechtswirkung der Abtretung	Mit Übergabe der Rechnungskopien an den Zessionar. Die Übergabe hat eine konstitutive[1] Wirkung.	Im Zeitpunkt der Entstehung der Forderung. Die Übergabe der Rechnungskopien an den Zessionar hat deklaratorische[2] Wirkung.
Beispiel	Die Spedition Rauthe KG tritt die nachfolgend aufgeführten und per Rechnungskopie vorliegenden ihr zustehenden Forderungen in Höhe von 50 000,00 EUR an die Kreissparkasse Ravensburg ab.	Die Spedition Rauthe KG tritt die nachfolgend aufgeführten und per Rechnungskopie vorliegenden ihr zustehenden Forderungen gegen alle Kunden mit den Anfangsbuchstaben A bis K an die Kreissparkasse Ravensburg ab.

(4) Risiken der Sicherungsabtretung von Forderungen

Vertragsabschluss	Die Abtretung der Forderung ist vertraglich ausgeschlossen.
Forderung erloschen	Die Forderung besteht nicht mehr oder nicht mehr in voller Höhe.
Doppelabtretung	Die Forderung ist bereits abgetreten.
Zahlungsunfähigkeit	Der Drittschuldner kann die Forderung nicht mehr bedienen.

- Bei der Zession werden als Kreditsicherheit **Forderungen** auf einen anderen Gläubiger (i. d. R. ein Kreditinstitut) **übertragen**.
- Es gibt **keine** gesetzliche **Formvorschrift**.
- **Kredit- und Zessionsvertrag** werden zwischen dem **Zedenten** und dem **Zessionar ohne** Mitwirkung des **Drittschuldners** geschlossen.
- In der Praxis werden nur selten einzelne Forderungen abgetreten. Meistens kommt es zu Rahmenabtretungen wie die **Mantelzession** oder die **Globalzession**.

---

1 **konstitutiv**: rechtsbegründung; die Rechtswirkung tritt erst mit der Handlung ein.
2 **deklaratorisch**: rechtsbekundend; die Rechtswirkung ist schon vor der Handlung eingetreten.

9.7.5 Grundschuld

(1) Begriff Grundpfandrecht

Eine ausgezeichnete Kreditsicherheit bieten Grundstücke. Bebaute und unbebaute Grundstücke haben sich im Laufe der Jahre als besonders wertbeständig erwiesen. Sie bieten dem Gläubiger gerade für langfristige Forderungen die gewünschte Sicherheit. Grundstücke werden zur Kreditsicherung eingesetzt, indem sie verpfändet werden.

- Ein **Grundpfandrecht** ist ein **Pfandrecht** an einem **Grundstück**.
- Durch ein Grundpfandrecht wird ein Grundstück in der Weise belastet, dass eine **bestimmte Geldsumme aus dem Grundstück zu zahlen ist** (dingliches Recht), d. h., das Grundstück kann verwertet werden, wenn der Kredit nicht zurückgezahlt werden kann.
- Das **wichtigste Grundpfandrecht** ist die **Grundschuld**. Sie muss in das **Grundbuch** eingetragen werden.

(2) Grundbuch

Das **Grundbuch** ist ein Verzeichnis (Register) aller Grundstücke in einem Amtsgerichtsbezirk. Die Grundbücher werden von den Amtsgerichten geführt [§ 1 I GBO]. Wenn dies einer schnelleren und rationelleren Grundbuchführung dient, sind die Landesregierungen ermächtigt, durch Rechtsverordnungen die Führung des Grundbuchs einem Amtsgericht für die Bezirke mehrerer Amtsgerichte zuzuweisen (z. B. sind dem Amtsgericht Villingen-Schwenningen die Amtsgerichtsbezirke Donaueschingen, Singen, Stockach und Überlingen zugeordnet).

Das Grundbuch gliedert sich wie folgt:

Aufschrift (Deckblatt)	Bestandsverzeichnis	Abteilung I	Abteilung II	Abteilung III
enthält u. a.: 1. Amtsgericht 2. Grundbuchbezirk 3. Blatt-Nummer 4. bei Wohnungseigentum das Wort „Wohnungs-Grundbuch" 5. evtl. Umschreibungsvermerk bzw. Schließungsvermerk	enthält u. a.: 1. Grundstückskennzeichnung (Gemarkung, Flur, Flurstück, Wirtschaftsart, Lage, Größe) 2. mit dem Grundstück verbundene Rechte (z. B. Wegerechte, Kanalleitungsrechte)	enthält u. a.: 1. Eintragung des oder der Eigentümer 2. Eintragungsgrundlage (z. B. Auflassung, Erbfolge)	enthält u. a.: Lasten und Beschränkungen (außer Grundpfandrechten), ■ Dauerwohnrechte ■ Vorkaufsrechte ■ Nießbrauch ■ Erbbaurechte ■ Reallasten	enthält u. a.: Grundpfandrechte, z. B. ■ Hypotheken ■ Grundschulden ■ Rentenschulden (Betrag, Zinssatz, Gläubiger, Bedingungen usw.)

Eintragungen und Löschungen im Grundbuch genießen **öffentlichen Glauben**. Dies bedeutet, dass man sich auf den Inhalt des Grundbuchs verlassen darf, auch wenn er nicht mit dem tatsächlichen (wahren) Rechtsverhalt übereinstimmen sollte. Jedem, der ein berechtigtes Interesse nachweisen kann, ist die **Einsicht** in das Grundbuch gestattet (**Öffentlichkeit des Grundbuchs**).

(3) Grundschuld als Instrument der Kreditsicherung[1]
■ **Begriff Grundschuld**

- Die **Grundschuld** ist ein rein **dingliches Pfandrecht** und besagt, dass an den Inhaber der Grundschuld eine bestimmte Geldsumme aus dem Grundstück zu zahlen ist. Allein das Grundstück haftet.
- Die Grundschuld **setzt keine Forderung voraus** (Grundschuld ohne Schuldgrund).

Beispiel:

Die Paul Kempter KG erstellt eine weitere Lagerhalle für ihre Fertigerzeugnisse. Sie beansprucht hierfür ein Darlehen von ihrer Bank über 150 000,00 EUR. Nach vier Jahren beträgt der Kontostand ihres Darlehenskontos noch 120 000,00 EUR.

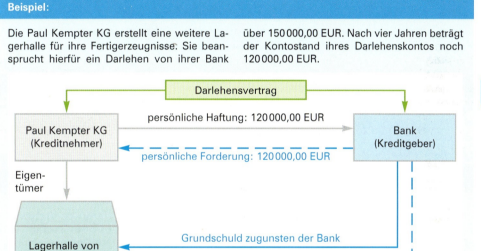

Da die Grundschuld von der persönlichen Forderung losgelöst ist, bleibt sie trotz teilweiser oder vollständiger Tilgung des Darlehens in unveränderter Höhe bestehen. Sie erlischt erst dann, wenn sie im Grundbuch gelöscht wird.

---

1 Weitere Grundpfandrechte sind die Hypothek und die Rentenschuld.
   Die **Hypothek** ist ein **dingliches Pfandrecht** an einem Grundstück **zur Sicherung einer Forderung**. Die Hypothek wird aufgrund einer Forderung eingetragen, d. h. Grundstück und Schuldner haften (dingliche und persönliche Haftung). **Ohne Forderung keine Hypothek** (Akzessorietät), d. h., die Hypothek nimmt in gleichem Maße ab, wie sich die Höhe der Darlehensschuld aufgrund der Tilgung verringert. Die Hypothek **entsteht durch Einigung und Eintragung ins Grundbuch** [§ 873 BGB] und **Übergabe des Hypothekenbriefs** [§§ 1116f. BGB].
   Bei der **Rentenschuld** kann der Gläubiger regelmäßig wiederkehrende Geldleistungen aus dem Grundstück verlangen. Auf die Rentenschuld wird im Folgenden nicht eingegangen.

■ Entstehung einer Grundschuld

Die Voraussetzungen für die Entstehung einer Grundschuld sind [§ 873 BGB]:

Einigung	Einigung zwischen dem Gläubiger und dem persönlich haftenden Schuldner[1] (oder einem Dritten)[2] über die Bestellung des Grundpfandrechts.
Eintragung	Eintragung des Grundpfandrechts in das Grundbuch.
Übergabe des Grundschuldbriefs an den Gläubiger	Sofern Gläubiger und Schuldner nicht das Gegenteil vereinbaren, wird für die Grundschuld ein **Brief (Grundschuldbrief)** ausgestellt [§§ 1116, 1192 BGB]. Dies ist ein vom Grundbuchamt ausgestelltes **nicht vertretbares Kapitalwertpapier**.[3]

■ Übertragung einer Grundschuld

Die **Buchgrundschuld** wird übertragen durch eine notariell beglaubigte Abtretungserklärung des Grundschuldgläubigers und die Umschreibung auf den neuen Gläubiger im Grundbuch.

Zur Übertragung einer **Briefgrundschuld** ist die Übergabe des Grundschuldbriefes mit einer schriftlichen Abtretungserklärung an den neuen Gläubiger notwendig. Die Übertragung kann (muss nicht) im Grundbuch eingetragen werden.

■ Rangstufen der Grundschulden

Ein Grundstück kann mit mehreren Grundpfandrechten belastet werden. Nach der Reihenfolge der Eintragungen im Grundbuch unterscheidet man erste, zweite, dritte usw. Grundschuld.

Die Rangstufen im Grundbuch richten sich, falls nichts anderes vereinbart ist, nach der **Reihenfolge der Eintragungen** der Grundpfandrechte [§§ 879 ff. BGB]. In der Praxis werden jedoch häufig die Rangstufen von vornherein mit den Darlehensgebern vereinbart. So geben sich z. B. Bausparkassen mit dem zweiten Rang zufrieden, falls der Bauherr von einer Bank eine erste Grundschuld in Anspruch nimmt. Die Bedeutung der Rangstufen liegt darin, dass bei einer **Zwangsversteigerung** die Forderungen der Grundpfandgläubiger nach ihrer Rangfolge befriedigt werden. Aus diesem Grund hat eine erststellige Grundschuld einen höheren Sicherungswert als eine nachrangige.

---

[1] Der persönlich haftende Schuldner ist Grundstückseigentümer (Regelfall).
[2] Ein Dritter (z. B. Vater des Schuldners), der persönlich nichts schuldet, ist Grundstückseigentümer (Ausnahme).
[3] **Kapitalwertpapiere** werfen einen Ertrag (z. B. Zinsen, Dividenden) ab und verbriefen langfristige Forderungen (Schuldverschreibungen) oder Beteiligungen (Aktien). Nicht vertretbar bedeutet, dass kein Wertpapier dem anderen gleicht (z.B. voneinander abweichende Laufzeiten, verschieden hohe Verzinsung und unterschiedliche Bonität der Grundstücke und Schuldner bei Grundschuldbriefen). Vertretbare Kapitalwertpapiere sind z.B. die Aktien und Obligationen.

> **Beispiel:**
>
> Im Grundbuch sind für ein Grundstück folgende Grundpfandrechte eingetragen:
> 1. Rang: 100 000,00 EUR zugunsten der Sparkasse Bodensee
> 2. Rang: 60 000,00 EUR zugunsten der Bausparkasse Schwäbisch Hall
> 3. Rang: 50 000,00 EUR zugunsten der Volksbank Friedrichshafen
>
> Die Zwangsversteigerung des Grundstücks bringt nur 150 000,00 EUR ein.
>
> **Aufgabe:**
> Geben Sie an, in welcher Höhe die drei Grundpfandrechte bedient werden können!
>
> **Lösung:**
> Die verschiedenen Rangstufen werden nacheinander bedient.
>
> Sparkasse Bodensee: 100 000,00 EUR;
> Bausparkasse Schwäbisch Hall: 50 000,00 EUR;
> Volksbank Friedrichshafen: 0,00 EUR.

■ Erlöschen der Grundschuld

Ist eine Forderung bezahlt, kann die Grundschuld gelöscht werden, es sei denn, der Grundstückseigentümer möchte eine Eigentümergrundschuld zur späteren Verwendung im Grundbuch stehen lassen.

Zur Löschung einer Grundschuld sind eine notariell beglaubigte Löschungsbewilligung des ehemaligen Gläubigers und ein Löschungsantrag erforderlich. Bei Briefgrundschulden ist dem Grundbuchamt außerdem der Grundschuldbrief vorzulegen. Die Löschung einer Eintragung erfolgt im Grundbuch – soweit dieses auf Grundbuchblättern erfolgt – durch rotes Unterstreichen.

■ Zweck der Grundschuld

Der Zweck (die Sicherheit) einer Grundschuld besteht für den Gläubiger darin, dass er sich aus dem Verkaufserlös des Grundstücks befriedigen kann, wenn der Schuldner mit seinen Leistungen in Verzug kommt. Der Verkauf erfolgt z. B. im Wege der Zwangsversteigerung und Zwangsverwaltung (Zwangsvollstreckung; § 1147 BGB; §§ 866 ff. ZPO).[1]

■ Bedeutung der Grundschuld

Der Grundschuldkredit ist zum am häufigsten verwendeten Realkredit geworden, weil er den Banken verschiedene Vorteile bietet.

- ■ Die Haftung aus der Grundschuld bezieht sich nicht nur auf ein bestimmtes Darlehen, für das sie als Sicherungsmaßnahme ursprünglich gedacht war, sondern auch auf die aus dem Darlehen erwachsenen Zinsen, Provisionen und anderen Nebenforderungen.
- ■ Die Grundschuld wird nach den allgemeinen Geschäftsbedingungen der Banken auch zur Sicherung aller anderen Kreditgeschäfte mit demselben Bankkunden herangezogen.
- ■ Die Grundschuld ist von einer bestehenden Forderung unabhängig. Die Entstehung einer Grundschuld setzt keine Forderung voraus [§ 1191 BGB].

---

1 Bei einer Zwangsversteigerung erhält der Gläubiger den ihm zustehenden Erlös, bei einer Zwangsverwaltung die Erträge (z. B. Mieterträge) des verpfändeten Grundstücks bzw. Gebäudes [§§ 148 II, 149 ZVG].

9.7.6 Beleihungswert

- Der **Beleihungswert** bildet den Wert einer Kreditsicherheit ab, von dem mit einer **hohen Wahrscheinlichkeit** erwartet werden kann, dass er sich zu jedem beliebigen Zeitpunkt **realisieren** lässt.
- Mit dem Beleihungswert wird die **maximale Kredithöhe** festgelegt. Mögliche Wertschwankungen werden mit einem **Risikoabschlag** berücksichtigt.

Beispiel:

Die KaMa Spezialmaschinen GmbH benötigt für Erweiterungsinvestitionen ein Darlehen von 600 000,00 EUR. Die Kreissparkasse Ravensburg akzeptiert folgende Aktivposten als Vermögensgegenstände:

- Beleihungswert für Grundstücke und Bauten: 80 % des Buchwertes
- Beleihungswert für Technische Anlagen und Maschinen   50 % des Buchwertes
- Beleihungswert für den Fuhrpark   50 % des Buchwertes
- Beleihungswert für Forderungen   70 % des Buchwertes

Zusammenfassung

- Die **Bürgschaft** ist ein Vertrag, durch den sich der Bürge verpflichtet, eine Leistung anstelle des Schuldners zu erbringen, falls dieser seinen Verpflichtungen nicht nachkommt. Der Bürgschaftsvertrag wird zwischen dem **Bürgen** und dem **Kreditgeber** abgeschlossen. Man unterscheidet **Ausfallbürgschaft** und **selbstschuldnerische Bürgschaft**.

- Die **Sicherungsübereignung** hat sich aus der Praxis heraus als Sicherungsmittel für mittelfristige Kredite entwickelt. Bei dieser Kreditsicherung bleibt der Schuldner unmittelbarer Besitzer. Der Gläubiger wird zwar Eigentümer, aber nur mittelbarer Besitzer **(Besitzkonstitut)**.

- Die Sicherungsübereignung ist **verhältnismäßig unsicher,** da der Schuldner im Besitz der Sache ist (anderweitige Übereignung, Weiterveräußerung an gutgläubigen Dritten, Abnutzung, Verderb, Zerstörung usw.).

- Durch eine **Zession** kann eine Forderung vom Gläubiger (Zedenten) auf einen neuen Gläubiger (Zessionar) **übertragen** werden.

- Die **Grundschuld** ist ein Pfandrecht an einem Grundstück, bei dem nur das belastete Grundstück, nicht aber der Grundstückseigentümer haftet (nur **dingliche Haftung**).

- Nach der Art der Bestellung unterscheidet man zwischen der **Buchgrundschuld** (Einigung und Eintragung ins Grundbuch) und der **Briefgrundschuld** (sie entsteht wie die Buchgrundschuld, zusätzlich wird aber noch eine Urkunde ausgestellt).

- Das grundsätzlich von den Amtsgerichten geführte **Grundbuch** ist ein Verzeichnis aller Grundstücke in einem Amtsgerichtsbezirk.

- Der Wert einer Kreditsicherheit bemisst sich nach ihrem **Beleihungswert**.

Übungsaufgaben

116 Kreditsicherheiten

1. Beschreiben Sie, welche Bedeutung die Kreditsicherung für die Kreditinstitute und ihre Kunden hat!
2. 2.1 Stellen Sie den Unterschied zwischen einem einfachen Personalkredit (Blankokredit) und dem verstärkten Personalkredit dar!

   2.2 Man sagt, Blankokredite seien die sichersten Kredite. Beurteilen Sie diese Aussage!
3. Herr Brecht, Inhaber einer Möbelgroßhandlung und Herr Groß, Inhaber einer Möbelfabrik, sitzen beim Stammtisch. Herr Brecht braucht einen Bankkredit, muss aber einen Bürgen beibringen. Er fragt deshalb Herrn Groß, der sofort zustimmt.

   Aufgaben:

   3.1 Beurteilen Sie, ob der Bürgschaftsvertrag geschlossen ist! Begründen Sie Ihre Aussage!

   3.2 Erläutern Sie, warum die Ausfallbürgschaft mit Kaufleuten selten vorkommt! Nennen Sie zwei Gründe!

   3.3 Herr Brecht entschließt sich, bei seiner Hausbank einen Bürgschaftskredit aufzunehmen. Erläutern Sie, welche Bürgschaft die Bank verlangen wird!

   3.4 Ein Bürgschaftsvertrag mit einem Nichtkaufmann muss schriftlich abgeschlossen werden. Beschreiben Sie, warum der Gesetzgeber die Schriftform verlangt!
4. 4.1 Erklären Sie, warum im Wirtschaftsleben die Sicherungsübereignung notwendig ist!

   4.2 Stellen Sie die Durchführung der Sicherungsübereignung dar!

117 Sicherungsübereignungskredit

Eva Süß nimmt bei der Sparkasse Mannheim wegen der Anschaffung eines Cabrios einen Kredit in Höhe von 26 000,00 EUR auf. Die Sparkasse verlangt die Sicherungsübereignung des Autos.

Auszug aus den Bedingungen zur Sicherungsübereignung (Rückseite des Kreditvertrages):

1. Darlehensnehmer und Sparkasse sind sich einig, dass das Eigentum an den umseitig näher bezeichneten Sachen einschließlich Bestandteilen und Zubehör (auch soweit diese später ausgetauscht werden) zur Sicherung des Darlehens auf die Sparkasse übergeht. Sofern der Darlehensnehmer zur Zeit der Darlehensbewilligung noch nicht Eigentümer des Anschaffungsgutes ist, soll dieser Eigentumsübergang sich spätestens dann vollziehen, wenn er selbst Eigentümer wird. Erfolgt der Eigentumsübergang auf die Sparkasse erst, nachdem die Sparkasse das Darlehen zur Verfügung gestellt hat, so tritt der Darlehensnehmer bereits jetzt seine bis zum Zeitpunkt des Eigentumsübergangs auf die Sparkasse bestehenden Ansprüche gegen den Verkäufer der Sachen auf Eigentumsübertragung, auf Rückzahlung des Kaufpreises oder auf Schadenersatz an die Sparkasse ab.

2. Die Übergabe der Sachen wird dadurch ersetzt, dass die Sparkasse dem Darlehensnehmer die Sachen leihweise überlässt und ihm die Weiterbenutzung gestattet (Besitzkonstitut nach § 930 BGB) Die Sparkasse ist berechtigt, bei Vorliegen eines wichtigen Grundes, insbesondere wenn der Darlehensnehmer seinen Verpflichtungen aus diesem Vertrage nicht nachkommt, die Herausgabe der übereigneten Sachen vom Darlehensnehmer zu verlangen, sie in ihren unmittelbaren Besitz zu nehmen oder sie an anderer Stelle einzulagern. Die Sparkasse ist unter denselben Voraussetzungen befugt, die übereigneten Sachen freihändig auch durch Abtretung des Herausgabeanspruchs oder durch öffentliche Versteigerung zu verwerten oder unter Berechnung eines angemessenen

Preises selbst zu übernehmen und sich damit für die Forderung zu befriedigen. Den beim Verkauf oder der Selbstübernahme gegenüber der Schuld erzielten Mehrerlös hat die Sparkasse dem Darlehensnehmer zu vergüten.

. . .

5. Der Darlehensnehmer verpflichtet sich, für die gesamte Dauer dieses Vertrages die Sachen auf seine Kosten gegen Verlust oder Beschädigung durch Abschluss eines entsprechenden Versicherungsvertrages (Feuer- und Wasserschäden-, Einbruch- und Diebstahlversicherung) ausreichend zu versichern. Bei Fahrzeugen ist auf Verlangen der Sparkasse eine Vollkaskoversicherung nachzuweisen. Der Sparkasse muss ein Sicherungsschein der Versicherungsgesellschaft zugestellt werden woraus sich ergibt, dass die Rechte aus der Versicherung der Sparkasse zustehen. Schäden sind der Sparkasse unverzüglich zu melden.

6. Der Darlehensnehmer verpflichtet sich der Sparkasse gegenüber, die Sachen sorgfältig zu behandeln und instand zu halten und sich jeder Verfügung darüber zu enthalten. Außerdem verpflichtet er sich, einen etwaigen Wohnungswechsel oder die Änderung des Aufstellungsorts der übereigneten Sachen sowie eine etwaige Pfändung von dritter Seite unverzüglich der Sparkasse anzuzeigen und dem pfändenden Dritten mitzuteilen, dass die Sachen Eigentum der Sparkasse sind. Der Darlehensnehmer wird die Sachen in seinen Geschäftsbüchern und Bestandsverzeichnissen ausdrücklich als Eigentum der Sparkasse bezeichnen.

7. Der Darlehensnehmer verpflichtet sich, den Organen und Beauftragten der Sparkasse jederzeit Zutritt zu seinen Räumen und Einsicht in seine Bücher und Bestandsverzeichnisse zu gewähren und jede gewünschte Auskunft zu erteilen.

8. Handelt es sich bei dem Sicherungsgut um ein Kraftfahrzeug, übergibt der Darlehensnehmer der Sparkasse

    8.1 den über das Fahrzeug ausgestellten Brief für die Dauer ihres Eigentums an dem Fahrzeug;

    8.2 zum Zwecke der Weiterleitung an die Straßenverkehrsbehörde eine Anzeige über die erfolgte Sicherungsübereignung des Fahrzeuges.

9. Sobald die Sparkasse wegen aller ihrer Ansprüche gegen den Darlehensnehmer befriedigt ist, ist sie verpflichtet, ihre Rechte an dem Sicherungsgut auf den Darlehensnehmer zurückzuübertragen. ...

Aufgaben:

1. Erläutern Sie den Fall, dass – wie unter Ziffer 1 dargestellt – der Kreditnehmer noch nicht Eigentümer der für die Sicherungsübereignung vorgesehenen Sache ist!
2. Stellen Sie mithilfe der beteiligten Sparkasse und Eva Süß sowie den Begriffen Kreditvertrag, Sicherungsübereignungsvertrag, Besitzkonstitut ersetzt Übergabe, Sicherungsgeber, Sicherungsnehmer, Eigentümer, Besitzer, Schuldner und Gläubiger eine Situationsskizze her!
3. Nehmen Sie dazu Stellung, warum die Sparkasse eine Vollkaskoversicherung des Cabrios verlangt!
4. Erläutern Sie, wann Eva Süß wieder Eigentümerin des Cabrios wird!

118 Finanzierung eines Wohnmobils

Franz Höfler, Konstanz, beantragt bei seiner Bank einen Kredit in Höhe von 50000,00 EUR zur Finanzierung eines neuen Wohnmobils. Die Bank fordert brauchbare Sicherheiten.

Aufgaben:

1. Ein guter Freund ist zur Übernahme einer Bürgschaft bereit. Beschreiben Sie die Arten der Bürgschaft und grenzen Sie diese voneinander ab!

2. Beschreiben Sie, zwischen welchen Beteiligten der Bürgschaftsvertrag zustande kommt!
3. Überprüfen Sie die Risiken, die für die Bank bei dem Wohnmobil als Kreditsicherheit bestehen!
4. Begründen Sie, welche andere Sicherungsart für den Kredit ebenfalls geeignet ist! Erläutern Sie diese Kreditsicherheit!
5. Stellen Sie dar, wer Eigentümer und wer Besitzer des Wohnmobils ist, wenn sich Franz Höfler für die Sicherungsübereignung entscheidet!

119 Zessionskredit

Die Industriewerke Bögner GmbH verfügt über einen Betriebsmittelkredit von 150000,00 EUR bei der Volksbank Stuttgart e.G., der vollständig durch eine Globalzession (alle Kunden mit den Buchstaben A–M) gesichert ist. Der Kunde Müller KG hat mit 50000,00 EUR die höchste Einzelverbindlichkeit gegenüber der Industriewerke Bögner GmbH.

Aufgaben:
1. Erläutern Sie den Begriff Globalzession!
2. Stellen Sie übersichtlich dar, wer im vorliegenden Fall Zedent, Zessionar und Drittschuldner ist!
3. Die Volksbank Stuttgart e.G. nimmt nach Prüfung der Kundenforderungen einen Bewertungsabschlag von 15 % vor. Ermitteln Sie, wie viel EUR an Forderungen die Industriewerke Bögner GmbH zur werthaltigen Sicherung des Kredites von 150000,00 EUR abtreten muss!
4. Erläutern Sie, weshalb die Volksbank Stuttgart e.G. einen Bewertungsabschlag vornimmt!

120 Grundschuldkredit

1. Die Balinger Elektronikbau GmbH will ein neues Fabrikationsgebäude für 800000,00 EUR erstellen. Davon müssen 500000,00 EUR langfristig fremdfinanziert werden.
   Aufgaben:
   1.1 Beschreiben Sie die Kreditsicherungsmöglichkeit, die dafür infrage kommt!
   1.2 Stellen Sie dar, wie ein Grundpfandrecht an einem Grundstück entsteht!
   1.3 Erläutern Sie, wie auch nach Rückzahlung des Kredits die grundpfandrechtliche Sicherheit für künftige Kredite erhalten bleibt!
   1.4 Beschreiben Sie, was der Kreditgeber unternehmen kann, wenn die Balinger Elektronikbau GmbH später diesen Kredit nicht mehr zurückzahlen kann!
   1.5 Erläutern Sie die Bedeutung, die die Rangordnung der Grundbucheintragungen der Grundpfandrechte hat!
   1.6 Außerdem sollen neue Präzisionsmaschinen für 300000,00 EUR angeschafft werden. 80000,00 EUR müssen durch Kreditaufnahme aufgebracht werden.
       Aufgaben:
       1.6.1 Beschreiben Sie kurz die infrage kommende Kreditsicherheit!
       1.6.2 Beurteilen Sie die Sicherungsübereignung aus der Sicht des Schuldners!
       1.6.3 Nennen Sie Gegenstände, die sich für diese Art der Kreditsicherung eignen!
2. Der Prokurist Selz der Lackgroßhandlung Froh & Sinn OHG nimmt Einblick in das Grundbuch, um sich über die Belastungen des Neukunden Max Färber e.K. zu erkundigen. Er stellt fest, dass dort Grundschulden in Höhe von 1,6 Mio. EUR eingetragen sind. Er will deswegen nur noch gegen Sicherheitsleistungen an Färber liefern.
   Aufgabe:
   Erläutern Sie, ob Herr Selz Recht hat!
3. Die Seilerei Peter Flechter e.Kfm. hat in das Grundstück ihres Schuldners Erich Lang e.K. vollstrecken lassen. Zu ihren Gunsten ist eine drittrangige Grundschuld in Höhe von

100 000,00 EUR eingetragen. Die eingeklagte Forderung beträgt 80 000,00 EUR. Die erste Grundschuld zugunsten der Oberkircher Volksbank eG beträgt 75 000,00 EUR, die zweite Grundschuld zugunsten der Meier KG in Rode 65 000,00 EUR. Der Reinerlös aus der Versteigerung betrug 200 000,00 EUR.

Aufgaben:
3.1 Berechnen Sie, welchen Betrag die Seilerei Peter Flechter e. Kfm. erhält und begründen Sie Ihre Berechnung!

3.2 Analysieren Sie, ob Peter Flechter noch weitere Ansprüche hat! Wenn nein, warum nicht? Wenn ja, wie kann er sie geltend machen?

4. Die Sona AG hat sich eine Eigentümergrundschuld eintragen lassen. Erläutern Sie den Sinn einer Eigentümergrundschuld (siehe §§ 1163, 1177, 1196 BGB)!

5. Der junge Angestellte Witz muss im Auftrag seines Arbeitgebers Einsicht in das Grundbuch nehmen. Grund: Die Geschäftsleitung möchte sich über die Vermögens- und Schuldverhältnisse eines neuen Kunden ein Bild verschaffen. Witz ist enttäuscht: Im Grundbuch sind bei einem Grundstückswert von rund 2 700 000,00 EUR drei Grundschulden im Gesamtwert von 2 000 000,00 EUR eingetragen, zwei davon (je 750 000,00 EUR) sogar rot unterstrichen. Er berichtet seinem Arbeitgeber, dass mit dem neuen Kunden wohl nichts los sei.

Aufgabe:
Nehmen Sie hierzu Stellung!

121 Bilanzveränderungen als Spiegel der Finanzierung

Die Friedrichshafener Maschinenfabrik AG (kurz: FREMAG) möchte ihre Produktionsanlagen modernisieren. Hierzu benötigt sie einen Kredit in Höhe von 6 Mio. EUR. Die Hausbank der FREMAG entscheidet u. a. aufgrund der beiden letzten Jahresschlussbilanzen der FREMAG (TEUR: Zahlen in Tausend EUR).

Aktiva	Jahresschlussbilanz zum 31. Dezember 15 (vereinfacht)		Passiva
Bebaute Grundstücke	4 500	Grundkapital	5 500
Maschinen	3 000	Kapitalrücklage	2 800
Fuhrpark	1 400	Gewinnrücklagen	
Vorräte	2 000	gesetzliche Rücklage	150
Forderungen	2 400	andere Gewinnrücklagen	200
Bankguthaben	850	Verbindlichkeiten	
		gegenüber Kreditinstituten*	3 050
		a. Lieferungen u. Leistungen	2 100
		sonstige Verbindlichkeiten	350
	14 150		14 150

* Durch Grundpfandrechte gesichert.

Aktiva	Jahresschlussbilanz zum 31. Dezember 16 (vereinfacht)		Passiva
Bebaute Grundstücke	4 400	Grundkapital	6 000
Maschinen	4 300	Kapitalrücklage	3 300
Fuhrpark	1 400	Gewinnrücklagen	
Vorräte	2 200	gesetzliche Rücklage	150
Forderungen	2 600	andere Gewinnrücklagen	400
Bankguthaben	550	Verbindlichkeiten	
		gegenüber Kreditinstituten*	3 200
		a. Lieferungen u. Leistungen	2 100
		sonstige Verbindlichkeiten	300
	15 450		15 450

* Durch Grundpfandrechte gesichert.

Aufgaben:

1. Analysieren Sie, welche Finanzierungsmaßnahmen die FREMAG im Jahr 16 im Vergleich zu 15 vorgenommen hat! Erläutern Sie auch, zu welcher Finanzierungsart die von Ihnen genannten Maßnahmen gehören!
2. Erörtern Sie je zwei Vor- und Nachteile zu den von Ihnen genannten Finanzierungsarten!
3. Der gewünschte Kredit der FREMAG soll für Erweiterungsinvestitionen verwendet werden. Prüfen Sie, welche Kreditsicherheiten die FREMAG ihrer Hausbank anbieten kann.
   Hinweis: Das bewegliche Vermögen der FREMAG ist durch keine Pfandrechte belastet. Die Vorräte wurden unter Eigentumsvorbehalt geliefert.
4. Begründen Sie, ob die Bank der FREMAG den gewünschten Kredit gewähren sollte!

9.8 Leasing[1]

9.8.1 Begriff Leasing

Die Idee, Anlagegüter zu mieten oder zu pachten, statt zu kaufen, gelangte in Deutschland erst nach dem Zweiten Weltkrieg zu größerer Verbreitung. Der Erfolg der Leasingidee beruht insbesondere darauf, dass die Unternehmen mit diesem Finanzierungsinstrument die Möglichkeit erhalten, technische Neuerungen in der Produktion zu nutzen. Die Anlagen können auf diese Weise auf dem neuesten technischen Stand gehalten werden, weil die Unternehmen die Möglichkeit haben, den Leasing-Gegenstand nach Ablauf der Miet- bzw. Pachtzeit wieder zurückzugeben und die Anlage mit dem neuesten technischen Stand zu leasen.

Als **Leasingobjekte** können sowohl unbewegliche Anlagegüter (z. B. Gebäude, Produktionsanlagen) als auch bewegliche Anlagegüter (z. B. Pkw, Lkw, Büromaschinen, Computer) dienen. Nach Beendigung der Vertragszeit hat der Leasingnehmer das Gut zurückzugeben, wenn er nicht von der Möglichkeit Gebrauch machen will, einen Verlängerungsvertrag abzuschließen oder das Leasinggut käuflich zu erwerben.

> Unter **Leasing** versteht man das Mieten bzw. Pachten von Anlagegütern (Maschinen, Fahrzeugen, Computern, ganzen Fabrikanlagen).

Leasing ist eine Form der **Fremdfinanzierung,** da die Finanzierung der Anschaffungskosten eines Objekts nicht vom Leasingnehmer, sondern von einem anderen Unternehmen, dem Leasinggeber, getragen wird. Leasing ist ein **Sachkredit.** Die Leasing-Finanzierung wird daher auch als **Sachmittelfremdfinanzierung** bezeichnet.

Merkmale des Leasinggeschäfts sind:

- **Vertrag** zwischen Leasingnehmer (Kreditnehmer) und Leasinggeber (Kreditgeber).
- Leasingnehmer setzt **keine eigenen Finanzmittel** ein.
- Leasingnehmer bezahlt die für die Vertragsdauer festgelegten **Leasingraten.**
- Bei Vertragsablauf **Rückgabe** an den Leasinggeber oder Nutzung der **Kaufoption.**

---

[1] To lease (engl.): mieten. Da die „geleasten" Wirtschaftsgüter nicht nur genutzt, sondern auch zur Gewinnerzielung („Fruchtziehung") eingesetzt werden, enthält der Leasingvertrag Elemente des Miet- wie auch des Pachtvertrags.

9.8.2 Möglichkeiten der Vertragsgestaltung

Leasingverträge lassen sich unter sehr unterschiedlichen Merkmalen gestalten. Einige Gestaltungsmöglichkeiten werden im Folgenden angeführt.

(1) Unter dem Gesichtspunkt des Leasinggebers

Direktes Leasing (Direct-Leasing)	Bei dieser Leasingart vermietet bzw. verpachtet der Hersteller das Leasinggut („Hersteller-Leasing").
Indirektes Leasing	In diesem Fall stellt eine Leasinggesellschaft (die das Leasinggut beim Hersteller gekauft hat) das Leasinggut dem Leasingnehmer zur Verfügung.

(2) Unter dem Gesichtspunkt des Inhalts der Leasingverträge

Leasingverträge ohne Kauf- oder Mietverlängerungsoption	Bei diesen Verträgen hat der Leasingnehmer kein Recht auf Verlängerung der Leasingzeit bzw. keinen Anspruch darauf, das Leasinggut nach Ablauf der Grundmiet- bzw. -pachtzeit kaufen zu können.
Leasingverträge mit Kauf- oder Mietverlängerungsoption	Bei diesen Leasingverträgen wird dem Leasingnehmer das Recht eingeräumt, nach Ablauf der Grundmiet- bzw. -pachtzeit das Leasinggut weiter zu leasen oder kaufen zu können.

(3) Unter dem Gesichtspunkt der Dauer der Leasingzeit

■ **Operate-Leasing (kurzfristig)**

Beim Operate-Leasing ist die **Grundmietzeit relativ kurz,** sodass die Leasingraten nicht für die Amortisation der Anschaffungskosten ausreichen. Die Restamortisation, die angefallenen Kosten und ein angemessener Gewinn können im Allgemeinen erst durch Folgeverträge bzw. durch den Verkaufserlös des Leasingobjekts gedeckt werden. Die Bilanzierung des Leasingobjekts erfolgt beim Leasinggeber. Der Leasingnehmer kann die Leasingraten als Betriebsausgaben absetzen. Bei dieser Art des Leasingvertrags hat das Leasingunternehmen neben der Finanzierung der Anschaffungskosten auch für die uneingeschränkte Nutzungsfähigkeit des Leasingobjekts zu sorgen. Wartungskosten, Reparaturkosten und Versicherungskosten gehen zu seinen Lasten. Auch für den Fall eines Totalausfalls hat die Leasinggesellschaft für ein Ersatzobjekt zu sorgen.

Beim Operate-Leasing übernimmt der **Leasinggeber** das **gesamte Investitionsrisiko,** da der Leasinggeber, bei Kündigung vor Ablauf der Nutzungsdauer durch den Leasingnehmer, eine volle Amortisation nur durch eine oder mehrere Anschlussmiet- bzw. pachtzahlungen erzielen kann. Infolge dieser Risikobelastung des Leasinggebers werden für derartige Verträge nur Wirtschaftsgüter herangezogen, die jederzeit erneut vermietet bzw. verpachtet werden können (z. B. Autovermietung, Vermietung von Universalmaschinen, Computer-, Telefonanlagen).

■ **Finance-Leasing (mittel- und langfristig)**

Das Finance-Leasing ist überwiegend **langfristig** angelegt. Innerhalb der Grundmietzeit, die meistens bei **40 % bis 90 % der betriebsgewöhnlichen Nutzungsdauer** des Leasinggutes liegt, ist der Vertrag nicht kündbar. Bei dieser Vertragsgestaltung hat der Leasingnehmer die laufenden Betriebskosten zu tragen. Auch das Risiko eines Totalschadens trägt grundsätzlich der Leasingnehmer. Finance-Leasing-Verträge enthalten üblicherweise ein **Optionsrecht**[1] **des Leasingnehmers,** das nach Ablauf der Grundmietzeit wahrgenommen werden kann. Es kann sich beziehen auf eine **Kaufoption** (Recht zum Kauf des Leasingobjekts zu einem vorher vereinbarten Restwert) oder eine **Miet- bzw. Pachtverlängerungsoption** (Recht auf Verlängerung der Mietzeit bzw. Pachtzeit mit geringeren Leasingraten).

Da der Leasingnehmer das volle Investitionsrisiko übernimmt, eignet sich das Finance-Leasing nicht nur für marktgängige Wirtschaftsgüter, sondern auch für Verträge über Güter, die nach den besonderen Anweisungen eines Leasingnehmers gestaltet werden, wobei gegebenenfalls der Leasingnehmer unmittelbar mit dem Hersteller in Verhandlungen tritt **(Spezial-Leasing)**.

Finance-Leasing-Verträge können bezüglich der Höhe der Leasingrate (bzw. bezüglich der Dauer der Grundmietzeit) unterschiedlich ausgestaltet sein. Zu unterscheiden sind:

Art des Finance-Leasings-Vertrags	Erläuterungen	Beispiele
Vollamortisationsverträge, Full-pay-out-Verträge	Verträge, die dem Leasinggeber innerhalb der Grundmietzeit (Grundpachtzeit) die Erstattung der vollen Objektkosten (Anschaffungs- und Herstellungskosten sowie sämtliche Nebenkosten wie Vertrieb, Verwaltung, Finanzierung) zuzüglich eines angemessenen Gewinnes ermöglichen (monatlich 2–4 % der Anschaffungskosten, abhängig von der Grundmietzeit).	Hierbei handelt es sich um ■ Immobilien, ■ hochwertige Maschinen, ■ Anlagegüter, die speziell nach den Anweisungen des Leasingnehmers erstellt werden.
Teilamortisationsverträge, Non-pay-out-Verträge	Verträge, bei denen dem Leasinggeber innerhalb der Grundmietzeit nur ein Teil der Objektkosten ersetzt werden. Für diesen Fall hat der Leasingnehmer nach Ablauf der Grundmietzeit (Grundpachtzeit) das Verwertungsrisiko zu übernehmen (z. B. Verlängerung der Mietdauer, Kauf des Objekts, Weiterverkauf des Objekts an einen Dritten).	Dieses sind ■ Kfz-Leasing, ■ Leasing von Computeranlagen, ■ Leasing von Telefonanlagen.

(4) Sale-and-lease-back

Verträge, bei denen der Leasingnehmer ein ihm gehörendes Wirtschaftsgut an die Leasinggesellschaft verkauft, die es anschließend an den Leasingnehmer verleast **(Sale-and-lease-back)**. Eine solche Vorgehensweise hat in der Regel einen steuerrechtlichen Hintergrund. Angewendet wird dieses Verfahren oftmals bei Immobilien.

9.8.3 Steuerliche und bilanzielle Behandlung von Leasingverträgen

Für die steuerliche Behandlung der Leasingverträge ist entscheidend, ob der Leasinggegenstand dem Leasingnehmer oder dem Leasinggeber zugerechnet wird.

Damit der Leasinggegenstand dem Leasinggeber zugerechnet wird, muss dieser **wirtschaftlicher Eigentümer**[2] sein.

---
1 Option: Wahlrecht.
2 Auf das rechtliche Eigentum kommt es bei der steuerrechtlichen Zuordnung nicht an.

Dem Leasinggeber wird das wirtschaftliche Eigentum bei **beweglichen Wirtschaftsgütern** unter folgenden **Voraussetzungen** zugerechnet:[1]

- Der Leasingvertrag muss über eine **bestimmte Zeit** abgeschlossen sein, die **nicht gekündigt** werden kann (Grundmietzeit). Eine Mindestdauer muss nicht eingehalten werden.
- Die Leasingraten müssen in der **Grundmietzeit alle Kosten des Leasinggebers** abdecken (Vollamortisationsvertrag).[2]
- Enthält der **Leasingvertrag ein Kauf-Optionsrecht,** so muss die Grundmietzeit mindestens 40 % und höchstens 90 % der betriebsgewöhnlichen Nutzungsdauer[3] betragen. Außerdem darf der vorgesehene Kaufpreis nicht niedriger sein, als der sich bei linearer Abschreibung ergebende Restbuchwert des Leasingobjekts.
- Enthält der Leasingvertrag ein **Miet-Optionsrecht,** so muss die Anschlussmiete mindestens so hoch sein, dass der Werteverzehr für den Leasinggegenstand gedeckt ist. Der Werteverzehr bemisst sich dabei an der Höhe der linearen Abschreibung.

Wird der **Leasinggegenstand** dem **Leasinggeber zugerechnet,**[4] hat dies folgende Auswirkungen:

Beim Leasinggeber	■ Der Leasinggeber hat das **Wirtschaftsgut** zu **bilanzieren** und **abzuschreiben**. ■ Die Leasingzahlung stellt für den Leasinggeber eine **Betriebseinnahme** dar.
Beim Leasingnehmer	Der Leasingnehmer kann die Leasingrate als **direkt abzugsfähige Betriebsausgaben**[5] (Aufwand) geltend machen und dadurch seinen **Gewinn schmälern**.

9.8.4 Rechnerischer Vergleich von Finance-Leasing und Kreditfinanzierung

(1) Liquiditäts- und Aufwandsvergleich ohne Berücksichtigung von Steuern

Der Vergleich zwischen Leasing und Kreditkauf konzentriert sich im rechnerischen Vergleich auf die Liquiditäts- und Aufwandswirkung der beiden Finanzierungsarten.

Beispiel:

Die Backfein GmbH beabsichtigt, ihren Maschinenpark um einen Backautomaten zu erweitern. Nach den Angaben des Herstellers betragen die Anschaffungskosten 480000,00 EUR. Die betriebsgewöhnliche Nutzungsdauer wird mit 6 Jahren angegeben. Es wird linear abgeschrieben.

---

[1] Zu Einzelheiten siehe den Leasingerlass für bewegliche Wirtschaftsgüter vom 19. April 1971 und für unbewegliche Wirtschaftsgüter vom 21. März 1972. Aus Vereinfachungsgründen wird auf die steuerliche Behandlung des Immobilien-Leasings nicht eingegangen.

[2] Unter bestimmten Voraussetzungen ist auch bei Teilamortisationsverträgen eine Zurechnung des Wirtschaftsgutes auf den Leasinggeber möglich. Näheres ist in einem Steuererlass geregelt (BMF-Schreiben vom 22.12.1975). Auf Einzelheiten wird hier aus Vereinfachungsgründen nicht eingegangen.

[3] Nach dem Leasingerlass ist als betriebsgewöhnliche Nutzungsdauer der in den amtlichen AfA-Tabellen angegebene Zeitraum zugrunde zu legen. Die in diesen Tabellen für die einzelnen Anlagegüter angegebene betriebsgewöhnliche Nutzungsdauer beruht auf Erfahrungen der steuerlichen Betriebsprüfung (Afa: Absetzung für Abnutzung. Afa ist der steuerliche Begriff für Abschreibung).

[4] Der Fall, dass der Leasinggegenstand dem Leasingnehmer zugerechnet wird, wird im Folgenden nicht dargestellt. Der Lehrplan sieht die Behandlung hierzu nicht vor.

[5] Bei dem Begriff Betriebsausgaben handelt es sich um einen Begriff aus dem Steuerrecht. Danach sind Betriebsausgaben alle Aufwendungen, die durch den Betrieb veranlasst werden [§ 4 IV EStG]. Beim Kauf des Wirtschaftsgutes können die Anschaffungskosten nur verteilt über die voraussichtliche Nutzungsdauer als Abschreibung geltend gemacht werden.

Da die Backfein GmbH gerade erst die Produktionshalle erweitert hat, ist eine Finanzierung mit eigenen Finanzmitteln nicht möglich. Das Unternehmen hat zwei Finanzierungsalternativen:

1. Angebot: **Leasingangebot des Herstellers:** Bei einer Grundmietzeit von 4 Jahren betragen die Leasingraten 115 000,00 EUR pro Jahr, fällig jeweils am 31. Dezember eines Jahres. Im Falle einer Vertragsverlängerung sinkt die Rate auf 54 000,00 EUR.

2. Angebot: **Kreditangebot der Hausbank:** Ratentilgungsdarlehen mit 5 Jahren Laufzeit über 500 000,00 EUR, Auszahlung 96 %, Nominalzinssatz 4 %, Fälligkeit der Tilgungsrate jeweils am 31. Dezember.

3. Angebot: **Kreditangebot der Hausbank:** Fälligkeitsdarlehen zu sonst gleichen Konditionen.

Aufgaben:
1. Vergleichen Sie das Leasingangebot mit dem Ratentilgungsdarlehen unter den Gesichtspunkten von Liquiditäts- und Aufwandsbelastung!
2. Vergleichen Sie das Leasingangebot mit dem Fälligkeitsdarlehen unter den Gesichtspunkten von Liquiditäts- und Aufwandsbelastung!

Lösungen:

Zu 1.: Vergleich von Leasing und Ratentilgungsdarlehen

1. Angebot: Aufwands- und Liquiditätsbelastung bei Leasing

Jahr	Mittelabflüsse (Leasingraten)[1]	Aufwendungen
1	115 000,00 EUR	115 000,00 EUR
2	115 000,00 EUR	115 000,00 EUR
3	115 000,00 EUR	115 000,00 EUR
4	115 000,00 EUR	115 000,00 EUR
5	54 000,00 EUR	54 000,00 EUR
6	54 000,00 EUR	54 000,00 EUR
Summe	568 000,00 EUR	568 000,00 EUR

2. Angebot: Aufwands- und Liquiditätsbelastung beim Ratentilgungsdarlehen

Jahr	Restdarlehen EUR	Tilgung EUR	Zinsen EUR	Abschreibung Backautomat EUR	Abschreibung Disagio EUR	Mittelabflüsse EUR	Aufwendungen EUR
1	500 000,00	100 000,00	20 000,00	80 000,00	4 000,00	120 000,00	104 000,00
2	400 000,00	100 000,00	16 000,00	80 000,00	4 000,00	116 000,00	100 000,00
3	300 000,00	100 000,00	12 000,00	80 000,00	4 000,00	112 000,00	96 000,00
4	200 000,00	100 000,00	8 000,00	80 000,00	4 000,00	108 000,00	92 000,00
5	100 000,00	100 000,00	4 000,00	80 000,00	4 000,00	104 000,00	88 000,00
6	0,00	0,00	0,00	80 000,00	0,00	0,00	80 000,00
Σ						560 000,00	560 000,00

Ergebnis: Die Finanzierung durch ein Ratentilgungsdarlehen ist rechnerisch sowohl hinsichtlich der Liquiditäts- als auch hinsichtlich der Aufwandsbelastung günstiger.

---

[1] Die Leasingrate („Mietpreis") enthält folgende Finanzierungskosten:
  1. den **Abschreibungsbetrag** (die Ausgaben bzw. Aufwendungen des Leasinggebers für die Beschaffung oder Herstellung des Leasinggutes werden auf die Dauer der Grundleasingzeit verteilt);
  2. die **Verzinsung** (das vom Leasinggeber investierte Kapital muss sich verzinsen);
  3. eine **Risikoprämie** (z. B. für schnelles Veralten);
  4. die **sonstigen Verwaltungs- und Vertriebskosten** (einschließlich der laufenden Servicekosten);
  5. den **Gewinnzuschlag**.

Zu 2.: Vergleich von Leasing und Fälligkeitsdarlehen

1. Angebot: Aufwands- und Liquiditätsbelastung beim Leasing (siehe S. 293)

3. Angebot: Aufwands- und Liquiditätsbelastung beim Fälligkeitsdarlehen

Jahr	Rest-darlehen EUR	Tilgung EUR	Zinsen EUR	Abschreibung Backautomat EUR	Abschreibung Disagio EUR	Mittel-abflüsse EUR	Aufwen-dungen EUR
1	500 000,00	0,00	20 000,00	80 000,00	4 000,00	20 000,00	104 000,00
2	500 000,00	0,00	20 000,00	80 000,00	4 000,00	20 000,00	104 000,00
3	500 000,00	0,00	20 000,00	80 000,00	4 000,00	20 000,00	104 000,00
4	500 000,00	0,00	20 000,00	80 000,00	4 000,00	20 000,00	104 000,00
5	500 000,00	500 000,00	20 000,00	80 000,00	4 000,00	520 000,00	104 000,00
6	0,00	0,00	0,00	80 000,00	0,00	0,00	80 000,00
Σ						600 000,00	600 000,00

Ergebnis: Die Finanzierung über ein Fälligkeitsdarlehen ist rechnerisch sowohl hinsichtlich der Liquiditäts- als auch hinsichtlich der Aufwandsbelastung jeweils um 32 000,00 EUR (600 000,00 EUR − 568 000,00 EUR) teurer als das Leasingangebot.

(2) Barwertvergleich unter Berücksichtigung von Steuern

Ob sich Leasing anstelle eines Kreditkaufs lohnt, darf nicht allein aufgrund des Liquiditäts- bzw. Aufwandsvergleichs entschieden werden. Hier würde das Leasing meistens schlechter abschneiden, weil der Leasingnehmer innerhalb der Grundmietzeit etwa 120 bis 150 % der Anschaffungskosten zahlt.

Unter Berücksichtigung der **steuerlichen Wirkung** wird der Abstand zwischen Leasing und dem Ratentilgungsdarlehen deutlich geringer. Außerdem ist für den Vergleich der beiden Finanzierungsformen nicht nur von Bedeutung, **wie hoch** die jeweilige Liquiditätsbelastung ist. Wichtig ist auch, zu **welchem Zeitpunkt** die Zahlungen zu leisten sind. Aus diesem Grund werden im nachfolgenden Beispiel noch die Barwerte der Zahlungen ermittelt.

Beispiel:

Wir gehen vom Beispiel auf S. 292 aus und unterstellen, dass die Backfein GmbH einen Gewinn erzielt. Der Gewinnsteuersatz (Körperschaftsteuer sowie Gewerbesteuer) beträgt 25 %. Als Kalkulationszinsfuß (Abzinsungssatz) werden 6 % angenommen (zum Abzinsungsfaktor siehe S. 269).

Aufgaben:

1. Vergleichen Sie das Leasingangebot mit dem Ratentilgungsdarlehen unter dem Gesichtspunkt der Liquiditätsbelastung, wobei der Gewinnsteuersatz und die Barwerte zu berücksichtigen sind!
2. Vergleichen Sie das Leasingangebot mit dem Fälligkeitsdarlehen unter dem Gesichtspunkt der Liquiditätsbelastung, wobei der Gewinnsteuersatz und die Barwerte zu berücksichtigen sind!
3. Erläutern Sie die Auswirkungen der Steuerersparnis auf die Liquiditätsbelastung!

Lösungen:

Zu 1.: Vergleich von Leasing und Ratentilgungsdarlehen über Barwerte nach Steuern

Jahr	Leasing					Ratentilgungsdarlehen					Vergleich der Barwerte
	Liquiditäts-belastung vor Steuern	Aufwendungen vor Steuern	Steuer-minderung	Liquiditäts-belastung nach Steuern	Barwert	Liquiditäts-belastung vor Steuern	Aufwendungen vor Steuern	Steuer-minderung	Liquiditäts-belastung nach Steuern	Barwert	
1	115 000,00	115 000,00	28 750,00	86 250,00	81 367,92	120 000,00	104 000,00	26 000,00	94 000,00	88 679,25	− 7 311,32
2	115 000,00	115 000,00	28 750,00	86 250,00	76 762,19	116 000,00	100 000,00	25 000,00	91 000,00	80 989,68	− 4 227,48
3	115 000,00	115 000,00	28 750,00	86 250,00	72 417,16	112 000,00	96 000,00	24 000,00	88 000,00	73 886,50	− 1 469,33
4	115 000,00	115 000,00	28 750,00	86 250,00	68 318,08	108 000,00	92 000,00	23 000,00	85 000,00	67 327,96	+ 990,12
5	54 000,00	54 000,00	13 500,00	40 500,00	30 263,96	104 000,00	88 000,00	22 000,00	82 000,00	61 275,17	− 31 011,21
6	54 000,00	54 000,00	13 500,00	40 500,00	28 550,90	0,00	80 000,00	20 000,00	−20 000,00	−14 099,21	+ 42 650,11
Σ	568 000,00	568 000,00	142 000,00	426 000,00	357 680,22	560 000,00	560 000,00	140 000,00	420 000,00	358 059,34	− 379,12

Erläuterung:

- Berücksichtigt wird jeweils die Steuerersparnis, die sich aufgrund der Gewinnminderung durch die Aufwendungen vor Steuern ergibt.
- Vergleicht man die Barwerte der Liquiditätsbelastung, ist Leasing im Vergleich zum Ratentilgungsdarlehen um 379,12 EUR (358 059,34 EUR − 357 680,22 EUR) günstiger.

Zu 2.: Vergleich von Leasing und Fälligkeitsdarlehen über Barwerte nach Steuern

Jahr	Leasing					Fälligkeitsdarlehen					Vergleich der Barwerte
	Liquiditäts-belastung vor Steuern	Aufwendungen vor Steuern	Steuer-minderung	Liquiditäts-belastung nach Steuern	Barwert	Liquiditäts-belastung vor Steuern	Aufwendungen vor Steuern	Steuer-minderung	Liquiditäts-belastung nach Steuern	Barwert	
1	115 000,00	115 000,00	28 750,00	86 250,00	81 367,92	20 000,00	104 000,00	26 000,00	−6 000,00	−5 660,38	+ 87 028,30
2	115 000,00	115 000,00	28 750,00	86 250,00	76 762,19	20 000,00	104 000,00	26 000,00	−6 000,00	−5 339,98	+ 82 102,17
3	115 000,00	115 000,00	28 750,00	86 250,00	72 417,16	20 000,00	104 000,00	26 000,00	−6 000,00	−5 037,72	+ 77 454,88
4	115 000,00	115 000,00	28 750,00	86 250,00	68 318,08	20 000,00	104 000,00	26 000,00	−6 000,00	−4 752,56	+ 73 070,64
5	54 000,00	54 000,00	13 500,00	40 500,00	30 263,96	520 000,00	104 000,00	26 000,00	494 000,00	369 145,54	− 338 881,58
6	54 000,00	54 000,00	13 500,00	40 500,00	28 550,90	0,00	80 000,00	20 000,00	−20 000,00	−14 099,21	+ 42 650,11
Σ	568 000,00	568 000,00	142 000,00	426 000,00	357 680,21	600 000,00	600 000,00	150 000,00	450 000,00	334 255,69	+ 23 424,52

Erläuterung:

- Betrachtet man die Barwertdifferenz, verändert sich für das Leasingangebot der Liquiditätsvorteil in einen Liquiditätsnachteil, weil die Rückzahlung des Fälligkeitsdarlehens erst am Ende des 5. Jahres erfolgt.
- Für die endgültige Entscheidung, ob Kredit- oder Leasingfinanzierung, sollten jedoch vor allem die Besonderheiten des Einzelfalles Beachtung finden. So können beispielsweise bei einer Entscheidung für das Finanzierungsleasing die eingesparten Anschaffungskosten in andere Projekte investiert werden.

Zu 3: Durch die Steuerersparnis verringert sich die Liquiditätsbelastung, da weniger Mittel für Steuerzahlungen abfließen.

9.8.5 Beurteilung des Leasings

Mit dem Leasing sind für den Leasingnehmer folgende Vorteile bzw. Nachteile verbunden:

Vorteile	Nachteile
■ Aufbau, Erweiterung bzw. Rationalisierung eines Betriebs können ohne großen Geldkapitalbedarf durchgeführt werden.	■ Die Leasingkosten sind hoch, denn die Gesamtkosten des Leasinggebers müssen in relativ kurzer Zeit aufgebracht werden.
■ Das eingesparte Geldkapital kann anderweitig rentabler eingesetzt werden.	■ Die Kosten fallen regelmäßig an, sodass es unter Umständen zu Liquiditätsschwierigkeiten kommen kann, wenn die Zahlungen aus Verkäufen nicht rechtzeitig eingehen.
■ Da mit der Nutzung Erträge anfallen, können die Kosten aus dem laufenden Ertrag bezahlt werden.	■ Eigentum an dem Investitionsgut wird nicht erworben. Deshalb darf der Leasinggegenstand vom Leasingnehmer ohne Zustimmung des Leasinggebers auch nicht verändert werden.
■ Rasche Anpassung an den technischen Fortschritt ist beim kurzfristigen Leasing möglich.	
■ Leasing schafft klare Kalkulationsgrundlagen.	■ Das Fehlen von Anlagevermögen mindert die Möglichkeit einer eventuell später notwendig werdenden Kreditsicherung.
■ Nutzungskonforme Finanzierungsdauer, d. h., die Laufzeit des Leasingvertrags richtet sich in der Regel an der betriebsgewöhnlichen Nutzungsdauer des Leasingobjekts aus.	■ Ausschluss der Kündigung des Leasingnehmers während der Grundmietzeit.

Zusammenfassung

- **Leasingverträge** sind miet- oder pachtähnliche Verträge, die die Nutzung eines Leasingobjekts ermöglichen, ohne die Anschaffungskosten finanzieren zu müssen. Als Gegenleistung zahlt der Leasingnehmer die vereinbarten Leasingraten.

- Möglichkeiten der Vertragsgestaltung. Man unterscheidet:

- Das Leasing hat den **Vorteil**, dass der Leasingnehmer keine finanziellen Mittel für den Kauf der Leasinggüter aufbringen muss. Beim Operate-Leasing ist von besonderem Vorteil, dass bei Anlagen, die einer schnellen technischen Entwicklung unterliegen, der Leasingvertrag gekündigt werden und eine neue Anlage „gemietet" bzw. gepachtet werden kann.
- Der **Nachteil** des Leasings besteht darin, dass die Kosten sehr hoch sind. Besonders beim Finance-Leasing kann dies ein empfindlicher Nachteil sein, weil der Leasingnehmer während der Grundleasingzeit nicht kündigen kann (z. B. bei Auftragsrückgängen). Liquiditätsschwierigkeiten können die Folge sein. Geleaste Güter stehen auch nicht als Kreditsicherheiten zur Verfügung.

Übungsaufgaben

122 Grundsätzliches zu Leasing

1. Eine Möglichkeit, die Anschaffung eines Geschäftswagens zu finanzieren, bietet das Leasing.

   Aufgaben:
   1.1 Beschreiben Sie den Grundgedanken des Leasings!
   1.2 Definieren Sie den Begriff Leasing!
   1.3 Erklären Sie den Satz: Stecken Sie Ihr Kapital ins Geschäft und nicht in den Geschäftswagen!

2. „Leasing hilft Kosten sparen" – so lautet häufig die Werbung der Leasinggesellschaften. Prüfen Sie diese Aussage!

3. „Leasing schont Ihre Liquidität" – ein anderer Werbespruch. Nehmen Sie Stellung!

4. Nennen Sie die zwei wichtigsten Vorteile und Nachteile der Leasingfinanzierung aus der Sicht des Leasingnehmers und begründen Sie Ihre Wahl!

123 Vergleich von Leasing mit verschiedenen Darlehensformen

Die Anton Thomalla GmbH hat einen neuen Hochleistungsmotor für den Betrieb von Blockheizkraftwerken entwickelt. Damit sie diesen Motor auch in einer größeren Serie produzieren kann, benötigt sie eine neue Fertigungsmaschine zum Anschaffungspreis von 90000,00 EUR. Die Maschine hat eine betriebsgewöhnliche Nutzungsdauer von 6 Jahren und soll linear abgeschrieben werden.

Die Motorenwerke Anton Thomalla GmbH hat zwei Finanzierungsmöglichkeiten:

Alternative 1: Kreditangebot der Commerzbank
– Darlehen in Höhe von 90000,00 EUR
– Sollzinssatz 3 %
– Laufzeit 48 Monate
– Tilgung jeweils am Jahresende in gleichen Raten

Alternative 2: Angebot der Deutschen Leasing AG
– Grundmietzeit 48 Monate
– jährliche Leasingrate während der Grundmietzeit (zahlbar jeweils am Jahresende): 20 % der Anschaffungskosten
– jährliche Leasingrate nach Ablauf der Grundmietzeit (zahlbar jeweils am Jahresende): 17 % der Anschaffungskosten

Aufgaben:

1. Prüfen und begründen Sie, welche Art des Leasingvertrages hinsichtlich der Dauer der Leasingzeit vorliegt!

2. Ermitteln Sie den Mittelabfluss und den Gesamtaufwand für beide Finanzierungsalternativen während der gesamten Nutzungsdauer. Begründen Sie anschließend, für welche Alternative sich die Anton Thomalla Motorenbau GmbH entscheiden sollte!

   Verwenden Sie zur Lösung folgende Schemata:

   Alternative 1:

Jahr	Darlehen Jahresanfang	Zinsen	Tilgung	Abschreibung	Mittelabfluss	Gesamtaufwand

   Alternative 2:

Jahr	Mittelabfluss	Gesamtaufwand

3. Das Kreditangebot der Commerzbank ist auch als Annuitätendarlehen mit einem Sollzinssatz von 3 % möglich.

   3.1 Berechnen Sie den Mittelabfluss während der gesamten Nutzungsdauer, wenn der Kredit als Annuitätendarlehen nach vier Jahren vollständig getilgt sein soll. Der Annuitätenfaktor beträgt 0,269027.

   3.2 Entscheiden Sie, welches Kreditangebot unter Kostengesichtspunkten für die Anton Thomalla Motorenbau GmbH günstiger ist!

124 Liquiditäts- und Barwertvergleich von Kredit und Leasing

Bei der Lars Biller KG ist letzte Woche eine alte Maschine endgültig ausgefallen. Eine moderne Ersatzmaschine kostet 96 000,00 EUR und hat eine Nutzungsdauer von 8 Jahren. Die Maschine soll linear abgeschrieben werden. Es stehen folgende Finanzierungsalternativen zur Wahl:

- Bankkredit: Laufzeit 8 Jahre; Auszahlung 100%, Zinssatz 4,5%, Tilgung in gleichen Raten am Jahresende.
- Leasing: Grundmietzeit 5 Jahre, Leasingrate 20 000,00 EUR/Jahr, Anschlussleasing mit einer jährlichen Leasingrate von 12 000,00 EUR möglich.

Es wird unterstellt, dass die Lars Biller KG einen Gewinn erzielt!

Aufgaben:

1. Stellen Sie die beiden Finanzierungsalternativen einander hinsichtlich ihrer Liquiditätsbelastung unter Berücksichtigung eines Gewinnsteuersatzes von 30% tabellarisch gegenüber!

   Dem Liquiditätsvergleich werden die Barwerte zugrunde gelegt. Als Kapitalzinsfuß (Abzinsungssatz) werden 5% angenommen (zum Abzinsungsfaktor siehe nebenstehende Tabelle).

2. Interpretieren Sie das Ergebnis des Liquiditätsvergleichs!

Jahr	Abzinsungsfaktor
1	0,952381
2	0,907029
3	0,863838
4	0,822702
5	0,783526
6	0,746215
7	0,710681
8	0,676839

125 Aufwands- und Barwertvergleich von Kredit und Leasing

Die Württembergische Holzpress AG will ihr Werk modernisieren. Geplant ist die Anschaffung einer modernen Mehrzweckmaschine. Für die Finanzierung dieser Maschine mit Anschaffungskosten in Höhe von 100 000,00 EUR und einer Nutzungsdauer von 5 Jahren bestehen zwei Alternativen:

Alternative 1: Angebot der Deutschen Leasing AG

Zeitspanne	Degressives Leasingentgelt/Monat für die Grundmietzeit
1. – 12. Monat	4 000,00 EUR
13. – 24. Monat	2 800,00 EUR
25. – 36. Monat	2 000,00 EUR
37. – 48. Monat	1 600,00 EUR

Alternative 2: Die Mehrzweckmaschine wird gekauft und durch die Aufnahme eines Bankkredits finanziert. Der Zinsfuß beträgt 5%; die Zinszahlung erfolgt jährlich nachträglich. Tilgung entsprechend der bilanzmäßigen Abschreibung.

Aufgaben:

1. Nennen und erklären Sie bei der Alternative 1 die Leasingart!

2. Erläutern Sie, wer bei dieser Leasingart das Investitionsrisiko trägt!

3. Ab dem 49. Monat fällt das Leasingentgelt auf monatlich 300,00 EUR. Begründen Sie diese starke Abnahme!

4. Vergleichen Sie die beiden Finanzierungsmöglichkeiten hinsichtlich der Aufwendungen! Verwenden Sie zur Lösung folgendes Schema! Centbeträge sind auf volle EUR zu runden.

Jahr	Fremdkapital	Zinsen für Fremdkapital	Abschreibung	Gesamtaufwendungen	
				Alternative 1 Leasing	Alternative 2 Kreditfinanzierung

5. Ermitteln Sie, wie sich der Vergleich zwischen den beiden Finanzierungsformen verändert, wenn dem Vergleich Barwerte zugrunde gelegt werden und der Gewinnsteuersatz 30 % beträgt!

Als Kapitalzinsfuß werden 5 % angenommen (zum Abzinsungsfaktor siehe S. 299). Erstellen Sie wiederum eine geeignete Tabelle!

6. Die Leasinggesellschaft wirbt mit „Leasen steigert Ihre Rentabilität und schont Ihre Liquidität". Nehmen Sie dazu Stellung!

Vergleich von Kreditfinanzierung und Leasing

126 Die Möhrle Design AG benötigt Textilmaschinen für die Produktion von Kleidern. Die Anschaffungskosten der Maschinen betragen 1,2 Mio. EUR. Zwei Finanzierungsmöglichkeiten sind gegeben:

– Kauf der Textilmaschinen mithilfe eines Bankkredits zu 4 %. Ratentilgung in 4 Jahren am Ende des Jahres.
– Leasing zu einem Monatsbetrag von 2,5 % des Anschaffungswerts. Die Grundmietzeit beträgt 4 Jahre. Nach deren Ablauf wird die Monatsmiete auf 10 % des bisherigen Betrags gesenkt, falls der Leasingvertrag verlängert wird. Die Wartungskosten trägt der Leasingnehmer.

Die Nutzungsdauer der Textilmaschinengruppe beträgt 8 Jahre. Die Abschreibung wird linear vorgenommen.

Aufgaben:

1. Untersuchen Sie, welche Art des Leasingvertrags vorliegt!
2. Ermitteln Sie die Höhe des Zinsaufwands für den Bankkredit!
3. Berechnen Sie, wie viel Prozent der Zinsaufwand vom Kaufpreis der Textilmaschinen ausmacht!
4. Angenommen, die Möhrle Design AG kündigt den Leasingvertrag nach Ablauf der Grundmietzeit. Ermitteln Sie, wie viel Prozent vom Kaufpreis der jährliche Mietaufwand im Jahr der Kündigung beträgt!
5. Angenommen, die Möhrle Design AG mietet die Textilmaschinen für 8 Jahre. Stellen Sie fest, wie viel Prozent vom Kaufpreis der durchschnittliche Mietaufwand beträgt!
6. Angenommen, eine Kostenvergleichungsrechnung ergibt, dass die Finanzierung durch Leasing teurer als der Kauf ist. Arbeiten Sie heraus, welche Gründe dennoch für die Sachmittelfremdfinanzierung sprechen könnten!
7. Beurteilen Sie, welche Gründe für den Kauf der Textilmaschinen sprechen!

127 Leasingraten, Beleihungswert und Vergleich Kreditfinanzierung und Leasing

Die BauTec AG ist in der Baubranche tätig. Mittelgroße Bauprojekte können von dem Unternehmen bewältigt werden. Das Unternehmen ist seit vielen Jahren am Markt erfolgreich und möchte sich vergrößern. Deshalb soll ein neuer Bagger angeschafft werden: Die Anschaffungskosten betragen 220 320,00 EUR. Die Nutzungsdauer beträgt 9 Jahre. Die Abschreibungen erfolgen linear. Die BauTec AG holt sich zwei verschiedene Finanzierungsalternativen rein:

Angebot einer Leasinggesellschaft
Unkündbare Grundmietzeit: 5 Jahre – Leasingrate: jährlich 21 % der Anschaffungskosten (zahlbar am Jahresende). Verlängerungsoption: 4 Jahre – Leasingrate: jährlich 9 % der Anschaffungskosten (zahlbar am Jahresende).

Angebot der Hausbank
Darlehen über 220 320,00 EUR – Auszahlung 100 % – Laufzeit 5 Jahre – Zinssatz 5 % – Tilgung: 5 Raten am Jahresende – Zinszahlung am Jahresende.

Aufgaben:

1. Leasingverträge lassen sich unter sehr unterschiedlichen Merkmalen gestalten. Nennen Sie die Leasingarten, um die es sich im vorliegenden Fall hinsichtlich des **Leasinggebers,** der **Laufzeit,** der **vertraglichen Pflichten** und der Art des **Finance-Leasing-Vertrages** handelt!

2. Die BauTec AG möchte den Bagger nicht als Sicherheit für das Darlehen verwenden. Stattdessen sollen die Grundstücke und Gebäude (Wert: 240 000,00 EUR) mit 80 %, die Maschinen (Wert: 48 000,00 EUR) mit 50 %, die Betriebs- und Geschäftsausstattung (Wert: 24 000,00 EUR) mit 50 % sowie die Vorräte (Wert: 12 000,00 EUR) mit 40 % beliehen werden.

   Weisen Sie rechnerisch nach, ob die vorhandenen Vermögenswerte für die Kreditgewährung ausreichen!

3. Erläutern Sie die Auswirkungen auf die Bilanz und die GuV-Rechnung, wenn entweder das Angebot der Hausbank oder das Angebot der Leasinggesellschaft angenommen werden würde!

4. Begründen Sie, welche Art der Kreditsicherung für die Beleihung des Grundstücks und der Maschinen jeweils infrage kommen!

5. Berechnen Sie jeweils die Liquiditätsbelastung und den Gesamtaufwand für die beiden Finanzierungsformen!

   Hinweis: Runden Sie alle Ergebnisse auf volle Euro und erstellen Sie Tabellen jeweils nach folgendem Muster:

Jahr	Darlehen am Jahresanfang	Zinsen	Tilgung	Abschreibung	Liquiditätsbelastung	Gesamtaufwand

6. Liquiditätsvergleiche werden häufig nicht auf Basis der Liquiditätsabflüsse vorgenommen, sondern aufgrund von Barwertsummen.

   Ermitteln Sie die Barwertsummen für die beiden Finanzierungsalternativen für den betrachteten Zeitraum bei einem Kalkulationszinssatz von 7 % und einen Gewinnsteuersatz von 30 % und beurteilen Sie, wie sich diese auf die Entscheidung der BauTec AG auswirken!

   Hinweis: Runden Sie alle Ergebnisse auf volle Euro und erstellen Sie Tabellen jeweils nach folgendem Muster:

Jahr	Liquiditätsbelastung vor Steuern	Gesamtaufwand	Steuerminderung	Liquiditätsbelastung nach Steuern	Barwert

10 Investition

10.1 Begriff Investition

(1) Investition

Die betriebliche Tätigkeit ist dadurch geprägt, dass ständig ein Strom von betrieblichen Leistungen von der Beschaffung über die Produktion hin zum Absatz fließt. Dabei erfolgt zunächst eine **Kapitalbindung** während der **Beschaffungs- und Produktionsphase** und anschließend eine **Kapitalfreisetzung** in der Absatzphase.[1]

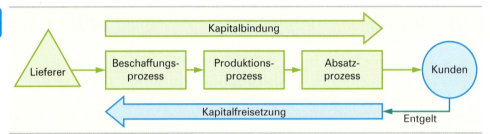

Werden im Rahmen der Beschaffungs- und Produktionsphase **größere Beträge** für **einzelne Vermögensgegenstände** (z. B. Grundstücke, Maschinen, Beteiligungen, Patente) aufgewendet und ist die **Kapitalbindung** dabei **längerfristig** (wenigstens länger als eine Abrechnungsperiode) angelegt, so spricht man von **Investitionen**.

Werden bei der Beschaffung von **Sachvermögen, Finanzvermögen** oder **immateriellem Vermögen größere Anfangsauszahlungen** getätigt und ist die **Kapitalbindung längerfristig**, so spricht man von **Investitionen**.

(2) Zusammenhang zwischen Investition und Finanzierung

Betrachtet man die Finanzierung und Investition vom Standpunkt der Bilanz, so steht das **Kapital** auf der **Passivseite** der Bilanz. Es gibt Auskunft darüber, welche Kapitalbeträge dem Betrieb zur Nutzung überlassen worden sind und in welcher rechtlichen Form (Eigenkapital, Fremdkapital) das geschehen ist. Auf der **Aktivseite** der Bilanz ist zu erkennen, welche **Verwendung die Mittel** (Anlage- und Umlaufvermögen) gefunden haben.

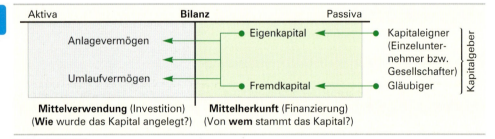

---

[1] Die Investitionen werden in Form von Abschreibungen in die Verkaufspreise einkalkuliert. Kann der Verkaufserlös am Markt durchgesetzt werden, fließt das investierte Kapital in Form von liquiden Mitteln wieder zurück. Diese Freisetzung von investiertem Kapital bezeichnet man als **Desinvestition**. Zur Finanzierung aus Abschreibungsgegenwerten vgl. Kapitel 9.3.2, S. 233 ff.

10.2 Motive und Arten von Investitionen

Es gibt unterschiedliche **Motive** in einer Unternehmung, Investitionen zu tätigen. Die nachfolgende Übersicht zeigt die Zusammenhänge zwischen den wichtigsten Investitionsmotiven und den entsprechenden Investitionsarten auf.

Erläuterungen:

Ersatzinvestitionen (Reinvestitionen)[1]	Sie dienen dazu, abgenutzte Anlagegüter durch neue gleichartige zu ersetzen, um die Leistungsfähigkeit des Betriebs zu erhalten. Die Kapazität des Betriebs – gleichbleibenden technischen Stand vorausgesetzt – wird nicht verändert.[2]
	Beispiele: Vier ausgediente Maschinen werden durch vier neue Maschinen ersetzt. – Ein alter Lkw wird für einen neuen Lkw in Zahlung gegeben.
Erweiterungs- investitionen (Zusatzinvesti- tionen, Netto- investitionen)[3]	Dies sind Investitionen, die der Ausweitung der Kapazität des Betriebs dienen.
	Beispiel: Es scheiden 4 Werkzeugmaschinen zum Anschaffungspreis von je 100 000,00 EUR zum Jahresende aus. Gleichzeitig werden 6 Werkzeugmaschinen zum Anschaffungspreis von je 100 000,00 EUR gekauft.[4] Die Ersatzinvestition beträgt dann 400 000,00 EUR, die Erweiterungsinvestition (Zusatzinvestition) 200 000,00 EUR.

---

1 Reinvestieren: wieder investieren.
2 Die **Reinvestitionen** sind aus einer Bilanz nicht ersichtlich, weil sich Preise und Qualitäten der Investitionsgüter ändern. Um dennoch bestimmte Aussagen über die Investitionstätigkeit eines Unternehmens oder der Volkswirtschaft machen zu können, behilft man sich damit, dass man die **Abschreibungen** als Ausdruck für die Abnutzung der Investitionsgüter den Reinvestitionen gleichsetzt.
3 Eine Nettoinvestition kann auch negativ sein. Dies ist der Fall, wenn Investitionsgüter aus dem Betrieb ausscheiden ohne durch neue ersetzt zu werden. Man spricht von **Desinvestition**. Werden die Kosten einer Investition (z.B. die Abschreibung) in die Verkaufspreise einkalkuliert, so fließt das in dem Investitionsgut gebundene Kapital wieder in das Unternehmen zurück. Sofern der Markt also die Erzeugnisse zu kostendeckenden Preisen aufnimmt, entsprechen den Desinvestitionen i.d.R. die freigesetzten Finanzmittel.
4 Es werden konstante (gleichbleibende) Preis unterstellt.

Rationalisierungs-investitionen	Dies sind Investitionen in technisch verbesserte Wirtschaftsgüter mit dem Ziel, die Leistungsfähigkeit zu erhöhen und/oder die Kosten zu senken.

Die Summe aller Investitionen (Ersatz- und Erweiterungsinvestitionen) ist die **Gesamtinvestition (Bruttoinvestition)**.

10.3 Verfahren der Investitionsrechnung

10.3.1 Grundlegendes

Ein Investor wird sich dann für die Durchführung einer Investition entscheiden, wenn sich das gebundene Kapital in einer Höhe verzinst, die er im Vergleich zu alternativen Anlagemöglichkeiten als ausreichend ansieht.

Eine **Investition** ist z. B. als **lohnend** anzusehen, wenn über den Nutzungszeitraum die aus der Investition fließenden Einzahlungen höher sind als die damit verbundenen Auszahlungen und der **Überschuss der Einzahlungen** eine angemessene Verzinsung des eingesetzten Kapitals ermöglicht.[1] Die Schwierigkeit für den Planer liegt in der Unsicherheit begründet, dass die durch das Investitionsobjekt bedingten zukünftigen Einzahlungen und Auszahlungen nicht exakt einzuschätzen sind.

- Die **Investitionsrechnung** hat die Aufgabe, alle **zahlenmäßig erfassbaren Daten** eines Investitionsobjekts zu sammeln und daraus eine **Beurteilung des Investitionsobjekts** abzuleiten.

- Die **wichtigsten Daten** für die Erstellung einer Investitionsrechnung sind die aus den Investitionsobjekten zu erwartenden **Einzahlungen** und **Auszahlungen** bzw. die zu erwartenden **Kosten**. Die Daten sind umso unsicherer, je weiter die Planung in die Zukunft weist.

Ziel der Investitionsrechnung ist, die **Investitionswahlentscheidung** zu **optimieren**. Man möchte feststellen, welches von mehreren sich gegenseitig ausschließenden Investitionsobjekten das vorteilhafteste ist.

Um die Vorteilhaftigkeit von Investitionen zu bestimmen, haben Theorie und Praxis Rechenverfahren entwickelt. Man unterscheidet **statische** und **dynamische Investitionsrechnungen**.

Statische Verfahren	Die statischen Verfahren beurteilen ein Investitionsobjekt aufgrund der **Einzahlungen und Auszahlungen** bzw. **der Kosten einer Nutzungsperiode**. Unterschiede im Hinblick auf den **Zeitpunkt der Ein- und Auszahlungen** werden **nicht berücksichtigt**.
Dynamische Verfahren	Die dynamischen Verfahren beurteilen ein Investitionsobjekt aufgrund der **Einzahlungen und Auszahlungen während der gesamten Nutzungsdauer**. Dynamische Verfahren **berücksichtigen** zudem **zeitliche Unterschiede** im Anfall von Einzahlungen und Auszahlungen.

---

1 Man nennt die Investitionsrechnung deshalb auch **Wirtschaftlichkeitsrechnung**.
Das Kapitel stützt sich auf folgende Literatur:
Heinold, Michael: Investitionsrechnung, Studienbuch, 8. Aufl., München 1999.
Wöhe, Günter: Einführung in die Allgemeine Betriebswirtschaftslehre, 24. Aufl., München 2010.
Olfert/Reichel: Investition, 11. Auflage, Ludwigshafen 2009.

10.3.2 Statische Verfahren der Investitionsrechnung zum Vergleich von Investitionsalternativen

Im Folgenden werden zwei statische Verfahren der Investitionsrechnung vorgestellt:

- die **Kostenvergleichsrechnung** und
- die **Amortisationsrechnung**.

10.3.2.1 Kostenvergleichsrechnung

(1) Grundlegendes

Die Kostenvergleichsrechnung beurteilt Investitionsalternativen ausschließlich nach den von ihnen **verursachten Kosten**. Dabei soll sich der Investor für das Investitionsobjekt mit den geringsten Kosten entscheiden. Der Entscheidung können die **Jahreskosten** oder die **Stückkosten** zugrunde gelegt werden. Die Beschränkung auf den Kostenvergleich setzt voraus, dass die **Erlöse** bei allen betrachteten Investitionsalternativen **gleich hoch** sind.

> Die Kostenvergleichsrechnung verwendet die Rechengröße **Kosten**.

Die zur Beurteilung heranzuziehenden Kosten setzen sich zusammen aus den fixen und variablen Kosten.

$$K = K_{fix} + k_v \cdot x$$

- Zu den **variablen Kosten** zählen z. B. die Fertigungslöhne und die Materialkosten.
- Die **fixen Kosten** umfassen insbesondere die kalkulatorische Abschreibung und die kalkulatorischen Zinsen.

Mithilfe der **kalkulatorischen Abschreibung** wird der Werteverzehr des Investitionsobjekts erfasst. Dabei wird im Folgenden von einer linearen Abschreibung ausgegangen.

$$\text{kalkulatorische Abschreibung} = \frac{\text{Anschaffungskosten} - \text{Restwert}^1}{\text{Nutzungsdauer}}$$

Die **kalkulatorischen Zinsen** werden vom durchschnittlich gebundenen Kapital berechnet.

$$\text{kalkulatorische Zinsen} = \frac{\text{Anschaffungskosten} + \text{Restwert}}{2} \cdot \frac{\text{Zinssatz}}{100}$$

Da der Restwert (RW) erst am Ende der Nutzungsdauer (ND) zurückfließt, ist für die Ermittlung des durchschnittlich gebundenen Kapitals der Restwert zu den Anschaffungskosten (AK) hinzuzurechnen.

---

[1] Ein Restwert wird angesetzt, wenn am Ende der Nutzungsdauer ein Liquidationserlös (z. B. Schrottwert) anfällt.

- Bei der **Kostenvergleichsrechnung** vergleicht der Investor die **investitionsbedingten Kosten** der verschiedenen Investitionsalternativen in **einer Nutzungsperiode**.
- Der Investor wird sich dann für das Investitionsvorhaben mit den **geringsten Kosten** entscheiden.

(2) Beispiel zur Kostenvergleichsrechnung

Beispiel:

Die Hohenlimburger Kaltstahl AG möchte eine moderne Presse zur Produktion von Formteilen beschaffen. Es liegen zwei Angebote vor, die von der Abteilung Controlling ausgewertet werden:

Angebot 1 (vollautomatische Presse)
Anschaffungskosten 162 000,00 EUR, geplante Nutzungsdauer sechs Jahre, Restwert 12 000,00 EUR, geplante Leistungsmenge pro Jahr 18 000 Teile, Kapazitätsgrenze 28 000 Teile, Fixkosten pro Jahr: lineare Abschreibung, kalkulatorische Zinsen (Zinssatz 4 %) und sonstige Fixkosten in Höhe von 41 100,00 EUR, variable Kosten je Stück 9,50 EUR.

Angebot 2 (halbautomatische Presse)
Anschaffungskosten 90 000,00 EUR, geplante Nutzungsdauer vier Jahre, kein Restwert, geplante Leistungsmenge pro Jahr 18 000 Teile, Kapazitätsgrenze 27 000 Teile, gesamte Fixkosten (einschließlich Abschreibungen und Zinsen) pro Jahr 23 200,00 EUR, variable Kosten je Stück 12,00 EUR.

Der Verkaufspreis für ein Formteil liegt zurzeit bei 14,00 EUR. Die Hohenlimburger Kaltstahl AG schreibt linear ab.

Aufgaben:
1. Werten Sie die beiden Angebote für das erste Wirtschaftsjahr mithilfe der Kostenvergleichsrechnung aus!
2. Bestimmen Sie die kritische Produktionsmenge!
3. Begründen Sie, welche Anlage bei einer Produktionsmenge von 15 000 Stück kostengünstiger ist!

Lösungen:

Zu 1.: Auswertung mithilfe der Kostenvergleichsrechnung
- Vergleich der Gesamtkosten für die Nutzungsperiode

	Angebot 1	Angebot 2
Fixkosten	69 580,00 EUR	23 200,00 EUR
variable Kosten	171 000,00 EUR	216 000,00 EUR
Gesamtkosten	240 580,00 EUR	239 200,00 EUR

Nebenrechnungen zu Angebot 1:

$$\text{kalkulatorische Abschreibung} = \frac{162\,000,00 - 12\,000,00}{6} = \underline{\underline{25\,000,00 \text{ EUR/Jahr}}}$$

$$\text{kalkulatorische Zinsen} = \frac{162\,000,00 + 12\,000,00}{2} \cdot \frac{4}{100} = \underline{\underline{3\,480,00 \text{ EUR/Jahr}}}$$

$$\text{gesamte Fixkosten} = 25\,000,00 + 3\,480,00 + 41\,100,00 = \underline{\underline{69\,580,00 \text{ EUR}}}$$

Ergebnis: Unter dem Gesichtspunkt der Gesamtkosten hat die halbautomatische Presse (Angebot 2) bei einer Produktionsmenge von 18 000 Stück einen jährlichen Kostenvorteil von 1 380,00 EUR.

- **Vergleich der Stückkosten**

    Es ergeben sich folgende Stückkosten: 240 580,00 EUR : 18 000 Stück = 13,37 EUR und 239 200,00 EUR : 18 000 Stück = 13,29 EUR.

    Ergebnis: Unter dem Gesichtspunkt der Stückkostenbetrachtung hat die halbautomatische Presse (Angebot 2) einen Kostenvorteil von 0,08 EUR.

Zu 2.: Berechnung der kritischen Produktionsmenge

Ist es unbestimmt, ob die angenommenen Absatzmengen erreicht werden können, muss die kritische Ausbringungsmenge (kritische Auslastung) ermittelt werden. Die **kritische Produktionsmenge** gibt diejenige Absatzmenge an, bei der die **Kosten für beide Anlagen gleich hoch** sind.

$$\text{Gesamtkosten Angebot 1} = \text{Gesamtkosten Angebot 2}$$
$$69\,580{,}00 + 9{,}50x = 23\,200{,}00 + 12x$$
$$2{,}5x = 46\,380$$
$$\underline{\underline{x = 18\,552}}$$

Ergebnis: Die kritische Produktionsmenge beträgt 18 552 Stück. Werden weniger Teile produziert, lohnt sich unter Kostengesichtspunkten die halbautomatische Presse (Angebot 2); werden mehr Teile hergestellt, lohnt sich die vollautomatische Presse (Angebot 1).

Probe: Angebot 1: 69 580,00 EUR + 176 244,00 EUR = 245 824,00 EUR
Angebot 2: 23 200,00 EUR + 222 624,00 EUR = 245 824,00 EUR

Zu 3.: Kostenvergleich bei einer Produktionsmenge von 15 000 Stück

Angebot 1: 69 580,00 EUR + 142 500,00 EUR = 212 080,00 EUR Kosten
Angebot 2: 23 200,00 EUR + 180 000,00 EUR = 203 200,00 EUR Kosten.

Ergebnis: Bei 15 000 Stück ist die halbautomatische Presse (Angebot 2) günstiger.

Am Schnittpunkt der Kostenkurven gilt: Ein Investitionsobjekt (hier I_1) ist für alle Auslastungen kleiner als x_0 kostengünstiger, für alle Auslastungen größer als x_0 kostenungünstiger. Der Schnittpunkt selbst ist kostenneutral.

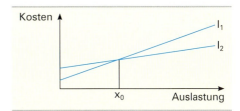

- Je größer die Produktionsmenge ist, desto geringer ist der Fixkostenanteil je Stück.
- Je niedriger die Produktionsmenge ist, desto höher ist der Fixkostenanteil je Stück.

(3) Kritische Anmerkungen zur Kostenvergleichsrechnung

- Die Kostenvergleichsrechnung lässt die **Erlöse außer Betracht**. Sie unterstellt, dass die **Erlöse** bei allen Investitionsobjekten **gleich hoch** sind.

- Die Kostenvergleichsrechnung gibt nur die **absolute Höhe der durch die Investition verursachten Kosten** an. Da die Kosten nicht in Relation zum eingesetzten Kapital gesetzt werden, lassen sich **keine Vergleiche mit alternativen Kapitalanlagen** anstellen.
- Mithilfe der Kostenvergleichsrechnung lassen sich nur **sachlich ähnliche bzw. identische Investitionsprojekte** (z.B. Ersatzinvestitionen oder gleichartige Erweiterungsinvestitionen) **vergleichen.**
- Wer eine Investitionsentscheidung aufgrund der Kostenvergleichsrechnung trifft, geht ein **erhebliches Risiko** ein, denn er kennt zwar das kostengünstigste Investitionsobjekt, weiß aber nicht, ob die erzielbaren Umsatzerlöse zur Kostendeckung ausreichen.

10.3.2.2 Amortisationsrechnung

(1) Grundlegendes

Die Amortisationsrechnung[1] prüft, ob sich die Anzahlungen für Investition und ein Gewinn in dem vom Investor gewünschten Zeitraum (Soll-Amortisationsdauer) erwirtschaften lassen oder nicht. Hierzu vergleicht sie, wie viele Perioden es dauert, bis sich die **Anschaffungsauszahlung** (der Kapitaleinsatz)[2] des einzelnen Investitionsobjektes durch den **Einzahlungsüberschuss (Einzahlungen – Auszahlungen)** amortisiert hat. die Investitionsententscheidung hängt folglich von der Zeitdauer **(Amortisationszeit, Wiedergewinnungszeit, Payoff-Periode)** ab, über die die Anschaffungsauszahlung (Anschaffungskosten) wieder zurück in das Unternehmen fließen wird. Die Investition hat sich amortisiert, sobald die **Einzahlungsüberschüsse** die **Anschaffungsauszahlung** und die **laufenden Betriebskosten (auszahlungswirksame Kosten)** decken. Das Investitionsobjekt mit der kürzesten Amortisationszeit ist das vorteilhafteste.

> Die Amortisationsrechnung verwendet die Rechengrößen **Einzahlungen** und **Auszahlungen**.

Der **Einzahlungsüberschuss**, durch den sich das eingesetzte Kapital amortisiert, setzt sich aus zwei Faktoren zusammen: den **kalkulatorischen Abschreibungen**[3] **(auszahlungsunwirksame Kosten)** und dem **Gewinn.**[4]

- Die Amortisationsrechnung beurteilt ein Investitionsprojekt nach der Amortisationszeit (Wiedergewinnungszeit).

    $$\text{Amortisationszeit} = \frac{\text{Anschaffungsauszahlung} - \text{Liquidationserlös}}{\text{Ø Einzahlungsüberschuss pro Jahr (jährlicher Gewinn)} + \text{jährliche Abschreibungen}}$$

- Die **Einzahlungsüberschüsse** setzen sich zusammen aus den **Kosten**, denen **keine Auszahlung** gegenübersteht, und dem **Gewinn.**
- Die Alternative mit der **kürzesten Amortisationszeit** gilt als die **vorteilhafteste.**

---

1 Amortisation: Tilgung, Abzahlung.
2 Erzielt das Unternehmen am Ende der Nutzungsdauer einen **Liquidationserlös**, so muss der Betrag der Anschaffungsauszahlung um den Liquidationserlös vermindert werden (Anschaffungsauszahlung – Liquidationserlös), da nur der Differenzbetrag amortisiert werden muss.
3 Sind die kalkulatorischen Zinsen höher als die tatsächlichen Zinsaufwendungen, kann die Differenz ebenfalls dazugezählt werden.
4 Es wird unterstellt, dass die Einzahlungsüberschüsse im Zeitablauf keine großen Schwankungen aufweisen, sodass die Einzahlungsüberschüsse **eines Nutzungsjahres** als repräsentativ gelten können.

(2) Lösung des Beispiels von S. 306 nach der Amortisationsrechnung

	Angebot 1	Angebot 2
Amortisationszeit	$\dfrac{162\,000 - 12\,000}{11\,420 + 25\,000} = 4{,}12$ Jahre	$\dfrac{90\,000}{11\,800 + 22\,500} = 2{,}62$ Jahre

Erläuterungen am Beispiel Angebot 1:

Berechnung des Gewinns:

	Verkaufspreis 14,00 EUR · 18 000 Teile	= 252 000,00 EUR
−	variable Kosten 9,50 EUR · 18 000 Teile	= 171 000,00 EUR
−	fixe Kosten	69 580,00 EUR
=	Gewinn	11 420,00 EUR

Ergebnis: Die Amortisationszeit der halbautomatischen Presse (Angebot 2) ist deutlich geringer als die Amortisationszeit der vollautomatischen Presse (Angebot 1). Unter dem Gesichtspunkt der Amortisationsdauer sollte die Hohenlimburger Kaltstahl AG das Angebot 2 annehmen.

(3) Kritische Anmerkungen zur Amortisationsrechnung

- Die Amortisationsrechnung will das Risiko einer Investition berücksichtigen. Die Amortisationszeit ist aber ein **sehr grober Risikomaßstab**.
- Die Schätzung der Einzahlungsüberschüsse ist schwierig. Außerdem ist die **Zurechnung** der **kalkulatorischen Kosten** bzw. des **Gewinns** auf ein bestimmtes Investitionsobjekt oft nur **schwer möglich**.
- Da die Gewinnentwicklung eines Investitionsprojekts nur während der Amortisationszeit betrachtet wird, erlaubt die Amortisationsrechnung **keine Aussage über die Rentabilität eines Investitionsprojekts**. Vielmehr ist es möglich, dass eine Alternative mit der höheren Rentabilität die längere Amortisationszeit hat.
- Die alleinige Berücksichtigung des **Kriteriums Risikominimierung** kann unter dem Gesichtspunkt der Rentabilität zu Fehlentscheidungen führen.
- Der **Zeitpunkt der Kapitalrückflüsse** wird nicht berücksichtigt.
- Auch die **Kapitalrückflüsse nach Ablauf der Amortisationszeit** werden nicht berücksichtigt, sodass unter Umständen Investitionsalternativen nicht genutzt werden, die langfristig höhere Rückflüsse erzielen.

Zusammenfassung

- **Investitionen** sind Beschaffungen von Vermögensgegenständen, die mit größeren **Anschaffungsauszahlungen** und **langfristiger Kapitalbindung** einhergehen.
- **Motive** für eine Investition sind **Ersatz** abgenutzter und veralteter Vermögensteile, **Ausweitung** der Kapazität und **Rationalisierung**.
- **Aufgabe** der Investitionsrechnung ist es, die **Vorteilhaftigkeit** einer unternehmerischen Investitionsentscheidung zu beurteilen.
- Die **statischen Verfahren** beurteilen ein Investitionsobjekt aufgrund der Kosten bzw. der Einzahlungen und Auszahlungen einer **Nutzungsperiode**, ohne hierbei den **Zeitpunkt** einer Einzahlung oder Auszahlung **zu berücksichtigen**.

- Wichtige **statische Verfahren der Investitionsrechnung** sind:
  - die **Kostenvergleichsrechnung** und
  - die **Amortisationsrechnung**.

- Die **Kostenvergleichsrechnung** beurteilt Investitionsalternativen nach den von ihnen verursachten Kosten. Vergleichsmaßstab sind die **Kosten einer Periode**.

  Die Kosten pro Periode setzen sich zusammen aus den **variablen Kosten** (insbesondere Materialkosten und Fertigungslöhne) und den **fixen Kosten** (insbesondere kalkulatorische Abschreibungen und kalkulatorische Zinsen).

- Mithilfe der **Amortisationsrechnung** bestimmt man den Zeitraum, in dem das investierte Kapital wieder zurückgewonnen werden kann. Rechengrößen der Amortisationsrechnung sind **Einzahlungen** und **Auszahlungen**. Stehen mehrere Investitionsalternativen zur Wahl, so gilt diejenige mit der kürzesten Amortisationszeit als die vorteilhafteste.

Übungsaufgaben

128 Grundlagen der Investitionsrechnung, Kostenvergleichs- und Amortisationsrechnung

1. Unterscheiden Sie die Begriffe Finanzierung und Investition!

2. Beschreiben Sie, wie sich Finanzierung und Sachinvestitionen in der Bilanz eines Unternehmens niederschlagen!

3. Unterscheiden Sie Sachinvestitionen nach dem Anlass der Investition!

4. In einem Betrieb wurden im vergangenen Jahr 10 Fräsmaschinen zu je 160 000,00 EUR angeschafft. Ausgeschieden sind 7 Fräsmaschinen zu je 160 000,00 EUR Anschaffungswert.

   Aufgaben:

   4.1 Berechnen Sie die Brutto-, Netto- und Reinvestition in Stück und in EUR!

   4.2 Erläutern Sie, warum mit der Annahme konstanter Preise gerechnet werden muss, wenn die reale (wirkliche) Höhe von Brutto-, Netto- und Reinvestitionen berechnet werden soll!

5. Die Aggregatebau Lörrach GmbH beabsichtigt eine neue Anlage anzuschaffen, um die Kapazität zu erweitern. Für die vorliegenden Angebote: Halbautomat (Angebot 1) bzw. Vollautomat (Angebot 2) liegen die nachfolgenden Daten vor.

	Angebot 1	Angebot 2
Anschaffungskosten	130 000,00 EUR	364 000,00 EUR
geplante Nutzungsdauer	6 Jahre	8 Jahre
geplante Leistungsmenge	20 800 Stück/Jahr	20 800 Stück/Jahr
Kapazitätsgrenze	26 000 Stück/Jahr	26 800 Stück/Jahr
gesamte Fixkosten/Jahr	41 600,00 EUR	101 400,00 EUR
variable Kosten je Stück	11,40 EUR	8,90 EUR
Verkaufspreis je Stück	14,20 EUR	14,20 EUR

   Aufgaben:

   5.1 Führen Sie eine Kostenvergleichsrechnung durch!

   5.2 Berechnen Sie die kritische Menge und geben Sie an, ab welcher Stückzahl sich der Halbautomat bzw. der Vollautomat lohnen würde!

5.3 Ermitteln Sie die Amortisationsdauer der beiden Angebote! (Die kalkulatorische Abschreibung erfolgt linear von den Anschaffungskosten!)

5.4 Beschreiben Sie zwei Kritikpunkte an der Kostenvergleichsrechnung!

6. 6.1 Bestimmen Sie die Amortisationsdauer der folgenden Investitionsalternativen:

	I_1	I_2
Kapitaleinsatz	180 000,00	160 000,00
Nutzungsdauer	5	5
Gewinn 1. Periode	18 000,00	0,00
Gewinn 2. Periode	23 000,00	0,00
Gewinn 3. Periode	31 000,00	16 000,00
Gewinn 4. Periode	0,00	26 000,00
Gewinn 5. Periode	0,00	40 000,00

Die Abschreibung erfolgt linear.

6.2 Entscheiden Sie begründet, welche Investitionsalternative vorteilhafter ist!

6.3 Beschreiben Sie zwei Kritikpunkte an der Amortisationsrechnung!

129 Kostenvergleichsrechnung

1. Die Fritz Weishaupt GmbH möchte eine alte Druckmaschine durch eine neue Anlage ersetzen. Der Liquidationserlös für die alte Druckmaschine liegt im laufenden Geschäftsjahr bei 20 000,00 EUR und im folgenden Geschäftsjahr bei 10 000,00 EUR. Die Betriebskosten belaufen sich auf 10 000,00 EUR.

   Die Anschaffungskosten der neuen Anlage betragen 100 000,00 EUR, die Nutzungsdauer 10 Jahre. Der Liquidationserlös am Ende der Nutzungsdauer wird mit 10 000,00 EUR angenommen. Die Betriebskosten belaufen sich auf 8 000,00 EUR. Die Abschreibung erfolgt linear.

   Es wird mit einem Zinssatz von 3 % gerechnet. Die Auslastung der alten Druckmaschine und der neuen Anlage ist gleich hoch.

   Aufgaben:

   1.1 Berechnen Sie die Kosten für die alte und die neue Druckmaschine im laufenden Geschäftsjahr!

   1.2 Begründen Sie, ob es sinnvoll ist, die alte Druckmaschine im laufenden Geschäftsjahr durch die neue Anlage zu ersetzen!

2. Die Hans Seifritz OHG möchte für ihre Werkzeugfabrik eine kleine Presse beschaffen. Es liegen drei Angebote vor.

	I_1	I_2	I_3
Anschaffungskosten	115 000	230 000	140 000
Liquidationserlös	15 000	30 000	20 000
Nutzungsdauer	10	10	10
Leistung je Periode (Teile)	20 000	24 000	24 000
kalk. Abschreibung (linear)			
kalk. Zinsen (2,5 %)			
sonstige fixe Kosten	250	500	400
Summe fixe Kosten			

311

	I_1	I_2	I_3
Lohnkosten	27 000	11 200	24 000
Materialkosten	2 500	3 000	3 000
sonstige variable Kosten	3 900	1 800	3 000
Summe variable Kosten			
variable Kosten pro Leistungseinheit			
Gesamtkosten			
Kosten pro Leistungseinheit			

Aufgaben:

2.1 Errechnen Sie die in der Tabelle fehlenden Kostenbestandteile und entscheiden Sie sich für ein Investitionsobjekt!

2.2 Aufgrund der hohen Anschaffungskosten kommt das Investitionsobjekt I_2 nicht infrage. Berechnen Sie jeweils die kritische Auslastung zwischen den Investitionsobjekten I_1 und I_3 und stellen Sie den Sachverhalt grafisch dar!

10.3.3 Dynamische Verfahren der Investitionsrechnung

10.3.3.1 Grundlagen der dynamischen Investitionsrechnungsverfahren

(1) Abgrenzung der dynamischen von den statischen Investitionsrechnungsverfahren

Den dynamischen Methoden der Investitionsrechnung ist gemeinsam, dass sie nicht nur – wie die statischen Verfahren – die Einzahlungen und Auszahlungen einer Nutzungsperiode berücksichtigen, sondern darüber hinaus auch die **verschiedenen Zeitpunkte der Einzahlungen und Auszahlungen**. Das geschieht mithilfe von **finanzmathematischen Methoden**.

> Die **dynamischen Investitionsrechnungsverfahren** beurteilen ein Investitionsobjekt über **alle Nutzungsjahre** hinweg und berücksichtigen hierbei den **Zeitpunkt einer Einzahlung oder Auszahlung**.

(2) Begriffe der dynamischen Investitionsrechnungsverfahren

Den Wert einer Einzahlung oder Auszahlung zum Zeitpunkt ihrer Entstehung bezeichnet man als **Zeitwert**. Möchte der Investor die Vorteilhaftigkeit einer Investition beurteilen, muss er alle Einzahlungen und Auszahlungen, die während der gesamten Nutzungsdauer der Investition anfallen, einander gegenüberstellen. Da die Einzahlungen und Auszahlungen während der Nutzungsdauer jedoch zu unterschiedlichen Zeiten anfallen, sind die Zeitwerte für den Investor nicht vergleichbar.

Eine Einzahlung, die im ersten Nutzungsjahr anfällt, ist höher zu bewerten, als die gleiche Einzahlung, die erst ein Jahr später eingeht, da der Investor im ersten Fall den Betrag für ein Jahr zinsbringend anlegen kann.

> **Beispiel:**
>
> Beträgt die Einzahlung am 1. Februar des 1. Jahres 1 000,00 EUR und hat der Investor die Möglichkeit, den Betrag zu 2 % anzulegen, so haben die 1 000,00 EUR jetzt für den Investor den gleichen Wert wie 1 020,00 EUR in einem Jahr.

In gleicher Weise hängt die Bewertung einer Auszahlung vom Zeitpunkt des Entstehens ab. Wird eine Ausgabe mit Fremdmitteln finanziert und beträgt der Darlehenszinssatz z. B. 3 %, so bedeutet dies, dass bei einer Auszahlung von 1 000,00 EUR, die, statt am 1. Februar des ersten Jahres, ein Jahr später anfällt, Zinsen in Höhe von 30,00 EUR vermieden werden.

Die Vergleichbarkeit der Zeitwerte bei den dynamischen Investitionsrechnungsverfahren wird hergestellt durch Abzinsen der Zeitwerte auf den **Anschaffungszeitpunkt**. Den Wert einer Einzahlung oder Auszahlung zu diesem Zeitpunkt nennt man **Barwert**.

- Wird der **Beginn der Investition** als **Bezugszeitpunkt** angenommen, so müssen alle später anfallenden Einzahlungen und Auszahlungen **abgezinst** werden. Den Wert einer Einzahlung oder Auszahlung zu diesem Bezugszeitpunkt nennt man **Barwert**.
- Rechnerisch erfolgt die Bestimmung des Barwerts durch **Multiplikation des Zeitwerts** mit dem **Abzinsungsfaktor**.
- Die **Höhe des Barwerts** hängt neben der **Höhe des Zeitwerts** und der **Zeitdifferenz zwischen Entstehungs- und Bezugszeitpunkt** von der **Höhe des Zinsfußes** ab.

Nachfolgend wird lehrplangemäß das dynamische Investitionsrechnungsverfahren am Beispiel der **Kapitalwertmethode** vorgestellt.

10.3.3.2 Kapitalwertmethode[1]

(1) Aufbau der Kapitalwertmethode

Die Kapitalwertmethode wählt als **Bezugszeitpunkt** den **Beginn der Investition,** d. h., alle zukünftigen Einzahlungen und Auszahlungen, die während des Investitionszeitraums anfallen, werden auf den Beginn der Investition abgezinst. Der **Kapitalwert einer Investition** ergibt sich dann aus der Differenz zwischen der Summe der Barwerte aller Einzahlungen[2]

Abgezinste Einzahlungsüberschüsse (Barwertsumme)
– Anschaffungsauszahlung
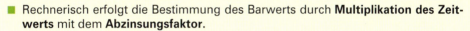
= Kapitalwert

und der Summe der Barwerte aller Auszahlungen,[3] die mit dieser Investition zusammenhängen, abzüglich der Anschaffungsauszahlung. Die Abzinsung erfolgt mit einem **vom Investor** festgelegten **Zinssatz (Kalkulationszinsfuß)**. Der Kalkulationszinsfuß stellt die

---

1 Synonym (gleichartig) zu dem Begriff Kapitalwertmethode werden die Begriffe **Diskontierungsmethode** oder **Barwertmethode** verwendet.
Diskontieren: eine später fällig werdende Forderung unter Abzug von Zinsen ankaufen.
2 Die **Einzahlungen** setzen sich zusammen aus den **laufenden Einzahlungen** (z. B. Umsatzerlöse) sowie dem **Liquiditätserlös**.
3 Die **Auszahlungen** umfassen lediglich die **ausgabewirksamen Kosten**. Ausgabeunwirksame Kosten, wie z. B. die Abschreibungen, gehören nicht zu den Auszahlungen.

Renditeerwartung (Zinserwartung) dar, die der Investor mit seiner Investition mindestens erzielen möchte. Er wird bestimmt durch

- den derzeit gegebenen Zinssatz am Kapitalmarkt zuzüglich eines Risikozuschlags,
- das zukünftig zu erwartende Zinsniveau,
- die gegenwärtige Verzinsung des vom Unternehmen bereits investierten Eigen- oder Fremdkapitals,
- die alternativen Kapitalanlagemöglichkeiten,
- das Risikoverhalten des Investors.

Je höher der Kalkulationszinsfuß angesetzt wird, desto stärker wird eine zukünftige Zahlung durch den Barwert abgezinst. Daraus folgt: Mit steigendem Kalkulationszinsfuß verringern sich die Barwertsummen und somit auch der Kapitalwert.

- Bei der **Kapitalwertmethode** werden alle Einzahlungen und Auszahlungen, die während des Investitionszeitraums anfallen, auf den **Beginn des Investitionszeitraums abgezinst.**

- Der **Kapitalwert** ist der **abgezinste Einzahlungsüberschuss** (Barwertsumme) nach **Abzug der Anschaffungsauszahlung.**

- Kapitalwert einer Investition = (Barwert aller Einzahlungen − Barwert aller Auszahlungen) − Anschaffungsauszahlung

- Kapitalwert $= -A_0 + \sum_{t=1}^{n} \dfrac{(E_t - A_t)}{(1+i)^n} = -A_0 + \sum_{t=1}^{n} \dfrac{EZÜ_t}{q^n}$

- Der **Kalkulationszinsfuß** drückt die Rendite aus, die der Investor durch seine Investition mindestens erzielen möchte.

(2) Bedeutung des Kapitalwerts

Ist der **Kapitalwert gleich null**, so wird gerade die vom Investor erwartete Mindestverzinsung erreicht, d. h., die Einzahlungsüberschüsse reichen aus, um das investierte Kapital zu tilgen sowie die geplanten Zinsen zu erwirtschaften. Bei einem **positiven Kapitalwert** übersteigt die erzielbare Rendite der Investi-

Kapitalwert > 0 → vorteilhaft
Kapitalwert = 0 → neutral
Kapitalwert < 0 → unvorteilhaft

tion den Kalkulationszinsfuß. Ein **negativer Kapitalwert** besagt, dass nur eine unter dem Kalkulationszinsfuß liegende Verzinsung erreichbar ist, also die Kapitalkosten des Investors nicht gedeckt werden können.

Über den **Vergleich der Kapitalwerte** ist auch die **Bewertung von Investitionsalternativen** möglich.[1] Es gilt: Die Investition mit dem größten Kapitalwert ist die vorteilhafteste. Diese Alternative ist allerdings nur dann auch absolut gesehen vorteilhaft, wenn ihr Kapitalwert größer oder gleich null ist.

---

1 Zu Einzelheiten siehe S. 317f.

- Ein **positiver Kapitalwert** gibt den **Reinvermögenszuwachs** in Bezug auf den Investitionszeitpunkt an. Es ist der Betrag, der dem Investor zum Investitionszeitpunkt als **Ausgleich** für den **Verzicht auf die Investition** gezahlt werden müsste.

- Ein **negativer Kapitalwert** gibt den Betrag an, der dem Investor zum Investitionszeitpunkt als **Subvention** gezahlt werden müsste, um ihn gerade noch zur Investition zu veranlassen.

(3) Berechnung des Abzinsungsfaktors

Bei der Abzinsung (Diskontierung) wird danach gefragt, wie viel eine Zahlung, die z.B. am Ende des Jahres **n** anfällt, zu Beginn des Investitionszeitraums wert ist. Wird ein positiver Kalkulationszinssatz (p > 0) angenommen, so ist der gesuchte Barwert stets kleiner als der Zeitwert der Rechnung. Der Barwert wird mithilfe des Abzinsungsfaktors berechnet.

Beispiel:

Am Ende des zweiten Investitionsjahres beträgt der Einzahlungsüberschuss 30 000,00 EUR. Die Investitionsdauer beträgt 5 Jahre. Es wird mit einem Kalkulationszinsfuß von 3,5 % gerechnet.

Aufgabe:
Berechnen Sie den Abzinsungsfaktor und den Barwert des Einzahlungsüberschusses!

Lösung:

$$\text{Abzinsungsfaktor}^1 = \frac{1}{\left(1 + \frac{p}{100}\right)^n} = \frac{1}{(1+i)^n} = \frac{1}{q^n} = q^{-n}$$

$$\text{Abzinsungsfaktor} = \frac{1}{\left(1 + \frac{3,5}{100}\right)^2} = \underline{\underline{0{,}9335}}$$

$$\text{Barwert} = 30\,000{,}00 \cdot 0{,}9335 = \underline{\underline{28\,005{,}00 \text{ EUR}}}$$

Abzinsungstabelle:

		Zinssatz (p)							
		2,0 %	2,5 %	3,0 %	3,5 %	4,0 %	4,5 %	5,0 %	5,5 %	6,0 %
Jahre (n)	1	0,9804	0,9756	0,9709	0,9662	0,9615	0,9569	0,9524	0,9479	0,9434
	2	0,9612	0,9518	0,9426	0,9335	0,9246	0,9157	0,9070	0,8985	0,8900
	3	0,9423	0,9286	0,9151	0,9019	0,8890	0,8763	0,8638	0,8516	0,8396
	4	0,9238	0,9060	0,8885	0,8714	0,8548	0,8386	0,8227	0,8072	0,7921
	5	0,9057	0,8839	0,8626	0,8420	0,8219	0,8025	0,7835	0,7651	0,7473
	6	0,8880	0,8623	0,8375	0,8135	0,7903	0,7679	0,7462	0,7252	0,7050
	7	0,8706	0,8413	0,8131	0,7860	0,7599	0,7348	0,7107	0,6874	0,6651
	8	0,8535	0,8207	0,7894	0,7594	0,7307	0,7032	0,6768	0,6516	0,6274
	9	0,8368	0,8007	0,7664	0,7337	0,7026	0,6729	0,6446	0,6176	0,5919
	10	0,8203	0,7812	0,7441	0,7089	0,6756	0,6439	0,6139	0,5854	0,5584

---

1 In der Praxis werden die Abzinsungsfaktoren in Abzinsungstabellen vorgegeben.

(4) Behandlung eines Liquidationserlöses

Erzielt das Unternehmen aus dem Investitionsobjekt am Ende der Nutzungsdauer einen Liquidationserlös, so muss dieser – abgezinst auf den Bezugszeitpunkt – zur Barwertsumme hinzugezählt werden.

> Barwertsumme
> – Anfangsauszahlung
> + Liquidationserlös (abgezinst)
> = Kapitalwert

(5) Beurteilung eines Investitionsprojekts[1]

Beispiel:

Die Industriewerke Böblingen AG erwägen den Kauf einer neuen Abkantmaschine. Die Anschaffungsauszahlungen hierfür betragen 650 000,00 EUR.

Mit dieser Maschine lassen sich in den kommenden 5 Jahren folgende Einzahlungsüberschüsse erzielen:

Jahr	Einzahlungsüberschüsse
1	90 000,00 EUR
2	150 000,00 EUR
3	180 000,00 EUR
4	160 000,00 EUR
5	130 000,00 EUR

Aufgaben:
1. Ermitteln Sie rechnerisch, ob die Geschäftsleitung diese Investition befürworten soll, wenn sie bei anderen Investitionen üblicherweise 2,5 % erwirtschaften kann!
2. Berechnen Sie den Kapitalwert der Investition unter der Annahme, dass mit einem Kalkulationszinsfuß von 4 % zu rechnen ist und am Ende der Nutzungsdauer ein Liquidationserlös in Höhe von 10 000,00 EUR erzielt werden kann!

Lösungen:

Zu 1.: Berechnung des Kapitalwerts mit einem Kalkulationszinsfuß von 2,5 %

Ende des	Einzahlungsüberschüsse	Abzinsungsfaktor	Barwert
1. Jahres	90 000,00 EUR	0,9756	87 804,00 EUR
2. Jahres	150 000,00 EUR	0,9518	142 770,00 EUR
3. Jahres	180 000,00 EUR	0,9286	167 148,00 EUR
4. Jahres	160 000,00 EUR	0,9060	144 960,00 EUR
5. Jahres	130 000,00 EUR	0,8839	114 907,00 EUR
Barwertsumme			657 589,00 EUR
– Anschaffungsauszahlung		1,0000	650 000,00 EUR
= Kapitalwert			7 589,00 EUR

Ergebnis:

Der Kapitalwert der gesamten Investition ist positiv. Die Investition lohnt sich bei einem Kalkulationszinsfuß von 2,5 %, da die auf den Barwert abgezinsten Einzahlungsüberschüsse

---

[1] Die Kapitalwertmethode geht davon aus, dass der Investor jederzeit beliebig hohe Beträge zu dem von ihm gewählten Kalkulationszinssatz verzinslich anlegen oder als Kredit beschaffen kann (**vollkommener Kapitalmarkt**).

größer sind als die gegenwärtigen Anschaffungsauszahlungen. Der Investor erhält sein eingesetztes Kapital zurück, erzielt eine Verzinsung in Höhe des Kalkulationszinssatzes sowie einen zusätzlichen Überschuss, dessen Barwert 7 589,00 EUR beträgt.

Zu 2.: **Berechnung des Kapitalwerts mit einem Kalkulationszinsfuß von 4 %**

Ende des	Einzahlungsüberschüsse	Abzinsungsfaktor	Barwert
1. Jahres	90 000,00 EUR	0,9615	86 535,00 EUR
2. Jahres	150 000,00 EUR	0,9246	138 690,00 EUR
3. Jahres	180 000,00 EUR	0,8890	160 020,00 EUR
4. Jahres	160 000,00 EUR	0,8548	136 768,00 EUR
5. Jahres	130 000,00 EUR	0,8219	106 847,00 EUR
Barwertsumme			628 860,00 EUR
− Anschaffungsauszahlung		1,0000	650 000,00 EUR
+ Liquidationserlös (10 000,00 EUR)		0,8219	8 219,00 EUR
= Kapitalwert			− 12 921,00 EUR

Ergebnis:
Der Kapitalwert der gesamten Investition ist negativ. Die Investition lohnt sich unter diesen Bedingungen nicht, da die Barwertsumme sowie der abgezinste erzielbare Liquidationserlös nicht ausreichen, um die Anschaffungsauszahlungen auszugleichen.

10.3.3.3 Vergleich von Investitionsalternativen (Differenzinvestition)

Die Kapitalwertmethode kann auch zum Vergleich von Investitionsalternativen genutzt werden. Dabei ist das Investitionsobjekt mit dem größten Kapitalwert das vorteilhafteste (sofern der Kapitalwert größer oder gleich null ist).

Die betrachteten Alternativen müssen vollständig vergleichbar sein, d. h., sie dürfen sich hinsichtlich des Kapitaleinsatzes und der Nutzungsdauer nicht unterscheiden. Da dies in der Realität selten auftritt, wird dieser Mangel durch die Berücksichtigung einer sogenannten **Differenzinvestition** ausgeglichen.

(1) Differenzinvestition bei unterschiedlichen Anschaffungskosten

Sind die Anschaffungskosten von zu vergleichenden Investitionsobjekten verschieden, so kann die gesparte Anschaffungsauszahlung des günstigeren Objekts in ein weiteres Objekt investiert werden (Differenzinvestition).

Beispiel:

Die Werkzeugbau Schmied GmbH hat sich entschlossen, die bisher manuell durchgeführten Stanzarbeiten zu automatisieren. Der Stanzautomat I hat einen Anschaffungswert von 130 000,00 EUR, eine Nutzungsdauer von fünf Jahren und einen Liquidationserlös von 15 000,00 EUR.

Der Stanzautomat II hat einen Anschaffungswert von 90 000,00 EUR und ebenfalls eine Nutzungsdauer von fünf Jahren. Ein Liquidationserlös kann nicht erzielt werden. Beide Objekte sollen eine Mindestverzinsung von 3 % (= Kalkulationszinssatz) erzielen.

Die Differenz von 40 000,00 EUR bei der Anschaffungsauszahlung wird anderweitig investiert. Aufgrund des leicht erhöhten Risikos wird hier mit einem Kalkulationszinssatz von 4 % gerechnet.

Folgende Einzahlungsüberschüsse werden erwartet (in EUR):

	1. Jahr	2. Jahr	3. Jahr	4. Jahr	5. Jahr
Anlage I	35 000,00	40 000,00	48 000,00	37 000,00	20 000,00
Anlage II	25 000,00	32 000,00	38 000,00	20 000,00	18 000,00
Differenzinvestition	9 000,00	13 000,00	18 000,00	15 000,00	10 000,00

Aufgabe:
Vergleichen Sie die Kapitalwerte der beiden Investitionsobjekte unter Einbezug der Differenzinvestition und stellen Sie das Ergebnis tabellarisch (auf ganze EUR gerundet) dar!

Lösung:

Jahr	Abzinsungsfaktor	Stanzautomat I		Stanzautomat II		Abzinsungsfaktor	Differenzinvestition	
		Überschuss	Barwert	Überschuss	Barwert		Überschuss	Barwert
1	0,9709	35 000	33 982	25 000	24 273	0,9615	9 000	8 654
2	0,9426	40 000	37 704	32 000	30 163	0,9246	13 000	12 020
3	0,9151	48 000	43 925	38 000	34 774	0,8890	18 000	16 002
4	0,8885	37 000	32 875	20 000	17 770	0,8548	15 000	12 822
5	0,8626	20 000	17 252	18 000	15 527	0,8219	10 000	8 219
Barwerte			165 738		122 507			57 717
− Anschaffungsauszahlung			130 000		90 000			40 000
+ Liquidationserlös		15 000	12 939		0			0
= Kapitalwert (einzeln)			48 677		32 507			17 717
= Kapitalwert (gesamt)			48 677		50 224			

Ergebnis:
Der Stanzautomat I ist vorteilhafter als der Stanzautomat II, da er einen um 16 170,00 EUR (48 677,00 EUR − 32 507,00 EUR) höheren Kapitalwert erzielt. Unter Berücksichtigung der Differenzinvestition kehrt sich dieser Sachverhalt um, da Stanzautomat II zusammen mit der Differenzinvestition einen um 1 547,00 EUR (50 224,00 EUR − 48 677,00 EUR) höheren Kapitalwert erzielt. Damit ist abschließend der Stanzautomat II zu wählen.

(2) Differenzinvestition bei unterschiedlichen Nutzungsdauern

Sind die Nutzungsdauern von zu vergleichenden Investitionsobjekten verschieden, so können die Überschüsse des Objekts mit der kürzeren Nutzungsdauer erneut investiert werden (Differenzinvestition). In der Regel wählt man für den rechnerischen Vergleich wieder das Investitionsobjekt mit der kürzeren Nutzungsdauer.

> **Beispiel:**
> Die Werkzeugbau Schmied GmbH will ferner die Kapazität der Fräserei vergrößern. Es stehen zwei Angebote zur Wahl: Der Fräsautomat I hat einen Anschaffungswert von 100 000,00 EUR, eine Nutzungsdauer von 6 Jahren.

Der Fräsautomat II hat ebenfalls einen Anschaffungswert von 100000,00 EUR, aber eine Nutzungsdauer von nur 3 Jahren, da mit höherer Geschwindigkeit gefräst werden kann.

Ein Liquidationserlös ist bei beiden Anlagen nicht zu erwarten. Beide Objekte sollen eine Mindestverzinsung von 4% erzielen.

Nach Ablauf der Nutzungsdauer von Fräsautomat II wird dieser durch eine identische Anlage ersetzt (Differenzinvestition).

Folgende Einzahlungsüberschüsse werden erwartet (in EUR):

	1. Jahr	2. Jahr	3. Jahr	4. Jahr	5. Jahr	6. Jahr
Anlage I	25000,00	30000,00	30000,00	30000,00	30000,00	25000,00
Anlage II	45000,00	45000,00	45000,00	0,00	0,00	0,00
Differenzinvestition	0,00	0,00	0,00	45000,00	45000,00	45000,00

Aufgabe:
Vergleichen Sie die Kapitalwerte der beiden Investitionsobjekte unter Einbezug der Differenzinvestition und stellen Sie das Ergebnis tabellarisch (auf ganze EUR gerundet) dar!

Lösung:

Jahr	Abzinsungs-faktor	Fräsautomat I		Fräsautomat II		Differenzinvestition	
		Überschuss	Barwert	Überschuss	Barwert	Überschuss	Barwert
1	0,9615	25000	24038	45000	43268		
2	0,9246	30000	27738	45000	41607		
3	0,8890	30000	26670	45000	40005		
4	0,8546	30000	25638			45000	38457
5	0,8219	30000	24657			45000	36986
6	0,7903	25000	19758			45000	35564
Barwerte			148499		124880		111007
− **Anschaffungs-auszahlung**			100000		100000	100000 (Ende 3. J.)	88900
= **Kapitalwert (einzeln)**			48499		24880		22107
= **Kapitalwert (gesamt)**			48499		46987		

Ergebnis:

Der Fräsautomat I ist vorteilhafter als der Fräsautomat II, da er einen in etwa doppelt so hohen Kapitalwert erzielt. Auch unter Berücksichtigung der Differenzinvestition erzielt der Fräsautomat I immerhin noch einen um 1512,00 EUR höheren Kapitalwert. Die Schmied GmbH sollte sich für Fräsautomat I entscheiden.

> Um Investitionsobjekte mit unterschiedlichem Kapitaleinsatz und unterschiedlichen Nutzungsperioden vergleichen zu können, muss der **Kapitalwert der Differenzinvestition** berechnet und dem Investitionsobjekt mit dem **kleineren Kapitaleinsatz** bzw. der **kürzeren Nutzungsdauer** zugerechnet werden.[1]

---
[1] Auf eine Berücksichtigung der Differenzinvestition kann verzichtet werden, wenn deren Verzinsung dem Kalkulationszinsfuß entspricht, da sich dann für die Differenzinvestition ein Kapitalwert von null ergibt.

10.3.3.4 Bedeutung der Kapitalwertmethode

Die Kapitalwertmethode als ein dynamisches Verfahren stellt gegenüber den statischen Verfahren eine Verbesserung dar, da sie Einzahlungen und Auszahlungen **aller Nutzungsperioden** erfasst und **zeitliche Unterschiede** im Anfall der Einzahlungen und Auszahlungen durch Abzinsen **berücksichtigt**. Damit wird eine Investitionsentscheidung, die auf der Kapitalwertmethode beruht, sicherer.

Gegen die Kapitalwertmethode werden insbesondere folgende Argumente eingewendet:

- Es wird unterstellt, dass die künftigen Einzahlungen und Auszahlungen bekannt sind. Dies ist nicht der Fall. In der Realität ist man auf mehr oder weniger **grobe Schätzungen** angewiesen, da zukünftige Ereignisse nie mit Sicherheit vorhergesehen werden können.
- Es gibt **keinen „richtigen" Kalkulationszinsfuß.** Vielmehr hängt die Höhe des Kalkulationszinsfußes stark von subjektiven Zielvorstellungen des Investors ab. Seine Festlegung unterliegt somit einer gewissen Willkür. Dies ist insofern ein Nachteil, da wegen der Abhängigkeit des Kapitalwerts vom Kalkulationszinsfuß das Ergebnis der Rechnung in einem gewissen Rahmen willkürlich ist.
- Es wird unterstellt, dass alle Einzahlungen und Auszahlungen den jeweiligen Investitionsprojekten zugerechnet werden können. Dies ist unrealistisch, denn z.B. die Umsatzerlöse **(Einzahlungen)** können **nicht unmittelbar einem Investitionsprojekt zugerechnet werden**, sondern sind das Ergebnis einer Vielzahl gleichzeitig zusammenwirkender Faktoren (z.B. Werbung, Modetrend, technische Neuheit usw.).

Zusammenfassung

- Die **dynamischen Investitionsverfahren** beurteilen ein Investitionsprojekt über **alle Nutzungsjahre** hinweg und berücksichtigen hierbei den **Zeitpunkt einer Einzahlung oder Auszahlung**.

- Wichtige **Begriffe der dynamischen Investitionsrechnung**:
    - Der **Zeitwert** einer Einzahlung oder Auszahlung ist der Wert zum Zeitpunkt des Entstehens.
    - Der **Barwert** einer Einzahlung oder Auszahlung ist der auf den Beginn des Investitionszeitraums abgezinste Wert der Zahlung.
    - Der **Abzinsungsfaktor** wird nach folgender Formel berechnet: $\dfrac{1}{\left(1 + \dfrac{p}{100}\right)^n}$

- Der **Kapitalwert einer Investition** ergibt sich als Differenz zwischen der Summe der Barwerte aller Einzahlungen und der Summe aller Auszahlungen, die mit dieser Investition zusammenhängen.

- Der **Kalkulationszinsfuß** drückt die Rendite aus, die der Investor durch seine Investition mindestens erzielen möchte.

- Ist der **Kapitalwert null oder positiv,** so ist die Investition **vorteilhaft**.

- Ein **negativer Kapitalwert** ist ein Zeichen dafür, dass die Kapitalkosten des Investors nicht gedeckt werden können.

- Die Kapitalwertmethode kann auch zum **Vergleich von Investitionsalternativen** genutzt werden. Dabei ist die Investitionsalternative mit dem **größten Kapitalwert** die **vorteilhafteste** (sofern der **Kapitalwert größer oder gleich null ist**).

- Ist bei den Investitionsalternativen sowohl die **Höhe des Kapitaleinsatzes** als auch die **Anzahl der Nutzungsperioden unterschiedlich,** so ist ein Vergleich nur möglich, wenn
    - die **Differenzinvestition berücksichtigt** oder
    - der Kapitalwert der **Differenzinvestition mit null** angenommen wird.

Übungsaufgaben

130 Kapitalwertmethode – Amortisationsrechnung

1. Ein Industriebetrieb will in einen Maschinensatz zu 270 000,00 EUR Anschaffungswert zur Betriebserweiterung investieren. Die laufenden Einzahlungen und Auszahlungen werden für die Nutzungsdauer von 6 Jahren wie folgt geschätzt:

Jahre Geld- vorgang	1. Jahr	2. Jahr	3. Jahr	4. Jahr	5. Jahr	6. Jahr
Einzahlungen in EUR	138 000,00	155 000,00	165 000,00	150 000,00	135 000,00	180 000,00
Auszahlungen in EUR	85 000,00	105 000,00	140 000,00	130 000,00	125 000,00	25 000,00

Aufgaben:

1.1 Ermitteln Sie den Überschuss als Saldo zwischen Einzahlungen und Auszahlungen ohne Berücksichtigung der Zeit!

1.2 Beurteilen Sie die Zweckmäßigkeit der Investition, wenn Sie die Einzahlungen und Auszahlungen auf den Zeitpunkt zu Beginn der Investition mit einem Kalkulationszinsfuß von 4,5 % abzinsen! Zu den Abzinsungsfaktoren vgl. Tabelle S. 315.
Hinweis: Runden Sie die Abzinsungsfaktoren auf 3 Nachkommastellen!

1.3 Erläutern Sie, worin die eigentliche Problematik jeder Investitionsrechnung liegt!

1.4 Erörtern Sie, welche Vorteile die Methoden der dynamischen Investitionsrechnung gegenüber der Kostenvergleichsrechnung haben!

2. Die Holzfabrik Reutlinger GmbH in Albris prüft die Anschaffung einer vollautomatischen Fertigungslinie zur Holzbearbeitung.

Anschaffungswert	6 000 000,00 EUR
Wiederbeschaffungswert	6 400 000,00 EUR
Voraussichtliche Nutzungsdauer	8 Jahre
Variable Kosten pro Stunde	1 500,00 EUR
Übrige Fixkosten pro Jahr	580 000,00 EUR
Betriebsleistung in m^3 Holz pro Stunde	20 m^3
Verkaufserlös pro m^3 Holz, bearbeitet	130,00 EUR
Maschinenlaufzeit/Jahr	1 900 Stunden

Die Abschreibung erfolgt linear von den Wiederbeschaffungskosten.

Aufgaben:

2.1 Die Geschäftsleitung der Holzfabrik Reutlinger GmbH setzt eine Soll-Amortisationszeit von 3,5 Jahren voraus. Prüfen Sie, ob unter dieser Voraussetzung die Investition befürwortet werden kann!

2.2 Bestimmen Sie rechnerisch, welcher Verkaufserlös sich am Markt durchsetzen lassen müsste, damit die Investition ihre Soll-Amortisationszeit gerade erreicht!

2.3 Die Geschäftsleitung möchte ihre Investitionsentscheidung auch noch mithilfe der Kapitalwertmethode überprüfen.
Eine sorgfältige Marktanalyse berechtigt zu der Annahme, dass die Marktnachfrage nach Holz während der gesamten Lebensdauer der Investition kontinuierlich steigen wird und daher ab dem 2. Jahr eine Erhöhung der Verkaufserlöse um jährlich 5 % berechtigt ist. Für die ersten vier Jahre ist davon auszugehen, dass die laufenden Ausgaben 85 % der erwarteten Einnahmen betragen. Am Ende des 4. Jahres ist eine Generalüberholung der Anlage fällig, wobei bereits jetzt abzusehen ist, dass gesetzliche Vorgaben zum Emissionsschutz den Einbau einer verbesserten Filteranlage verlangen werden. Für diese einmaligen Aufwendungen werden 160 000,00 EUR veranschlagt. Im

5. und im 6. Jahr sinken durch die Reparatur die laufenden Ausgaben auf 75% der erwarteten Einnahmen, um in den letzten beiden Jahren wieder auf 80% anzusteigen. Nach Ablauf der Nutzungsdauer ist mit einem Liquidationserlös von 40 000,00 EUR und Abbruchkosten in Höhe von 25 000,00 EUR zu rechnen.

Vorlage

Überprüfen Sie unter Verwendung der Kapitalwertmethode, ob sich die Investition bei einem Kalkulationszinsfuß von 3% lohnt. Zu den Abzinsungsfaktoren vgl. Tabelle S. 315!

Hinweis: Runden Sie die Abzinsungsfaktoren auf 3 Nachkommastellen!

131 Kapitalwertmethode – Differenzinvestition

Bei einem Unternehmen stehen zwei Investitionsalternativen zur Auswahl. Folgende Planungsdaten stehen für die Investitionsprojekte zur Verfügung:

Jahr	Geschätzte Einzahlungen in EUR	Geschätzte Auszahlungen in EUR
2015	2 640 000,00	2 160 000,00
2016	2 640 000,00	2 280 000,00
2017	3 060 000,00	2 160 000,00
2018	3 060 000,00	2 160 000,00
2019	3 120 000,00	2 280 000,00
2020	3 120 000,00	2 160 000,00

Der Kalkulationszinssatz beträgt beim Investitionsprojekt I 3% und beim Investitionsprojekt II 5%. Die Anschaffungsauszahlungen betragen beim Investitionsprojekt I 3 900 000,00 EUR und beim Investitionsprojekt II 3 740 000,00 EUR. An Ende der Nutzungsdauer erzielt der Investor beim Investitionsprojekt II einen Liquidationserlös von 16 500,00 EUR.

Aufgaben:

Vorlage

1. Führen Sie einen Vergleich der beiden Investitionsprojekte nach der Kapitalwertmethode durch und beurteilen Sie die Ergebnisse!
2. Untersuchen Sie, unter welcher Voraussetzung ein Vergleich der beiden Investitionsprojekte in dieser Form sinnvoll ist! Begründen Sie Ihre Meinung!
3. Beschreiben Sie zwei Nachteile der Kapitalwertmethode!
4. Erläutern Sie zwei Faktoren, die bei der Festlegung der Höhe des Kalkulationszinssatzes von Bedeutung sein können!
5. Ein Konkurrenzunternehmen, das ein ähnliches Investitionsvorhaben plant, rechnet mit einem Kalkulationszinssatz, der 1,5% höher liegt.
   5.1 Erläutern Sie zwei Gründe, die das Unternehmen zu dieser Maßnahme veranlasst haben!
   5.2 Beschreiben Sie die Auswirkungen eines höheren Kalkulationszinssatzes auf den Kapitalwert!
6. Ein Getränkehersteller plant eine Investition in eine neue Abfüllanlage. Es wird mit folgenden Investitionskosten gerechnet: Anschaffungskosten: 1 800 000,00 EUR, Nutzungsdauer 8 Jahre. Die Kosten im 1. Nutzungsjahr werden wie folgt angenommen: Fertigungslöhne 180 000,00 EUR, Gehälter 85 000,00 EUR, Fertigungsmaterial 220 000,00 EUR, fixe Kosten 370 000,00 EUR, sonstige variable Kosten 45 000,00 EUR. Die zu erwartenden Umsatzerlöse belaufen sich auf 850 000,00 EUR. Die Abschreibung erfolgt linear. Der Kalkulationszinssatz wird vom Investor mit 4% festgelegt.

   Berechnen Sie nach der Kapitalwertmethode den Einzahlungsüberschuss und den Barwert für die erste Nutzungsperiode! Zu den Abzinsungsfaktoren vgl. Tabelle S. 315)!

   Hinweis: Runden Sie die Abzinsungsfaktoren auf 3 Nachkommastellen!

132 Vergleich von Investitionsalternativen einschl. Differenzinvestition

1. Bei der AuWe AG stehen zwei Investitionsobjekte zur Auswahl:

	Investitionsobjekt I	Investitionsobjekt II
Anschaffungsausgaben (EUR)	140 000,00	84 000,00
Nutzungsdauer (Jahre)	5	5
Liquidationserlös	12 000,00	0,00
Kalkulationszinssatz	4 %	4 %
Einzahlungsüberschüsse		
1. Jahr	42 000,00	25 000,00
2. Jahr	56 000,00	25 000,00
3. Jahr	42 000,00	25 000,00
4. Jahr	28 000,00	25 000,00
5. Jahr	28 000,00	25 000,00

Aufgaben:

1.1 Ermitteln Sie tabellarisch die Kapitalwerte der beiden Investitionsobjekte!

1.2 Der Differenzbetrag wird in eine Anlage investiert mit einer Nutzungsdauer von 5 Jahren. Der Kalkulationszinssatz beträgt 4 %. Für diese Ergänzungsinvestition (Differenzinvestition) wird mit folgenden Einzahlungsüberschüssen gerechnet: 1. Jahr: 28 000,00 EUR, 2. Jahr: 14 000,00 EUR, 3. Jahr: 14 000,00 EUR, 4. Jahr: 14 000,00 EUR, 5. Jahr: 14 000,00 EUR.

Berechnen Sie den Kapitalwert der Differenzinvestition! Zu den Abzinsungsfaktoren vgl. Tabelle S. 315!

Hinweis: Runden Sie die Abzinsungsfaktoren auf 3 Nachkommastellen!

1.3 Beurteilen Sie, welches Investitionsobjekt das vorteilhaftere ist!

2. Das unter 1. beschriebene Investitionsobjekt II lässt sich nicht realisieren. Alternativ ist folgendes Investitionsobjekt III möglich:

	Investitionsobjekt III
Anschaffungsausgaben (EUR)	140 000,00
Nutzungsdauer (Jahre)	3
Liquidationserlös	0,00
Kalkulationszinssatz	4 %
Einzahlungsüberschüsse	
1. Jahr	60 000,00
2. Jahr	60 000,00
3. Jahr	60 000,00
4. Jahr	0,00
5. Jahr	0,00

Aufgaben:

2.1 Berechnen Sie den Kapitalwert von Investitionsobjekt III!

2.2 Am Ende der Nutzungsdauer von Investitionsobjekt III werden die Anschaffungsausgaben in Höhe von 140 000,00 EUR am Ende des 3. Jahres erneut in eine solche Anlage investiert. Der Kalkulationszinssatz beträgt 4 %. Für diese Ergänzungsinvestition (Differenzinvestition) wird mit folgenden Einzahlungsüberschüssen gerechnet: 4. Jahr: 60 000,00 EUR, 5. Jahr: 60 000,00 EUR. Ferner ist am Ende des 5. Jahres mit einem Liquidationserlös in Höhe von 50 000,00 EUR zu rechnen.

Berechnen Sie den Kapitalwert der Differenzinvestition! Zu den Abzinsungsfaktoren vgl. Tabelle S. 315!

Hinweis: Runden Sie die Abzinsungsfaktoren auf 3 Nachkommastellen!

2.3 Beurteilen Sie, welches der beiden Investitionsobjekte I und III das vorteilhaftere ist!

10.4 Investitionsentscheidungen bei unsicheren Erwartungen

10.4.1 Begriff Unsicherheit

Bei den Investitionsentscheidungen, die wir bisher betrachtet haben, wurde Bekanntheit und Sicherheit bei den entsprechenden Parametern (veränderliche Größen wie z. B. Zahlungsströme, Nutzungsdauer oder Zinssätze) unterstellt. Die Ergebnisse erlaubten eine eindeutige Aussage, ob eine Investition vorteilhaft (z. B. positiver Kapitalwert) oder unvorteilhaft (z. B. negativer Kapitalwert) ist. Oftmals ist eine eindeutige Aussage jedoch nicht möglich, und zwar weil die oben genannten Parameter zum Zeitpunkt der Entscheidung über ein Investitionsprojekt unsicher sind. Dies hängt damit zusammen, dass externe Entwicklungen (z. B. Konjunktur, Lohnentwicklungen oder Rohstoffpreise) erhebliche Auswirkungen auf diese Größen haben.

> Es liegen dann **Entscheidungen unter Unsicherheit** vor, wenn zukünftige Vorgänge wie beispielsweise Ein- und Auszahlungen oder Zinssätze nicht mit absoluter Sicherheit vorhergesagt werden können.

Entscheidungen bei unsicheren Erwartungen differenziert man in Entscheidungen unter Ungewissheit und Entscheidungen unter Risiko:

	Entscheidungen unter Ungewissheit	**Entscheidungen unter Risiko**
Merkmale	Der Entscheidungsträger kennt die Szenarien und Konsequenzen seiner Investitionsentscheidung. Er weiß allerdings nicht, welches Szenario eintreten wird.	Der Entscheidungsträger kennt die Szenarien und Konseqenzen seiner Investitionsentscheidung. Er kann abschätzen, mit welcher Wahrscheinlichkeit ein Szenario eintritt.
Wahrscheinlichkeit	Wahrscheinlichkeiten sind dem Entscheidungsträger nicht bekannt.	Wahrscheinlichkeiten sind dem Entscheidungsträger bekannt.
Verfahren	■ Korrekturverfahren ■ Sensitivitätsanalyse	■ Entscheidungsbaumverfahren ■ Erwartungswert ■ Standardabweichung

10.4.2 Investitionsentscheidungen bei Ungewissheit

10.4.2.1 Korrekturverfahren

(1) Überblick

Beim Korrekturverfahren werden nach dem Prinzip der „kaufmännischen Vorsicht" bei den verschiedenen Parametern (z. B. Zahlungsströme oder Zinssätze) Risikozuschläge und Risikoabschläge vorgenommen. Das Korrekturverfahren stellt keine neue Investitionsrechnung dar, sondern ergänzt eine bereits durchgeführte Investitionsrechnung (z. B. Kapitalwertmethode). Durch die Anwendung des Korrekturverfahrens wird der Kapitalwert entsprechend angepasst. Folglich stellt das Ergebnis eine neue Entscheidungsgrundlage für die geplante Investition dar. Je größer die Unsicherheit eingeschätzt wird, desto stärker sollten entsprechende Korrekturen vorgenommen werden.

(2) Anwendung des Korrekturverfahrens

Beispiel:

Die Sprudel Oberschwaben AG möchte in eine neue Abfüllmaschine investieren. Die Anschaffungsauszahlungen hierfür betragen 1 200 000,00 EUR.

Mit der Abfüllmaschine lassen sich in den kommenden fünf Jahren nebenstehende Einzahlungsüberschüsse erzielen:

Jahr	Einzahlungsüberschüsse
1	250 000,00 EUR
2	275 000,00 EUR
3	320 000,00 EUR
4	315 000,00 EUR
5	295 000,00 EUR

Bisher hat das Unternehmen mit einem Kalkulationszinssatz von 3% gerechnet. Die Kapitalwertberechnung kann wie folgt dargestellt werden:

Ende des	Einzahlungsüberschüsse	Abzinsungsfaktor	Barwert
1. Jahres	250 000,00 EUR	0,971	242 750,00 EUR
2. Jahres	275 000,00 EUR	0,943	259 325,00 EUR
3. Jahres	320 000,00 EUR	0,915	292 800,00 EUR
4. Jahres	315 000,00 EUR	0,889	280 035,00 EUR
5. Jahres	295 000,00 EUR	0,863	254 585,00 EUR
Barwertsumme			1 329 495,00 EUR
− Anschaffungsauszahlung		1,000	1 200 000,00 EUR
= Kapitalwert			129 495,00 EUR

Die Sprudel Oberschwaben AG beschließt, aufgrund der angespannten Konjunkturlage einen Risikozuschlag von 2% zu berücksichtigen.

Aufgabe:
Berechnen Sie den neuen Kapitalwert der Investition unter der Annahme, dass nun mit einem Kalkulationszinsfuß von 5% zu rechnen ist!

Lösung:

Ende des	Einzahlungsüberschüsse	Abzinsungsfaktor	Barwert
1. Jahres	250 000,00 EUR	0,952	238 000,00 EUR
2. Jahres	275 000,00 EUR	0,907	249 425,00 EUR
3. Jahres	320 000,00 EUR	0,864	276 480,00 EUR
4. Jahres	315 000,00 EUR	0,823	259 245,00 EUR
5. Jahres	295 000,00 EUR	0,784	231 280,00 EUR
Barwertsumme			1 254 430,00 EUR
− Anschaffungsauszahlung		1,000	1 200 000,00 EUR
= Kapitalwert			54 430,00 EUR

Ergebnis:

Durch den Risikozuschlag von 2% sinkt der Kapitalwert der Investition von 129 495,00 EUR auf 54 430,00 EUR. Das Investitionsvorhaben sollte trotzdem durchgeführt werden, da der Kapitalwert immer noch positiv ist.

(3) Vor- und Nachteile des Korrekturverfahrens

Vorteile	Nachteile
■ Es ist eine relativ einfache Berechnung mit Auf- oder Abschlägen möglich. ■ Erfahrungswerte der Entscheidungsträger können miteinbezogen werden und bilden eine solide Berechnungsgrundlage. ■ Das Korrekturverfahren berücksichtigt die Risikoeignung des Entscheidungsträgers.	■ Es besteht die Gefahr, dass Auf- oder Abschläge willkürlich gewählt werden. ■ Das Risiko wird nicht quantifiziert. ■ Bei zu pessimistischen Zukunftserwartungen besteht die Gefahr, dass Investitionsalternativen „totgerechnet" werden.

10.4.2.2 Sensitivitätsanalyse

(1) Überblick

Im Gegensatz zum Korrekturverfahren, das mit Pauschalwerten arbeitet, wird mit der Sensitivitätsanalyse die Ungewissheit durch Änderung einzelner (oder mehrerer) ungewisser Parameter unter sonst gleichen Bedingungen abgeschätzt. Mit dieser Analyse kann ein Unternehmen bewerten, wie „sensibel" Kennzahlen auf kleine Änderungen der Parameter reagieren. Man kann somit Ober- oder Untergrenzen festlegen und abschätzen, ob das mit dem Investitionsobjekt verbundene Risiko akzeptabel ist.

> Die **Sensitivitätsanalyse** ist ein Verfahren zur Prüfung der Empfindlichkeit bzw. Stabilität des Ergebnisses einer Investitionsrechnung bei Änderung einzelner Daten.

(2) Ermittlung kritischer Werte

Geht man von einem **Kapitalwert von Null als Grenze** für die Vorteilhaftigkeit einer Investition aus, so ergeben sich beispielsweise die folgenden **kritischen Werte**:

- Obergrenze der Anschaffungsauszahlung,
- Untergrenze für einen noch akzeptablen Verkaufspreis,
- Obergrenze für den Kalkulationszinssatz,
- Untergrenze für die Nutzungsdauer (entspricht der Amortisationszeit).

Der kritische Wert einer unsicheren Einflussgröße lässt sich ermitteln, indem man die anderen Einflussgrößen konstant hält und die gleich Null gesetzte Kapitalwertfunktion nach der unsicheren Einflussgröße auflöst.

> **Beispiel:**
>
> Die Bruder Design GmbH ist spezialisiert auf die Herstellung von Jahreskalendern für Unternehmen. Es stehen folgende Planungsdaten für das Investitionsvorhaben einer neuen Druckmaschine zur Verfügung:
> - Anschaffungsauszahlung von 1 400 000,00 EUR.
> - Die Nutzungsdauer der neuen Maschine beträgt 4 Jahre.
> - Es wird ein Kalkulationszinssatz von 4 % angenommen.
> - Abgesetzte Mengen: 110 000 Stück im Jahr 1, 120 000 Stück im Jahr 2, 135 000 Stück im Jahr 3 und 125 000 Stück im Jahr 4.

- Die Stückkosten (k) für das Produkt betragen 7,00 EUR.
- Das Unternehmen geht davon aus, dass der Marktpreis im schlechtesten Fall auf 10,50 EUR je Stück fällt.

Aufgabe:
1. Beurteilen Sie, ob die Bruder Design GmbH das Investitionsvorhaben durchführen sollte!
2. Berechnen Sie den niedrigsten Absatzpreis, bei dem das Unternehmen seine Produkte gerade noch absetzen sollte (kritischer Verkaufspreis)!
3. Ermitteln Sie die höchstens zulässige Abweichung des Verkaufspreises in %!
4. Prüfen Sie, wie hoch Anschaffungsauszahlung für die Druckmaschine für eine erfolgreiche Umsetzung des Investitionsvorhabens unter sonst gleichen Bedingungen maximal sein darf!

Lösungen:

Zu 1.: Berechnung des Kapitalwerts

Ende des	Einzahlungsüberschüsse	Abzinsungsfaktor	Barwert
1. Jahres	110 000 · (10,50 – 7,00) = 385 000,00 EUR	0,962	370 370,00 EUR
2. Jahres	120 000 · (10,50 – 7,00) = 420 000,00 EUR	0,925	388 500,00 EUR
3. Jahres	135 000 · (10,50 – 7,00) = 472 500,00 EUR	0,889	420 052,50 EUR
4. Jahres	125 000 · (10,50 – 7,00) = 437 500,00 EUR	0,855	374 062,50 EUR
Barwertsumme			1 552 985,00 EUR
– Anschaffungsauszahlung		1,0000	1 400 000,00 EUR
= Kapitalwert			152 985,00 EUR

Ergebnis:
Der Kapitalwert beträgt im schlechtesten Fall 152 985,00 EUR. Die Bruder Design GmbH sollte das Investitionsvorhaben also auf alle Fälle durchführen.

Zu 2.: Berechnung des kritischen Verkaufspreises

Ende des	Einzahlungsüberschüsse	Abzinsungsfaktor
1. Jahres	110 000 · (p – 7,00)	0,962
2. Jahres	120 000 · (p – 7,00)	0,925
3. Jahres	135 000 · (p – 7,00)	0,889
4. Jahres	125 000 · (p – 7,00)	0,855

Der Kapitalwert ist abhängig von p.
Bedingung zur Berechnung des kritischen Wertes: Kapitalwert = 0.

[110 000 · (p – 7,00) · 0,962] + [120 000 · (p – 7,00) · 0,925]
+ [135 000 · (p – 7,00) · 0,889] + [125 000 · (p – 7,00) · 0,855] – 1 400 000,00 = 0
$\Longleftrightarrow$ [(110 000p – 770 000,00) · 0,962] + [(120 000p – 840 000,00) · 0,925]
+ [(135 000p – 945 000,00) · 0,889] + [(125 000p – 875 000,00) · 0,855] – 1 400 000,00 = 0

$\Leftrightarrow$ [105820p − 740740,00] + [111000p − 777000,00]
+ [120015p − 840105,00] + [106875p − 748125,00] − 1400000,00 = 0
$\Leftrightarrow$ 443710p − 3105970,00 − 1400000,00 = 0
443710p = 4505970,00
p = 10,16 EUR

Ergebnis:
Damit die Bruder Design GmbH das Investitionsvorhaben durchführen kann, sollte der Verkaufspreis der Kalender mindestens 10,16 EUR betragen.

Zu 3.: Ermittlung der höchstens zulässigen Abweichung des Verkaufspreises
Angenommener Marktpreis: 10,50 EUR
Kritischer Wert: 10,16

$$\text{Abweichung} = \frac{0{,}34 \cdot 100}{10{,}50} = \underline{\underline{-3{,}24\,\%}}$$

Zu 4.: Ermittlung der maximalen Anschaffungsauszahlung
Unter Nutzung der Ergebnisse von 1. ergibt sich folgende Rechnung:
Kapitalwert = Barwertsumme − Anschaffungsauszahlung = 0.
→ Anschaffungsauszahlung = Barwertsumme
= 370370,00 + 388500,00 + 420052,50 + 374062,50
= 1552985,00 EUR

(3) Vor- und Nachteile der Sensitivitätsanalyse

Vorteil	Nachteile
■ Es können Grenzen für die Vorteilhaftigkeit von Investitionen (z.B. niedrigster Verkaufspreis oder niedrigster Kalkulationszinssatz) berechnet werden. ■ Die Sensitivitätsanalyse liefert einen guten Beitrag zur Bewältigung der Investitionsunsicherheit.	■ Bei der Änderung mehrerer Parameter wird die Sensitivitätsanalyse sehr komplex. ■ Die Sensitivitätsanalyse löst kein Entscheidungsproblem, da die ermittelten kritischen Parametergrenzen später tatsächlich über- oder unterschritten werden können.

10.4.3 Investitionsentscheidungen bei Risiko

10.4.3.1 Entscheidungsbaumverfahren

(1) Überblick

Ein Entscheidungsbaum ist die grafische Darstellung eines mehrstufigen Entscheidungsprozesses. Unterschiedliche Umweltzustände (Szenarien) und ihre **Eintrittswahrscheinlichkeiten** sind dem Unternehmen bekannt. Das Unternehmen stellt Planungen als Folge von Eventualentscheidungen auf. Welcher Plan schlussendlich realisiert wird, hängt von den eintretenden Umweltzuständen und von den bereits getroffenen Entscheidungen ab. Auf Grundlage dieser Daten lassen sich Erwartungswerte[1] berechnen.

---

1 Der Erwartungswert wird ausführlich unter Kapitel 10.4.3.2, S. 330f. dargestellt.

(2) Darstellung eines Entscheidungsbaums

Folgende Bestandteile werden bei der grafischen Darstellung eines Entscheidungsbaums verwendet:

Entscheidungsknoten: rechteckige Darstellung (der Entscheider muss eine Entscheidung treffen).

Zustandsknoten: rund (ein Umweltzustand bzw. Szenario tritt ein).

aus Zustandsknoten herausführende Äste: Eintrittswahrscheinlichkeit wird abgebildet. Die Struktur ähnelt mit seinen Ästen und Zweigen der eines Baumes.

(3) Roll-back-Verfahren

Das Roll-back-Verfahren wird eingesetzt, um die optimale Entscheidung treffen zu können. Die optimale Strategie ist diejenige Folge von Handlungsalternativen, welche zum maximalen Erwartungswert des Ergebnisses führt. Dazu wird der Entscheidungsbaum von rechts nach links „aufgerollt", d.h., es findet eine Rückwärtsrechnung vom letzten Entscheidungszeitpunkt zur Ausgangsentscheidung statt.

Beispiel:[1]

Die Gabler OHG plant eine Anschaffungsauszahlung von 200 000,00 EUR für eine neue Maschine. Bei „guter" Geschäftsentwicklung rechnet das Unternehmen für das erste Jahr zu 20 % Wahrscheinlichkeit mit Einzahlungsüberschüssen von 500 000,00 EUR. Bei „schlechter" Geschäftsentwicklung rechnet das Unternehmen zu 80 % Wahrscheinlichkeit mit Einzahlungsüberschüssen von 100 000,00 EUR.

Falls eine schlechte Geschäftsentwicklung eintritt, könnten Werbemaßnahmen durchgeführt werden, die eine Auszahlung von 75 000,00 EUR mit sich bringen. Nun kann mit einer Wahrscheinlichkeit von 60 % mit 500 000,00 EUR und nur noch mit 40 % mit 100 000,00 EUR Einzahlungsüberschüssen gerechnet werden.

Aufgabe:

Stellen Sie die Investitionsentscheidung mithilfe eines Entscheidungsbaum dar und ermitteln Sie die optimale Investitionsstrategie!

Lösung:

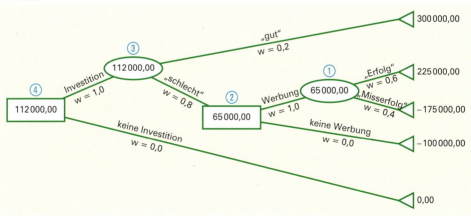

---

1 In Anlehnung an http://diplom-finanzwirte.de/media/hauptstudium/h3/Entscheidungsbaum.pdf

Nebenrechnungen und Erläuterungen (Roll-back-Verfahren):

① (225 000,00 · 0,6) + (–175 000,00 · 0,4) = 65 000,00 EUR

② Entscheidungsknoten, d.h. Entscheidung zwischen Strategie „Werbung" (Erwartungswert von 65 000,00 EUR) und Strategie „keine Werbung" (Erwartungswert von –100 000,00 EUR). Also wird die Entscheidung Werbung gewählt.

③ (65 000,00 · 0,8) + (300 000,00 · 0,2) = 112 000,00 EUR.

④ Entscheidungsknoten, d.h. Entscheidung zwischen Strategie „Investition" (Erwartungswert von 112 000,00 EUR) und Strategie „keine Investition" (Erwartungswert von 0,00 EUR). Also wird die Entscheidung „Investition" gewählt.

Ergebnis:

Der Erwartungswert der Investition beträgt 112 000,00 EUR. Die Gabler OHG sollte die Investition tätigen.

10.4.3.2 Erwartungswert einer Investition

(1) Bedingte Wahrscheinlichkeit (Bayes-Regel)

Können Unternehmen subjektive Wahrscheinlichkeiten angeben, mit welchen verschiedenen Ergebnissen die Umweltzustände eintreten, so können die Erwartungswerte maximiert werden. Es sollte dann die Investitionsalternative gewählt werden, bei welcher der **Erwartungswert (μ)** am größten ist. Voraussetzung für die Anwendung der Bayes-Regel ist, dass die Unternehmen Risikoneutralität unterstellen, d.h. man orientiert sich ausschließlich am Erwartungswert.

Der Erwartungswert kann mit folgender Formel berechnet werden:

$$\mu = \sum_{t=1}^{n} EZÜ \cdot w$$

μ = Erwartungszeit
EZÜ = Einzahlungsüberschüsse
w = Eintrittswahrscheinlichkeit

Beispiel:

Die Rheinkies AG hat die Auswahl zwischen zwei Investitionsalternativen, welche beide eine Anschaffungsauszahlung von 800 000,00 EUR haben. Das Unternehmen rechnet mit drei verschiedenen Umweltzuständen. Den Umweltzuständen werden folgende Eintrittswahrscheinlichkeiten und Einzahlungsüberschüsse zugerechnet:

Investitionsalternative 1		
Umweltzustand	Eintrittswahrscheinlichkeit	Einzahlungsüberschüsse
Marktpreis steigt	15 %	1 250 000,00 EUR
Marktpreis konstant	75 %	1 100 000,00 EUR
Marktpreis sinkt	10 %	920 000,00 EUR

Investitionsalternative 2		
Umweltzusand	Eintrittswahrscheinlichkeit	Einzahlungsüberschüsse
Marktpreis steigt	15 %	1 330 000,00 EUR
Marktpreis konstant	75 %	1 100 000,00 EUR
Marktpreis sinkt	10 %	890 000,00 EUR

Aufgabe:
1. Ermitteln Sie für beide Investitionsalternativen die Erwartungswerte (μ)!
2. Erläutern Sie, für welche Investitionsalternative sich die Rheinkies AG entscheiden sollte!

Lösung:

Zu 1.: Ermittlung der Erwartungswerte

Umwelt-zustand	Investitionsalternative 1			Investitionsalternative 2		
	Eintrittswahr-scheinlichkeit	Einzahlungs-überschüsse	Erwartungswert (μ)	Eintrittswahr-scheinlichkeit	Einzahlungs-überschüsse	Erwartungswert (μ)
Marktpreis steigt	15 %	1 250 000,00 EUR	187 500,00 EUR	15 %	1 330 000,00 EUR	199 500,00 EUR
Marktpreis konstant	75 %	1 100 000,00 EUR	825 000,00 EUR	75 %	1 100 000,00 EUR	825 000,00 EUR
Marktpreis sinkt	10 %	920 000,00 EUR	92 000,00 EUR	10 %	890 000,00 EUR	89 000,00 EUR
Summe			1 104 500,00 EUR			1 113 500,00 EUR

Zu 2.: Entscheidung für eine Investitionsalternative

Die Investitionsalternative 1 hat einen Erwartungswert von 1 104 500,00 EUR und die Investitionsalternative 2 von 1 113 500,00 EUR. Folglich ist die Investitionsalternative 2 vorteilhafter für die Rheinkies AG, da mit dieser Investition eine höhere Rendite erzielt wird.

(2) Standardabweichung

Bei identischen Erwartungswerten kann keine Aussage über eine Vorteilhaftigkeit von Investitionen getroffen werden. Deshalb wird hier neben dem Erwartungswert auch die Risikoeinstellung des Entscheidungsträgers berücksichtigt. Das Risiko kann durch das Ausmaß der Abweichung der Erwartungswerte bestimmt werden. Die Messung der Abweichung kann mithilfe der **Standardabweichung (σ)** vorgenommen werden.

Die Standardabweichung kann mit folgender Formel berechnet werden:

$$\sigma = \sqrt{\sum_{t=1}^{n} (EZÜ - \mu)^2 \cdot w}$$

σ = Standardabweichung
μ = Erwartungszeit
EZÜ = Einzahlungsüberschüsse
w = Eintrittswahrscheinlichkeit

Beispiel 1: Ergänzung zum Beispiel auf S. 330 (gleiche Erwartungswerte)

Die Rheinkies AG hat die Auswahl zwischen zwei Investitionsalternativen, welche beide eine Anschaffungsauszahlung von 800 000,00 EUR haben. Das Unternehmen rechnet mit drei verschiedenen Umweltzuständen. Den Umweltzuständen werden folgende Eintrittswahrscheinlichkeiten und Einzahlungsüberschüsse zugerechnet:

Investitionsalternative 1		
Umweltzustand	Eintrittswahrscheinlichkeit	Einzahlungsüberschüsse
Marktpreis steigt	15 %	1 300 000,00 EUR
Marktpreis konstant	75 %	1 100 000,00 EUR
Marktpreis sinkt	10 %	950 000,00 EUR

Investitionsalternative 2		
Umweltzustand	Eintrittswahrscheinlichkeit	Einzahlungsüberschüsse
Marktpreis steigt	15 %	1 400 000,00 EUR
Marktpreis konstant	75 %	1 100 000,00 EUR
Marktpreis sinkt	10 %	800 000,00 EUR

Aufgabe:
1. Ermitteln Sie für beide Investitionsalternativen die Erwartungswerte (μ)!
2. Erläutern Sie, für welche Investitionsalternative sich die Rheinkies AG entscheiden sollte!
3. Berechnen Sie die Standardabweichung und erläutern Sie Ihr Ergebnis!

Lösungen:

Zu 1.: Ermittlung der Erwartungswerte

Umweltzustand	Investitionsalternative 1			Investitionsalternative 2		
	Eintrittswahrscheinlichkeit	Einzahlungsüberschüsse	Erwartungswert (μ)	Eintrittswahrscheinlichkeit	Einzahlungsüberschüsse	Erwartungswert (μ)
Marktpreis steigt	15 %	1 300 000,00 EUR	195 000,00 EUR	15 %	1 400 000,00 EUR	210 000,00 EUR
Marktpreis konstant	75 %	1 100 000,00 EUR	825 000,00 EUR	75 %	1 100 000,00 EUR	825 000,00 EUR
Marktpreis sinkt	10 %	950 000,00 EUR	95 000,00 EUR	10 %	800 000,00 EUR	80 000,00 EUR
Summe			1 115 000,00 EUR			1 115 000,00 EUR

Zu 2.: Entscheidung für eine Investitionsalternative

Beide Investitionsalternativen haben einen Erwartungswert von 1 115 000,00 EUR. Aufgrund des Erwartungswerts kann also keine Aussage bzgl. der Vorteilhaftigkeit einer Investitionsalternative getroffen werden.

Zu 3.: Entscheidung der Standardabweichung und Schlussfolgerung

Umweltzustand	Investitionsalternative 1	Investitionsalternative 2
	$(EZÜ - \mu)^2 \cdot w$	$(EZÜ - \mu)^2 \cdot w$
Marktpreis steigt	$(1\,300\,000{,}00 - 1\,115\,000{,}00)^2 \cdot 0{,}15$ $= 5\,133\,750\,000{,}00$ EUR	$(1\,400\,000{,}00 - 1\,115\,000{,}00)^2 \cdot 0{,}15$ $= 12\,183\,750\,000{,}00$ EUR
Marktpreis konstant	$(1\,100\,000{,}00 - 1\,115\,000{,}00)^2 \cdot 0{,}75$ $= 168\,750\,000{,}00$ EUR	$(1\,100\,000{,}00 - 1\,115\,000{,}00)^2 \cdot 0{,}75$ $= 168\,750\,000{,}00$ EUR
Marktpreis sinkt	$(950\,000{,}00 - 1\,115\,000{,}00)^2 \cdot 0{,}10$ $= 2\,722\,500\,000{,}00$ EUR	$(800\,000{,}00 - 1\,115\,000{,}00)^2 \cdot 0{,}10$ $= 9\,922\,500\,000{,}00$ EUR
Summe	8 025 000 000,00 EUR	22 275 000 000,00 EUR
Standardabweichung (σ)	$\sqrt{8\,025\,000\,000{,}00} = 89\,582{,}36$ EUR	$\sqrt{22\,275\,000\,000{,}00} = 149\,248{,}12$ EUR

Ergebnis:

Das Risiko, gemessen an der Standardabweichung der Zahlungsüberschüsse, ist bei Investitionsalternative 1 deutlich geringer. Bei identischen Erwartungswerten ist also die Alternative 1 der Alternative 2 vorzuziehen.

Beispiel 2: Ergänzung zum Beispiel auf S. 330 (unterschiedliche Erwartungswerte)

Es werden die Ergebnisse des Beispiels von S. 330 zugrunde gelegt, welche hier nochmals zur Veranschaulichung abgebildet werden:

Umweltzustand	Investitionsalternative 1			Investitionsalternative 2		
	Eintrittswahrscheinlichkeit	Einzahlungsüberschüsse	Erwartungswert (μ)	Eintrittswahrscheinlichkeit	Einzahlungsüberschüsse	Erwartungswert (μ)
Marktpreis steigt	15 %	1 250 000,00 EUR	187 500,00 EUR	15 %	1 330 000,00 EUR	199 500,00 EUR
Marktpreis konstant	75 %	1 100 000,00 EUR	825 000,00 EUR	75 %	1 100 000,00 EUR	825 000,00 EUR
Marktpreis sinkt	10 %	920 000,00 EUR	92 000,00 EUR	10 %	890 000,00 EUR	89 000,00 EUR
Summe			1 104 500,00 EUR			1 113 500,00 EUR

Aufgabe:

1. Berechnen Sie die Standardabweichung und erläutern Sie Ihr Ergebnis!
2. Beurteilen Sie Ihr Ergebnis, wenn Sie die Standardabweichung und den Erwartungswert ins Verhältnis setzen (Abweichungskoeffizient)!

Lösung:

Zu 1.: Ermittlung der Standardabweichung und Schlussfolgerung

Umweltzustand	Investitionsalternative 1 $(EZÜ - \mu)^2 \cdot w$	Investitionsalternative 2 $(EZÜ - \mu)^2 \cdot w$
Marktpreis steigt	$(1\,250\,000{,}00 - 1\,104\,500{,}00)^2 \cdot 0{,}15$ = 3 175 537 500,00 EUR	$(1\,330\,000{,}00 - 1\,113\,500{,}00)^2 \cdot 0{,}15$ = 7 030 837 500,00 EUR
Marktpreis konstant	$(1\,100\,000{,}00 - 1\,104\,500{,}00)^2 \cdot 0{,}75$ = 15 187 500,00 EUR	$(1\,100\,000{,}00 - 1\,113\,500{,}00)^2 \cdot 0{,}75$ = 136 687 500,00 EUR
Marktpreis sinkt	$(920\,000{,}00 - 1\,104\,500{,}00)^2 \cdot 0{,}10$ = 3 404 025 000,00 EUR	$(890\,000{,}00 - 1\,113\,500{,}00)^2 \cdot 0{,}10$ = 4 995 225 000,00 EUR
Summe	6 594 750 000,00 EUR	12 162 750 000,00 EUR
Standardabweichung (σ)	$\sqrt{6\,594\,750\,000{,}00}$ = 81 208,07 EUR	$\sqrt{12\,162\,750\,000{,}00}$ = 110 284,86 EUR

Ergebnis:

Das Risiko, gemessen an der Standardabweichung der Zahlungsüberschüsse, ist bei Investitionsalternative 1 deutlich geringer. Allerdings ist der Erwartungswert bei Investitionsalternative 2 höher. Es kann also keine unmittelbare Entscheidung getroffen werden.

Zu 2.: Ermittlung des Abweichungskoeffizienten und Schlussfolgerung

Investitionsalternative 1 = $\dfrac{\text{Standardabweichung }(\sigma)}{\text{Erwartungswert }(\mu)} = \dfrac{81\,208{,}07}{1\,104\,500{,}00} = \underline{\underline{0{,}0735}}$

Investitionsalternative 2 = $\dfrac{\text{Standardabweichung }(\sigma)}{\text{Erwartungswert }(\mu)} = \dfrac{110\,284{,}86}{1\,113\,500{,}00} = \underline{\underline{0{,}0990}}$

Ergebnis:

Investitionsalternative 2 hat zwar einen höheren Erwartungswert, jedoch aufgrund der höheren Standardabweichung auch ein höheres Risiko. Berücksichtigt man Rendite (μ) und Risiko (σ), ist Investitionsalternative 1 vorteilhafter. Eine zusätzliche Rendite weist bei Investitionsalternative 1 ein Risiko von 0,0735 auf, bei Investitionsalternative 2 beträgt das Risiko 0,0990.

(3) Risikoneigung

Bei der bisherigen Betrachtung wurde stets Risikoneutralität unterstellt. Die Risikoausprägung von Entscheidungsträgern kann allerdings auch risikofreudig oder risikoscheu (risikoavers) sein. Für den Entscheidungsträger stellt sich die Frage, welche Risikobereitschaft (Standardabweichung σ) er eingeht, um die Rendite (Erwartungswert μ) zu steigern.

Risikoneigung	Merkmale
Risikoneutralität	Positive und negative Abweichungspotenziale vom Erwartungswert einer Zielgröße (z. B. Kalkulationszinssatz) werden gleich hoch gewichtet. Der Entscheidungsträger wird diejenige Alternative mit dem höchsten Erwartungswert auswählen.
Risikofreude	Positive Abweichungspotenziale vom Erwartungswert einer Zielgröße werden höher gewichtet als negative Abweichungspotenziale.
Risikoscheu (Risikoaversion)	Negative Abweichungspotenziale vom Erwartungswert einer Zielgröße werden höher gewichtet als positive Abweichungspotenziale.

Zusammenfassung

Investitionsentscheidungen unter Unsicherheit

Ungewissheit
- Umweltzustände bekannt
- Wahrscheinlichkeiten unbekannt

Risiko
- Umweltzustände bekannt
- Wahrscheinlichkeiten bekannt

Korrekturverfahren:
Die einzelnen Parameter werden mit Risikoaufschlägen oder Risikoabschlägen angepasst.

Sensitivitätsanalyse:
Es werden kritische Werte (entsprechende Ober- oder Untergrenzen) ermittelt.

Entscheidungsbaumverfahren:
Grafische Darstellung eines mehrstufigen Entscheidungsprozesses unter Berücksichtigung von Wahrscheinlichkeiten.

Erwartungswert:
Maximierung der Erwartungswerte, d. h., man möchte eine möglichst hohe Rendite erzielen.

Formel:
$$\mu = \sum_{t=1}^{n} EZ\ddot{U} \cdot w$$

Standardabweichung:
Neben der Rendite müssen auch Risikoaspekte berücksichtigt werden, d. h., je kleiner die Standardabweichung, desto geringer ist das Risiko der Investition.

→ (μ, σ)-Prinzip

Formel:
$$\sigma = \sqrt{\sum_{t=1}^{n} (EZ\ddot{U} - \mu)^2 \cdot w}$$

Abweichungskoeffizient:

$$\frac{\text{Standardabweichung } (\sigma)}{\text{Erwartungswert } (\mu)}$$

Interpretation:
Je kleiner der Abweichungskoeffizient, desto vorteilhafter ist die Investition!

Übungsaufgaben

133 Korrekturverfahren und Sensitivitätsanalyse

1. Bei Investitionsentscheidungen unter Ungewissheit wenden Unternehmen oftmals das sogenannte Korrekturverfahren an.

    1.1 Erläutern Sie die Vorgehensweise bei Anwendung dieses Verfahrens!

    1.2 Nennen Sie drei Einflussgrößen, bei denen das Korrekturverfahren angewendet werden kann!

    1.3 Die Merk KG rechnet im Rahmen einer Investition von 95 000,00 EUR in eine neue Produktionsmaschine mit folgenden Szenarien:

	Optimistisches Szenario	Pessimistisches Szenario
Einzahlungsüberschüsse/Jahr	160 000,00 EUR	140 000,00 EUR
Kalkulationszinssatz	2,5 %	4,0 %

    Die Nutzungsdauer beträgt jeweils 8 Jahre und es wird kein Liquidationserlös angenommen.

    1.3.1 Berechnen Sie den Kapitalwert, wenn ein optimistisches Szenario unterstellt wird!

    1.3.2 Berechnen Sie den Kapitalwert, wenn ein pessimistisches Szenario unterstellt wird!

    Bearbeitungshinweis: Nutzen Sie zur Berechnung der Szenarien die Formel zur Kapitalwertmethode von S. 314.

2. Der Miller AG aus Karlsruhe sind bezüglich der Anschaffung einer neuen Maschine folgende Werte bekannt:

Anschaffungsauszahlung	440 000,00 EUR
Nutzungsdauer	8 Jahre
Absatzmenge	800 Stück pro Jahr
Absatzpreis	185,00 EUR je Stück
Auszahlungswirksame variable Kosten je Stück	55,00 EUR
Auszahlungswirksame fixe Kosten	45 000,00 EUR
Kalkulationszinssatz	3,5 %

Als kritischer Wert wird 4,5 % für den Kalkulationszinssatz und 7 Jahre für die Nutzungsdauer angenommen.

Aufgabe:
Beurteilen Sie die Sensitivität des Kalkulationszinssatzes sowie der Nutzungsdauer und erläutern Sie die Bedeutung der Ergebnisse für die Miller AG!

134 Sensitivitätsanalyse (kritische Werte)

Für die Fertigung des neuen Schreibtisches „Deluxe" möchte die Ulmer Büromöbel AG in eine neue Maschine investieren. Das Unternehmen setzt einen Kalkulationszinssatz von 3 % an, die Nutzungsdauer beträgt 10 Jahre, die Einzahlungsüberschüsse belaufen sich konstant auf 150 000,00 EUR und als Anschaffungsauszahlung wird 1,1 Mio. EUR angesetzt.

Aufgaben:
1. Berechnen Sie den Kapitalwert!
2. Im schlechtesten Fall rechnet die Ulmer Büromöbel AG, dass der Kalkulationszinssatz auf 5 % ansteigt. Beurteilen Sie, ob die Investition unter diesen Umständen noch vorteilhaft ist!
3. Berechnen Sie den Wert, auf den die Einzahlungsüberschüsse höchstens sinken dürfen (kritischer Wert)!

Bearbeitungshinweis: Es gelten die ursprünglichen Annahmen: Kalkulationszinssatz 3 % und Nutzungsdauer 10 Jahre.

135 Entscheidungsbaumverfahren[1]

Die Karl Müller GmbH überlegt, ob sie 200 000,00 EUR in die Forschung und Entwicklung (F&E) eines neuen Produktes investieren soll. Das Unternehmen schätzt die Wahrscheinlichkeit, dass das Produkt am Markt „Erfolg" hat mit 50 % ein. Dementsprechend rechnet die Karl Müller GmbH zu 50 % mit „Misserfolg".

Um die Erfolgschancen besser einschätzen zu können, gibt es auch die Möglichkeit, ein Marktforschungsinstitut miteinzubeziehen. Die Kosten hierfür belaufen sich auf 60 000,00 EUR. Kommt das Marktforschungsinstitut zu einem „positiven Ergebnis", dann rechnet die Karl Müller GmbH zu 80 % mit einem „Erfolg" und zu 20 % mit einem „Misserfolg". Kommt das Marktforschungsinstitut dagegen zu einem „negativen Ergebnis", dann wir nur zu 20 % mit einem „Erfolg" gerechnet und zu 80 % mit „Misserfolg". Wie das Ergebnis des Marktforschungsinstitutes ausgehen wird, ist völlig unbekannt. Die Chancen für ein „positives Ergebnis" stehen bei 50 %, die Chancen für ein „negatives Ergebnis" stehen ebenfalls bei 50 %.

---
1 In Anlehnung an: von Nitzsch, Rüdiger: Entscheidungslehre, 3. Auflage 2006, S. 210ff.

Folgende weitere Daten sind bekannt:
- Auszahlung für die Produktentwicklung   200 000,00 EUR
- Auszahlung für das Marktforschungsinstitut   60 000,00 EUR
- Einzahlung bei „Erfolg"   800 000,00 EUR

Aufgaben:

1. Stellen Sie den Entscheidungsbaum mithilfe von Entscheidungsknoten, Zugangsknoten und Ästen dar!

2. Berechnen Sie die Erwartungswerte für folgende Entscheidungen:
   - „Investition in F&E für Produktentwicklung mithilfe der Marktforschung"
   - „Investition in F&E für Produktentwicklung ohne Marktforschung"
   - „Keine Investition in F&E für Produktentwicklung"

   Bearbeitungshinweis: Nutzen Sie für die Berechnung das „Roll-back-Verfahren" und tragen Sie Ihre Ergebnisse in den Entscheidungsbaum ein!

136 Erwartungswert und Standardabweichung

Die CamTec GmbH produziert kleine Action-Kameras, die vor allem bei Outdoor-Sportlern sehr beliebt sind. Das Unternehmen hat eine solide Eigenkaptalbasis, sodass momentan keine Fremdfinanzierung nötig ist.

1. Die CamTec GmbH möchte für die Herstellung der neuen Action-Kamera „Pro" in eine Spezialmaschine mit einer Anschaffungsauszahlung von 300 000,00 EUR investieren. Die Nutzungsdauer beträgt 5 Jahre. Am Ende der Nutzungsdauer wird mit einem Liquidationserlös von 60 000,00 EUR gerechnet. Als Kalkulationszinssatz werden 5 % p. a. angesetzt. Folgende Einzahlungsüberschüsse werden erwartet:

Jahr 1	40 000,00 EUR
Jahr 2	60 000,00 EUR
Jahr 3	80 000,00 EUR
Jahr 4	100 000,00 EUR
Jahr 5	100 000,00 EUR

   1.1 Berechnen Sie den Kapitalwert und interpretieren Sie das Ergebnis!
   1.2 Beurteilen Sie die Festlegung des Kalkulationszinssatzes!

2. Die Actionkamera „Pro" soll sowohl im Fachhandel als Markenname als auch bei einem von zwei zur Auswahl stehenden Discountern als No-Name-Produkt vertrieben werden. Bezüglich der Erfolgschancen der No-Name-Variante geht die CamTech GmbH von folgenden drei Umweltzuständen aus: „geringer Absatz", „normaler Absatz", „hoher Absatz". Diesen Szenarien werden folgende subjektive Wahrscheinlichkeiten und Einzahlungsüberschüsse zugeordnet:

Umweltzustand	Eintrittswahr-scheinlichkeit	Einzahlungsüberschüsse	
		Discounter A	Discounter B
Geringer Absatz	20 %	240 000,00 EUR	295 000,00 EUR
Normaler Absatz	55 %	315 000,00 EUR	315 000,00 EUR
Hoher Absatz	25 %	405 000,00 EUR	350 000,00 EUR

   2.1 Weisen Sie rechnerisch nach, für welchen Discounter sich die CamTec GmbH entscheiden sollte, wenn der Erwartungswert der Einzahlungsüberschüsse maximiert werden soll!
   2.2 Berechnen Sie die Standardabweichung der Discounter A und B und erläutern Sie das Ergebnis!
   2.3 Untersuchen Sie für beide Discounter das Verhältnis von Risiko zu erwartetem Umsatz (Abweichungskoeffizient) und begründen Sie, welchen Discounter die CamTec GmbH für den Vertrieb der Actionkamera „Pro" auswählen sollte!

11 Finanzplanung und -steuerung

11.1 Übersicht über die betriebliche Finanzplanung

- Bei der **betrieblichen Finanzplanung** werden für einen bestimmten (vom Unternehmen definierten) Planungszeitraum **Ein- und Auszahlungen** in einer **zukunftsbezogenen Rechnung** gegenübergestellt. Ein- und Auszahlungen hängen von Beschaffungs-, Produktions-, Absatz-, Investitions- und Finanzierungsentscheidungen sowie von externen Faktoren ab.

- Damit ein Unternehmen Einzahlungsüberschüsse erwirtschaften kann, müssen zunächst Auszahlungen geleistet werden. Die **Überbrückung der zeitlichen Distanz** zwischen Ein- und Auszahlungen erfolgt anhand von Finanzierungsmaßnahmen.

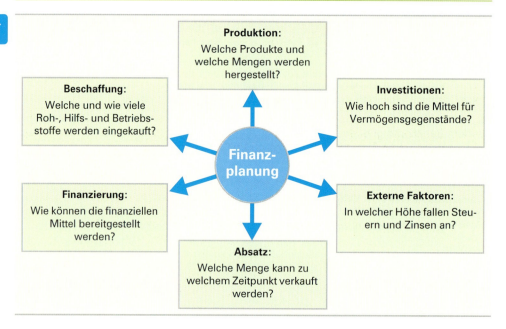

11.2 Ziele der Finanzplanung

(1) Überblick

Der Zweck der Finanzplanung besteht hauptsächlich in der **Liquiditätssicherung** (Sicherung der Zahlungsfähigkeit) und in der **Optimierung der Zahlungsströme**.

Bei der Finanzplanung sollten sich die Unternehmen nach folgendem Grundsatz orientieren:

„So wenig Kasse wie möglich, so viel Kasse wie nötig!"

(2) Liquiditätssicherung

Damit ein Unternehmen die laufenden Auszahlungen leisten kann, muss es **jederzeit liquide** sein. Dies ist der Fall, wenn die Einzahlungen die Auszahlungen decken oder übertreffen. Kommt ein Unternehmen seinen **langfristigen Zahlungsverpflichtungen nicht mehr nach,** ist es gezwungen die **Insolvenz**[1] anzumelden.

Das **finanzielle Gleichgewicht** eines Unternehmens ist dann gesichert, wenn über alle Planungsperioden gilt:

$$\text{Einzahlungen} - \text{Auszahlungen} \geq 0$$

> **Beispiel:**
>
> Im Monat Januar kann die Industriewerke Elsen GmbH Einzahlungen in Höhe von 972 500,00 EUR generieren. Zu den Einzahlungen gehören beispielsweise Umsatzerlöse, aber auch die Aufnahme eines Darlehens zählt dazu. Im gleichen Monat fallen Auszahlungen von 943 750,00 EUR an. Hierzu zählen beispielsweise Löhne und Gehälter, aber auch Zinszahlungen und die Geldanlage auf dem Bankkonto. Die Zahlungsfähigkeit für die Industriewerke Elsen GmbH ist durch einen Liquiditätsüberschuss von 28 750,00 EUR gesichert.

(3) Optimierung der Zahlungsströme

Für kurzfristige Liquiditätsengpässe sollte zur Risikominimierung eine **Liquiditätsreserve** auf dem Bankkonto gebildet werden. Zu beachten ist allerdings, dass „gebundenes Kapital" zu **entgangenen** Zinseinnahmen (Opportunitätskosten) führt.

> **Beispiel:**
>
> Der Industriewerke Elsen GmbH stehen auf ihrem Bankkonto im Umlaufvermögen 15 000,00 EUR als Liquiditätsreserve zur Verfügung. Im Vergleich zu einer alternativen Geldanlage zu 2 % entstehen für das Unternehmen Opportunitätskosten von jährlich 300,00 EUR.

11.3 Kurz- und mittelfristige Finanzpläne

11.3.1 Abgrenzung

- Die **langfristige Finanzplanung** bezieht sich auf die strategische Entwicklung des Unternehmens. Hierbei spielt insbesondere das vorhandene Eigenkapital und seine langfristige Entwicklung eine wesentliche Rolle. Die Planungseinheiten gehen über mehrere Jahre.
- **Mittelfristige Finanzpläne** umfassen den Zeitraum von einem Jahr. Im Vordergrund steht die Frage, ob das gewünschte Investitionsvolumen über Eigen- oder Fremdkapital finanziert wird. Meistens bildet der Jahresplan den Rahmen für die

---

[1] **Insolvenz:** Zahlungsunfähigkeit.

kurzfristigen (maximal einen Monat) Finanzpläne. Die Planungseinheiten betragen Monate oder Quartale.

- **Die kurzfristige Finanzplanung** bildet die Grundlage für das operative Geschäft.[1] Die Sicherung der täglichen Liquidität steht hier im Vordergrund.

11.3.2 Aufbau eines Finanzplans

Aufgrund der **Unsicherheit** der künftigen **Ein- und Auszahlungen,** muss der Finanzplan **ständig überprüft** und gegebenenfalls einem **veränderten Kapitalbedarf angepasst** werden.

Die entsprechenden Überschüsse oder Defizite werden **kumuliert.** Somit kann der gesamte **Liquiditätsbedarf berechnet** werden. Sind die Auszahlungen in einer Planungseinheit größer als die Einzahlungen, muss auf die **Liquiditätsreserve** zurückgegriffen werden.

Die Darstellung des Finanzplans erfolgt tabellarisch und weist folgende **Grundstruktur** auf:

> Alle Einzahlungen werden der entsprechenden Periode (Tag, Woche, Monat, Jahr) zugeordnet. Zu beachten ist die Differenzierung zwischen einmaligen und regelmäßigen (laufenden) Zahlungen.

↓

> Es wird die Summe der Einzahlungen gebildet.

↓

> Alle Auszahlungen werden der entsprechenden Periode (Tag, Woche, Monat, Jahr) zugeordnet. Auch hier ist die Differenzierung zwischen einmaligen und regelmäßigen (laufenden) Zahlungen zu beachten.

↓

> Es wird die Summe der Auszahlungen gebildet.

↓

> Abschließend kann beziffert werden, ob eine Über- oder Unterfinanzierung[2] vorliegt.

Beispiel:

I. Sachverhalt:

Die Entwicklung der Einzahlungen und Auszahlungen in einem kleinen Zweigwerk der Max Raibold GmbH wird aufgrund der Abstimmungsergebnisse mit der Absatz-, Beschaffungs-, Personal- und Investitionsplanung für die kommenden 6 Monate wie folgt geplant:

1. Januarumsatz 200 000,00 EUR. Monatliche Wachstumsrate (preislich und mengenmäßig) 1%. Das durchschnittliche Kundenziel beträgt ein Monat. Eingänge aus den Dezemberforderungen 190 000,00 EUR im Januar.
2. Einzahlung einer noch ausstehenden Einlage im März: 25 000,00 EUR.

---

[1] Die kurzfristige Finanzplanung nimmt die Kennzahlen zur Liquidität zuhilfe, beispielsweise Liquidität 1. und 2. Grades. Diese Kennziffern werden im Kapitel 13, S. 413f. behandelt.
[2] Vgl. hierzu Kapitel 11.3.3.

3. Roh-, Hilfs- und Betriebsstoffkäufe im Januar: 40000,00 EUR. Die monatliche Wachstumsrate (preislich und mengenmäßig) beläuft sich auf 1%. Das durchschnittliche Lieferziel beträgt $1/2$ Monat. Die Zahlungen an Lieferer aus den Dezemberrechnungen betragen 19000,00 EUR.
4. Sonstige monatliche ausgabewirksame Aufwendungen im Januar: 130000,00 EUR. Monatliche Steigerungsrate 0,5%.
5. Tilgung einer Darlehensschuld im April: 90000,00 EUR.
6. Kauf einer Fertigungsmaschine im Juni. Anschaffungswert 80000,00 EUR, zahlbar netto Kasse.

Alle Zahlungen erfolgen über das Bankkonto. Der eingeräumte Kontokorrentkredit beträgt 50000,00 EUR. Kontostand Anfang Januar: Soll 30000,00 EUR.

II. Aufgabe:
Erstellen Sie einen Finanzplan für die Monate Januar bis Juni!

Lösung:

Monate Ein-/ Auszahlungen	Januar	Februar	März	April	Mai	Juni
1. **Einzahlungen** Erlöse Einlage	190000,00[1]	200000,00	202000,00 25000,00	204020,00	206060,00	208120,00
Summe der Einzahlungen	190000,00	200000,00	227000,00	204020,00	206060,00	208120,00
2. **Auszahlungen** Vorratskäufe so. Auszahlungen Darlehenstilgung Maschinenkauf	39000,00[2] 130000,00	40200,00 130650,00	40602,00 131303,00	41008,00 131960,00 90000,00	41418,00 132620,00	41832,00 133283,00 80000,00
Summe der Auszahlungen	169000,00	170850,00	171905,00	262968,00	174038,00	255115,00
3. Überschuss/Defizit	21000,00	29150,00	55095,00	−58948,00	32022,00	−46995,00
4. Kontokorrentkonto	−9000,00[3]	20150,00	75245,00	16297,00	48319,00	1324,00

Erläuterungen:

[1] Die Zahlungseingänge für die im Januar entstandenen Forderungen erfolgen im Februar, für die im Februar entstandenen Forderungen im März usw.

[2] 19000,00 EUR werden im Januar für die Restverbindlichkeiten aus Dezember bezahlt. Hinzu kommen 20000,00 EUR aus den im Januar entstandenen Verbindlichkeiten. Im Februar ist die zweite Hälfte in Höhe von 20000,00 EUR zu zahlen. Hinzu kommen 50% der im Februar entstandenen Verbindlichkeiten in Höhe von 20200,00 EUR, sodass im Februar insgesamt 40200,00 EUR Auszahlungen für den Kauf von Roh-, Hilfs- und Betriebsstoffen anzusetzen sind. Für die Folgemonate gelten die gleichen Überlegungen.

[3] Berechnung:

Kontostand Monatsanfang	−	30000,00 EUR	−	9000,00 EUR
Überschuss/Defizit	+	21000,00 EUR	+	29150,00 EUR
Monatsende	−	9000,00 EUR	+	20150,00 EUR

11.3.3 Unterfinanzierung und Überfinanzierung

Übersteigt der Kapitalbedarf das tatsächlich vorhandene Eigenkapital, so liegt eine **Unterfinanzierung** vor. Das Unternehmen ist dann gezwungen, seine Auszahlungen (Investitionsvorhaben) zu kürzen und entsprechende auszahlungswirksame Kosten einzusparen (z. B. durch Rationalisierungsmaßnahmen) oder die Einzahlungen zu erhöhen (z. B. durch größere Verkaufsanstrengungen). Reichen diese Maßnahmen nicht aus, muss Fremdkapital (z. B. durch ein Darlehen) aufgenommen werden.

Ist der Kapitalbedarf geringer als das tatsächlich vorhandene Eigenkapital, so liegt eine **Überfinanzierung** vor. Dies scheint auf den ersten Blick wünschenswert zu sein. Es ist allerdings zu beachten, dass es hier (wie unter Kapitel 11.2 beschrieben) einen Zielkonflikt mit der Rentabilität gibt (Opportunitätskosten).

11.3.4 Rollierende Finanzplanung

(1) Anpassung der Soll-Werte

Jeder Finanzplan muss ständig der **aktuellen Datenlage** angepasst werden. Dazu wird nach bestimmten Zeitintervallen die bereits erfolgte Planung **aktualisiert** und **überarbeitet**. Somit kann man sich stärker an der betrieblichen Realität orientieren. Mit dieser Vorgehensweise sollen erkennbare Risiken ausgeschlossen oder zumindest stark reduziert werden. Neben den prognostizierten Zahlen **(Soll-Wert)**, werden die tatsächlichen Zahlen **(Ist-Wert)** und die **Planabweichungen** erfasst. Durch die regelmäßige Anpassung des Finanzplans wird auch der **Arbeitsaufwand** von Mal zu Mal **geringer**, weil Erfahrung und Routine zunehmen. In der Praxis setzt man zusätzlich eine integrierte Unternehmenssoftware (IUS) ein.

Eine rollierende Finanzplanung **erhöht** die **Flexibilität** der Planung und ermöglicht ein schnelleres Reagieren auf Veränderungen.

Beispiel (Fortsetzung des Beispiels auf S. 340):

- Im Januar läuft der Absatz bei der Max Raibold GmbH schleppender als erwartet, sodass die Erlöse zurückgehen. Ab März schlagen sich die Preiserhöhungen in den Umsatzerlösen nieder.
- Die Einlage bleibt mit 25 000,00 EUR im März unverändert.
- Die Vorräte haben sich in den ersten beiden Monaten leicht erhöht, im März waren sie geringfügig niedriger.
- Die angestrebten Kosteneinsparungen konnten nicht erzielt werden, die sonstigen Auszahlungen stiegen in den ersten drei Monaten sogar noch leicht an.

Zusammengefasst lassen sich die Einzahlungen und Auszahlungen für das erste Quartal wie folgt darstellen:

	Januar	Februar	März
Erlöse	185 000,00 EUR	196 000,00 EUR	205 000,00 EUR
Einlage			25 000,00 EUR
Vorratskäufe	40 000,00 EUR	40 300,00 EUR	39 000,00 EUR
sonstige Auszahlungen	132 000,00 EUR	133 000,00 EUR	131 500,00 EUR

Aufgabe:
Passen Sie den Finanzplan für das erste Quartal an, indem Sie den Soll-Werten die Ist-Werte gegenüberstellen und die Planabweichungen berechnen!

Lösung:

Ein-/Auszahlungen \ Monate	Januar Soll	Januar Ist	Januar Abweichung	Februar Soll	Februar Ist	Februar Abweichung	März Soll	März Ist	März Abweichung
1. Einzahlungen Erlöse Einlage	190 000,00	185 000,00	– 5 000,00	200 000,00	196 000,00	– 4 000,00	202 000,00 25 000,00	205 000,00 25 000,00	+ 3 000,00
Summe der Einzahlungen	190 000,00	185 000,00	– 5 000,00	200 000,00	196 000,00	– 4 000,00	227 000,00	230 000,00	+ 3 000,00
2. Auszahlungen Vorratskäufe so. Auszahlungen Darlehenstilgung Maschinenkauf	39 000,00 130 000,00	40 000,00 132 000,00	+ 1 000,00 + 2 000,00	40 200,00 130 650,00	40 300,00 133 000,00	+ 100,00 + 2 350,00	40 602,00 131 303,00	39 000,00 131 500,00	– 1 602,00 + 197,00
Summe der Auszahlungen	169 000,00	172 000,00	+ 3 000,00	170 850,00	173 300,00	+ 2 450,00	171 905,00	170 500,00	– 1 405,00
3. Überschuss/Defizit	21 000,00	13 000,00	– 8 000,00	29 150,00	22 700,00	– 6 450,00	55 095,00	59 500,00	+ 4 405,00
4. Kontokorrentkonto	– 9 000,00	– 17 000,00	– 8 000,00	20 150,00	5 700,00	– 14 450,00	75 245,00	65 200,00	– 10 045,00

(2) Abweichungsanalyse

Nachdem die Planabweichungen festgestellt sind, kann die Analyse beginnen, weshalb es zu Abweichungen gekommen ist. Diese Analyse dient der **Kontrolle der Wirtschaftlichkeit**. Die Erkenntnisse können dann wieder bei den Finanzplänen für die Folgequartale berücksichtigt werden.

Gründe für Über- oder Unterdeckungen werden in nachfolgender Übersicht dargestellt:

(3) Vor- und Nachteile einer rollierenden Finanzplanung

Vorteile	Nachteile
■ Die Planungsunsicherheit wird reduziert. ■ Gründe für Abweichungen können analysiert und folglich Veränderungen (Optimierungen) eingeleitet werden. ■ Es kann frühzeitig auf Veränderungen auf den Beschaffungsmärkten (z.B. kurzfristig niedriger Rohölpreis) reagiert werden.	■ Eine zu häufige Planänderung führt zu Verwirrung und Irritationen bei den Mitarbeitern. ■ Bei einer zu strikten Einhaltung der starren Planungszeitpunkte bleibt ggf. die dynamische Komponente (z.B. Zusatzaufträge oder Maschinenengpässe) unberücksichtigt. ■ Es werden u.U. zu früh Veränderungsmaßnahmen (z.B. Investitionen in Werbemaßnahmen) vorgenommen.

11.4 Ausgleich des Finanzplans

11.4.1 Verwendung von Überschüssen

(1) Finanzanlagen

Die Finanzplanung gewährleistet den Unternehmen einen genauen Überblick bzgl. einer Über- oder Unterliquidität. Wie bereits unter Kapitel 11.2 beschrieben **führt eine Überliquidität zu Opportunitätskosten**. Überschüssige Liquidität auf dem Kontokorrentkonto sollte daher dringend vom zinslosen Kontokorrentkonto auf **kurzfristige Finanzanlagen** umgeschichtet werden. Diese werden in der Bilanz nach § 266 HGB **im Umlaufvermögen ausgewiesen**. Dazu gehören beispielsweise:

Tagesgeld	Das Guthaben ist zu jeder Zeit (täglich) verfügbar.
Festgeld	Die Anlagedauer sollte maximal sechs Monate betragen.
Aktien	Die Aktien sollten zu spekulativen Zwecken mit der Hoffnung auf kurzfristige Wertsteigerungen gehalten werden.
Festverzinsliche Wertpapiere (Schuldverschreibungen)	Unternehmens- oder Staatsanleihen mit 3 oder 6 Monaten Laufzeit.

(2) Vorzeitige Tilgung von Krediten

Überschüsse auf dem Kontokorrentkonto kann ein Unternehmen auch dazu nutzen, um bestehende **Verbindlichkeiten gegenüber Kreditinstituten zu reduzieren**. I.d.R. bietet jeder Kreditvertrag die Möglichkeit, eine jährliche **Sondertilgung** zu leisten. Wird von der Möglichkeit der regelmäßigen Sondertilgungen Gebrauch gemacht, ist der **Kredit** durch die dann kürzere Gesamtlaufzeit wesentlich **schneller** als im eigentlichen Tilgungsplan vorgesehen **abbezahlt**. Wird jedoch ein Kredit **außerplanmäßig gekündigt** und zurückbezahlt, dann steht dem Kreditinstitut eine sogenannte **Vorfälligkeitsentschädigung**[1] zu. Diese kann unter Umständen zu sehr hohen Kosten führen.

---

1 Vgl. hierzu auch LPE 1 „Immobilien" im Profilfach Finanzwirtschaftliche Studien.

(3) Vorziehen von Investitionen

Eine weitere Möglichkeit für Unternehmen, mit Überschüssen auf dem Kontokorrentkonto sinnvoll zu verfahren, besteht darin, **geplante Investitionen vorzuziehen**. Gerade bei expandierenden Unternehmen kann dadurch der **Wachstumskurs weiter vorangetrieben** werden. Voraussetzung hierfür ist natürlich, dass die entsprechenden finanzmathematischen Investitionsrechenverfahren (vgl. hierzu Kapitel 10) eine Vorteilhaftigkeit der Investition (z. B. positiver Kapitalwert) erkennen lassen.

11.4.2 Sicherung der Liquidität bei Unterdeckung

(1) Kreditlinie

Jedes Unternehmen sollte mit seiner Hausbank eine **ausreichende Kreditlinie auf dem Kontokorrentkonto** vereinbaren. Die **Höhe** dieser Kreditlinie kann sich beispielsweise **an den Unterdeckungen** des Kontokorrentkontos (diese Informationen kann das Unternehmen aus vergangenen Finanzplänen ablesen) **orientieren.** Selbstverständlich kann die Inanspruchnahme der Kreditlinie nur ein **kurzfristiges Instrument** sein. Eine dauerhafte Überziehung des Kontokorrentkontos ist teuer und kann schnell zu einer **Zahlungsunfähigkeit** des Unternehmens führen.

(2) Senkung oder Verzögerung von Auszahlungen

Bei Unterdeckungen muss das Unternehmen die **Kostenseite** näher betrachten. Kommt es bereits zu **regelmäßigen Unterdeckungen,** so kommt man um **Kostensenkungen** nicht herum. Bei **unregelmäßigen Unterdeckungen** sollten die **Zeitpunkte der Auszahlungen** genau **überprüft** und ggf. **optimiert** werden. Das **Zahlungsziel** sollte möglichst immer **ausgenutzt** werden, u. U. muss sogar – um eine zeitliche Verzögerung herstellen zu können – auf die Skontoausnutzung verzichtet werden. Diese Maßnahme sollte allerdings nicht dauerhaft angewendet werden, da durch die Skontoausnutzung viel Geld gespart werden kann.

(3) Erhöhung oder Beschleunigung von Einzahlungen

Ganz wesentlich für jedes Unternehmen ist, dass die **Kunden ihre Forderungen** zeitnah, d. h. zum vereinbarten Zahlungsziel, **begleichen**. Aus diesem Grund sollten die **Rechnungen unmittelbar** an die Kunden **versendet** werden. Meistens wird im Rahmen der Angebotskalkulation (vgl. hierzu Kapitel 7) die Gewährung eines **Kundenskontos** einkalkuliert. Somit besteht die Chance, dass Forderungen schnell eingehen und somit eine entsprechende Liquidität auf dem Kontokorrentkonto ausgewiesen werden kann.

Zusammenfassung

- Im Rahmen der **betrieblichen Finanzplanung** werden für einen bestimmten Planungszeitraum Ein- und Auszahlungen in einer zukunftsbezogenen Rechnung gegenübergestellt.

- Der betriebliche **Finanzplan optimiert** die **Zahlungsströme**.

- Die **Liquidität** muss **gesichert** sein (ggf. auch über die Aufnahme eines Kontokorrentkredites). Gleichzeitig sollte aber nicht zu viel Kapital auf dem (zinslosen) Kontokorrentkonto angesammelt werden (Opportunitätskosten).

- **Finanzpläne** können nach der Art der Zeitspanne unterschieden werden:
  - **kurzfristige** Finanzpläne (bis zu einem Monat)
  - **mittelfristige** Finanzpläne (von einem Quartal bis zu einem Jahr)
  - **langfristige** Finanzpläne (ein Jahr bis mehrere Jahre)
- Die **Darstellung eines Finanzplanes** erfolgt tabellarisch und stellt den Einzahlungen die Auszahlungen gegenüber. Der Saldo gibt an, ob eine Über- oder Unterdeckung vorliegt. Der Endbestand bildet den Anfangsbestand der nächsten Periode (Monat, Quartal, Jahr).
- Finanzpläne werden ständig aktualisiert und angepasst **(rollierende Finanzplanung)**. Bei Planabweichungen (Differenz zwischen Ist-Werten und Soll-Werten) ist eine Abweichungsanalyse durchzuführen.

Ausgleich des Finanzplans	
bei Überdeckung	bei Unterdeckung
<ul><li>durch Finanzanlagen,</li><li>durch vorzeitige Tilgung von Krediten,</li><li>durch Vorziehen von Investitionen.</li></ul>	<ul><li>durch Ausnutzung der Kreditlinie,</li><li>durch Senkung bzw. Verzögerung von Auszahlungen,</li><li>durch Erhöhung bzw. Beschleunigung von Einzahlungen.</li></ul>

Übungsaufgaben

137 Finanzpläne auswerten

1. Erklären Sie, weshalb Unternehmen unbedingt einen Finanzplan entwickeln sollten!
2. Erläutern Sie, inwiefern der Finanzplan mit dem Investitionsplan zusammenhängt!
3. Die Freiburger Elec-Tec AG ist ein innovatives Unternehmen aus der Systemelektronikbranche und ein wichtiger Zulieferer der großen Unterhaltungselektronikunternehmen. Mithilfe von Informationen aus der Marktforschung und aus dem Rechnungswesen konnte folgender vereinfachter Finanzplan erstellt werden:

	Anfangsbestand Kontokorrentkonto	Einzahlungen	Auszahlungen	Schlussbestand Kontokorrentkonto
Januar	25 000,00 EUR	2 768 000,00 EUR	2 801 000,00 EUR	−8 000,00 EUR
Februar	−8 000,00 EUR	2 736 000,00 EUR	2 782 000,00 EUR	−54 000,00 EUR
März	−54 000,00 EUR	2 955 000,00 EUR	2 887 000,00 EUR	14 000,00 EUR
April	14 000,00 EUR	2 921 000,00 EUR	2 882 000,00 EUR	53 000,00 EUR
Mai	53 000,00 EUR	3 109 000,00 EUR	3 017 000,00 EUR	145 000,00 EUR
Juni	145 000,00 EUR	3 144 000,00 EUR	3 063 000,00 EUR	226 000,00 EUR
Juli	226 000,00 EUR	3 002 000,00 EUR	3 051 000,00 EUR	177 000,00 EUR
August	177 000,00 EUR	2 795 000,00 EUR	3 003 000,00 EUR	−31 000,00 EUR
September	−31 000,00 EUR	2 824 000,00 EUR	3 021 000,00 EUR	−228 000,00 EUR
Oktober	−228 000,00 EUR	3 116 000,00 EUR	3 028 000,00 EUR	−140 000,00 EUR
November	−140 000,00 EUR	3 201 000,00 EUR	3 041 000,00 EUR	20 000,00 EUR
Dezember	20 000,00 EUR	3 077 000,00 EUR	3 072 000,00 EUR	25 000,00 EUR

Aufgaben:
3.1 Interpretieren Sie den vorliegenden Finanzplan der Elec-Tec AG!
3.2 Unterbreiten Sie der Elec-Tec AG zwei Verbesserungsvorschläge!
3.3 Erläutern Sie zwei Nachteile der Finanzplanung in Form eines Jahresplanes!

138 Erstellung eines kurzfristigen Finanzplans

Die Strasser Bike GmbH aus Heidelberg ist Hersteller von leistungsstarken E-Bike-Motoren. Die Controlling-Abteilung soll einen Finanzplan für die Monate Juli und August erstellen. Folgende Informationen liegen vor:

– Im Monat Juli werden 545 Motoren zu einem Verkaufspreis von 795,00 EUR je Motor verkauft und im Monat August 570 Motoren zu 795,00 EUR je Motor abgesetzt.
– Die Auszahlungen für Löhne und Gehälter betragen in beiden Monaten jeweils 110 000,00 EUR.
– Es fallen Auszahlungen für die Begleichung von Verbindlichkeiten aus Lieferungen und Leistungen für Roh-, Hilfs- und Betriebsstoffe von 175 000,00 EUR im Juli und 185 000,00 EUR im August an.
– Anfang Juli ist eine Steuernachzahlung in Höhe von 30 000,00 EUR an das Finanzamt Heidelberg fällig.
– Monatlich fallen Abschreibungen von 15 000,00 EUR an.
– Im Juli wird eine Rückstellung von 8 500,00 EUR für einen anstehenden Prozess gebildet.
– Am 30. August ist eine Festgeldanlage über 125 000,00 EUR fällig.
– Die Kreditlinie auf dem Kontokorrentkonto beträgt 50 000,00 EUR.

	Juli	August
Sonstige Einzahlungen	110 000,00 EUR	140 000,00 EUR
Sonstige Auszahlungen	300 000,00 EUR	295 000,00 EUR

Aufgaben:

1. Erstellen Sie den Finanzplan für die Monate Juli und August!
2. Interpretieren Sie den Finanzplan und begründen Sie, inwieweit für die Strasser Bike GmbH Handlungsbedarf besteht!
3. Unterbreiten Sie den Geschäftsführern für beide Monate jeweils zwei konkrete Vorschläge hinsichtlich entsprechender Ausgleichsmöglichkeiten!
4. Erklären Sie die Abhängigkeit des Finanzplans von anderen Teilplänen des Unternehmens!

139 Erstellung eines langfristigen Finanzplans

Die Thanner Automotive KG aus Biberach ist ein Großhändler für Automobiltuning. Das Unternehmen verkauft u. a. hochwertige Alufelgen und spezielle Auspuffanlagen. Aufgrund des guten Geschäftsverlaufs in den vergangenen Jahren möchte das Unternehmen expandieren. Geplant ist eine Erweiterung der bisherigen Verkaufsräume. Vor der Realisierung soll mithilfe eines mittelfristigen Finanzplanes für die Jahre 00 bis 02 geprüft werden, wie sich die beabsichtigte Expansion auf die Finanzlage des Unternehmens auswirkt. Folgende Daten sind bekannt:

– Die Lohn- und Gehaltszahlungen belaufen sich im Jahr 00 auf 40 000,00 EUR pro Monat. Die Thanner Automotive KG rechnet mit einer Erhöhung der jährlichen Personalausgaben von 2,5 %.
– Für die Erweiterung der Verkaufsräume rechnet das Unternehmen im Jahr 00 mit Auszahlungen von 900 000,00 EUR. Die Kreissparkasse Biberach stellt hierfür einen Kredit über 75 % dieses Betrags zur Verfügung, Laufzeit: 3 Jahre. Der Nominalzins beträgt 3 % p. a., die Tilgung fällt wie die Zinszahlung auch am Jahresende an und die Auszahlung Anfang des Jahres 00 beträgt 100 %.

- Der durchschnittliche Wareneinkauf pro Monat liegt im Jahr 00 bei 350000,00 EUR. In den Folgejahren wird mit Steigerungen von 6% gegenüber dem Ausgangsjahr gerechnet. Die eingekauften Waren werden noch im selben Jahr verkauft.
- Die beiden Komplementäre, die Brüder Raphael und Jonas Thanner, möchten jährlich 100 000,00 EUR entnehmen.
- Die eingekauften Waren können mit einem durchschnittlichen Zuschlag von 22% auf den Einkaufspreis abgesetzt werden. 50% der Kunden nehmen den Skonto von 2% in Anspruch. Alle Waren werden im selben Jahr verkauft und auch von den Kunden bezahlt.
- Der Zahlungsmittelbestand beträgt zu Beginn des Jahres 00 248425,00 EUR.
- Die Kreditlinie für einen Kontokorrentkredit bei der Kreissparkasse Biberach beträgt 300 000,00 EUR. Die Hausbank berechnet 9,5% Sollzinsen.

Aufgaben:

1. Stellen Sie den Finanzplan für die Jahre 00 bis 02 auf!
2. Interpretieren Sie den Finanzplan der Thanner Automotive KG!
3. Leiten Sie zwei geeignete Maßnahmen zur Optimierung des Finanzplans der Thanner Automotive KG ab!

12 Jahresabschluss

12.1 Jahresabschluss bei Kapitalgesellschaften nach HGB

12.1.1 Aufstellungs-, Prüfungs- und Offenlegungspflicht

Der Jahresabschluss einer Kapitalgesellschaft soll einen möglichst sicheren Einblick in die Vermögens-, Ertrags- und Finanzlage des Unternehmens gewährleisten. Deshalb stellt der Gesetzgeber hohe Anforderungen an den Inhalt und die Form des Jahresabschlusses.

Zum Jahresabschluss zählt man alle Maßnahmen, Arbeiten und Aufstellungen die nötig sind, um die Vermögens- und Kapitallage des Unternehmens, seinen Erfolg sowie alle sonstigen Verhältnisse darzustellen.

Der **Jahresabschluss** ist ein **Dokument** (Beweisstück) und eine **Rechnungslegung** für eine bestimmte Rechnungsperiode.

(1) Abhängigkeit der Rechnungslegungsvorschriften von der Größe der Kapitalgesellschaft

Maßgebend für den Zeitpunkt der Aufstellungspflicht, den Umfang der Prüfungspflicht und die Art der Offenlegungspflicht ist die Größe der Kapitalgesellschaft (KapG). Es wird zwischen kleinsten, kleinen, mittelgroßen und großen Kapitalgesellschaften unterschieden [§ 267 I bis III HGB].

Größenklasse \ Merkmale	Bilanzsumme Mio. EUR	Umsatzerlöse Mio. EUR	Durchschnittliche Anzahl der Arbeitnehmer
Kleinst-KapG	bis einschl. 0,35	bis einschl. 0,7	bis einschl. 10
kleine KapG	über 0,35 bis 6	über 0,7 bis 12	über 10 bis 50
mittelgroße KapG	über 6 bis 20	über 12 bis 40	über 50 bis 250
große KapG	über 20	über 40	über 250

Für die Einordnung in eine der vier Größenklassen müssen zwei der drei angegebenen Merkmale an zwei aufeinanderfolgenden Bilanzstichtagen erfüllt sein [§ 267 IV HGB (BilRUG[1])]. Außerdem gelten Kapitalgesellschaften auch dann als groß, wenn sie einen organisierten Markt[2] durch von ihnen ausgegebene Wertpapiere[3] in Anspruch nehmen oder die Zulassung derartiger Wertpapiere zum Handel an einem organisierten Markt beantragt haben [§§ 267 III, 264 d HGB].

---

1 BilRUG: Bilanzrichtlinie-Umsetzungsgesetz.
2 **Organisierte Märkte** im Sinne des Wertpapierhandelsgesetzes sind Märkte, die von staatlich anerkannten Stellen (vor allem durch die „Bundesanstalt für Finanzdienstleistungsaufsicht") geregelt und überwacht werden, regelmäßig stattfinden und für das Publikum (z. B. Käufer und Verkäufer der Effekten) unmittelbar oder mittelbar zugänglich sind.
3 Hierzu gehören z. B. Aktien, Zertifikate, die Aktien vertreten, Schuldverschreibungen und Investmentzertifikate der Kapitalanlagegesellschaften.

(2) Aufstellungs- und Prüfungspflicht

Art der Kapitalgesellschaft	Aufstellungspflicht	Prüfungspflicht
Große und mittelgroße Kapitalgesellschaften	Sie haben den Jahresabschluss und den Lagebericht in den **ersten drei Monaten des Geschäftsjahres** für das vergangene Geschäftsjahr aufzustellen [§ 264 I, S. 3 HGB].	Sie müssen ihren Jahresabschluss mit Lagebericht durch einen **Abschlussprüfer** prüfen lassen [§ 316 I, S. 1 HGB]. Der Jahresabschluss ist unter **Einbeziehung der Buchführung** zu prüfen [§ 317 I, S. 1 HGB].
Kleine Kapitalgesellschaften und Kleinstkapitalgesellschaften	Sie können ihren Jahresabschluss innerhalb der **ersten sechs Monate** des Geschäftsjahres aufstellen [§ 246 I, S. 4 HGB].	Sie sind von der **Abschlussprüfung befreit** [§ 316 I, S. 1 HGB].

(3) Offenlegungspflicht

■ Überblick

Für die Speicherung und Veröffentlichung des Jahresabschlusses eines Unternehmens ist der **Betreiber des elektronischen Bundesanzeigers** zuständig [§ 325 I, S. 2 HGB].[1] Veröffentlichungspflichtig sind:

- **Kapitalgesellschaften** (z. B. AG, GmbH) und
- **Personengesellschaften**, bei denen nicht wenigstens ein persönlich haftender Gesellschafter eine natürliche Person ist (z. B. GmbH & Co. KG). Sobald eine **natürliche Person unbeschränkt** für die Verbindlichkeiten der Personengesellschaft haftet, zählt die Personengesellschaft **nicht** zu den veröffentlichungspflichtigen Unternehmen.

Zur **Identifizierung des Unternehmens** sind Firma, Sitz, Registergericht und die Register-Nr. anzugeben [§ 264 I a HGB].

Welche Unterlagen beim Betreiber des elektronischen Bundesanzeigers einzureichen sind, hängt von der **Größenklasse** der Gesellschaft ab.

■ Offenlegungsfristen und veröffentlichungspflichtige Unterlagen

Bezüglich der **Offenlegung** schreibt das HGB Folgendes vor:[2]

Große und mittelgroße Kapitalgesellschaften	Sie müssen den festgestellten Jahresabschluss mit Ergebnisverwendungsbeschluss, den Lagebericht, den Bestätigungs- oder Versagungsvermerk des Abschlussprüfers, den Bericht des Aufsichtsrats und die vorgeschriebene Erklärung nach § 161 AktG **spätestens vor Ablauf des 12. Monats** des **neuen Geschäftsjahres** beim Betreiber des elektronischen Bundesanzeigers einreichen [§ 325 I, S. 1 HGB]. Dieser veröffentlicht die Unterlagen anschließend im elektronischen Bundesanzeiger [§ 325 I, S. 1 HGB].
Kapitalmarktorientierte Kapitalgesellschaften	Sie müssen den Jahresabschluss **innerhalb von vier Monaten** des neuen Geschäftsjahres offenlegen [§ 325 IV HGB]. Ansonsten gelten unabhängig von der Größe die Vorschriften für große Kapitalgesellschaften.

---

1 Ansonsten gelten unabhängig von der Größe die Vorschriften für große Kapitalgesellschaften. Einzelheiten zum elektronischen Bundesanzeiger gibt es unter **www.ebundesanzeiger.de**.
2 Man spricht auch von der sogenannten Publizitätspflicht der Unternehmen (Publizität: Öffentlichkeit, Veröffentlichung).

Kleine Kapitalgesellschaften	Sie müssen spätestens **vor Ablauf des 12. Monats** des **neuen Geschäftsjahres** die Bilanz[1] und den Anhang beim Betreiber des elektronischen Bundesanzeigers einreichen. Der Anhang braucht die Gewinn- und Verlustrechnung betreffenden Anlagen nicht enthalten [§§ 325 I, 326 HGB].
Kleinstkapitalgesellschaften	Sie müssen spätestens **vor Ablauf des 12. Monats** des **neuen Geschäftsjahres** die Bilanz[1] beim Betreiber des Bundesanzeigers einreichen [§ 326 II HGB]. Alle weiteren Pflichten können die gesetzlichen Vertreter von Kleinstkapitalgesellschaften dadurch erfüllen, dass sie die Bilanz dauerhaft beim Betreiber des Bundesanzeigers hinterlegen und einen Hinterlegungsauftrag erteilen.

■ **Durchsetzung der Offenlegungspflicht (Publizitätspflicht)**

Der Betreiber des elektronischen Bundesanzeigers hat das Recht, die eingereichten Unterlagen daraufhin zu überprüfen, dass sie fristgerecht und vollständig eingereicht wurden. Ergibt die Prüfung, dass die **Unterlagen unvollständig** und/oder **zu spät** eingereicht wurden, ist dies im **elektronischen Bundesanzeiger** anzuzeigen.

Ein Verstoß gegen die Offenlegungspflicht gilt als Ordnungswidrigkeit und kann mit einem Bußgeld geahndet werden.

12.1.2 Bestandteile des Jahresabschlusses

12.1.2.1 Überblick

Bestandteile des **Jahresabschlusses** bei Kapitalgesellschaften sind gemäß §§ 264 I, S. 1; 242 HGB

- die **Bilanz,**
- die **Gewinn- und Verlustrechnung** und
- der **Anhang.**

Darüber hinaus müssen alle großen und mittelgroßen Kapitalgesellschaften ihren Jahresabschluss zusätzlich durch einen **Lagebericht** ergänzen [§ 264 I, S. 1 in Verbindung mit § 289 HGB]. Der Lagebericht gilt aber **nicht** als **Bestandteil des Jahresabschlusses.**

12.1.2.2 Bilanz

(1) Gliederung der Bilanz nach § 266 II, III HGB

Die Bilanz ist grundsätzlich in Kontoform aufzustellen. Das gilt unabhängig von der Rechtsform für alle Unternehmen. Für große und mittelgroße Kapitalgesellschaften gelten uneingeschränkt die durch § 266 HGB vorgegebenen Gliederungsgesichtspunkte: Grobgliederung (nach großen Buchstaben A bis C), Untergliederung (in römischen Ziffern) und weitere Untergliederung (mit arabischen Ziffern) sowie die Bezeichnungen und die Reihenfolge der einzelnen Bilanzposten.

---

[1] Da kleine Kapitalgesellschaften und Kleinstkapitalgesellschaften nach § 266 I, S. 3 HGB nur verpflichtet sind, eine verkürzte Bilanz aufzustellen, brauchen sie auch nur diese Bilanz zur Veröffentlichung einzureichen. Nicht vermeiden lässt es sich, dass das Jahresergebnis (Jahresüberschuss, -fehlbetrag) veröffentlicht wird.

Gliederung der Bilanz [§ 266 II, III HGB]

| Aktiva | Bilanz | Passiva |

A. Anlagevermögen:
  I. Immaterielle Vermögensgegenstände:
  1. Selbst geschaffene gewerbliche Schutzrechte und ähnliche Rechte und Werte;
  2. entgeltlich erworbene Konzessionen, gewerbliche Schutzrechte und ähnliche Rechte sowie Lizenzen an solchen Rechten und Werten;
  3. Geschäfts- oder Firmenwert;
  4. geleistete Anzahlungen;
  II. Sachanlagen:
  1. Grundstücke, grundstücksgleiche Rechte u. Bauten einschl. der Bauten a. fr. Grundstücken;
  2. technische Anlagen und Maschinen;
  3. and. Anlagen, Betr.- u. Geschäftsausstattung;
  4. geleistete Anzahlungen u. Anlagen im Bau;
  III. Finanzanlagen:
  1. Anteile an verbundenen Unternehmen;
  2. Ausleihungen an verbundene Unternehmen;
  3. Beteiligungen;
  4. Ausleihungen an Unternehmen, mit denen ein Beteiligungsverhältnis besteht;
  5. Wertpapiere des Anlagevermögens;
  6. sonstige Ausleihungen.

B. Umlaufvermögen:
  I. Vorräte:
  1. Roh-, Hilfs- und Betriebsstoffe;
  2. unfertige Erzeugnisse, unfertige Leistungen;
  3. fertige Erzeugnisse und Waren;
  4. geleistete Anzahlungen;
  II. Forderungen und sonstige Vermögensgegenstände:
  1. Ford. a. Lieferungen u. Leistungen;
  2. Ford. gegen verbundene Unternehmen;
  3. Forderungen gegen Unternehmen, mit denen ein Beteiligungsverhältnis besteht;
  4. sonstige Vermögensgegenstände;
  III. Wertpapiere:
  1. Anteile an verbundenen Unternehmen;
  2. sonstige Wertpapiere;
  IV. Kassenbestand, Bundesbankguthaben, Guthaben bei Kreditinstituten und Schecks.

C. Rechnungsabgrenzungsposten.

D. Aktive latente Steuern.

E. Aktiver Unterschiedsbetrag aus der Vermögensverrechnung.

A. Eigenkapital:
  I. Gezeichnetes Kapital;
  II. Kapitalrücklage;
  III. Gewinnrücklagen:
  1. gesetzliche Rücklage;
  2. Rücklage für Anteile an einem herrschenden oder mehrheitlich beteiligten Unternehmen;
  3. satzungsmäßige Rücklagen;
  4. andere Gewinnrücklagen;
  IV. Gewinnvortrag/Verlustvortrag;
  V. Jahresüberschuss/Jahresfehlbetrag.

B. Rückstellungen:
  1. Rückstellungen für Pensionen und ähnliche Verpflichtungen;
  2. Steuerrückstellungen;
  3. sonstige Rückstellungen.

C. Verbindlichkeiten:
  1. Anleihen, davon konvertibel;
  2. Verbindlichkeiten gegenüber Kreditinstituten;
  3. erhaltene Anzahlungen auf Bestellungen;
  4. Verbindlichkeiten aus Lieferungen und Leistungen;
  5. Verbindlichkeiten aus der Annahme gezogener Wechsel und der Ausstellung eigener Wechsel;
  6. Verbindlichkeiten gegenüber verbundenen Unternehmen;
  7. Verbindlichkeiten gegenüber Unternehmen, mit denen ein Beteiligungsverhältnis besteht;
  8. sonstige Verbindlichkeiten, davon aus Steuern, davon im Rahmen der sozialen Sicherheit.

D. Rechnungsabgrenzungsposten.

E. Passive latente Steuern.

Beispiele und Hinweise zu einigen Bilanzpositionen:

Aktivposten		Passivposten	
A I 1.:	eigene Patente	A I:	Nennwert der ausgegebenen Aktien
A I 2.:	erworbene Lizenzen	A III 2.:	Zweckgebundene Rücklage zum Kauf von Aktien der Muttergesellschaft
A I 3.:	der bei einem Unternehmenskauf über den Wert der Vermögensgegenstände gezahlte Preisanteil für Kundenstamm, Ruf des Unternehmens usw.	C I.:	konvertible Anleihen werden nicht zurückgezahlt, sondern in Aktien umgetauscht
A II 4.:	Vorauszahlung für eine bestellte, aber noch nicht gelieferte Maschine	C 8.:	noch nicht überwiesene Zahllast oder Sozialversicherungsbeiträge
A III 1.–4.	nur langfristige Finanzanlagen in Aktien, Anleihe oder gewährte Darlehen dürfen im Anlagevermögen stehen	D.:	Passive Abgrenzung von Einzahlungen, die Erträge des nächsten Jahres betreffen
B III 1.–2.:	kurzfristige Anlagen von liquiden Mitteln gehören zum Umlaufvermögen	E.:	Posten wird angesetzt, wenn der Gewinn in der Handelsbilanz größer ist als der in der Steuerbilanz
C.:	Aktive Abgrenzung von Auszahlungen, die Aufwendungen des nächsten Jahres betreffen		
D.:	Posten wird angesetzt, wenn der Gewinn in der Handelsbilanz kleiner ist als in der Steuerbilanz		
E.:	bei Insolvenz geschütztes Sondervermögen, z. B. für Betriebsrente		

Große Kapitalgesellschaften müssen ihre Bilanzen veröffentlichen. Außerdem schreibt das HGB zur Erhöhung der Bilanzklarheit noch folgende **Angaben** vor:

- Für jeden einzelnen **Bilanzposten des Anlagevermögens** muss dessen Entwicklung im Anhang dargestellt werden [§ 284 III HGB]. Eine mögliche Darstellungsform stellt der Anlagespiegel[1] vor.
- Die **Höhe der Forderungen** mit einer **Restlaufzeit von mehr als einem Jahr** muss bei dem jeweiligen Bilanzposten gesondert ausgewiesen werden [§ 268 IV HGB].
- Der **Betrag der Verbindlichkeiten** mit einer **Restlaufzeit bis zu einem Jahr** und der Betrag der Verbindlichkeiten mit einer **Restlaufzeit von mehr als einem Jahr** ist bei dem jeweiligen Bilanzposten anzugeben oder in Form eines Verbindlichkeitsspiegels[2] darzustellen [§ 268 V, S. 1 HGB]. Unabhängig von dieser die Bilanz betreffenden Vorgabe bleibt die Verpflichtung bestehen, **im Anhang** Verbindlichkeiten mit einer **Laufzeit von mehr als fünf Jahren anzugeben** [§ 285 Nr. 1 HGB].
- **Eventualverbindlichkeiten** (z. B. aus der Weitergabe von Wechseln, aus Bürgschaften oder aus Gewährleistungsverträgen) müssen unter der Bilanz [§ 251 HGB] oder im Anhang [§ 268 VII HGB] gesondert ausgewiesen werden.

---

[1] Der Lehrplan sieht die Behandlung des Anlagespiegels nicht vor.
[2] Der Lehrplan sieht die Behandlung des Verbindlichkeitenspiegels nicht vor.

(2) Bilanzschema kleiner Kapitalgesellschaften

Kleine Kapitalgesellschaften müssen nur eine verkürzte Bilanz veröffentlichen. In dieser Bilanz sind nur die mit Buchstaben und römischen Zahlen bezeichneten Posten des vollständigen Gliederungsschemas aufzuführen [§ 266 I, S. 3 HGB].[1]

Aktiva	Bilanzschema kleiner Kapitalgesellschaften	Passiva

A. Anlagevermögen
  I. Immaterielle Vermögensgegenstände
  II. Sachanlagen
  III. Finanzanlagen
B. Umlaufvermögen
  I. Vorräte
  II. Forderungen und sonstige Vermögensgegenstände
  III. Wertpapiere
  IV. Flüssige Mittel
C. Rechnungsabgrenzungsposten
D. Aktive latente Steuern
E. Aktiver Unterschiedsbetrag aus der Vermögensrechnung
		A. Eigenkapital
		  I. Gezeichnetes Kapital
		  II. Kapitalrücklage
		  III. Gewinnrücklagen
		  IV. Gewinn-/Verlustvortrag
		  V. Jahresüberschuss/Jahresfehlbetrag
		B. Rückstellungen
		C. Verbindlichkeiten
		D. Rechnungsabgrenzungsposten
		E. Passive latente Steuern

12.1.2.3 Gliederung der Gewinn- und Verlustrechnung

Nach § 275 HGB müssen Kapitalgesellschaften ihre Gewinn- und Verlustrechnung in der **Staffelform** gliedern. Eine Darstellung in der Kontoform ist ihnen nicht gestattet. Sofern in der Buchführung eine GuV-Rechnung in der Kontoform aufgestellt wird, ist diese für den zu veröffentlichenden Jahresabschluss in die Staffelform zu übertragen. Wie bei der Bilanz ist auch hier zu jedem Posten der Vorjahresbetrag anzugeben.

Die Gewinn- und Verlustrechnung darf wahlweise nach dem **Gesamtkostenverfahren** oder nach dem **Umsatzkostenverfahren**[2] gegliedert werden.

Nach § 285 HGB sind verschiedene Posten der GuV-Rechnung im Anhang zum Jahresabschluss zu erläutern (vgl. Kapitel 12.1.2.4, S. 357).

- **Kapitalgesellschaften** müssen ihre GuV-Rechnung in der **Staffelform** erstellen.
- Am häufigsten wird das **Gesamtkostenverfahren** nach § 275 II HGB angewandt. Man geht dabei von den angefallenen Gesamtkosten aus und passt diese durch Berücksichtigung der Bestandsveränderungen an unfertigen und fertigen Erzeugnissen an die erzielten Umsatzerlöse an.

---

1 **Mittelgroße Kapitalgesellschaften** müssen ihre Bilanz zwar nach dem vollständigen Gliederungsschema des § 266 II, III HGB erstellen, sie brauchen aber ihre Bilanz nur nach dem Bilanzschema für kleine Kapitalgesellschaften zu veröffentlichen [§ 327 I HGB].

2 Auf die Darstellung des Umsatzkostenverfahrens wird verzichtet, da es in der Praxis geringe Bedeutung hat.

Gliederung der GuV-Rechnung in Staffelform nach dem Gesamtkostenverfahren
[§ 275 II HGB][1]

1. Umsatzerlöse
2. Erhöhung oder Verminderung des Bestands an fertigen und unfertigen Erzeugnissen
3. andere aktivierte Eigenleistungen
4. sonstige betriebliche Erträge
5. Materialaufwand:
    a) Aufwendungen für Roh-, Hilfs- und Betriebsstoffe und für bezogene Waren
    b) Aufwendungen für bezogene Leistungen
6. Personalaufwand:
    a) Löhne und Gehälter
    b) soziale Abgaben und Aufwendungen für Altersversorgung und für Unterstützung, davon für Altersversorgung
7. Abschreibungen:
    a) auf immaterielle Vermögensgegenstände des Anlagevermögens und Sachanlagen sowie auf aktivierte Aufwendungen für die Ingangsetzung und Erweiterung des Geschäftsbetriebs
    b) auf Vermögensgegenstände des Umlaufvermögens, soweit diese die in der Kapitalgesellschaft üblichen Abschreibungen überschreiten
8. sonstige betriebliche Aufwendungen
9. Erträge aus Beteiligungen, davon aus verbundenen Unternehmen
10. Erträge aus anderen Wertpapieren und Ausleihungen des Finanzanlagevermögens, davon aus verbundenen Unternehmen
11. sonstige Zinsen und ähnliche Erträge, davon aus verbundenen Unternehmen
12. Abschreibungen auf Finanzanlagen und auf Wertpapiere des Umlaufvermögens
13. Zinsen und ähnliche Aufwendungen, davon an verbundene Unternehmen
14. Steuern vom Einkommen und vom Ertrag
15. **Ergebnis nach Steuern**
16. sonstige Steuern*
17. **Jahresüberschuss/Jahresfehlbetrag**

* Der Kontenrahmen führt die betrieblichen (sonstigen) Steuern in der Position 8 „sonstige betriebliche Aufwendungen".

Erläuterungen:

Die **Umsatzerlöse** nach § 277 I HGB umfassen

- die Erlöse aus dem **Verkauf und der Vermietung oder Verpachtung von Produkten** abzüglich der Erlösschmälerungen, der Umsatzsteuer sowie sonstiger direkt mit dem Umsatz verbundenen Steuern (z. B. Zölle und Verbrauchssteuern wie Energie- oder Tabaksteuer).
- Erlöse aus der **Erbringung von Dienstleistungen** nach Abzug von Erlösschmälerungen, der Umsatzsteuer sowie sonstiger direkt mit dem Umsatz verbundenen Steuern. Hierzu zählen beispielsweise Erträge aus dem Abverkauf überzähliger Roh-, Hilfs- und Betriebsstoffe, Erlöse aus dem Schrottwert von Ausschussprodukten, Mieteinnahmen aus Werkswohnungen, Patent- und Lizenzerträge, Kantinenerlöse und Erträge aus der Betriebskindertagesstätte.
- Dadurch, dass die Umsatzerlöse nicht mehr auf die typischen Erzeugnisse und Dienstleistungen beschränkt sind, sondern auch die außergewöhnlichen Geschäftstätigkeiten einbezogen werden, wurden in der GuV-Rechnung die Posten **außerordentliche Aufwendungen und Erträge aufgehoben**.

Nicht unter den Umsatzerlösen, sondern unter den **sonstigen betrieblichen Erträgen** werden z. B. Erträge aus dem Abgang von Anlagevermögen, Erträge aus der Auflösung von Rückstellungen und Erträge aus Währungsumrechnungen ausgewiesen.

---

[1] Kleinstkapitalgesellschaften können eine verkürzte GuV-Rechnung in Staffelform ausweisen (siehe § 267a HGB).

Beispiel zum Gesamtkostenverfahren:

Die Überlinger Bootsbau AG bereitet den handelsrechtlichen Jahresabschluss vor. Aus der Buchführung liegt folgende zusammengefasste GuV-Rechnung vor:

Aufwendungen	GuV-Konto zum 31. Dez. 20.. (TEUR)		Erträge
Aufwendungen für Rohstoffe	2 450	Umsatzerlöse f. eigene Erz.	3 300
Aufwendungen für Betriebsstoffe	240	Umsatzerlöse f. Dienstleistungen	1 100
Frachten und Fremdlager	270	Bestandsveränderungen FE	75
Löhne	2 010	Nebenerlöse a. Verm. u. Verp.	380
Gehälter	1 300	Erträge aus Beteiligungen	150
Soz.-Vers.-Beiträge	595	Zinserträge	105
Abschreibungen a. Sachanlagen	490		
Leasingaufwendungen	30		
Mieten, Pachten	190		
Büromaterial	78		
Versicherungsbeiträge	9		
Sonstige betriebliche Steuern	10		
Zinsaufwendungen	143		
Gewerbesteuer	106		
Körperschaftsteuer	606		
Jahresüberschuss	1 583		
	10 110		10 110

Aufgabe:
Erstellen Sie eine GuV-Rechnung in Staffelform nach § 275 II HGB!

Lösung:

Nr. lt. HGB[1]	Bezeichnung		Betrag in TEUR
1.	Umsatzerlöse	+	9 400
2.	Erhöhung des Bestands an fertigen Erzeugnissen	+	75
4.	sonstige betriebliche Erträge	+	380
5.	Materialaufwand:		
	a) Aufwendungen für Roh-, Hilfs- und Betriebsstoffe	–	2 690
	b) Aufwendungen für bezogene Leistungen	–	270
6.	Personalaufwand		
	a) Löhne und Gehälter	–	3 310
	b) soziale Abgaben	–	595
7.	Abschreibungen:		
	a) auf Sachanlagen	–	520
8.	sonstige betriebliche Aufwendungen	–	277
9.	Erträge aus Beteiligungen	+	150
11.	sonstige Zinsen und ähnliche Erträge	+	105
13.	Zinsen und ähnliche Aufwendungen	–	143
14.	Steuern vom Einkommen und vom Ertrag	–	712
15.	**Ergebnis nach Steuern**		**1 593**
16.	sonstige Steuern	–	10
17.	**Jahresüberschuss**		**1 583**

---

[1] Es werden nur die benötigten Positionen aus dem HGB übernommen. In der Praxis wird fortlaufend nummeriert.

12.1.2.4 Anhang

Bei Kapitalgesellschaften gehört zum Inhalt des Jahresabschlusses neben der Bilanz und der Gewinn- und Verlustrechnung außerdem noch der Anhang [§ 264 I HGB].

> Der **Anhang** soll zusätzlich zur Bilanz und Gewinn- und Verlustrechnung dazu beitragen, das Bild über die tatsächlichen Verhältnisse der Vermögens-, Finanz- und Ertragslage einer Kapitalgesellschaft zu verdeutlichen (Informationsfunktion).

> Nach § 284 II, III HGB sind im Anhang **Erläuterungen zur Bilanz und Gewinn- und Verlustrechnung** anzuführen (Beispiele).
>
> - Angabe der Bilanzierungs- und Bewertungsmethoden.
> - Angaben zu Abweichungen von den Bilanzierungs- und Bewertungsmethoden und deren Einfluss auf die Vermögens-, Finanz- und Ertragslage.
> - Höhe der Abschreibungen zu Beginn und Ende des Geschäftsjahres.
> - Änderungen in den Abschreibungen bei Zu- und Abgängen sowie Umbuchungen im Laufe des Geschäftsjahres.

> Nach § 285, Nr. 1–34 HGB u. a., sind **weitere Pflichtangaben** im Anhang anzugeben (Beispiele).
>
> - Gesamtbetrag der Verbindlichkeiten mit einer Restlaufzeit von mehr als fünf Jahren sowie die Verbindlichkeiten, die durch Pfandrecht oder ähnliche Rechte gesichert sind, unter Angabe von Art und Form der Sicherheit (Nr. 1).
> - Art und Zweck sowie Risiken, Vorteile und finanzielle Auswirkungen von nicht in der Bilanz einbehaltenen Geschäften (Nr. 3).
> - Aufgliederung der Umsatzerlöse nach Tätigkeitsbereichen sowie geografisch bestimmten Märkten soweit sich diese erheblich unterscheiden (Nr. 4).
> - Gewährte Vorschüsse und Kredite unter Angabe der Zinssätze, der wesentlichen Bedingungen und der im Geschäftsjahr zurückgezahlten oder erlassenen Beträge (Nr. 9 c).
> - Jeweils der Betrag und die Art der einzelnen Aufwendungen und Erträge von außergewöhnlicher Größenordnung oder außergewöhnlicher Bedeutung (Nr. 31).
> - Aufwendungen und Erträge, die einem anderen Geschäftsjahr zuzurechnen sind (Nr. 32).
> - Vorgänge von besonderer Bedeutung, die nach dem Schluss des Geschäftsjahres eingetreten und weder in der Gewinn- und Verlustrechnung noch in der Bilanz berücksichtigt sind, unter Angabe ihrer Art und ihrer Verwendung (Nachtragsbericht Nr. 33).
> - Der Beschluss über die Ergebnisverwendung ist in den Anhang aufzunehmen und als Anhangangabe offenzulegen (Nr. 34).

12.1.2.5 Lagebericht

Kapitalgesellschaften haben neben dem Jahresabschluss (Bilanz, Gewinn- und Verlustrechnung und dem Anhang) zusätzlich einen Lagebericht zu erstellen [§ 264 I, S. 1 HGB]. Von der Aufstellung eines Lageberichts sind kleine Kapitalgesellschaften und Kleinstkapitalgesellschaften befreit [§ 264 I, S. 4 HGB].

Im **Lagebericht** ist nach § 289 II HGB auf folgende Punkte einzugehen:

- die Risikomanagementziele und -methoden der Gesellschaft,
- auf besondere Vorgänge nach Schluss des Geschäftsjahres (z.B. Ausfall- und Liquiditätsrisiken),
- auf die voraussichtliche Entwicklung der Kapitalgesellschaft,
- auf den Bereich Forschung und Entwicklung,
- auf bestehende Zweigniederlassungen der Gesellschaft.

Im Gegensatz zum Anhang enthält der Lagebericht auch zukunftsorientierte Angaben.

Der **Lagebericht** gehört **nicht zu den Bestandteilen des Jahresabschlusses** einer Kapitalgesellschaft.

Übungsaufgaben

140 Vorschriften zur Aufstellung des Jahresabschlusses

1. Nennen Sie die einzelnen Bestandteile des Jahresabschlusses bei einer Kapitalgesellschaft!
2. Geben Sie an, in welcher Form Kapitalgesellschaften lt. HGB
   2.1 die Bilanz,
   2.2 die Gewinn- und Verlustrechnung aufstellen!

3. Beschreiben Sie die Aufgabe, die der Jahresabschluss zu erfüllen hat!
4. „Für Kapitalgesellschaften wird vom Gesetzgeber für die GuV-Rechnung die Staffelform vorgeschrieben, weil sie den Ausweis von Zwischensummen und Zwischenergebnissen ermöglicht, was bei einer Kontoform nicht möglich wäre." Erläutern Sie mit eigenen Worten, was dieser Satz über den Vorteil der Staffelform ausdrücken möchte!
5. Nennen Sie die Fristen, die Kapitalgesellschaften für die Aufstellung ihres Jahresabschlusses einhalten müssen!
    5.1 Kleine Kapitalgesellschaften
    5.2 Große und mittelgroße Kapitalgesellschaften

141 Offenlegung des Jahresabschlusses

Die Allgäumilch AG hatte in den beiden letzten Jahren einen Umsatz von 145 Mio. EUR bzw. 153 Mio. EUR, eine durchschnittliche Mitarbeiterzahl von 300 und Bilanzsummen von 29 Mio. EUR bzw. 32 Mio. EUR.

Aufgabe:
Geben Sie an, in welchem Umfang und in welcher Form der Jahresabschluss offengelegt werden muss!

142 Aufstellung des Jahresabschlusses

Zum 31. Dezember 20.. ergaben sich für die Wilken AG folgende Beträge:

Konten	
Sachanlagen	12 800 000,00 EUR
Finanzanlagen	600 000,00 EUR
Flüssige Mittel	800 000,00 EUR
Roh-, Hilfs- und Betriebsstoffe	4 200 000,00 EUR
Unfertige und fertige Erzeugnisse	3 200 000,00 EUR
Forderungen aus Lieferungen und Leistungen	2 300 000,00 EUR
Gezeichnetes Kapital	9 000 000,00 EUR
Gesetzliche Rücklage	1 000 000,00 EUR
Andere Gewinnrücklagen	4 140 000,00 EUR
Ergebnisvortrag aus früheren Perioden (Verlustvortrag)	60 000,00 EUR
Pensionsrückstellungen	2 700 000,00 EUR
Andere Rückstellungen	300 000,00 EUR
Anleihen	2 900 000,00 EUR
Bankschulden	720 000,00 EUR
Verbindlichkeiten aus Lieferungen und Leistungen	2 220 000,00 EUR
Umsatzerlöse für Erzeugnisse und Leistungen	18 390 000,00 EUR
Bestandsmehrungen Fertigerzeugnisse	100 000,00 EUR
Bestandsminderungen unfertige Erzeugnisse	20 000,00 EUR
Aktivierte Eigenleistungen	10 000,00 EUR
Sonstige betriebliche Erträge	380 000,00 EUR
Verbrauch an Roh-, Hilfs- und Betriebsstoffen	6 200 000,00 EUR
Personalaufwand	5 900 000,00 EUR
Bilanzielle Abschreibungen	700 000,00 EUR
Sonstige betriebliche Aufwendungen	4 660 000,00 EUR
Körperschaftsteuer	420 000,00 EUR
Sonstige Steuern	100 000,00 EUR

Aufgaben:

1. Erstellen Sie nach § 266 HGB die vorläufige Jahresbilanz vor Feststellung des Jahresabschlusses!
2. Errechnen Sie nach dem Gesamtkostenverfahren [§ 275 II HGB] den vorläufigen Jahresüberschuss!
3. Nennen Sie zwei Gründe, warum der Gesetzgeber zur Erfolgsermittlung Formvorschriften erlassen hat!
4. Nach erfolgter Aufstellung des Jahresabschlusses durch den Vorstand sieht das AktG und das HGB eine Prüfung durch den Aufsichtsrat (siehe § 171 AktG) und Abschlussprüfer (siehe § 316 HGB) vor.

   Begründen Sie, warum diese doppelte Prüfung notwendig ist!

143 GuV-Rechnung und Bilanz vor Gewinnverwendung

Die Böhme AG, München, stellt den Jahresabschluss zum 31. Dezember auf. Folgende Zahlen aus der Buchhaltung stehen zur Verfügung:

Konten (Beträge in TEUR)	Soll	Haben
Grundstücke und Gebäude	40 000	2 000
Technische Anlagen und Maschinen	68 600	6 500
Roh-, Hilfs- und Betriebsstoffe	39 000	
Unfertige Erzeugnisse	4 800	
Forderungen aus Lieferungen und Leistungen	115 000	111 000
Flüssige Mittel	131 600	124 000
Gezeichnetes Kapital		80 000
Kapitalrücklage		3 000
Gesetzliche Rücklage		2 200
Andere Gewinnrücklagen		3 800
Gewinn/Verlustvortrag	100	
Anleihen		5 000
Verbindlichkeiten aus Lief. u. Leist.	38 000	42 700
Sonstige Verbindlichkeiten	2 000	6 000
Umsatzerlöse für Erzeugnisse u. Leistungen	1 700	112 900
Bestandsveränderungen		?
Aktivierte Eigenleistungen		600
Zinserträge		300
Roh-, Hilfs- und Betriebsstoffaufwendungen	?	
Personal-/Sozialaufwand	42 900	
Abschreibungen auf Sachanlagen	5 000	
Zinsen und ähnliche Aufwendungen	800	
Sonstige betriebliche Aufwendungen	2 700	
Betriebliche Steuern	2 200	
Steuern vom Einkommen und vom Ertrag	5 600	

Inventurbestände am 31. Dezember:

Unfertige/fertige Erzeugnisse	3 800 TEUR
Roh-, Hilfs- und Betriebsstoffe	1 800 TEUR

Aufgaben:

1. Erstellen Sie die Gewinn- und Verlustrechnung in der Staffelform nach § 275 II HGB!
2. Erstellen Sie die Bilanz vor der Gewinnverwendung nach § 266 HGB!

12.2 Unterschiedliche Adressaten und deren Interessen am Jahresabschluss

12.2.1 Adressaten des Jahresabschlusses und der Schutz der Adressaten durch gesetzlich vorgeschriebene Bilanzen

(1) Adressaten des Jahresabschlusses

Der Jahresabschluss hat die Aufgabe, den Interessen bestimmter Personen (**Bilanzadressaten**) zu dienen. Sein zentrales Ziel ist es – mindestens einmal jährlich –, die Adressaten über die wirtschaftliche Lage des Unternehmens zu informieren. Die verschiedenen Bilanzadressaten (z. B. Anteilseigner, Gläubiger, Investoren, Finanzverwaltung) verfolgen dabei unterschiedliche Interessen.

Aktionäre	Sie erwarten aus dem Jahresabschluss Informationen über den **aktuellen Gewinn** bzw. die **zukünftigen Gewinnerwartungen** und sie möchten aus dem Jahresabschluss Hinweise entnehmen, wie das **Kursentwicklungspotenzial** ihrer Aktien zu beurteilen ist. Kleinaktionäre haben dabei insbesondere die Ertrags- und Kursentwicklung des Unternehmens im Blick, während die Großaktionäre vor allem auf den Fortbestand des Unternehmens achten.
Gläubiger	Sie richten ihr vorrangiges Informationsinteresse darauf, die **Kreditwürdigkeit des Unternehmens** sachgerecht beurteilen zu können. Sie wollen Informationen über die Haftungssubstanz (das Vermögen und die Zahlungsfähigkeit, d. h. die Liquidität) des Unternehmens erhalten.
Investoren	Sie möchten mithilfe des Jahresabschlusses **entscheidungsnützliche Informationen** über die Vermögens-, Finanz- und Ertragslage sowie deren Entwicklung im Zeitablauf erhalten. Sie erwarten insbesondere, dass der Jahresabschluss **alle relevanten Informationen** aufweist, die ihre wirtschaftlichen Entscheidungen beeinflussen können. Außerdem möchten die Investoren die Sicherheit haben, dass das Unternehmen über die Zeit hinweg die Vermögens-, Finanz- und Ertragslage nach denselben Kriterien bilanziert und bewertet, sodass sie die Chance haben, **Tendenzen zu erkennen**.
Finanz-verwaltung	Sie hat ein Interesse daran, dass die steuerpflichtigen Unternehmen ihre **Steuerbemessungsgrundlage** (z. B. zur Berechnung der Einkommensteuer) richtig ermitteln. Sie achtet daher insbesondere darauf, dass das **Prinzip der periodengerechten Gewinnermittlung** eingehalten wird. Sie möchte damit zum einen eine möglichst **hohe Gewinnsteuerzahlung** erzielen und zum anderen möchte sie eine **Gleichbehandlung** aller steuerpflichtigen Unternehmen erreichen (**Problem der Steuergerechtigkeit**).

(2) Gesetzlich vorgeschriebene Bilanzen[1]

Grundproblem des Jahresabschlusses ist, dass viele Vermögensgegenstände (z. B. Grundstücke, maschinelle Anlagen, Patentrechte) und Verbindlichkeiten (z. B. Fremdwährungsverbindlichkeiten, Sicherheit für den Eingang der Verbindlichkeiten aus Lieferungen und Leistungen) nicht exakt ermittelt werden können. Diese unsicheren Erwartungen führen dazu, dass das eine Unternehmen optimistische und das andere Unternehmen pessimistische Einschätzungen in den Jahresabschluss einfließen lässt, mit Auswirkungen auf die Höhe des Eigenkapitals und des Erfolgs.

---

[1] Wir beschränken uns im Folgenden lehrplangemäß auf die drei vom Gesetzgeber geregelten Bilanzarten.

Optimistische Bilanzierung	Pessimistische Bilanzierung
■ Überbewertung des Vermögens ■ Unterbewertung der Schulden ↓ Überhöhter Eigenkapital-Ausweis ↓ **Überhöhter Erfolgsausweis**	■ Unterbewertung des Vermögens ■ Überbewertung der Schulden ↓ Verkürzter Eigenkapital-Ausweis ↓ **Verkürzter Erfolgsausweis**

Quelle: Wöhe, Günter: Einführung in die allgemeine Betriebswirtschaftslehre, 24. Aufl., München 2010, S. 722.

Der Bilanzausweis ist damit ein unzulängliches Abbild der realen Situation eines Unternehmens.

Zum Schutz der Bilanzadressaten vor Falschinformationen und Falschberechnungen und, um die Vergleichbarkeit zwischen den Jahresabschlüssen gleichartiger Unternehmen herzustellen, hat der Gesetzgeber gesetzliche Vorschriften erlassen.

Die gesetzlichen Vorschriften führen zu den drei gesetzlich vorgeschriebenen Bilanzarten:

- **Handelsbilanz,**
- **Steuerbilanz** und
- **IAS/IFRS[1]-Bilanz.**

12.2.2 Grundsätzliches zur Handels-, Steuer- und IAS/IFRS-Bilanz

12.2.2.1 Handelsbilanz

Die **Handelsbilanz** ist eine nach handelsrechtlichen Vorschriften[2] erstellte Bilanz. Dominierendes Bilanzierungsprinzip des HGB ist das **Vorsichtsprinzip.**

Das Vorsichtsprinzip besagt z. B.,

- dass Vermögensgegenstände höchstens mit den Anschaffungs- oder Herstellungskosten und die Verbindlichkeiten mit dem Erfüllungsbetrag anzusetzen sind,
- dass das Anlagevermögen bei einer dauernden Wertminderung mit dem niedrigeren Wert auszuweisen ist
- oder dass Gewinne erst dann in die Bilanz aufgenommen werden dürfen, wenn sie am Markt realisiert sind, während Verluste auch dann berücksichtigt werden müssen, wenn sie noch nicht realisiert sind.[3]

---

1 **IAS:** International Accounting Standards.
  IFRS: International Financial Reporting Standards.
  Die IAS/IFRS werden vom **International Accounting Standards Board (IASB)** mit Sitz in London herausgegeben. IAS sind die Standards bis 2001, neue Standards werden danach IFRS genannt.
2 Die handelsrechtlichen Vorschriften finden sich im dritten Buch des HGB [§§ 238–342e HGB].
3 Zu Einzelheiten siehe S. 368ff.

Die Folge dieser gesetzlichen Regelungen ist, dass die **Vermögensgegenstände eher zu niedrig** und die **Verbindlichkeiten eher zu hoch** angesetzt werden müssen, mit der Folge, dass dadurch ein zu **niedriger Gewinn** ausgewiesen wird. Das HGB weist damit dem **Schutz der Gläubiger** einen **höheren Rang** zu als dem Streben der Eigenkapitalgeber nach einer hohen Gewinnausschüttung **(Gesellschafterschutz)**.

Andererseits ist das HGB aber auch bemüht, den Anteilseignern (z. B. den Aktionären) eine **Mindestausschüttung** zu garantieren, indem es in den speziellen Rechnungslegungsvorschriften für Kapitalgesellschaften die Möglichkeit zur Bildung offener Rücklagen begrenzt [§§ 264–289 HGB].[1] Außerdem muss die Bildung stiller Rücklagen im Anhang erläutert werden.

Generell besteht dennoch zwischen dem **Vorsichtsprinzip** und den Erwartungen der Anteilseigner auf eine hohe **Gewinnausschüttung** ein **Zielkonflikt**. Lässt sich nämlich die Unternehmensleitung zu sehr vom Vorsichtsprinzip leiten, kürzt sie die Gewinnausschüttung, wodurch die Gefahr besteht, dass die Anteilseigner ihr Kapital aus dem Unternehmen abziehen.

Ein weiteres Ziel der Handelsbilanz ist, den Personen bzw. Institutionen, die ein berechtigtes Interesse an der Entwicklung des Unternehmens haben, **Informationen** zu liefern. Zu diesen Personen bzw. Institutionen zählen insbesondere die

- **Banken,** da sie bei Kreditgewährungen ihr Risiko besser abschätzen können.
- **Kapitalgeber** (z. B. Mitinhaber, Gläubiger), die ein Recht auf Information besitzen.
- **Mitarbeiter,** die ein Recht auf Unterrichtung über die wirtschaftliche und soziale Lage ihres Unternehmens haben [§ 43 I, II BetrVG].
- **Gerichte,** die bei Vermögensstreitigkeiten im Zweifel von der Richtigkeit der Zahlen der Buchführung und der Handelsbilanz ausgehen.

Allerdings besteht auch zwischen der **Informationspflicht** und dem **Vorsichtsprinzip** ein **Zielkonflikt,** denn eine zu weitgehende Informationspolitik durch die Geschäftsleitung über die Entwicklung des Unternehmens gibt einerseits den Konkurrenten die Möglichkeit sich darauf einzustellen und andererseits besteht die Gefahr, dass (bei einer entsprechenden Unternehmenssituation) die Anteilseigner ihr Kapital aus dem Unternehmen abziehen.

- Wichtige Kriterien der Handelsbilanz sind der **Gläubigerschutz**, der **Gesellschafterschutz** und die **Informationspflicht**.
- Es bestehen **Zielkonflikte** zwischen
    - der vorsichtigen Bewertung **(Gläubigerschutz)** und der Höhe der Gewinnausschüttung **(Gesellschafterschutz),**
    - der **Informationspflicht** und dem **Vorsichtsprinzip**.

---

1 Zur Berechnung des Bilanzgewinns/Bilanzverlustes wiederholen Sie bitte die Ausführungen auf S. 218f.

12.2.2.2 Steuerbilanz

- Die **Steuerbilanz** ist eine unter Berücksichtigung steuerrechtlicher Vorschriften aus der Handelsbilanz abgeleitete Vermögensübersicht.[1] Sie dient der Ermittlung der **steuerrechtlichen Bemessungsgrundlage** zur Berechnung der Körperschaftsteuer (Kapitalgesellschaften), der Einkommensteuer (Einzelkaufleute und Personengesellschaften) und der Gewerbeertragsteuer.
- Eine Steuerbilanz müssen alle die Kaufleute erstellen, die nach HGB zur **Buchführung** und der **Erstellung eines handelsrechtlichen Jahresabschlusses** verpflichtet sind [§ 5 EStG].

Einziges **Ziel der Steuerbilanz** ist, eine **vollständige** und **gleichheitsgerechte** Abbildung der **finanziellen Leistungsfähigkeit** eines Unternehmens zu ermitteln. Dabei werden die Werte der Handelsbilanz immer dann in die Steuerbilanz übernommen **(Maßgeblichkeitsprinzip)**, wenn **keine steuerrechtlichen Sonderregelungen** bestehen.

Ein **Durchbrechen des Maßgeblichkeitsprinzips** erfolgt aufgrund der Rechtsprechung des Bundesgerichtshofs (BGH) z. B. bei handelsrechtlichen Aktivierungs- und Passivierungswahlrechten.[2] Diese werden im Steuerrecht zu Aktivierungsgeboten bzw. Passivierungsverboten. Dies führt dazu, dass bei handelsrechtlichen Bewertungswahlrechten – ohne steuerrechtliche Vorschriften – auf der **Aktivseite** der Steuerbilanz der **höchstmögliche**, auf der **Passivseite** der **niedrigstmögliche Ansatz** gewählt werden muss. Die Folge hiervon ist eine **Erhöhung des Eigenkapitals** bzw. des **ausgewiesenen Gewinns** in der Steuerbilanz. Damit steigt die zu entrichtende Gewinnsteuer des Unternehmens.

> **Beispiel:**
>
> Bei der Berechnung der Herstellungskosten einer Maschine **können** nach dem HGB allgemeine Kosten der Verwaltung oder soziale Kosten aktiviert werden. Betragen diese Kosten z. B. 6 000,00 EUR, so **müssen** sie in der Steuerbilanz ausgewiesen werden. Werden sie in der Handelsbilanz nicht aktiviert, so ist der Wert der Maschine in der Steuerbilanz um 6 000,00 EUR höher ausgewiesen als in der Handelsbilanz.

Der **steuerpflichtige Periodenerfolg** wird durch einen **Betriebsvermögensvergleich** ermittelt [§ 4 I EStG]:

```
  Reinvermögen lt. Steuerbilanz am Periodenende
- Reinvermögen lt. Steuerbilanz am Periodenanfang
+ Wert der Entnahmen
- Wert der Einlagen
= Steuerpflichtiger Periodenerfolg
```

---

1 Im Steuerrecht wird diese Vermögensübersicht als **Betriebsvermögen** bezeichnet.
2 Vgl. hierzu z. B. S. 373 und S. 399.

Die **steuerrechtlichen Vorschriften** sind

- zum einen darauf ausgerichtet, eine **Unterbewertung von Vermögen** und eine **Überbewertung von Schulden** in **Grenzen zu halten,** um eine **höhere Steuerzahlung** zu erreichen, und
- zum anderen strebt das Steuerrecht die **Gleichmäßigkeit der Besteuerung zwischen den Unternehmen** an (Problem der Steuergerechtigkeit).

Aus der Verschiedenartigkeit der Zielsetzungen von Handels- und Steuerbilanz entsteht ein **Zielkonflikt** zwischen den Unternehmen und der Finanzverwaltung. Die **Geschäftsleitung eines Unternehmens** strebt in der Regel nach einem **vorsichtigen Erfolgsausweis** (Eigenkapitalausweis eher zu niedrig als zu hoch; Aktivierung im Zweifelsfall: nein; Passivierung im Zweifelsfall: ja), während die **Finanzverwaltung** sich am **tatsächlich erwirtschafteten Gewinn** einer Periode orientiert (Eigenkapitalausweis eher zu hoch als zu niedrig; Aktivierung im Zweifelsfall: ja, Passivierung im Zweifelsfall: nein).

12.2.2.3 IAS/IFRS-Bilanz

- Die **IAS/IFRS-Bilanz** ist eine nach IAS/IFRS-Normen aufgestellte Bilanz mit dem Ziel, den **Eigenkapitalgebern** ein den **tatsächlichen Verhältnissen** entsprechendes Bild der Unternehmenssituation zu vermitteln.
- IAS/IFRS sind **internationale Rechnungslegungsvorschriften** mit der Zielsetzung, weltweit **einheitliche Jahresabschlussnormen** für Unternehmen aus verschiedenen Ländern vorzugeben.
- Die EU hat 2002 die IAS/IFRS durch die sogenannte **IAS-Verordnung** [EG/1606/2002] als **verbindliche Rechnungslegung** in Kraft gesetzt. Die IAS-Verordnung verpflichtet Unternehmen, die an einem **organisierten Kapitalmarkt** teilnehmen **(kapitalmarktorientierte Unternehmen),** ihre Konzernabschlüsse nach den IAS/IFRS-Vorschriften aufzustellen und zu publizieren.

Die wichtigsten **Zielsetzungen der IAS/IFRS-Bilanz** sind:

(1) Vermittlung von Informationen und Schutz der Eigenkapitalgeber (Investoren)[1]

Den (aktuellen oder potenziellen) Investoren soll bei ihrer Investitionsentscheidung eine **Entscheidungsunterstützung (decision usefullness)** geliefert werden. Dies soll dadurch erreicht werden, dass die Bilanz den Investoren ein den tatsächlichen Verhältnissen entsprechendes Bild der Vermögens-, Finanz- und Ertragslage eines Unternehmens präsentiert. Vermögen und Schulden sollen **neutral,** d. h. weder zu pessimistisch noch zu optimistisch bewertet werden. Die Bilanzadressaten sollen einen möglichst guten Einblick in die tatsächliche wirtschaftliche Lage erhalten **(true and fair view bzw. fair presentation).** Die **Bildung von stillen Reserven** durch Unterbewertung von Vermögen oder Überbewertung von Schulden ist **nicht erlaubt,** da die IAS/IFRS-Bilanz einen **eindeutigen Eigenkapitalausweis** vorlegen will. Adressat der IAS/IFRS-Bilanz sind die **Shareholder.**[2]

---

[1] Die Zielsetzung rührt daher, dass sich die angelsächsischen Unternehmen vor allem über den Kapitalmarkt finanzieren, und daher auf Investoren angewiesen sind.
[2] Shareholder: Aktionär. Vgl. hierzu S. 450 ff.

(2) Periodengerechte Gewinnermittlung

Die Ein- und Auszahlungen sind nicht nach dem Zeitpunkt ihrer Entstehung, sondern nach ihrer **wirtschaftlichen Zugehörigkeit** den einzelnen Perioden als Aufwand und Ertrag zuzuordnen. Zudem soll der zeitliche Zusammenhang zwischen dem Ertragsausweis und der Aufwandsverrechnung gewahrt werden **(matching principle)**. Dadurch wird erreicht, dass die wirtschaftliche Leistungsfähigkeit des Unternehmens innerhalb einer Periode korrekt ermittelt wird.

> **Beispiel:**
>
> Bei **langfristigen Fertigungsaufträgen** ist der zu erwartende Gesamtgewinn – soweit dieser verlässlich eingeschätzt werden kann – im Gegensatz zum Handelsrecht entsprechend dem Fertigstellungsgrad den einzelnen Rechnungsperioden zuzuordnen.
>
> - In den **einzelnen Fertigungsperioden** kommt es zum **Ausweis unrealisierter Gewinne**.
> - Ein **erwarteter Verlust** durch den Fertigungsauftrag ist sofort als **Aufwand** zu erfassen.

(3) Vergleichbarkeit von Bilanzen

Die Bilanzen sollen Zeitvergleiche von Jahr zu Jahr, sowohl intern als auch extern mit anderen Unternehmen, ermöglichen. Dies setzt Stetigkeit in den Ansatz- und Bewertungsmethoden voraus. Das **Stetigkeitsprinzip (consistency of presentation)** darf nur in Ausnahmefällen durchbrochen werden.

(4) Strikte Trennung von IAS/IFRS-Bilanz und Steuerbilanz

Die Ausrichtung der IAS/IFRS-Bilanz auf den Anlegerschutz schließt aus, dass aus ihr eine Steuerbilanz abgeleitet werden kann. Außerdem gibt die IAS/IFRS-Bilanz keine Grundlage zur Bestimmung von Ausschüttungen (Dividenden) ab.

Dadurch, dass die IAS/IFRS-Bilanz einen objektiven Ausweis der Vermögens-, Finanz- und Ertragslage eines Unternehmens in einer Periode vermittelt, wird indirekt auch die **Leistung des Managements** kontrolliert. Die Rechnungslegung nach IAS/IFRS ist damit ein Maßstab zur **Einschätzung der Managerqualität**, was zu **Zielkonflikten** führen kann.

12.2.2.4 Gegenüberstellung der verschiedenen Bilanzarten

	Handelsbilanz	Steuerbilanz	Bilanz nach IAS/IFRS
Vorrangige Ziele	Gläubigerschutz; Information	Vollständige und gleichheitsgerechte Besteuerung	Investorenschutz; Periodengerechte Gewinnermittlung
Vorherrschendes Bewertungsprinzip	Vorsichtsprinzip	Weitgehende Orientierung an Handelsbilanz (Maßgeblichkeitsprinzip)	Darstellung der tatsächlichen wirtschaftlichen Lage
Wertobergrenze für Anlagevermögen	Anschaffungs- und Herstellungskosten	siehe Handelsbilanz	Überschreitung der Anschaffungs- und Herstellungskosten bei Wertsteigerung

	Handelsbilanz	Steuerbilanz	Bilanz nach IAS/IFRS
Abschreibungs-verfahren	Alle planmäßigen Verfahren (linear, degressiv, leistungsbezogen)	Nur lineare Abschreibung erlaubt	Jeweils Vergleich der fortgeführten Anschaffungskosten mit dem erzielbaren Wert
Noch nicht realisierte Gewinne	Ertragserfassung erst nach Realisierung (Lieferung)	siehe Handelsbilanz	Anteilige Ertragsverrechnung entsprechend dem Fertigstellungsgrad
Behandlung des Disagios bei Darlehen	Wahlrecht zwischen sofortiger Aufwandsverrechnung und Verteilung über die Laufzeit	Verteilung über die Laufzeit zwingend	Verteilung über die Laufzeit zwingend

Zusammenfassung

- Wichtige **Bilanzadressaten** sind:
    - Aktionäre
    - Gläubiger
    - Investoren
    - Finanzverwaltung
- **Gesetzlich vorgeschriebene Bilanzen** sind:
    - Handelsbilanz
    - Steuerbilanz
    - IAS/IFRS-Bilanz
- Wichtige **Merkmale der Handelsbilanz** sind:
    - Gläubigerschutz
    - Informationspflicht
    - Gesellschafterschutz
- Die **Steuerbilanz** ist eine aus der Handelsbilanz abgeleitete Bilanz. Die Wertansätze der Handelsbilanz sind in die Steuerbilanz zu übernehmen **(Maßgeblichkeitsprinzip)**, es sei denn, abweichende steuerrechtliche Regelungen verlangen einen anderen Wertansatz **(Durchbrechung des Maßgeblichkeitsprinzips)**.
- Wichtigstes **Ziel der Steuerbilanz** ist die Ermittlung der **steuerrechtlichen Bemessungsgrundlage** für die Berechnung der Körperschaftsteuer, der Einkommensteuer und der Gewerbeertragsteuer.
- Wichtige **Merkmale der IAS/IFRS-Bilanz** sind:
    - Schutz der Eigenkapitalgeber (Shareholder)
    - objektive Informationspflicht
    - periodengerechte Gewinnermittlung
    - Vergleichbarkeit der Bilanzen
- Da mit den verschiedenen Bilanzarten auch unterschiedliche Ziele verfolgt werden, entstehen Zielkonflikte.

Übungsaufgaben

144 Adressaten des Jahresabschlusses und deren Interessen

1. 1.1 Skizzieren Sie die Erwartungen von Investoren an eine Bilanz!
   1.2 Geben Sie die Bilanzart an, die den Erwartungen der Investoren am meisten entgegenkommt!
2. Formulieren Sie zwei Zielkonflikte, die möglicherweise bei der Erstellung eines Jahresabschlusses entstehen!
3. Erläutern Sie die wichtigste Zielsetzung der Steuerbilanz!
4. Nennen Sie das wichtigste Unterscheidungsmerkmal zwischen der Handelsbilanz und der IAS/IFRS-Bilanz!
5. Erläutern Sie, warum das Steuerrecht handelsrechtliche Aktivierungs- und Passivierungswahlrechte in Aktivierungsgebote und Passivierungsverbote umwandelt!
6. Beschreiben Sie, welche Auswirkungen optimistische bzw. pessimistische Einschätzungen der Unternehmensentwicklung bei der Erstellung des Jahresabschlusses auf den Erfolgsausweis haben!
7. Geben Sie an, welche weiteren Personen neben den in Kapitel 12.2.1 (S. 361) genannten Adressaten ebenfalls ein deutliches Interesse am Jahresabschluss eines Unternehmens haben!

12.3 Rechnungslegungsgrundsätze nach HGB

Zwei wichtige Bilanzierungsprinzipien der Handelsbilanz sind der **Gläubigerschutz** und die **Informationspflicht**.

- Der **Gläubigerschutz** wird durch den **Grundsatz der Vorsicht** repräsentiert und mittels Bewertungsprinzipien präzisiert.
- Die **Informationspflicht** wird durch Grundsätze präzisiert, die insbesondere darauf abzielen, die **Nachhaltigkeit** der Informationen und die **periodengerechte Abgrenzung** des Erfolgs aufzuzeigen.

12.3.1 Materieller Grundsatz zur Sicherstellung des Gläubigerschutzes

Der in Handelsbilanzen im Vordergrund stehende Gläubigerschutz wird mit dem Bewertungsprinzip der Vorsicht und den daraus abgeleiteten Prinzipien erreicht. Die nachfolgende Tabelle gibt einen Überblick über die wichtigsten Bewertungsgrundsätze.[1]

---

[1] Zum Begriff Bewertung siehe S. 371.

Gläubigerschutz		
Grundsatz der Vorsicht [§ 252 I, Nr. 4 HGB]		Er fordert, dass vorsichtig zu bewerten ist. Es sind alle vorhersehbaren Risiken und Verluste, die bis zum Abschlussstichtag entstanden sind, zu berücksichtigen. Der Grundsatz der Vorsicht dient dem **Gläubigerschutz**. Aus dem Grundsatz der Vorsicht sind noch folgende Prinzipien abgeleitet:
	■ Anschaffungskostenprinzip	■ Vermögensgegenstände sind höchstens mit den Anschaffungs- oder Herstellungskosten anzusetzen.
	■ Höchstwertprinzip	■ Die Verbindlichkeiten sind mit ihrem Erfüllungsbetrag anzusetzen.
	■ Niederstwertprinzip	■ Bei einer dauernden Wertminderung muss beim Anlagevermögen der niedrigere Wert angesetzt werden.
	■ Realisationsprinzip	■ Gewinne dürfen erst dann ausgewiesen werden, wenn sie über den Markt, d. h. durch einen Verkauf, realisiert sind. Gewinne, die bis zum Abschlusstag noch nicht realisiert sind, dürfen nach dem Grundsatz der Vorsicht nicht berücksichtigt werden.
	■ Imparitätsprinzip[1]	■ Da noch nicht realisierte Verluste zu berücksichtigen sind, nicht realisierte Gewinne jedoch nicht, kommt es zu einer ungleichen Behandlung von nicht realisierten Verlusten einerseits und nicht realisierten Gewinnen andererseits.
	■ Wertaufhellungsprinzip	■ Noch nicht realisierte Verluste sind auch dann zu berücksichtigen, wenn sie erst zwischen dem Bilanzstichtag und dem Aufstellungstag der Bilanz bekannt geworden sind.

12.3.2 Formelle Grundsätze zur Erfüllung der Informationsfunktion

Mit den formellen Rechnungslegungsgrundsätzen will der Gesetzgeber einen möglichst uneingeschränkten und vergleichbaren Einblick in die Vermögens-, Finanz- und Ertragslage sicherstellen. Die in der nachfolgenden Tabelle zusammengestellten Bilanzierungsgrundsätze sollen die Informationsfunktion des Jahresabschlusses erleichtern.

Informationsfunktion		
Grundsatz der Bilanzkontinuität [§ 252 I, Nr. 1 HGB]	Die Wertansätze in der Eröffnungsbilanz müssen mit denen der Schlussbilanz des vorhergehenden Geschäftsjahres übereinstimmen.	
	Geschäftsjahr 1 — Schlussbilanz: Aktiva Gebäude 400 000,00 Passiva Geschäftsjahr 2 — Eröffnungsbilanz: Aktiva Gebäude 400 000,00 Passiva Bilanzidentität	
	Auch die Bezeichnungen für die einzelnen Bilanzposten müssen beibehalten werden.	
Grundsatz der Unternehmensfortführung [§ 252 I, Nr. 2 HGB]	Bei der Bewertung ist grundsätzlich davon auszugehen, dass die Unternehmenstätigkeit fortgeführt wird **(Going-concern-Prinzip)**.	
Grundsatz der Ansatzstetigkeit [§ 246 III HGB]	Die auf den vorhergehenden Jahresabschluss angewandten Ansatzmethoden sind beizubehalten. Daraus folgt, dass ein einmal in Anspruch genommenes Ansatzwahlrecht in den Folgejahren für diesen Fall nicht geändert werden darf.	

---
1 **Imparität:** Ungleichheit.

Informationsfunktion	**Grundsatz der Einzelbewertung und das Stichtagsprinzip** [§ 252 I, Nr. 3 HGB]	Die Vermögensgegenstände und Schulden sind **einzeln** zu bewerten. Die Bewertung ist auf den **Bilanzstichtag** zu beziehen.
	Grundsatz der Bewertungsstetigkeit [§ 252 I, Nr. 6 HGB]	Die auf den vorhergehenden Jahresabschluss angewandten Bewertungsmethoden sind beizubehalten.
	Grundsatz der Periodenabgrenzung [§ 252 I, Nr. 5 HGB]	Danach sind Aufwendungen und Erträge dem Geschäftsjahr zuzuordnen, in dem sie entstanden sind. Der Zeitpunkt der Zahlung ist nicht zu berücksichtigen.

12.3.3 Bilanzierungs- und Bewertungswahlrechte

Ausnahmsweise lässt der Gesetzgeber einige Bilanzierungswahlrechte (Aktivierung oder sofortige Aufwandsverrechnung) und Bewertungswahlrechte (Spielräume hinsichtlich der Höhe des zu bilanzierenden Postens) zu.

12.3.3.1 Bilanzierungswahlrechte am Beispiel des Disagios

- **Disagio (Damnum)** ist der **Unterschiedsbetrag** zwischen dem **Erfüllungsbetrag** (Rückzahlungsbetrag) und dem **Auszahlungsbetrag** einer Verbindlichkeit.
- Für das Disagio besteht ein **Aktivierungswahlrecht** [§ 250 III, S. 1 HGB]. Wird von diesem **Aktivierungswahlrecht Gebrauch gemacht,** ist das Disagio in den **Rechnungsabgrenzungsposten** der Aktivseite einzustellen und über die Laufzeit des Kredits **planmäßig abzuschreiben** [§ 250 III, S. 2 HGB].
- Wird von dem **Aktivierungsrecht kein Gebrauch** gemacht, ist das Disagio in der laufenden Rechnungsperiode als **Aufwand** zu buchen.

Auswirkungen des Bilanzierungswahlrechts

Durch die Aktivierung des Disagios sind der Jahresüberschuss und damit das Eigenkaptial höher. Gleichzeitig steigt das Umlaufvermögen durch den aktiven Rechnungsabgrenzungsposten.

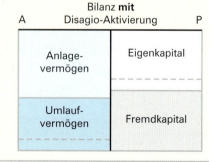

Bei einem **Bilanzierungswahlrecht** wird entschieden, **ob** ein Posten in die Bilanz aufgenommen wird.[1]

12.3.3.2 Bewertungswahlrechte am Beispiel der Abschreibung

(1) Begriff Bewertung

- **Bewerten** ist eine **Tätigkeit,** die das Ziel hat, den **Wert einer Sache** festzustellen.
- Feststellen bedeutet, dass der **Bewertende** entweder eine Entscheidung treffen kann, indem er **selbst den Wert zumisst,** oder dass er den **vorgefundenen Wert festhält und überträgt.**

(2) Wahlrecht des Abschreibungsverfahrens

Nach HGB ist jedes planmäßige Abschreibungsverfahren (linear, degressiv oder leistungsbezogen) erlaubt, um die ermittelten Anschaffungs- oder Herstellungskosten eines abnutzbaren Vermögensgegenstandes fortzuschreiben. Ein einmal gewähltes Abschreibungsverfahren muss dann während der Nutzungsdauer des Anlagegutes beibehalten werden.[2]

Beispiel:	
Die Meschenmoser AG kauft am 2. Januar einen Löffelbagger für 150 000,00 EUR. Die Nutzungsdauer wird auf 10 Jahre geschätzt. Der degressive Abschreibungssatz beträgt üblicherweise das Zweifache des linearen Abschreibungssatzes.	**Aufgabe:** Ermitteln Sie jeweils die Höhe des Bilanzansatzes des Baggers am Ende des ersten Nutzungsjahres, wenn die Meschenmoser AG sich für die lineare oder für die degressive Abschreibung entscheidet!

Lösung:
Bilanzansatz = fortgeführte Anschaffungskosten = Anschaffungskosten – Abschreibung
Lineare Abschreibung → Bilanzansatz = 150 000,00 – 15 000,00 = 135 000,00 EUR
Degressive Abschreibung → Bilanzansatz = 150 000,00 – 30 000,00 = 120 000,00 EUR

Bei einem **Bewertungswahlrecht** wird entschieden, **in welcher Höhe** ein Bilanzposten ausgewiesen wird.

Übungsaufgaben

145 Ziele und Prinzipien der Bewertung

1. Geben Sie den Zweck der Bewertung an!
2. Erklären Sie, aus welchem Grund der Staat handelsrechtliche Bewertungsvorschriften erlässt!
3. Erläutern Sie zwei handelsrechtliche Bewertungsgrundsätze!

---
1 Vgl. hierzu Kapitel 12.6.2, S. 392f.
2 Eine Ausnahme stellt der rechnerisch ermittelbare Zeitpunkt für den Wechsel vom degressiven zum linearen Abschreibungsverfahren dar.

4. Zeigen Sie an einem selbst gewählten Beispiel den Zusammenhang von Bewertung, Eigenkapital und Erfolg auf!

5. Das strenge Niederstwertprinzip besagt, dass bei der Bilanzierung von bestimmten Vermögensgegenständen immer der niedrigere Wert angesetzt werden muss.

Das Höchstwertprinzip besagt, dass bei der Bilanzierung von Schulden immer der höhere Wert angesetzt werden muss.

Aufgaben:

5.1 Nennen Sie den allgemeinen Bewertungsgrundsatz, von welchem beide Bewertungsvorschriften jeweils ausgehen!

5.2 Begründen Sie Ihre Meinung!

6. Unterscheiden Sie Bilanzierungs- und Bewertungswahlrechte!

12.4 Bewertung von Vermögensgegenständen des Anlagevermögens

12.4.1 Bewertungsmaßstäbe für das Anlagevermögen

Das Anlagevermögen wird zu Anschaffungs- oder Herstellungskosten bzw. den fortgeführten Anschaffungs- oder Herstellungskosten angesetzt.

12.4.1.1 Anschaffungskosten

Die **Anschaffungskosten** bestimmen sich nach § 255 I HGB. Sie werden danach wie folgt berechnet:

Anschaffungspreis:	Nettopreis ohne Umsatzsteuer[1]
− Anschaffungspreisminderungen:[2]	z. B. Rabatte, Skonti, Boni, Gutschriften, Zuschüsse, Subventionen
+ Anschaffungsnebenkosten:	Typische Beispiele sind: Transport-, Umbau-, Montagekosten, Aufwendungen für Provisionen, Notariats-, Gerichts-, Makler- und Registerkosten, Grunderwerbsteuer
= Anschaffungskosten	

Finanzierungskosten (z. B. Kreditzinsen, Gebühren) gehören **nicht** zu den Anschaffungsnebenkosten.

12.4.1.2 Herstellungskosten

(1) Begriff Herstellungskosten

> **Herstellungskosten** sind **Aufwendungen**, die durch den **Verbrauch von Gütern** und die **Inanspruchnahme von Diensten** für die **Herstellung, Erweiterung** oder **wesentliche Verbesserung** eines Vermögensgegenstands entstehen [§ 255 II HGB].

---

1 Der Vorsteuerbetrag, soweit er bei der Umsatzsteuer abgezogen werden kann, gehört nach § 9b EStG i. V. m. § 10 I UStG nicht zu den Anschaffungskosten (dem „aufgewendeten Entgelt des Leistungsempfängers").

2 Anschaffungspreisminderungen sind nur dann von den Anschaffungskosten abzusetzen, wenn sie diesen einzeln zugeordnet werden können. Andernfalls sind sie als Umsatzerlöse zu erfassen (z. B. mengen- oder umsatzabhängige Boni) [§ 255 I HGB].

Bei der Berechnung der Herstellungskosten unterscheidet das HGB in Kosten,

- die pflichtgemäß zu den Herstellungskosten zählen (**Aktivierungspflicht**),
- die wahlweise zu den Herstellungskosten gerechnet werden können (**Aktivierungswahlrecht**) und
- die nicht einbezogen werden dürfen (**Aktivierungsverbot**).

Der Begriff **Herstellungskosten** darf **nicht** mit dem Begriff **Herstellkosten** der Kosten- und Leistungsrechnung gleichgesetzt oder verwechselt werden.

(2) Ermittlung der Herstellungskosten

Kostenarten	Bewertung
Materialeinzelkosten + Fertigungseinzelkosten + Sondereinzelkosten der Fertigung + Angemessene[1] Teile der Materialgemeinkosten + Angemessene Teile der Fertigungsgemeinkosten + Verwaltungsgemeinkosten des Material- u. Fertigungsbereichs[2] + Werteverzehr des (sonstigen) Anlagevermögens, soweit dieser durch die Fertigung veranlasst ist	**Aktivierungspflicht**
= Wertuntergrenze	
+ angemessene Teile der Kosten der allgemeinen Verwaltung + Aufwendungen für freiwillige soziale Leistungen + Aufwendungen für die betriebliche Altersversorgung + angemessene Aufwendungen für soziale Einrichtungen des Betriebs + Fremdkapitalzinsen (unter bestimmten Voraussetzungen) [§ 255 III, S. 2 HGB]	**Aktivierungswahlrecht**
= Wertobergrenze	
Forschungskosten Vertriebskosten	**Aktivierungsverbot**

Erläuterungen:

Materialeinzel-kosten	Sie umfassen den bewerteten **Verbrauch von Roh- und Hilfsstoffen** sowie die selbst erstellten und fremdbezogenen **Fertigteile**. Die Höhe der Kosten bemisst sich bei Fremdbezug nach den Anschaffungskosten und bei Eigenherstellung nach den ermittelten Herstellungskosten.
Fertigungs-einzelkosten	Hierzu zählen im Wesentlichen die anfallenden Löhne und Lohnnebenkosten. Löhne und Gehälter können jedoch nur zu den Fertigungseinzelkosten gerechnet werden, wenn sie dem **jeweiligen Produkt einzeln zurechenbar** sind.
Sondereinzel-kosten der Fertigung	Dies sind Kosten, die einem **einzelnen Kostenträger** oder einer **Gruppe von Kostenträgern direkt zugerechnet werden können**. Hierzu zählen z. B. Kosten für Modelle, Spezialwerkzeuge, Entwürfe.

---

[1] In die Herstellungskosten einzubeziehen sind nur Gemeinkosten, deren Zurechnung sich klar nachvollziehen lässt. **Nicht** zu aktivieren sind außerordentliche, betriebsfremde, periodenfremde und unangemessen hohe Aufwendungen.

[2] Falls nicht in den Material- oder Fertigungskosten bereits enthalten.

Material- und Fertigungsgemeinkosten	Es dürfen nur **angemessene (notwendige) Teile** der Material- und Fertigungsgemeinkosten aktiviert werden. Das Angemessenheitsprinzip besagt, dass nur **tatsächlich angefallene Kosten** verrechnet werden dürfen, sodass die Istkosten die absolute Obergrenzen darstellen. Dabei ist von einer **Normalbeschäftigung** auszugehen. Grundsätzlich dürfen **fixe und variable Gemeinkosten** einbezogen werden. **Nicht einbezogen** werden dürfen die **neutralen Aufwendungen**.
Verwaltungsgemeinkosten des Material- und Fertigungsbereichs	Die Verwaltungsgemeinkosten sind aufzuschlüsseln und einer betrieblichen Funktion (z.B. Produktion, Materialbereich, Vertrieb, allgemeine Verwaltung) zuzuordnen. Für Verwaltungsgemeinkosten, die der **Produktion** bzw. dem **Materialbereich** zuzuordnen sind, besteht eine **Aktivierungspflicht**. Für Kosten, die der **allgemeinen Verwaltung** zuzurechnen sind, besteht ein **Aktivierungswahlrecht**. Sind die Verwaltungsgemeinkosten bereits in die Material- und Fertigungsgemeinkosten eingerechnet, entfällt dieser gesonderte Ausweis der Verwaltungsgemeinkosten.
Werteverzehr des Anlagevermögens	Hierzu zählt die **planmäßige Abschreibung** [§ 253 III, S. 1 und 2 HGB], die durch die **Fertigung veranlasst** wurde, **nicht** jedoch eine außerplanmäßige Abschreibung (Angemessenheitsprinzip).
Allgemeine Verwaltungskosten	Zu den Kosten der allgemeinen Verwaltung zählen z.B. Aufwendungen für Geschäftsleitung, Einkauf und Wareneingang, Betriebsrat, Personalbüro, Rechnungswesen, Ausbildungswesen u.Ä. **(Aktivierungswahlrecht)**. Handelt es sich um Kosten der **Material- oder Fertigungsverwaltung**, so **müssen** sie als Bestandteil der Material- und Fertigungsgemeinkosten **aktiviert** werden (siehe S. 373). **Verwaltungskosten des Vertriebsbereichs** dürfen **nicht aktiviert** werden.
Aufwendungen für freiwillige soziale Leistungen	Hierzu zählen solche Kosten, die **nicht arbeitsrechtlich** oder **tariflich** vereinbart worden sind, z.B. Jubiläumsgeschenke, Weihnachtszuwendungen, Wohnungsbeihilfen, Beteiligung der Arbeitnehmer am Unternehmensergebnis.
Aufwendungen für die betriebliche Altersversorgung	Dazu gehören z.B. Beiträge zu Direktversicherungen, Zuwendungen an Pensions- und Unterstützungskassen, Zuführung zu Pensionsrückstellungen.
Aufwendungen für soziale Einrichtungen des Betriebs	Dazu gehören z.B. Aufwendungen für Kantine, Sportstätten, Ferienerholungsheime.
Fremdkapitalzinsen	Sie können nur einbezogen werden, soweit sie der **Herstellungsfinanzierung** dienen, **direkt zurechenbar** sind und auf den **Herstellungszeitraum entfallen** [§ 255 III, S. 2 HGB].
Forschungskosten	Sie werden im HGB definiert als eigenständige und planmäßige Suche nach neuen wissenschaftlichen oder technischen Erkenntnissen oder Erfahrungen **allgemeiner Art**, über deren technische Verwertbarkeit und wirtschaftliche Erfolgsaussichten grundsätzlich keine Aussagen gemacht werden können [§ 255 IIa, S. 3 HGB]. Forschungskosten (Grundlagenforschung) dürfen **nicht aktiviert** werden. Sie sind unmittelbar als Aufwand zu buchen.
Vertriebskosten	Vertriebskosten zählen **nicht** zu den Herstellungskosten.

12.4.1.3 Tageswert

> Bei **Vermögensgegenständen** entspricht der Tageswert dem Betrag, der zum gegenwärtigen Zeitpunkt (Bilanzstichtag) zur Wiederbeschaffung eines identischen oder vergleichbaren Vermögenswertes aufgewendet werden müsste.

Ist der Tageswert (Börsen- oder Marktpreis) **höher** als die fortgeführten Anschaffungs- oder Herstellungskosten, so erfolgt die Bewertung aufgrund des Niederstwertprinzips zu den **Anschaffungs- bzw. Herstellungskosten**.

12.4.2 Zugangsbewertung beim Anlagevermögen

12.4.2.1 Anschaffungskosten von unbebauten und bebauten Grundstücken

(1) Anschaffungskosten eines unbebauten Grundstücks

Beispiel:

Die Hans Fricker KG kauft ferner ein angrenzendes 2 000 m² großes, unbebautes Grundstück. Der Quadratmeterpreis liegt bei 65,00 EUR. Die Grunderwerbsteuer beträgt 5 %, die Kosten der Grundbucheintragung 1 134,00 EUR. An Notariatskosten entstehen 2 040,00 EUR zuzüglich 19 % USt. Die Grundsteuer beträgt 83,50 EUR.

Aufgabe:

Ermitteln Sie die Anschaffungskosten des Grundstücks!

Lösung:

Kaufpreis (2 000 m² · 65,00 EUR/m²)	130 000,00 EUR
+ 5 % Grunderwerbsteuer	6 500,00 EUR
+ Grundbucheintragung	1 134,00 EUR
+ Notariatskosten	2 040,00 EUR
= Anschaffungskosten	139 674,00 EUR

Hinweis:

Die Grundsteuer ist kein Bestandteil der Anschaffungskosten! Sie ist eine jährliche Zahlung und wird als Aufwand gebucht.

(2) Anschaffungskosten eines bebauten Grundstücks

Bei bebauten Grundstücken ist bei der Ermittlung des Buchwertes zwischen dem abnutzbaren Gebäude und dem nicht abnutzbaren Grundstück zu unterscheiden. Rechtlich gesehen sind bebaute Grundstücke als eine Einheit anzusehen. Bei der Bewertung muss jedoch das Grundstück als nicht abnutzbarer Vermögensgegenstand vom Gebäude getrennt werden, weil das Gebäude als abnutzbarer Vermögensgegenstand planmäßig abgeschrieben werden muss.

Beispiel:

Die Esslinger Textil AG hat am 1. Januar eine Lagerhalle von einem Wettbewerber übernommen. Der Kaufpreis in Höhe von 2 100 000,00 EUR verteilt sich auf Grund und Boden in Höhe von 800 000,00 EUR und einen Gebäudewert von 1 300 000,00 EUR. Die Anschaffungsnebenkosten betragen insgesamt 129 990,00 EUR.

Aufgabe:

Berechnen Sie die Anschaffungskosten von Gebäude und Grundstück!

Lösung:

Aufteilung der Anschaffungsnebenkosten

Grund und Boden	800 000,00 EUR	→	8 Teile	→	49 520,00 EUR	8 · 6 190
Gebäude	1 300 000,00 EUR	→	13 Teile	→	80 470,00 EUR	13 · 6 190
			21 Teile	≙	129 990,00 EUR	
			1 Teil	≙	6 190,00 EUR	

Berechnung der Anschaffungskosten

Grund und Boden	800 000,00 EUR	+ 49 520,00 EUR	=	849 520,00 EUR
Gebäude	1 300 000,00 EUR	+ 80 470,00 EUR	=	1 380 470,00 EUR

12.4.2.2 Anschaffungskosten von beweglichen Anlagevermögen

Zum beweglichen Sachanlagevermögen zählen die **technischen Anlagen** und **Maschinen** für die Produktion, die nicht der Produktion dienenden **anderen Anlagen** (z. B. Fuhrpark) sowie die **Betriebs- und Geschäftsausstattung** (z. B. Schreibtische, Computer, Werkstätten, Kantine).

> **Beispiel:**
>
> Die Hans Fricker AG kauft Lagerregale bei der Stelzer OHG gegen Rechnungsstellung. Nettopreis: 18 500,00 EUR zuzüglich 19 % USt. Der Montagebetrieb Robert Heer KG berechnet an Transportkosten: 410,00 EUR zuzüglich 19 % USt und an Montagekosten: 820,00 EUR zuzüglich 19 % USt.
>
> Die Rechnung der Stelzer OHG wird durch Banküberweisung unter Abzug von 3 % Skonto beglichen, die Rechnung des Montagebetriebs Robert Heer KG wird ohne Abzug bar bezahlt.
>
> **Aufgabe:**
> Berechnen Sie die Anschaffungskosten!

Lösung:

	Anschaffungspreis		18 500,00 EUR
+	Anschaffungsnebenkosten: Transportkosten	410,00 EUR	
	Montagekosten	820,00 EUR	1 230,00 EUR
	vorläufige Anschaffungskosten		19 730,00 EUR
−	3 % Skonto aus 18 500,00 EUR		555,00 EUR
=	Anschaffungskosten		19 175,00 EUR

12.4.2.3 Herstellungskosten einer selbst erstellten Anlage

Viele Unternehmen stellen Spezialmaschinen und -werkzeuge für den Einsatz in der eigenen Produktion selbst her. Der Bewertungsspielraum ist aufgrund der Aktivierungswahlrechte für bestimmte Aufwandskomponenten (vgl. S. 373) recht hoch.

> **Beispiel:**
>
> Aus der KLR einer Maschinenfabrik ergeben sich folgende Kosten für die Herstellung einer Laserschneideeinrichtung für die eigene Fertigung bei normaler Kapazitätsauslastung:
>
> Verbrauch von Fertigungsmaterial 42 500,00 EUR, Fertigungslöhne 44 700,00 EUR, Sondereinzelkosten der Fertigung 10 900,00 EUR, angemessene Teile der Materialgemeinkosten

20 900,00 EUR, angemessene Teile der Fertigungsgemeinkosten 44 620,00 EUR, Verwaltungsgemeinkosten des Material- und Fertigungsbereichs 2 100,00 EUR, Abschreibungen, die durch die Fertigung veranlasst sind 14 100,00 EUR, angemessene allgemeine Verwaltungskosten 4 100,00 EUR, Aufwendungen für soziale Einrichtungen des Betriebs 550,00 EUR, Aufwendungen für freiwillige soziale Leistungen 50,00 EUR, Aufwendungen für betriebliche Altersversorgung 5 100,00 EUR, Fremdkapitalzinsen nach § 255 III, S. 2 HGB 995,00 EUR, Vertriebskosten 8 800,00 EUR. Die anteiligen Forschungskosten sind mit 9 400,00 EUR anzusetzen.

Aufgaben:
1. Ermitteln Sie den Mindestwertansatz (Wertuntergrenze)!
2. Ermitteln Sie den Höchstwertansatz (Wertobergrenze)!
3. Entscheiden Sie, welcher Ansatz zu wählen ist, um einen möglichst geringen Gewinnausweis zu erzielen!

Lösungen:

Zu 1.–2.:

Materialeinzelkosten	42 500,00 EUR	
Fertigungseinzelkosten	44 700,00 EUR	
Sondereinzelkosten der Fertigung	10 900,00 EUR	
Materialgemeinkosten	20 900,00 EUR	
Fertigungsgemeinkosten	44 620,00 EUR	
Verwaltungsgemeinkosten des Material- u. Fertigungsbereichs	2 100,00 EUR	
Werteverzehr des Anlagevermögens	14 100,00 EUR	
Herstellungskosten Mindestwertansatz		179 820,00 EUR
Angemessene allgemeine Verwaltungskosten	4 100,00 EUR	
Aufwendungen für freiwillige soziale Leistungen	50,00 EUR	
Aufwendungen für betriebliche Altersversorgung	5 100,00 EUR	
Aufwendungen für soziale Einrichtungen des Betriebs	550,00 EUR	
Fremdkapitalzinsen (Herstellungsfinanzierung)	995,00 EUR	10 795,00 EUR
Herstellungskosten Höchstwertansatz		190 615,00 EUR

Zu 3.: In diesem Fall sollte nur der Mindestwert aktiviert werden. Dadurch wird in der Bilanz ein niedrigeres Eigenkapital ausgewiesen und damit auch ein niedrigerer Gewinn.

> Der **Verzicht auf das Aktivierungswahlrecht** führt im Jahr der Herstellung der selbst erstellten Anlage zu einer höheren Aufwandsverrechnung und damit zu einem niedrigeren Gewinn.

Übungsaufgabe

146 Ermittlung von Anschaffungs- und Herstellungskosten

1. Berechnen Sie jeweils die Anschaffungskosten bzw. die Herstellungskosten!

    1.1 Wir kaufen eine Stanzmaschine im Wert von 48 000,00 EUR zuzüglich 19 % USt und erhalten einen Sonderrabatt von 10 %. An Transportkosten fallen 1 760,00 EUR zuzüglich 19 % USt an. Für die Inbetriebnahme werden Kosten in Höhe von 4 108,00 EUR zuzüglich 19 % USt berechnet. Die Rechnung wird unter Abzug von 2 % Skonto auf den Zieleinkaufspreis durch Banküberweisung beglichen. Für die Skontozahlung wurde ein Kontokorrentkredit aufgenommen. Die Bank berechnet 240,80 EUR Zinsen.

1.2 Kauf einer Abfüllanlage zu folgenden Bedingungen: Listeneinkaufspreis 85 100,00 EUR, abzüglich 3 % Rabatt. Verpackungskosten 980,00 EUR, Fracht 1 200,00 EUR, Transportversicherung 90,00 EUR, Fundamentierungskosten 2 000,00 EUR, Aufwendungen für eine Sicherheitsprüfung 150,00 EUR. Der Umsatzsteuersatz beträgt 19 %.

2. Für eine spätere Betriebserweiterung kauft die Futura AG ein größeres unbebautes Grundstück. Als Kaufpreis werden 500 000,00 EUR vereinbart. Die Grunderwerbsteuer beträgt 5 %, die Kosten der Grundbucheintragung 2 345,00 EUR. An Notariatskosten entstehen 3 540,00 EUR zuzüglich 19 % USt. Zur Begutachtung der Bebaubarkeit stellt der Sachverständige 5 000,00 EUR zuzüglich 19 % USt in Rechnung.

Aufgabe:
Ermitteln Sie die Anschaffungskosten des Grundstücks!

3. Aus der Kosten- und Leistungsrechnung einer Schulmöbelfabrik ergeben sich folgende Kosten für die Herstellung einer selbst genutzten Rohrbiegemaschine pro Jahr bei normaler Kapazitätsauslastung. Verbrauch von Fertigungsmaterial 21 250,00 EUR, Fertigungslöhne 22 350,00 EUR, Sondereinzelkosten der Fertigung 5 450,00 EUR, angemessene Teile der Materialgemeinkosten 10 450,00 EUR, angemessene Teile der Fertigungsgemeinkosten 21 400,00 EUR, allgemeine Verwaltungsgemeinkosten 9 100,00 EUR, Vertriebsgemeinkosten 4 800,00 EUR, Aufwendungen für soziale Einrichtungen des Betriebs 1 400,00 EUR, Aufwendungen für die betriebliche Altersversorgung 4 100,00 EUR, Werteverzehr des Anlagevermögens, der durch die Fertigung veranlasst ist, 3 200,00 EUR.

Aufgaben:
3.1 Ermitteln Sie den Mindestwertansatz der Rohrbiegemaschine!
3.2 Ermitteln Sie den Höchstwertansatz der Rohrbiegemaschine!
3.3 Entscheiden Sie, mit welchem Wert die Rohrbiegemaschine am Ende des Geschäftsjahres anzusetzen ist, wenn ein möglichst niedriger Gewinn ausgewiesen werden soll!

4. Ein Industrieunternehmen fertigt 50 Werkzeuge für die Produktion eines bestimmten Maschinentyps selbst. Hierfür waren 120 Arbeitsstunden zu je 46,00 EUR notwendig. Der Materialverbrauch betrug laut Entnahmescheinen 8 700,00 EUR. An Modellkosten für das Werkzeug fielen 4 200,00 EUR an. Die Kostenrechnungsabteilung rechnet mit folgenden Normal-Gemeinkostenzuschlagssätzen und Gemeinkosten: MGK 9 %, FGK 110 %, allgemeine VerwGK 3 300,00 EUR und VertrGK 7 200,00 EUR.

Der Werteverzehr des Anlagevermögens, der durch die Fertigung veranlasst ist, beträgt 800,00 EUR, die Aufwendungen für freiwillige soziale Leistungen 200,00 EUR, die Aufwendungen für die betriebliche Altersversorgung 1 040,00 EUR, die anteiligen Forschungskosten sind mit 5 100,00 EUR anzusetzen.

Anmerkung: Die Gemeinkosten sind im Sinne der Bewertung als angemessen anzusehen.

Aufgaben:
Berechnen Sie die Herstellungskosten je Werkzeug
4.1 mit dem Mindestwertansatz,
4.2 mit dem Höchstwertansatz!
4.3 Entscheiden Sie, welcher Ansatz für einen möglichst hohen Gewinnausweis zu wählen ist!

12.4.3 Folgebewertung beim Anlagevermögen

12.4.3.1 Allgemeine Regeln für die Folgebewertung von Anlagevermögen

Den einzelnen Bewertungsvorschriften ist im § 253 I, S. 1 HGB eine **allgemeine Bewertungsregel,** die für **alle Vermögensgegenstände** gilt, vorangestellt. Sie besagt:

- **Vermögensgegenstände** sind **höchstens** mit ihren **Anschaffungs- oder Herstellungskosten,** vermindert um **Abschreibungen,** anzusetzen.
- Die **Anschaffungs- oder Herstellungskosten** stellen eine **Höchstgrenze (Bewertungsobergrenze)** dar, die auch dann nicht überschritten werden darf, wenn die Wiederbeschaffungskosten über den Anschaffungskosten liegen **(Anschaffungskostenprinzip).**

Das **Anschaffungskostenprinzip verhindert,** dass ein **noch nicht realisierter (entstandener) Gewinn** ausgewiesen wird. Aus Gründen kaufmännischer Vorsicht dürfen **nicht realisierte Gewinne nicht ausgewiesen werden.**

> **Beispiel:**
> Ein Grundstück wurde beim Kauf mit 400 000,00 EUR aktiviert. Fünf Jahre später ist der Wert des Grundstücks auf 500 000,00 EUR angestiegen. Da das Grundstück weiterhin nur mit 400 000,00 EUR ausgewiesen werden darf, entstehen stille Rücklagen in Höhe von 100 000,00 EUR.

12.4.3.2 Bewertung des abnutzbaren Anlagevermögens

Beim **abnutzbaren Anlagevermögen** ist die **Nutzung zeitlich begrenzt** (z. B. Betriebsgebäude, Maschinen, Fuhrpark, Betriebs- und Geschäftsausstattung).

(1) Bilanzwerte auf der Grundlage planmäßiger Abschreibungen

- Grundsätzlich sind die **abnutzbaren Anlagegegenstände planmäßig** nach ihrer betriebsgewöhnlichen Nutzungsdauer **abzuschreiben** [§ 253 III, S. 1 und S. 2 HGB]. Der Plan muss die Anschaffungs- oder Herstellungskosten auf die Geschäftsjahre verteilen, in denen der Vermögensgegenstand voraussichtlich genutzt werden kann.
- Zum **Bilanzstichtag** sind die Anlagegüter grundsätzlich mit den **fortgeführten Anschaffungskosten** anzusetzen.

Beispiel 1:

Kauf einer Büroeinrichtung am Anfang des Geschäftsjahres für 78 000,00 EUR zuzüglich 19 % USt; betriebsgewöhnliche Nutzungsdauer: 13 Jahre; lineare Abschreibung.

Aufgabe:
Bestimmen Sie den Wert, mit dem die Büroeinrichtung am Ende des 1. Nutzungsjahrs (Nj.) bilanziert werden muss!

Excel

Lösung:

Anschaffungskosten	78 000,00	EUR
– planmäßige Abschreibung	6 000,00	EUR
= fortgeführte Anschaffungskosten zum 31. Dezember des 1. Nj.	72 000,00	EUR

Als Abschreibungsverfahren sind sowohl **zeitbezogene** (z. B. lineare oder degressive Abschreibung) als auch **leistungsbezogene Abschreibungen** (Abschreibung nach Leistungseinheiten) zulässig. Die Abschreibung beginnt mit dem Zeitpunkt der Lieferung bzw. Betriebsbereitschaft, auch wenn der Beginn der Nutzung später liegt.

Beispiel 2:

Für das bereits in der Zugangsbewertung bewertete bebaute Grundstück (vgl. S. 375) steht die Folgebewertung an. Die Nutzungsdauer des Gebäudes beträgt 40 Jahre, die Abschreibung erfolgt linear.

Aufgabe:
Ermitteln Sie den Wert, mit dem das bebaute Grundstück zu Beginn des 2. Jahres anzusetzen ist!

Lösung:

	Anschaffungskosten Gebäude	1 380 470,00 EUR
−	2,5 % Abschreibung 1. Jahr	34 511,75 EUR
=	Gebäudewert am Anfang des 2. Jahres	1 345 958,25 EUR
+	Grundstückswert unverändert	849 520,00 EUR
=	Bilanzansatz des bebauten Grundstücks	2 195 478,25 EUR

(2) Bilanzwerte auf der Grundlage außerplanmäßiger Abschreibung

■ **Außerplanmäßige Abschreibung bei vorübergehender Wertminderung**

Außerplanmäßige Abschreibungen **können** bei einer **vorübergehenden Wertminderung** nur bei **Finanzanlagen** vorgenommen werden [§ 253 III, S. 6 HGB] **(gemildertes Niederstwertprinzip)**[1]. Es handelt sich um ein **Bewertungswahlrecht**, das für das andere Anlagevermögen nicht gilt.

Beispiel: Vorübergehende Wertminderung beim Anlagevermögen

Die Franz Buschmann OHG kauft zu Beginn der Geschäftsperiode einen Pkw für 48 000,00 EUR zuzüglich 19 % USt; betriebsgewöhnliche Nutzungsdauer: 6 Jahre; lineare Abschreibung.

Infolge einer kurzfristigen Wirtschaftsflaute sind die Marktpreise für Pkw vorübergehend gesunken. Der Marktpreis für den Pkw liegt am Ende des 2. Nutzungsjahres bei ca. 30 000,00 EUR.

Aufgabe:
Ermitteln Sie den Wert, mit welchem der Pkw am Ende des 2. Nutzungsjahres bilanziert werden muss!

Lösung:

Eine außerplanmäßige Abschreibung darf nicht vorgenommen werden. Bilanziert wird mit den fortgeführten Anschaffungskosten in Höhe von 32 000,00 EUR.

	Anschaffungskosten	48 000,00 EUR
−	planmäßige Abschreibung zum 31. Dez. des 1. Nj.	8 000,00 EUR
=	fortgeführte Anschaffungskosten zum 31. Dez. des 1. Nj.	40 000,00 EUR
−	planmäßige Abschreibung zum 31. Dez. des 2. Nj.	8 000,00 EUR
=	fortgeführte Anschaffungskosten zum 31. Dez. des 2. Nj.	32 000,00 EUR

---

1 Es wird auch der Begriff **eingeschränktes Niederstwertprinzip** verwendet.

■ **Außerplanmäßige Abschreibung bei voraussichtlich dauernder Wertminderung**

Eine außerplanmäßige Abschreibung **muss** vorgenommen werden, wenn es sich um eine voraussichtlich **dauernde Wertminderung** handelt (**strenges Niederstwertprinzip** [§ 253 III, S. 5 HGB].

Beispiel:

Die Hugo Prompt KG kauft zu Beginn der Geschäftsperiode einen Kombiwagen für 30 000,00 EUR zuzüglich 19 % USt; betriebsgewöhnliche Nutzungsdauer: 6 Jahre; lineare Abschreibung.

Da inzwischen ein neues Modell mit erheblichen technischen Verbesserungen auf den Markt gebracht wurde, ist der Marktwert des alten Modells nachweislich gesunken. Der Kombiwagen hat daher am Ende des 2. Nutzungsjahres einen Wert von ca. 9 900,00 EUR.

Aufgaben:

1. Berechnen Sie den Wert, mit dem der Kombiwagen am Ende des 2. Nutzungsjahres zu bilanzieren ist!
2. Beurteilen Sie die Auswirkungen dieser Bewertung auf das Unternehmensergebnis!

Lösungen:

Zu 1.:
	Anschaffungskosten	30 000,00 EUR
−	planmäßige Abschreibung zum 31. Dez. des 1. Nj.	5 000,00 EUR
=	fortgeführte Anschaffungskosten zum 31. Dez. des 1. Nj.	25 000,00 EUR
−	planmäßige Abschreibung zum 31. Dez. des 2. Nj.	5 000,00 EUR
−	außerplanmäßige Abschreibung zum 31. Dez. des 2. Nj.	10 100,00 EUR
=	Wertansatz zum 31. Dez. des 2. Nj.	9 900,00 EUR

Zu 2.: Das Unternehmensergebnis verschlechtert sich zusätzlich um 10 100,00 EUR.

Obwohl der Kombiwagen noch nicht zu dem niedrigen Wert verkauft ist, muss der Wert wegen der dauernden Wertminderung und aus Gründen kaufmännischer Vorsicht herabgesetzt werden. Das **Niederstwertprinzip** führt somit zum **Ausweis** eines **noch nicht realisierten** (entstandenen) **Verlustes**.

Voraussichtlich dauernde Wertminderung beim Anlagevermögen	
§ 253 III, S. 5 HGB	**Pflicht** zur **außerplanmäßigen Abschreibung** bei voraussichtlich dauernder Wertminderung.

12.4.3.3 Bewertung des nicht abnutzbaren Anlagevermögens

Nicht abnutzbare Gegenstände des Anlagevermögens sind zum Beispiel **Beteiligungen,** unbebaute Grundstücke und der Wert des Grund und Bodens bebauter Grundstücke. Da unbebaute Grundstücke im Allgemeinen keinem Verbrauch unterliegen, ist eine planmäßige Abschreibung darauf nicht erlaubt. Bei bebauten Grundstücken ist daher immer nur vom Gebäudewert abzuschreiben.

Beim **nicht abnutzbaren Anlagevermögen** ist die **Nutzung zeitlich unbegrenzt.**

(1) Allgemeine Bewertungsregel

- Beim **nicht abnutzbaren Anlagevermögen** ist die Nutzung **zeitlich unbegrenzt**. Nicht abnutzbares Anlagevermögen ist **höchstens** mit den **Anschaffungs- bzw. Herstellungskosten** anzusetzen, d.h., eine **planmäßige Abschreibung** ist **nicht erlaubt**.

- Ist dem Vermögensgegenstand am Bilanzstichtag dauerhaft ein **niedrigerer Wert** beizumessen, **muss außerplanmäßig abgeschrieben werden** [§ 253 III, S. 5 HGB]. Es gilt das **strenge Niederstwertprinzip**.

Beispiel 1:

Ein Betriebsgrundstück steht mit 500 000,00 EUR Anschaffungskosten zu Buch. Da die Gemeinde für dieses Betriebsgrundstück überraschend ein Bauverbot beschlossen hat, tritt eine dauernde Wertminderung ein.

Der Tageswert beträgt zum 31. Dez. nur noch 300 000,00 EUR.

Aufgabe:

Bestimmen Sie den Wert, mit dem das Grundstück am 31. Dezember zu bilanzieren ist!

Lösung:

	Anschaffungskosten des Grundstücks	500 000,00 EUR
–	außerplanmäßige Abschreibung	200 000,00 EUR
=	Buchwert zum 31. Dezember	300 000,00 EUR

Wertminderung beim nicht abnutzbaren Anlagevermögen	
§ 253 III, S. 5 HGB	**Pflicht** zur **außerplanmäßigen Abschreibung** bei voraussichtlich dauernder Wertminderung.

Beispiel 2: Vorübergehende Wertminderung bei Finanzanlagen

Die Fritz Hulter GmbH kauft zur langfristigen Anlage 80 000 Aktien zum Kurs von 14,20 EUR. Am Bilanzstichtag notiert die Aktie mit 12,50 EUR.

Aufgabe:

Geben Sie die möglichen Werte an, mit welchem die Aktien am Bilanzstichtag bilanziert werden können!

Lösung:

Die Aktien können weiterhin mit den **Anschaffungskosten** bilanziert werden: 80 000 Stück · 14,20 EUR = 1 136 000,00 EUR.

Wird das **Bewertungswahlrecht genutzt** und eine außerplanmäßige Abschreibung vorgenommen, werden die Wertpapiere mit 80 000 Stück · 12,50 EUR = 1 000 000,00 EUR bilanziert.

Vorübergehende Wertminderung beim Anlagevermögen	
§ 253 III, S. 6 HGB	■ **Wahlrecht** für außerplanmäßige Abschreibung bei vorübergehender Wertminderung bei **Finanzanlagen**. ■ **Verbot** für außerplanmäßige Abschreibung bei vorübergehender Wertminderung beim **sonstigen Anlagevermögen**.

12.4.3.4 Zuschreibung (Wertaufholungsgebot)

Werden beim **Sachanlagevermögen** oder bei den **Finanzanlagen** außerplanmäßige Abschreibungen vorgenommen und stellt sich später heraus, dass die Gründe für diese Abschreibung nicht mehr bestehen, dann **muss** eine **Zuschreibung**, maximal bis zu den **(fortgeführten) Anschaffungskosten,** erfolgen. Eine Beibehaltung des niedrigeren Wertes ist nicht möglich [§ 253 V, S. 1 HGB].

Mit dieser generellen Zuschreibungspflicht besteht für den Bilanzierenden zu jedem Bilanzstichtag die Verpflichtung, die Voraussetzungen für eine Wertaufholung zu prüfen.

Beispiel:

Die Maschinenbau Gutmann AG hat eine Eloxiermaschine, deren Anschaffungskosten zu Beginn des Geschäftsjahres 20 000,00 EUR betrugen, bei einer Nutzungsdauer von 10 Jahren am Ende des 3. Geschäftsjahres nach der Anschaffung mit den fortgeführten Anschaffungskosten in Höhe von 14 000,00 EUR bilanziert.

Im Laufe des 4. Jahres nach der Anschaffung kommt eine neue Maschine auf den Markt, die bei gleichen Anschaffungskosten doppelt so schnell arbeitet. Dadurch verliert die alte Maschine nachweislich 50 % ihres Wertes.

Im 5. Jahr wird die Verwendung der neuen Maschine wegen umweltgefährdender und gesundheitsschädlicher Substanzen verboten.

Aufgaben:

1. Stellen Sie die zulässige Bewertung am Ende des 4. Geschäftsjahres nach der Anschaffung der Maschine fest!
2. Nehmen Sie die Bewertung am Ende des 5. Geschäftsjahres nach der Anschaffung vor!

Lösungen:

Zu 1.: Bewertung am Ende des 4. Geschäftsjahres nach der Anschaffung

	Wert zu Beginn des 4. Jahres	14 000,00 EUR
−	planmäßige Abschreibung	2 000,00 EUR
=	Zwischensumme	12 000,00 EUR
−	außerplanmäßige Abschreibung	6 000,00 EUR
=	Bilanzansatz am Ende des 4. Jahres	6 000,00 EUR

Begründung:

Da davon auszugehen war, dass es sich um eine voraussichtlich dauernde Wertminderung handelte, muss eine außerplanmäßige Abschreibung erfolgen.

Zu 2.: Bewertung am Ende des 5. Geschäftsjahres nach der Anschaffung

	Bewertung zu Beginn des 5. Geschäftsjahres nach der Anschaffung	6 000,00 EUR
−	planmäßige Abschreibung	1 000,00 EUR
=	Zwischensumme	5 000,00 EUR
+	Zuschreibung	5 000,00 EUR
=	Bilanzansatz am Ende des 5. Geschäftsjahres nach der Anschaffung	10 000,00 EUR

Begründung:

Da der Grund für die Wertminderung weggefallen ist, besteht eine **Zuschreibungspflicht**.

Wertaufholung	
§ 253 V, S. 1 HGB	Pflicht zur Wertaufholung. Obergrenze: fortgeführte Anschaffungskosten.

Zusammenfassung

Bewertung des beweglichen Anlagevermögens		

Zugangs-bewertung	**Anschaffungskosten**
	 (hier: Kaufpreis
	        + Nebenkosten
	        – Preisminderungen)
		oder **Herstellungskosten**
		 (hier: Kosten, die bei der Her-
		          stellung selbst erstellter
		          Anlagen entstehen)

Folge-bewertung	**(1) Normalfall**	Anschaffungs- oder Herstellungskosten – planmäßige Abschreibungen = **fortgeführte Anschaffungs-/Herstellungskosten**
	(2) Fall dauernder Wertminderung	fortgeführte Anschaffungs-/Herstellungskosten – außerplanmäßige Abschreibung = **Bilanzansatz bei dauernder Wertminderung**
	(3) Fall mit Wertaufholung	Bilanzansatz nach außerplanmäßiger Abschreibung – korrigierte planmäßige Abschreibungen = Zwischensumme + Zuschreibung (max. bis fortgeführte AHK nach (1) = **Bilanzansatz bei Wertaufholung**

Übungsaufgaben

147 Bewertung des Anlagevermögens

1. Die Werkzeugfabrik Böhler KG kauft zu Beginn des Geschäftsjahres 20.. einen neuen Lkw. Der Lkw mit einer Nutzungsdauer von 9 Jahren wird nach dreimaliger linearer Abschreibung vor dem Abschluss in der Buchführung mit den fortgeführten Anschaffungskosten in Höhe von 52 800,00 EUR ausgewiesen. Inzwischen ist der gleiche Typ mit verbesserter Technik auf den Markt gekommen. Dadurch ist der Marktwert für vergleichbare Altmodelle um 25 % gesunken.

   Aufgaben:
   1.1 Berechnen Sie die Anschaffungskosten!
   1.2 Geben Sie den jährlichen Abschreibungsbetrag an!
   1.3 Bestimmen und begründen Sie den Wert, mit dem der Lkw beim Jahresabschluss des vierten Geschäftsjahres zu bilanzieren ist!

2. Die Druck-Zuck OHG hat in der Bilanz des Geschäftsjahres 13 bei den Finanzanlagen ein Aktienpaket in Höhe der Anschaffungskosten von 150 000,00 EUR ausgewiesen. Beim Abschluss des Geschäftsjahres 14 beträgt der Kurswert der Aktien 170 000,00 EUR, beim Abschluss 15 ergibt sich ein Wert von 120 000,00 EUR und beim Abschluss 16 haben die Aktien einen Kurswert von 160 000,00 EUR.

   Aufgabe:
   Diskutieren Sie über die Möglichkeit der Bewertung der Aktien bei den Jahresabschlüssen 14, 15 und 16!

3. Die Franz Prenner OHG kauft ein unbebautes Grundstück mit einer Größe von 3 100 m² zum Preis von 40,00 EUR/m². Die Grunderwerbsteuer beträgt 5 %, an Notariatskosten fallen 1 950,00 EUR zuzüglich 19 % USt an, Kosten der Grundbucheintragung 1 050,00 EUR, Kos-

ten für ein Gutachten zur Bewertung des Kaufpreises 2 000,00 EUR zuzüglich 19 % USt, Maklergebühren 3,0 % vom Kaufpreis zuzüglich 19 % USt.

Aufgaben:

3.1 Berechnen Sie die Anschaffungskosten!

3.2 Am Ende des Jahres wird bekannt, dass das geplante Einkaufszentrum aus baurechtlichen Gründen nicht gebaut wird. Der Verkaufswert sinkt auf 80 000,00 EUR ab. Geben Sie an, mit welchem Wert das Grundstück zu bilanzieren ist! Begründen Sie den Wertansatz!

4. Die Hans Lemmer GmbH kauft zu Beginn des Jahres einen Kombiwagen:

	Listeneinkaufspreis netto	32 376,00 EUR
+	Überführungskosten	600,00 EUR
=		32 976,00 EUR
+	19 % USt	6 265,44 EUR
=	Kaufpreis	39 241,44 EUR

Aufgaben:

4.1 Geben Sie die Anschaffungskosten an!

4.2 Die Nutzungsdauer des Autos beträgt 6 Jahre (lineare Abschreibung). Berechnen Sie den Wertansatz zu Beginn des 3. Jahres!

4.3 Durch einen selbst verschuldeten Unfall tritt im 3. Jahr ein Wertverlust von 2 500,00 EUR ein. Ermitteln Sie den Wertansatz am Ende des 3. Jahres!

5. Die börsennotierte Bavatex AG mit Sitz in Konstanz erstellt zum Jahresende ihren Jahresabschluss nach den Vorschriften des HGB. Unter Beachtung der Bewertungsstetigkeit soll ein möglichst hoher Jahresüberschuss ausgewiesen werden.

5.1 Am 24.02. wurden 5 000 Stückaktien der Heidelberger Stahl AG zur langfristigen Anlage gekauft. Die Aktien der Heidelberger Stahl AG notierten an der Börse zu folgenden Kursen:

Kurs am 24.02.: 26,50 EUR/Aktie

Kurs am 31.12.: 24,00 EUR/Aktie

Der Vorstand der Bavatex AG erwartet trotz des Kursrückgangs zum Jahresende eine positive Entwicklung des Aktienkurses der Heidelberger Stahl AG.

Begründen und ermitteln Sie den Wertansatz dieser Aktien im Jahresabschluss! (Spesen und Gebühren bleiben unberücksichtigt!)

5.2 Begründen Sie den Wertansatz der 10 000 Aktien der Heidelberger Stahl AG im Jahresabschluss zum 31.12. des folgenden Jahres, wenn der Börsenkurs an diesem Bilanzstichtag auf 33,00 EUR steigen würde.

148 Bewertung von Gegenständen des Anlagevermögens

1. Die Allgäuer Getränke AG weist ihre Abfüllanlage, deren Nutzungsdauer 10 Jahre beträgt, zu Beginn des 7. Geschäftsjahres bei planmäßiger linearer Abschreibung mit den fortgeführten Anschaffungskosten in Höhe von 280 000,00 EUR aus. Inzwischen ist eine technisch wesentlich verbesserte Anlage auf den Markt gekommen. Dadurch ist der Wert der alten Anlage um 50 % gesunken.

Aufgaben:

1.1 Berechnen Sie die Anschaffungskosten!

1.2 Bestimmen Sie den Wert, mit dem die Anlage beim Jahresabschluss im 7. Jahr zu bilanzieren ist!

2. Die Huber Kleinmotoren AG hat für eine eventuelle Erweiterung des Betriebes 3000 m² eines angrenzenden Grundstücks zum ortsüblichen Preis von 155,00 EUR/m² gekauft. Der Notar schickt eine Rechnung einschließlich der Umsatzsteuer in Höhe von 4284,00 EUR. Die Grundbuchkosten betrugen 6975,00 EUR. Die Grunderwerbsteuer beträgt 5%. Aufgrund der vorübergehenden Flaute in der Bauwirtschaft fiel der ortsübliche Grundstückspreis zum Abschlussstichtag um 20%.

   Aufgaben:
   2.1 Ermitteln Sie die Anschaffungskosten für das Grundstück!
   2.2 Entscheiden Sie begründet, wie das Grundstück beim Abschlussstichtag zu bewerten ist!

3. Die Textilwerke Walter Wetzel GmbH besitzen in ihrem Anlagevermögen 5000 Stückaktien der Patrik Weibel AG. Kurs am Anschaffungstag 14,25 EUR/Stück.

   Aufgabe:
   Geben Sie die möglichen Bilanzansätze an, wenn der Kurs der Aktien am 31. Dezember 17 auf 13,05 EUR/Stück gesunken und zu Beginn des Jahres 18 wieder auf 14,55 EUR/Stück gestiegen ist!

4. Bei der Secura AG stellen sich am Ende des Geschäftsjahres folgende Bewertungsfragen:

   Kauf einer Lagerhalle mit Grundstück am 1. Januar   600 000,00 EUR
   5% Grunderwerbsteuer   30 000,00 EUR

   Kosten für die Prüfung der Bodenbeschaffenheit 16 000,00 EUR zuzüglich 19% USt, Maklerkosten 11 000,00 EUR zuzüglich 19 % USt.
   Der Wert des Grundstücks beträgt $1/5$ des Gesamtpreises, Kreditkosten infolge einer Darlehensaufnahme im Zusammenhang mit dem Kauf der Lagerhalle 2650,00 EUR, Grundsteuer 4100,00 EUR.

   Aufgaben:
   4.1 Berechnen Sie die Anschaffungskosten von Gebäude und Grundstück!
   4.2 Die Nutzungsdauer des Gebäudes beläuft sich auf 50 Jahre, die Abschreibung erfolgt linear. Bestimmen Sie, mit welchem Wert Grundstück und Gebäude zu Beginn des 2. Jahres anzusetzen sind!
   4.3 Ein Gutachten hat ergeben, dass das Grundstück am Ende des zweiten Jahres einen Wert von 530 000,00 EUR hat. Begründen Sie, ob die Secura AG diesen Wert ansetzen kann!

5. Die Nowotek GmbH hält in Form von Aktien eine Beteiligung an der Compakt AG, die mit den Anschaffungskosten in Höhe von 250 000,00 EUR bilanziert wurde. Wegen eines inzwischen beseitigten Mangels an einem der Hauptprodukte kam der Aktienkurs der Compakt AG vorübergehend unter Druck und betrug bei Aufstellung des Jahresabschlusses nur noch 80% der Anschaffungskosten.

   Aufgabe:
   Diskutieren Sie, wie die Nowotek GmbH die Beteiligung an der Compakt AG bewerten kann!

6. Die fortgeführten Anschaffungskosten einer Nietmaschine der Kontakt AG, deren Nutzungsdauer mit 10 Jahren anzusetzen ist, betragen zu Beginn des 4. Jahres nach der Anschaffung 49 000,00 EUR. Aufgrund einer Konjunkturschwäche ist das Preisniveau für derartige Maschinen nachweislich um 20% gesunken.

   Aufgabe:
   Stellen Sie den zulässigen Bilanzansatz am Ende des 4. Geschäftsjahres nach der Anschaffung fest!

7. Die ABC-AG hat ein unbebautes Grundstück, das nach Auskunft der Baubehörde in der Bebauungsplanung vorgesehen ist, mit einem um 50 % über den Preisen für noch nicht im Bebauungsplan einbezogene Grundstücke für 450 000,00 EUR gekauft.

Wegen der Proteste von Bürgerinitiativen und der Umweltschützer erwies sich die Spekulation auf eine mögliche Bebauung als nicht realisierbar. Daraufhin wurde das Grundstück den Werten für nicht bebaubare Grundstücke angepasst und mit dem niedrigeren Wert von 300 000,00 EUR angesetzt.

Durch eine nicht vorhersehbare neue politische Konstellation und eine weitere Einbeziehung von Grundstücken in die Bebauungsplanung sowie einer steuerlichen Förderung von Betriebserweiterungen und Baumaßnahmen stieg der Grundstückswert auf 550 000,00 EUR an.

Aufgaben:
7.1 Überprüfen Sie, ob die außerplanmäßige Abschreibung des Grundstücks rechtlich begründet ist!
7.2 Zeigen Sie begründet auf, welche Bewertung beim Jahresabschluss des laufenden Jahres für das Grundstück infrage kommt!

12.5 Bewertung des Umlaufvermögens

12.5.1 Bewertungsmaßstäbe für das Umlaufvermögen

Grundsätzlich sind Vermögensgegenstände des Umlaufvermögens wie die des Anlagevermögens mit den **Anschaffungs- oder Herstellungskosten** zu bewerten.[1] Ist der **Börsen- oder Marktpreis** am Abschlussstichtag **niedriger, so muss** – unabhängig von der Dauer der Wertminderung – der **niedrigere Wert** angesetzt werden **(strenges Niederstwertprinzip)**[§ 253 IV, S. 1 HGB].

Ist ein **Börsen- oder Marktpreis nicht festzustellen** und **übersteigen die Anschaffungs- oder Herstellungskosten** den Wert, der den Vermögensgegenständen am Abschlussstichtag beizulegen ist, so ist auf den **beizulegenden Zeitwert** abzuschreiben [§ 253 IV, S. 2 HGB].

Die Ermittlung des **beizulegenden Zeitwerts** ist in § 255 IV HGB geregelt. Danach gilt:

- Der beizulegende Zeitwert entspricht dem **Marktpreis**. Ein Marktpreis kann jedoch nur gebildet werden, wenn ein **aktiver Markt** besteht (z. B. eine Börse).

  Ein **aktiver Markt** erfüllt folgende **Bedingungen:**
  - Die dort gehandelten Produkte sind homogen,
  - abschlusswillige Käufer und Verkäufer können in der Regel jederzeit gefunden werden und
  - die Preise stehen der Öffentlichkeit zur Verfügung.

- Besteht **kein aktiver Markt**, ist der beizulegende Zeitwert mithilfe **allgemein anerkannter Bewertungsmethoden** zu bestimmen. Allerdings regelt das HGB nicht, was eine allgemein anerkannte Bewertungsmethode ist.

---
[1] Vgl. Kapitel 12.4.1, S. 372 ff.

- Wenn sich der beizulegende Zeitwert weder durch das Vorliegen eines Marktpreises noch durch eine allgemein anerkannte Bewertungsmethode ermitteln lässt, sind die **Anschaffungs-/Herstellungskosten fortzuführen.**

Beim **Tageswert** handelt es sich um den Zeitwert (Markt- oder Börsenwert am Bilanzstichtag) oder um die Wiederbeschaffungskosten.

Der Tageswert ist nur als **Vergleichswert** anzuwenden.

Fallen die Gründe für eine vorgenommene Abschreibung später weg, so besteht ein **Zuschreibungsgebot (Wertaufholungsgebot)**, maximal bis zu den **Anschaffungs- oder Herstellungskosten** [§ 253 V, S. 1 HGB].

Ist der Börsen- oder Marktpreis **höher** als die Anschaffungs- oder Herstellungskosten, so erfolgt die Bewertung zu den **Anschaffungs- bzw. Herstellungskosten**.

12.5.2 Bewertung von Wertpapieren des Umlaufvermögens

Zu den Wertpapieren des Umlaufvermögens zählen z.B. Aktien, festverzinsliche Wertpapiere und Optionsanleihen, die nur vorübergehend vom Unternehmen gehalten werden. Den Höchstwert für die Bilanzierung stellen die Anschaffungskosten dar [§ 253 I HGB]. Zu berücksichtigen sind als Anschaffungsnebenkosten Provisionen, Gebühren und Bankspesen.

12.5.2.1 Zugangsbewertung von Wertpapieren des Umlaufvermögens

Beispiel:

Zur kurzfristigen Geldanlage hat die Autoteile GmbH im Oktober 4800 Stück Aktien der Computer AG zu 160,00 EUR/Stück erworben. Beim Kauf sind Spesen in Höhe von 1% vom Kurswert angefallen.

Aufgabe:
Ermitteln Sie die Anschaffungskosten der 4800 Aktien!

Lösung:

Kurswert (4800 · 160,00 EUR)	768 000,00 EUR
+ 1% Spesen	7 680,00 EUR
= Anschaffungskosten	775 680,00 EUR

12.5.2.2 Folgebewertung von Wertpapieren des Umlaufvermögens

- Ist der **Börsen- oder Marktpreis** bzw. der **beizulegende Zeitwert** am Bilanzstichtag niedriger als die Anschaffungskosten, so ist dieser niedrigere Wert anzusetzen [§ 253 IV, S. 1 HGB]. Der niedrigere Ansatz ist auch dann vorzunehmen, wenn die **Wertminderung nur vorübergehend ist (strenges Niederstwertprinzip).**

- Ist der Börsen- oder Marktpreis **höher** als die Anschaffungskosten, so erfolgt die Bewertung zu den **Anschaffungskosten** [§ 253 I, S. 1 HGB].

> **Beispiel:**
>
> Die 4 800 Aktien der Computer AG sind zum Jahresende noch im Bestand der Autoteile GmbH.
>
> **Aufgaben:**
> 1. Bestimmen Sie den Bilanzansatz am 31. Dezember, wenn im 1. Fall der Börsenkurs 180,00 EUR und im 2. Fall der Börsenkurs 155,00 EUR beträgt!
> 2. Erläutern Sie, in welcher Weise das Unternehmensergebnis im 1. Fall bzw. im 2. Fall beeinflusst wird!

Lösungen:

1. Fall: Der Börsenkurs am 31. Dezember ist auf 180,00 EUR gestiegen

Zu 1.: Der Ansatz erfolgt zu den Anschaffungskosten, da sie die Wertobergrenze darstellen.

Zu 2.: Das Unternehmensergebnis wird nicht beeinflusst, da der Bilanzansatz den Anschaffungskosten entspricht.

2. Fall: Der Börsenkurs am 31. Dezember ist auf 155,00 EUR gefallen

Zu 1.: Das strenge Niederstwertprinzip verlangt einen Ansatz auf der Grundlage des niedrigeren Börsenkurses.

Kurswert (4 800 · 155,00 EUR)	744 000,00 EUR
+ 1 % Spesen	7 440,00 EUR
= Bilanzansatz	751 440,00 EUR

Zu 2.: Das Unternehmensergebnis verschlechtert sich durch die außerordentlichen Abschreibungen um 24 240,00 EUR.

> Bei der Bewertung von **Wertpapieren des Umlaufvermögens** gilt das **strenge Niederstwertprinzip**. Noch nicht realisierte **Kursgewinne dürfen nicht**, drohende **Kursverluste müssen** hingegen **berücksichtigt werden (Imparitätsprinzip).**

12.5.2.3 Zuschreibung von Wertpapieren des Umlaufvermögens (Wertaufholungsgebot)

> Fallen die Gründe für eine Abschreibung weg, so besteht ein Zuschreibungsgebot (Wertaufholungsgebot), **maximal bis zu den Anschaffungskosten** [§ 253 V, S. 1 HGB].

> **Beispiel:**
>
> Der Heizungsbauer Gutsfreund GmbH hat am 5. März 2017 zur kurzfristigen Kapitalanlage Aktien im Wert von 32 000,00 EUR gekauft. Am 31. Dezember 2017 beträgt der Wert der Aktien 29 500,00 EUR und am 31. Dezember 2018 40 000,00 EUR.
>
> **Aufgaben:**
> Nennen und begründen Sie den Bilanzansatz der Aktien an den Bilanzstichtagen 2017 und 2018!

Lösung:

Bilanzansatz	Betrag	Begründung
2017	29 500,00 EUR	Ansatz des niedrigeren Wertes [§ 253 IV, S. 1 HGB]. Strenges Niederstwertprinzip.
2018	32 000,00 EUR	Wertaufholung bis maximal zu den Anschaffungskosten [§ 253 I, S. 1 HGB].

Regeln zur Bewertung der Wertpapiere des Umlaufvermögens		
Situation	Bewertung	Rechtsgrundlage
Bei Anschaffung (Normalfall)	Anschaffungskosten (AK)	§ 253 I, S. 1 HGB
Bei vorübergehender Wertminderung	Abschreibungspflicht	§ 253 IV, S. 1 HGB
Bei dauernder Wertminderung	Abschreibungspflicht	§ 253 IV, S. 1 HGB
Bei späterem Wegfall der Abschreibungsgründe	Zuschreibungsgebot	§ 253 V, S. 1 HGB

Zusammenfassung

Vgl. Wöhe G.: Einführung in die Allgemeine Betriebswirtschaftslehre, 24. Auflage, München 2010, S. 739.

Übungsaufgaben

149 Bewertung von Wertpapieren des Umlaufvermögens

Ermitteln Sie die Bilanzansätze in den nachfolgenden Fällen!

1. Im Wertpapierdepot der FLORA GmbH befinden sich folgende Wertpapiere des Umlaufvermögens:

   1 500 Stück ABC-Aktien (Nennwert je Aktie 5,00 EUR) zum Anschaffungskurs von 31,50 EUR

   200 Stück Elektro-Aktien (Nennwert je Aktie 50,00 EUR) zum Anschaffungskurs von 322,90 EUR

   5 000,00 EUR Nennwert 6 %ige Bundesanleihen zum Anschaffungskurs von 101 %

   Die Börsenkurse am Bilanzstichtag betragen:
   ABC-Aktien 29,45 EUR; Elektro-Aktien 333,60 EUR, Bundesanleihe 103 %.

   Aufgaben:
   1.1 Unterbreiten Sie einen begründeten Vorschlag zur Bewertung der Wertpapiere! (Spesen: Aktien 1 % vom Kurswert, Anleihen 1 % vom Nennwert)!
   1.2 Erklären Sie das Imparitätsprinzip anhand eines Beispiels!

2. Im Umlaufvermögen der Vorjahresbilanz der Regensburger Maschinen AG waren 30 Stück Chemieaktien der Chemie Walther AG (Anschaffungskosten 105,00 EUR/Stück) enthalten.

   Für Spesen werden vereinfacht 1 % des Kurswertes gerechnet. In der vorläufigen Bilanz der Regensburger Maschinen AG wurden diese Wertpapiere am 31. Dezember 13 mit 3 276,00 EUR angesetzt. Ein Verkauf dieser Wertpapiere ist für das Jahr 14 nicht geplant.

   Aufgabe:
   Beurteilen Sie diese Bewertung und führen Sie eventuell eine Korrektur durch! (Rechnerischer Nachweis erforderlich.)

3. Ein Industrieunternehmen hat im Umlaufvermögen 1 560 Aktien, angeschafft zu 89,50 EUR/Stück. Am Jahresende beträgt der Börsenkurs 82,20 EUR/Stück.

   Aufgaben:
   Bestimmen Sie den jeweils zulässigen Bilanzansatz für das Industrieunternehmen
   3.1 bei niedrigem,
   3.2 bei hohem Jahresüberschuss!

150 Wertschwankungen bei Wertpapieren des Umlaufvermögens

Ein Unternehmen erwirbt am 1. Oktober 2016 zur kurzfristigen Anlage 500 Aktien der MXM AG zum Kurs von 100,00 EUR.

1. Am Bilanzstichtag 31. Dezember 2016 beträgt der Kurs je Aktie lediglich noch 80,00 EUR.
   Ermitteln und begründen Sie den Wertansatz am 31. Dezember 2016!

2. Im darauffolgenden Jahr erholt sich die Aktie wieder auf einen Aktienkurs von 120,00 EUR am 31.12.2017.
   Bestimmen Sie begründet den Bilanzansatz 2017!

12.6 Bewertung von Schulden

12.6.1 Bewertungsmaßstäbe für die Schulden

Die Bewertungsvorschriften für das **Vermögen** sollen erreichen, dass die **Güter eher zu niedrig als zu hoch** angesetzt werden. Dieser Vorsichtsgedanke beherrscht auch die Bewertung der Verbindlichkeiten. Er führt dazu, dass **Schulden eher zu hoch als zu niedrig** angesetzt werden müssen. Dieses Prinzip nennt man **Höchstwertprinzip**.

> **Verbindlichkeiten** sind zu ihrem **Erfüllungsbetrag** anzusetzen [§ 253 I, S. 2 HGB].

Die Bewertung der Verbindlichkeiten zum Erfüllungsbetrag umfasst zum einen **Geldleistungsverpflichtungen** und zum anderen **Sach- und Dienstleistungsverpflichtungen**.

- **Geldleistungsverpflichtungen** sind zum **Rückzahlungsbetrag** anzusetzen.
- **Sach- und Dienstleistungsverpflichtungen** sind mit dem voraussichtlichen **Geldwert der Aufwendungen** anzusetzen, der zur Begleichung der Verbindlichkeiten im Erfüllungszeitpunkt erforderlich ist.

Da der Gesetzgeber die Preis- und Kostenverhältnisse im Erfüllungszeitpunkt der Verbindlichkeitsbewertung zugrunde legt, sind eintretende **Preis- und Kostenerhöhungen** bzw. **Preis- und Kostensenkungen** zu berücksichtigen. Für die Verbindlichkeiten besteht ein **Abzinsungsverbot**.

Bei **Schulden** bestimmen sich die Wiederbeschaffungskosten durch den Betrag, der zum gegenwärtigen Zeitpunkt für die Begleichung der Schuld aufgewendet werden müsste **(Tageswert)**.

Der Tageswert ist auch hier nur als **Vergleichswert** anzuwenden.

Für die Verbindlichkeiten besteht ein **Abzinsungsverbot,** d.h. es dürfen keine Barwerte angesetzt werden.

12.6.2 Bewertung von Darlehensverbindlichkeiten

Darlehen, die unter Abzug eines Abgeldes **(Damnum, Disagio)**[1] ausgezahlt werden bzw. mit einem Aufgeld **(Agio)** zurückgezahlt werden müssen, sind mit dem höheren Erfüllungsbetrag anzusetzen.

12.6.2.1 Zugangsbewertung

> **Beispiel:**
>
> Wir nehmen am 5. Januar ein Festdarlehen bei unserer Bank in Höhe von 60 000,00 EUR auf. Auszahlungssatz 96 %. Laufzeit 4 Jahre.
>
> **Fall 1:** Das Disagio in Höhe von 2 400,00 EUR wird sofort in voller Höhe als zinsähnlicher Aufwand „Vorauszins" erfasst.

---

[1] Das Damnum (Disagio) soll insbesondere den Nominalzins absenken. Es handelt sich um eine laufzeitabhängige Zinsvorauszahlung. Näheres zum Disagio finden in im Kapitel 12.3.3, S. 370 und Kapitel 12.6.2.1, S. 392 f.

Fall 2: Das Disagio in Höhe von 2 400,00 EUR wird als Zinsaufwand auf die Laufzeit des Darlehens verteilt (abgeschrieben).

Aufgabe:
Ermitteln Sie die jeweilige Zugangsbewertung!

Lösung:

Zugangsbewertung am 5. Januar:

Fall 1:	Darlehensverbindlichkeit	60 000,00 EUR (Erfüllungsbetrag)
	Aktiver RAP (Disagio)	0,00 EUR (Aufwand schon verrechnet)
Fall 2:	Darlehensverbindlichkeit	60 000,00 EUR (Erfüllungsbetrag)
	Aktiver RAP (Disagio)	2 400,00 EUR (Aufwand wird später verrechnet)

12.6.2.2 Folgebewertung

Beispiel:

Wir greifen auf das Beispiel der Zugangsbewertung zurück.

Aufgabe:
Geben Sie an, welche Bilanzwerte sich hinsichtlich des Darlehens am Ende des ersten Jahres ergeben!

Lösung:

Folgebewertung am 31. Januar:

Fall 1:	Darlehensverbindlichkeit	60 000,00 EUR (Erfüllungsbetrag)
Fall 2:	Darlehensverbindlichkeit	60 000,00 EUR (Erfüllungsbetrag)
	Aktiver RAP (Disagio)	1 800,00 EUR (Aufwand anteilig [$^1/_4$] verrechnet/abgeschrieben)

Bewertung von Bankdarlehen		
Darlehensart	**HGB**	**Inhalt**
Darlehen ohne Disagio	§ 253 I, S. 2 HGB	Erfüllungsbetrag
Darlehen mit Disagio ■ Bilanzierung des Darlehensbetrags ■ Bilanzierung des Disagios	§ 253 I, S. 2 HGB § 250 III HGB	■ Erfüllungsbetrag ■ Aktivierung und planmäßige Abschreibung oder Buchung als Aufwand (Wahlrecht)

12.6.3 Bewertung von Fremdwährungsverbindlichkeiten

12.6.3.1 Zugangsbewertung

Werden Waren oder Werkstoffe aus dem Ausland importiert und diese in der Währung des exportierenden Landes fakturiert, so muss der Anschaffungswert durch Umrechnung der Fremdwährung in EUR zum **Devisenkassamittelkurs**[1] des Anschaffungstages ermittelt werden.

> **Verbindlichkeiten**, die auf eine **fremde Währung lauten,** sind mit dem **Devisenkassamittelkurs des Bilanzstichtags** umzurechnen und der **ermittelte Wert** in der **Bilanz auszuweisen** [§ 256a, S. 1 HGB].

Beispiel:

Die Textilfabrik Impex AG kauft in England Stoffe für 20 000,00 GBP gegen Rechnungsstellung. Der Devisenkassamittelkurs beträgt GBP 0,7208.

Aufgabe:
Berechnen Sie den Rechnungsbetrag in EUR!

Lösung:
20 000,00 GBP : 0,7208 = 27 746,95 EUR

12.6.3.2 Folgebewertung

Am Bilanzstichtag bestehende Währungsverbindlichkeiten sind – ebenso wie etwaige Währungsforderungen – zum **Devisenkassamittelkurs** der entsprechenden Währung an diesem Tag zu bewerten. Dabei sind zwei Fälle zu unterscheiden:

(1) Langfristige Fremdwährungsverbindlichkeiten (Restlaufzeit[2] von mehr als einem Jahr)

In diesem Fall sind – unter **Anwendung des Höchstwertprinzips** – die auf fremde Währung lautenden Verbindlichkeiten mit dem **Devisenkassamittelkurs des Bilanzstichtages** umzurechnen und jeweils mit dem **Wertansatz zum Zugangszeitpunkt** zu vergleichen [§ 256a, S. 1 HGB]. Daraus ergeben sich zwei Bewertungsmöglichkeiten:

- Ist der **Devisenkassamittelkurs (Tageskurs)** am Bilanzstichtag **niedriger als der Zugangskurs,** führt das zu einem höheren Eurowert der Verbindlichkeiten. Daher muss der **Wert des Bilanzstichtags** in der Bilanz ausgewiesen werden. Währungsverluste müssen auch vor ihrer Realisation ausgewiesen werden **(Imparitätsprinzip).**

- Liegt der **Devisenkassamittelkurs (Tageskurs)** am Bilanzstichtag **höher als der Zugangskurs,** führt das zu einem niedrigeren Eurowert der Verbindlichkeiten. Daher muss aus Gründen der kaufmännischen Vorsicht die Verbindlichkeit in der Bilanz mit dem **Zugangswert** ausgewiesen werden **(Höchstwertprinzip).** Währungsgewinne dürfen vor der Realisation nicht ausgewiesen werden **(Realisationsprinzip).**

---

1 Auf dem **Kassamarkt** (Spotmarkt) handeln die am Devisenhandel teilnehmenden Finanzinstitute die zur Abwicklung des Zahlungsverkehrs mit dem Ausland benötigten Devisen. **Devisenkäufe** von Bankkunden werden zum **Geldkurs** abgerechnet. Der Kunde zahlt mit EUR und erhält dafür Fremdwährung. Verkaufen die Bankkunden dagegen Fremdwährung gegen EUR, dann berechnen die Banken den **Briefkurs.** Der **Devisenkassamittelkurs** ist der Kurs, der genau zwischen dem Geld- und dem Briefkurs liegt. Er gibt den Betrag in Fremdwährung an, die einem Euro entspricht.
Da keine amtlichen Devisenkurse mehr festgestellt werden, haben sich alternative Systeme zur Ermittlung von „Tageskursen" entwickelt. Dabei werden zu einem bestimmten Zeitpunkt von verschiedenen Kreditinstituten die aktuellen Geld- und Briefkurse an eine zentrale Stelle gemeldet. Diese errechnet für jede in dieses Fixing einbezogene Währung einen **Durchschnittskurs.** Dieser Kurs wird als Referenzkurs oder **Devisenkassamittelkurs** bezeichnet. **Beispiele:** EZB-Referenzkurs, EuroFX.

2 Die Restlaufzeit ist die verbleibende Laufzeit ab dem Abschlussstichtag.

Erträge aus der Währungsumrechnung sind in der Gewinn- und Verlustrechnung gesondert unter dem Posten **„Sonstige betriebliche Erträge"** und **Aufwendungen aus der Währungsumrechnung** unter dem Posten **„Sonstige betriebliche Aufwendungen"** auszuweisen [§ 277 V, S. 2 HGB].

> **Beispiel:**
>
> Am 20. November 20.. nimmt ein Industrieunternehmen ein Liefererdarlehen in Höhe von 60 000,00 USD in Anspruch. Die Laufzeit beträgt 2 Jahre. Es wird nach der Umrechnung in EUR mit 54 800,00 EUR gebucht.
>
> **Aufgabe:**
>
> Bewerten Sie die Verbindlichkeiten beim Jahresabschluss zum 31. Dezember 20.., wenn im 1. Fall der Wert am Bilanzstichtag 54 200,00 EUR und im 2. Fall der Wert am Bilanzstichtag 56 100,00 EUR beträgt!

Lösung:

1. Fall: Das Liefererdarlehen darf nicht mit dem niedrigeren Tageswert bewertet werden, da sonst ein noch nicht realisierter Gewinn von 600,00 EUR ausgewiesen würde. Der Ansatz bleibt unverändert mit dem höheren **Zugangswert**.

Bilanzansatz = 54 800,00 EUR

2. Fall: Nach dem **Höchstwertprinzip** ist der höhere Rückzahlungsbetrag anzusetzen. Noch nicht realisierte Verluste sind zum Bilanzstichtag auszuweisen. Der Ansatz erfolgt zum höheren **Tageswert**.

Bilanzansatz = 56 100,00 EUR

Der höhere Bilanzansatz führt zu einer Verschlechterung des Unternehmensergebnisses, weil durch die Passivierung der Differenz zwischen dem bisherigen Wert und dem Wert des Bilanzansatzes der sonstige betriebliche Aufwand steigt.

(2) Kurzfristige Fremdwährungsverbindlichkeiten (Restlaufzeit von einem Jahr oder weniger)

In diesem Fall sind die auf fremde Währung lautenden Verbindlichkeiten mit dem **Devisenkassamittelkurs des Bilanzstichtags** umzurechnen und der **ermittelte Wert in der Bilanz auszuweisen**. Das **Höchstwertprinzip** sowie das **Realisations- und Imparitätsprinzip** sind **nicht anzuwenden** [§ 256a, S. 2 HGB].

> **Beispiel:**
>
> Die Franz Weise GmbH nimmt am 31.05.20.. einen Liefererkredit in Höhe von 60 000,00 CHF für 8 Monate in Anspruch. Devisenkassamittelkurs zum Zugangszeitpunkt 1,10 CHF/EUR.
>
> **Aufgaben:**
> 1. Berechnen Sie die Anschaffungskosten zum Zugangszeitpunkt!
>
> 2. Bewerten Sie die Verbindlichkeiten beim Jahresabschluss, wenn im 1. Fall der Devisenkassamittelkurs 1,08 CHF/EUR und im 2. Fall der Devisenkassamittelkurs 1,12 CHF/EUR beträgt!

Lösungen:

Zu 1.: 60 000,00 CHF : 1,10 CHF/EUR = 54 545,45 EUR

Zu 2.: **1. Fall:** 60 000,00 CHF : 1,08 CHF/EUR = <u>55 555,56 EUR</u>

Bilanzansatz: 55 555,56 EUR. Es entsteht ein Währungsverlust in Höhe von 1 010,11 EUR.

2. Fall: 60 000,00 CHF : 1,12 CHF/EUR = <u>53 571,43 EUR</u>

Bilanzansatz: 53 571,43 EUR. Es entsteht ein Währungsgewinn in Höhe von 974,02 EUR. Das Anschaffungskosten- und Realisationsprinzip darf nicht beachtet werden.

Bewertung von Währungsverbindlichkeiten		
Zeitpunkt der Bewertung	**HGB**	**Inhalt**
Zugangsbewertung	Analog § 256 a HGB	Umrechnung zum Devisenkassamittelkurs
Folgebewertung: ■ Restlaufzeit von mehr als einem Jahr	§ 256 a, S. 1 HGB § 253 I, S. 1 HGB § 252 I, Nr. 4 HGB	■ Umrechnung am Abschlussstichtag zum Devisenkassamittelkurs ■ **Anwendung** des – Höchstwertprinzips – Realisations- bzw. Imparitätsprinzips
■ Restlaufzeit von einem Jahr oder weniger	§ 256 a, S. 2 HGB	■ Umrechnung am Abschlussstichtag zum Devisenkassamittelkurs ■ **Keine Anwendung** des Höchstwertprinzips und des Realisations- bzw. Imparitätsprinzips

Zusammenfassung

- **Verbindlichkeiten** sind zum **Erfüllungsbetrag** (Rückzahlungsbetrag) zu bewerten.
- Am Bilanzstichtag ist im Zweifel der höherer Tageswert anzusetzen (**Höchstwertprinzip**).
- Für das **Disagio** gilt ein Bilanzierungswahlrecht:
  - Verzicht auf Bilanzierung → **sofortige Aufwandsverrechnung**.
  - Bilanzierung unter dem aktiven Rechnungsabgrenzungsposten → **Verteilung** des „Vorauszinses" auf die Laufzeit durch planmäßige Abschreibung.
- **Fremdwährungsverbindlichkeiten** sind in EUR zu bewerten. Dadurch ändert sich der Erfüllungsbetrag mit jeder Änderung des Währungskurses.
  - Restlaufzeit der Verbindlichkeit größer als ein Jahr → **Anwendung** des Höchstwertprinzips in Verbindung mit dem Realisations- bzw. Imparitätsprinzip.
  - Restlaufzeit der Verbindlichkeit ein Jahr oder weniger → **Keine Anwendung** von Höchstwertprinzip und Realisations- bzw. Imparitätsprinzip. Es wird immer der **Tageswert** angesetzt.

Übungsaufgaben

151 Bewertung von Verbindlichkeiten – Disagio

1. Erläutern Sie, mit welchem Wert Verbindlichkeiten bei der Entstehung grundsätzlich zu bewerten sind!

2. Nennen Sie den Wert, der dem Rückzahlungsbetrag bei Verbindlichkeiten aus Lieferungen und Leistungen entspricht!

3. Erläutern Sie das Vorsichtsprinzip bei der Bewertung von Verbindlichkeiten!

4. Geben Sie an, wie eine Verbindlichkeit zu bewerten ist, wenn sich im Vergleich zur Entstehung zum Zeitpunkt der Bilanzaufstellung eine voraussichtlich vorübergehende Werterhöhung eingestellt hat!

5. Wir beziehen Rohstoffe laut vorliegender Rechnung in Höhe von 13090,00 EUR einschließlich 19 % USt.

    Aufgaben:

    Nehmen Sie Stellung zu folgender Frage: Ist die Verbindlichkeit auszuweisen

    5.1 mit dem Nettowert in Höhe von 11000,00 EUR oder

    5.2 mit dem Bruttowert in Höhe von 13090,00 EUR?

6. Die Planbau GmbH nimmt am 5. Januar 20.. ein Darlehen in Höhe von 200000,00 EUR auf. Es wird ein Disagio von 4 % vereinbart.

    Aufgaben:

    6.1 Ermitteln Sie, welcher Betrag der Planbau GmbH auf dem Konto gutgeschrieben wird!

    6.2 Nennen Sie den Betrag, mit welchem das Darlehen auszuweisen ist!

    6.3 Stellen Sie die Möglichkeiten für die Bilanzierung des Disagios dar!

7. Die Franz Wilke AG nimmt am 15. Mai 20.. ein Fälligkeitsdarlehen bei ihrer Hausbank in Höhe von 140000,00 EUR auf. Auszahlungssatz ist 97 %. Laufzeit: 6 Jahre. Das Disagio wird aktiviert und als Zinsaufwand auf die Laufzeit des Darlehens abgeschrieben.

    Aufgaben:

    7.1 Ermitteln Sie die Zugangsbewertung bei der Darlehensaufnahme am 15. Mai!

    7.2 Führen Sie die Folgebewertung zum Jahresende im Zusammenhang mit dem Darlehen durch!

8. Die Power Systems AG nimmt am 1. Juli 20.. ein Ratentilgungsdarlehen bei ihrer Hausbank in Höhe von 800000,00 EUR auf. Laufzeit: 5 Jahre. Das Disagio beträgt 2 %. Vom Aktivierungsrecht des Disagios wird kein Gebrauch gemacht.

    8.1 Ermitteln Sie die Zugangsbewertung bei der Darlehensaufnahme am 1. Juni!

    8.2 Geben Sie die Folgebewertung des Darlehens am Ende des ersten Jahres an!

152 Bewertung von Fremdwährungsverbindlichkeiten

1. Eine Liefererverbindlichkeit in Höhe von 22000,00 CHF und mit einer Restlaufzeit von 24 Monaten wurde am 31. Dezember 15 (Bilanzstichtag) zum damaligen Devisenkassamittelkurs von 1,1205 bilanziert.

    Aufgaben:

    Bewerten Sie die Lieferverbindlichkeiten, wenn

    1.1 am 31. Dezember 16 der Devisenkassamittelkurs 1,1413 beträgt!

    1.2 am 31. Dezember 16 der Devisenkassamittelkurs 1,1140 beträgt!

2. In dem Posten Verbindlichkeiten aus Lieferungen und Leistungen sind zwei Rechnungen eines Lieferers mit einem Ziel von 4 Monaten enthalten:

    Rechnung 1 vom 12. September 20..: 120000,00 GBP
    Rechnung 2 vom 12. November 20..: 100000,00 GBP.

Für GBP wurden folgende Devisenkassamittelkurse notiert:

12. September 20..:   EUR   0,7269
12. November 20..:   EUR   0,7558
31. Dezember 20..:   EUR   0,7351

Aufgaben:

2.1 Ermitteln Sie den Rechnungsbetrag der beiden Rechnungen!

2.2 Berechnen Sie, mit welchem Wert die beiden Rechnungen in der Bilanz zum 31. Dezember 20.. ausgewiesen werden müssen!

2.3 Beschreiben Sie, wie das Unternehmensergebnis durch die Bewertung beeinflusst wird!

2.4 Erläutern Sie, ob in dem vorliegenden Fall das Höchstwertprinzip und das Realisationsprinzip zur Anwendung kommen!

3. Eine Maschinenfabrik hat Fertigteile aus Schweden im Wert von 15 200 SEK bezogen. Vereinbart ist ein Zahlungsziel von 60 Tagen. Der Devisenkassamittelkurs am Buchungstag der Rechnung (15. November) beträgt 8,6213 SEK/EUR. Am 31. Dezember (Bilanzstichtag) beträgt der Devisenkassamittelkurs 8,6425 SEK/EUR.

Aufgabe:

Bestimmen Sie, mit welchem Wert die Verbindlichkeiten am 31. Dezember zu bilanzieren sind! Begründen Sie Ihre Entscheidung!

4. Erklären Sie, wie sich ein in der Fremdwährung vereinbarter Preis einer Importware auf den Europreis auswirkt, wenn

4.1 der Kurs für den Euro steigt,

4.2 der Kurs für den Euro sinkt!

5. Erklären Sie, wie bei einer vereinbarten Verbindlichkeit mit einer Restlaufzeit von 18 Monaten zu reagieren ist, wenn sich am Bilanzstichtag herausstellt, dass im Vergleich zum Rechnungseingang

5.1 der Kurs für einen Euro gestiegen ist,

5.2 der Kurs für einen Euro gesunken ist!

6. Die Zip-Zap AG bezieht am 02.11.20.. (Eingang der Ware und Rechnung) Tackergeräte aus Norwegen zu einem vereinbarten Preis von 80 000,00 NOK. Das Zahlungsziel beträgt 90 Tage.

Aufgaben:

6.1 Berechnen Sie, mit welchem Wert die Eingangsrechnung zu erfassen ist, wenn zum Zeitpunkt des Rechnungseingangs der Devisenkassamittelkurs wie folgt lautet: NOK 9,2939!

6.2 Bestimmen Sie, wie die noch ausstehende Rechnung zu bewerten ist, wenn am Bilanzstichtag folgender Devisenkassamittelkurs gilt: NOK 9,0256! Begründen Sie Ihre Entscheidung!

7. Die Verbindlichkeiten aus Rohstofflieferungen belaufen sich am 31. Dezember 20.. auf 29 500,00 EUR. Da wir die Schulden zu Beginn des neuen Jahres unter Abzug von 3% Skonto begleichen wollen, werden sie in der Bilanz mit 28 615,00 EUR ausgewiesen.

Aufgabe:

Nehmen Sie hierzu Stellung!

12.7 Auswirkungen der Wahlrechte auf den Jahresüberschuss

12.7.1 Überblick über wichtige Bilanzierungs- und Bewertungswahlrechte

Ziel des Bilanzrechts ist es, Bewertungswahlrechte, welche die Aussagekraft, Verlässlichkeit und die Vergleichbarkeit der Jahresabschlüsse beeinträchtigen, stark einzuschränken. Gleichwohl hat der Gesetzgeber einige Wahlrechte belassen, die verschiedene bilanzpolitische Möglichkeiten eröffnen.

- Bei der Ermittlung der **Herstellungskosten der selbst erstellten Anlagen** besteht ein **Aktivierungswahlrecht** für angemessene Teile der Kosten der allgemeinen Verwaltung, Aufwendungen für soziale Leistungen, Aufwendungen für betriebliche Altersversorgung, angemessene Aufwendungen für soziale Einrichtungen des Betriebs sowie für Fremdkapitalzinsen (unter bestimmten Voraussetzungen) [§ 255 II, S. 3 HGB].

- Ein weiteres **Aktivierungswahlrecht** besteht für das **Disagio** bei der Aufnahme eines Darlehens [§ 250 III, S. 1 HGB]. Wird von diesem Aktivierungswahlrecht Gebrauch gemacht, ist das Disagio in den Rechnungsabgrenzungsposten der Aktivseite einzustellen und über die Laufzeit des Kredits planmäßig abzuschreiben [§ 250 III, S. 2 HGB].

- Es gilt ein **Bewertungswahlrecht** für die Bewertung von **Finanzanlagen**. Auf sie können **außerplanmäßige Abschreibungen** bei voraussichtlich **nicht dauernder Wertminderung** vorgenommen werden [§ 253 III, S. 4 HGB]. Das Niederstwertprinzip ist für diesen Fall eingeschränkt.

- Beim **beweglichen Anlagevermögen** besteht ein **Methodenwahlrecht** für die planmäßige Abschreibung. Es darf zwischen linearem, degressivem und leistungsabhängigem Verfahren gewählt werden [§ 253 II HGB].

12.7.2 Exemplarische Darstellung der Auswirkungen von Bewertungsspielräumen auf den Jahresüberschuss

12.7.2.1 Auswirkungen des Aktivierungswahlrechts am Beispiel der Herstellungskosten

Bei der Ermittlung der Herstellungskosten besteht nach § 255 II HGB ein Aktivierungswahlrecht für die Kosten der allgemeinen Verwaltung sowie der Aufwendungen für soziale Einrichtungen des Betriebs, freiwillige soziale Leistungen und die betriebliche Altersversorgung.

> **Beispiel:**
>
> An der Entscheidung über die Bewertung einer selbst erstellten Anlage wollen wir die Auswirkungen der Bewertung aufzeigen. Der Einfachheit halber gehen wir von folgenden zusammengefassten Werten aus:
>
> | | |
> |---|---|
> | Material- und Fertigungseinzelkosten | 22 500,00 EUR |
> | Material- und Fertigungsgemeinkosten | 33 500,00 EUR |
> | Abschreibungen aufgrund der Fertigung | 7 500,00 EUR |
> | Allgemeine Verwaltungskosten | 1 400,00 EUR |
> | Soziale Aufwendungen | 2 100,00 EUR |
> | Aufwendungen betrieblicher Altersversorgung | 1 000,00 EUR |

Aufgabe:
Stellen Sie dar, wie sich die unterschiedliche Bewertung einer selbst erstellten Anlage auf den Erfolg auswirken!

Lösung:

Entscheidung I: Die selbst erstellte Anlage wird mit den aktivierungspflichtigen Kosten in Höhe von 63 500,00 EUR bewertet (Wertuntergrenze). Durch diese Bewertung steigt der Jahresüberschuss um 63 500,00 EUR.

Entscheidung II: Die selbst erstellte Anlage wird mit den verursachten Gesamtkosten in Höhe von 68 000,00 EUR bewertet (Wertobergrenze). In diesem Fall steigt der Jahresüberschuss um 68 000,00 EUR.

Der Unterschied bei der Ergebnisermittlung in Höhe von 4 500,00 EUR ist ausschließlich auf die unterschiedliche Bewertung der selbst erstellten Anlage zurückzuführen.

- Eine **niedrige Bewertung** führt zu **niedrigeren Vermögenswerten** und damit auch zu einem **niedrigeren Eigenkapital**.
- Das bedeutet gleichzeitig eine **Verringerung des Gewinnes** bzw. eine **Erhöhung des Verlustes**.
- Bei einer vergleichsweise **höheren Bewertung** tritt die **entgegengesetzte Wirkung** ein.

12.7.2.2 Auswirkungen des Bilanzierungswahlrechts am Beispiel Disagio

Nach § 250 III, S. 1 HGB besteht für das Disagio ein Aktivierungswahlrecht.

Beispiel:

Ein Fälligkeitsdarlehen über 1 000 000,00 EUR, dessen Ausgabebetrag am 5. Januar bei 960 000,00 EUR liegt, hat eine Laufzeit von 4 Jahren und einen Nominalzinssatz von 3%.

Aufgabe:
Stellen Sie den Einfluss des Disagios auf den Jahresüberschuss über die gesamte Laufzeit dar, wenn

1. das Disagio nicht aktiviert wird und
2. eine Aktivierung des Disagios erfolgt!

Lösungen:

Zu 1.: Verzicht auf die Aktivierung des Disagios in Höhe von 40 000,00 EUR

	1. Jahr	2. Jahr	3. Jahr	4. Jahr
Aufwandsverrechnung	40 000,00 EUR	0,00 EUR	0,00 EUR	0,00 EUR
Änderung des Jahresüberschusses	− 40 000,00 EUR	+/− 0,00 EUR	+/− 0,00 EUR	+/− 0,00 EUR

Zu 2.: Aktivierung und planmäßige Abschreibung des Disagios in Höhe von 40 000,00 EUR

	1. Jahr	2. Jahr	3. Jahr	4. Jahr
Aufwandsverrechnung	10 000,00 EUR	10 000,00 EUR	10 000,00 EUR	10 000,00 EUR
Änderung des Jahresüberschusses	− 10 000,00 EUR	− 10 000,00 EUR	− 10 000,00 EUR	− 10 000,00 EUR

- Das **Aktivierungswahlrecht** eröffnet den Unternehmen einen **bilanzpolitischen Spielraum** zur Gestaltung des **Erfolgsausweises der Einzelperioden**.
- Der **Erfolgsausweis** über alle Perioden wird dadurch nicht verändert.

12.7.2.3 Auswirkungen des Bewertungswahlrechts am Beispiel der vorübergehenden Wertminderungen bei Finanzanlagen

Nach § 253 III, S. 6 HGB besteht bei vorübergehenden Wertminderungen bei Finanzanlagen (nicht beim anderen Anlagevermögen) ein Wahlrecht für eine außerplanmäßige Abschreibung.

Beispiel:

Wir greifen auf das Beispiel 2 von S. 382 zurück. Es wurden zur langfristigen Anlage 80 000 Aktien zum Kurs von 14,20 EUR gekauft. Am Bilanzstichtag weist die Aktie eine vorübergehende Kursschwäche auf und notiert mit 12,50 EUR.

Aufgabe:
Zeigen Sie die Auswirkungen auf den Jahresüberschuss auf, wenn
1. die Anschaffungskosten beibehalten werden und
2. vom Wahlrecht der außerplanmäßigen Abschreibung Gebrauch gemacht wird!

Lösungen:

Zu 1.: Bei Verzicht auf die außerplanmäßige Abschreibung wird der Jahresüberschuss nicht beeinflusst.

Zu 2.:
    Anschaffungskosten (80 000 Stück · 14,20 EUR)   1 136 000,00 EUR
− Kurswert am 31. 12. (80 000 Stück · 12,50 EUR)   1 000 000,00 EUR
= außerplanmäßige Abschreibung   136 000,00 EUR

Bei Ausübung des Wahlrechts sinkt der Jahresüberschuss um 136 000,00 EUR.

12.7.2.4 Auswirkungen des Methodenwahlrechts am Beispiel Abschreibungen

Bei Gegenständen des abnutzbaren Anlagevermögens ist nach § 253 III, S. 1 HGB lediglich eine planmäßige Abschreibung vorgeschrieben. Es besteht damit ein Wahlrecht hinsichtlich der Abschreibungsmethode.

Beispiel:

Eine Spezialmaschine mit Anschaffungskosten in Höhe von 750 000,00 EUR hat eine geschätzte Nutzungsdauer von 10 Jahren. Folgende Abschreibungsmöglichkeiten stehen zur Wahl: lineare Abschreibung und degressive Abschreibung mit einem Abschreibungssatz von 15 %.

Aufgabe:
1. Berechnen Sie den Bewertungsspielraum im ersten Jahr!
2. Stellen Sie die Auswirkungen auf den Jahresüberschuss dar!

Lösung:

Zu 1.: Linearer Abschreibungsbetrag: 10 % von 750 000,00 = 75 000,00 EUR
Degressiver Abschreibungsbetrag: 15 % von 750 000,00 = 112 500,00 EUR
Der Bewertungsspielraum beträgt: 37 500,00 EUR

Zu 2.: Bei der degressiven Abschreibungsmethode verringert sich der Jahresüberschuss um 37 500,00 EUR.

Zusammenfassung

- Beeinflussung des Jahresüberschusses durch das Vorsichtsprinzip:[1]

```
                        Vorsichtsprinzip
                              │
                              ▼
                 Bevorzugung der pessimistischen
                    Bewertung bei Unsicherheit
                    ┌─────────┴─────────┐
                    ▼                   ▼
            Vermögensgegenstände      Schulden
                    │                   │
                    ▼                   ▼
         Von zwei möglichen Werten   Von zwei möglichen Werten
         (Anschaffungskosten/        (Historischer Wert/Tageswert)
         Tageswert) ist der          ist der höhere anzusetzen.
         niedrigere anzusetzen.
                    │                   │
                    ▼                   ▼
            Niederstwertprinzip    Höchstwertprinzip
              ┌──────┴──────┐
              ▼             ▼
            AV:            UV:
         gemildertes    strenges
            NWP            NWP
              │
              ▼                         ▼
       Tendenz zur             Tendenz zur Überbewertung
       Unterbewertung          von Schulden
       von Vermögen
                    └─────────┬─────────┘
                              ▼
          Beides führt zu einem geringeren Jahresüberschuss
```

- Die Ausübung von Aktivierungswahlrechten **erhöht** in der betrachteten Periode den Jahresüberschuss.

---

[1] Vgl. Wöhe, G.: Einführung in die Allgemeine Betriebswirtschaftslehre, 24. Auflage, München 2010, S. 738.

- Die Spielräume für außerplanmäßige oder höhere planmäßige Abschreibungen **verringern** in der betrachteten Periode den Jahresüberschuss.

- Die Summe der Jahresüberschüsse über alle Perioden wird durch Bilanzierungs- und Bewertungswahlrechte **nicht** verändert.

Zusammenfassende Übungsaufgaben zur Bewertung nach Handelsrecht

153 Gemischte Bewertungsaufgaben

Für die Allgäuer Käserei AG sind folgende Bewertungsfragen zu klären:

1. Am 2. Mai 20.. wurde ein Betriebsgebäude (Nutzungsdauer: 40 Jahre) für 1 280 000,00 EUR erworben. Auf das Grundstück entfielen davon 300 000,00 EUR.

   Der Kaufpreis wurde zum Teil durch Aufnahme eines grundbuchmäßig abgesicherten Kredits in Höhe von 900 000,00 EUR finanziert. Im Zusammenhang mit dem Erwerb fielen folgende zusätzliche Kosten an:

5 % Grunderwerbsteuer	? EUR
Notarkosten einschl. 19 % Umsatzsteuer	7 616,00 EUR
Grundbuchkosten für die Eigentumsübertragung	1 024,00 EUR
Eintragung einer Grundschuld	896,00 EUR

   Aufgabe:

   Ermitteln Sie, mit welchem Wert das bebaute Grundstück am 31. Dezember 20.. in der Handelsbilanz anzusetzen ist, wenn linear abgeschrieben wird! (Beträge auf volle EUR runden.)

2. Um die Qualität der Produkte zu steigern, wurde am 2. August 20.. eine neue Schneide- und Verpackungsmaschine für netto 390 000,00 EUR zuzüglich 19 % Umsatzsteuer angeschafft. Die betriebsgewöhnliche Nutzungsdauer beträgt 8 Jahre. Der Rechnungsbetrag wurde unter Abzug von 2 % Skonto beglichen. Für die Skontozahlung wurde ein Kontokorrentkredit aufgenommen. Die Bank berechnet 5 040,00 EUR Zinsen.

   Aufgabe:

   Bewerten Sie die Schneide- und Verpackungsmaschine!

3. Erläutern Sie am Beispiel der Bewertung des Disagios die Auswirkungen des Aktivierungswahlrechts auf den Erfolg. Bilden Sie hierzu ein Beispiel!

4. In der Betriebsschlosserei der Allgäuer Käserei AG wurde im Dezember 20.. eine Käsewendeeinrichtung erstellt, die aktiviert werden muss. Folgende Werte liegen aus der Kostenrechnung vor:

   Verbrauch von Fertigungsmaterial 5 000,00 EUR, Fertigungslöhne 6 600,00 EUR, Kosten für Spezialwerkzeuge 1 120,00 EUR, angemessene Teile der Materialgemeinkosten 400,00 EUR, angemessene Teile der Fertigungsgemeinkosten 5 820,00 EUR, planmäßige Abschreibung auf die Fertigungsanlagen 3 100,00 EUR, außerplanmäßige Abschreibung auf die Fertigungsanlagen 2 700,00 EUR, angemessene Teile der allg. Verwaltung 2 050,00 EUR, Kosten für Jubiläumsgeschenke 700,00 EUR, Aufwendungen für Kantine und sonstige soziale Einrichtungen des Betriebs 3 020,00 EUR, Zuwendungen an Pensionskassen 1 600,00 EUR, Fremdkapitalzinsen, die direkt der Herstellungsfinanzierung dienen, für den Herstellungszeitraum 1 940,00 EUR, Forschungskosten 4 200,00 EUR, Vertriebskosten 1 190,00 EUR.

   Die Nutzungsdauer der Käsewendeeinrichtung wird auf 5 Jahre festgelegt.

Aufgaben:

4.1 Geben Sie die höchstmöglichen Herstellungskosten an!

4.2 Erläutern Sie, wie sich die Wahl des höchstmöglichen Ansatzes auf den Gewinn des laufenden Geschäftsjahres und den erwarteten Gewinn des folgenden Geschäftsjahres auswirkt!

4.3 Ermitteln Sie, mit welchem Wert die Käsewendeeinrichtung im folgenden Jahr zu bilanzieren ist, wenn durch einen Materialfehler ein Wertverlust von 1 800,00 EUR eingetreten ist!

5. Die Allgäuer Käserei AG bezog von einem Schweizer Hersteller eine neue Einrichtung für das Reifelager. Die Rechnung vom 15. November 20.. lautet über 45 000,00 CHF, fällig am 15. Januar des folgenden Jahres.

Devisenkassamittelkurs am 15. November 20..: 1,0820
Devisenkassamittelkurs am 31. Dezember 20..: 1,0650

Aufgaben:

5.1 Führen Sie die Zugangsbewertung der Verbindlichkeit durch!

5.2 Bewerten Sie die Verbindlichkeit am 31. Dezember 20..!

6. Die Allgäuer Käserei AG besitzt in ihrem Umlaufvermögen zwei Positionen von Aktien:
   - 5 200,00 EUR Nennwert, Stückelung im Nennwert von 5,00 EUR, Anschaffungskurs 37,50 EUR, Börsenkurs am 31. Dezember 20.. 41,80 EUR und
   - 3 460,00 EUR Nennwert, Stückelung im Nennwert von 1,00 EUR, Anschaffungskurs 11,24 EUR, Börsenkurs am 31. Dezember 20.. 10,48 EUR.

Aufgabe:

Ermitteln Sie, mit welchem Wertansatz die Wertpapiere am 31. Dezember 20.. zu bewerten sind! (Spesen bleiben unberücksichtigt.)

7. Die Allgäuer Käserei AG entwickelt für ihre Geschäftsprozesse ein Softwareprogramm, das im Juli fertig wird. Die Entwicklungskosten betrugen 112 400,00 EUR. Auf die Grundlagenforschung entfielen hierbei 22 000,00 EUR. Die Nutzungsdauer wird auf 5 Jahre geschätzt.

Aufgaben:

7.1 Ermitteln Sie den Bilanzansatz!

7.2 Erläutern Sie in diesem Zusammenhang den Begriff „Ausschüttungssperre" [§ 268 VIII HGB]!

7.3 Für die Entwicklung des Softwareprogramms musste im Januar eine Lizenz für 5 Jahre erworben werden. Die Lizenzgebühr betrug 8 600,00 EUR zuzüglich 19 % USt. Ermitteln Sie den Bilanzansatz!

7.4 Beurteilen Sie die Auswirkung, die die Ausnutzung des Aktivierungswahlrechts bei der Bilanzierung des Softwareprogramms auf den Jahresüberschuss hat!

8. Die Allgäuer Käserei AG nimmt bei ihrer Hausbank ein Darlehen in Höhe von 150 000,00 EUR auf. Laufzeit 10 Jahre, Auszahlung 95 %.

Aufgaben:

8.1 Bilden Sie den Buchungssatz bei der Darlehensaufnahme am 30.09.20..!

8.2 Geben Sie den Betrag an, mit dem das Darlehen in der Bilanz auszuweisen ist!

8.3 Beschreiben Sie die Möglichkeiten hinsichtlich der Buchung des Disagios!

9. Die fortgeführten Anschaffungskosten eines Verpackungsautomaten der Allgäuer Käserei AG, dessen Nutzungsdauer mit 8 Jahren anzusetzen ist und der linear abgeschrieben wird, betragen zu Beginn des 4. Jahres nach der Anschaffung 73 500,00 EUR. Aufgrund einer Konjunkturschwäche ist das Preisniveau für derartige Automaten nachweislich um 30 % gesunken.

Aufgabe:

Stellen Sie den zulässigen Bilanzansatz am Ende des 4. Geschäftsjahres nach der Anschaffung fest!

154 Bewertung von selbst erstellter Anlage und Fremdwährungsverbindlichkeiten

1. Die Werkzeugfabrik Ralf Weibel GmbH konstruiert und fertigt eine Formpresse für die eigene Produktion. Der Materialaufwand beträgt 21450,00 EUR, die Fertigungslöhne 14910,00 EUR, die Modellkosten 4210,00 EUR und der Werteverzehr des Anlagevermögens, soweit dieser durch die Fertigung veranlasst ist, 1890,00 EUR. Die geplante Nutzungsdauer beträgt 8 Jahre.

   Der Kosten- und Leistungsrechnung liegen aus der Vorperiode folgende Daten vor:

	Materialbereich einschließlich zugeordneter Verwaltungsgemeinkosten	Fertigungsbereich einschließlich zugeordneter Verwaltungsgemeinkosten	Verwaltungsbereich (restliche Verwaltungsgemeinkosten)	Vertriebsbereich
Summe der Gemeinkosten (ohne kalkulatorische Kosten)	454250,00 EUR	4424000,00 EUR	841953,75 EUR	581713,50 EUR

   Materialeinzelkosten insgesamt 6397887,00 EUR, Fertigungslöhne insgesamt 3950000,00 EUR.

   Die Aufwendungen für soziale Einrichtungen des Betriebs belaufen sich auf 1100,00 EUR, die Aufwendungen für die betriebliche Altersversorgung auf 3580,00 EUR und die Kosten für Grundlagenforschung im Maschinenbau auf 7790,00 EUR.

   Aufgaben:

   1.1 Berechnen Sie die Herstellungskosten für die Formpresse!

   1.2 Entscheiden Sie, mit welchem Betrag die Formpresse in der Bilanz anzusetzen ist, wenn ein möglichst hoher Jahresüberschuss ausgewiesen werden soll!

   1.3 Ermitteln Sie den Bilanzansatz am Ende des 1. Nutzungsjahres!

2. Ein Liefererdarlehen in Höhe von 22000,00 CHF und mit einer Laufzeit von 24 Monaten wurde am 31. Dezember 15 zum damaligen Devisenkassamittelkurs von 1,1205 bilanziert.

   Aufgaben:

   2.1 Am 31. Dezember 16 beträgt der Devisenkassamittelkurs 1,1413. Ermitteln Sie den Bilanzansatz!

   2.2 Am 31. Dezember 16 beträgt der Devisenkassamittelkurs 1,1140. Ermitteln Sie den Bilanzansatz!

13 Jahresabschlussanalyse

13.1 Begriff, Ziele und Arten der Jahresabschlussanalyse

(1) Begriff Jahresabschlussanalyse

Durch den Jahresabschluss erhalten die Bilanzadressaten Informationen, um die gegenwärtige und zukünftige Lage des Unternehmens beurteilen zu können. Für eine bedarfsgerechte Unterrichtung externer Bilanzadressaten ist es sinnvoll, die Vielzahl von Daten eines Jahresabschlusses zu **aussagekräftigen Kennzahlen** zu verdichten. Die Beurteilung eines Unternehmens aufgrund solcher Kennzahlen wird als Jahresabschlussanalyse bezeichnet.

- Unter dem Begriff **Jahresabschlussanalyse** versteht man die Beurteilung eines Unternehmens aufgrund von Bilanzen und den dazugehörigen Gewinn- und Verlustrechnungen.

- Es werden aus Bilanzposten und Posten der Gewinn- und Verlustrechnung **Kennzahlen** gebildet, welche die wirtschaftlichen Verhältnisse eines Unternehmens widerspiegeln sollen.

(2) Ziele der Jahresabschlussanalyse

Die wichtigsten Informationsadressaten der Jahresabschlussanalyse sind die Gläubiger und die Eigenkapitalgeber.

- Die **Gläubiger** sind insbesondere an einer **finanzwirtschaftlichen Analyse** interessiert, um einen Einblick in die zukünftige Vermögens- und Finanzlage zu erhalten. Sie möchten sicherstellen, dass sie Zins und Tilgung für die gewährten Kredite erhalten. Im Einzelnen besteht das Erkenntnisziel der finanzwirtschaftlichen Analyse in der Gewinnung von Informationen über die **Kapitalverwendung (Vermögensstruktur)**,[1] die Art der **Kapitalaufbringung (Kapitalstruktur)** sowie über die **Finanzstruktur (Anlagendeckung, Liquidität)**.

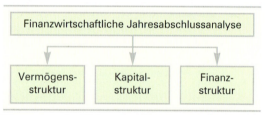

- Die **Eigenkapitalgeber** interessieren sich insbesondere für die **erfolgswirtschaftliche Jahresabschlussanalyse**, die ihnen Einblicke in die zukünftige Ertragskraft des Unternehmens geben soll. Im Rahmen der erfolgswirtschaftlichen Jahresabschlussanalyse wird die **Rentabilität**, der **Return on Investment (ROI)**, der **Cashflow** und das **Earning before interest and taxes (EBIT)** ermittelt.

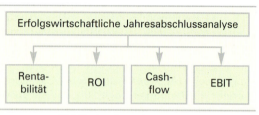

---
[1] Aufgrund des Lehrplans wird die Vermögensstruktur im Folgenden nicht dargestellt.

Ziele der Jahresabschlussanalyse sind die **Beurteilung** der gegenwärtigen und künftigen Unternehmenssituation **(Finanzlage, Kreditwürdigkeit, Ertragslage)**. Sie ist gleichermaßen **Kontroll- und Steuerungsinstrument** für Gläubiger und Anteilseigner.

Neben der Erfassung der finanz- und erfolgswirtschaftlichen Vorgänge versuchen derzeit viele Unternehmen, auch ihre **ökologische Situation** (z. B. hinsichtlich der verwendeten Einsatzstoffe, der Umweltverträglichkeit des Produktionsprozesses, der Lärmerzeugung, des Energieaufwands usw.) in einer **Öko-Bilanz** festzuhalten und sie mithilfe von **Öko-Kennzahlen** zu analysieren. Diese Unternehmen möchten damit die von ihnen verursachte **Umweltbeanspruchung** ermitteln, um sie anschließend durch den gezielten Aufbau eines Umweltmanagements (man spricht auch von **Umweltcontrolling**) reduzieren zu können.

(3) Arten der Jahresabschlussanalyse

Die Jahresabschlussanalyse kann sich auf einen innerbetrieblichen Zeitvergleich oder auf einen Vergleich mit Konkurrenzunternehmen beziehen.

- Nimmt man als Vergleichswerte die Abschlusszahlen des Vorjahres bzw. mehrerer vorangegangener Jahre desselben Unternehmens, spricht man von einem **Zeitvergleich**. Mit ihm lassen sich Entwicklungstendenzen des eigenen Betriebs feststellen **(innerbetrieblicher Vergleich)**.

- Werden dagegen die Abschlusszahlen eines Jahres mit denen anderer Betriebe derselben Branche verglichen – im Allgemeinen wählt man als Vergleichsmaßstab die ermittelten Durchschnittswerte dieser Branche –, dann handelt es sich um einen sogenannten **Betriebsvergleich**. Auf diese Weise lässt sich die Situation des zu beurteilenden Unternehmens im Vergleich zu anderen Unternehmen der Branche abschätzen **(zwischenbetrieblicher Vergleich)**.

13.2 Bilanzkennzahlen (Bilanzanalyse)

13.2.1 Strukturbilanz

Für die Bilanzanalyse erweist sich die nach handelsrechtlichen Vorschriften aufgestellte Bilanz als ungeeignet. Die Bildung von Kennzahlen und deren Auswertung verlangt eine größere **Gruppenbildung** und eine **Neuzuordnung** einzelner Bilanzposten. Außerdem ist ein gleichartiger Aufbau und eine gleichartige Gliederung für den Vergleich und die Beurteilung von Bilanzen unerlässlich.

Im Hinblick auf die uns interessierenden Kennzahlen begnügen wir uns auf der **Vermögensseite (Aktivseite)** mit der Grobgliederung in die beiden Hauptgruppen **Anlagevermögen** und **Umlaufvermögen** und auf der **Kapitalseite (Passivseite)** mit der Aufteilung in **Eigen- und Fremdkapital**. Eine weitere Unterteilung erfolgt nur noch beim Umlaufvermögen, das nach dem Grad der Flüssigkeit in **mittelfristig** z. B. Vorräte, **kurzfristig** z. B. Forderungen aus Lieferungen und Leistungen und **sofort flüssig** z. B. Geldmittel untergliedert wird und beim Fremdkapital, das in langfristig und in kurzfristig unterteilt wird.

Damit ergibt sich für unsere Analysezwecke folgende Bilanzstruktur:[1]

Aktiva	Strukturbilanz	Passiva

I. Anlagevermögen
II. Umlaufvermögen
  1. **mittelfristig** z. B. Vorräte
  2. **kurzfristig** z. B. Ford. a. Lief. u. Leist.
  3. **sofort flüssig** z. B. Geldmittel
		I. Eigenkapital
		II. Fremdkapital[2]
		  1. **langfristig** z. B. Bankdarlehen
		  2. **kurzfristig** z. B. Kontokorrentkredit

Die vorgegebene Bilanzstruktur macht deutlich, dass bestimmte Bilanzposten zusammengefasst werden müssen. So zählen aktive Rechnungsabgrenzungsposten zu den Forderungen und passive Rechnungsabgrenzungen zu den kurzfristigen Verbindlichkeiten. Rückstellungen können je nach Art zu den lang- oder kurzfristigen Verbindlichkeiten gerechnet werden.

Beispiel:

Die zu beurteilende Metallwerke Neumann AG legt folgenden handelsrechtlichen Jahresabschluss vor:

Aktiva	Bilanz der Metallwerke Neumann AG zum 31. Dezember 20..		Passiva
A. Anlagevermögen		**A. Eigenkapital**	
II. Sachanlagen		I. Gezeichnetes Kapital	4 000 000,00
1. Grundstücke und Bauten	2 750 000,00	III. Gewinnrücklage	
2. Technische Anlagen und Maschinen	6 325 000,00	1. Gesetzliche Rücklage	1 666 540,00
3. Andere Anlagen, Betr.- u. Geschäftsausst.	1 221 000,00	4. Andere Rücklagen	600 000,00
B. Umlaufvermögen		IV. Gewinn-/Verlustvortrag	16 480,00
I. Vorräte		V. Jahresüberschuss/Jahresfehlbetrag	424 325,00
1. Roh-, Hilfs- und Betriebsstoffe	2 640 000,00	**B. Rückstellungen**	
2. Unfertige Erzeugnisse	550 000,00	1. Pensionsrückstellungen	880 000,00
3. Fertige Erz. und Waren	660 000,00	3. Andere Rückstellungen	132 000,00
II. Forderungen u. sonstige Vermögensgegenstände		**C. Verbindlichkeiten**	
1. Forderungen a. Lief. u. Leist.	624 360,00	2. Verbindlichkeiten gegenüber Kreditinst.	4 400 000,00
2. Sonstige Vermögensgegenst.	13 200,00	4. Verbindlichkeiten a. Lief. u. Leist.	2 395 430,00
IV. Kassenbestand, Guthaben bei Kreditinstituten, Schecks	211 475,00	8. Sonstige Verbindlichkeiten	354 300,00
C. Rechnungsabgrenzungsposten	22 440,00	**D. Rechnungsabgrenzungsposten**	148 400,00
	15 017 475,00		**15 017 475,00**

---

1 Zur Erleichterung des Verständnisses wird in diesem Kapitel die Herleitung einer Strukturbilanz aufgezeigt. Bei den Übungsaufgaben wird die Strukturbilanz lehrplangemäß jeweils vorgegeben.

2 Für die Auswertung der Bilanz verwenden wir auf der Passivseite statt des handelsrechtlichen Begriffs Verbindlichkeiten den betriebswirtschaftlichen Begriff Fremdkapital.

Erläuterungen zur Bilanz:
- Bei den Verbindlichkeiten gegenüber Kreditinstituten handelt es sich um langfristige Darlehen.
- Die Verbindlichkeiten aus Lieferungen und Leistungen sowie die sonstigen Verbindlichkeiten sind kurzfristig fällig.
- Die Pensionsrückstellungen sind dem langfristigen Fremdkapital, die anderen Rückstellungen dem kurzfristigen Fremdkapital zuzurechnen.
- Ein Großteil des Jahresüberschusses in Höhe von 400 000,00 EUR soll als Dividende ausgeschüttet werden. Dieser Teil stellt eine Verbindlichkeit gegenüber den Aktionären dar und zählt deshalb zum kurzfristigen Fremdkapital.
- Aktive Rechnungsabgrenzungsposten zählen zum kurzfristigen Umlaufvermögen.
- Passive Rechnungsabgrenzungsposten zählen zum kurzfristigen Fremdkapital.

Aufgabe:
Erstellen Sie als Grundlage für die Bilanzanalyse eine aufbereitete Strukturbilanz!

Lösung:

Aktiva   Strukturbilanz der Metallwerke Neumann AG zum 31. Dezember 20..   Passiva

Aktiva		Passiva	
I. Anlagevermögen	10 296 000,00	I. Eigenkapital	6 307 345,00
II. Umlaufvermögen		II. Fremdkapital	
1. mittelfristig	3 850 000,00	1. langfristig	5 280 000,00
2. kurzfristig	660 000,00	2. kurzfristig	3 430 130,00
3. sofort flüssig	211 475,00		
	15 017 475,00		**15 017 475,00**

Eine **Strukturbilanz** ist eine im Hinblick auf die Jahresabschlussanalyse aufbereitete und zusammengefasste Bilanz.

Mit den Werten der Strukturbilanz lassen sich bestimmte Verhältniszahlen bilden, die für die Beurteilung eines Unternehmens von Wichtigkeit sind.

Grundsätzlich lassen sich solche Zahlenverhältnisse aus Posten derselben Bilanzseite bilden **(vertikale Bilanzkennzahlen)**, oder aber es werden Posten von verschiedenen Bilanzseiten ins Verhältnis gesetzt **(horizontale Bilanzkennzahlen)**.

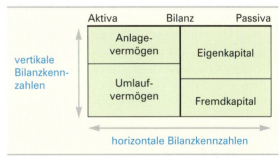

Von der Fülle der möglichen Bilanzkennzahlen – auch **Quoten** genannt – wollen wir hier nur die wichtigsten bilden. Die folgenden Zahlenverhältnisse ergeben sich aus den Zahlen der vorangestellten, aufbereiteten und bereinigten Bilanz. Um den Aussagewert zu verallgemeinern, sind die Ergebnisse auf 100 bezogen, sodass sich jeweils Prozentsätze ergeben.

Für die nachfolgende **Bilanzanalyse** der Neumann AG werden die durchschnittlichen **Branchenkennzahlen** der vergangenen Jahre als Beurteilungsgrundlage herangezogen.

Branche	Eigenkapital-quote	Verschul-dungsgrad	Deckungs-grad I	Deckungs-grad II	Liquiditäts-grad I	Liquiditäts-grad II
Metallindustrie	32,1 %	147 %	99 %	134 %	7,3 %	85 %

Vgl. Statistische Sonderveröffentlichungen der Deutschen Bundesbank.

13.2.2 Kennzahlen zur Kapitalstruktur (Kapitalaufbringung)[1]

Die Analyse der Kapitalstruktur soll über **Quellen** und **Zusammensetzung nach Art und Fristigkeit** des Kapitals Aufschluss geben. Gläubiger, Lieferer, Kunden sowie Arbeitnehmer erhalten dadurch die Möglichkeit, das Risiko einzuschätzen, inwieweit etwa eine finanzielle Instabilität des „Schuldner-Unternehmens" die planmäßige Erfüllung seiner eingegangenen Leistungsverpflichtungen (z. B. termingerechte Begleichung von Schulden aus Darlehensaufnahmen und Warengeschäften; termingerechte Zahlung von Löhnen und Gehältern) gegenüber den angesprochenen Adressaten beeinträchtigt (Illiquiditätsrisiko, Insolvenzrisiko).[2]

$$\text{Eigenkapitalquote} = \frac{\text{Eigenkapital} \cdot 100}{\text{Gesamtkapital}}$$

$$\text{Fremdkapitalquote} = \frac{\text{Fremdkapital} \cdot 100}{\text{Gesamtkapital}}$$

$$\text{Verschuldungsgrad} = \frac{\text{Fremdkapital} \cdot 100}{\text{Eigenkapital}}$$

Beispiel:

Wir gehen von der Strukturbilanz der Metallwerke Neumann AG von S. 409 aus.

Aufgabe:
1. Ermitteln Sie Eigenkapitalquote, Fremdkapitalquote und Verschuldungsgrad!
2. Beurteilen Sie die errechneten Kennzahlen!

Lösungen:

Zu 1.: $\text{Eigenkapitalquote} = \frac{6\,307\,345 \cdot 100}{15\,017\,475} = \underline{\underline{42\,\%}}$

---

[1] Im Folgenden werden die Kennzahlen auf ganze Zahlen gerundet. Die Angabe von Kommazahlen würde die Aussagekraft der Kennzahlen nicht erhöhen.
[2] **Illiquidität** bedeutet, dass ein Unternehmen nicht in der Lage ist, seinen zwingend fälligen Zahlungsverpflichtungen termin- und betragsgenau nachzukommen.
Insolvenz bedeutet, dass ein Unternehmen **endgültig** nicht mehr in der Lage ist, seinen fälligen Zahlungsverpflichtungen nachzukommen (Zahlungsunfähigkeit).

$$\text{Fremkapitalquote} = \frac{8\,710\,130 \cdot 100}{15\,017\,475} = \underline{\underline{58\,\%}}$$

$$\text{Verschuldungsgrad} = \frac{8\,710\,130 \cdot 100}{6\,307\,345} = \underline{\underline{138\,\%}}$$

Zu 2.: Auswertung:

Allgemein kann festgestellt werden: Je höher ein Unternehmen mit Eigenkapital ausgestattet ist, desto weniger krisenanfällig ist es. Ein hoher Fremdkapitalanteil bedeutet eine hohe Liquiditätsbelastung durch Zins- und Tilgungszahlungen. Bei einer zu hohen Verschuldung besteht die Gefahr, dass die Gläubiger (Fremdkapitalgeber) Einfluss auf Entscheidungen der Unternehmensleitung nehmen.

Die vorliegenden Kennzahlen zeigen, dass die Eigenkapitalausstattung bei 42 % und das Fremdkapital somit bei 58 % liegt. Das Verhältnis Fremdkapital zu Eigenkapital liegt bei 138 %, d. h., das Fremdkapital übersteigt das Eigenkapital um 38 %.

Geht man von der in der Literatur als günstig beurteilten Finanzstruktur von 1 : 1 aus, so kann festgestellt werden, dass das hier zu beurteilende Unternehmen davon weit entfernt ist. Allerdings werden die Unternehmen in dieser Branche zu $^2/_3$ mit fremden Mitteln finanziert. Damit steht die Neumann AG gut da.

- Je **höher die Eigenkapitalquote** ist, desto größer ist die **finanzielle Unabhängigkeit** und desto krisenfester ist ein Unternehmen.

- Ein **hoher Verschuldungsgrad** bedeutet eine **hohe Liquiditätsbelastung**[1] durch Zins- und Tilgungszahlungen.

Übungsaufgabe

155 Bilanzkennzahlen

1.

Aktiva	Bilanz		Passiva
I. Anlagevermögen	1 860 000,00	I. Eigenkapital	2 610 000,00
II. Umlaufvermögen	4 650 000,00	II. Verbindlichkeiten	
		1. langfristig 1 908 000,00	
		2. kurzfristig 1 992 000,00	3 900 000,00
	6 510 000,00		6 510 000,00

Aufgabe:
Berechnen Sie aufgrund der aufbereiteten Bilanz die Bilanzkennzahlen zur Kapitalstruktur!

2. Beurteilen Sie ein Unternehmen, dessen Verschuldungsgrad
   2.1 unter 100 % liegt,
   2.2 100 % beträgt,
   2.3 300 % oder darüber beträgt!

---

[1] Vgl. S. 413f.

3. Aktiva　　　　　　　　　　　　　　　Bilanz　　　　　　　　　　　　　　　Passiva

	Berichts-jahr	Vor-jahr		Berichts-jahr	Vor-jahr
I. Anlagevermögen	3 101 000,00	2 549 120,00	I. Eigenkapital	2 900 800,00	2 729 720,00
II. Umlaufvermögen	2 079 000,00	2 042 880,00	II. Verbindlichkeiten		
			1. langfristig	1 701 000,00	1 206 240,00
			2. kurzfristig	578 200,00	656 040,00
	5 180 000,00	4 592 000,00		5 180 000,00	4 592 000,00

Aufgaben:

3.1 Berechnen Sie für das Vorjahr und das Berichtsjahr die Bilanzkennzahlen zur Kapitalstruktur!

3.2 Beurteilen Sie die wirtschaftliche Lage des Unternehmens unter Berücksichtigung der Vorjahreszahlen!

13.2.3 Kennzahlen zur Finanzstruktur

Finanzierungskennzahlen, auch **Deckungsgrade** genannt, beantworten die Frage, in welchem Umfang das Anlagevermögen durch langfristig verfügbares Kapital gedeckt ist.

Dieser Kennzahl liegt die Überlegung zugrunde, dass das Anlagevermögen langfristig im Unternehmen gebunden ist und daher auch mit langfristig verfügbaren Mitteln, möglichst mit Eigenkapital, finanziert sein sollte. Allgemein gilt, dass bei einem solide finanzierten Unternehmen die **Überlassungsfristen der Finanzmittel** mit den **Bindungsfristen des finanzierten Vermögens** übereinstimmen müssen.[1] Dieser Grundsatz der Fristengleichheit **(Fristenkongruenz)** wird in der Literatur als **goldene Bilanzregel** bezeichnet.

Wir unterscheiden bei der **Anlagendeckung (Investierung)** zwei Deckungsgrade:

$$\text{Deckungsgrad I} = \frac{\text{Eigenkapital} \cdot 100}{\text{Anlagevermögen}}$$

$$\text{Deckungsgrad II} = \frac{(\text{Eigenkapital} + \text{langfristiges Fremdkapital}) \cdot 100}{\text{Anlagevermögen}}$$

Beispiel:

Wir gehen von der Strukturbilanz der Metallwerke Neumann AG von S. 409 aus.

Aufgabe:

1. Ermitteln Sie die Deckungsgrade I und II!
2. Beurteilen Sie die errechneten Kennzahlen!

---

1 Bei einer Finanzierung z.B. des Anlagevermögens mit Fremdkapital soll (bzw. muss) die Nutzungsdauer des Anlagevermögens mit der Tilgungsdauer (der Darlehensfrist) übereinstimmen, damit die Verzinsung und Rückzahlung des Darlehens durch die in die Verkaufspreise einkalkulierten und verdienten Zins- und Abschreibungsaufwendungen möglich ist.

Lösungen:

Zu 1.: Deckungsgrad I = $\dfrac{6\,307\,345 \cdot 100}{10\,296\,000}$ = $\underline{\underline{61\,\%}}$

Deckungsgrad II = $\dfrac{(6\,307\,345 + 5\,280\,000) \cdot 100}{10\,296\,000}$ = $\underline{\underline{113\,\%}}$

Zu 2.: **Auswertung:**

Aus dem **Deckungsgrad I** ist erkennbar, dass die Grundregel, nach der das Anlagevermögen möglichst mit Eigenkapital finanziert sein sollte, bei dem hier untersuchten Unternehmen nicht erfüllt ist. Das Anlagevermögen ist nur zu 61 % mit Eigenkapital finanziert und liegt damit unter dem Branchendurchschnitt.

Bezieht man in die Deckung (Finanzierung) des Anlagevermögens das langfristig verfügbare Fremdkapital mit ein, erhält man den **Deckungsgrad II**. Bei dieser Kennzahl ergibt sich für die Finanzierung des Anlagevermögens eine Überdeckung von 13 %. Der Wert ist ausreichend, liegt aber unter dem Branchendurchschnitt.

Die **Deckungsgrade** zeigen, inwieweit das langfristig gebundene Vermögen durch Eigenkapital (und langfristiges Fremdkapital) gedeckt ist.

13.2.4 Liquiditätskennzahlen

Liquidität ist die Fähigkeit eines Unternehmens, jederzeit die Zahlungsverpflichtungen fristgerecht erfüllen zu können.

Die Liquiditätsanalyse aufgrund der **Bilanzangaben (Bestandsgrößen)**[1] geht davon aus, dass aus den aktuellen Beständen an Aktiva und Passiva auf Art, Höhe sowie den Zeitpunkt künftiger Einnahmen und Ausgaben geschlossen werden kann. Für die Liquiditätsanalyse gilt:

Aktiva: Je langfristiger ein Vermögensposten gebunden ist, umso später ergeben sich die entsprechende Einnahme.

Passiva: Je langfristiger ein Kapitalposten zur Verfügung steht, umso später werden die Ausgaben fällig.

Danach ist die Liquidität dann ausreichend, wenn die Bindungsdauer des Vermögensgegenstandes mit dem Überlassungszeitraum des Kapitals übereinstimmt **(Goldene Bilanzregel)**.

Wir unterscheiden zwei **Liquiditätskennzahlen:**

Liquidität 1. Grades (Barliquidität) = $\dfrac{(\text{Barmittel} + \text{Bankguthaben}) \cdot 100}{\text{kurzfristiges Fremdkapital}}$

Bei der Liquidität 1. Grades, auch **Barliquidität** genannt, werden als Deckungsmittel nur die unmittelbar flüssigen Mittel (Bargeld, Bankguthaben) in die Berechnung einbezogen.

---

1 Zu Liquiditätskennzahlen aufgrund von Strömungsgrößen (zeitraumbezogene Liquiditätskennzahlen) siehe S. 428 f.

Zur Liquidität 2. Grades gehören Vermögensposten, die derzeit noch keinen Geldcharakter haben, deren Umwandlung in Geldmittel jedoch unmittelbar bevorsteht. Da das Geld, wie etwa bei den Forderungen, noch eingezogen werden muss, sprechen wir auch von **einzugsbedingter Liquidität**.

$$\text{Liquidität 2. Grades (einzugsbedingte Liquidität)} = \frac{(\text{kurzfristige Forderungen} + \text{liquide Mittel}) \cdot 100}{\text{kurzfristiges Fremdkapital}}$$

Beispiel:

Wir gehen von der Strukturbilanz der Metallwerke Neumann AG von S. 409 aus.

Aufgabe:
1. Ermitteln Sie die Liquiditätskennzahlen 1. und 2. Grades!
2. Beurteilen Sie die errechneten Kennzahlen!

Lösungen:

Zu 1.: Liquidität 1. Grades $= \dfrac{211\,475 \cdot 100}{3\,430\,130} = \underline{\underline{6{,}2\,\%}}$ [1]

Liquidität 2. Grades $= \dfrac{871\,475 \cdot 100}{3\,430\,130} = \underline{\underline{25{,}4\,\%}}$

Zu 2.: Zur Liquidität im vorliegenden **Beispiel** lassen sich folgende Aussagen treffen:

Auch wenn man berücksichtigt, dass die ermittelte Barliquidität wegen der fehlenden Fälligkeitstermine für das kurzfristige Fremdkapital ungenau ist, kann das krasse Missverhältnis zwischen den liquiden Mitteln und den kurzfristigen Verbindlichkeiten nicht übersehen werden (**One-to-five-Rate** nicht erreicht). Das gilt leider für die gesamte Metallbranche.

Die Summe von kurzfristigen Forderungen und liquiden Mitteln bezeichnet man auch als **monetäres Umlaufvermögen**. Für das monetäre Umlaufvermögen gilt nach der „**One-to-one-Rate**", dass es genauso hoch sein sollte wie die kurzfristigen Verbindlichkeiten. Auch die „One-to-one-Rate" wird nicht erreicht. Nach dem Liquiditätsgrad II ist das kurzfristige Fremdkapital nur zu 25 % mit monetärem Umlaufvermögen gedeckt.

Vergleicht man die Liquiditätskennzahlen der Neumann AG mit den Branchenkennzahlen (vgl. S. 410), so ist festzuhalten, dass beide Liquiditätsgrade unter den Branchenkennzahlen liegen. Bezogen auf die Liquiditätskennzahlen ist die Neumann AG schlecht aufgestellt. Eine Verbesserung der Liquidität zur Sicherung einer ständigen Zahlungsbereitschaft ist für die Neumann AG unumgänglich.

Aussagekraft der Liquidität

- Die Bilanz kann nur die **Situation** am **Bilanzstichtag** wiedergeben. Liquidität ist aber eine sich täglich, ja sogar sich mehrmals täglich verändernde Größe, deren Aussagewert nur für diesen Augenblick der Feststellung von Bedeutung ist.

- Die Liquiditätskennzahlen treffen **keine Aussage** über die **künftige Liquidität,** d. h., über zukünftige Zahlungseingänge und Zahlungsausgänge.

---

[1] Um die Aussagekraft zu erhöhen, werden diese Kennzahlen mit einer Dezimale angegeben.

- Es liegen nur **Abschlusszahlen der Vergangenheit** vor.

  > **Beispiel:**
  >
  > Die Bilanz gibt keine Auskunft über die Fälligkeitstermine der in ihr ausgewiesenen Posten. Auch der Kreditspielraum eines Unternehmens ist aus der Bilanz nicht unmittelbar ablesbar. Laufende Zahlungsverpflichtungen für Personalkosten, Miete, Steuern usw. gehen aus der Bilanz nicht hervor.

- Der **Zielkonflikt** zwischen **Liquidität und Rentabilität**[1] wird nicht berücksichtigt. (Eine hohe Liquidität geht zulasten der Rentabilität, da die überschüssigen liquiden Mittel nicht zinsbringend angelegt sind und umgekehrt.)

Die Liquiditätsanalyse ist eine **Zeitpunktaufnahme**. Die eingeschränkte Aussagekraft dieser Kennzahl hat dazu geführt, die Liquiditätsanalyse zeitraumbezogen mithilfe der **Cashflow-Analyse** zu erweitern.[2]

- Die **„One-to-five-Rate"** ist eine Norm für die Beurteilung der **Barliquidität**. Sie besagt, dass die kurzfristigen Verbindlichkeiten mindestens zu 20 % durch flüssige Mittel gedeckt sein sollten.

- Die **„One-to-one-Rate"** ist eine Norm für die Beurteilung der **einzugsbedingten Liquidität**. Nach dieser Norm soll diese Liquiditätszahl mindestens 100 % betragen.

- **Liquiditätsgrade** auf der Grundlage von Bilanzzahlen haben wegen fehlender Informationen über die Fälligkeit nur einen eingeschränkten Aussagewert.

Zusammenfassung

- Grundlage für die Berechnung der Bilanzkennzahlen ist die **Strukturbilanz,** in der die Bilanzposten neu geordnet und zusammengefasst werden.

- Die **Kapitalstruktur** wird durch die Eigenkapitalquote und den Verschuldungsgrad ermittelt. Verschuldungsgrade bis 200 % sind in der Praxis üblich, bergen aber ein Liquiditätsrisiko.

- Für die **Anlagendeckung** gilt die goldene Bilanzregel, wonach langfristige Investitionen mit langfristigem Kapital zu finanzieren sind (Fristenkongruenz).

- Der **Liquiditätsgrad I** sollte 20 % nicht unterschreiten (One-to-five-Rate). Für den **Liquiditätsgrad II** sind mindestens 100 % sinnvoll (One-to-one-Rate).

---

[1] Vgl. hierzu Kapitel 13.3.4, S. 426f.
[2] Vgl. hierzu Kapitel 13.3.5, S. 428f.

Übungsaufgaben

156 Bilanzkennzahlen

1. 1.1 Erläutern Sie, wie viel Prozent der Deckungsgrad I eines Unternehmens betragen sollte!
   1.2 Nehmen Sie kritisch Stellung zu kurzfristigen Liquiditätskennzahlen!
   1.3 Erläutern Sie die nachfolgenden Bilanzkennzahlen und geben Sie an, was die Zahlenwerte aussagen!

Eigenkapitalquote	45 %
Liquidität 2. Grades	120 %
Deckungsgrad II	150 %

2. Ein Industrieunternehmen legt für die beiden letzten Geschäftsjahre die folgenden bereinigten Abschlusszahlen vor:

Aktiva		Strukturbilanz			Passiva
	Berichts-jahr	Vor-jahr		Berichts-jahr	Vor-jahr
I. Anlagevermögen	2 146 500,00	2 070 000,00	I. Eigenkapital	1 218 600,00	910 350,00
II. Umlaufvermögen			II. Fremdkapital		
1. mittelfristig	500 400,00	344 700,00	1. langfristig	1 350 000,00	1 170 000,00
2. kurzfristig	366 750,00	211 500,00	2. kurzfristig	700 200,00	767 250,00
3. sofort flüssig	255 150,00	221 400,00			
	3 268 800,00	2 847 600,00		3 268 800,00	2 847 600,00

Aufgaben:

2.1 Berechnen Sie die folgenden Kennzahlen (auf eine Dezimale): die Deckungsgrade I und II und die Liquidität 1. und 2. Grades!

2.2 Beurteilen Sie die Kennzahlen unter Berücksichtigung der Vorjahreszahlen!

157 Bilanzkennzahlen

Ein Industrieunternehmen legt folgende Strukturbilanz vor:

Aktiva		Strukturbilanz	Passiva
I. Anlagevermögen	1 475 000,00	I. Eigenkapital	570 000,00
II. Umlaufvermögen		II. Fremdkapital	
1. mittelfristig	625 000,00	1. langfristig	1 522 000,00
2. kurzfristig	458 000,00	2. kurzfristig	786 000,00
3. sofort fällig	320 000,00		
	2 878 000,00		2 878 000,00

Aufgaben:

Berechnen Sie

1. die Kennzahlen zur Kapitalstruktur,
2. die Deckungsgrade I und II,
3. die Liquidität 1. und 2. Grades!

158 Ermittlung und Beurteilung von Bilanzkennzahlen

Die Elastomer GmbH ist ein bedeutender Hersteller von dauerelastischen Werkstoffen. Das Unternehmen plant umfangreiche Investitionen für den Umweltschutz. Zur Vorbereitung der Finanzierung legt die Elastomer GmbH ihrer Hausbank folgende zusammengefasste Bilanz vor:

Aktiva	Zusammengefasste Bilanz der Elastomer GmbH (Mio. EUR)		Passiva
Sachanlagevermögen	111,5	Stammkapital	46,0
Finanzanlagevermögen	9,2	Rücklagen	22,9
Vorräte	38,1	Bilanzgewinn	4,8
Forderungen a. Lief. u. Leist.	45,6	Langfristige Bankkredite	77,1
Sonstiges Umlaufvermögen	2,9	Kurzfristige Bankkredite	12,4
Kasse, Bank	11,7	Verbindlichkeiten a. Lief. u. Leist.	55,8
	219,0		219,0

Der Bilanzgewinn ist zur Ausschüttung vorgesehen.

Aufgaben:

1. Ermitteln Sie die Eigenkapitalquote und beurteilen Sie das Ergebnis mithilfe der Branchenkennzahl aus der nachfolgenden Tabelle!

Branche	Eigenkapitalquote
Chemische Industrie	39,1 %

2. Überprüfen Sie anhand der Deckungsgrade und der Liquidität 1. und 2. Grades die Erfüllung der goldenen Bilanzregel und die Zahlungsbereitschaft der Elastomer GmbH!

13.3 Erfolgskennzahlen (Ergebnisanalyse)

13.3.1 Aufbereitung der GuV-Rechnung

Der erste Schritt im Rahmen der Ergebnisanalyse ist die Erstellung einer aufbereiteten Erfolgsrechnung. Zur Ermittlung des **ordentlichen Betriebsergebnisses** (operativen Ergebnisses des Kerngeschäfts) müssen einerseits die in den sonstigen betrieblichen Erträgen und sonstigen betrieblichen Aufwendungen enthaltenen Sondereinflüsse herausgenommen und andererseits die im Rahmen des Kerngeschäfts gezahlten sonstigen betrieblichen Steuern hinzugerechnet werden.

Neben dem ordentlichen Betriebsergebnis werden deshalb zusätzlich das **Finanzergebnis** und das **außerordentliche Ergebnis** ausgewiesen. Vor allem im internationalen Vergleich sind die **Ergebnisse vor und nach Steuern** interessant.

Grundlage für die Darstellung der Erfolgskennzahlen bildet die aus der Bilanzanalyse bereits bekannte Metallwerke Neumann AG.

> **Beispiel:**

Gewinn- und Verlustrechnungen der Metallwerke Neumann AG

1.*	Umsatzerlöse		17 050 000,00 EUR
2.	Erhöhungen des Bestands an fertigen und unfertigen Erzeugnissen		568 520,00 EUR
4.	Sonstige betriebliche Erträge		36 480,00 EUR
5.	Materialaufwand		
	a) Aufwendungen an Roh-, Hilfs- und Betriebsstoffen		8 210 310,00 EUR
6.	Personalaufwand		
	a) Löhne und Gehälter		3 197 300,00 EUR
	b) Soz. Abgaben und Aufw. für Altersversorgung und Unterstützung		1 120 200,00 EUR
7.	Abschreibungen		
	a) auf immaterielle Vermögensgegenstände		330 365,00 EUR
	b) auf Sachanlagen		473 000,00 EUR
8.	Sonstige betriebliche Aufwendungen		2 452 000,00 EUR
	(davon Zuführung zu langfr. Rückstellungen 171 600,00 EUR)		
13.	Zinsen und ähnliche Aufwendungen		522 500,00 EUR
14.	Steuern vom Einkommen und vom Ertrag		640 000,00 EUR
15.	**Ergebnis nach Ertragssteuern**		**709 325,00 EUR**
16.	Sonstige Steuern		65 000,00 EUR
17.	**Jahresüberschuss**		**644 325,00 EUR**

* Die Nummern richten sich an der Gliederung des § 275 II HGB aus (siehe S. 355).

Aufgabe:
Erstellen Sie die aufbereitete Erfolgsrechnung der Neumann AG mit aussagekräftigen Zwischensummen!

Lösung:

	Umsatzerlöse	17 050 000,00 EUR	
+	Erhöhungen des Bestandes an fert. und unfert. Erzeugn.	568 250,00 EUR	
+	Sonstige betriebliche Erträge	36 480,00 EUR	
=	**Betriebliche Erträge (Gesamtleistung)**		**17 654 970,00 EUR**
–	Materialaufwand		
	a) Aufwendungen an Roh-, Hilfs- und Betriebsstoffen	8 210 310,00 EUR	
–	Personalaufwand		
	a) Löhne und Gehälter	3 197 300,00 EUR	
	b) Soz. Abgaben und Aufw. für Altersvers. und Unterstützung	1 120 200,00 EUR	
–	Abschreibungen		
	a) auf immaterielle Vermögensgegenstände	330 365,00 EUR	
	b) auf Sachanlagen	473 000,00 EUR	
–	Sonstige betriebliche Steuern	65 000,00 EUR	
–	Sonstige betriebliche Aufwendungen	2 452 000,00 EUR	
	(davon Zuführung zu langfristigen Rückstellungen 171 600,00 EUR)		
=	**Betriebliche Aufwendungen (gesamt)**		**15 673 145,00 EUR**
=	**Betriebsergebnis (operatives Ergebnis)**		**+ 1 981 825,00 EUR**
	Zinserträge	0,00 EUR	
–	Zinsen und ähnliche Aufwendungen	522 500,00 EUR	
=	**Finanzergebnis**		**– 522 500,00 EUR**
=	**Ergebnis vor Ertragssteuern**		**+ 1 284 325,00 EUR**
–	Steuern vom Einkommen und vom Ertrag	640 000,00 EUR	
=	**Ergebnis nach Ertragssteuern**		**+ 644 325,00 EUR**
=	**Jahresüberschuss**		**+ 644 325,00 EUR**

Erläuterungen:

Bei der Metallwerke Neumann AG werden die Sondereinflüsse sehr deutlich sichtbar: Aufgrund der negativen Finanz- und außerordentlichen Ergebnisse sinkt das Gesamtergebnis vor Ertragssteuern im Vergleich zum operativen Ergebnis um rund zwei Drittel auf 1 284 325,00 EUR.

Für die nachfolgende **Ergebnisanalyse** der Neumann AG werden die durchschnittlichen **Branchenkennzahlen** der vergangenen Jahre als Beurteilungsgrundlage herangezogen.

Branche	Eigenkapital-rentabilität	Gesamtkapital-rentabilität	Umsatz-rentabilität	Umschlags-häufigkeit des Gesamtkapitals	ROI (Gesamt-kapital)	Cashflow-Umsatz-Relation
Metallindustrie	19,6 %	7,1 %	3,0 %	2,4 %	7,1 %	6,5 %

Vgl. Statistische Sonderveröffentlichungen der Deutschen Bundesbank.

13.3.2 Rentabilitätskennzahlen

(1) Begriff Rentabilität

Bei den Kennzahlen der Rentabilität werden Größen der Gewinn- und Verlustrechnung in die Beurteilung des Unternehmens einbezogen. Die wichtigste Kennzahl dabei ist natürlich der Gewinn. Da jedes Unternehmen in Bezug auf Rechtsform, Kapitalausstattung, Wirtschaftsbranche und Größe andere Bedingungen aufweist, sagt die absolute Höhe des Gewinnes nur wenig aus. Um eine vergleichbare Aussage über den Erfolg eines Unternehmens machen zu können, muss der Gewinn prozentual in Beziehung zu jenen Größen gebracht werden, die ihn ermöglicht haben. Solche messbaren Größen sind z. B. das **Kapital** oder der **Umsatz**.

> Die **Rentabilität** ist eine Messgröße für die Ergiebigkeit eines Mitteleinsatzes.

(2) Kapitalrentabilität

Hierbei wird der erzielte Gewinn zum Kapital in Beziehung gesetzt. Je nachdem, ob man als Bezugsgröße das Eigenkapital oder das Gesamtkapital wählt, erhält man als Kennzahl die **Eigenkapitalrentabilität** oder die **Gesamtkapitalrentabilität**. Die Eigenkapitalrentabilität wird häufig auch als Unternehmerrentabilität und die Gesamtkapitalrentabilität als Unternehmensrentabilität bezeichnet.

■ **Eigenkapitalrentabilität (Unternehmerrentabilität)**

Bei der Eigenkapitalrentabilität wird der erzielte Gewinn in Prozenten zum Eigenkapital ausgedrückt. Es soll festgestellt werden, welche Rendite das durchschnittlich eingesetzte Eigenkapital insgesamt erbracht hat.

$$\text{Eigenkapitalrentabilität} = \frac{\text{Gewinn} \cdot 100}{\varnothing \text{ Eigenkapital}}$$

Da sich das Eigenkapital praktisch durch jeden Erfolgsvorgang laufend verändert, ist es ungenau, wenn der erzielte Gewinn dem Eigenkapital am Anfang oder am Ende der Geschäftsperiode gegenübergestellt wird. Um relativ genau zu sein, muss vom durchschnittlichen Eigenkapital ausgegangen werden.

Beispiel:
Wir gehen von der Strukturbilanz (S. 409) und der aufbereiteten Erfolgsrechnung (S. 418) der Metallwerke Neumann AG aus. Das Eigenkapital lag im Vorjahr bei 5 227 750,00 EUR.

Aufgabe:
Ermitteln Sie die Eigenkapitalrentabilität und beurteilen Sie diese!

Lösung:

$$\text{Durchschnittswert für das Eigenkapital} = \frac{5\,227\,750 + 6\,307\,345}{2} = 5\,767\,547{,}50 \text{ EUR}$$

$$\text{Eigenkapitalrentabilität} = \frac{644\,325 \cdot 100}{5\,767\,547{,}50} = \underline{\underline{11{,}17\,\%}}$$

Der Wert liegt zwar über dem Kapitalmarktzins, aber deutlich unter dem Branchendurchschnitt.

■ Gesamtkapitalrentabilität (Unternehmensrentabilität)

Wählt man als Bezugsgröße das durchschnittliche Gesamtkapital, dann muss der Gewinn um die angefallenen Zinsen („Ertrag des Fremdkapitalgebers") für das Fremdkapital erhöht werden. Das ist deshalb erforderlich, weil die Fremdkapitalzinsen im Rahmen der Gewinnermittlung als Aufwendungen abgezogen wurden. Erst durch die Hinzurechnung der Zinsen für das Fremdkapital sind die in Beziehung zu setzenden Größen (Bruttogewinn und Gesamtkapital) miteinander vergleichbar.

$$\text{Bruttogewinn} = \text{Gewinn} + \text{Fremdkapitalzinsen}$$

$$\text{Gesamtkapitalrentabilität} = \frac{\text{Bruttogewinn} \cdot 100}{\varnothing \text{ Gesamtkapital}}$$

Bei der Gesamtkapitalrentabilität muss vom durchschnittlichen Gesamtkapital ausgegangen werden.

Beispiel:
Wir gehen von der Strukturbilanz (S. 409) und der aufbereiteten Erfolgsrechnung (S. 418) der Metallwerke Neumann AG aus. Das Gesamtkapital lag im Vorjahr bei 14 252 645,00 EUR.

Aufgabe:
Ermitteln Sie die Gesamtkapitalrentabilität und beurteilen Sie diese!

Lösung:

$$\text{Bruttogewinn} = 644\,325 + 522\,500 = 1\,166\,825{,}00 \text{ EUR}$$

$$\text{Durchschnittskapital} = \frac{14\,252\,645 + 15\,017\,475}{2} = 14\,635\,060{,}00 \text{ EUR}$$

$$\text{Gesamtkapitalrentabilität} = \frac{1\,166\,825 \cdot 100}{14\,635\,060} = \underline{\underline{7{,}97\,\%}}$$

Die Gesamtkapitalrentabilität der Neumann AG ist mit rund 8% erfreulich hoch und liegt über dem Branchendurchschnitt.

Die Gesamtkapitalrentabilität sagt dem Unternehmer, ob sich die Investierung von Fremdkapital in seinem Unternehmen lohnt. Dies ist dann gegeben, wenn der Zinssatz für Fremdkapital unter der Gesamtkapitalrentabilität liegt. Beträgt der Zinssatz für Fremdkapital 4% und liegt die Gesamtkapitalrentabilität bei 6%, dann verdient das Unternehmen am Einsatz des Fremdkapitals, d.h., die Eigenkapitalrentabilität steigt an.[1]

(3) Umsatzrentabilität

Bei dieser Kennzahl wird der Gewinn auf den Umsatz bezogen. In Prozenten ausgedrückt erhalten wir:

$$\text{Umsatzrentabilität} = \frac{\text{Gewinn} \cdot 100}{\text{Umsatz}}$$

Beispiel:

Wir gehen von der aufbereiteten Erfolgsrechnung (S. 418) der Metallwerke Neumann AG aus.

Aufgabe:
Ermitteln Sie die Umsatzkapitalrentabilität und beurteilen Sie diese!

Lösung:

$$\text{Umsatzrentabilität} = \frac{644\,325 \cdot 100}{17\,050\,000} = \underline{\underline{3{,}78\,\%}}$$

Der Wert liegt über dem Branchendurchschnitt. Dies deutet auf eine höhere Produktivität bzw. auf eine günstigere Kostensituation bei der Neumann AG als im Branchendurchschnitt hin. Allgemein gelten allerdings erst Werte über 5% als zufriedenstellend.

13.3.3 Return on Investment (ROI)

Der **Return on Investment**[2] (auch Kapitalrendite genannt) ist eine Kennzahl, die aus der Umsatzrentabilität und der Gesamtkapitalumschlagshäufigkeit zusammengesetzt ist.

$$\text{ROI} = \frac{\text{Gewinn} \cdot 100}{\text{Umsatzerlöse}} \cdot \frac{\text{Umsatzerlöse}}{\varnothing \text{ Gesamtkapital}}$$

$$\text{ROI} = \text{Umsatzrentabilität} \cdot \text{GK-Umschlagshäufigkeit}^{[3]}$$

---

[1] Siehe auch die Ausführungen zum Leverage-Effekt auf S. 426f.
[2] Return on Investment deshalb, weil der Rückfluss des investierten Kapitals über die Rendite des eingesetzten Kapitals erfolgt.
[3] Die Gesamtkapitalumschlagshäufigkeit sagt aus, wie oft das eingesetzte durchschnittliche Gesamtkapital umgeschlagen wurde.

Die ROI-Kennzahl gibt Auskunft über den Erfolg, den das Unternehmen mit dem investierten Kapital erzielt hat. Sie zeigt, ob der erwirtschaftete Unternehmenserfolg auf einer Änderung der **Umsatzrentabilität** beruht oder auf die Erhöhung (bzw. den Rückgang) der **Gesamtkapitalumschlagshäufigkeit** zurückzuführen ist. Die ROI-Kennzahl ist damit geeignet, die Wechselbeziehungen zwischen Gewinn, Umsatz und Kapitaleinsatz aufzuhellen.

Beispiel:

Aus den Jahresabschlüssen der Metallwerke Neumann AG entnehmen wir folgende Daten:

	Berichtsjahr	Vorjahr
Gewinn	644 325,00 EUR	610 886,00 EUR
Ø Gesamtkapital	14 635 060,00 EUR	13 223 420,00 EUR
Umsatzerlöse	17 050 000,00 EUR	12 567 700,00 EUR

Aufgaben:
1. Berechnen Sie den Return on Investment!
2. Erläutern Sie, worauf die Veränderung des Return on Investment zurückzuführen ist!

Lösungen:

Zu 1.: Berechnung des Return on Investment

Berichtsjahr

$$\text{ROI} = \frac{644\,325 \cdot 100}{17\,050\,000} \cdot \frac{17\,050\,000}{14\,635\,060}$$

ROI = 3,78 % · 1,165

ROI = 4,40 %

Vorjahr

$$= \frac{610\,886 \cdot 100}{12\,567\,700} \cdot \frac{12\,567\,700}{13\,223\,420}$$

= 4,86 % · 0,950

= 4,62 %

Zu 2.: **Erläuterungen zur Veränderung des Return on Investment**

- Der Rückfluss des investierten Gesamtkapitals (ROI), ist im Berichtsjahr gefallen.
- Der Rückgang beruht darauf, dass die erhöhte Gesamtkapitalumschlagshäufigkeit den Rückgang der Umsatzrentabilität nicht ausgleichen kann.

Die **ROI-Kennzahl** erklärt, ob der Unternehmenserfolg mehr auf die Umsatzrentabilität oder auf die Umschlagshäufigkeit des Gesamtkapitals zurückzuführen ist.

Übungsaufgaben

Hinweis: Verwenden Sie zur Beurteilung der Ergebnisse der folgenden Aufgaben diese Branchendurchschnittswerte:

Branche	Eigenkapitalquote	Verschuldungsgrad	Deckungsgrad I	Deckungsgrad II	Liquiditätsgrad I	Liquiditätsgrad II	Eigenkapital-rentabilität	Gesamtkapital-rentabilität	Umsatzrentabilität	Umschlagshäufigkeit des Gesamtkapitals	ROI (Gesamtkapital)	Cashflow-Umsatz-Relation
Chemische Industrie	39,1 %	164 %	103 %	134 %	8,0 %	106 %	12,3 %	8,1 %	6,3 %	1,3	8,1 %	9,1 %
Elektro-industrie	29,5 %	141 %	95 %	107 %	14 %	88 %	15,4 %	5,5 %	3,0 %	1,2	5,5 %	7,7 %
Metall-industrie	32,1 %	147 %	99 %	134 %	7,3 %	85 %	19,6 %	7,1 %	3,0 %	2,4	7,1 %	6,5 %
Textil-industrie	34,8 %	154 %	87 %	164 %	16 %	86 %	16,7 %	8,0 %	3,9 %	2,1	8,0 %	5,6 %

Vgl. Statistische Sonderveröffentlichungen der Deutschen Bundesbank.

159 Eigenkapital- und Umsatzrentabilität

Die Buchführung bzw. die Kosten- und Leistungsrechnung einer Maschinenfabrik liefert uns folgende Zahlenwerte:

Eigenkapital:		Sonstige Aufwendungen	105 Mio. EUR
– am Anfang	350 Mio. EUR	davon Fremdkapitalzinsen	8 Mio. EUR
– am Ende	400 Mio. EUR	Umsatzerlöse netto	850 Mio. EUR
Aufwend. für Rohstoffe	700 Mio. EUR	Jahresüberschuss	45 Mio. EUR

Aufgaben:

1. Berechnen Sie die Umsatzrentabilität und die Unternehmerrentabilität!
2. Beurteilen Sie die Kennzahlen!

160 Gesamtkapitalrentabilität

Die Buchführung bzw. die Kosten- und Leistungsrechnung der Nova Caravan AG liefert uns folgende Quartalszahlen:

Umsatzerlöse netto	1 114 640,00 EUR
Aufwendungen für Roh-, Hilfs- und Betriebsstoffe	870 000,00 EUR
Sonstige Aufwendungen	215 000,00 EUR
Durchschnittl. Eigenkapital	380 000,00 EUR
Durchschnittl. Fremdkapital	597 500,00 EUR

In den sonstigen Aufwendungen sind 16 430,00 EUR Fremdkapitalzinsen enthalten.

Aufgaben:

Berechnen und beurteilen Sie die Gesamtkapitalrentabilität, wenn der Branchenwert im Fahrzeugbau 3,2 % beträgt!

161 Bilanz- und Erfolgskennzahlen

Die Textilfabrik Sonja Fröhlich GmbH hat sich mit Kindermoden eine Marktnische geschaffen. Um das Unternehmen auf dem neuesten Stand zu halten, wurde im letzten Jahr viel investiert. Der Gesellschafter Gebauer ist nicht sicher, ob das Unternehmen noch ordentlich finanziert ist. Er hat sich deshalb die Bilanz und einige Zahlen der GuV-Rechnung geben lassen:

Aktiva		Zusammengefasste Bilanz der Sonja Fröhlich GmbH	Passiva
Anlagevermögen	515 000,00	Stammkapital	158 000,00
Vorräte	331 000,00	Rücklage	50 000,00
Forderungen a. Lief. u. Leist.	485 000,00	Langfristige Grundschuld	726 000,00
Kasse, Bank	117 000,00	Kurzfristige Bankkredite	156 000,00
		Verbindlichkeiten a. Lief. u. Leist.	358 000,00
	1 448 000,00		1 448 000,00

Laut GuV-Rechnung wurde ein Gewinn in Höhe von 39 650,00 EUR erwirtschaftet. Ihm steht eine Belastung durch Fremdkapitalzinsen in Höhe von 57 964,00 EUR gegenüber.

Aufgaben:

Überprüfen Sie für Herrn Gebauer die Eigenkapitalquote, den Verschuldungsgrad, die Liquiditätsgrade, die Eigenkapitalrentabilität und die Rentabilität des Unternehmens!

Hinweis: Ziehen Sie zur Beurteilung die auf S. 423 angegebenen Branchenkennzahlen zurate.

162 Umsatzrentabilität und Return on Investment

1.

	Vorjahr	Berichtsjahr
Investiertes Gesamtkapital	7 500 000,00 EUR	6 800 000,00 EUR
Umsatzerlöse	20 800 000,00 EUR	20 384 000,00 EUR
Gewinn	520 000,00 EUR	509 600,00 EUR

Aufgaben:

1.1 Ermitteln Sie die Umsatzrentabilität, die Kapitalumschlagshäufigkeit und den Return on Investment!

1.2 Interpretieren Sie die Änderung der Rentabilität des Gesamtkapitals!

2.

	Artikelgruppe I	Artikelgruppe II	Insgesamt
Investiertes Gesamtkapital	140 000,00 EUR	140 000,00 EUR	280 000,00 EUR
Umsatzerlöse	420 000,00 EUR	140 000,00 EUR	560 000,00 EUR
Gewinn	42 000,00 EUR	14 000,00 EUR	56 000,00 EUR

Aufgaben:

2.1 Errechnen Sie die Umsatzrentabilität, die Kapitalumschlagshäufigkeit und den Return on Investment!

2.2 Beschreiben Sie die Auswirkungen, die hohe Investitionen ins Anlagevermögen auf den Return on Investment haben!

2.3 Arbeiten Sie heraus, wodurch der Return on Investment verbessert werden kann!

163 Bilanz- und Erfolgskennzahlen und deren Beurteilung

Die Windkraft Winterloh AG legt aufgrund bereits vorgenommener Abschlussbuchungen und erfolgter Zuordnung zu den einzelnen Bilanzposten folgende Zahlen vor:

Aktiva			Strukturbilanz der Windkraft Winterloh AG		Passiva
I.	**Anlagevermögen**		2 088 100,00	I. **Eigenkapital**	1 712 290,00
II.	**Umlaufvermögen**			II. **Fremdkapital**	
	1.	Vorräte	1 773 200,00	1. Langfristiges Fremdkapital	1 910 500,00
	2.	Forderungen a. L. u. L.	390 550,00	2. Kurzfristiges Fremdkapital	949 710,00
	3.	Liquide Mittel	320 650,00		
			4 572 500,00		4 572 500,00

Aus der Gewinn- und Verlustrechnung liegen folgende Zahlen vor:

Umsatzerlöse 1 785 900,00 EUR, Jahresüberschuss 111 300,00 EUR, Zinsen für Fremdkapital 145 000,00 EUR.

Aufgaben:

Bilden Sie folgende Kennzahlen und orientieren Sie sich bei der Beurteilung an den angegebenen Durchschnittswerten!

1. Kennzahlen zur Kapitalstruktur und zur Finanzstruktur:
    1.1 Eigenkapitalquote,
    1.2 Verschuldungsgrad,
    1.3 Deckungsgrad I,
    1.4 Deckungsgrad II
2. Kennzahlen zur Liquidität:
    2.1 Liquidität I,
    2.2 Liquidität II
3. Kennzahlen zur Rentabilität:
    3.1 Eigenkapitalrentabilität,
    3.2 Umsatzrentabilität,
    3.3 Gesamtkapitalrentabilität,
    3.4 ROI (Gesamtkapital)

Die durchschnittlichen Branchenkennzahlen der vergangenen Jahre finden Sie auf S. 423!

13.3.4 Leverage-Effekt

Für die Gesellschafter ist der risikoreiche Einsatz von Eigenkapital nur interessant, wenn seine Rentabilität deutlich über der am Kapitalmarkt erzielbaren Verzinsung liegt. Sie gilt es bei der Festlegung der optimalen Kapitalstruktur zu berücksichtigen.

Die Rentabilitätsanalyse der Metallwerke Neumann AG hat folgende Ergebnisse gebracht:

Kennzahl	Ergebnis (vgl. S. 420)	Beurteilung (vgl. S. 419)
Eigenkapitalrentabilität	11,17 %	Schlechter als der Branchendurchschnitt
Gesamtkapitalrentabilität	7,97 %	Besser als der Branchendurchschnitt

Dem Ziel der Verbesserung der Eigenkapitalrentabilität kann ein höherer Fremdkapitaleinsatz dienen, sofern die Gesamtkapitalrentabilität größer als der Fremdkapitalzinsfuß ist, da in diesem Fall ein Überschuss bleibt.

> **Beispiel:**
>
> Wir gehen von der Strukturbilanz der Metallwerke Neumann AG aus (vgl. S. 409). Angenommen, die Metallwerke Neumann AG hätten 3 Mio. EUR Eigenkapital weniger investiert und stattdessen durch zusätzliches langfristiges Fremdkapital finanziert, das mit 4 % zu verzinsen ist.
>
> Aufgrund des höheren Fremdkapitals steigt der jährliche Zinsaufwand um 120 000,00 EUR auf 642 500,00 EUR. Der Gewinn sinkt damit unter sonst gleichen Bedingungen auf 524 325,00 EUR.
>
> | Aktiva | Alternative Strukturbilanz der Metallwerke Neumann AG | | Passiva |
> |---|---|---|---|
> | I. Anlagevermögen | 10 296 000,00 | I. Eigenkapital | 3 307 345,00 |
> | II. Umlaufvermögen | 4 721 475,00 | II. Fremdkapital | 11 710 130,00 |
> | | 15 017 475,00 | | 15 017 475,00 |
>
> Das durchschnittliche Eigenkapital der Periode wird mit 3 185 182,50 EUR angenommen, während das durchschnittliche Gesamtkapital unverändert bei 14 635 060,00 EUR bleibt (vgl. S. 420).
>
> **Aufgaben:**
> 1. Berechnen Sie die neue Eigenkapitalrentabilität!
> 2. Beurteilen Sie den Einfluss des Sachverhalts auf die Gesamtkapitalrentabilität!
>
> **Lösungen:**
>
> **Zu 1.:** Eigenkapitalrentabilität (neu) $= \dfrac{524\,325 \cdot 100}{3\,185\,182{,}50} = \underline{\underline{16{,}46\,\%}}$
>
> **Ergebnis:** Die Eigenkapitalrentabilität steigt von 11,17 % auf 16,46 % an.
>
> **Zu 2.:** Gesamtkapitalrentabilität (neu) $= \dfrac{(524\,325 + 642\,500) \cdot 100}{14\,635\,060} = \underline{\underline{7{,}97\,\%}}$
>
> **Ergebnis:** Die Kapitalstruktur hat keinen Einfluss auf die Gesamtkapitalrentabilität.

- Zusätzliches Fremdkapital verbessert unter der Bedingung „Fremdkapitalzinsfuß < Gesamtkapitalrentabilität" die Rentabilität des Eigenkapitals.
- Die Hebelwirkung des höheren Verschuldungsgrades auf die Eigenkapitalrentabilität bezeichnet man als **Leverage-Effekt**.

Eine Maximierung der Eigenkapitalrentabilität ist jedoch aufgrund des Konflikts mit den Zielen „Stabilität" und „Liquidität" nicht möglich. Es ist lediglich ein Kompromiss durch die **Optimierung des Verschuldungsgrades** möglich:

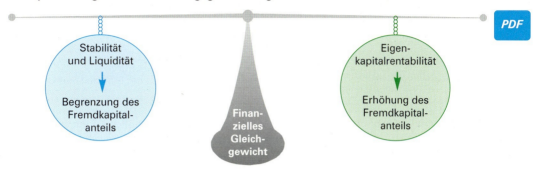

Ein Unternehmen befindet sich in einem finanziellen Gleichgewicht, wenn sowohl die Erfüllung der finanziellen Ansprüche der Kapitalgeber als auch die Existenz des Unternehmens kurz- und langfristig gesichert sind.

Übungsaufgaben

164 Abhängigkeiten der Eigenkapitalrentabilität

Vervollständigen und beurteilen Sie unter der Voraussetzung, dass die Gesamtkapitalrentabilität 10 % beträgt, folgende Tabellen:

1. indem Sie den Fremdkapitalanteil bei einem Zinssatz von 8 % wie angegeben erhöhen:

Eigenkapital	Fremdkapital	FK-Zinsen	Gewinn	EK-Rentabilität
500 000,00 EUR	0,00 EUR			
500 000,00 EUR	100 000,00 EUR			
500 000,00 EUR	300 000,00 EUR			
500 000,00 EUR	500 000,00 EUR			
500 000,00 EUR	700 000,00 EUR			

2. indem Sie bei einem Verschuldungsgrad von 100 % den Fremdkapitalzinssatz wie angegeben variieren:

Eigenkapital	Fremdkapital	FK-Zinssatz	FK-Zinsen	Gewinn	EK-Rentabilität
500 000,00 EUR		7,0 %			
500 000,00 EUR		8,0 %			
500 000,00 EUR		9,0 %			
500 000,00 EUR		10,0 %			
500 000,00 EUR		11,0 %			
500 000,00 EUR		12,0 %			

165 Leverage-Effekt

Die Buchführung bzw. die Kosten- und Leistungsrechnung liefert uns folgende Zahlenwerte:

Durchschn. Fremdkapital	4 213 000,00 EUR	Umsatzerlöse netto	15 198 500,00 EUR
Durchschn. Gesamtkapital	12 273 000,00 EUR	Zinsaufwendungen	160 270,00 EUR
		Jahresüberschuss	785 850,00 EUR

Aufgaben:
1. Berechnen Sie die Unternehmer- und die Umsatzrentabilität!
2. Prüfen Sie, ob sich eine Erhöhung des Fremdkapitals bei einem Kreditzinssatz von 10 % hinsichtlich der Eigenkapitalrentabilität lohnen würde!

166 Rentabilitätskennzahlen

Die Fritz Lang AG möchte am Ende der Rechnungsperiode die Rentabilitätsentwicklung des Industriebetriebs (Textilbranche) feststellen. Aus der Buchführung liegt dazu folgendes Zahlenmaterial vor:

Zahlen der Buchführung (in TEUR)	Vor 2 Jahren	Vorjahr	Berichtsjahr
Eigenkapital	210 000	292 000	308 000
Bankkredite	53 000	60 000	58 000
Zinsbelastung der Bank	5 600	6 300	5 800
Jahresüberschuss	21 000	24 900	31 000
Umsatzerlöse netto	499 000	514 000	560 000

Aufgaben:
1. Berechnen Sie für das Berichtsjahr und das Vorjahr die Eigenkapitalrentabilität und die Umsatzrentabilität!
2. Vergleichen Sie Ihre Ergebnisse mit folgenden Branchenkennzahlen der Bekleidungsindustrie: Eigenkapitalrentabilität 16,0 % und Umsatzrentabilität 4,2 %.

13.3.5 Cashflow-Analyse

Die Liquiditätsanalyse[1] stellt eine Momentaufnahme der Finanzmittel und Verbindlichkeiten am Bilanzstichtag dar. Die **Cashflow-Analyse** geht demgegenüber der Frage nach, welche Finanzmittel aus dem Betriebsprozess erwirtschaftet und wie diese verwendet wurden, d. h., die zukünftigen Zahlungsein- und -ausgänge werden aus den **Zahlungsein- und -ausgängen der Vergangenheit** abgeleitet. In ihrer einfachsten Form orientiert sich diese Art von Liquiditätskennzahl an der Betrachtung von **Umsatzüberschusszahlen**[2] (**„Cashflow-Analyse"**). Der aus der amerikanischen Analysepraxis stammende Begriff „Cashflow" ist nicht einheitlich festgelegt. Je nach Aussagezweck können gröbere oder verfeinerte Berechnungen für den Cashflow durchgeführt werden.

Eine relativ einfache und grobe Berechnungsmöglichkeit zeigt das nachfolgende Schema, bei dem die **nicht ausgabewirksamen Aufwendungen** zum **Jahresüberschuss** hinzugerechnet werden.

---

[1] Wiederholen Sie hierzu die Ausführungen auf S. 413f.
[2] Der **Umsatzüberschuss** ist der Teil der Umsatzerlöse, der nicht für Betriebsausgaben und Ausgaben für Steuern von Einkommen und Ertrag benötigt wird.

	Jahresüberschuss
+/–	Abschreibungen/Zuschreibungen
+/–	Erhöhung/Minderung langfristiger Rückstellungen
=	einfacher Cashflow
+	Zinsen und ähnliche Aufwendungen
=	erweiterter Cashflow

Als Finanzierungsindikator[1] soll der Cashflow über den **Innenfinanzierungsspielraum** und die **Kreditwürdigkeit** eines Unternehmens Aufschluss geben. Der Cashflow kann auch als **Finanzierungsüberschuss** bezeichnet werden, der **den Teil der Umsatzerlöse angibt,** der **nicht für Betriebsausgaben und Ausgaben für Steuern von Einkommen und Ertrag** benötigt wird. Der **einfache Cashflow** umfasst damit die ausgabeunwirksamen Aufwendungen für Abschreibungen, die gebildeten Rückstellungen sowie den Jahresüberschuss. Der **erweiterte Cashflow** gibt zusätzlich noch den Spielraum für Zinszahlungen an.

- Der **Cashflow** gibt die Höhe der im Geschäftsjahr **selbst erwirtschafteten Finanzmittel** an, die dem Unternehmen zur **freien Verfügung** stehen.
- Die freien Finanzmittel können für die **Finanzierung von Investitionen,** zur **Schuldentilgung** und für die **Gewinnausschüttung** verwendet werden.

Beispiel:

Wir gehen von der aufbereiteten Erfolgsrechnung (S. 418) der Metallwerke Neumann AG aus.

Aufgabe:
Ermitteln Sie den einfachen und erweiterten Cashflow!

Lösung:

	Jahresüberschuss	644 325,00 EUR
+	Abschreibungen	803 365,00 EUR
+	Zuführung zu den langfristigen Rückstellungen	171 600,00 EUR
=	**einfacher Cashflow**	**1 619 290,00 EUR**
+	Zinsen und ähnliche Aufwendungen	522 500,00 EUR
=	**erweiterter Cashflow**	**2 141 790,00 EUR**

Neben der Angabe in absoluten Zahlen kann der Cashflow auch in Prozenten z. B. zu den Umsatzerlösen ermittelt werden.

$$\text{Cashflow-Umsatz-Relation} = \frac{\text{einfacher Cashflow} \cdot 100}{\text{Umsatzerlöse}}$$

---

1 **Indikator:** Merkmal, das als (beweiskräftiges) Anzeichen oder als Hinweis auf etwas anderes dient.
Neben dem hauptsächlichen Anwendungsbereich im Rahmen finanzwirtschaftlicher Aussagen wird der Cashflow gelegentlich auch als Ertragsindikator verwandt. Hierbei ist anzumerken, dass der Cashflow nicht den Gewinn repräsentiert. Abschreibungen und Zuweisungen zu Rückstellungen stellen Aufwand und keinen Gewinn dar. Der Cashflow liegt also über dem Gewinn. Insofern kann er für die Beurteilung der Ertragskraft eines Unternehmens nur als Tendenzindikator angesehen werden.

> **Beispiel:**
> Wir gehen von der aufbereiteten Erfolgsrechnung (S. 418) der Metallwerke Neumann AG aus.
>
> **Aufgabe:**
> Ermitteln Sie die Cashflow-Umsatz-Relation auf der Basis des einfachen Cashflows!
>
> **Lösung:**
>
> $$\frac{1\,619\,290{,}00 \cdot 100}{17\,050\,000} = \underline{\underline{9{,}50\,\%}}$$
>
> Der Metallwerke Neumann AG stehen 9,50 % der Umsatzerlöse frei zur Verfügung. Dieser Wert liegt deutlich über dem Branchendurchschnitt (vgl. S. 419).

Zusammenfassung

- Der **Cashflow** ist ein Finanzierungsindikator für die Selbstfinanzierungskraft eines Unternehmens.
- Der **einfache Cashflow** ist ein Beleg für die Ertrags- und Innenfinanzierungskraft der Unternehmung.
- Der **erweiterte Cashflow** liefert zusätzlich Hinweise, inwieweit die Unternehmung der Zinsbelastung durch Kredite und Darlehen gewachsen ist.
- Die **Cashflow-Umsatz-Relation** gibt an, wie viel Prozent der Umsatzerlöse für Investitionen, für die Schuldentilgung und für Gewinnausschüttungen zur Verfügung steht.

Übungsaufgaben

167 Cashflow

1. Zeigen Sie die Vorteile der Cashflow-Kennzahlen gegenüber den Liquiditätsgraden auf!
2. Formulieren Sie eine allgemein gehaltene Aussage, aus der hervorgeht, was der Cashflow inhaltlich darstellt und wozu er im Unternehmen verwendet werden kann!

168 Einfacher und erweiterter Cashflow

Ein Industrieunternehmen weist in den letzten drei Geschäftsjahren folgende Zahlen aus:

	1. Geschäftsjahr	2. Geschäftsjahr	3. Geschäftsjahr
Umsatzerlöse	28 850 000,00 EUR	33 280 000,00 EUR	35 500 000,00 EUR
Jahresüberschuss	1 780 000,00 EUR	2 420 000,00 EUR	2 740 000,00 EUR
Abschreibungen auf Sachanlagen	450 000,00 EUR	640 000,00 EUR	700 000,00 EUR
Erhöhung langfristiger Rückstellungen	60 000,00 EUR	90 000,00 EUR	–
Zinsaufwand	200 000,00 EUR	220 000,00 EUR	2 210 000,00 EUR

Aufgaben:

1. Ermitteln Sie aufgrund der vorliegenden Daten den einfachen und erweiterten Cashflow!
2. Drücken Sie den einfachen Cashflow in Prozenten zu den Umsatzerlösen aus!
3. Geben Sie aufgrund der vorliegenden Daten eine kurze Beurteilung über das Unternehmen ab!

169 Cashflow-Umsatz-Relation

Die Böblinger Kettenfabrik GmbH erzielte für das Jahr 20.. einen Jahresüberschuss von 606766,00 EUR, die Abschreibungen betrugen lt. Gewinn- und Verlustrechnung 236845,00 EUR, die Zuführung zu den langfristigen Rückstellungen 86400,00 EUR und die Umsatzerlöse beliefen sich auf 21882612,00 EUR. Das Eigenkapital betrug 4769290,00 EUR.

Aufgaben:

Berechnen Sie:
1. den einfachen Cashflow,
2. den prozentualen Anteil des Cashflows, bezogen auf die Umsatzerlöse!

13.3.6 EBIT und EBITDA

(1) EBIT (Ergebnis vor Zinsen und Steuern)

Das EBIT ist eine Ergebnisgröße, die sich im Zusammenhang mit der internationalen Rechnungslegung auch im deutschen Sprachgebrauch immer mehr durchsetzt.

- Das **EBIT (Earnings before interest and taxes)** zeigt das Ergebnis vor Zinsen und Steuern.
- Das EBIT entspricht dem **Entgelt der Kapitalgeber** für die Bereitstellung von Eigen- und Fremdkapital.

Das EBIT kann wie folgt berechnet werden:[1]

- **nach der direkten Methode aus betrieblichen Erträgen und Aufwendungen**

$$
\begin{array}{rl}
& \text{betriebliche Erträge} \\
- & \text{betriebliche Aufwendungen}^2 \\
\hline
= & \text{EBIT}
\end{array}
$$

- **nach der indirekten Methode auf der Grundlage der handelsrechtlichen Gewinn- und Verlustrechnung**

$$
\begin{array}{rl}
& \text{Jahresüberschuss} \\
+ & \text{Finanzaufwendungen (Zinsaufwendungen/Abschreibungen auf Finanzanlagen)} \\
- & \text{Finanzerträge (Zinserträge/Erträge aus Beteiligungen)} \\
+ & \text{Steuern von Einkommen und Ertrag} \\
\hline
= & \text{EBIT}
\end{array}
$$

Beispiel:

Wir gehen von der aufbereiteten Erfolgsrechnung (S. 418) der Metallwerke Neumann AG aus.

Aufgabe:

Ermitteln Sie das EBIT nach der direkten und indirekten Methode!

---

[1] In der Literatur wird keine einheitliche EBIT-Definition verwendet. Die hier verwendete Definition ist an das BilRUG angepasst; vgl. Zwirner, Christian: Auswirkungen der neuen Umsatzerlösdefinition nach BilRUG auf finanzielle Steuerungskennzahlen, in: Zeitschrift für Bilanzierung, Rechnungswesen und Controlling, Heft 8/2015, S. 338f.

[2] Die betrieblichen Aufwendungen enthalten nach BilRUG auch die außerordentlichen Aufwendungen und die sonstigen betrieblichen Steuern.

Lösung:

direkte Methode

Umsatzerlöse	17 050 000,00 EUR	
+ Bestandsmehrung	568 520,00 EUR	
+ Sonstige betriebliche Erträge	36 480,00 EUR	17 655 000,00 EUR
− Materialaufwand	8 210 310,00 EUR	
− Personalaufwand	4 317 500,00 EUR	
− Abschreibungen	803 365,00 EUR	
− Sonstige betriebliche Aufwendungen	2 517 000,00 EUR	15 848 175,00 EUR
= EBIT		1 806 825,00 EUR

indirekte Methode

Jahresüberschuss	644 325,00 EUR
+ Zinsaufwendungen	522 500,00 EUR
+ Steuern vom Einkommen und vom Ertrag	640 000,00 EUR
= EBIT	1 806 825,00 EUR

Das **EBIT** zeigt, dass 1 806 825,00 EUR als **Entgelt für die Kapitalbereitstellung** durch **Eigen- und Fremdkapitalgeber** bereitstehen.

(2) EBITDA (Ergebnis vor Zinsen, Steuern und Abschreibungen)

Das EBITDA ist eine international weitverbreitete Erfolgskennzahl, die die Ergebnisbetrachtung weitgehend auf die Kernprozesse der Unternehmenstätigkeit reduziert.

- Die Kennzahl **EBITDA (Earnings before interests, taxes, depreciation and amortisation)** zeigt das Ergebnis vor Steuern, Zinsen und Abschreibungen auf Sachanlagen und immateriellen Anlagen.

- Das **EBITDA** ist eine **Form des Cashflows** und zeigt auf, wie viel Mittel für die **Kapitalgeber** und zur **Finanzierung von Investitionen** bereitstehen.[1]

Auf der Grundlage des EBIT lässt sich das EBITDA nach folgendem Schema berechnen:

EBIT (Ergebnis vor Zinsen und Steuern)
+ Abschreibungen auf Sachanlagen (Depreciation)
+ Abschreibungen auf immaterielle Vermögenswerte (Amortization)
= **EBITDA**

Beispiel:

Auf das Analysebeispiel von S. 418 bezogen lässt sich folgendes EBITDA errechnen:

EBIT	1 806 825,00 EUR
+ Abschreibungen auf Sachanlagen	473 000,00 EUR
+ Abschreibungen auf immaterielle Vermögensgegenstände	330 365,00 EUR
= EBITDA	2 610 190,00 EUR

---

1 Hierbei wird unterstellt, dass die langfristigen Rückstellungen unverändert bleiben.

13.4 Grenzen der Aussagefähigkeit des Jahresabschlusses

(1) Fehlende Informationen

Stehen für die Analyse nur die Geschäftsberichte mit **Jahresabschluss** und **Lagebericht** zur Verfügung **(externe Analyse)**, so fehlen in der Regel wichtige Informationen für die Beurteilung einer Unternehmung.

Beispiele für **fehlende Informationen** im Rahmen der externen Jahresabschlussanalyse:

- Die **genaue Fristigkeit von Forderungen und Verbindlichkeiten**. Beispielsweise stehen die kurzfristig ausgewiesenen Kontokorrentkredite de facto durch stillschweigende Prolongation langfristig zur Verfügung. Andererseits sind viele langfristige Kredite kündbar.
- Die **Eigentumsverhältnisse** der ausgewiesenen Vermögensgegenstände. Einerseits werden auch unter Eigentumsvorbehalt gekaufte oder sicherungsübereignete Rohstoffe bilanziert. Andererseits erscheint gepachtetes oder geleastes Anlagevermögen nicht in jedem Fall in der Bilanz.
- Vorhandene **Unter- und Überbewertungen von Bilanzposten (stille Reserven)**. Aus dem Jahresabschluss ist es schwierig, entsprechende Wertkorrekturen bezüglich der ausgeübten Bilanzierungswahlrechte (z. B. bei den Herstellungskosten) oder der bestehenden Bilanzierungsverbote (z. B. für Forschungskosten) vorzunehmen.
- **Latente**[1] **Verpflichtungen aus schwebenden Geschäften.** Hierzu gehören beispielsweise Kaufverträge, deren Erfüllungsgeschäfte noch nicht abgeschlossen sind.
- **Nicht bilanzierte Finanzierungsformen**, z. B. Leasing.
- Die Aussagekraft der Umsatzkennzahlen ist begrenzt, da die Umsatzerlöse nicht nur die für die Geschäftstätigkeit des Unternehmens **typischen Erlöse** enthalten.

(2) Stichtagsbezogenheit der Daten, bestandsorientierte Kennzahlen

Eine erhebliche Einschränkung der Aussagekraft erfährt die Jahresabschlussanalyse auch durch die **Stichtagsbezogenheit der Daten**. Insbesondere die **bestandsorientierten Kennzahlen** (Deckungs- und Liquiditätsgrade) dürfen aus Gründen der oben genannten Informationsdefizite nicht überbewertet werden. Für die Beurteilung der Kennzahlen der Liquidität ist z. B. Folgendes festzuhalten:

- Zur **Sicherung der Liquidität** bedarf es der Beobachtung zukünftiger Zahlungseingänge und Zahlungsausgänge des Unternehmens, was ohne die Kenntnis der internen Vorgänge nicht möglich ist. Laufende Zahlungsverpflichtungen für Personalkosten, Miete, Steuern usw. gehen aus der Bilanz nicht hervor. Im Rahmen unserer Analyse liegen nur **Abschlusszahlen** vor.
- Die Bilanz kann nur die **Situation am Bilanzstichtag** wiedergeben, also zu einer Zeit, in der diese bereits der Vergangenheit angehört. Liquidität ist aber eine sich täglich, ja sogar sich mehrmals täglich verändernde Größe, deren Aussagewert nur für diesen Augenblick der Feststellung von Bedeutung ist. Außerdem ist darauf hinzuweisen, dass eine Reihe von Faktoren, welche die Liquidität eines Unternehmens wesentlich beeinflussen, aus der Bilanz nicht hervorgehen. Die Bilanz gibt z. B. keine Auskunft über die Fälligkeitstermine der in ihr ausgewiesenen Posten.
- Der **Kreditspielraum eines Unternehmens** ist aus der Bilanz sehr schwer ablesbar.
- Wenn im Rahmen einer externen Bilanzanalyse dennoch **Liquiditätskennzahlen** aufgestellt werden, muss mit allem Nachdruck auf ihren **eingeschränkten Aussagewert** hingewiesen werden.

---

1 Latent: versteckt, verborgen.

Die Nachteile der bestandsorientierten Kennzahlen lassen sich zumindest teilweise vermeiden, wenn auf den Cashflow zurückgegriffen wird. Anstelle von Stichtagsgrößen werden die innerhalb eines Zeitraums aufgetretenen Bewegungen erfasst. Hier sind insbesondere die **Kennzahlen auf der Grundlage der GuV-Rechnung** von Bedeutung.

- Die Stichtagsbezogenheit und die fehlenden Informationen über die einzelnen Bilanzposten schränken den Aussagewert von bestandsorientierten Kennzahlen erheblich ein.

- Wesentlich zuverlässigere Auswertungen lassen Cashflow-Kennzahlen auf der Grundlage von GuV-Rechnungen zu.

13.5 Unternehmensbewertung durch Banken und Ratingagenturen

13.5.1 Grundsätzliches zum Rating

Eine ordentliche Kreditwürdigkeit ist Voraussetzung für eine Kreditvergabe einer Bank oder für die Platzierung von Schuldverschreibungen am Kapitalmarkt.

Das **Rating** ist ein Bewertungsverfahren zur **Einschätzung der Bonität** von Unternehmen (oder Staaten), um die Ausfallwahrscheinlichkeit bei Zinszahlungen und Tilgung zu minimieren

Die **Rating-Einstufung** sollte jährlich erfolgen und ist die Grundlage für die Festlegung der **Höhe des Zinssatzes** für einen Kreditnehmer.

Ist die Kreditwürdigkeit gut, dann ist die Wahrscheinlichkeit gering, dass es bei der Rückzahlung der Schulden zu Ausfällen kommt, d. h. der Zinssatz ist niedrig.

Schuldner mit einer schlechten Einstufung müssen dagegen einen um den sogenannten Risikoaufschlag erhöhten Zinssatz bezahlen.

Ein Rating kann auch ohne aktuellen Kreditbedarf sinnvoll sein, um Schwachstellen zu erkennen und beseitigen zu können.

Quelle: Creditreform Rating, Sept. 2015.

13.5.2 Rating durch Banken

Beim Rating durch die kreditgebende Bank selbst kommen folgende Faktoren zum Tragen:

- **quantitativen Ergebnisse** der Jahresabschlussanalyse und Planungsrechnungen,
- **qualitative Faktoren** zur Situation der Unternehmung (Größe, Rechtsform, Wirtschaftszweig, Unternehmensalter, Kontoführung).

Banken vergeben in der Regel Noten (z. B. von 1 bis 18) für die ermittelte Bonität. Es handelt sich um ein **internes Rating,** das für andere Zweck nicht genutzt und auch nicht veröffentlicht werden kann.

13.5.3 Rating durch Ratingagenturen

Kapitalmarktorientierte Unternehmen müssen häufig die Rating-Einstufung veröffentlichen und benötigen daher ein **externes Rating** durch eine zugelassene, unabhängige Ratingagentur (z. B. Standard & Poor's, Moody's oder Fitch; beschränkt auf den deutschen Markt auch Creditreform).

Folgende Faktoren beziehen Ratingagenturen in die Unternehmensbewertung ein:

- **quantitative Faktoren** (wie Banken, aber mit hoher Gewichtung der Cashflow-Analyse),
- **qualitative Faktoren** (wie Banken, jedoch mit besonderem Augenmerk auf Management sowie Unternehmens- und Konzernstruktur) und zusätzlich
- **Faktoren des Unternehmensumfelds** (Branchenrisiko, politisches und regulatorisches Umfeld, Konkurrenzsituation).

Die Ratingagenturen vergeben Ratingklassen von AAA bis D.

Ratingtabelle der führenden Ratingagenturen			
Standard & Poor's	**Moody's**	**Fitch**	**Bedeutung**
AAA	Aaa	AAA	Beste Bonität und geringes Ausfallrisiko.
AA+ AA AA−	Aa1 Aa2 Aa3	AA+ AA AA−	Sehr gute bis gute Bonität mit einer hohen Wahrscheinlichkeit, den Zahlungsverpflichtungen nachzukommen.
A+ A A−	A1 A2 A3	A+ A A−	Gute bis befriedigende Bonität. Noch angemessene Deckung von Zins und Tilgung. Eine Veränderung der wirtschaftlichen Lage könnte sich aber negativ auswirken.
BBB+ BBB BBB−	Baa1 Baa2 Baa3	BBB+ BBB BBB−	Befriedigende Bonität. Zins und Tilgung scheinen aktuell noch gedeckt. Jedoch gibt es einen mangelnden Schutz gegen ökonomische Veränderungen.
BB+ BB BB−	Ba1 Ba2 Ba3	BB+ BB BB−	Die Zahlungsfähigkeit ist nur gewährleistet, wenn das wirtschaftliche Umfeld stabil bleibt; spekulative Elemente.
CCC+ CCC CCC−	Caa1 Caa2 Caa3	CCC+ CCC CCC−	Ungenügende Bonität. Sehr spekulative Anlage. Ein Zahlungsausfall ist während der Laufzeit wahrscheinlich.

Ratingtabelle der führenden Ratingagenturen			
Standard & Poor's	Moody's	Fitch	Bedeutung
CC C	Ca	CC C	Hochgradig spekulativ. Akute Gefahr eines Zahlungsverzugs gegeben. Bei Moody's: Zahlungsverzug!
D	C	DDD DD D	Gläubiger befindet sich im Zahlungsverzug!

13.5.4 Vergleich von internem und externem Rating

Folgende Tabelle zeigt die Hauptunterschiede des Ratings von Banken und Agenturen:[1]

	Bank-Rating	Agentur-Rating
Ausführende Person	Firmenkundenbetreuer	Branchen-Analyse
Transparenz	gering (bankeigener Code)	hoch (internationaler Standard-Code)
Veröffentlichbarkeit	nein	auf Wunsch
Nutzen	nur für Bonitätseinstufung	vielseitig, z. B. für Kapitalgeber, Lieferanten
Kosten in EUR	500,00–7 500,00 EUR, meist durch Disagio abgedeckt	5 000,00–50 000,00 EUR
Umfang der Analyse	auf Bonität begrenzt	umfangreiche Unternehmensanalyse
Durchführung	bei Kreditantrag verpflichtend	freiwillig

---

[1] Vgl. http://www.fh-meschede.de/events/06/internes_vs_externes_rating.pdf, Folie 12; 24.10.2015

Zusammenfassung

- Zur **Vorbereitung der Jahresabschlussanalyse (Bilanzanalyse)** wird die veröffentlichte Bilanz aufbereitet und zu einer **Strukturbilanz** zusammengefasst.

- Je höher die **Eigenkapitalquote** eines Unternehmens ist, desto größer ist die finanzielle Unabhängigkeit und desto krisenfester ist das Unternehmen.

- Der **Deckungsgrad II** zeigt, inwieweit das Anlagevermögen durch langfristiges Kapital (Eigenkapital, langfristiges Fremdkapital) gedeckt ist. Er sollte mindestens 100 % betragen.

- **Liquidität** ist die Fähigkeit eines Unternehmens, jederzeit seinen Zahlungsverpflichtungen nachkommen zu können. Die **einzugsbedingte Liquidität** umfasst die liquiden Mittel sowie die kurzfristigen Forderungen und sollte mindestens so hoch wie das kurzfristige Fremdkapital sein.

- Die **Rentabilität** ist eine Messgröße für die Ergiebigkeit eines Mitteleinsatzes.

- Zusätzliches Fremdkapital verbessert die Eigenkapitalrentabilität, sofern der Zinsfuß kleiner als die Gesamtkapitalrentabilität ist **(Leverage-Effekt)**. Dabei darf das finanzwirtschaftliche Gleichgewicht nicht gestört werden.

- Der **Cashflow** gibt die im Geschäftsjahr **selbst erwirtschafteten Finanzmittel** an, die dem Unternehmen für die Finanzierung von Investitionen, zur Schuldentilgung und für die Gewinnausschüttung zur Verfügung stehen. Er ist somit ein **Finanzierungsindikator** für die Ertrags- und Innenfinanzierungskraft eines Unternehmens.

- Der Cashflow ist **aussagekräftiger** als der Jahresüberschuss nach Handelsrecht.

- Der **Aussagewert der Bilanzkennzahlen** wird durch die Stichtagsbezogenheit und fehlenden Informationen über die einzelnen Bilanzposten insbesondere bei handelsrechtlichen Jahresabschlüssen erheblich **eingeschränkt**.

- Wesentlich **zuverlässigere Auswertungen** lassen Cashflow-Kennzahlen auf der Grundlage der GuV-Rechnung zu.

- Sowohl das **Rating** durch Banken als auch das durch Ratingagenturen haben zum Ziel, die Kreditwürdigkeit eines Unternehmens vorherzusagen.[1]

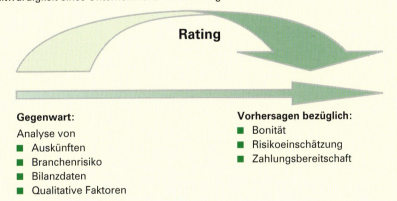

Rating

Gegenwart:
Analyse von
- Auskünften
- Branchenrisiko
- Bilanzdaten
- Qualitative Faktoren

Vorhersagen bezüglich:
- Bonität
- Risikoeinschätzung
- Zahlungsbereitschaft

---

[1] Vgl. http://www.fh-meschede.de/events/06/internes_vs_externes_rating.pdf, Folie 4; 24.10.2015

Übungsaufgabe

170 Internationale Erfolgskennzahlen und Rating

Die Göppinger Pumpen AG veröffentlichte folgende GuV-Rechnung [EUR]:

Umsatzerlöse	180 922 900,00
Vermehrung/Verminderung des Bestands an fertigen und unfertigen Erzeugnissen	– 940 000,00
Andere aktivierte Eigenleistungen	834 000,00
Sonstige betriebliche Erträge	4 571 700,00
Materialaufwand	61 891 500,00
Personalaufwand	79 479 000,00
Abschreibungen auf Sachanlagen	8 868 000,00
Abschreibungen auf immaterielle Vermögenswerte	1 325 000,00
Sonstige betriebliche Aufwendungen	29 130 500,00
Zinserträge	887 400,00
Zinsaufwendungen	911 000,00
Steuern vom Einkommen und vom Ertrag	2 220 000,00
Jahresüberschuss	2 451 000,00

Aufgaben:

1. Ermitteln Sie das EBIT und das EBITDA nach der indirekten Methode!
2. Das EBIT der Branche liegt im Durchschnitt bei 15 Cent je EUR Bilanzsumme. Beurteilen Sie das EBIT der Göppinger Pumpen AG, wenn die Bilanzsumme bei 45,3 Mio. EUR liegt!
3. Errechnen Sie zum Vergleich die Gesamtkapitalrentabilität!
4. Die Göppinger Pumpen AG wurde von der Agentur Fitch mit A– bewertet. Beurteilen Sie diese Einstufung!

Zusammenfassende Übungsaufgaben zur Jahresabschlussanalyse

171 Komplette Jahresabschlussanalyse

Die Werkzeugfabrik Esslingen AG legt die Jahresabschlüsse der beiden letzten Geschäftsjahre vor.

Strukturbilanz der Werkzeugfabrik Esslingen AG für die beiden letzten Geschäftsjahre

Aktiva	Vorjahr	Berichtsjahr	Passiva	Vorjahr	Berichtsjahr
I. Anlagevermögen	3 654 750,00	4 051 450,00	**I. Eigenkapital**	3 602 500,00	3 930 000,00
II. Umlaufvermögen			**II. Fremdkapital**		
1. Vorräte	1 394 020,00	1 645 250,00	1. Langfristiges Fremdkapital	1 424 500,00	1 500 000,00
2. Forderungen	233 575,00	245 120,00	2. Kurzfristiges Fremdkapital	390 025,00	639 200,00
3. Liquide Mittel	134 680,00	127 380,00			
	5 417 025,00	6 069 200,00		5 417 025,00	6 069 200,00

**Gewinn- und Verlustrechnungen der Werkzeugfabrik Esslingen AG
für die beiden letzten Geschäftsjahr**

	Vorjahr	Berichtsjahr
1. Umsatzerlöse	67 259 200,00	84 014 280,00
2. Erhöhung oder Verminderung des Bestands an fertigen und unfertigen Erzeugnissen	+ 875 000,00	+ 320 000,00
3. Andere aktivierte Eigenleistungen	10 500,00	45 300,00
4. Sonstige betriebliche Erträge	2 786 610,00	1 022 200,00
5. Materialaufwand		
a) Aufwendungen an Roh-, Hilfs- und Betriebsstoffen	21 382 745,00	32 989 410,00
6. Personalaufwand		
a) Löhne und Gehälter	35 675 900,00	34 448 920,00
b) Soziale Abgaben und Aufwendungen für Altersversorgung u. Unterstützung	8 210 400,00	10 320 200,00
7. Abschreibungen		
a) auf immaterielle Vermögensgegenstände und Sachanlagen	487 150,00	500 000,00
8. Sonstige betriebliche Aufwendungen (davon Zuführung zu langfristigen Rückstellungen 50 500,00 EUR)	4 509 078,00	5 948 080,00
9. Erträge aus Beteiligungen	—	—
10. Erträge aus anderen Wertpapiere und Ausleihungen des Finanzanlagevermögens	17 800,00	18 900,00
11. Sonstige Zinsen u. ähnliche Erträge	285 910,00	176 480,00
12. Abschreibungen auf Finanzanlagen und Wertpapiere des Umlaufvermögens	18 500,00	—
13. Zinsen und ähnliche Aufwendungen	41 500,00	44 750,00
14. Steuern von Einkommen und Ertrag	342 747,00	495 800,00
15. Jahresüberschuss	567 000,00	850 000,00

Aufgaben:

1. Ermitteln Sie die in diesem Lehrbuch dargestellten Kennzahlen auf der Grundlage der Strukturbilanz und werten Sie die Ergebnisse aus! (vgl. Branchenkennzahlen, S. 423).
2. Erstellen Sie anhand von Kennzahlen eine ertragswirtschaftliche Analyse (einschl. ROI und einfachen Cashflows) mit jeweiliger Beurteilung! (vgl. Branchenkennzahlen, S. 423).
3. Berechnen Sie das EBIT und das EBITDA (Berechnung nach der indirekten Methode)!
4. Die Werkzeugfabrik Esslingen AG beantragt für eine Betriebserweiterung ein Darlehen über 1,5 Mio. EUR. Versetzen Sie sich in die Rolle des Verantwortlichen für die Darlehensvergabe und entscheiden Sie über den Darlehensantrag der Werkzeugfabrik Esslingen AG!

172 Bilanzkennzahlen und ertragswirtschaftliche Analyse

Die TOP SECRET AG, ein bedeutender Hersteller von Aktenvernichtern aller Art, veröffentliche folgende zusammengefasste Jahresabschlüsse (in TEUR):

Strukturbilanzen der TOP SECRET AG

Aktiva (in TEUR)	Berichts-jahr	Vorjahr	Passiva (in TEUR)	Berichts-jahr	Vorjahr
I. Anlagevermögen	23 567	24 420	I. Eigenkapital	41 902	42 149
II. Umlaufvermögen			II. Fremdkapital		
1. Vorräte	8 691	12 392	1. Langfristiges Fremdkapital*	2 395	2 389
2. Ford. a. L. u. L.	10 942	13 403	2. Kurzfristiges Fremdkapital	5 260	12 061
3. liquide Mittel	6 357	6 384			
	49 557	56 599		49 557	56 599

* Enthaltene Rückstellungen: Berichtsjahr 1 395,00 EUR, Vorjahr 1 139,00 EUR.

GuV-Rechnungen (in TEUR)	Berichtsjahr	Vorjahr
Umsatzerlöse	55 089	66 273
Bestandsveränderungen der Erzeugnisse	– 1 952	– 174
Andere betriebliche Eigenleistungen	–	55
Sonstige betriebliche Erträge	2 028	758
Materialaufwand	28 342	35 723
Personalaufwand	14 921	16 364
Abschreibungen auf immaterielle Vermögensgegenstände des Anlagevermögens und Sachanlagen	2 993	3 284
Sonstige betriebliche Aufwendungen	8 367	10 004
Ergebnis aus Beteiligungen	+ 317	+ 1 529
Zinsen u. ä. Erträge	414	533
Zinsen u. ä. Aufwendungen	292	634
Steuern vom Einkommen und vom Ertrag	668	498
Jahresüberschuss	313	2 467
Gewinnverwendung		
Jahresüberschuss	313	2 467
Gewinnvortrag aus dem Vorjahr	349	122
Bilanzgewinn	662	2 589

Kennzahlen der Branche

Branche	Eigenkapital-quote	Verschuldungs-grad	Eigenkapital-rentabilität	Gesamtkapital-rentabilität	Umsatz-rentabilität
Verarbeitendes Gewerbe	23,2 %	331 %	16,4 %	4,7 %	4,2 %

Aufgaben:

1. Ermitteln Sie die Kennzahlen auf der Grundlage der Strukturbilanzen und werten Sie die Ergebnisse aus!
2. Berechnen Sie die Eigenkapitalrentabilität, die Gesamtkapitalrentabilität und die Umsatzrentabilität.
3. Berechnen Sie den einfachen Cashflow und das EBIT nach der indirekten Methode sowie das EBITDA!
4. Erstellen Sie anhand der berechneten Kennzahlen eine ertragswirtschaftliche Analyse!

13.6 Unternehmerische Ziele und Gruppeninteressen

13.6.1 Zielsystem der Unternehmung als Ausgangspunkt der Unternehmensführung

13.6.1.1 Von Unternehmensvision und Unternehmensleitbild zu Unternehmenszielen

Eine griffige **Unternehmensvision**[1] und ein daraus entwickeltes Unternehmensleitbild erleichtern die Ableitung konkreter Unternehmensziele.

Die Formulierung einer Unternehmensvision ist kurz und prägnant und umfasst in der Regel nur ein bis zwei Sätze.

Die Unternehmensvision darf niemals losgelöst vom Unternehmen gesehen werden. Sie muss zur Identität des jeweiligen Unternehmens passen und realistisch sein.

> **Beispiel:**
>
> Vision eines Automobilherstellers:
> „Bis zum Jahr 2020 soll ein Drittel aller von uns produzierten Fahrzeuge mit einem Elektroantrieb ausgestattet sein. Gleichzeitig soll die Freude am Fahren zunehmen."

Im **Unternehmensleitbild** wird die Unternehmensvision unter Berücksichtigung von gemeinsamen Wertvorstellungen, Denk- und Verhaltensmustern konkretisiert.

- Ein **Leitbild** ist eine detaillierte schriftliche Erklärung eines Unternehmens über sein Selbstverständnis und seine Grundprinzipien.
- Die im Leitbild formulierten Unternehmensgrundsätze bilden nicht nur die **Wertebasis** für das eigene Denken und Handeln, sondern stellen auch ein **Versprechen** gegenüber allen Anspruchsgruppen außerhalb des Unternehmens (z.B. Kunden, Lieferanten) dar.

Mit der Festlegung eines Unternehmensleitbilds werden eine Reihe von **Zielsetzungen** verfolgt:

- Durch den verbindlichen Charakter legt es **Grundhaltungen** im Unternehmen fest und schafft eine gemeinsame **unternehmensweite Wertebasis**.
- Durch das Entwickeln von Richtlinien für die künftige Unternehmenspolitik schafft es **Rahmenbedingungen für die Planung**.
- Durch die Vorgabe von Unternehmensgrundsätzen **erleichtert** es die **Führung des Unternehmens**.
- Durch die Außenwirkung verbessert es das **Unternehmensimage** und lenkt den gesellschaftlichen Einfluss und Druck.

> **Beispiel:**
>
> - **Wir machen unsere KUNDEN stark – und verschaffen ihnen Vorteile im Wettbewerb**
>   Der Erfolg unserer Kunden ist auch unser Erfolg. Wir stellen unseren Kunden unsere ganze Kompetenz und unsere besten Lösungen zur Verfügung. So tragen wir dazu bei, dass sie ihre Ziele schnell und umfassend erreichen.

---

1 **Vision**: in jemandes Vorstellung besonders in Bezug auf die Zukunft entworfenes Bild.

- **Wir treiben INNOVATIONEN voran – und gestalten die Zukunft**

  Innovationen sind unser Lebenselexier, rund um den Erdball und rund um die Uhr. Aus Ideen und Erfindungen entwickeln wir erfolgreiche Technologien und Produkte. Kreativität und Erfahrung sichern uns eine Spitzenstellung.

- **Wir steigern den Unternehmens-WERT – und sichern uns Handlungsfreiheit**

  Wir setzen auf profitables Wachstum und auf nachhaltige Wertsteigerung. Ein ausgewogenes Geschäftsportfolio, effektive Managementsysteme und die konsequente Realisierung von Synergien über alle Geschäftssegmente und Regionen hinweg sind die Basis unseres Erfolgs. Damit bieten wir unseren Aktionären eine attraktive Anlage.

- **Wir fördern unsere MITARBEITER – und motivieren zu Spitzenleistungen**

  Die Mitarbeiterinnen und Mitarbeiter sind die Quelle unseres Erfolgs. Wir arbeiten in einem weltweiten Netzwerk des Wissens und des Lernens zusammen. Unsere Unternehmenskultur ist geprägt von der Vielfalt der Menschen und Kulturen, von offenem Dialog, gegenseitigem Respekt, klaren Zielen und entschlossener Führung.

- **Wir tragen gesellschaftliche VERANTWORTUNG – und engagieren uns für eine bessere Welt**

  Unsere Ideen, Technologien und unser Handeln dienen den Menschen, der Gesellschaft und der Umwelt. Integrität bestimmt den Umgang mit unseren Mitarbeitern, Geschäftspartnern und Aktionären.

Die **Unternehmensziele** leiten sich aus dem Unternehmensleitbild ab. Sie geben der Unternehmensleitung, den Bereichs- und Gruppenleitern sowie den Mitarbeitern eine Orientierung für die Steuerung und Kontrolle der betrieblichen Prozesse.

Unternehmensziele sind Vorgaben, an denen das unternehmerische Handeln des zuständigen Entscheidungsträgers gemessen werden kann.

13.6.1.2 Arten von Unternehmenszielen

Die Ziele der Unternehmen nach dem angestrebten Erfolg sind dreifacher Art: Zum einen möchten die Unternehmen einen wirtschaftlichen Erfolg erzielen **(ökonomische Ziele)**, zum anderen tragen die Unternehmen Verantwortung gegenüber ihren Mitarbeitern **(soziale Ziele)** und gegenüber der Umwelt **(ökologische Ziele)**. Betrachtet man das Unternehmen unter dem Gesichtspunkt des angestrebten Erfolgs, so ist festzuhalten: Das **Unternehmen** ist ein ökonomisches, soziales (viele Interessengruppen befriedigendes) und ökologisch verantwortlich handelndes System.

(1) Ökonomische (wirtschaftliche) Ziele

Die ökonomischen Ziele von privaten und öffentlichen Unternehmen sind vielfältig. Im Folgenden werden beispielhaft wichtige ökonomische Zielsetzungen stichwortartig vorgestellt.

Langfristige Gewinnmaximierung	Maximaler Gewinn heißt, die größtmögliche Differenz zwischen Umsatzerlösen und Kosten anzustreben. Gleichzusetzen mit der Gewinnerzielung ist die **Steigerung des Eigenkapitalwertes** des Unternehmens. Im Mittelpunkt dieser Zielsetzung steht die **Interessenlage des Eigenkapitalgebers**. Begründet wird diese Zielsetzung mit dem Hinweis, dass die Eigenkapitalgeber das volle Verlustübernahmerisiko tragen, da die Fremdkapitalgeber in der Regel ihre Forderungen absichern (**Shareholder-Konzept**).[1]
Umsatzmaximierung	Umsatzsteigerungen werden durch die Stärkung der eigenen Wettbewerbsposition und Verdrängung der Konkurrenten vom Markt erreicht.
Streben nach Marktmacht	Insbesondere etablierte[2] Unternehmen schützen sich durch den Aufbau hoher Markteintrittsbarrieren vor neuen Anbietern, z.B. durch aggressive Preispolitik. Ein Existenzgründer muss entweder eine völlig neue Geschäftsidee haben, gleich „groß" ins Geschäft einsteigen oder einen Kostennachteil hinnehmen.
Sicherung der Liquidität (Zahlungsfähigkeit)	Die Preispolitik soll die jederzeitige Zahlungsfähigkeit des Unternehmens erhalten.
Streben nach einem hohen Qualitätsstandard	Der Erreichung dieses Zieles dienen Ausgaben für Forschung und Entwicklung sowie ein umfangreiches Qualitätsmanagement.
Wirtschaftlichkeit und Produktivität	Hohe Wirtschaftlichkeit wird durch sparsamen Umgang mit den Ressourcen erreicht. Sie spiegelt sich in der Produktivität, z.B. Arbeitsproduktivität = Produktionsmenge/Arbeitsstunde, wider.
Kundenzufriedenheit	Kundenorientierung und die damit verbundene Kundenzufriedenheit wird u.a. durch intensive Marktforschung erreicht. Das Halten auch ertragsschwacher Produkte im Produktprogramm erhöht außerdem die Kundentreue.
Mitarbeiterzufriedenheit	Die Mitarbeiterzufriedenheit soll insbesondere durch Förderung und Weiterbildung der Mitarbeiter, durch Übergabe von Verantwortung sowie durch Maßnahmen zur Arbeitsplatzsicherung erreicht werden.

(2) Soziale Ziele

Neben wirtschaftlichen und ökologischen Zielen verfolgen die Unternehmen auch soziale Ziele. Von sozialen Zielen wird dann gesprochen, wenn ein Unternehmen zum einen die Arbeitsplatzerhaltung in den Mittelpunkt seiner Unternehmenspolitik stellt und zum anderen seinen Mitarbeitern freiwillige Sozialleistungen gewährt. Durch die Zahlung von freiwilligen Sozialleistungen möchte das Unternehmen insbesondere das Folgende erreichen:

- **Wirtschaftliche Besserstellung der Arbeitnehmer** (z.B. Urlaubsgeld, Wohnungshilfe, Zuschüsse zur Werkskantine, Jubiläumsgeschenke).
- **Ausgleich familiärer Belastungsunterschiede** (z.B. Familienzulage, Geburts- und Heiratsbeihilfen).
- **Altersabsicherung und Absicherung gegen Risiken des Lebens** (z.B. Pensionszahlungen, Krankheitsbeihilfen, Beihilfe zur Rehabilitation).
- **Förderung geistiger und sportlicher Interessen** (z.B. Werksbücherei, Kurse zur Weiterbildung, Sportanlagen).

---

1 Vgl. hierzu S. 450f.
2 Etablieren: festsetzen, einen sicheren Platz gewinnen.

Die Verfolgung sozialer Ziele wird den Arbeitgebern aber auch gesetzlich vorgeschrieben, insbesondere durch das Arbeitsschutzrecht.[1] Ziel des Arbeitsschutzrechts ist, die Gesundheit der Mitarbeiter bei ihrer Arbeit zu schützen, die betriebliche Unfallgefahr möglichst zu vermeiden und die Arbeitgeber zu einer menschengerechten Gestaltung der Arbeitsplätze und Arbeitsabläufe zu veranlassen.

Mit den sozialen Zielen verfolgen die Betriebe in aller Regel auch wirtschaftliche Ziele. Die am häufigsten anzutreffenden **wirtschaftlichen Motive,** die ein Unternehmen mit der Gewährung freiwilliger betrieblicher Sozialleistungen verfolgt, sind Steigerung der Leistung der Arbeit, Bindung der Arbeitnehmer an das Unternehmen, Sicherung von Einflussmöglichkeiten auf die Arbeitnehmer, Steuerersparnisse bzw. Steuerverschiebungen.

(3) Ökologische Ziele

Die zunehmenden Belastungen der natürlichen Umwelt durch Emissionen und die notwendige Schonung der nicht regenerierbaren Ressourcen (Roh- und Energiestoffe) erfordern eine konsequente umweltbezogene Abfallvermeidung, Abfallminderung und einen Wiedereinsatz aller recyclingfähigen Abfälle.[2] Nach dem Kreislaufwirtschafts- und Abfallgesetz sind alle, die Güter produzieren, vermarkten oder konsumieren, für die Vermeidung, Verwertung oder umweltverträgliche Entsorgung der Abfälle grundsätzlich selbst verantwortlich. Dabei gilt folgende Rangfolge: Abfallvermeidung, Recycling, Entsorgung.

■ Abfallvermeidung

Der wirksamste Schutz der Umwelt als Aufnahmemedium für Schadstoffemissionen[3] aller Art und als Quelle der natürlichen nicht regenerierbaren Ressourcen (Primärstoffe) ist, alle umweltbelastenden Emissionen (Abfälle, Abgase, Abstrahlungen usw.) möglichst zu vermeiden oder zumindest zu verringern.

Ohne Abfälle entstehen z.B. keine umweltschädlichen Belastungen der Lebewesen und deren Umwelt (z.B. der Umluft, Ozonschicht, Wälder, Gewässer, Landschaft und des Klimas) durch Schadstoffemissionen und keine Deponierungsprobleme für zu entsorgende Reststoffe. Abfallvermeidung und Abfallminderung bedeuten zugleich, dass die eingesetzten Werkstoffe und Energiestoffe besser genutzt und hierdurch nicht regenerierbare Werkstoffe und Energiestoffe (Primärstoffe) gespart werden.

Oberstes Gebot: Abfälle vermeiden

- im Produktionsverfahren: durch Kreislaufführung der eingesetzten Stoffe
- durch abfallarme Produktgestaltung
- durch verändertes Verhalten der Konsumenten

---

1 Zum **Arbeitsschutzrecht** zählen insbesondere das Arbeitszeitgesetz (ArbZG), Mutterschutzgesetz (MuSchG), Jugendarbeitsschutzgesetz [JArbSchG], Arbeitsschutzgesetz [ArbSchG], Arbeitssicherheitsgesetz [ArbSichG], Produktsicherheitsgesetz [ProdSG] und die Sozialgesetzbücher [SGB I bis XI].
2 Unter ökologischen Gesichtspunkten sind **Abfälle** im engeren Sinne ausschließlich die nicht mehr verwendbaren und nicht mehr verwertbaren (recyclingunfähigen) festen bzw. verfestigten Reststoffe, die deshalb umweltverträglich zu entsorgen sind. Im weiteren Sinne gehören jedoch auch die unvermeidbaren absatzfähigen Nebenprodukte der Produktion sowie die recyclingfähigen Wiedereinsatzstoffe der Produktion und die materiellen Konsumgüter (**Wertstoffe**) zu den Abfällen.
3 **Emission:** (emittere [lat.]) bedeutet so viel wie Aussendung, Freilassung, Ausströmen z.B. von luft- und wasserverunreinigenden Stoffen (z.B. Chemikalien, Stäube usw.).

Recycling

Eine wirksame **umweltorientierte Recyclingpolitik der Unternehmen** umfasst alle Maßnahmen, mit denen bereits angefallene und zukünftig zu erwartende Stoffrückstände aus der Produktion und Rückstände von Konsumgütern in den industriellen Produktionsprozess zurückgeführt werden können. Aus Produktionsrückständen und Konsumgüterabfällen werden keine Abfälle (im engeren Sinne), sondern „neue" Werkstoffe oder Energien **(sekundäre Werkstoffe, Energiestoffe)** gewonnen. Die **Durchlaufwirtschaft** wird zu einer **Kreislaufwirtschaft**.

Nicht vermeidbare Abfälle verwerten
▪ stoffliche Verwertung (Recycling)
▪ energetische Verwertung (Nutzung des Abfalls als Ersatzbrennstoff zur Energiegewinnung)
je nachdem, welche Art der Verwertung umweltverträglicher ist.

Entsorgung

Wenn eine stoffliche Verwertung („Abfallnutzung") aus technischen Gründen nicht möglich oder unter wirtschaftlichen Gesichtspunkten zu teuer ist, dann müssen die nicht verwertbaren Reststoffe umweltverträglich durch ihre stoffliche Lagerung (Deponierung) auf Mülldeponien und/oder durch Verbrennung entsorgt werden.

Nicht verwertbare Abfälle beseitigen
▪ Behandlung der Abfälle, um deren Menge und Schädlichkeit zu vermindern (z. B. durch Müllverbrennung)
▪ Ablagern auf Deponien
▪ Abfallbeseitigung im Inland

Umweltfreundliche Transporte

Ziel muss es sein, die Transporte zu verringern. Lassen sie sich nicht vermeiden, sollte die Bahn Vorrang bekommen.

Vermeidung unnötiger Transportwege
▪ regionale Lieferanten bevorzugen
▪ Verzicht auf Global Sourcing

13.6.1.3 Zielbeziehungen

- **Zielkonflikt:** Die Verfolgung eines Ziels beeinträchtigt oder verhindert die Erreichung eines anderen Ziels.
- **Zielharmonie:** Die Förderung eines Ziels begünstigt zugleich die Förderung eines oder mehrerer anderer Ziele.
- **Zielindifferenz:**[1] Durch die Verfolgung eines Ziels ist die Verfolgung anderer Ziele weder gefährdet noch gefördert.

---

1 **Indifferenz** (lat.): „Keinen Unterschied haben"; indifferent: unbestimmt, unentschieden, gleichgültig, teilnahmslos.

Häufig bestehen **Zielkonflikte** zwischen den **ökonomischen** und den **sozialen Zielen**. Strebt ein Unternehmen z. B. zugleich Arbeitsplatzsicherung und Kostensenkung an, kann ein Zielkonflikt vorliegen, weil durch den Einsatz von kostensparenden Maschinen Arbeitskräfte „freigesetzt", d. h. entlassen werden müssen.

Auch zwei wirtschaftliche Ziele können in einer konkurrierenden Beziehung stehen: Die Sicherung der Zahlungsbereitschaft geht z. B. zulasten der Eigenkapitalrentabilität (vgl. die Ausführungen zum Leverage-Effekt, Kapitel 13.3.4, S. 426).

Ein Beispiel für **Zielharmonie** zwischen **ökonomischen** und **sozialen Zielen** ist das konjunkturelle Kurzarbeitergeld (Kug).[1] Angesichts einer globalen Rezession und sinkender Absatzzahlen bestünde die übliche Reaktion der Anpassung im Abbau von Arbeitsplätzen. Viele Unternehmen verzichten jedoch darauf und wählen dagegen das Instrument der Kurzarbeit. Dies bindet die Arbeitskräfte an das Unternehmen und erspart diesem beim beginnenden Aufschwung die Suche nach den knappen Fachkräften.

Bisherige Untersuchungen zeigen weitgehend übereinstimmend, dass zumindest in den von Umweltproblemen besonders betroffenen Unternehmen (Branchen) zwischen den **ökologischen und ökonomischen Unternehmenszielen** grundsätzlich eine komplementäre (sich gegenseitig ergänzende, fördernde) Zielbeziehung **(Zielharmonie)** besteht.

Zusammenfassung

- Die **Unternehmensvision** ist ein Zukunftsbild des Unternehmens. Es richtet sich an die eigenen Mitarbeiter und ist langfristig angelegt.

- Das **Unternehmensleitbild** formuliert grundlegende Zwecke, Zielrichtungen, Gestaltungsprinzipien und Verhaltensnormen der Unternehmung. Es bildet die Wertebasis für die Mitarbeiter und stellt ein Versprechen gegenüber außenstehenden Anspruchsgruppen dar.

-

- Nach traditioneller betriebswirtschaftlicher Auffassung streben private Unternehmen vor allem eine langfristige Gewinnmaximierung an. Weitere **ökonomische Ziele** finden Sie in der Tabelle S. 443f.

---

1 **Konjunkturelles Kurzarbeitergeld (Kug)** wird gewährt, wenn in Betrieben oder Betriebsabteilungen die regelmäßige betriebsübliche wöchentliche Arbeitszeit infolge wirtschaftlicher Ursachen oder eines unabwendbaren Ereignisses vorübergehend verkürzt wird (zu den Voraussetzungen siehe §§ 169 bis 182 SGB III).

- **Soziale Unternehmensziele** verfolgen den Zweck, den Arbeitnehmern eine umfassende Besserstellung zukommen zu lassen. Sie können vom Arbeitgeber freiwillig erbracht oder gesetzlich vorgeschrieben sein.

- Um die immer knapper werdenden nicht regenerierbaren/natürlichen Ressourcen (z.B. primäre Roh- und Energiestoffe) und die Mülldeponien zu schonen, muss die Unternehmenspolitik **ökologische Ziele** formulieren, die auf einen möglichst **sparsamen Einsatz** von Stoffen und den Einsatz von abfallarmen Stoffen zur **Vermeidung** und Minderung von zu entsorgenden Reststoffen ausgerichtet sind.

- Unter mehreren als wünschenswert erkannten Zielen kann ein **Zielkonflikt** (Konkurrenzbeziehung) oder eine **Zielharmonie** bestehen.

Übungsaufgaben

173 Formulierung und Einordnung von Unternehmenszielen

Die Haushaltsgerätefabrik Töpfer GmbH hat folgendes Unternehmensleitbild formuliert (Auszüge):

1. Was wir sind

Wir sind ein mittelständisches Traditionsunternehmen, das seit 1860 besteht. In der Produktion von Rührgeräten, Mixgeräten und Schneidemaschinen besitzen wir Weltruf. Es ist unsere Absicht, diesen Ruf im Interesse unserer Kunden und Mitarbeiter weiter auszubauen.

Für die Herstellung unserer Geräte haben wir hohes handwerkliches Know-how. Dieses handwerkliche Können werden wir auch in Zukunft durch weitere industrielle Fertigungsprozesse ergänzen, um den Ausbau unserer Marktstellung zu festigen.

2. Was wir wollen

In der Zukunft können wir nur erfolgreich sein, wenn wir unser Wissen und unsere Erfahrungen ständig verbessern.

Wir wollen mit unseren Produkten (unseren Erzeugnissen und Dienstleistungen) Marktführer sein.

Unser Angebot muss formschön, praktisch, sicher und fehlerfrei sein.

Wir bauen unsere Marktstellung auf traditionellen Märkten aus. Auf neue Märkte gehen wir nur, wenn dies mit unserer Unternehmensphilosophie übereinstimmt.

3. Unsere Kundenphilosophie

Unser Unternehmen lebt von den Aufträgen unserer Kunden. Wir sind uns bewusst, dass unsere Angebote erst dann zu lohnenden Aufträgen werden, wenn wir die Bedürfnisse der Kunden besser befriedigen als unsere Mitbewerber.

Die Bedürfnisse unserer Zielgruppen zu ergründen und Maßnahmen zu ihrer Befriedigung zu ergreifen ist deshalb eine unserer Hauptaufgaben.

Unser Streben nach absolut fehlerfreier Qualität soll Kundenreklamationen überflüssig machen. Mögliche Mängelrügen unserer Kunden wollen wir großzügig und kulant behandeln.

4. Unternehmenswachstum

Wir wollen schneller wachsen als die Mitbewerber. Eine Ausweitung der Produktpalette soll nur erfolgen, wenn Exklusivität und höchste Qualität gegeben sind.

Kooperationen¹ gehen wir ein, wenn nachstehende Faktoren zutreffen:
- *Es können Lösungen angeboten werden, mit denen die Bedürfnisse der Kunden noch besser befriedigt werden können.*
- *Es eröffnen sich neue Wachstumsmöglichkeiten.*
- *Es ergeben sich kostengünstigere Produktions- und Vertriebsstrukturen.*
- *Es bietet sich der Zugang zu neuem Know-how.*
- *Die finanzielle Basis unseres Unternehmens kann verbreitert werden.*

5. Personalpolitik

Unsere Personalpolitik beruht auf der Überzeugung, dass ein Unternehmen nur so gut wie seine Mitarbeiter ist. Sind diese engagiert, flexibel, sachkundig und erfolgreich, dann ist auch das ganze Unternehmen leistungsfähig und erfolgreich.

Unsere Mitarbeiter haben am Erfolg des Unternehmens teil. Ihr Arbeitsplatz soll aufgrund ihrer Leistungen sicher sein. Der Arbeitsplatz ist ansprechend zu gestalten und er darf keine Gefährdung für die Arbeitskraft darstellen. Die individuellen Leistungen sind anzuerkennen.

Für uns gelten folgende Führungsgrundsätze:
- *Alle Mitarbeiter haben die gleichen Entwicklungs- und Beförderungschancen.*
- *Durch Aus- und Weiterbildung wollen wir die Qualifikation unserer Mitarbeiter erhöhen.*
- *Wir stellen laufend Überlegungen an, wie die Arbeitsbedingungen einschließlich des Betriebsklimas verbessert werden können.*
- *In unserem Unternehmen praktizieren wir einen kooperativen Führungsstil.²*
- *Die Besetzung neuer Stellen wollen wir vorzugsweise aus den eigenen Reihen, d.h. betriebsintern vornehmen.*

6. Gesellschaftliche Verantwortung

Der Nutzen unseres Angebots besteht darin, dass wir unseren Kunden das tägliche Leben erleichtern und sicherer machen.

Wir betrachten uns als Teil der Gemeinde, in der wir produzieren und mit der wir uns eng verbunden fühlen.

Als Bürger ihrer Gemeinde können und sollen unsere Mitarbeiter z.B. in Vereinen, Kirchen, Parteien, Schulen, städtischen und karitativen Einrichtungen mitwirken.

Gegenüber unseren Kunden, Lieferern, Kreditgebern und Mitbewerbern verhalten wir uns fair. Unsere Zulieferer müssen eine Chance haben, ihrerseits Gewinne zu erzielen.

7. Verantwortung gegenüber der natürlichen Umwelt

Produktionsbedingte Belastungen der Umwelt mit Lärm, Abgasen und Abwasser müssen durch entsprechende Maßnahmen auf dem niedrigstmöglichen Niveau gehalten werden.

Wir streben einen integrierten³ Umweltschutz an, d.h., der Umweltschutz umfasst alle Vor- und Folgestufen des gesamten Produktionsprozesses – von der Beschaffung, der Lagerung, der Herstellung, dem Verkauf, der Distribution⁴ bis zur Entsorgung der Abfälle.

Alle wiederverwertbaren Abfälle vom Papier in den Büros bis hin zum Schrott in den Werkstätten werden gesondert gesammelt und in eigene oder fremde Produktionsprozesse zurückgeführt (Recycling).

---

1 **Kooperation** ist jede Zusammenarbeit zwischen Unternehmen. Diese kann auf der einen Seite in sehr lockerer Form geschehen, auf der anderen Seite bis hin zum Aufkauf eines Unternehmens durch ein anderes führen.

2 Ein **kooperativer Führungsstil** liegt vor, wenn ein steter Informationsaustausch (Kommunikationsprozess) zwischen den vorgesetzten Personen und ihren Mitarbeiterinnen und Mitarbeitern stattfindet.

3 **Integrieren** (lat.): einbeziehen, einbauen, in ein übergeordnetes Ganzes aufnehmen.

4 **Distribution** (lat.): Verteilung. In der Betriebswirtschaftslehre ist unter Distribution die Verteilung der Güter, d.h. die Art und Weise zu verstehen, wie die Verteilung der Güter nach ihrer Fertig- oder Bereitstellung zum Abnehmer vorgenommen wird.

Jedes Belegschaftsmitglied ist sich bewusst, dass der Umweltschutz bereits vor dem Beginn des Produktionsprozesses beginnt und während des gesamten Produktionsprozesses zu beachten ist.

Wir wollen durch Vermeidungsstrategien mögliche Nachsorgestrategien überflüssig machen.

8. Verpflichtung gegenüber unseren Gesellschaftern

Unser oberstes Ziel ist die Erhaltung und Weiterentwicklung unseres Unternehmens, um die Arbeitsplätze zu sichern und das eingesetzte Kapital zu erhalten und zu mehren. Dieses Ziel kann nur erreicht werden, wenn das Unternehmen einen ausreichenden Gewinn erwirtschaftet.

Der Gewinn muss so groß sein, dass die zur Erreichung der Unternehmensziele erforderlichen Ersatz- und Erneuerungsinvestitionen durchgeführt werden können und das Eigenkapital eine angemessene Verzinsung erhält.

Wir streben eine Vermehrung des Eigenkapitals an, um den Kreditbedarf und damit die Zins- und Tilgungsleistungen zu senken.

Als mittelständisches Unternehmen wollen wir keine Risiken eingehen, die die Existenz des Unternehmens gefährden können.

Aufgaben:

1. Geben Sie die Unternehmensziele (z. B. ökonomische, ökologische, soziale Ziele) wieder, die sich aus den zitierten Unternehmensleitsätzen ableiten lassen! Nennen Sie in Ihrer Antwort die Punkte, auf die sie sich beziehen!
2. Bilden Sie ein Beispiel für eine Zielkombination, bei der ein Zielkonflikt besteht!
3. Bilden Sie ein Beispiel für eine Zielkombination, bei der Zielharmonie besteht!

174 Wirtschaftlichkeit versus ökologische Ziele

Erklären Sie an einem selbst gewählten Beispiel, wie durch die Verfolgung des „wirtschaftlichen Prinzips" die Umwelt entlastet bzw. geschont werden kann!

13.6.2 Konzepte der Unternehmensführung

Bei der **Festlegung von Unternehmenszielen** sind insbesondere folgende Fragen zu klären:

- Welche Ziele soll das Unternehmen verfolgen?
- Welche Person oder Personengruppe hat das Recht (die Macht), die Unternehmensziele festzulegen und unternehmerische Entscheidungen zu treffen?
- Wem steht der Unternehmenserfolg zu?

Auf alle drei Fragen geben das **Shareholder**[1]**-Konzept** und das **Stakeholder**[2]**-Konzept** unterschiedliche Antworten.

---

1 Shareholder (engl.): Aktionär (von share: Aktie und holder: Inhaber).
2 Stakeholder (engl.): Anspruchsberechtigter, Interessenbewahrer.

13.6.2.1 Shareholder-Konzept

(1) Grundlagen des Shareholder-Konzepts

Nach dem Shareholder-Konzept hat die Unternehmensleitung die Aufgabe, die unternehmerischen Entscheidungen so zu treffen, dass der (Markt-)**Wert des Eigenkapitals (Shareholder Value)** erhöht wird. Durch eine langfristige Gewinnmaximierung soll die Einkommens- und Vermögensposition der Eigenkapitalgeber verbessert werden.

Das **Shareholder-Konzept** ist durch **drei Kriterien** gekennzeichnet:

- Ziel der Unternehmensleitung muss es sein, für die **Eigenkapitalgeber** eine **langfristige Gewinnmaximierung** zu erreichen.
- Die **unternehmerische Entscheidungsgewalt** liegt bei den **Eigenkapitalgebern** bzw. bei den von ihnen eingesetzten Führungskräften (z.B. Vorstand, Geschäftsführer).
- Der **Unternehmenserfolg (Gewinn oder Verlust)** trifft in vollem Umfang die **Eigenkapitalgeber**.

Die einseitige Ausrichtung des Shareholder-Konzepts auf die Interessen der Eigenkapitalgeber wird häufig abgelehnt, weil die Interessen anderer Anspruchsgruppen (vgl. S. 451 ff.) vernachlässigt werden.

> Beim **Shareholder-Konzept** sind vorrangig die Unternehmensziele zu verfolgen, die den Marktwert des Eigenkapitalanteils (Shareholder Value) erhöhen.

(2) Corporate Governance

Das Shareholder-Konzept geht davon aus, dass alle **unternehmerische Entscheidungsgewalt** beim **Eigenkapitalgeber** liegt. Bei Großunternehmen (z.B. einer Aktiengesellschaft) übergeben jedoch die Eigenkapitalgeber die Leitungsfunktion an einen Geschäftsführer (z.B. Vorstand einer Aktiengesellschaft), der dann unter eigener Verantwortung die Gesellschaft leitet **(Prinzipal-Agent[1]-Ansatz)**. Verfolgt der Vorstand aber Ziele, die von denen der Eigentümer abweichen **(Opportunismus)**, oder ist er der Führungsaufgabe nicht gewachsen **(Unfähigkeit)**, so haben die Aktionäre die Schwierigkeit, dies zu erkennen, da sie die Ziele und Handlungen des Vorstands erst im Nachhinein beurteilen können.

Die Eigenkapitalgeber versuchen daher einen **Ordnungsrahmen** für eine **erfolgreiche Unternehmensführung** zu schaffen. Er findet seinen Niederschlag in den Regelungen der Corporate Governance.

> - Der Begriff **Corporate Governance** umfasst **Grundsätze verantwortungsvoller Unternehmensleitung** und -überwachung.
> - **Ziel** guter Corporate Governance ist es, die **Wettbewerbsfähigkeit** des Unternehmens zu sichern und seinen **Wert nachhaltig zu steigern**.
> - Die **Steuerungs- und Kontrollmechanismen** sollen durchschaubar gemacht werden, um so das Vertrauen von Investoren und Öffentlichkeit in die Führungskräfte der Wirtschaft zu stärken.[2]

---

1 Agent: Geschäftsführer.
2 Die OECD weitet diese Definition aus, indem sie eine gute Unternehmensführung verlangt, die verantwortungsvoll und ethisch einwandfrei geführt werden soll. International bezeichnet man diese Unternehmensführung als „Corporate Behavior".

Wichtige **Instrumente** der Corporate Governance sind:

Instrumente	Erläuterungen	Beispiele
Gewaltenteilung	▪ Die Leitungsaufgaben werden auf mehrere Beteiligte aufgeteilt und Grundsatzentscheidungen ständig überwacht.	Zustimmung des Aufsichtsrats zu Grundsatzentscheidungen.
	▪ Durch ein Anreizsystem soll die Geschäftsführung dazu gebracht werden, die Ziele der Eigentümer zu verfolgen.	Erfolgsabhängige Entlohnung; Haftung bei Nichtbeachtung der Eigentümervorgaben.
	▪ Früherkennung von Fehlentscheidungen durch eine zeitnahe Risikoüberwachung.	Ständige Informationspflicht des Vorstands gegenüber Aufsichtsrat und Wirtschaftsprüfern.
Umfassende Information und Kontrolle[1]	Die Geschäftsführung ist verpflichtet, sowohl den Shareholdern als auch den anderen Stakeholdern (z. B. Mitarbeiter, Kreditgeber, Staat) ständig über Risiken und Chancen des Unternehmens Bericht zu erstatten. Dadurch soll das Vertrauen der Investoren in die Zuverlässigkeit der Unternehmensführung gestärkt werden.	Informationen über die Unternehmensentwicklung sowie umfassende Risikoberichterstattung, z. B. an Aktienanalysten, Ratingagenturen, Banken, interessierte Öffentlichkeit. Kontrolle über die Jahresabschlussprüfer und den Aufsichtsrat.

Das **Corporate-Governance-Konzept** stellt eine wichtige **Ergänzung des Shareholder-Ansatzes** dar.

In der Bundesrepublik Deutschland besteht mit dem **„Deutschen Corporate Governance Kodex (DCGK)"**[2] ein Regelwerk, das sich primär an börsennotierte Aktiengesellschaften richtet. Nach § 161 AktG müssen sich Vorstand und Aufsichtsrat in einer Erklärung **(Compliance-Erklärung)** dazu äußern, inwieweit sie die Empfehlungen des DCGK befolgen. Die Erklärung ist auf der Internetseite der Gesellschaft dauerhaft öffentlich zugänglich zu machen.[3]

13.6.2.2 Stakeholder-Konzept

(1) Übersicht über die Stakeholder (Anspruchsgruppen)

Nach Auffassung der Vertreter des Stakeholder-Konzepts haben alle Personen oder Personengruppen, die von den Entscheidungen des Unternehmens betroffen sind, Ansprüche an das Unternehmen. Eine Begründung für die Ansprüche leiten die Vertreter des

---

1 Der Gesetzgeber ist insbesondere durch folgende Gesetze bemüht, das Informationsgefälle zwischen der Unternehmensleitung einerseits und den Stakeholdern andererseits abzubauen:
  – Gesetz zur Kontrolle und Transparenz im Unternehmensbereich [KonTraG].
  – Gesetz zur weiteren Reform des Aktien- und Bilanzrechts, zu Transparenz und Publizität [TransPuG].
2 Zu Einzelheiten siehe: www.corporate-governance-code.de/
3 Der deutsche Kodex orientiert sich ausschließlich an den Unternehmensinteressen, insbesondere der Aktionäre, und geht damit weniger weit als die Grundsätze der OECD für Corporate Governance, die auch dazu verpflichten, die durch Gesetz geschützten Belange der anderen Stakeholder zu respektieren.

Stakeholder-Konzepts von der Tatsache ab, dass die Anspruchsgruppen einen **Beitrag zum Unternehmen** leisten. Die nachfolgende Grafik zeigt die **Anspruchsgruppen** bei einem Unternehmen.

(2) Beitrag der Anspruchsgruppen zum Unternehmen

In der nachfolgenden Tabelle sind die Anspruchsgruppen, der Anspruch gegenüber der Unternehmung und der Beitrag zur Unternehmung aufgelistet.

Anspruchsgruppen	Anspruch gegenüber der Unternehmung	Beitrag zur Unternehmung
Eigenkapitalgeber (Eigentümer, Anteilseigner)	Mehrung des eingesetzten Kapitals (Gewinnausschüttung und Kapitalzuwachs)	Eigenkapital
Fremdkapitalgeber	Zeitlich und betragsmäßig festgelegte Tilgung und Verzinsung des eingesetzten Kapitals	Fremdkapital
Arbeitnehmer	Leistungsgerechte Entlohnung, motivierende Arbeitsbedingungen, Arbeitsplatzsicherheit	Ausführende Arbeit
Management	Gehalt, Macht, Einfluss, Prestige	Dispositive Arbeit

Anspruchsgruppen	Anspruch gegenüber der Unternehmung	Beitrag zur Unternehmung
Kunden	Preisgünstige und qualitative Güter	Abnahme hochwertiger Güter
Lieferanten	Zuverlässige Bezahlung, langfristige Lieferbeziehungen	Lieferung hochwertiger Güter
Allgemeine Öffentlichkeit	Steuerzahlungen, Einhaltung der Rechtsvorschriften, schonender Umgang mit der Umwelt	Infrastruktur, Rechtsordnung, Umweltgüter

Quelle: Wöhe, Günter; Döring, Ulrich: Einführung in die Allgemeine Betriebswirtschaft, 24. Aufl., München 2010, S. 51.

(3) Berücksichtigung von Interessen der Stakeholder

■ Interessen von Stakeholdern

Das Unternehmen ist, um dauerhaft existieren zu können, auf die Kooperation mit den angeführten Anspruchsgruppen angewiesen und versucht deshalb, die **Interessen der Stakeholder** zu erfüllen.

Nebenstehend sind die Interessen zweier wichtiger Stakeholder-Gruppen – die Arbeitnehmer und die allgemeine Öffentlichkeit – aufgeführt.[1]

Arbeitnehmer	■ gerechte Entlohnung ■ gute Arbeitsbedingungen ■ betriebliche Sozialleistungen ■ Arbeitsplatzsicherheit ■ Mitbestimmung
Allgemeine Öffentlichkeit	■ Ressourcenschonung ■ Begrenzung von Schadstoffemission ■ Abfallvermeidung ■ Abfallrecycling

Seit den 1970er Jahren hat sich insbesondere in den angelsächsischen Ländern die Erkenntnis durchgesetzt, dass die Unternehmen nicht nur auf gesellschaftliche Erwartungen reagieren, sondern sie aktiv mitgestalten sollten. Daraus entwickelte sich der **Corporate-Social-Responsibility-Gedanke,** der das Stakeholder-Konzept ergänzt.

■ Corporate Social Responsibility (CSR)

> **Corporate Social Responsibility (CSR)**[2] ist ein Konzept **gesellschaftlicher Verantwortung** von Unternehmen, das sich am Prinzip **Nachhaltigkeit** orientiert, sich auf die Bereiche **Ökonomie, Ökologie** und **Soziales** erstreckt, verantwortungsbewusste Beziehungen unterhält zu den **Mitarbeitern** und den **relevanten Anspruchsgruppen,** die einen Beitrag zum Unternehmen leisten.

In welchen Bereichen sich ein Unternehmen im Einzelnen engagiert, hängt ab von Besonderheiten des Unternehmens, von der Branche und von den Märkten, in denen es tätig ist. Zur Förderung von CSR haben sich Unternehmen zu Netzwerken zusammengeschlossen.

---

1 Quelle: Angelehnt an Wöhe, Günter; Döring, Ulrich: Einführung in die Allgemeine Betriebswirtschaft, 24. Aufl., München 2010, S. 70.
2 Angelehnt an die Definition von CSR-Deutschland. http://www.csrgermany.de/www.csr_cms_relaunch.nsf/id/csr-konkret.de, 12.12.2011 und KOM 2006, 136, endgültig, S. 2 (Mitteilung der Kommission an das Europäische Parlament, den Rat und den europäischen Wirtschafts- und Sozialausschuss).

Nach dem gemeinsamen Verständnis von CSR in Deutschland[1] nehmen Unternehmen die **gesellschaftliche Verantwortung** wahr, indem sie beispielsweise

- Mitarbeiterinnen und Mitarbeiter fair behandeln,
- Menschenrechte wahren und durchsetzen helfen,
- verstärkt in Bildung investieren,
- kulturelle Vielfalt und Toleranz innerhalb des Betriebs fördern,
- mit natürlichen Ressourcen schonend und effizient umgehen,
- darauf achten, in der Wertschöpfungskette sozial und
- ökologisch verantwortungsvoll zu produzieren,
- für einen fairen Wettbewerb eintreten,
- Maßnahmen zur Korruptionsbekämpfung unterstützen,
- Transparenz hinsichtlich der Unternehmensführung herstellen und
- die Verbraucherinteressen beachten.

Die entsprechende Vereinbarung auf internationaler Ebene ist der sogenannte **Global Compact**.

CSR-Maßnahmen sind heute bei großen Unternehmen verstärkt Gegenstand strategischer Planung und werden eng mit anderen Aktivitäten der Öffentlichkeitsarbeit abgestimmt. Die Unternehmen haben erkannt, dass die Übernahme sozialer und ökologischer Verantwortung mittel- und langfristig zur **Steigerung des Unternehmenserfolgs** beiträgt.

Dass sich das Stakeholder-Konzept aufgrund der stark divergierenden[2] Interessen der Anspruchsgruppen (siehe Tabelle auf S. 452f.) in der Realität durchsetzen kann, ist kaum zu erwarten. Derzeit überwiegt in der Unternehmenspraxis eindeutig das Shareholder-Konzept.

13.6.2.3 Vergleich der beiden Konzepte

Die Gegenüberstellung von Shareholder- und Stakeholder-Konzept zeigen deutliche Unterschiede:

	Shareholder-Konzept	**Stakeholder-Konzept**
Unternehmensziel	Wertorientierte Unternehmensführung; Maximierung des Aktionärsnutzens (Kurssteigerung, Dividende)	Nachhaltige Unternehmensführung, sinnvolles Überleben des Unternehmens
Hauptanspruchsgruppe	Aktionäre (Anteilseigner)	Sämtliche Anspruchsgruppen (Management, Aktionäre, Kreditgeber, Arbeitnehmer, Kunden, Lieferanten, Öffentlichkeit, Staat)
Erfolgsmaßstab	Wertsteigerung des Eigenkapitals	Befriedigung sämtlicher Anspruchsgruppen

---

[1] Vgl. http://www.csr-in-deutschland.de/portal/generator/8276/property=date/2009_04_28_zweites_csr_forum_anlage.pdf, 12.12.2011; vgl. auch Mitteilung der Europäischen Kommission KOM 2001, 366 endgültig.
[2] Divergieren: auseinandergehen, auseinanderstreben.

	Shareholder-Konzept	**Stakeholder-Konzept**
Hauptprobleme	■ kurzfristige Manipulation der Gewinnsituation ■ Vernachlässigung sozialer und ökologischer Ziele ■ schlechtes Image	■ Heterogenität der Ansprüche ■ Unübersichtlichkeit/Komplexität der Ziele ■ Akzeptanzprobleme im Management

In der öffentlichen Meinung wird der Stakeholder-Ansatz meistens positiver dargestellt als der Shareholder-Ansatz. Die Ansätze sind bei genauer Betrachtung jedoch gar nicht so unversöhnlich: So liegt es auch in der Natur des Shareholder-Ansatzes, dass – wenngleich der Aktionär unbestritten im Vordergrund steht – die Interessen anderer Gruppierungen nicht vernachlässigt werden dürfen, wenn langfristig Gewinne für die Aktionäre erwirtschaftet werden sollen. Kein Unternehmen kann in gesättigten Käufermärkten langfristig überleben, wenn es nicht die Wünsche seiner Kunden nach qualitativ hochwertiger Ware zu erschwinglichen Preisen verbunden mit hoher Lieferbereitschaft, guter Verfügbarkeit und zufriedenstellendem Kundendienst erfüllt. In ähnlicher Weise ist es für innovative Technologieunternehmen, die auf hoch qualifizierte Arbeitnehmer angewiesen sind, ein Muss, ihre Mitarbeiter durch ein angenehmes Betriebsklima, hohe Löhne und gute Aufstiegschancen im Unternehmen zu halten, wenn weiterhin erfolgreiche Produkte entwickelt und auf den Markt gebracht werden sollen.

Beispiel:

Eine Unternehmung ist in die Verlustzone geraten. Der Aufsichtsrat stellt eine neue Unternehmungsleitung auf Zeit ein, der für den Fall einer erfolgreichen Restrukturierung eine großzügige Abgangsentschädigung angeboten wird. Diese Unternehmungsleitung setzt drastische Personalabbaumaßnahmen durch und verspricht eine maßgebliche Verbesserung der Rentabilität. Die Gewinnaussichten werden als sehr gut eingeschätzt, sodass die Aktienkurse massiv zulegen, und der Shareholder Value sehr hoch wird. Nach Ablauf der Restrukturierung zieht sich die Geschäftsleitung auf Zeit mit der Abgangsentschädigung zurück. Nach einiger Zeit zeigt sich, dass der Personalabbau zu radikal war, und sich die Unternehmung infolge eines Know-how-Verlusts nicht richtig erholt.

Beurteilung:

In diesem Beispiel ist sofort ersichtlich, dass die Unternehmensleitung kein anderes Ziel verfolgt hat, als den kurzfristigen Gewinn in ihrem eigenen Interesse zu manipulieren, was aus ethischer Sicht verwerflich ist. An die langfristige Fortentwicklung und damit an die langfristigen Interessen sowohl der Shareholder als auch aller anderen Stakeholder haben sie überhaupt nicht gedacht.

Zusammenfassung

- Beim **Shareholder-Konzept** sind vorrangig die Unternehmensziele zu verfolgen, die den Marktwert des Eigenkapitalanteils erhöhen.
- Um sich vor **Opportunismus** und **Unfähigkeit** der Geschäftsführer **zu schützen,** wurden unter dem Stichwort **„Corporate Governance"** Regelungen zur zweckmäßigen Leitung und Überwachung von Unternehmen entwickelt.
- Die **Corporate Governance** hat das Ziel, durch eine bestmögliche Verteilung von Verfügungsrechten die Unternehmensführung und -kontrolle zu optimieren.

- Das **Stakeholder-Konzept** erweitert den Shareholder-Ansatz, indem neben einer rein finanziellen Zielperspektive auch eine soziale und ökologische Verantwortung verlangt wird, die eine gesellschaftliche Akzeptanz einschließt.
- Ziel der Unternehmensleitung ist, die **Interessen aller Anspruchsgruppen** in angemessener Weise **zu berücksichtigen**.
- Eine wichtige **Ergänzung des Stakeholder-Konzepts** stellt das **Corporate-Social-Responsibility-Konzept** dar.

Übungsaufgaben

175 Shareholder- und Stakeholder-Konzept

1. Grenzen Sie einzelwirtschaftliche Zielsetzungen von gesamtwirtschaftlichen Zielsetzungen ab!
2. Stellen Sie die Grundzüge des Shareholder-Konzepts dar!
3.
   - 3.1 Nennen Sie die Stakeholder einer Personengesellschaft!
   - 3.2 Erläutern Sie, welchen wichtigen Anspruch ein Stakeholder, abgesehen von den finanziellen Ansprüchen, hat!
   - 3.3 Nehmen Sie Stellung, inwiefern Stakeholder das Unternehmen beeinflussen können!
4. Erläutern Sie die nebenstehende Abbildung!

5. Zitat eines Verfechters des Shareholder-Konzepts, dem liberalen Ökonomen Milton Friedman:

   „Die einzige soziale Verantwortung der Unternehmung ist es, im Rahmen geltender Gesetze Gewinne zu erzielen. Jedes weitere Verfolgen sozialer Ziele ist Diebstahl an den Aktionären. Die Geschäftsleitungen sind nicht gewählte Volksvertreter und haben deshalb auch kein soziales Mandat. Sie dürften sich deshalb auch nicht anmaßen, das Geld des Aktionärs im Namen der sozialen Verantwortung nach nicht-ökonomischen Kriterien auszugeben."

   Aufgabe:
   Nehmen Sie zu Kernaussagen des Textes Stellung!

6.
   - 6.1 Erklären Sie, warum die Eigenkapitalgeber großer Unternehmen gezwungen sind, einen Ordnungsrahmen für die Unternehmensführung zu schaffen!
   - 6.2 Erläutern Sie die wesentliche Zielsetzung der Corporate Governance!
7.
   - 7.1 Beschreiben Sie die Grundidee des Stakeholder-Konzepts!
   - 7.2 Zeigen Sie auf, inwiefern der Corporate-Social-Responsibility-Ansatz das Stakeholder-Konzept unterstützt!
   - 7.3 Erläutern Sie Gründe, die ein Unternehmen zu CSR-Aktivitäten veranlasst!

176 Unternehmensziele und Unternehmenskonzepte

Die einseitigen Zielvorgaben (z.B. Gewinn- und/oder Umsatzmaximierung, Senkung der Herstellungskosten) des Managements haben in der Vergangenheit meistens dazu geführt, dass alle Aspekte[1] und Auswirkungen vernachlässigt („ausgeblendet") wurden, die nicht mit dem unmittelbaren Erfolg einer Zielvorgabe zusammenhängen. Die Auswirkungen erfolgsorientierter Unternehmensentscheidungen z.B. auf andere Mitglieder der Gesellschaft, auf spätere Generationen, auf die Tiere, Pflanzen, Böden und das Wasser (Umwelt) sowie auf die Gesundheit der Arbeitnehmer wurden zur effizienten (wirtschaftlichen) Realisierung kurzfristiger betriebswirtschaftlicher Erfolge (z.B. Erzielung eines höheren Gewinnes, Erhöhung des Marktanteils bei einem bestimmten Produkt) bewusst nicht beachtet. Die erzielten Erfolge wurden jedoch oft mit hohen Belastungen der Umwelt (z.B. Wald- und Bodenschäden, Verschmutzung der Gewässer) erkauft, wodurch der Volkswirtschaft und Umwelt langfristige und zum Teil irreversible[2] Schäden entstanden sind.

Aufgaben:
1. Arbeiten Sie heraus, worauf die einseitigen Zielvorgaben zurückzuführen sind!
2. Nehmen Sie Stellung, welche Prioritäten Ihrer Ansicht nach die Umweltschutzziele im Zielsystem der Unternehmen haben sollen!
3. Erklären Sie, warum einseitige Zielvorgaben einen wirksamen Umweltschutz verhindern!

177 Analyse eines Leitbildes hinsichtlich Zielsetzung und Unternehmenskonzept

Ausschnitt aus einem Unternehmensleitbild:

Steigerung des Unternehmens-Wertes
Wir möchten unsere Position als führender Sportartikelhersteller langfristig ausbauen und setzen dabei auf profitables Wachstum und nachhaltige Wertsteigerung.

Management
Wir haben es uns zum Ziel gesetzt, die sozialen und Umweltauswirkungen unserer Produkte, Technologien und Verfahren bereits im Design- und Entwicklungsstadium zu analysieren und zu bewerten, eindeutige Ziele festzulegen, Aktionspläne zu formulieren und unsere Fortschritte zu überwachen sowie die jeweiligen Ergebnisse zu veröffentlichen. Dadurch werden unsere Prozesse optimiert und die Unternehmens- und sozialen Kosten gesenkt.

Beziehungen zu Zulieferern und Kunden
Wir erwarten, dass die Aktivitäten unserer Zulieferer mit unserem Verhaltenskodex, den sogenannten „Standards of Engagement", übereinstimmen und arbeiten partnerschaftlich mit ihnen zusammen, um ihre wie auch unsere Leistung zu verbessern.

Die Zufriedenheit unserer Kunden steht im Zentrum unserer Zielsetzungen. Mit unseren hervorragenden Produkten sowie einem ausgedehnten Netz von Beratung, Dienstleistungen und Service streben wir optimale Kundennähe an.

Mitarbeiter
Die Mitarbeiterinnen und Mitarbeiter sind die Quelle unseres Erfolges. Wir fördern die Kompetenz unserer Mitarbeiter durch kontinuierliche Weiterbildung und sichern damit langfristig Arbeitsplätze.

Unterstützung
Wir unterstützen soziale und Umweltschutzprojekte und gehen Partnerschaften mit Unternehmen und Organisationen ein, deren Produkte und Dienstleistungen zu einer nachhaltigen Entwicklung beitragen.

---

1 Aspekt (lat.): Ansicht, Betrachtungsweise, Gesichtspunkt.
2 Irreversibel (lat.): nicht (wieder) umkehrbar; z.B. Vorgänge (Schäden), die nicht rückgängig gemacht werden können.

Dialog mit unserem Stakeholdern

Wir legen Wert darauf, mit allen Stakeholdern in einer Atmosphäre des gegenseitigen Vertrauens und Respekts zu kommunizieren, und informieren sie regelmäßig über die Fortschritte unseres Konzern im Hinblick auf Sozialverträglichkeit und Umweltschutz.

Aufgaben:

1. Ordnen Sie die im Unternehmensleitbild angesprochenen Ziele verschiedenen Zielarten zu und bestimmen Sie, welche Zielart im Vordergrund steht!
2. Leiten Sie aus dem Unternehmensleitbild einen möglichen Zielkonflikt und eine Zielharmonie ab und bilden Sie hierzu jeweils ein Beispiel!
3. Erläutern Sie das Shareholder-Konzept und das Stakeholder-Konzept und beschreiben Sie die Stellung der Shareholder und Stakeholder im vorliegenden Unternehmensleitbild!
4. Untersuchen Sie, inwiefern das Unternehmensleitbild bereits Lösungen für mögliche Zielkonflikte enthält!

14 Problemorientierte betriebswirtschaftliche Sachverhalte zur Abiturvorbereitung

In diesem Kapitel geht es darum, die bisher erworbenen Kenntnisse und Einsichten auf betriebswirtschaftliche Sachverhalte anzuwenden und Zusammenhänge zu verdeutlichen. Dazu werden im Folgenden themenübergreifende und die beiden Schwerpunktbereiche „Betriebswirtschaftslehre" und „Rechnungswesen" verbindende Aufgaben zur Wiederholung und Vertiefung bereitgestellt.

14.1 Abgrenzungsrechnung und Rechtsprobleme einer OHG

178 Sachverhalt

Die Hans Fuchs OHG betreibt in Reutlingen die industrielle Herstellung und den Vertrieb von Dekorationsartikeln für Haus und Garten. In letzter Zeit wundern sich die drei Gesellschafter Hans Fuchs, Daniel Peraldo und Ella Schweyer, dass das Betriebsergebnis hinter dem Unternehmensergebnis in Höhe von +478 000,00 EUR zurückbleibt. Deshalb soll die Abgrenzungsrechnung näher betrachtet werden.

In der Ergebnistabelle wurden folgende kostenrechnerischen Korrekturen vorgenommen:

	Kostenrechnerische Korrekturen	
	Aufwendungen	Erträge
Gebäudeabschreibung	28 000,00 EUR	42 000,00 EUR
Abschreibung Techn. Anlagen	168 000,00 EUR	126 000,00 EUR
Unternehmerlohn		156 000,00 EUR
Summen	**196 000,00 EUR**	**324 000,00 EUR**
Gewinn aus kostenrechn. Korrekturen	**128 000,00 EUR**	

Aufgaben:

1. Ermitteln Sie das Betriebsergebnis, wenn keine unternehmensbezogenen Abgrenzungen vorgenommen werden mussten!
2. Erläutern Sie, unter welchen Voraussetzungen die kalkulatorischen Kosten zu betrieblichen Erträgen (Leistungen) werden!
3. Geben Sie für die Anderskosten der beiden Abschreibungsposten jeweils die Höhe der Grundkosten und neutralen Aufwendungen bzw. Zusatzkosten an!
4. Begründen Sie, warum Abschreibungen weder zu Auszahlungen noch zu Ausgaben führen!
5. Daniel Peraldo schließt am 3. April 20.. mit der Ostermann GmbH einen Kaufvertrag über Osterartikel im Werte von 52 500,00 EUR ab. Als Fuchs von der Lieferung erfährt, verweigert er die Bezahlung der Rechnung, da die Ware so kurz vor Ostern nicht mehr absetzbar sei. Außerdem sei Peraldo nicht zum Abschluss des Kaufvertrags befugt gewesen. Die Ostermann GmbH solle daher die Bezahlung direkt von Peraldo einfordern. Erläutern Sie die Rechtslage!
6. Ella Schweyer möchte im Mai 20.. für ihre Sammlung ein Gemälde für 28 000,00 EUR erwerben. Sie beabsichtigt, den Betrag aus dem Gesellschaftsvermögen zu entnehmen. Beurteilen Sie die Rechtslage!

7. Nach wiederholten Meinungsverschiedenheiten zwischen den Gesellschaftern beschließt Fuchs im Juni 20.. aus der Gesellschaft auszuscheiden.

   7.1 Prüfen Sie, zu welchem Zeitpunkt Fuchs frühestens aus der OHG ausscheiden kann!

   7.2 Erläutern Sie, welche Auswirkungen sich dadurch auf die Haftung von Fuchs ergeben!

14.2 Vollkostenrechnung in Form der Zuschlagskalkulation (Kostenstellenrechnung, BAB, Kostenträgerstückrechnung)

179 Die Schönberger KG stellt in ihrem Hauptwerk in Gaggenau exklusive Küchen her. Folgende Zahlen ergeben sich aus der Kosten- und Leistungsrechnung für den Monat Februar:
- Fertigungsmaterial: 620 000,00 EUR;
- Fertigungslöhne: 560 000,00 EUR

Die folgenden Gemeinkosten sollen im Betriebsabrechnungsbogen verteilt werden:
- Gehälter im Verhältnis: 1:3:2:2
- Raumkosten nach m^2: 450 : 700 : 250 : 100

1. Vervollständigen Sie den Betriebsabrechnungsbogen für den Monat Februar und ermitteln Sie die Summe der Ist-Gemeinkosten der einzelnen Kostenstellen!

Gemeinkosten-arten	Betrag in EUR	Kostenstellen			
		Material in EUR	Fertigung in EUR	Verwaltung in EUR	Vertrieb in EUR
Gehälter	240 000,00				
Raumkosten	90 000,00				
Sonstige Gemeinkosten	833 700,00	126 000,00	543 000,00	98 800,00	65 900,00
Summe	1 163 700,00				

2. Bei der Schönberger KG wird mit folgenden Normal-Gemeinkostenzuschlagssätzen kalkuliert:

   MGKZ 20 %, FGKZ 130 %, VwGKZ 10 %, VtGKZ 8 %

   Berechnen Sie im Rahmen einer Gesamtkalkulation nach folgendem Muster:

Kalkulations-schema	Istkosten		Normalkosten		Kostenüber-/unter-deckung in EUR
	in %	in EUR	in %	in EUR	

   - die Ist-Gemeinkostenzuschlagssätze
   - die Selbstkosten und
   - die Kostenabweichungen in den Kostenstellen!

3. Da in der Vergangenheit öfter Kostenabweichungen aufgetreten sind, fordert die Geschäftsleitung Aufklärung.

   3.1 Der Leiter der Kostenstelle Verwaltung argumentiert, dass der Normal-Gemeinkostenzuschlagssatz gleich groß sei wie der Ist-Gemeinkostenzuschlagssatz. Deswegen habe er die vorliegende Kostenabweichung in der Kostenstelle Verwaltung nicht zu vertreten.
   Nehmen Sie Stellung zu dieser Aussage!

3.2 Der Leiter der Kostenstelle Material wird ebenfalls aufgefordert, die Kostenabweichung in seiner Abteilung zu begründen.

Erläutern Sie zwei Ursachen von Kostenabweichungen, welche der Kostenstellenleiter anführen könnte, ohne die Verantwortung für die Abweichung übernehmen zu müssen!

4. Im Zweigwerk Rastatt der Schönberger KG werden Gartenmöbel hergestellt. Im Februar trifft eine Anfrage über 200 Gartentische der Modellreihe „Teak" ein. Folgende Zahlen sind aus der Kosten- und Leistungsrechnung bekannt:
   − Fertigungsmaterial pro Gartentisch: 140,00 EUR
   − Fertigungslöhne pro Gartentisch: 2,5 Stunden zu je 46,00 EUR/Std.
   − Im Zweigwerk der Schönberger KG wird mit folgenden Normal-Gemeinkostenzuschlagssätzen kalkuliert: MGKZ 17 %, FGKZ 90 %, VwGKZ 9 %, VtGKZ 5 %.
   − Die Schönberger KG gewährt ihren Kunden 25 % Rabatt und 3 % Skonto. Der Gewinnzuschlagssatz beträgt 18 %.

   4.1 Berechnen Sie den Listenverkaufspreis für einen Gartentisch!

   4.2 Aus Konkurrenzgründen muss die Schönberger KG den Listenverkaufspreis für einen Gartentisch „Teak" auf 679,00 EUR senken.
   Berechnen Sie den Gewinn in EUR und in Prozent, den die Schönberger KG je Gartentisch erzielt!

14.3 Rechtsformwechsel von der Einzelunternehmung zur GmbH, Sachverhalte zur Kostenanalyse und Deckungsbeitragsrechnung

180 Sachverhalt

Der Einzelunternehmer Gerhard Maurer e. K. betreibt eine Töpferei. Bisher stellte er Blumentöpfe und eine Sorte Blumenübertöpfe her. Er strebt eine Umsatzausweitung durch die Produktion einer Ziervase an.

Zusammen mit dem Ingenieur Hans Straßer gründet er eine GmbH. Maurer bringt sein Einzelunternehmen ein. Dessen Anlagevermögen wird mit 3,1 Mio. EUR, das Umlaufvermögen mit 0,7 Mio. EUR bewertet. Langfristige Verbindlichkeiten in Höhe von 1,3 Mio. EUR und kurzfristige Schulden von 0,35 Mio. EUR werden übernommen. Straßer leistet eine Bareinlage von 0,1 Mio. EUR und bringt ein Grundstück im Wert von 1,4 Mio. EUR ein.

Der Gesellschaftsvertrag, wonach beide Gesellschafter allein vertretungsberechtigte Geschäftsführer bis 50 000,00 EUR werden sollen, wird am 26. November 2016 abgeschlossen. Danach soll die Gesellschaft am 1. Januar 2017 beginnen. Die Umwandlung wird am 12. Januar 2017 in das Handelsregister eingetragen.

Aufgaben:

1. Hans Straßer kauft am 13. Januar 2017 im Namen der GmbH einen Lkw zum Preis von 73 000,00 EUR. Dazu nimmt er am 14. Januar 2017 einen kurzfristigen Kredit in Höhe von 30 000,00 EUR auf.

   Begründen Sie, ob die im Zusammenhang mit dem Lkw getätigten beiden Rechtsgeschäfte für die GmbH rechtlich bindend sind!

2. Die Meinungsverschiedenheiten zwischen den beiden Gesellschaftern nehmen zu.

   2.1 Maurer erklärt, dass er für seine private Lebensführung zusätzlich zu seinem Geschäftsführergehalt monatlich 4 000,00 EUR entnehmen will.

   Prüfen Sie, ob Maurer eine zusätzliche monatliche Entnahme von 4 000,00 EUR rechtlich durchsetzen kann!

   2.2 Wegen einer noch offenen Liefererverbindlichkeit aus dem Jahr 2016 meint Maurer, dass Straßer jetzt dafür mithaften muss. Straßer bestreitet dies. Er sei als Gesellschafter in ein Einzelunternehmen eingetreten. Nach HGB bestehe die Möglichkeit des Haftungsausschlusses. Diese nehme er jetzt wahr.

   Beurteilen Sie die Rechtslage!

3. Vor der Einführung der Ziervase wird eine Kostenanalyse für den Produktionsbereich Blumentöpfe durchgeführt. Folgende Informationen liegen vor:
   - maximale Monatsproduktion   25 000 Stück
   - Verkaufspreis   0,90 EUR/St

	Januar	Februar
Kapazitätsauslastung	85 %	90 %
Gesamtkosten	18 500,00 EUR	19 000,00 EUR

   3.1 Ermitteln Sie die variablen Stückkosten und die Fixkosten je Monat für den Geschäftsbereich Blumentöpfe!

   3.2 Die Kapazität könnte durch Anschaffung neuer Formpressen um monatlich 10 000 Stück erhöht werden. Die Zusatzproduktion kann voll abgesetzt werden.

   Anschaffungskosten der neuen Presse insgesamt 400 000,00 EUR,

   geschätzte Nutzungsdauer 10 Jahre,

   lineare kalkulatorische Abschreibung vom 20 % höheren Wiederbeschaffungswert,

   weitere Fixkosten von 1 000,00 EUR je Monat,

   Verringerung der variablen Stückkosten um 25 % für die Zusatzproduktion.

   3.2.1 Stellen Sie in einem Diagramm die Gesamtkosten- und Gesamterlössituation vor und nach der Kapazitätserweiterung grafisch dar! (Maßstab: 2 500 Stück = 1 cm; 2 500,00 EUR = 1 cm)

   3.2.2 Weisen Sie die Gesamterlöse, die Gesamtkosten sowie das Betriebsergebnis je Monat an den jeweiligen Kapazitätsgrenzen rechnerisch nach!

   3.2.3 Berechnen Sie, wie viele Blumentöpfe nach der Kapazitätserweiterung verkauft werden müssten, um die Gewinnschwelle zu erreichen!

   3.2.4 Ermitteln Sie, wie viele Blumentöpfe nach der Kapazitätserweiterung verkauft werden müssten, um denselben Gewinn wie bei Vollauslastung der bisherigen Kapazitäten zu erzielen!

   3.2.5 Beurteilen Sie die Kapazitätserweiterung aus betriebswirtschaftlicher Sicht!

4. Im Produktionsbereich Blumenübertöpfe werden jährlich 250 000 Stück mit variablen Gesamtkosten von 300 000,00 EUR hergestellt.

   Im Jahr 2016 wird zusätzlich die Ziervase mit variablen Stückkosten von 1,40 EUR produziert. Die Fixkosten in der gesamten Töpferei betragen 591 800,00 EUR/Jahr.

   Hinweis: Die Kapazitätserweiterung (vgl. 3.2) wurde nicht durchgeführt.

Produkt	Blumenübertopf	Ziervase	Blumentopf
Nettoverkaufserlös pro Stück	2,75 EUR	3,40 EUR	0,90 EUR
Dauer eines Brennvorgangs	$2^{1}/_{2}$ Std.	$2^{1}/_{2}$ Std.	$1^{1}/_{4}$ Std.
maximale jährliche Absatzmenge	250 000 Stück	200 000 Stück	320 000 Stück

Die Brennöfen stehen dem Unternehmen im Jahr 2016 insgesamt 1400 Stunden zur Verfügung. Während eines Brennvorgangs können jeweils 1000 Stück eines der drei Produkte gebrannt werden.

4.1 Ermitteln Sie das optimale Produktionsprogramm!

4.2 Berechnen Sie das im Jahr 2016 zu erwartende Betriebsergebnis!

14.4 Voll- und Teilkostenrechnung als Entscheidungshilfe

181 Sachverhalt

Die Geschäftsleitung der Kleiderfabrik Pforzheim GmbH vermutet, dass die Produktion der Hosen mit Verlust verbunden ist. Sie möchte deshalb herausfinden, ob sie nicht besser die Produktion der Hosen einstellen sollte.

Entscheidungshilfe hierzu erwartet sie von den Ergebnissen der Kosten- und Leistungsrechnung.

Am Ende eines Rechnungsabschnitts stehen folgende Zahlen zur Verfügung:

Einzelkosten	Hosen	Jacken
Verbrauch von Fertigungsmaterial	25 000,00 EUR	45 000,00 EUR
Fertigungslöhne	35 000,00 EUR	70 000,00 EUR
Sondereinzelkosten des Vertriebs	5 000,00 EUR	–

Gemeinkosten	fix	variabel
Materialstelle	2 000,00 EUR	1 500,00 EUR
Fertigungsstelle Hosen	18 000,00 EUR	14 000,00 EUR
Fertigungsstelle Jacken	53 000,00 EUR	35 000,00 EUR
Verw.- und Vertriebsstelle	25 000,00 EUR	–

Hergestellt wurden 2 100 Hosen, die zu 55,00 EUR/Stück und 3500 Jacken, die zu 85,00 EUR/Stück verkauft wurden. Auf beide Produkte wurden 15 % Rabatt gewährt.

Aufgaben:

1. Überprüfen Sie mithilfe einer Vollkostenrechnung, ob die Vermutung der Geschäftsleitung bezüglich der Hosen zutrifft!

   Kalkulieren Sie mit einem Material-Gemeinkostenzuschlagssatz von 5 % und einem Verwaltungs- und Vertriebsgemeinkostenzuschlagssatz von 8 %!

2. Stellen Sie eine Deckungsbeitragsrechnung für beide Produkte auf!

   Beurteilen Sie das Ergebnis dahingehend, ob die Hosen aus der Produktion genommen werden sollten!

   Verteilen Sie die variablen Materialgemeinkosten auf die Produkte Hosen und Jacken im Verhältnis 1 : 2!

3. Ermitteln Sie die kurzfristige Preisuntergrenze für die Hosen!

4. Erläutern Sie, welche Aufgaben nur die Vollkostenrechnung und welche nur die Teilkostenrechnung erfüllen kann!

182 Sachverhalt

1. Die INTER AG erzielte im Monat Mai mit Ledergeldbörsen bei einem Nettoverkaufserlös von 6,40 EUR/Stück einen Gesamtumsatz von 115 200,00 EUR. Die Selbstkosten beliefen sich dabei auf 107 220,00 EUR. Vollkostendeckung wird bei einer Absatzmenge von 10 400 Stück/Monat erreicht. Der relative Stückdeckungsbeitrag liegt bei 19,20 EUR/Stunde.

   Aufgaben:
   Berechnen Sie
   1.1 den Stückdeckungsbeitrag,
   1.2 die gesamten Fixkosten,
   1.3 die kurzfristige Preisuntergrenze,
   1.4 die Fertigungszeit/Stück in Minuten und
   1.5 die Gewinnschwellenmenge nach einer Preiserhöhung um 10 %!

2. Die folgende Grafik leistet Hilfestellung bei verschiedenen betriebswirtschaftlichen Fragestellungen:

   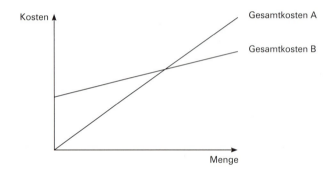

   Aufgabe:

   Erläutern Sie kurz zwei betriebswirtschaftliche Problemstellungen, die mit einer solchen Grafik dargestellt werden können!

3. Im Werk II werden auf einer Maschine die Produkte P1 und P2 hergestellt, für die folgende Werte bekannt sind:

	P1	P2
Stückdeckungsbeitrag in EUR	160,00	150,00
Bearbeitungszeit je Stück in Minuten	25	20

   Bei voller Auslastung der Kapazität kann für jedes Produkt genau die maximale Absatzmenge produziert werden.

   Auf dieser Maschine könnte auch das Produkt P3 hergestellt werden. Das Produkt würde die Maschine 20 Minuten je Stück beanspruchen und könnte zu einem Barverkaufserlös von 200,50 EUR abgesetzt werden. Eine Kapazitätserweiterung ist in absehbarer Zeit nicht möglich.

   Aufgabe:

   Berechnen Sie die variablen Kosten, die das Produkt P3 maximal verursachen darf, damit sich die Aufnahme ins Produktprogramm lohnt!

183 Sachverhalt

Eine Lebkuchenfabrik stellt in einem Zweigwerk drei Sorten Lebkuchen her (A, B und C). Für die vergangene Periode liegen folgende Zahlen vor:

Erzeugnis	erzeugte und verkaufte Menge in kg	Netto-verkaufserlös in EUR je kg	variable Kosten in EUR je kg
A	14 000	14,00	8,40
B	21 000	16,80	8,40
C	11 200	21,00	9,10

Die Fixkosten betrugen im gleichen Zeitraum 224 000,00 EUR.

Aufgaben:

1. Berechnen Sie die Deckungsbeiträge der drei Sorten sowie das Betriebsergebnis der vergangenen Rechnungsperiode!
2. Ermitteln Sie jeweils den Deckungsbeitrag der drei Sorten und analysieren Sie das Ergebnis!
3. Weisen Sie rechnerisch nach, wie weit der Gesamterlös – bei gleichen Produktrelationen – zurückgehen könnte, bis kein Betriebsgewinn mehr entsteht!
4. Die Kostenstelle „Verpackung" stellt einen Engpass dar. Sie wird von den drei Produkten mit folgenden Zeiten beansprucht:

    A: 2 Min./kg,   B: 1,5 Min./kg   und C: 6 Min./kg.

    Untersuchen Sie, welche Bedeutung dies für die Disposition der Unternehmensleitung hat!

14.5 Aspekte bei der Umwandlung einer KG in eine AG

184 Sachverhalt

Beim führenden Systemanbieter für Ladeneinrichtungen, der Reis KG, Heilbronn, laufen die Vorbereitungen für die Umwandlung in eine AG mit anschließendem Börsengang. Ein Bankenkonsortium wird die Börseneinführung übernehmen. Es sollen insgesamt 7 Mio. Stück nennwertlose Namensaktien ausgegeben werden. Vorgesehen ist ein gezeichnetes Kapital in Höhe von 35 Mio. EUR.

Die Komplementäre Bernd und Fritz Reis, die jeweils einen Kapitalanteil von 7,5 Mio. EUR halten, sowie die Kommanditistin Silke Niedermann, deren Einlage 2,5 Mio. EUR beträgt, sollen 50 % der Aktien erhalten. Der Rest soll Kapitalanlegern zum Kurs von 12,50 EUR zur Zeichnung angeboten werden.

Die Maßnahmen werden wie geplant durchgeführt.

Aufgaben:

1. Nennen Sie drei Gründe für die geplante Umwandlung in die Rechtsform einer AG!
2. Vergleichen Sie die Kommanditgesellschaft und die Aktiengesellschaft hinsichtlich
    – Mindestkapital,
    – Geschäftsführung und Vertretung,
    – Mitbestimmung der Arbeitnehmer!

3. 3.1 Silke Niedermann möchte sich ein Urteil über die Geschäftsentwicklung des laufenden Geschäftsjahres verschaffen und möchte daher Einblick in die Buchhaltung nehmen. Erläutern Sie die Rechtslage!

   3.2 Silke Niedermann war zunächst gegen die Umwandlung der KG in eine AG. Beurteilen Sie, ob sie die bevorstehende Umwandlung hätte verhindern können!

4. Laut Gesellschaftsvertrag soll die neue AG zum 1. Januar 17 ihre Geschäfte aufnehmen, die KG mit Ablauf des 31. Dezember 16 erlöschen. Die neue AG wird am 15. Januar 14 ins Handelsregister eingetragen. Die bisherigen Geschäftsführer der KG, Bernd und Fritz Reis werden zu Vorstandsmitgliedern bestellt, wobei sich ihre Befugnisse auch in Zukunft nach dem Gesetz bestimmen.

   4.1 Bernd Reis kaufte im Hinblick auf eine bevorstehende Preiserhöhung am 14. Dezember 2016 eine Maschine im Wert von 35 000,00 EUR im Namen der noch bestehenden KG. Überprüfen Sie, ob er dazu befugt war!

   4.2 Beurteilen Sie die Rechtslage in den folgenden Fällen:

      4.2.1 Fritz Reis ist gegen diesen Kauf. Angenommen, Bernd Reis hätte die Maschine am 9. Januar 17 im Namen der neu gegründeten AG gekauft.

      4.2.2 Unterstellen Sie, Bernd Reis hätte die Maschine am 30. Januar 17 gekauft, obwohl Fritz Reis dagegen war.

5. Stellen Sie die Zusammensetzung des Eigenkapitals vor und nach der Änderung der Rechtsform dar!

14.6 Beteiligungsfinanzierung und Gewinnverwendung der AG

185 Sachverhalt

Die Ehinger Kran AG möchte ihre Kapazität deutlich erhöhen. Dazu benötigt sie 30 Mio. EUR, die durch eine Kapitalerhöhung im Verhältnis 6:1 beschafft werden sollen. Das bisherige gezeichnete Kapital beträgt 120 Mio. EUR. Die Aktien haben einen Nennwert von 5,00 EUR/Aktie. Der Kurs der alten Aktie liegt bei 13,27 EUR.

Aufgaben:

1. In der Hauptversammlung sind 100 Mio. EUR des Grundkapitals vertreten.

   Ermitteln Sie, wie viele Stimmen mindestens für die Kapitalerhöhung abgegeben werden müssen!

2. Begründen Sie die Ober- und Untergrenze für den Ausgabekurs der jungen Aktie!

3. Berechnen Sie den tatsächlichen Ausgabekurs einer jungen Aktie, wenn durch den Mittelzufluss zusätzlich die sofort fälligen Emissionskosten in Höhe von 4 % des Kapitalbedarfs gedeckt werden sollen!

4. Ermitteln Sie, in welcher Höhe sich die entsprechenden Bilanzpositionen ändern!

5. Berechnen Sie den Mittelkurs, der sich nach Ausgabe der jungen Aktien ergibt!

6. Aktionär Meyer, der 150 alte Aktien besitzt und nicht an der Kapitalerhöhung teilgenommen hat, ist über den Kursrückgang seiner Papiere sehr verärgert.

   Weisen Sie rechnerisch nach, dass er insgesamt keinen Vermögensverlust erleidet!

   Hinweis: Spesen bleiben unberücksichtigt!

7. Der Aktionär Mutig, der 1800 alte Aktien besitzt, möchte im Zuge der Kapitalerhöhung junge Aktien erwerben und dabei maximal 2000,00 EUR investieren. Das Bezugsrecht wird an der Börse mit seinem rechnerischen Wert gehandelt.

   Berechnen Sie, wie viele junge Aktien der Aktionär erwerben kann!

186 Sachverhalt

Die Ladensysteme AG, Biberach, ist ein führender Systemanbieter für Ladeneinrichtungen. Das gezeichnete Kapital beträgt 35 Mio. EUR und setzt sich aus 7 Mio. Stück nennwertlosen Namensaktien zusammen. Die Kapitalrücklage beläuft sich auf 26,25 Mio. EUR.

Aufgaben:

1. Durch Erschließung neuer Märkte wurde der Umsatz gegenüber dem Vorjahr auf 190 Mio. EUR gesteigert und damit eine Umsatzrendite von 13,9 % erzielt. Vorstand und Aufsichtsrat stellen den Jahresabschluss fest. Sie streben die höchstmögliche Selbstfinanzierung an.

   1.1 Führen Sie die Gewinnverwendung in Staffelform durch!
   1.2 Berechnen Sie die maximale Dividende je Aktie (auf volle 10 Cent runden)!
   1.3 Berechnen Sie das Ausmaß der offenen Selbstfinanzierung!
   1.4 Erläutern Sie an drei Beispielen, inwiefern eine Unternehmung vom Gesetzgeber gezwungen wird, stille Rücklagen zu bilden!
   1.5 Vergleichen Sie Inhaber- und Namensaktien und erläutern Sie, warum die neue AG Namensaktien emittiert hat!

2. Die Gründer der Ladensysteme AG haben für den Vorstand besondere Möglichkeiten der offenen Selbstfinanzierung geschaffen. Die Satzung sieht vor, dass bis zu 75 % des Jahresüberschusses, vermindert um einen Verlustvortrag und die neu gebildete gesetzliche Rücklage, durch den Vorstand in die anderen Gewinnrücklagen eingestellt werden können.

   Schlagen Sie dem neu gewählten Vorstand der AG auf der Grundlage einer Entscheidungsbewertungstabelle für die wichtigsten Möglichkeiten der Bildung von anderen Gewinnrücklagen begründet vor, in welchem Umfang er neue andere Gewinnrücklagen bilden sollte!

   Hinweis: Berücksichtigen Sie, dass die anderen Gewinnrücklagen gegenwärtig 35 % des gezeichneten Kapitals erreichen.

		ENTSCHEIDUNGSBEWERTUNGSTABELLE					
Kriterien	Gewichtung der Kriterien	Andere Gewinnrücklage in % des Restjahresüberschusses					
		0 %		50 %		75 %	
		Pkte.	gewichtete P.	Pkte.	gewichtete P.	Pkte.	gewichtete P.
Kreditwürdigkeit							
Eigenkapitalrentabilität							
Liquidität							
Reaktion der Kleinaktionäre							
...							
...							
Summe	100						

Erläuterung zur Spalte Punkte: 5 = sehr gut, 4 = gut, 3 = befriedigend, 2 = ausreichend, 1 = schlecht.

14.7 Analyse von Finanzierungsalternativen unter Nutzung der Bilanzkennzahlen

187 **Sachverhalt**

Die PrintTec-AG hat eine neue Rotationsdruckmaschine entwickelt, die gute Absatzchancen besitzt. Der Kapitalbedarf für eine neue Produktionshalle, Maschinen und Fördereinrichtungen beträgt 40 Mio. EUR.

Eine Zwischenbilanz der PrintTec-AG weist folgende Beträge aus:

Aktiva		Zwischenbilanz zum 30. Sept. 16 (in Mio. EUR)	Passiva
I. Anlagevermögen		**I. Eigenkapital**	
Grundstücke, Gebäude	117,6	Gezeichnetes Kapital	37,5
Techn. Anlagen/Maschinen	85,2	Kapitalrücklage	7,5
Betr.- u. Geschäftsausstattung	25,2	Gewinnrücklagen	
Beteiligungen	20,3	– Gesetzliche Rücklage	2,0
Wertpapiere des AV	12,5	– Andere Gewinnrücklagen	60,0
II. Umlaufvermögen		– Gewinnvortrag	0,3
Roh-, Hilfs-, Betriebsstoffe	18,5	**II. Rückstellungen**	
Unfertige Erzeugnisse	10,5	Pensionsrückstellungen	38,5
Fertigerzeugnisse	8,5	Sonst. kurzfr. Rückstellungen	60,5
Forderungen a. Lief. u. Leist.	43,2	**III. Verbindlichkeiten**	
Bank, Kasse	25,3	Langfr. Bankverbindlichkeiten	122,3
		Verbindl. a. Lief. u. Leist.	25,2
		Kontokorrentkredit	13,0
	366,8		**366,8**

Die Aktien der AG werden zurzeit mit 21,00 EUR je 5,00 EUR Nennwert notiert. Die langfristigen Verbindlichkeiten sind Ende 2025 fällig.

Aufgaben:

1. In der vorbereitenden Sitzung zur Finanzierungsentscheidung werden folgende Vorschläge diskutiert:

    (1) volle Fremdfinanzierung durch Aufnahme eines Bankkredits,
    (2) Finanzierung durch eine ordentliche Kapitalerhöhung,
    (3) Leasing eines Teils der Ausstattung.

    1.1 Ein AR-Mitglied tritt dafür ein, den Kapitalbedarf für die Investition voll durch die Aufnahme von langfristigem Fremdkapital zu finanzieren.
    Beurteilen Sie mithilfe von Bilanzkennzahlen, ob dieser Vorschlag realisierbar ist!
    Berechnen Sie dazu:
    1.1.1 die Eigenkapitalquote vor und nach der Erweiterungsinvestition; die durchschnittliche Eigenkapitalquote der Branche beträgt 30 %;
    1.1.2 den Deckungsgrad II und den Liquiditätsgrad II jeweils vor der Investition.
    1.2 Beschreiben Sie zwei Möglichkeiten der Uminvestierung!

2. Vorstand und Aufsichtsrat entscheiden sich, die erforderlichen Mittel durch eine ordentliche Kapitalerhöhung zu beschaffen. Der Vorstand macht hierzu folgenden Vorschlag:
    – Erhöhung des gezeichneten Kapitals von 37,5 auf 50 Mio. EUR.
    – Bezugskurs für die jungen Aktien 16,50 EUR je 5,00 EUR Nennwert.

2.1 Bestimmen Sie das Bezugsverhältnis und den rechnerischen Wert des Bezugsrechts!

2.2 Berechnen und erläutern Sie, wie sich die Kapitalerhöhung auswirkt auf:

2.2.1 den Mittelzufluss unter Berücksichtigung von 550 000,00 EUR Emissionskosten,

2.2.2 den rechnerischen Kurs je Aktie!

3. Für die Finanzierung einer weiteren computergesteuerten Fördereinrichtung zum Preis von 3 Mio. EUR steht ein Kauf auf Kredit oder Leasing zur Diskussion. Die Anlage hat eine Nutzungsdauer von 5 Jahren und wird linear abgeschrieben.

Kreditangebot der Hausbank:

Kreditsumme:	3 000 000,00 EUR, Auszahlung 100 %
Kreditlaufzeit:	4 Jahre
Kreditzinsen:	3,5 % p. a. von der jeweiligen Restschuld
Kredittilgung:	4 Raten, jeweils am Schluss eines Jahres.

Angebot der Süddeutschen Leasing AG:

Grundmietzeit:	4 Jahre, unkündbar für beide Seiten
Abschlussgebühr:	5 % der investierten Summe, fällig mit der ersten Leasingrate
Leasingrate pro Jahr:	23,5 %, zahlbar jeweils am Schluss eines Jahres

Preis der Kaufoption nach Mietablauf: 450 000,00 EUR.

Das Kaufoptionsrecht nach Ablauf der Grundmietzeit wird ausgeübt. Dieser Kaufpreis wird am Ende des 5. Jahres voll abgeschrieben.

3.1 Beurteilen Sie mithilfe der Tabellen die beiden Angebote für die einzelnen Jahre und insgesamt:

3.1.1 aus der Sicht der Liquiditätsbelastung,

Jahr	Kredit am Jahresanfang	Kreditaufnahme			Leasing
		Tilgung	Zinsen	Summe	

3.1.2 unter dem Aspekt der Aufwandsbelastung ohne Berücksichtigung von Steuern.

Jahr	Kreditkauf			Leasing
	Zinsen	Abschreibung	Summe	

3.1.3 Wie verändert sich der Vergleich zwischen den beiden Finanzierungsformen, wenn dem Vergleich Barwerte zugrunde gelegt werden und der Gewinnsteuersatz 30 % beträgt? Als Kapitalzinsfuß werden 5 % angenommen (zum Abzinsungsfaktor siehe Tabelle S. 315). Interpretieren Sie das Ergebnis des Barwertvergleichs!

3.2 Beschreiben Sie zwei Leasingarten, um die es sich bei diesem Vertrag handelt!

3.3 Nennen Sie zwei Argumente, mit denen Leasinggesellschaften für Leasing werben!

3.4 Unterscheiden Sie Operate-Leasing-Verträge und Finance-Leasing-Verträge anhand folgender Kriterien: Laufzeit, Kündbarkeit, Investitionsrisiko!

14.8 Bewertung von Finanzierungsalternativen

188 Sachverhalt

Die KLAUS JERG OHG hat in den letzten Jahren als Zulieferer für die Automobilindustrie gut verdient. Die Eigenkapitalrentabilität betrug 11%, die Gesamtkapitalrentabilität 6%.

Aufgrund der guten Erfolgssituation besteht die Absicht, eine Erweiterungsinvestition durchzuführen. Es sollen Maschinen und maschinelle Anlagen in Höhe von 900 000,00 EUR gekauft werden.

Die im vergangenen Jahr erwirtschafteten Abschreibungen wurden für Ersatzinvestitionen verwendet. Dadurch konnten die Wertminderungen der Anlagegüter in vollem Umfange ausgeglichen werden. Die Bilanz der KLAUS JERG OHG weist vor der Investition folgende Zahlen aus:

Aktiva		Bilanz der KLAUS JERG OHG		Passiva
Anlagevermögen	1 900 000,00	Eigenkapital		
Umlaufvermögen		– Kapital Klaus Jerg		900 000,00
– Vorräte	1 000 000,00	– Kapital Svenja Meyer		600 000,00
– Forderungen	650 000,00	Verbindlichkeiten		
– flüssige Mittel	250 000,00	– langfristig		900 000,00
		– kurzfristig		1 400 000,00
	3 800 000,00			3 800 000,00

Kennzahlen der Metallbranche:

Eigenkapitalquote:	32,1 %	Liquiditätsgrad II:	85 %
Gesamtkapitalrentabilität:	7,1 %	Eigenkapitalrentabilität:	19,6 %

Noch nicht gelöst ist die Frage der Finanzierung. Die bisherigen Inhaber der OHG sind nicht in der Lage, weitere Mittel in das Unternehmen einzubringen. Es besteht die Möglichkeit, einen neuen Gesellschafter aufzunehmen, der den gesamten Finanzbedarf einbringen kann. Er wäre bereit, Gesellschafter der OHG zu werden, gegebenenfalls sich auch als Kommanditist an einer KG zu beteiligen.

Als Alternative zur Beteiligungsfinanzierung besteht die Möglichkeit der Fremdkapitalaufnahme zu einem Zinssatz von 4%, Laufzeit 10 Jahre. Die Gesamtkapitalrentabilität wird auch nach der Investition 6% betragen.

Aufgaben:

Die OHG-Gesellschafter möchten sich noch bevor sie sich entscheiden mit Experten beraten. Sie laden daher einen Unternehmensberater und den Kreditsachbearbeiter ihrer Hausbank zu einem Meinungsaustausch ein.

Bereiten Sie in thementeiliger Gruppenarbeit ein Rollenspiel zum anstehenden Entscheidungsproblem vor:

Gruppe 1: Ihr Gruppensprecher soll die Rolle des Unternehmensberaters übernehmen. Die Gruppe vertritt die Meinung, dass die Erweiterungsinvestition über die Aufnahme eines neuen Gesellschafters finanziert werden sollte. Tragen Sie alle Argumente (auch Kennzahlen) zusammen, die diese Meinung stützen. Überlegen Sie auch, wie Sie mögliche Gegenargumente widerlegen können.

Gruppe 2: Ihr Gruppensprecher soll die Rolle des Kreditsachbearbeiters übernehmen. Die Gruppe vertritt die Meinung, dass die Erweiterungsinvestition über einen langfristigen Kredit finanziert werden sollte. Tragen Sie alle Argumente (auch Kennzahlen) zusammen, die diese Meinung stützen. Überlegen Sie auch, wie Sie mögliche Gegenargumente widerlegen können.

Gruppe 3: Zwei aus Ihrer Gruppe sollen die Rollen der OHG-Gesellschafter übernehmen. Tragen Sie die Nachteile der jeweiligen Finanzierungsart zusammen. Bringen Sie Ihre Bedenken beim Rollenspiel vor.

Gruppe 4: Die Aufgabe der Gruppe beim Rollenspiel ist die Protokollierung der vorgetragenen Argumente. Entwerfen Sie einen geeigneten Beobachtungsbogen!

14.9 Investition und Finanzierung

189 Sachverhalt

Die MicroTex Technologies GmbH, Hersteller technischer Garne, möchte aufgrund steigender Nachfrage Erweiterungsinvestitionen tätigen. Es soll in eine vollautomatische Maschine zur Garnproduktion und in eine neue Produktionshalle investiert werden.

Die Anschaffung der Spezialmaschine kann kurzfristig aus eigenen Mitteln finanziert werden. Der Bau der neuen Produktionshalle soll dagegen fremdfinanziert werden.

Aufgaben:

1. Zur Herstellung der Garne stehen der MicroTex Technologies GmbH zwei Maschinen vom Typ „PowerGarn" und Typ „Garnmaster" mit folgenden Informationen zur Auswahl:

Maschine	Typ „PowerGarn"	Typ „Garnmaster"
Anschaffungskosten	315 000,00 EUR	340 000,00 EUR
Gehälter pro Jahr	42 000,00 EUR	42 000,00 EUR
Sonstige fixe Kosten pro Jahr	30 000,00 EUR	33 000,00 EUR
Variable Betriebskosten pro kg Garn	2,60 EUR	2,20 EUR
Geplante Nutzungsdauer	4 Jahre	4 Jahre
Restwert	15 000,00 EUR	35 000,00 EUR
Kapazität pro Jahr	40 000 kg Garn	45 000 kg Garn
Verkaufserlös pro kg Garn	8,05 EUR	8,05 EUR

Geplante Absatzmenge Jahr 1: 30 000 kg
Geplante Absatzmenge Jahr 2: 32 000 kg
Geplante Absatzmenge Jahr 3: 35 000 kg
Geplante Absatzmenge Jahr 4: 39 000 kg

Das Unternehmen kalkuliert mit einem Zinssatz von 4 %.

1.1 Führen Sie für das erste Nutzungsjahr eine Kostenvergleichsrechnung durch!

1.2 Beschreiben Sie zwei Kritikpunkte an der Kostenvergleichsrechnung als Verfahren der Investitionsrechnung!

1.3 Begründen Sie, für welchen Maschinentyp sich das Unternehmen unter Berücksichtigung der kritischen Produktionsmenge entscheiden sollte!

1.4 Stellen Sie den Sachverhalt grafisch dar!

1.5 Ermitteln Sie für das erste Nutzungsjahr den Gewinn beider Maschinentypen!

1.6 Ein Mitarbeiter des Rechnungswesens wendet ein, dass bei der Entscheidung für eine der beiden Alternativen (Typ „PowerGarn" oder Typ „Garnmaster") auch die jeweilige Amortisationszeit einbezogen werden müsse. Wegen der zu erwartenden Risiken dürfe diese nicht mehr als 4 Jahre betragen.

  1.6.1 Berechnen Sie für beide Maschinentypen die Amortisationszeit und beurteilen Sie das Ergebnis!

  1.6.2 Erläutern Sie, ob das Verfahren der Amortisationsrechnung als Entscheidungshilfe für die Beurteilung von Investitionsalternativen besser geeignet ist als die Kostenvergleichsrechnung!

2. Zur Finanzierung der neuen Produktionshalle in Höhe von 960 000,00 EUR plant die Micro-Tex Technologies GmbH, ein Darlehen mit einer Laufzeit von 10 Jahren aufzunehmen. Das Unternehmen rechnete mit einer Nutzungsdauer der Produktionshalle von 30 Jahren.

Das Unternehmen hat bisher alle Finanzierungsangelegenheiten mit seiner Hausbank, der Kreissparkasse Ravensburg, abgewickelt. Die Geschäftsführung war bisher immer voll zufrieden und deshalb soll auch diese Investition wieder über dieses Kreditinstitut finanziert werden. Die Hausbank bietet, aufgrund der aktuellen Niedrigzinsphase am Kapitalmarkt und wegen der hervorragenden Geschäftsbeziehungen zur MicroTex Technologies GmbH folgendes Kreditangebot an:

Auszahlung:	96 %
Sollzinssatz:	3 %
Darlehensart:	Abzahlungsdarlehen oder Annuitätendarlehen
Tilgungsmöglichkeiten:	Zins- und Tilgungsverrechnung jeweils am Jahresende

2.1 Berechnen Sie die Darlehenshöhe, welche bei der Kreissparkasse Ravensburg beantragt werden muss!

2.2 Ermitteln Sie die Liquiditätsbelastung und den Gesamtaufwand für das Abzahlungsdarlehen und das Annuitätendarlehen (Annuitätenfaktor 0,117230505) für die ersten drei Jahre! Verwenden Sie hierzu jeweils nachfolgendes Schema:

Jahr	Darlehen Jahresanfang	Zinsen	Tilgung	Abschreibung Disagio	Mittel- abfluss	Gesamt- aufwand

2.3 Die Besicherung der Produktionshalle soll in Form einer erstrangigen, sofort vollstreckbaren Buchgrundschuld auf das genannte Grundstück erfolgen.

Die vollautomatische Maschine zur Garnproduktion soll durch eine Sicherungsübereignung besichert werden.

2.3.1 Erläutern Sie die genannte Grundschuld!

2.3.1 Erläutern Sie die rechtliche Konstruktion, die der Sicherungsübereignung zugrunde liegt!

3. In vier Jahren ist die Ersatzbeschaffung eines Garnautomaten notwendig.

Beschreiben Sie, wie die Abschreibungsfinanzierung die Ersatzinvestition ermöglicht!

14.10 Finanzplanung und Investition

190 Sachverhalt

Die LaSki GmbH ist ein mittelständisches Unternehmen, das professionelle Langlaufski herstellt. Zur neuen Saison möchte das Unternehmen ein neues Produkt auf den Markt bringen. Zur Herstellung dieses Produkts ist allerdings die Anschaffung einer neuen Fertigungsanlage notwendig.

Aufgaben:

1. Zur Beurteilung der Finanzierbarkeit der Neuanschaffung wird ein Finanzplan für das vierte Quartal benötigt. Alle Zahlungen der LaSki GmbH erfolgen über das Bankkonto. Folgende Daten sind bekannt:
   - Das Bankkonto weist 70 000,00 EUR im Haben auf.
   - Umsatzerlöse betrugen im Oktober 260 000,00 EUR und im November 265 200,00 EUR. Es wird angenommen, dass sich dieses prozentuale Wachstum auch in den Folgemonaten so weiterentwickelt. Das durchschnittlich in Anspruch genommene Kundenziel beträgt 4 Wochen.

- Aus einer Finanzinvestition werden Rückflüsse in Höhe von 170 000,00 EUR erwartet, davon 75 % im November, der Restbetrag im Dezember. Diese sollen jeweils dem Bankkonto gutgeschrieben werden.
- Die monatlichen Gehaltszahlungen betragen 140 000,00 EUR. Ab November müssen Tariferhöhungen von 3,5 % berücksichtigt werden.
- Für Roh-, Hilfs- und Betriebsstoffe werden monatlich 65 000,00 EUR aufgewendet. 50 % dieser Verbindlichkeiten wird jeweils im gleichen Monat unter Abzug von 3 % Skonto beglichen, die andere Hälfte ohne Skontoabzug im Folgemonat.
- Die monatlichen Abschreibungen betragen durchschnittlich 25 000,00 EUR.
- Der Kaufpreis eines im September an die LaSki GmbH gelieferten Firmenfahrzeugs im Gesamtwert von 60 000,00 EUR wird im Folgemonat bezahlt.

1.1 Erstellen Sie einen Finanzplan für das vierte Quartal!

1.2 Beurteilen Sie die Finanzierbarkeit der Fertigungsanlage am Ende des vierten Quartals, wenn mit Anschaffungsauszahlungen von mindestens 420 000,00 EUR gerechnet wird. Zu berücksichtigen ist, dass die LaSki GmbH bei ihrer Hausbank einen eingeräumten Kontokorrentkredit von 150 000,00 EUR hat!

2. Für die Investition in die neue Fertigungsanlage stehen zwei alternative Maschinen zur Auswahl. Die erste Maschine „Skiing Professional" führt zu einer Anschaffungsauszahlung von 550 000,00 EUR, die zweite Maschine „Skiing Regular" von 540 000,00 EUR. Für beide Alternativen müssen Auszahlungen von 15 000,00 EUR für die Einrichtung/Installation einkalkuliert werden. Die geplante Nutzungsdauer beträgt jeweils vier Jahre. Für beide Maschinen kann am Ende der Nutzungsdauer ein Liquidationserlös von je 25 000,00 EUR erzielt werden. Die LaSki GmbH rechnet mit folgenden Einzahlungsüberschüssen jeweils am Jahresende:

	Einzahlungsüberschüsse	
	„Skiing Professional"	„Skiing Regular"
1. Jahr	150 000,00 EUR	30 000,00 EUR
2. Jahr	150 000,00 EUR	130 000,00 EUR
3. Jahr	150 000,00 EUR	180 000,00 EUR
4. Jahr	150 000,00 EUR	260 000,00 EUR
Liquidationserlös	25 000,00 EUR	25 000,00 EUR
Summe	625 000,00 EUR	625 000,00 EUR

2.1 Herr Neureuther, Leiter der Controlling-Abteilung, schlägt vor, aufgrund der gleich hohen Einzahlungsüberschüsse in die Maschine mit der geringeren Anschaffungsauszahlung zu investieren.
Nehmen Sie zu diesem Vorschlag kritisch Stellung!

2.2 Die Geschäftsleitung möchte die Investitionsentscheidung mithilfe der Kapitalwertmethode vornehmen. Es wird ein Kalkulationszinssatz von 4 % angenommen.
Berechnen Sie die Kapitalwerte für beide Investitionsalternativen und erläutern Sie das Ergebnis! Zu den Abzinsungsfaktoren siehe die Tabelle auf S. 315.

2.3 Herr Neureuther gibt zu bedenken, dass bei der Kapitalwertmethode mit Prognosewerten gerechnet wird. Er möchte nun wissen, wie weit der geschätzte Wert für den Liquidationserlös (Kalkulationszinssatz von 4 %) bei der Fertigungsanlage „Skiing Professional" höchstens abweichen darf, damit die Investition noch vorteilhaft ist.

2.3.1 Berechnen Sie den kritischen Wert für den Liquidationserlös!

2.3.2 Erläutern Sie die Auswirkungen eines höheren Kalkulationszinssatzes bei sonst gleichen Bedingungen auf den kritischen Wert des Liquidationserlöses und dessen Sensitivität!

3. Nach der Anschaffung der Fertigungsanlage stellt sich die Frage, welche Produktvarianten künftig gefertigt werden sollen. Zur Auswahl stehen der Langlaufski „High End", der überwiegend über das Internet vertrieben werden soll, und der Langlaufski „Top Performance", der über den Fachhandel angeboten wird. Aus der Vergangenheit ist der LaSki GmbH bekannt, dass die Wetterverhältnisse im Winter einen erheblichen Einfluss auf den Absatz haben. Es liegen folgende Umweltzustände, Prognosewerte der Einzahlungsüberschüsse und subjektive Wahrscheinlichkeiten vor:

Wetterverhältnisse im Winter	Einzahlungsüberschüsse		Subjektive Wahrscheinlichkeiten
	„High End"	„Top Performance"	
warm und regnisch	50 000,00 EUR	40 000,00 EUR	0,20
unbeständig	60 000,00 EUR	60 000,00 EUR	0,50
kalt und schneereich	70 000,00 EUR	80 000,00 EUR	0,30

Begründen Sie, für welche Produktvariante sich die LaSki GmbH unter Berücksichtigung von Erwartungswert, Standardabweichung und Abweichungskoeffizienten entscheiden sollte (rechnerischer Nachweis erforderlich)!

14.11 Bewertung nach HGB

191 Sachverhalt

Die Bremsen Klotz AG, ein bekannter Autozulieferer, befindet sich in einer schwierigen finanziellen Lage. In der Bilanz und der Erfolgsrechnung zum 31. Dezember 16 sollte das volle Ausmaß der Probleme des Unternehmens jedoch noch nicht erkennbar werden. Es wurde daher ein Jahresüberschuss von 9 Mio. EUR ausgewiesen.

Im Anhang zur Bilanz finden sich folgende Erläuterungen:

„Das Sachanlagevermögen wurde zu Anschaffungskosten, vermindert um planmäßige Abschreibungen, bewertet. Die in den nächsten Jahren geplanten Investitionen und die angespannte Preissituation auf den Absatzmärkten waren der Anlass, im Abschluss von der degressiven zur linearen Abschreibungsmethode überzugehen. Der Abschreibungsbetrag wäre bei degressiver Abschreibungsmethode um 10 960 TEUR höher gewesen."

Aufgaben:

1. Beurteilen Sie die in dem Auszug dargestellte Maßnahme im Hinblick auf das angestrebte Bilanzierungsziel! Zeigen Sie die Auswirkungen auf den Jahresabschluss!

2. Am 2. Mai 14 erwarb die Bremsen Klotz AG ein Grundstück für eine spätere Betriebserweiterung. Die Grundstücksfläche beträgt 3000 m^2 (Grundstückswert 50 EUR/m^2). An Kosten fielen an: Grunderwerbsteuer 5,0 %; Notariats- und Maklergebühren 5 000,00 EUR zuzüglich 19 % USt. Inzwischen ist der Wert auf 60,00 EUR/m^2 gestiegen.

Aufgabe:

Ermitteln Sie den Bilanzansatz zum 31. Dezember 16!

3. Zum Ende des Jahres 16 wird noch ein selbst erstellter Bremsenprüfstand fertig, für den die Kostenrechnung folgende Zahlen ausweist:

Einzelkosten

Verbrauch von Fertigungsmaterial	3 200 TEUR
Fertigungslöhne	
– Gießerei	450 TEUR
– Dreherei	945 TEUR
– Montage	1 395 TEUR
Sondereinzelkosten (Konstruktion)	240 TEUR

Gemeinkostenzuschlagssätze

Angemessene Fertigungsgemeinkosten	
– Gießerei	120 %
– Dreherei	140 %
– Montage	40 %
Angemessene Materialgemeinkosten	35 %
Angemessene allgemeine Verwaltungskosten	2 460 TEUR
Lineare Abschreibungen auf Maschinen der Fertigung	950,00 TEUR
Freiwillige Sozialleistungen	210,00 TEUR
Betriebliche Altersversorgung	1 040,00 TEUR

Aufgaben:
Berechnen Sie den Bilanzansatz! (Beachten Sie die Zielsetzung der Bremsen Klotz AG!)

4. Die Bremsen Klotz AG bezieht Vorprodukte aus der Schweiz zu einem vereinbarten Preis in Höhe von 65 850,00 CHF. Der Lieferer gewährt einen Liefererkredit mit einer Laufzeit von 9 Monaten.

   Aufgaben:
   4.1 Bestimmen Sie, wie die Verbindlichkeit der Eingangsrechnung auszuweisen ist, wenn der Devisenkassamittelkurs 1,0628 CHF notiert!
   4.2 Bewerten Sie die Verbindlichkeit am Bilanzstichtag, wenn der Devisenkassamittelkurs 1,0485 CHF notiert!

5. Die Rechnung für eine aus den USA bezogene Spezialmaschine lautet über 985 800,00 USD. Zum Zeitpunkt des Rechnungseingangs wird der Euro mit 1,1150 USD notiert. Zahlungsziel 60 Tage.

   Aufgaben:
   5.1 Geben Sie an, mit welchem Betrag die Verbindlichkeit bei Rechnungseingang auszuweisen ist!
   5.2 Bilanzieren Sie die Verbindlichkeit am Bilanzstichtag, wenn der Euro mit 1,1260 USD notiert wird! Begründen und beurteilen Sie das Ergebnis!

6. Die Bremsen Klotz AG weist ihr betriebseigenes Feuerwehrfahrzeug, dessen Nutzungsdauer 10 Jahre beträgt, zu Beginn des 7. Geschäftsjahres bei planmäßiger linearer Abschreibung mit den fortgeschriebenen Anschaffungskosten in Höhe von 140 000,00 EUR aus. Inzwischen ist ein technisch wesentlich verbessertes Feuerwehrfahrzeug auf den Markt gekommen. Dadurch ist der Wert des alten Feuerwehrfahrzeugs um 50 % gesunken.

   Aufgaben:
   6.1 Berechnen Sie die Anschaffungskosten!
   6.2 Ermitteln Sie, mit welchem Wert das betriebseigene Feuerwehrfahrzeug beim Jahresabschluss im 7. Jahr zu bilanzieren ist!

7. Eine Liefererverbindlichkeit im Wert von 12 000,00 USD und mit einer Laufzeit von 24 Monaten wurde am 10.05.16 zum damaligen Devisenkassamittelkurs mit 8 850,00 EUR gebucht. Am 31. Dezember 16 beträgt der Tageswert 9 030,00 EUR.

   Aufgaben:
   7.1 Ermitteln Sie den Bilanzwert zum 31. Dezember 16!
   7.2 Beurteilen Sie, welche Auswirkung der Anstieg des Devisenkassamittelkurses auf das Unternehmensergebnis hat!

8. Für eine vorübergehende Vermögensanlage hat die Bremsen Klotz AG 5000 Stückaktien der Chemischen Werke AG zu 85,00 EUR erworben. (Die Anschaffungsnebenkosten bleiben unberücksichtigt.)

   Aufgaben:
   8.1 Ermitteln Sie den Ansatz der Aktien in der Schlussbilanz des Geschäftsjahres 16, wenn der Börsenkurs am Bilanzstichtag (31. Dezember)
       8.1.1 98,50 EUR/Stück
       8.1.2 64,80 EUR/Stück beträgt!
   8.2 Bei der Bilanzerstellung am 15. März 17 beträgt der Aktienkurs 80,00 EUR/Stück. Ermitteln Sie den Bilanzansatz für das Geschäftsjahr 16!
   8.3 Beschreiben Sie, wie das Unternehmensergebnis durch die jeweiligen Bewertungsangaben (8.1.1, 8.1.2, 8.2) beeinflusst wird!

9. Die Bremsen Klotz AG hat am 15.03.15 Aktien zur langfristigen Anlage gekauft:
   50 000 Stückaktien der Solarwelt AG, Kurs 21,50 EUR.

   Aufgaben:
   9.1 Weisen Sie nach, mit welchem Wert die Aktien am Ende des Geschäftsjahres 15 bilanziert wurden, wenn der Kurs der Aktien auf 16,40 EUR gefallen ist! Begründen Sie den Bilanzansatz!
   9.2 Im Folgejahr ist der Kurs der Aktien auf 26,80 EUR gestiegen. Ermitteln Sie den Bilanzansatz!

10. Die Bremsen Klotz AG erhält ein Darlehen von ihrer Hausbank in Höhe von 480 000,00 EUR, Auszahlung 98 %, Laufzeit 10.02.16–10.02.21, Rückzahlung am Ende der Laufzeit in einer Summe.

    Das Unternehmen zielt darauf ab, einen möglichst hohen Jahresüberschuss auszuweisen.

    Aufgaben:
    10.1 Geben Sie die Werte für Darlehen und Disagio bei Kreditaufnahme am 10.02.16 an!
    10.2 Geben Sie die Bilanzwerte für Darlehen und Disagio am 31.12.16 an!

11. Am 15. Januar 16 kaufte die Bremsen Klotz AG ein Grundstück für ein Verwaltungsgebäude für 1 Mio. EUR zuzüglich 5,0 % Grunderwerbsteuer sowie Notar- und Grundbuchkosten in Höhe von 12 500,00 EUR netto.

    Als das Werk am 1. März 14 die Produktion aufnahm, war das Verwaltungsgebäude noch nicht fertiggestellt. Deshalb wurde zunächst eine auf dem Nachbargrundstück stehende Baracke für sechs Monate für 60 000,00 EUR angemietet. Am 1. August 16 war das neue Verwaltungsgebäude bezugsfertig.

    Bis zum 31. Dezember 16 entstanden folgende Ausgaben: Baukosten 4,1 Mio. EUR netto, Architektenhonorar 500 000,00 EUR netto, Grundsteuer 1 800,00 EUR und Umzugskosten von der Baracke in das neue Gebäude 280 000,00 EUR netto.

    Aufgaben:
    11.1 Weisen Sie rechnerisch nach, mit welchem Wert dieser Vorgang unter der Position bebaute Grundstücke in der Bilanz erscheint! Die Nutzungsdauer des Gebäudes beträgt 25 Jahre.

11.2 Berechnen sie die Aufwendungen im Jahr 16 für diesen Vorgang!!

12. Die Bremsen Klotz AG entscheidet sich aufgrund der günstigen Kreditbedingungen für die Aufnahme eines Auslandskredits bei einer Schweizer Bank.

Kreditbetrag (Nennwert) CHF 1 200 000,00, Auszahlung 96 %, Laufzeit vom 01.04.16 – 01.04.21, Rückzahlung am Ende der Laufzeit in einer Summe. Devisenkassamittelkurs am 01.04.16 CHF 1,1230 und am 31.12.16 (Bilanzstichtag) 1,1050.

Die Bremsen Klotz AG zielt darauf ab, einen möglichst hohen Jahresüberschuss auszuweisen.

Aufgaben:

12.1 Rechnen Sie den Kredit in EUR um und ermitteln Sie den Aktivierungsbetrag des Disagios am Tag der Kreditaufnahme!

12.2 Ermitteln Sie, mit welchem Wert Kredit und Disagio am Bilanzstichtag auszuweisen sind!

14.12 Gründung, Rechnungslegung und Auswertung des Jahresabschlusses bei der AG

192 1. **Sachverhalt**

Die BRILLIANT COLOR AG produziert und vertreibt mit zunehmendem Erfolg ihr Farbensortiment auch über das Internet direkt an die Do-it-yourself-Maler. Vorstand und Aufsichtsrat beschließen, zum Jahresanfang 2014 ein eigenständiges Unternehmen für den Internetvertrieb zu gründen. Das Unternehmen erhält die Rechtsform einer AG und wird mit einem Grundkapital von 6 Mio. EUR ausgestattet. Das Grundkapital wird in nennwertlose Namensaktien aufgeteilt. Diese werden zum 1. November 2014 mit einem Agio von 200 % durch die BRILLIANT COLOR AG übernommen. Bis zum 15. November 2014 müssen die gesetzlichen Mindestbeträge bar geleistet werden. Das Vertriebsunternehmen wird unter der Firma „BRILLIANT-COLOR.net" ins Handelsregister eingetragen. Alleiniger Vorstand der neuen AG wird der Aufsichtsratsvorsitzende der BRILLIANT COLOR AG, Werner Behr.

Aufgaben:

1.1 Erläutern Sie zwei wirtschaftliche Erwägungen der BRILLIANT COLOR AG, die zur Gründung einer neuen Unternehmung geführt haben könnten, sowie zwei rechtliche Erwägungen, die für die Rechtsform der AG sprechen!

1.2 Berechnen Sie die Höhe der finanziellen Mittel, die der neuen AG nach Übernahme und Mindesteinzahlung der Aktien durch die BRILLIANT COLOR AG zur Verfügung stehen (ohne Berücksichtigung von Gründungs- und Emmissionskosten).

1.3 Das Registergericht lehnt die Eintragung ins Handelsregister wegen Verstößen gegen das Aktiengesetz zunächst ab.

Nennen Sie zwei aus dem Sachverhalt erkennbare Mängel unter Angabe der entsprechenden Paragraphen des Aktiengesetzes und schlagen Sie für jedes der Probleme eine geeignete Lösung vor!

1.4 Begründen Sie, warum bei der Ausgabe junger Aktien immer häufiger die Form der Namensaktie gewählt wird!

1.5 Weisen Sie nach, wie viele Aktien im vorliegenden Fall höchstens ausgegeben werden dürfen, wenn satzungsmäßig diesbezüglich nichts bestimmt ist!

2. Sachverhalt

Der Jahresabschluss der handelsrechtlich großen Kapitalgesellschaft BRILLIANT COLOR AG wird für das Geschäftsjahr 2016 erstellt. Die vereinfachte Bilanz zum 31. Dezember 2016 und die Gewinn- und Verlustrechnung weisen dabei die folgenden vorläufigen Werte aus:

Aktiva	Bilanz 2016 der BRILLIANT COLOR AG (in Mio. EUR)		Passiva
I. Anlagevermögen		**I. Eigenkapital**	
Sachanlagen	120,00	Gezeichnetes Kapital	95,00
Finanzanlagen	70,00	Kapitalrücklage	6,00
II. Umlaufvermögen		Gesetzliche Rücklage	4,00
Vorräte und Erzeugnisse	50,00	Andere Gewinnrücklagen	61,00
Forderungen	25,00	Jahresüberschuss	20,00
Wertpapiere des UV	10,00	**II. Rückstellungen**	
Sonstige liquide Mittel	20,00	Pensionsrückstellungen	25,00
		III. Verbindlichkeiten	
		Verbindlichkeiten (langfristig)	20,00
		Verbindlichkeiten (kurzfristig)	64,00
	295,00		295,00

Der Jahresüberschuss wird zur Hälfte an die Aktionäre ausgeschüttet.

Im Jahr 2016 sind Pensionsrückstellungen in Höhe von 4 Mio. EUR gewinnerhöhend aufgelöst worden. Die Bilanzsumme hat sich im Geschäftsjahr 2016 gegenüber dem Vorjahr um 45 Mio. EUR erhöht.

Unvollständige GuV-Rechnung 2016 der BRILLIANT COLOR AG (in Mio. EUR):

1.	Umsatzerlöse	?
3.	Innerbetriebliche Eigenleistungen	0,80
4.	Sonstige betriebliche Erträge	5,00
5.	Materialaufwand	109,00
6.	Personalaufwand	82,00
7.	Abschreibungen auf Sachanlagen	35,00
8.	Sonstige betriebliche Aufwendungen	20,00
11.	Zinserträge	2,50
12.	Abschreibungen auf Finanzanlagen	20,00
13.	Zinsaufwendungen	6,50
14.	Steuern vom Einkommen und vom Ertrag	27,10
15.	Ergebnis nach Ertragssteuern	25,20
16.	Sonstige Steuern	5,20
20.	Jahresüberschuss	20,00

Aufgaben:

2.1 Vervollständigen Sie die GuV-Rechnung!

2.2 Beurteilen Sie mithilfe von Bilanzkennzahlen die Einhaltung der Finanzierungsregel für das langfristig gebundene Vermögen und die Liquidität 2. Grades!

2.3 2.3.1 Berechnen Sie die Eigenkapitalquote und den Verschuldungsgrad!

2.3.2 Erklären Sie (ohne rechnerischen Nachweis), inwiefern dieser Verschuldungsgrad unter sonst unveränderten Bedingungen langfristig Auswirkungen auf den Liquiditätsgrad II und den Anlagedeckungsgrad II hat!

2.3.3 Der Vorstand der BRILLIANT COLOR AG hält eine weitere Fremdfinanzierung, die zu einer Erhöhung des Verschuldungsgrads führt, für den Fall eines Konjunkturabschwungs grundsätzlich für problematisch, weil er einen negativen Leverage-Effekt befürchtet. Erläutern Sie, unter welchen Voraussetzungen die Bedenken des Vorstandes zutreffend sind!

2.4 2.4.1 Berechnen Sie die Höhe des Cashflow 2016 und beurteilen Sie daraus seinen Beitrag zur Finanzkraft des Unternehmens im Jahr 2016!

2.4.2 Erläutern Sie, warum der Cashflow als Entscheidungshilfe für die Beurteilung der Investitionsfähigkeit und der Kreditwürdigkeit einer Unternehmung besser geeignet ist als der Jahresüberschuss allein!

2.5 Ermitteln Sie für das Jahr 2016 die Rentabilität des durchschnittlichen Gesamtkapitals sowie den Return on Investment und erklären Sie den Erkenntnisgewinn durch die ROI-Formel!

Hinweis: Falls Sie die Teilaufgabe 2.1 nicht lösen konnten, gehen sie bitte von Umsatzerlösen in Höhe von 300 Mio. EUR aus.

2.6 Beurteilen Sie anhand von drei Argumenten kritisch die Aussagekraft von Bilanz- und Rentabilitätskennzahlen!

Stichwortverzeichnis

A

Abfall (Fußnote 1) 444
Abfallvermeidung 444
Abgrenzungsergebnis 26, 30, 35
Abgrenzungsrechnung 24
abnutzbares Anlagevermögen 379f., 382
Abschreibungen
– außerplanmäßige 380, 382
– bilanzielle 29, 233f.
– kalkulatorische 233
– Kreislauf 234
– planmäßige 379
Abschreibungsrückflüsse 235
absoluter Deckungsbeitrag 113
Abtretungsvertrag 278
Abzahlungsdarlehen 265
Abzinsung 269
Abzinsungsfaktor 315
Abzinsungstabelle 315
Abzinsungsverbot 392
AG 185f., 193
Agio 240, 392
Aktien 187ff.
Aktionär 188f., 198
aktiver Markt 387
Aktivierungspflicht 373
Aktivierungsverbot 373
Aktivierungswahlrecht 370, 373
allgemeine Verwaltungskosten 374
alte Aktien 190, 242ff.
Amortisationsrechnung 308f.
andere Gewinnrücklagen 218, 219, 226
Anderskosten 28
Angebotskalkulation 70ff.
Anhang 357
Anlagevermögen (Bewertung) 380, 382
Anmeldung des Unternehmens 210
Annuitätendarlehen 265, 267f.
Ansatzstetigkeit 369
Anschaffungskosten 375, 379f., 382, 388
Anschaffungskostenprinzip 369, 379f.
Anschaffungsnebenkosten 372
Anschaffungspreisminderungen 372
Anschaffungszeitpunkt 313
Arbeitsdirektor 197
Auflösung der Unternehmen
– Aktiengesellschaft 199
– Einzelunternehmen 140
– GmbH 177
– KG 161
– OHG 150
Aufsichtsrat
– Aktiengesellschaft 195ff.
– GmbH 173
– Mitbestimmung des 173, 195ff.
Aufstellungspflicht 350
Auftragsunternehmer 137

Aufwand 18
Aufwendungen 18
– für die betriebliche Altersversorgung 374
– für freiwillige soziale Leistungen 374
– für soziale Einrichtungen des Betriebs 374
– neutrale 26
Ausfallbürgschaft 275
Ausgaben 16f.
Außenfinanzierung 214, 239, 258, 260f.
Außenverhältnis
– Begriff 148
– KG 157, 159
– OHG 144, 148ff.
außergewöhnliche Aufwendungen und Erträge 357
außergewöhnliches Geschäft 146, 150
außerplanmäßige Abschreibungen 380, 382
ausstehende Kommanditeinlagen 160
Auszahlungen 16, 308, 310, 313
auszahlungsunwirksame Kosten 308
auszahlungswirksame Kosten 308

B

BAB 89
Bankdarlehen 262, 265
Bargründung 186
Barliquidität 413
Barwert 270, 294f., 313ff., 327
Barwertvergleich
– Bankdarlehen 268, 269
– Leasing 294, 296
Bayes-Regel 330
beizulegender Zeitwert 387
Beleihungswert 284
Bereitstellungszinsen 264
Beschäftigungsgrad 40
Besitzkonstitut 277
Beteiligungsfinanzierung
– Begriff 239
– bei der AG 240, 242
– Beurteilung 246
Betriebsabrechnungsbogen 89
Betriebsabrechnungsbogen (BAB)
– Aufbau 58f.
– einstufiger 62ff.
Betriebsergebnis 24, 26, 30, 85f., 97
Betriebsvermögensvergleich 364
Bewertung nach Handelsrecht
– Anlagevermögen 380, 382
– Darlehensverbindlichkeiten 392
– Grundsätze 370
– Schulden 370, 392
– Umlaufvermögen 388f.
– Währungsverbindlichkeiten 393, 395f.
Bewertungsobergrenze 373, 379
Bewertungsspielraum 399f.
Bewertungsstetigkeit 370

Bewertungsuntergrenze 373
Bewertungswahlrecht 380, 382, 401
Bezugsrecht 189, 241 f.
Bilanz
- Analyse 407 ff.
- Gewinn 221, 223, 228 f.
- Gliederung 351 ff.
- Kurs 246
bilanzielle Abschreibung 233 ff.
Bilanzkennzahlen
- der Finanzstruktur 412 f.
- der Kapitalstruktur 410 f.
Bilanzkontinuität (Grundsatz) 369
bilanzmäßige Abschreibung 29
Blankokredit 274
Börsen- oder Marktpreis 388
Break-even-Point 48
Briefgrundschuld 282
Bruttogewinn 420
Bruttoinvestition 304
Buchgrundschuld 282
Bürgschaft 275 f.

C

Cashflow 428 f.
Cashflow-Umsatz-Relation 429
Corporate Governance 450 f.
Corporate Social Responsibility (CSR) 453

D

Damnum 264, 370
Darlehen 262, 265
Darlehensvertrag 262 f.
dauernde Wertminderung 381
Deckungsbeitrag 96, 113, 115 f.
Deckungsbeitragsfaktor 98
Deckungsbeitragsrechnung 90 f., 94
- als Instrument der Preispolitik 101 f.
- als Instrument der Produktionsplanung 113, 115
- als Periodenrechnung 97
- als Stückrechnung 95
- Annahme eines Zusatzauftrages 105 f.
- Aufbau 94
- Begriff 94
- Eigenfertigung oder Fremdbezug 108, 111
- Kritik an der Vollkostenrechnung 90 f.
- Vergleich zur Vollkostenrechnung 122
Deckungsbeitragssatz 98
Deckungsgrade (Kennzahlen zur Finanzstruktur) 412
deklaratorisch 129, 144
Desinvestition (Fußnote 1) 302
Devisenkassamittelkurs 394
Differenzinvestition 317 ff.
Differenzkalkulation 76
dingliches Pfandrecht 261, 281
direkte Kosten 54
Disagio 264, 370
Diskontierung 269

Dispositionskredit 259 ff.
Dividendenberechnung 223 f.
Dividendenpolitik 228 f.
Dividendenrecht 188
Drittel-Parität 173, 195
Durchlaufwirtschaft 445

E

EBIT 431 f.
EBITDA 432
Effekten 187
effektiver Jahreszinssatz 254 f., 264
Eigenfertigung bzw. Fremdbezug 108, 111
Eigenfinanzierung 214
Eigenkapitalquote 410
Eigenkapitalrentabilität 419
eingeschränktes Niederstwertprinzip (Fußnote 1) 380
Einnahme 16 f.
Einrede der Vorausklage 275
Einzahlungen 16, 308, 310, 313
Einzelbewertung (Grundsatz) 370
Einzelgeschäftsführungsrecht 146
Einzelkosten 54, 69, 71 f., 89
Einzelunternehmung 137, 139
Einzelvertretung 150
einzugsbedingte Liquidität 414
Emission 240
Emission (Fußnote 2) 444
Engpässe 115
Entsorgung 445
Erfolgskennzahlen 419 f.
- Rentabilität 419 f., 422
Erfüllungsbetrag 392
Ergebnis der gewöhnlichen Geschäftstätigkeit 356
Ergebnis nach Steuern 355
Ergebnisanalyse 417 ff.
Ergebnistabelle
- unternehmensbezogene Abgrenzung 26
Erlösfunktionen 48
Ersatzinvestition 303
Ertrag 18
Erträge 26
Erträge, neutrale 26
Erweiterungsinvestitionen 303
erzwungene Selbstfinanzierung 217

F

fair presentation 365
Fälligkeitsdarlehen 265 f., 294 f.
Fantasiefirma 132
Fertigungseinzelkosten 373
Fertigungsgemeinkosten 62, 64
Festdarlehen 265
fiktiver Nennwert 240
Finance-Leasing 290 f.
Finanzanlagen 380, 399
Finanzierung
- aus Abschreibungsgegenwerten 234 ff.

- Außenfinanzierung 214, 239, 258, 260f.
- Begriff 214
- Beteiligungsfinanzierung 239
- Fremdfinanzierung 214f., 258, 260f., 270, 289
- Innenfinanzierung 215
- Kreditfinanzierung 214f., 258, 260f., 271, 289
- Leasing 289f.
- Überblick 214

Finanzierungskosten 372
Finanzplan 341
Firma
- AG 132, 186
- Begriff 132
- Einzelunternehmen 133, 139
- GmbH 132, 170
- KG 132, 157
- OHG 132, 144

Firmengrundsätze 133f.
fixe Kosten 38, 41f., 55, 97f.
Folgebewertung 379, 388f., 393ff.
Formkaufmann 130
Forschungskosten 374
fortgeführte Anschaffungskosten 379f., 383
Fremdbezug bzw. Eigenfertigung 108, 111
Fremdfinanzierung 214f., 258, 260f., 271, 289
Fremdkapitalquote 410
Fremdwährungsverbindlichkeit 394ff.
Fristenkongruenz 412
fungibel 187

G

Gemeinkosten 54, 60, 69, 71, 89
Gemeinkostenzuschlagssätze – Berechnung
– 62ff.

gemischte Firma 133
Gesamtgeschäftsführungsbefugnis 146, 193
Gesamtgeschäftsführungsrecht 146
Gesamthandsvermögen 145, 148
Gesamtkapitalrentabilität 420f.
Gesamtkapitalumschlagshäufigkeit 422
Gesamtkostenverfahren 354
Gesamtkostenverlauf (linear) 44
gesamtschuldnerische Haftung 148
Gesamtvertretung 150, 171, 193
Geschäftsanteil 169, 171
Geschäftsbrief (Pflichtangaben) 133
Geschäftsführer 171
Geschäftsführung
- AG 193
- GmbH 171, 176
- KG 157, 159
- OHG 144, 146

Gesellschafterversammlung 173
Gesellschaftsunternehmen 137
Gesellschaftsvertrag 143, 170, 172, 186
gesetzliche Rücklage 217, 219, 222, 224
Gewerbebetrieb (Fußnote 2) 128
Gewerbetreibender 128
Gewinn- und Verlustrechnung
- Gliederung 355

Gewinn
- ausschüttung AG 218, 220
- ausschüttung GmbH 176
- ausschüttung KG 158
- kalkulation 76
- maximum 48ff.
- rücklagen 218, 221, 223
- schwelle 48ff.
- und Verlustrechnung 354
- verteilung (siehe Gewinnausschüttung)
- vortrag 218, 221, 223f., 226f.

gewöhnliches Geschäft 146, 150
gezeichnetes Kapital 216, 240
Gläubigerschutz 368
gleichgewichtige Mitbestimmung 173, 196
Global Compact 454
GmbH 168ff.
GmbH & Co. KG 184
Going-concern-Prinzip 369
goldene Bilanzregel 412
Goodwill (Fußnote 1) 134
große Aktiengesellschaft (Fußnote 1) 196
Grundbuch 280
Grundkapital 185, 216
Grundkosten 18
Grundpfandrecht 264, 280
Grundschuld 261, 280ff.
Gründung einer Unternehmung
- AG 186f.
- Einzelunternehmen 210
- GmbH 170f.
- KG 156f.
- OHG 142

Gruppeninteressen 450f.
GuV-Rechnung 354, 419f.

H

Haftung
- AG 188
- GmbH 174
- KG 156f., 159
- OHG 148f.

haftungsbeschränkte Unternehmergesellschaft 176, 178
Handelsbilanz 362f.
Handelsrecht 128
Handelsregister 130, 132
Hauptversammlung 198
Herstellkosten der Produktion 62
Herstellkosten der Rechnungsperiode 62, 64, 85f.
Herstellungskosten 372f.
Höchstbetragsbürgschaft 276
Höchstwertprinzip 369, 392
Hypothek (Fußnote 1) 281

I

IAS 362
IAS/IFRS-Bilanz 365f.
IFRS 362
Illiquidität (Fußnote 2) 410

Imparitätsprinzip 369, 389
indirekte Kosten 54
Informationspflicht 363, 368
Inhaberaktie 189
Innenfinanzierung 215
Innenverhältnis
- Begriff 144
- KG 157ff.
- OHG 144ff.
Insolvenz (Fußnote 2) 410
interne Finanzierung (siehe Selbstfinanzierung)
internes Rechnungswesen 15
Investitionen
- Arten 303f.
- Motive 303
Investitionsrechnung 304ff.
- dynamische Verfahren 304, 312ff.
- statische Verfahren 304, 306f.
Istkaufmann 129
Istkosten 55, 78, 85f.
Istzuschlagssätze 86

J
Jahresabschluss
- Adressaten 361f.
- analyse 406f., 419f.
- bei Kapitalgesellschaften 349f.
- Bestandteile 351ff.
- Gewinn- und Verlustrechnung 418
- Grenzen der Aussagefähigkeit 433f.
Jahresfehlbetrag 221, 225ff.
Jahresüberschuss 221, 223
junge Aktien 190, 241ff.
juristische Person 168, 185

K
Kalkulation
- Angebotskalkulation 70ff.
- Deckungsbeitragsrechnung 95
- Kalkulationsschema 72
- Kostenträgerstückrechnung 69, 71f.
- Kostenträgerzeitrechnung 78
- Nachkalkulation 78, 81
- Vorkalkulation 70, 72
- Zuschlagskalkulation 78
Kalkulationszinsfuß 269, 313
kalkulatorische Kosten
- Abschreibungen 233ff.
- Unternehmerlohn 28
Kannkaufmann 129
Kapazität 40, 108, 113, 115
Kapazitätsgrenze 48ff.
Kapitalerhöhung
- bedingte 240
- gegen Einlagen 240, 242
- genehmigte 240
- ordentliche 240f., 245f.
Kapitalfreisetzungseffekt 234
Kapitalgesellschaften 137
Kapitalrentabilität 419f.

Kapitalrücklage 217, 219, 225ff., 240
Kapitalstruktur 410f.
Kapitalwert 313ff.
Kapitalwertmethode 313ff., 320
Kapitalwertpapiere 187, 282
Kassamarkt (Fußnote 1) 394
Kaufmann 128, 130
Kennzahlen
- Bilanzkennzahlen 407ff.
- der Finanzstruktur 412f.
- Erfolgskennzahlen 419f.
- Gewinn- und Verlustrechnung 418
- Return on Investment 421f.
- zur Kapitalstruktur 410f.
- zur Liquidität 413
- zur Rentabilität 419f., 422
KG 156ff.
kleine Aktiengesellschaft (Fußnote 1) 195
kleine Kapitalgesellschaften 350f., 354
Kleinstkapitalgesellschaften 350
Kommanditist 156ff.
Komplementär 156f.
konstitutiv 129, 144, 171
Kontokorrentkredit 259ff.
Kontrollrecht
- KG 158
- OHG 146
Korrekturverfahren 324ff.
Kosten und Beschäftigungsgrad 40
Kosten- und Leistungsrechnung
- Abgrenzungsrechnung 28, 30
- Deckungsbeitragsrechnung 94, 113, 115f.
- Ergebnistabelle 24
- Teilkostenrechnung 94, 96
- Vollkostenrechnung 54
Kosten
- Arten 41f., 54
- Begriff 18
- Einzelkosten 54, 89
- fixe 41f., 97f.
- funktionen 44
- Gemeinkosten 54, 61, 89
- kontrolle 86
- Leerkosten 42, 44
- Mischkosten 39
- Nutzkosten 42
- remanenz 44
- stelleneinzelkosten 59
- stellengemeinkosten 59
- variable 43, 97
Kostenartenrechnung 56, 89
kostenrechnerische Korrekturen 30
Kostenstellenrechnung 58f., 62, 89
Kostenträgerblatt 85
Kostenträgerrechnung 69, 78, 89
- stückrechnung 70, 72
- zeitrechnung 79
Kostenträgerzeitrechnung 85, 89
Kostenüberdeckung 78, 86

Kostenunterdeckung 78, 86
Kostenvergleichsrechnung 305f.
Kostenverläufe 41f., 44
Kredit
- Begriff 258
- Finanzierung 214f., 258, 260f., 270, 289
Kreditprovision 261
Kreditsicherheiten 274ff.
Kreditvertrag 260
Kreislaufwirtschaft 445
Kündigungsrecht, Kommanditist 159
Kündigungsrecht, OHG-Gesellschafter 147
Kurs (Aktie) 188

L

Lagebericht 350f., 358
Leasing 289f.
Leasing Vergleich zur Kreditfinanzierung 294
Leerkosten 42
Leistungen 20f.
Leverage-Effekt 426
Liquiditätskennzahlen 413
liquiditätsorientierte Preisuntergrenze
    (Fußnote 1) 101
Liquiditätssicherung 332f.

M

Make or Buy 108, 111
Managerunternehmer 137
Marktpreis 388
Maßgeblichkeitsprinzip 364
Materialgemeinkosten 62, 64
Materialkosten 66
Mini-GmbH 176
Mischkosten 39
Mitbestimmung
- Drittel-Parität 173, 195
- gleichgewichtige 173, 196
mittelgroße Kapitalgesellschaften 350f.
Mittelkurse 243
monetäres Umlaufvermögen 414
Musterprotokoll 171

N

Nachkalkulation 78, 81
nachschuldnerische Bürgschaft 275
Nachschusspflicht 174
Namensaktien 189
Nennbetragsaktie 186, 190
Nennwert 186, 240
Nettoinvestition 303
Nettoverkaufserlöse 95
neutrale Aufwendungen 18f., 26
neutrale Erträge 20, 26
nicht abnutzbares Anlagevermögen 375, 381f.
Niederstwertprinzip 369
- eingeschränktes (Fußnote 1) 380
- gemildertes 380
- strenges 381, 387
Nominalverzinsung 253

Normalkosten 55, 71, 78f., 85
Normalzuschlagssätze 86
Nutzkosten 42

O

offene Rücklagen 217f., 221, 223
offene Selbstfinanzierung
- Begriff 215
- der AG 217f., 221, 223
Offenlegungspflicht 350
öffentlicher Glaube 131, 281
OHG 142ff.
ökologische Ziele 444f.
ökonomische Ziele 442f.
One-to-five-Rate 414
One-to-one-Rate 414
Operate-Leasing 290
Optimierung des Produktionsprogramms 115
Optionsrecht 291
ordentliche Kapitalerhöhung 240, 242, 245
organisierter Markt (Fußnote 2) 349

P

Periodenabgrenzung (Grundsatz) 370
Personenfirma 132
Personengesellschaft 137, 142ff., 156ff.
Pfand (Fußnote 1) 277
planmäßige Abschreibungen 379
Preisuntergrenze 101f.
Prinzipal-Agent-Ansatz 450
Privatentnahme 147, 159
proportionale Kosten 43
Prozesskostenrechnung, Aufbau 86
Prüfungspflicht 350
Publizitätspflicht 351

Q

qualifizierte Mehrheit 240

R

Rangstufen 282
Ratentilgungsdarlehen 265, 293, 295
Rationalisierungsinvestition 304
Realisationsprinzip 369, 395
Realkredit 274
Rechnungskreis I, II 24, 26
Rechnungslegungsgrundsätze nach HGB 368, 370
Rechnungslegungsvorschriften
- bei Kapitalgesellschaften 349ff.
Rechtsformen 136
- Übersicht 205
Rechtsformwahl 208f.
Rechtsformzusätze 133
Recycling 445
Reinvestition 303
relativer Deckungsbeitrag 115ff.
Rentabilitätskennzahlen 419f.
Rentenschuld (Fußnote 1) 281
retrograde Kalkulation 74, 76

485

Return on Investment 421 f.
Risikohaftung 174, 188
Risikoneigung 334
ROI 421, 422
Roll-back-Verfahren 329 f.
Rücklage
- andere Rücklagen 218, 220, 226 f.
- Auflösung 225 ff.
- gesetzliche 217 f., 220 f., 223 f.
- Gewinnrücklagen 218, 220 f., 223 f.
- Kapitalrücklage 217 f., 220, 225 ff., 240
- offene 217 f., 221, 223
- stille 236
Rückwärtskalkulation 74, 76

S

Sachdarlehensvertrag 262
Sachfirma 132
Sachgründung 186
Sale-and-lease-back 291
Satzung 170, 172, 186
Schulden (Bewertung) 370, 392
Schuldverschreibung 214, 251 ff.
Schütt-aus-Hol-zurück-Verfahren 229
selbst erstellte Anlagen 376 f.
Selbstfinanzierung
- Begriff 215
- Beurteilung 230
- der AG 216, 218, 221, 223
- erzwungene 217
- freiwillige 218
- offene 215 ff.
- stille 215
Selbstkosten der Rechnungsperiode 65, 85 f.
selbstschuldnerische Bürgschaft 276
Sensitivitätsanalyse 326 ff.
Shareholder-Konzept 450 f.
Sicherungsübereignung 276 f.
solidarische Haftung (OHG) 148
Sondereinzelkosten
- der Fertigung 54, 74
- des Vertriebs 54, 74
soziale Ziele 443
sprungfixe Kosten 42
Staffelform 355
Staffelform der Ergebnisrechnung 354
Stakeholder-Konzept 451, 453 f.
Stammaktien 191
Stammeinlage 170
Stammkapital 170
Standardabweichung 331 ff.
Standardgründung (GmbH) 171
Stelleneinzelkosten 59, 70
Stellengemeinkosten 59, 70
Steuerbilanz 364 f., 367
steuerpflichtiger Periodenerfolg 364
Stichtagsprinzip 370
stille Rücklagen (Reserven) 236

stille Selbstfinanzierung 215
strenges Niederstwertprinzip 381, 387
Strukturbilanz 407 ff.
Stückaktie 186, 190, 240

T

Tageskurs 394
Tageswert 395
Tantieme 198
Teilhaberpapier 187
Teilkostenrechnung (siehe Deckungsbeitragsrechnung)
true and fair view 365

U

Überkreuzverflechtung 197
Überziehungszinsen 261
UG 176
Umlaufvermögen (Bewertung) 388
Umsatzergebnis 86
Umsatzkostenverfahren 354
Umsatzrentabilität 422
Umsatzüberschuss 428
unbeschränkte Haftung 148, 156
Unsicherheit bei Investitionen 324 ff.
unter pari 240
unternehmensbezogene Abgrenzung 26
Unternehmensergebnis 24, 26, 30
Unternehmensrentabilität 420
Unternehmer 137, 139
Unternehmergesellschaft 176
unternehmerische Ziele 450 f.
Unternehmerlohn (kalkulatorischer) 28
Unternehmerrentabilität 419

V

variable Kosten 38, 43, 97
verdeckte Selbstfinanzierung 215
Verlustbeteiligung
- KG 158
- OHG 145
Verlustvortrag 218, 222, 226
Verschuldungsgrad 410, 427
verstärkter Personalkredit 274
Vertretung
- AG 193
- GmbH 171, 175
- KG 157, 159
- OHG 150
Vertriebsgemeinkosten 62, 64, 74
Verwaltungsgemeinkosten 62, 64, 74
vinkulierte Namensaktien 190
Vollkostenrechnung 54, 90, 92, 122
- Betriebsabrechnungsbogen 58 f.
- Ermittlung der Gemeinkostenzuschlagssätze 62 ff.
- Kostenträgerrechnung 69, 71 f., 79
Vorsichtsprinzip 362, 369
Vorstand 193 f.
vorübergehende Wertminderung 380, 382

Vorwärtskalkulation 70, 72, 76
Vorzugsaktien 191

W

Währungsverbindlichkeiten (Bewertung) 393ff.
Wertaufhellungsprinzip 369
Wertaufholungsgebot 383, 388
Wertminderung
- dauernde 381
- vorübergehende 380, 382

Wertobergrenze 373
Wertpapiere 187
Wertstoffe (Fußnote 1) 444
Wertuntergrenze 373
Wettbewerbsenthaltung 145
Wettbewerbsverbot 145, 159, 194
Widerspruchsrecht 159
Wiederbeschaffungskosten 379, 388
Wirtschaftlichkeitsrechnung (Fußnote 2) 304

Z

Zeitwert 312
Zession 278
Zielharmonie 209, 445
Zielkonflikt 209, 445
Zielsystem eines Unternehmens 441f.
Zugangsbewertung 375, 388, 393f.
Zusatzauftrag 105f.
Zusatzinvestition 303
Zusatzkosten 19, 28, 31
Zusatzleistungen 21
Zuschreibungsgebot 388
Zuschreibungspflicht 383
Zweckaufwendungen 18
Zweckerträge 20
zwingendes Recht 146